本书系

国家社会科学基金重大项目(19ZDA078)阶段性成果

国家社会科学基金重点项目(16AGL001)阶段性成果

浙江省新型重点专业智库重点资助项目阶段性科研成果

浙江省中小微企业转型升级协同创新中心重点资助项目科研成果

浙江工业大学中国中小企业研究院重点资助项目科研成果

中国制造型
中小企业创新发展路径与
政策支持体系研究

王黎萤　李　平　包海波　王宏伟　等著

Research on the Innovation Development Path and
the Policy Support Systems of China's Small and
Medium Sized Enterprises

中国社会科学出版社

图书在版编目（CIP）数据

中国制造型中小企业创新发展路径与政策支持体系研究/王黎萤等著. —北京：中国社会科学出版社，2020.11
ISBN 978-7-5203-7428-6

Ⅰ.①中⋯　Ⅱ.①王⋯　Ⅲ.①制造工业—中小企业—企业创新—研究—中国　Ⅳ.①F426.4

中国版本图书馆 CIP 数据核字（2020）第 205016 号

出 版 人	赵剑英
责任编辑	刘晓红
责任校对	周晓东
责任印制	戴　宽

出　　版	中国社会科学出版社
社　　址	北京鼓楼西大街甲 158 号
邮　　编	100720
网　　址	http：//www.csspw.cn
发 行 部	010-84083685
门 市 部	010-84029450
经　　销	新华书店及其他书店

印刷装订	北京君升印刷有限公司
版　　次	2020 年 11 月第 1 版
印　　次	2020 年 11 月第 1 次印刷

开　　本	710×1000　1/16
印　　张	42.5
字　　数	697 千字
定　　价	248.00 元

凡购买中国社会科学出版社图书，如有质量问题请与本社营销中心联系调换
电话：010-84083683
版权所有　侵权必究

推荐序

创新始终是运用人类智慧认识世界、改造世界的创造性活动，是推动一个国家、一个民族向前发展的重要力量。目前，中国发展正处于新一轮的转型期和"换挡期"，机遇与挑战并存，实施创新驱动发展战略已摆在国家发展全局的核心位置。以往依靠要素驱动的经济增长难以维系，未来中国经济增长必须进入创新驱动发展新模式、新常态，而这一状态下中国经济是否具有可持续性是当前经济增长问题研究的重点。从经济发展动力上看，尽管当前中国经济与投资增长面临下行压力，新冠肺炎疫情中长期影响和全球市场系统性风险不容忽视，中国结构性减速具有一定必然性，但数字经济的转型增长具有较大潜力，主要工业化国家在新兴技术领域的差距不明显，中国作为后发国家更容易"轻装上阵"，重点突破，实现对先发国家的赶超。因此，实施创新驱动发展战略，加快产业技术创新和发展战略性新兴产业，用高新技术和先进适用技术改造提升传统制造业，既可以改变过度消耗资源、污染环境的发展模式，又可以提升产业竞争力，全面提升经济增长的质量和效益，有力地推动经济发展方式转变。

党的十九大报告明确提出以"供给侧结构性改革"为主线，加强对中小企业创新的支持，这对中小企业创新发展提出更紧迫的要求。笔者始终认为适时合理的政策制度要素可以有效提升经济增长质量，为制造型中小企业创新发展提供助力，这一点与本书作者的观点不谋而合。从本质上说，"供给侧结构性改革"就是要强调制度红利方面的改革和创新，通过改革以市场为基础的经济和社会管理制度，充分发挥市场对资源配置的决定性作用，降低经济发展的制度成本，理顺政府和市场关系，改革阻碍经济发展的相关制度体制，激发市场主体的创新活力，切实提高市场经济效率。

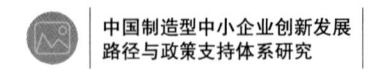

因此，制造型中小企业创新发展需要全面制度体系支持，需要将制度要素嵌入产业创新整个过程。《中国制造型中小企业创新发展路径与政策支持体系研究》这部学术著作突出了制度环境对中国制造型中小企业创新发展的重要支撑作用，构建了较为全面、系统的中国制造型中小企业创新发展的理论模式和发展路径，在对近 200 项中国中小企业创新发展政策开展文本分析和政策评价基础上，提出了一系列具有较强针对性的政策建议，具有较高的理论价值与实践意义。相信本书对支持各地制造型中小企业创新发展和完善相关政策支持体系具有重要的启示与指导作用，同时也鼓励学者将创新驱动理论研究与政策支持体系现实需求紧密结合，为经济社会发展做出持续和独特的贡献！

李京文
（中国工程院院士）
2020 年 8 月

前言

中国正处于高质量发展的关键机遇期，制造型中小企业创新发展是实现高质量发展必备的动力基础。在"创新、共享、绿色、开放、协调"五大发展理念引导下，将各类创新机构有效整合的创新链地位亟须加强，制造型中小企业是创新链中最活跃的主体，围绕产业链部署创新链，围绕创新链完善资金链，通过产业链、创新链和资金链融合推进价值链升级，实现"四链融合"是当前推动制造型中小企业创新发展的关键路径。在加快要素驱动、投资驱动向创新驱动转变的同时，新一轮科技革命为制造业产业优化升级带来了新机遇，随着新时期"工业4.0"、两化深度融合、"互联网+"、智能制造发展进程加速，中国制造型中小企业必须摆脱传统廉价要素依赖和低端路径锁定，亟须依靠产品创新、技术创新、管理创新、商业模式创新等创新驱动走转型升级之路。新形势下，破除制造型中小企业在创新链中作用的体制机制障碍，营造推动制造型中小企业创新发展的政策环境，通过创新驱动充分发挥中小企业在创新链中的重要作用，是增强中国经济持续增长动力的重要举措之一。

中小企业在中国国民经济建设中发挥了重要作用，截至2019年年底，中国中小企业数量超过3000万家，个体工商户数量超过7000万户，贡献了50%以上的税收，60%以上的GDP，70%以上的技术创新，80%以上的城镇劳动力就业，90%以上的企业数量。据国家统计局数据显示，我国制造业规模以上中小企业已达34.8万家，占全部规模以上中小企业家数比重为94.1%，制造型中小企业不仅在打造门类齐全、独立完整的制造业产业体系进程中发挥了重要作用，同时也是打造制造业现代化产业体系的生力军。但在经济运行稳中有变、外部环境不确定性增加的发展大背景下，中国制造型中小企业发展面临来自研发创新、要素制约、知识产权保护、组织保障、国际合作等一系列问题。制造型中小企业不仅面临着与大中型企业在健全完善金融体系、平等放开市场准入等方面的平等待遇诉求，也面临着加强创新扶持激励等针对性政策需求，亟须加快构建和完善引导制造型中小企业创新发展的政策支持体系。

世界已进入变幻莫测的时代，2020年全球新冠肺炎疫情对制造业全球产业链和供应链带来了巨大冲击，制造型中小企业不得不应对"付薪难""付费难""应税难""借贷难""复产难""物流难"六大困难，历经"无订单""无储备""无流水"三大风险，34.2%的制造型中小企业存在上游供应链断裂的风险，47.4%的制造型中小企业面临资金周转和融资困境，58.6%的制造型中小企业存在较大的资金缺口。受国外疫情扩散对产业链的冲击，国际市场需求低迷，制造型中小企业出口面临较大挑战，产业链内销市场匹配度低，内循环难度大。贸易保护主义上升，国际贸易规则体系正处于新一轮的重构期，始于2018年的中美经贸摩擦将从传统贸易领域向贸易规则之争方向蔓延，增加了未来全球格局的不确定性和复杂性，从而对中国制造型中小企业创新发展带来更大挑战。当前全球疫情冲击导致系统性风险加大，因此对中国制造型中小企业创新发展路径和政策支持体系提出新要求，推动"双循环"强链、补链，亟须支持制造型中小企业创新发展，在危机下抓住机遇调整产业结构，继续推进智能化、数字化生产来打破产能局限，增强柔性生产以更好适应市场需求变化。为贯彻落实党中央发展理念和制度决定，当前需要把促进制造型中小企业创新发展上升到战略层面，加强顶层设计，加强制造型中小企业创新发展支持政策和破除企业发展体制机制障碍两者对接，进一步完善支持制造型中小企业创新发展的政策支持体系，增强制造型中小企业市场竞争力和国际竞争力，实现制造型中小企业转型升级目标和解决制造型中小企业的市场困境，对实现制造强国战略目标和推动"1+X"现代产业发展具有重要意义。

本书正是基于以上重要发展背景，充分汲取笔者所在团队的前期研究成果，旨在通过理论探讨、定量定性分析、政策文本分析与评价、典型案例剖析和应用对策研究等综合方法，对当前新一轮科技革命蓄势待发和实施全面"双循环"战略双重背景下,为制造型中小企业更好实施创新发展战略提供理论指导和实践启发。本书首先从技术经济理论视角切入,系统地阐述了我国经济增长与制造业演进对制造型中小企业创新链融合发展的影响,科技体制改革与全要素生产率区域差异对制造型中小企业创新的发展影响,区域产业集聚、选择效应与制造型中小企业生产率提升的关系,国际贸易规则变革对制造型中小企业创新发展的影响,进而构建支持制造型中小企业创新发展的多层次政策支持体系的理论架构。其次,从创新链、产业链、资金链与价值链"四链融合"视角,构建基于双元创新能力和边缘竞争的"四链融合"制造型中小企业创新发展战略框架,提炼中国制造型中小企业八种创新模式和五大创新路径,针对研发策略与二次创新、知识网络嵌入与原始创新、全要素生产率与集成创新、专利合作网络与整合创新、平台治理与生态创新开展制造型中小企业创新发展路径的实证研究,构建了较为全面、系统的中国制造型中小企业创新发展的理论模式和发展路径。再次,分析发达国家和中国先进省市推动制造型中小企业创新发展的政策启示,对中国支持制造型中小企业创新发展政策开展文本分析和实施效果评价,构建和完善支持制造型中小企业创新发展多层次政策体系。最后,基于笔者所在团队对前期制造型中小企业创新发展的理论积累和浙江、广东、江苏、山东等地2000余家制造型中小企业创新发展状况的调查研究,总结了若干推进中国制造型中小企业创新发展的实践思考。总体来说,本书通过分析经济科技体制变革和制造型中小企业创新发展关系的调整,从创新链融合发展、企业创新发展战略诉求和政府政策体系改革三个层面揭示了全面推进制造型中小企业创新发展的必要性、可行性以及制度保障和具体战略路径,这对中国制造型中小企业创新发展具有深刻的理论启发意义和实践指导价值。

在中国改革开放40多年的历程中,针对中国中小企业发展与政策支持体系的研究成果虽然百花齐放,但以制造型中小企业创新发展为重点,通过前沿理论、基础研究和应用对策研究系统深入分析评价,同时可提供全方位参考价值的论著并不多见。本书正是为解决这些问题而撰写的。笔者所在团队基于长达10年针对制造型中小企业的追踪和实地调查,收集了国家和地方政府改革开放以来针对制造型中小企业出台的一系列政策簇,紧紧围绕制造型中小企业创新发展路径和政策支持体系进行了全方位、长期系统的跟踪研究，获得了持续性、系统性的研究成果。本书的学术价值和社会价值主要体现在以下三个方面：

第一，在理论研究方面，本书提出了经济科技体制变革和实施"双循环"战略背景下中国制造型中小企业创新发展的一套较为系统的概念和理论，提出了从经济增长与制造业演进、科技体制改革与全要素生产率、区域产业集聚与选择效应、国际贸易规则变革和多层次政策支持体系等理论视角剖析中国制造型中小企业创新发展过程中的主要理论逻辑基础，进而构建支持制造型中小企业创新发展的理论架构。相关前期主要成果以近30篇论文形式发表在《管理世界》、《科研管理》、《科学学研究》、China Economist、Sustainability等国内外期刊上，部分研究成果以研究报告形式获得国家和省部级主要领导批示并被相关部门采纳。这些研究成果为本书系统性梳理中国制造型中小企业创新发展机理奠定了扎实的理论基础。

第二，在基础研究方面，本书提出了从创新链、产业链、资金链与价值链"四链融合"视角构建基于双元创新能力和边缘竞争的制造型中小企业创新发展战略框架，开展中国制造型中小企业八种创新模式的典型案例剖析，深化基于研发策略选择、知识网络嵌入、全要素生产率差异、专利合作网络演化、平台治理驱动等影响制造型中小企业创新发展路径选择机制的实证研究，提炼中国制造型中小企业创新发展的五大战略路径。相关前期主要成果以30余篇论文形式发表在《管理世界》、《科学学研究》、《科研管理》、《数量经济技术经济研究》、Technology Analysis & Strategic Management等国内外期刊上，部分研究成果以研究报告形式获得省部级主要领导批示并被相关部门采纳。这些研究成果为本书战略性构建中国制造型中小企业创新发展路径深化了丰富的理论涵养源。

第三，在应用对策研究上，本书在深刻总结中国制造型中小企业创新发展相关理论分析结果的基础上，与当前的政策实践紧密结合起来，在对近200项中国中小企业创新发展政策开展文本分析和政策评价的基础上，聚焦供给侧结构性改革、制造业高质量发展、《中国制造2025》战略、"一带一路"倡议等宏观顶层设计，特别是围绕长三角制造业高质量发展、湾区级科创大平台、产业创新综合载体、飞地创新、企业数字化转型、智能制造转型发展、"互联网+"、区块链应用、人才激励、金融政策、国际知识产权保护等当前制造型中小企业创新发展面临的难点、热点问题，在广泛调研基础上提出了一系列具有较强针对性的政策建议，为政府决策部门提出了翔实可靠的政策建议。相关前期主要成果以 20 余篇论文形式发表在《中国工业经济》、《数量经济技术经济研究》、Energy Policy 等国内外期刊上，15 篇专题研究报告先后获得国家和省部级主要领导批示并被国家工业和信息化部、浙江省经信委、浙江省科技厅、浙江省市场监管局、浙江省中小企业局等政府职能部门采纳及应用，具有较强的现实意义和应用价值。这些研究成果为本书针对性构建和完善支持制造型中小企业创新发展多层次政策体系提供了大量的实践"策源池"。

本书由序、前言和四篇共三十二章内容组成。第一篇是中国制造型中小企业创新发展的机理研究，由第一章至第五章构成，内容包括：中国经济增长与制造型中小企业创新发展；科技体制改革与制造型中小企业创新发展；区域产业集聚与制造型中小企业创新发展；国际贸易规则变革与制造型中小企业创新发展；制造型中小企业创新发展的政策支持体系。第二篇是中国制造型中小企业创新发展的路径研究，由第六章至第十三章构成，内容包括：中国制造型中小企业创新发展的现状与问题；中国制造型中小企业创新发展的战略框架；中国制造型中小企业创新发展的模式与路径；研发策略与制造型中小企业二次创新；知识网络嵌入与制造型中小企业原始创新；全要素生产率与制造型中小企业集成创新；专利合作网络与制造型中小企业整合创新；平台治理与制造型中小企业创新生态。第三篇是中国制造型中小企业创新发展的政策支持体系研究，由第十四章至第十七章构成，内容包括：发达国家制造型中小企业创新发展政策比较研究；先进地区制造型中小企业创新发展政策比较研究；中国制造型中小企业创新发展政策效果评价；中国制造型中小企业创新发展政策支持体系建设。第四篇是支持中国制造型中小企业创新发展若干应用对策，由第十八章至第三十二章构成，内容包括：长三角制造型中小企业高质量发展比较与对策；打造湾区级科技创新大平台，助推制造型中小企业创新发展；大力发展"飞地创新"，更好融入长三角一体化；加大新型研发机构建设力度助推制造业高质量发展；未来科技城推动制造型中小企业创新发展探索与启示；关于发挥金融政策效应支持小微及"三农"企业应对疫情的思考和建议；推动浙江省知识产权服务业发展的对策建议；推进中小企业实施知识产权战略的思路与对策；杭州未来科技城海归人才经济的经验与启示；关于推进中小企业数字化转型发展的对策建议;"互联网+"战略下推动中小企业创新发展的政策建议;"智能制造"推进制造型中小企业转型发展的对策;小微企业园助力制造型中小企业创新发展的对策建议;区块链助推制造型中小企业创新发展的对策建议;"一带一路"倡议下加强民营企业知识产权国际保护的对策建议。

本书是国家社会科学基金重大项目（19ZDA078）、国家社会科学基金重点项目（16AGL001）、国家自然科学基金重点项目（71834006）、教育部重大攻关项目（17JZD018）、浙江省杰出青年基金（LR19G020001）、国家社会科学基金项目（17BGL224、17CJY067、18BJL040、18BJL013）、国家自然科学基金项目（71672172、71772164、71772165）、工信部重点软科学项目（2019）、国家知识产权局软科学项目（SS19-A-19）、浙江省重点软科学项目（2019C25036）的阶段性研究成果。在研究过程中得到了浙江省新型重点专业智库浙江工业大学中国中小企业研究院、浙江省中小微企业转型升级协同创新中心、浙江工业大学工商管理学科重点创新团队、中国社会科学院数量经济与技术经济研究所、浙江省委党校等大力支持。参加本书写作的主要成员有王黎萤、李平、包海波、王宏伟、楼源、吴瑛、高鲜鑫、赵春苗、霍雨桐、杨妍、王雁、姬科迪、李胜楠、阳银娟等，感谢楼源、霍雨桐、高鲜鑫对初稿进行的编撰和校对工作，王黎萤负责对全书进行了统稿。

本书在研究和撰写过程中，一直得到国家社科规划办、教育部社科司、国家自然科学基金委、国家工业与信息化部中小企业局、国家商务部投资促进事务局、中国中小企业协会、中共浙江省委办公厅、浙江省政府办公厅、浙江省经济与信息化委员会（浙江省中小企业局）、浙江省中小企业协会、浙江省工业经济研究所、浙江省中小企业发展研究所、杭州市经济与信息化委员会、中国科学学与科技政策研究会数字创新管理专委会、中国电子学会总部、中国电子技术标准化研究院、浙江省标准化研究院、浙江省发明协会、浙江省知识产权保护中心、浙江省人工智能知识产权联盟、世界工业与技术研究组织协会（WAITRO）等国内外有关组织机构、部门与领导的指导与支持，使本书内容充实，数据准确，资料丰富，在此一并表示诚挚的感谢。

同时，还要由衷感谢中国社会科学出版社经济与管理出版中心编审卢小生、刘晓红及其专业团队为本书出版所付出的诸多心血和努力，他们细致、敬业、高效的工作保证了本书的顺利出版。

尽管参加本书撰写的专家、学者以及实际部门的工作者都对撰写的内容进行了专门潜心研究，但由于中国制造型中小企业创新发展路径和政策支持体系研究面临众多新问题，加之时间又紧，难免存在不足。本书中如有不妥之处，敬请各位读者批评指正。

王黎莹
2020 年 8 月于杭荷轩

目 录

第一篇 中国制造型中小企业创新发展的机理研究

第一章 中国经济增长与制造型中小企业创新发展 ·················· 3
  第一节 中国经济增长与结构演变 ·················· 3
  第二节 中国制造业创新发展演进 ·················· 9
  第三节 制造型中小企业在创新链中的地位与作用 ·················· 18

第二章 科技体制改革与制造型中小企业创新发展 ·················· 32
  第一节 科技体制改革与全要素生产率 ·················· 32
  第二节 科技体制改革与区域创新驱动 ·················· 48
  第三节 科技体制改革驱动制造型中小企业创新发展 ·················· 58

第三章 区域产业集聚与制造型中小企业创新发展 ·················· 67
  第一节 区域经济集聚、选择效应与制造型企业生产率 ·················· 67
  第二节 区域知识产权密集型产业与制造型中小企业
     创新发展 ·················· 83
  第三节 区域产业技术溢出与制造型中小企业创新发展 ·················· 93

第四章 国际贸易规则变革与制造型中小企业创新发展 ·················· 100
  第一节 国际贸易规则变革及演化趋势 ·················· 100
  第二节 国际贸易规则变革对制造型中小企业创新发展的
     影响 ·················· 103

第三节　制造型中小企业应对国际贸易规则变革的
　　　　　　风险防范 ··· 123

第五章　制造型中小企业创新发展的政策支持体系 ············· 129
　　第一节　制造型中小企业创新发展政策支持体系溯源及
　　　　　　演进 ··· 129
　　第二节　中国制造型中小企业创新发展政策支持体系
　　　　　　研究 ··· 135
　　第三节　构建制造型中小企业创新发展的多层次政策
　　　　　　支持体系 ·· 146

第二篇　中国制造型中小企业创新发展的路径研究

第六章　中国制造型中小企业创新发展的现状与问题 ·········· 163
　　第一节　中国制造型中小企业创新发展的现实挑战 ········ 163
　　第二节　中国制造型中小企业创新发展现状 ················ 167
　　第三节　中国制造型中小企业创新发展存在的问题 ········ 182

第七章　中国制造型中小企业创新发展的战略框架 ············· 190
　　第一节　动态视角下制造型中小企业创新战略框架 ········ 190
　　第二节　知识产权与标准化战略协同推进制造型中小企业
　　　　　　创新链跃迁 ·· 195
　　第三节　产业平台创新战略助推制造型中小企业"四链融合"
　　　　　　创新 ··· 203
　　第四节　国际化战略引领制造型中小企业聚力全球价值链
　　　　　　重构 ··· 210

第八章　中国制造型中小企业创新发展的模式与路径 ·········· 215
　　第一节　中国制造型中小企业创新发展的模式演进 ········ 215
　　第二节　中国制造型中小企业创新发展的路径选择 ········ 240

第九章　研发策略与制造型中小企业二次创新 260
  第一节　研究背景 260
  第二节　研究方法 265
  第三节　数据分析与结果 271
  第四节　结论与讨论 277

第十章　知识网络嵌入与制造型中小企业原始创新 282
  第一节　研究背景 282
  第二节　相关理论及假设 288
  第三节　研究方法与数据分析 293
  第四节　研究结论与讨论 308

第十一章　全要素生产率与制造型中小企业集成创新 312
  第一节　研究背景 312
  第二节　研究方法 323
  第三节　数据分析与结果 325
  第四节　研究结论与讨论 333

第十二章　专利合作网络与制造型中小企业整合创新 339
  第一节　研究背景 339
  第二节　相关理论及假设 342
  第三节　研究方法与数据分析 346
  第四节　研究结论与讨论 370

第十三章　平台治理与制造型中小企业创新生态 375
  第一节　研究背景 375
  第二节　相关理论与构念 379
  第三节　研究分析过程 395
  第四节　结论与讨论 408

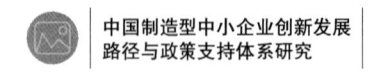

第三篇　中国制造型中小企业创新发展的政策支持体系研究

第十四章　发达国家制造型中小企业创新发展政策比较研究……… 415
  第一节　美国制造型中小企业创新发展政策　……………… 415
  第二节　日本制造型中小企业创新发展政策　……………… 419
  第三节　欧盟制造型中小企业创新发展政策　……………… 424
  第四节　借鉴与政策启示 ……………………………………… 429

第十五章　先进地区制造型中小企业创新发展政策比较研究……… 433
  第一节　广东省制造型中小企业创新发展政策　…………… 433
  第二节　江苏省制造型中小企业创新发展政策　…………… 436
  第三节　浙江省制造型中小企业创新发展政策　…………… 440
  第四节　山东省制造型中小企业创新发展政策　…………… 444
  第五节　福建省制造型中小企业创新发展政策　…………… 447
  第六节　借鉴与政策启示 ……………………………………… 451

第十六章　中国制造型中小企业创新发展政策效果评价……………… 458
  第一节　中国制造型中小企业创新发展政策文本分析　…… 458
  第二节　中国制造型中小企业创新发展政策效果评价　…… 477
  第三节　中国支持制造型中小企业创新发展政策体系实施
     　成效 …………………………………………………… 488
  第四节　中国支持制造型中小企业创新发展现有政策体系的
     　不足 …………………………………………………… 493

第十七章　中国制造型中小企业创新发展政策支持体系建设……… 499
  第一节　完善支持制造型中小企业创新发展的营商环境　… 499
  第二节　优化支持制造型中小企业创新发展的财税金融
     　政策 …………………………………………………… 501
  第三节　健全支持制造型中小企业创新发展的创新服务
     　体系 …………………………………………………… 505

第四节　构建支持制造型中小企业创新发展的融通创新
　　　　体系 …………………………………………………… 508
第五节　促进制造型中小企业创新成果转化 ………………… 511
第六节　加强制造型中小企业创新领域的国际合作 ………… 514
第七节　加强制造型中小企业创新人才培育 ………………… 515

第四篇　支持中国制造型中小企业创新发展若干应用对策

第十八章　长三角制造型中小企业高质量发展比较与对策 ………… 521
　　第一节　长三角一体化为中小企业高质量发展带来的机遇 …… 521
　　第二节　沪苏浙皖中小企业高质量发展比较与问题分析 …… 523
　　第三节　长三角制造型中小企业高质量发展的对策建议 …… 526

第十九章　打造湾区级科技创新大平台，助推制造型中小企业
　　　　　创新发展 ……………………………………………… 529
　　第一节　杭州湾经济区中小企业科技创新现状 ……………… 529
　　第二节　杭州湾经济区中小企业创新发展存在的问题 ……… 531
　　第三节　加快推进杭州湾经济区科技创新大平台，
　　　　　　助推中小企业创新发展的对策建议 ………………… 533

第二十章　大力发展"飞地创新"，更好融入长三角一体化 ……… 537
　　第一节　长三角区域内"飞地创新"发展现状 ……………… 537
　　第二节　国内外"飞地经济"发展经验借鉴 ………………… 539
　　第三节　发展"飞地经济"的对策建议 ……………………… 541

第二十一章　加大新型研发机构建设力度助推制造业高质量
　　　　　　发展 …………………………………………………… 544
　　第一节　先进省市新型研发机构建设经验 …………………… 544
　　第二节　浙江省新型研发机构发展面临的主要困难 ………… 546
　　第三节　推进浙江省新型研发机构建设的对策建议 ………… 548

第二十二章　未来科技城推动制造型中小企业创新发展探索与启示 ········· 550
第一节　杭州未来科技城高质量发展经验 ········· 550
第二节　加快未来科技城发展建设的对策建议 ········· 552

第二十三章　关于发挥金融政策效应支持小微及"三农"企业应对新冠肺炎疫情的思考和建议 ········· 555
第一节　疫情下小微及"三农"企业面临发展困境 ········· 555
第二节　后疫情期小微企业和"三农"企业面临金融风险 ········· 557
第三节　发挥金融政策效应助力小微及"三农"企业发展对策建议 ········· 559

第二十四章　推动浙江省知识产权服务业发展的对策建议 ········· 561
第一节　浙江省知识产权服务业发展突出问题 ········· 561
第二节　加快浙江省知识产权服务业集聚发展对策建议 ········· 564

第二十五章　推进中小企业实施知识产权战略的思路与对策 ········· 567
第一节　中小企业知识产权战略的实施现状 ········· 567
第二节　中小企业推进知识产权战略亟须解决的问题 ········· 569
第三节　推进中小企业实施知识产权战略对策建议 ········· 571

第二十六章　杭州未来科技城海归人才经济的经验与启示 ········· 574
第一节　海归人才经济发展初见成效 ········· 574
第二节　杭州未来科技城海归人才经济发展的主要做法 ········· 576
第三节　杭州未来科技城海归人才经济的启示与建议 ········· 578

第二十七章　关于推进中小企业数字化转型发展的对策建议 ········· 581
第一节　浙江省数字经济发展现状 ········· 581
第二节　浙江省中小企业数字化转型面临问题 ········· 583
第三节　推进浙江省中小企业数字化转型发展的对策建议 ········· 584

目 录

第二十八章 "互联网+"战略下推动中小企业创新发展的政策建议 ········· 589
- 第一节 "互联网+"战略下推动中小企业创业创新的重要意义 ········· 589
- 第二节 "互联网+"战略下中小企业创新发展的现状及问题 ········· 590
- 第三节 "互联网+"战略下推动中小企业创新发展的政策建议 ········· 594

第二十九章 "智能制造"推进制造型中小企业转型发展的对策 ········· 597
- 第一节 "智能制造"推进制造型中小企业转型发展的现状 ········· 597
- 第二节 "智能制造"推进制造型中小企业转型发展存在的问题 ········· 599
- 第三节 "智能制造"推进制造型中小企业转型发展的对策建议 ········· 601

第三十章 小微企业园助力制造型中小企业创新发展的对策建议 ········· 605
- 第一节 小微企业园建设发展现状 ········· 605
- 第二节 小微企业园建设发展存在的问题 ········· 607
- 第三节 大力发展小微企业园助力制造型中小企业创新发展的对策建议 ········· 609

第三十一章 区块链助推制造型中小企业创新发展的对策建议 ········· 612
- 第一节 加快区块链技术在技术市场应用的必要性 ········· 612
- 第二节 区块链技术应用需要解决的主要问题 ········· 615
- 第三节 区块链技术助推制造型中小企业创新发展的对策与建议 ········· 617

第三十二章 "一带一路"倡议下加强民营企业知识产权国际保护的对策建议 ⋯⋯ 619
 第一节 浙江省民营企业知识产权国际保护现状 ⋯⋯⋯⋯⋯ 619
 第二节 "一带一路"倡议下民营企业面临的知识产权国际保护困境 ⋯⋯⋯⋯⋯⋯⋯⋯⋯⋯⋯⋯⋯⋯⋯⋯ 621
 第三节 加强浙江省民营企业知识产权国际保护的对策建议 ⋯⋯⋯⋯⋯⋯⋯⋯⋯⋯⋯⋯⋯⋯⋯⋯⋯⋯⋯ 622

参考文献 ⋯⋯⋯⋯⋯⋯⋯⋯⋯⋯⋯⋯⋯⋯⋯⋯⋯⋯⋯⋯⋯⋯⋯ 625

第一篇

中国制造型中小企业创新发展的机理研究

第一章　中国经济增长与制造型中小企业创新发展

当前中国经济正逐步进入增长速度"换挡期"、结构调整"阵痛期"、前期刺激政策消化期这"三期叠加"的经济发展新常态时期,在加快要素驱动、投资驱动向创新驱动转变的同时,新一轮科技革命为制造业产业优化升级带来了新机遇。随着工业化、信息化深度融合进程加速,制造型中小企业必须摆脱传统廉价要素依赖和低端路径锁定,亟须依靠产品创新、技术创新、管理创新、商业模式创新等创新驱动走转型升级之路。新形势下,破除创新制造型中小企业在创新链中发挥作用的体制机制障碍,营造推动制造型中小企业创新发展的政策环境,通过创新驱动充分发挥中小企业在创新链中的重要作用,是增强中国经济持续增长动力的重要举措之一。

第一节　中国经济增长与结构演变

中国经济经历了30多年的高速增长后,开始从结构性增速阶段向结构性减速阶段转变,这种转变既符合世界经济发展的一般规律,也是国内诸多矛盾和问题以及国际需求疲软等因素共同作用的结果(李平、娄峰、王宏伟,2017)。在这种复杂的形势下,中国经济未来的增长潜力,过去30多年的经济奇迹是否意味着中国在未来还能保持平稳较快增长等,都是备受社会各界关注的问题。不少国内外学者与机构对中国经济中长期的发展趋势进行了预测,但存在显著分歧(Li and Lou,2016)。考虑到国内外影响经济的多种潜在因素及其传导机制,通过对中国经济增长与结构演变的历史趋势和时代特征开展研究,政界、产业界、学术界不约而同地做出

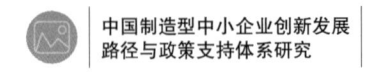

中国经济增长进入新常态的判断，预测中国经济结构化演变的新方向。而2020年新冠肺炎疫情造成的国际政治经济大变革更是成为牵引中国经济基本走势的"引玉砖"。

一 中国经济增长进入新常态

改革开放40多年来，中国经济腾飞、旧貌换新，在制造业、服务业等领域取得了巨大成就。据国家统计局统计，2019年中国GDP总量是1978年改革开放初中国GDP总量的269倍（见图1-1）；自1978年至今，中国国民总收入（GNI）与国内生产总值（GDP）持续增长，GDP增速长期保持在7%以上（见图1-2）。随着经济体量不断增大，经济增量所需聚集的动能远超从前，中国经济增长逐渐脱离增长率指标论，进入了高质量发展时期。2014年11月，习近平总书记在亚太经合组织（APEC）工商领导人峰会上首次系统阐述中国经济增长新常态的三大主要特点，即"从高速增长转为中高速增长""经济结构不断优化升级""从要素驱动、投资驱动转向创新驱动"，为中国经济长期持续增长求变谋局。

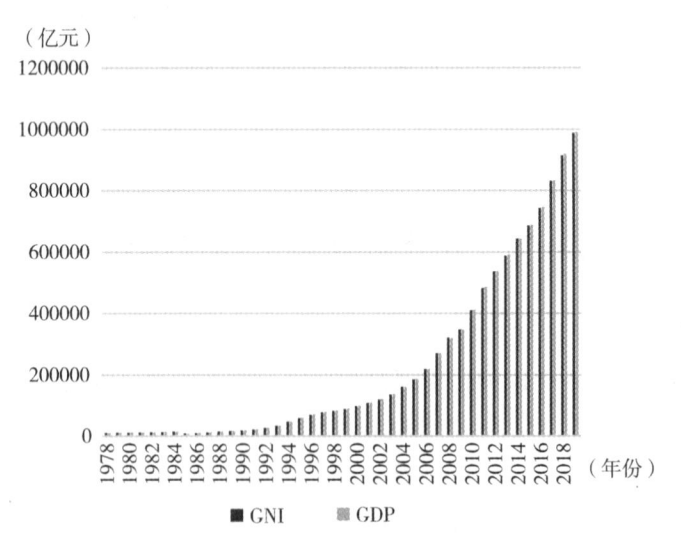

图1-1 改革开放以来中国国民总收入（GNI）与
国内生产总值（GDP）变化趋势

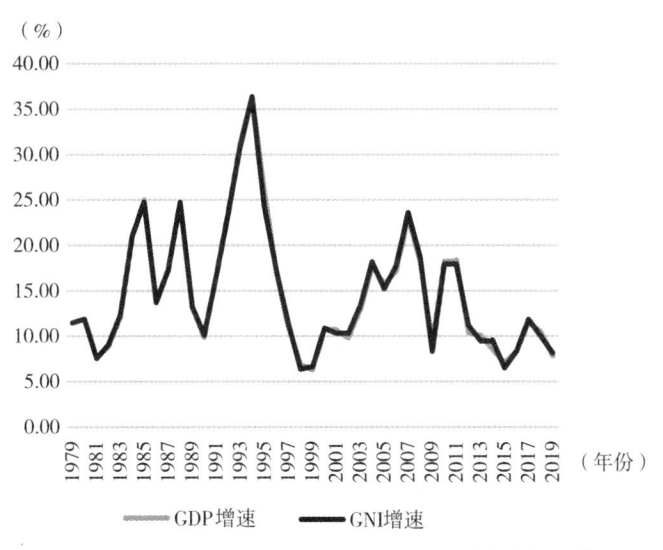

图1-2 改革开放以来GNI增速与GDP增速变化趋势

根据经济学理论，中长期的潜在经济增长速度主要取决于四个核心要素，即劳动供给、资本存量、资源禀赋和全要素生产率，这四者构成的生产函数决定了供给侧经济增长的可能性边界（Li and Lou，2015）。改革开放以来，中国经济的高速增长主要是粗放式增长，即主要依靠廉价物质要素的大量投入；但时至今日，支撑原来发展模式的劳动力要素和环境资源等禀赋条件早已发生改变。依靠要素驱动的经济增长难以维持，因此未来中国经济增长必须进入创新驱动发展的新模式，而这一状态下中国经济是否具有可持续性是当前经济增长问题研究的重点（李平、陈星星，2016）。在中国经济增长经验中，全要素生产率增长及其对经济增长的贡献较低，一方面在于科技创新能力差、技术进步率偏低；另一方面更是由于体制机制因素不合理，从而导致资源配置的效率不高、生产能力利用和管理水平偏低。因此，推进供给侧结构性改革，着力解决影响要素配置效率提高的体制机制障碍，推动全要素生产率的改进，提高中国中长期潜在的经济增长率水平。从作用机理上看，供给侧结构性改革对潜在经济增长率的作用主要包括以下两个方面。

（一）技术创新驱动

根据世界各国经济发展的基本规律，在物质要素投入一定的条件下，经济的增长速度主要取决于全要素生产率，这是决定一个国家中长期持续稳定增长的核心要素和动力。全要素生产率中，技术创新居主体地位，因此，通过科技创新和技术进步，降低过剩产能和无效产能，提高产品质量和产品附加值，不仅可以保持和扩展产品的市场份额，享有创新带来的市场收益，而且可以弥补劳动力和资本对经济增长贡献不断减弱的不利影响。另外，供给侧的技术创新反过来对需求侧也具有促进和激励作用，通过持续的研发投入和科技创新，不断提高产品的核心竞争力，最终促进产品出口和消费结构的优化升级。近年来，随着中国研发投入的不断增加，中国的科技研发、科技产业迅猛发展，一些高端领域的技术创新有可能呈现全球领跑态势，技术进步对中国经济增长的贡献程度也会越来越大。

（二）制度创新驱动

制度因素也是全要素生产率的主要构成部分，好的制度可以显著提升全要素生产率，提高经济增长质量。供给侧结构性改革就是要强调制度红利方面的改革和创新，通过改革以市场为基础的经济和社会管理制度，充分发挥市场对资源配置的决定性作用，降低经济发展的制度成本，理顺政府和市场关系，改革阻碍经济发展的相关制度体制，激发市场主体的创新活力，提高资源要素的流动性和配置效率，扩大资源优化配置空间，使经济发展中的风险和收益、责任和利益相匹配，切实提高市场经济效率，着重解放和发展社会生产力。

二　中国经济结构演变新方向

2016—2035年，中国的经济增长动力及其结构将发生显著变化。从消费结构上看，农村居民消费和城镇居民消费在最终消费中的占比将逐年增加，尤其是城镇居民消费占比增加显著，而政府消费在总消费中的比重则逐年下降。这一方面与中国加强城镇化建设的战略决策有关，城镇化的大力发展使城镇人口不断扩大，城镇居民的收入及社会福利也将进一步提高；另一方面也与中国政府实施"勤俭节约""遏制公款吃喝"的长期政策有关，政府消费比重下降的主要原因在于其消费增长率小于城镇居民消费增长率，从而使其相对占比逐渐下降。从经济增长动力上看，自2016年起，最终消费占比将超过资本形成占比，即消费将成为中国经济增长的主动力。未来20年内，以投资拉动型为主的经济增长模式将逐步转变为以消费需求为主导的发展新模式，消费增长（尤其是居民消费增长）将成为未来中国经济增长和发展的主要动力,投资增长将更多地取决于市场需求和经济发展状况,这将有利于改善投资结构和提高投资效率。世界经济发展史证明,当一个经济体快速持续发展到一定水平时,经济增长速度必然会发生转折,进入逐渐放缓的下降阶段。与众多发达国家的发展经历类似,中国正在进入潜在经济增长逐渐下降的发展阶段。在坦然接受这一客观发展规律的同时,仍然需要积极地从需求和供给两个方面努力减缓潜在经济增长率的下降幅度,着力优化经济结构化的演变进程,具体包括以下五个方面。

(一)深化行政体制改革,积极转变政府职能

推进供给侧结构性改革,激活市场和激励企业的关键是处理好政府与市场的关系。传统的资本和劳动要素已经呈现出规模收益递减的效应,中国未来可持续发展必须依靠以全要素生产率为代表的新生产要素(信息、技术、创新、管理等),而这些新生产要素的培育、发展和成长需要宽松而自由的市场环境。因此,职能转变作为深化行政体制改革的核心,通过建立有法律效力的"权力清单""负面清单""责任清单"来确定政府和市场的合理边界,消除不作为和乱作为行为,最大限度地减少政府对微观事务的管理和干涉。同时完善政府决策权、执行权、监督权既相互制约又相互协调的行政运行机制,加大简政放权力度,进一步开放市场,激发市场活力,发挥市场能动性和资源配置的决定性作用,在市场主导下建立价格形成机制、成本传导机制和投资回报机制,使要素投入、成本约束和投资回报相匹配。由市场主导行业、产品、项目的组织和技术路线及方向,让市场自主淘汰落后和过剩的产能,通过"大众创业、万众创新"和私人资本市场化运营激发市场发展动力和社会消费市场,严防"把市场关进权力的笼子里"。

(二)改革国有企业体制,营造充分且公平竞争的市场发展环境

世界史和经济学理论都证明,垄断不仅会激化市场矛盾,阻碍产业转型升级,而且会遏制技术与管理水平的创新,导致社会矛盾激化,阻碍资源配给,垄断和补贴是中国大多数国有企业的通病。与此同时,中国还存在一些垄断性产业政策,加之电信等服务业领域对民间资本放开程度不高,民间资本很难进入这些竞争性领域,这不仅不利于资源的有效配置,而且不利于发挥民间资本的重要作用,更重要的是这种不公平的发展制度

严重阻碍着技术创新和生产者激励机制。因此，对国有企业进行体制改革，消除垄断，引入竞争机制，通过改变国有企业干部任免制度和考核机制，消除国有企业短期行为，进一步放开高端制造业、现代服务业的市场准入等是建设自主研发和创新型经济的重要基础。中国能不能走出中等收入陷阱，能不能转向自主研发和创新型经济，关键之处在于国有企业体制改革，促使国有企业成为自主研发和技术创新的中坚力量。

（三）推动中小企业转型升级，激发市场主体活力

中小企业是国民经济的重要组成部分和经济发展的重要推动力量。据最新统计数据显示，中国各类中小企业已超过8000万户（含个体工商户），占全国企业总数的99%，完成了全国约50%的税收、60%的GDP和68.3%的出口，提供了80%的城镇就业岗位、65%的发明专利、75%以上的企业技术创新和80%以上的新产品开发。中小企业转型升级是中国转变经济发展方式的关键。当前中国正处于经济转型关键时期，而转型升级的重要主体是中小企业。中小企业是新时期中国促进新型工业化、信息化、城镇化和农业现代化"四化同步"发展的主力军。但长期以来，中国中小企业多属于劳动密集型企业，主要依靠低成本竞争和个体分散竞争、偏重粗放型和多元化发展、在低层次参与国际分工，缺乏核心技术和自主品牌，留下较多环境污染、高能耗，严重制约了中国经济由粗放型向创新集约型的转变。因此，量大面广的中小企业如何向"专精特新"转型升级已成为中国转变经济发展方式的关键问题。

（四）增强自主创新能力，改善科技创新的机制和环境

现代企业的竞争实质上是技术的竞争，企业唯有重视科研和科技创新，才能拥有自己的核心技术，从而真正掌握自己的命运，才能在各种顺逆环境下长期生存和发展。当前，中国经济发展处于产业结构调整升级的关键时期，出口面临的环境也日益严峻，在这种环境下迫切要求加强和依靠科技创新。一方面，结合供给侧结构性改革的发展契机，制定和完善提升企业自主创新能力和意愿的相关规划和产业政策，建立健全创新风险投资机制，促进风险投资机构发展，优化财税改革和企业科技研发管理，出台真正能够鼓励、引导企业加大研发投入力度和自主创新意愿的科技政策，切实解决目前困扰企业研发投入的后顾之忧。同时，完善投融资政策，通过对知识产权质押担保、科学和科技保险、高新区债券、风险投资基金

等来解决融资难的问题。另一方面，强化知识产权保护力度，完善科技成果转化和产业化的支持体系、技术服务体系、技术产权交易体系，真正在中国建立起知识产权保护的企业外部环境，使企业自主创新的经济利益和社会效益得到充分保障。让科技人员富起来，是激发企业和人才投身科研、积极创新的直接且有效的手段。

（五）用质量和效率替代数量，提高资本利用率和劳动生产率

在加大科技创新和努力提高全要素生产率的同时，供给侧结构性改革也需要着力提升传统生产资源要素的供给效率和供给质量。一方面，基于中国人口增长趋势短期内难以有效改变的事实，以及为适应现代经济发展需求，需要加大人力资本投资，推进人口红利向人才红利转变，提高劳动力素质以抵消基于人力资源意义上"人口红利"之后的负效应；同时通过构建统一的劳动力市场，优化劳动力配置，降低劳动力自由流动成本，促进劳动力在城乡、企业、高校、科研机构之间的有序流动，适当延长科技人才和管理人才的退休年龄，鼓励老龄人口继续发挥余热，挖掘社会劳动力供给潜力。控制人口增长战略向优化提升人口素质、提高人口质量战略转变；强化教育培训的质量和水平、稳步提升劳动者素质，推广实施十二年制义务教育，推进产学研战略联盟，提升产业核心竞争力，促使中国经济新常态平稳有效转换。另一方面，加快实施金融领域改革，提升资本利用效率，改变金融企业垄断暴利行为，加快构建与实体经济相匹配的多层次、多样化、立体化金融组织服务体系，有效整合各种金融资源，加快推进金融市场化改革，切实降低企业尤其是中小型企业的资金使用成本。

第二节　中国制造业创新发展演进

中国经济腾飞与结构转型背后，离不开制造业创新发展。改革开放以来，中国工业化进程不断加快，工业化水平不断提高，取得了工业体量世界第一、工业出口全球居首、高技术企业不断涌现、创新能力持续增强等卓越成就。中国制造业创新发展得益于坚持改革开放政策，坚持科技体制创新，坚持基础设施建设的战略布局，但也带来了产能过剩明显、技术附加值低、区域差距较大、工业污染严重、创新主体活力有待增强等问题。新时期加快推进5G、物联网、工业互联网、人工智能等新型基建投资，铺

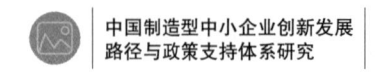

就推动制造业长远发展的"高速路"。

一 中国制造业创新发展的成就

中国制造业发展快速,从规模上看已经成为世界制造业第一大国。世界银行数据显示,按现价美元测算,2010年中国制造业增加值首次超过美国,成为全球第一制造业大国,自此以后连续多年稳居世界第一。2017年,中国制造业增加值占世界的份额高达27%,同期美国制造业增加值占世界的份额为16.5%,中国制造业成为驱动全球经济增长的重要引擎。

(一) 工业体量世界第一

根据世界银行的统计数据,1952年中国工业增加值120亿元,1978年超1600亿元,2012年闯过20万亿元大关,2018年突破30万亿元大关。按照不变价美元计算,1952—2018年,中国制造业增加值增长了970.6倍,年均增长11%;1978—2018年,中国制造业增加值增长56.4倍,年均增长率达10.7%。随着制造业的高速增长,中国在世界制造业中的重要性不断增强。1990年中国制造业占全球的比重为2.7%,居世界第九位;2000年上升到6.0%,居世界第四位;2007年达到13.2%,居世界第二位;2010年占比进一步提高到19.8%,跃居世界第一位,自此连续多年稳居世界第一。2018年工信部数据显示,中国制造业增加值相当于美国、德国和日本三强之和,大约是美国的2倍。至今,中国已经建立起门类齐全、独立完整的现代工业体系,是全世界唯一拥有联合国产业分类中所列全部工业门类的国家。在通信行业,中国已经建成了全球规模最大的信息通信网络,光缆长度超过4500万千米,电话用户总规模达17亿户,互联网宽带接入用户达4.4亿户,网民数量达8.54亿;2018年全国固定电话用户达到1.8亿户,比1949年增长了836倍;2018年移动电话用户达到15.7亿户,比1988年增长了52.2万倍(祝君壁,2019)。

(二) 工业出口全球居首

中国制造业工艺水准不断提升,国际竞争力不断增强,自2009年起已连续多年稳居全球货物贸易第一大出口国地位。在改革开放之初,中国商品出口规模小,且以农产品和矿产品为主。1980年,中国制成品出口额仅为87亿美元,占全部商品出口比重的48.14%;2013年达到20772亿美元,比重高达94.03%。1980年,中国制成品出口额居世界第21位,占世界制成品出口额的 0.80%，相当于排名第一德国（162074.8 百万美元）的 5.38%；2013 年，中国制成品出口额居世界第一，占世界制成品出口额的 17.53%，是排名第二德国（1237311.2 百万美元）的 1.68 倍。从产品类别来看，中国在电子数据处理和办公设备、通信设备、集成电路和电子元件、纺织品、服装领域占有较大的市场份额，2013 年其国际市场占有率分别达到 41.2%、37.8%、21.8%、34.8% 和 38.6%，铁和钢的国际市场占有率达到 12.0%。中国货物出口贸易总额由 1978 年的 168 亿元人民币增加到 2018 年 16.4 万亿元人民币，增长了 976 倍，成为驱动全球工业贸易的重要引擎。

（三）高技术企业不断涌现

随着国有企业不断深化改革、民营企业成长环境不断优化，中国企业发展活力不断增强，成千上万的高技术企业随着经济高速增长快速成长起来，在规模、技术水平和管理能力等方面，其中一些已经成为国际领先企业。2019 年《财富》杂志发布最新的"世界 500 强"，129 家中国公司上榜，首超美国；2019 年共有新上榜和重新上榜公司 25 家，其中新上榜的中国公司有 13 家，占总数的一半以上，成立 9 年的小米成为 2019 年世界 500 强中最年轻的公司。在上榜的中国企业中，以工业为主业的企业逾 100 家，涵盖能源、矿业、化工、建筑、通信、交通、装备制造等多种工业门类。2019 年美国化学学会旗下《化学与工程新闻》杂志发布"全球化工 50 强"，其中中国企业上榜数量 5 家（见表 1-1）。

表 1-1　　2019 年《财富》世界 500 强入围中国企业名单前十强

世界 500 强排名 2019 年	世界 500 强排名 2018 年	公司名称	营业收入（百万美元）	国家
2	3	中国石油化工集团公司	414649.90	中国
4	4	中国石油天然气集团公司	392976.60	中国
5	2	国家电网公司	387056.00	中国
21	23	中国建筑工程总公司	181524.50	中国
23	24	鸿海精密工业股份有限公司	175617.00	中国
26	26	中国工商银行	168979.00	中国
29	29	中国平安保险（集团）股份有限公司	163597.40	中国

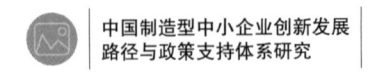

续表

世界 500 强排名		公司名称	营业收入（百万美元）	国家
2019 年	2018 年			
31	31	中国建设银行	151110.80	中国
36	40	中国农业银行	139523.60	中国
39	36	上海汽车集团股份有限公司	136392.50	中国

注：资料源于《财富》杂志中文网。

（四）创新能力持续增强

随着经济实力增长、创新投入增加和企业发展壮大，中国在世界创新体系中的地位日益重要（李平、李晓华，2015）。1995 年中国研究与开发支出占国内生产总值（GDP）比重仅为 0.57%，低于同为发展中国家的印度；2000 年达到 0.90%，略高于印度，接近巴西；2012 年提高到 1.98%，超过英国、意大利等发达国家以及欧盟 28 国平均水平（1.97%）；2018 年中国研发投入费用仅次于美国，排名全球第二名，研发经费总量高达 1.96 万亿元人民币，约占 GDP 的 2.18%。2019 年中国研发支出达 2.17 万亿元人民币，占 GDP 比重为 2.19%；全国技术交易额达到 2.2 万亿元人民币，超过了 2019 年度全社会研发支出总额；同年，中国通过《专利合作条约》（PCT）途径提交专利申请 5.9 万件，跃居世界第一。据世界知识产权组织公布，2019 年中国综合创新指数排名全球第 14 位，是中等收入经济体中唯一一个进入前 30 名的国家；在人才的培养上，中国的高校质量仅次于美国和英国；在技术集群方面，中国有 18 个技术集群，仅次于美国（26 个），全球入选前五大集群的分别是东京—横滨（日本）、深圳—中国香港（中国）、首尔（韩国）、北京（中国）、圣何塞—旧金山（美国）。

二 中国制造业创新发展的经验

改革开放以来，中国经济发展的巨大成就表明，中国促进制造业发展的体制、机制和政策在总体上是有效的，中国坚持改革开放、坚持科技体制创新、坚持发展基础设施建设的战略极大地激发了制造业从业者的热情和潜能。

（一）坚持改革开放政策

中国经济在长达 40 多年的时间实现了年均 9.4% 的增长奇迹，这种持续性的高速增长，发生在幅员辽阔、人口众多、环境复杂的中国，近乎于不可置信。世界银行曾经归纳过"二战"后超过7%增长率持续增长25年以上的13个经济体，发现这些成功经济体有五个惊人的相似之处：一是有效地融入了全球化；二是维持了稳定的宏观经济环境；三是有高储蓄率和投资率；四是坚持以市场体系来配置资源；五是建立了守信、可靠、有能力的政府（林毅夫，2012）。

（二）坚持科技体制创新

科技兴则民族兴，科技强则国家强，科技创新是一个国家、一个民族发展的重要力量。改革开放40多年来，党和国家对科学技术越来越重视，将其视为"第一生产力"，进而定义为"第一动力"。中国科技体制改革的脚步从未停歇，一直努力探索解放和发展科技生产力的最优道路。无论是在宏观层面，还是在微观层面，科技体制改革都在不断深入和完善，谱写出"多重奏""交响乐"。随着科技体制创新的持续演化，科技体制改革不断深入，政策体系日益完善，创新创业热情和市场活跃度不断提升，科技创新快速发展，科创水平屡屡跃升（李平，2018）。实证研究表明，在科研机构转制改革和构建国家创新体系阶段，中国科技创新全要素生产率增速较改革初期有所下降，这主要是由技术进步速度减缓导致的，而创新效率增速得到提升；在实施创新驱动和建设创新型国家阶段，科技创新全要素生产率增速较改革初期均得到了较大幅度提升（吕岩威、李平，2016）。

（三）坚持基础设施建设

中国制造业的发展明显得益于政府的基础设施建设。截至2019年，中国铁路总里程达13.9万千米，仅次于美国，居世界第二；高铁总里程突破3.5万千米，占全球7成，稳居世界第一；公路总里程已达484.65万千米，高速公路达14.26万千米，均居世界第一；公路养护里程495.31万千米，占公路总里程的98.8%。完善的基础设施有利于提升供应链的效率，将中国劳动力丰富且工资低廉的比较优势从可能变为现实，吸引外国直接投资进入制造业领域；而外国直接投资的进入和本国制造业企业的内生成长又会进一步完善产业配套体系，发挥产业的集聚优势。近年来，中国劳动力成本上涨很快，并已明显超过周边地区的国家，但制造业投资的外流并不明显、制成品出口仍然持续增长，在很大程度上是因为中国的基础设施和产业配套体系明显领先于东南亚等劳动力成本更低的国家和地区，再

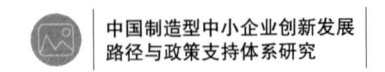

加上"中国制造"的效率更高，因此中国的制成品仍能够具有成本优势。高速公路和高速铁路的大发展，有效地缩短了中西部地区与沿海的"时间"距离，加快了中西部地区的改革开放进程，使中西部地区有能力承接东部地区制造业的梯次转移。

三　中国制造业创新发展的问题

经过60余年的工业化，尤其是改革开放以来40多年的快速工业化，中国的基本经济国情已从一个农业大国转变为制造大国。但是，制造业产能过剩扩大、技术附加值仍偏低、区域差距明显、工业污染严重的问题一直存在。

（一）制造业产能过剩逐渐扩大

20世纪90年代起，中国制造业经历了多轮产能过剩，波及金属冶炼、矿物制品、机械装备等重化工业，近几年风电、光电设备等新兴产业也未幸免。产能过剩是指预先形成的生产能力超出均衡产量所需导致生产要素相对富余并闲置的情形，原本是特定经济运行条件下的常见现象。当企业未能预见到因金融冲击、结构调整等因素而引发的需求下行，又无法回收已沉没的固定投资，难免会发生产能过剩。通常产能过剩可以随供需关系移动而自行化解。然而，过去20余年中国制造业多次出现大面积产能过剩，一些行业持续时间较长，且与宏观周期不完全吻合。通常认为，多变的外部市场与国内产能利用率存在关联，外需减弱、出口受阻将导致国内产能过剩加剧。然而，这一逻辑并非在所有企业中都具有必然性。一些大型企业可能出于竞争目的而做出与出口波动的"销售效应"相反的产能决策，是否会发生产能过剩取决于"销售效应"和"竞争效应"的消长平衡（刘航、李平、杨丹辉，2016）。随着经济新常态的到来，中国工业制成品出口增速趋缓，以往低水平扩张的外贸发展方式难以为继。目前，对外贸易和产业政策调整的方向和着力点应放在为不同规模、不同所有制的企业提供公平有序的市场环境。只有加快国内产业结构调整，深化要素市场改革，着力完善统一的国内市场，打破地区分割和行业垄断（刘航、杨丹辉，2013），才有可能使这一轮外部需求调整演化为中国制造业淘汰落后产能、化解产能过剩矛盾的有利契机。

（二）技术附加值仍偏低

在制造业国际分工体系中，中国企业加入国际分工、参与国际竞争主要还是依靠较低的劳动力成本、土地成本和环境成本，以技术、品牌、标准为代表的高端竞争优势尚未形成，这造成了制造业附加值总体偏低。尽管中国企业在国际分工体系和国际贸易中所占的比重越来越大，但从中获得的利益并没有明显增长。据国家统计局公布，2019年中国出口商品以机电产品和劳动密集型产品为主，其中七大类劳动密集型产品合计出口2.99万亿元，增长5.7%，占出口总值的19.2%，出口增幅明显高于上年同期。相比于发达国家，中国产品出口的结构层次较低，高新技术产品出口比重虽然上升却没有明显的国际竞争优势，仍然以低竞争优势为主要表现方式，产品所包含的技术成分和附加值溢价仍然不高。

（三）区域发展差距明显

从总体来看，中国制造业高质量发展水平呈现上升趋势，但区域发展差距日趋显著。从空间分布来看，制造业呈现出"东强西弱"的发展态势，东部地区明显高于其他地区，中西部次之，东北最弱；从创新绩效上看，中国东部地区创新绩效较高，基本形成了强强联合的创新优势区域带，中西部地区的创新绩效增长极较少且较分散，互动关联链式创新结构尚不完整，区域创新的过程溢出和空间关联较弱是中国中西部地区创新绩效较低的一个重要原因（张静、李平，2017）；从工业化水平看，中国的工业化进程呈现区域发展不平衡的特征，北京、上海、广州、天津、江苏、浙江等东部地区已进入工业化后期，中西部地区仍处于工业化中期阶段，东部地区第二产业占比近年不断下降，而中西部地区第二产业占比相对1978年基本保持稳定。近年来，中西部地区已经出现了许多具有竞争力的产业集群，带动着地方经济发展。但随着全球化、区域一体化的不断深入，一些制约产业集群发展的障碍也在不断地显露出来，其中就包括：产业集群规模较小，缺乏龙头企业带动；企业产业集群层次低，技术含量不高；产业集群的发展缺少自主创新等问题（李平、吴大华、贺俊、王宏伟、江飞涛，2016）。

如图1-3所示，近五年来，华东地区中小企业景气指数稳居全国七大地区首位，显示了长三角经济带中小企业的发展活力；随着粤港澳大湾区具体政策部署与海南自贸区的推动建设，华南地区城市群抓住机遇，融

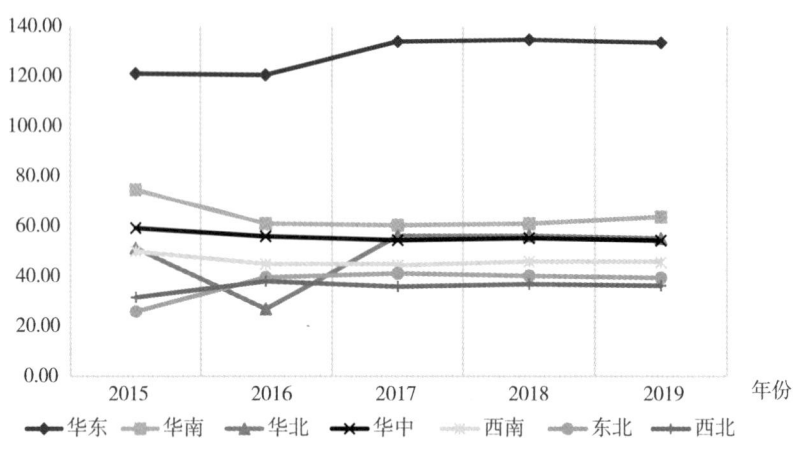

图1-3 中国七大区域中小企业综合景气指数

入区域协调发展中来，该地区中小企业的发展机会越来越多，从而在一定程度上推动了华南地区中小企业景气指数的提升；2019年华北地区中小企业综合景气指数略有下降，位居全国第3位，主要因为国内整体经济环境存在下行压力、中美经贸摩擦加剧等问题，而华北地区中小企业自身特点又决定了其负担还是较重；华中地区中小企业综合景气指数呈现先升后降态势，整体经济环境存在下行压力，产业结构等矛盾还未解决，转型升级也还未完成，华中地区的中小企业综合景气指数仍然处于低位运行；2019年，西南地区中小企业综合景气指数在全国七大地区排名与上年持平，居全国第5位，且各项分类指数中的工业中小企业景气指数、上市中小企业景气指数和反映企业家信心的比较景气指数的全国排名均与上年持平，居全国第5位，这得益于西南地区加强科技创新，拓展发展新空间，加快新旧动能转换，不断促进地区中小企业向好发展，因此，尽管西南地区基础设施建设较为滞后，整体经济环境存在下行压力，但在相关政策的影响下该地区中小企业综合景气指数保持平稳运行；东北地区中小企业综合景气指数在全国七大地区排名第6位，与上年持平，工业中小企业景气指数、上市中小企业景气指数、反映企业家信心的比较景气指数排名分别为第6位、第6位和第7位，均与上年持平，近年来东北地区改革动作显著，然而深层次体制机制问题与产业结构不合理问题并没有得到根本解决，加上东北地区第三产业比重和民营经济比重占比都较低，国企的低效和高亏损率尤其严重。除此之外，人口老龄化、人口增长放缓、人才流失严重也是东北地区经济疲软的重要原因；2019年西北地区中小企业综合景气指数在全国七大地区排名与上年持平，排名末位，分类指标工业中小企业景气指数、上市中小企业景气指数、反映企业家信心的比较景气指数排名均与上年持平，分别居第7位、第7位和第6位。

（四）粗放工业污染严重

高消耗、高投入的粗放型发展模式带动了中国制造业的迅猛增长，但也衍生出诸多深层次问题（李平，2017）。根据《BP世界能源统计年鉴2020》公布，2019年中国煤炭产量占全球总产量的47.3%；煤炭消费量占全球总消费量的51.7%，比上年提高了1.4个百分点，是世界上最大的能源消费国和碳排放国。同时，《2018年全球环境绩效指数（EPI）报告》显示，中国ERI得分为50.74分，在180个国家和地区中居第120位；从历年EPI排名看，中国排名始终处于较为靠后的位置。由此可见，中国经济发展面临能源消耗过大和环境污染严重的双重压力。制造业是中国国民经济的支柱产业，其能源消费量每年占中国能源消费总量的70%左右，同时也是环境污染的主要来源。随着工业化的不断推进，制造业在未来一定时期内的能源消费需求会继续攀升，且以煤炭为主的能源消费结构将导致环境约束进一步趋紧。然而，"富煤、贫油、少气"的能源禀赋决定了短期内中国的能源格局不会改变，通过优化能源结构解决制造业的能源环境问题以实现节能减排的空间不大。在此情形下，提高能源效率才是经济、能源与环境协同发展的最现实、最重要的路径（张志辉，2015）。

（五）创新主体活力有待增强

制造业创新主体依然面临产业、技术、金融、财税、法律等部分决策盲区，尤其针对制造型中小企业的法律法规不健全、政策落实不到位，阻碍制造型中小企业创新活力的激发。目前，制造型中小企业的政府主管部门涉及多个部门，国家工商局管登记，工信部管工业中小企业，国家商务部管服务类中小企业，税务局管税收，国家统计局管规模以上企业，国家工商联合会管民营企业等，呈"五龙治水"、各自为政的状况。制造型中小企业转型升级亟须国家从顶层设计出发，进一步在产业、技术、金融、财税及法律等方面有针对性地完善和强化政策支持体系。当前中国制造型中小企业面临技术、产品创新少、管理转型升级难、生存压力大的问题。大部分制造型中小企业仍采用模仿跟进方式，创新意识不强、创新人才缺

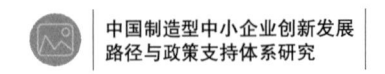

乏，创新基础薄弱，创新资金不足，创新服务缺失，共性技术研究推广乏力，这些都直接影响中小企业的自主创新。中小企业的转型升级必须坚持依靠创新驱动发展，重点培育具有知识产权优势和品牌优势的科技创新型中小企业。另外，传统"生存型"的创业创新行为，逐渐向网络信息化背景下"机遇型"创业创新方向转型，需要寻找新的创新模式和创新思维。

第三节　制造型中小企业在创新链中的地位与作用

创新链作为国家和区域创新系统的重要支撑，在实践中已经得到广泛应用，受到各国政府和产业界普遍关注。创新链与产业链、价值链、资金链具有很强的关联性，它是以企业为核心主体，以满足市场需求为导向，以创新性知识供给、技术供给和产品供给为核心，通过技术创新、组织创新和管理创新等实现全过程价值增值和功能链接模式。中小企业是创新链中最活跃、最积极的主体，发挥中小企业在创新链中的重要作用，是创新驱动战略成功实施的关键因素。

一　创新链定义与内涵

（一）创新链的定义

创新链是指围绕创新核心主体，以满足市场需求为导向，以新技术获取、研究开发、新产品创新、市场拓展为核心，通过制度创新、组织创新和管理创新将相关创新主体联结起来，在创新全过程中实现价值增值的功能链接模式。适应经济发展新常态和推动创新驱动发展的创新链应该有利于大中小企业之间相互依赖、共同进化，提高生存能力；有利于上下游企业之间相互沟通、降低成本、提高企业竞争力；有利于创新成果的有机整合，实现创新价值增值；有利于创新要素和创新资源整合，形成多样性、静态均衡的持续演进机制；有利于企业与科研机构、大学、金融机构、政府等加强协同合作，充分发挥各参与机构的作用，形成创新驱动力。因此，新时期的创新链具有更丰富的内涵、更独有的特征以及更强大的功能。

（二）创新链的内涵

适应经济发展新常态和推动创新驱动发展的创新链是以市场为主导，

多功能模块交互作用、多元化主体协同运作、多阶段模式共生竞合的模块网络化的链状模式。创新链的核心主体是企业，中小企业是其中最活跃、最积极的主体；创新链以市场为导向，所有的创新活动，涉及人才支撑、资金支持、技术配套、信息支持等，都围绕市场展开，以满足市场需求为主要目的；创新链也是产业链、价值链、资金链、技术链的交互融合过程，缺少其中某一个环节，创新链都无法有效运转；创新链的重要支撑是创新平台，主要的功能模块包括创意获取、基础研究、应用研究、试验发展等，这些功能模块根据用户、高等院校、科研机构、供应商、中介机构、风投机构及金融机构等创新主体的需求进行组合和演进（见图1-4）。

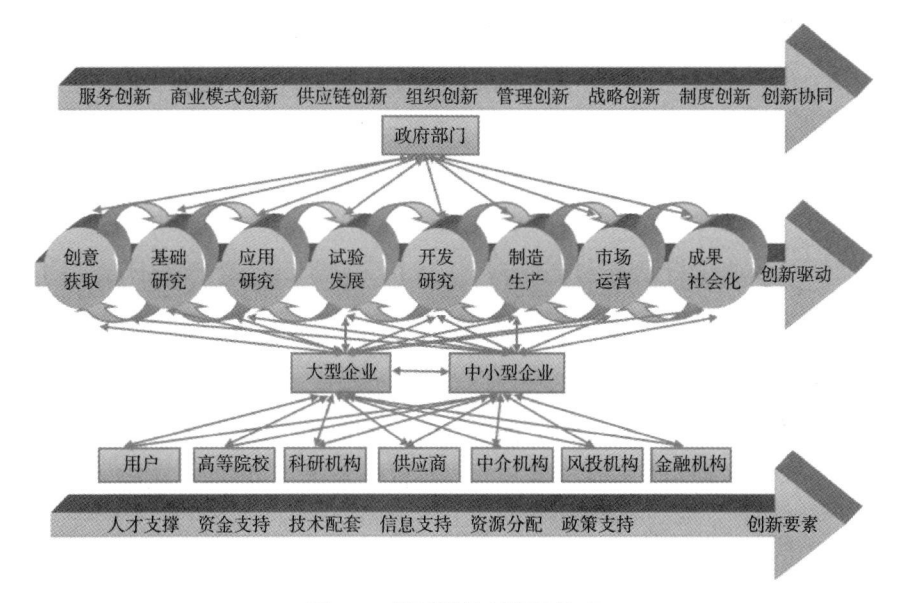

图1-4　新时期的创新链构成

创新链的内涵界定从以下视角予以揭示：

1. 创新链的核心主体是企业

企业是创新链中的核心主体，不同规模类型的企业在创新链中发挥不同的作用。中小企业创新的主动性、积极性具有内生性，因此中小企业在开发新产品、创造新业态、推动新工艺等创新活动上具有不可替代的创新主体地位。因此，中小企业是创新链中最为活跃的核心主体，创新链中发挥中小企业作用显得尤为重要和迫切。

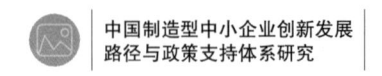

2. 创新链的目标是更好地满足市场需求

所有创新活动都围绕市场展开，市场是创新链的内核，是检验创新链运行效率和效果的唯一标准。创新链运行的目标是为了更好地满足市场需求，创新链的所有链环都是从市场向外扩散，通过创新驱动重新释放市场新空间，鼓励和加强公平合理的竞争，为中小企业创造更大的市场空间。

3. 创新链与产业链、价值链、资金链共生

创新链与产业链、价值链、资金链具有共生关系，缺少"四链"中的某一个环节，创新链都不能有效运转。产业链是创新链的基础，没有完整的产业链，产业基础不扎实，创新链无法展开；价值链是创新链的目的，创新链驱动的目的是实现价值增值；资金链是创新链的支撑，没有资金链的支撑，创新链无法展开。因此，创新链需要与产业链、价值链、资金链高度融合，才能实现持续的创新驱动。

（三）创新链的特点

创新链具有多功能模块交互作用、多元化主体协同运作、多阶段模式共生竞合的三大主要特点，具体分析如下：

1. 多功能模块交互作用是可持续创新涌现的基石

创新链本质上强调从研究开发、试制生产到市场渗透的整个创新过程。随着开放式创新和全球化发展，创新链的内涵逐渐向创新模糊前端和创新商业化后端延展，包含了创意获取、基础研究、应用研究、试验发展、工艺开发、产品开发、生产制造、市场扩散、成果社会化等环环相扣的一系列功能活动。其中创意获取、成果社会化是新时期创新链实现可持续创新涌现的重要基石。这些功能模块并不是从创意获取到成果社会化的简单线性关系，而是呈现出各功能模块交互作用，协同发展的非线性关系。创新链的持续演进，取决于上述各种功能模块间的健康平衡发展。

2. 多元化主体协同运作是创新价值实现的途径

创新活动是一个多投入、多产出、多环节的复杂过程，涉及众多利益相关者与复杂的关系网络。大中小企业是创新链的主体，在创新链中分别承担不同的功能与角色，并引导创新链各功能模块根据创新主体的需求进行组合和演进。而创新的参与者，包括供应商、经销商（或客户）、竞争性同类企业、科研机构、高等院校、政府部门、金融机构以及中介服务组

织与风险投资机构等，这些利益相关者掌握着资金、技术、信息等不同的创新资源，对于创新效率与效果有着极其重要的影响。创新链是各参与主体的协同体，是通过价值链进行协同，沿着价值链进行分工，协调好各利益相关者之间的关系，实现创新要素的充分整合与共享，是实现创新价值增值的重要途径。

3. 多阶段模式共生竞合是创新链循环演进的动力

创新链的形成具有一定的长度和宽度，即研究、应用、产业化多环节创新协作，并涉及多领域创新链交叉融合，形成了纵向和横向模块化分解与集中，呈现出模块网络化链状结构。由于各创新主体在创新资源、创新环境等方面所占据的不同地位和功能，导致主要链条和辅助链条交叉融合，形成多阶段模式共生竞合的局面。共生使不同创新主体通过资源整合、优势互补，带来创新成本和风险的降低，提高创新成功率和收益率，从而表现出更好的竞争能力和适应能力。竞争导致不同的创新主体通过改变资源利用方式或运作模式使自身产生相对优势，实现不同阶段创新链模式的调整和拓展，促进创新链不断向高阶循环演进。

二　制造型中小企业在创新链中的地位与作用

在"创新、共享、绿色、开放、协调"五大发展理念引导下，传统产业通过创新驱动实现转型升级，互联网与电子商务加速制造业和服务业的融合，制造型中小企业在创新链的各个环节发挥积极作用，尤其在创意前端和商业化后端催生新型业态，在生产性服务业和消费性服务业领域成为提供公共产品、公共服务的新力量和经济发展的新源泉。

（一）制造型中小企业是实现创新链功能的基础涵养源

中小企业灵活运营的机制优势可以加速创新链的运转，是供给侧结构性改革最具活力的市场创新主体。供给侧结构性改革为中小企业融入创新链创造新机会，也为实现创新链功能提供了基础涵养源。供给侧结构性改革在适度扩大总需求的同时，通过改革推进结构调整，矫正要素配置的扭曲，扩大有效供给，改善供给质量，把技术创新、组织创新和管理创新与中小企业创业创新联结起来，推进制造型中小企业从价值链低端的单一制造向价值链两端的创意开发和服务增值不断延展，为中小企业融入创新链创造新业态、新模式和新机会。供给侧结构性改革加快行政性垄断行业改革和放宽准入，使各类要素能够便利地进出市场，自由地创造价值，自主地实现价值，形成经济持续增长的不竭动力，激发制造型中小企业的创新活力。在宏观层面，供给侧结构性改革可以推进中小企业相关政策及立法的改革力度，政府着力创新行政管理体制和宏观管理方式，打造中小企业主体能够充分释放财富、创造潜力的良好环境，并使各类政策工具的运用有利于存量资源的不断优化重组，提高中小企业的市场竞争力。供给侧结构性改革推动中小企业不断创新实现转型升级，逐步增强中小企业在创新链中的作用。制造型中小企业在需求拉动下，优化内部流程和技术革新，不断优化供给能力和供给体系创新，积极应对人力资本上涨趋势、降低企业运营成本，通过深耕产品和技术思维，聚焦优势领域，促进行业资源与区域资源的整合，不断激活生产要素，提高全要素生产力，将企业的发展方向锁定新兴领域、创新领域，创造新的经济增长点。

（二）制造型中小企业是提升创新链效率的核心驱动器

制造型中小企业是"互联网+"战略下最为活跃的创新主体。借助互联网和移动互联网技术，制造型中小企业在创新链前端通过快速迭代试错的方法，创意数量和质量同步提升，以创造更好的用户体验为目标形成企业生存发展的核心竞争力，成为进一步转化"精益创新"的主要力量。"互联网+"为制造型中小企业提供颠覆性创新蓝海，制造型中小企业以"碎片化"优势嵌入创新链的各个环节，充分利用"云制造"汲取敏捷制造、网络化制造和面向服务制造等先进制造模式的优势，主动、积极、快速地对接创新链前端，成为社会化生产的一部分。制造型中小企业利用互联网和云端技术，有效消除传统经济中阻碍循环、影响流通、低附加值、低效率、低效益的发展阻碍，促进市场扁平化发展，加快资源流转速度。制造型中小企业通过集中开发高效的O2O业务工具和决策工具，让制造业和服务业融合发展，便捷地享受到互联网新经济的巨大红利。制造型中小企业通过互联网支持组织创新，协同数字化制造、产品生命周期管理、创新包括互联网金融和智能中介服务在内的生产性服务业发展方式。中小企业的专注与创新能力极大地推动了互联网时代创新链主体的生态化竞争，以社会化营销、"去中心化"、组织生态化、认知盈余生产力等方式提升价值范式。

（三）制造型中小企业是推动创新链结构优化的重要推进器

创新链结构的升级离不开制造型中小企业智能化转型发展。智能制造推动信息化发展正进入一个新的历史阶段，信息化与工业化深度融合日益成为制造型中小企业发展方式转变的内在动力。制造型中小企业正在成为智能制造个性化定制，柔性制造技术创新的主力军，是商业模式创新的生力军。整个制造业正在向着柔性生产发展，中小企业的产能在小批量生产和大规模定制当中自由切换，企业对市场能够做到快速响应，满足用户的个性化需求，实现从大规模制造向大规模定制转型，形成新的服务理念与模式。智能制造极大地降低了制造型中小企业创新门槛，激发了创新活力，使更多的中小企业在创意获取、平台运营和商业模式创新等方面发挥积极作用。智能制造引领制造业服务化转型促进生产性服务业的大发展。"智能制造"贯穿产品制造的全过程，消费者不仅能够获得个性化的定制产品，还可以从产品设计阶段就参与其中，监督和指挥加工制造、销售物流环节，实现随时参与和决策自由配置各个功能组件，加速制造企业成本再造倒逼中小企业优胜劣汰，使生产工艺和供应链管理更具有效率，能源消耗程度明显降低，通过系统的自我纠正降低产品的不合格率，产品从设计到投入市场的周期明显缩短，快捷化、服务化的产品为企业创造更多的市场价值。

（四）制造型中小企业是促进创新链跨境合作的关键融合器

创新链的跨境延展立足于国际、国内两个市场，包含"走出去"和"引进来"，制造型中小企业在创新链跨境合作中促进创新资源的快速融合。制造型中小企业因其更容易绕开东道国政治因素和垄断等经济壁垒，成为"走出去"发展的生力军。一方面，中小企业的灵活性能更适应国际市场上技术更新频率越来越快的趋势，并在电子信息新技术、新材料、智能装备等战略新兴产业获得新突破，呈现主动出击开拓国际市场的新态势。通过绿地投资、依托海外工业园的境外投资新模式，中小企业可以培育自己的东道国代理商网络、东道国技术工人以及资本圈，找到跨境创新合作的资源整合新方式。另一方面，大型企业"走出去"的重点集中在工程基建、建筑建材、交通运输的产品、设备和劳务输出，可以带动中小企业在相关配套领域与大型企业构建链网合作模式，通过资金链支持创新链，创新链推动供应链，供应链连接产业链，实现中小企业"借船出海"的国际化成长。与此同时，政府有关部门通过与"引进来"企业的沟通，研究境外开发区运行情况，加强与境外商会、协会等组织的联系，掌握更多沿线国家的政治、经济、文化、社会变迁的特点，通过设立"一带一路"贸易便利化、投资便利化的服务平台，提供有关境外项目的市场信息、投资环境分析、经济评估、法律咨询、人员培训等服务。推动中国从"大进大出"转向"优进优出"，形成开放型经济新格局，重塑有利于发挥各国比较优势、更加均衡和普惠的全球产业链。

三 制造型中小企业的创新链融合路径

落实创新驱动发展战略，应以创新链为核心、以产业链为基础、以价值链为目标、以资金链为支撑，通过"四链"联动和有效协同，来增强制造型中小企业自主创新能力，破除体制机制障碍，最大限度解放和激发科技作为第一生产力所蕴藏的巨大潜能。原来动态的低阶段可以进阶到高阶段，当制造型中小企业处在价值链低端的时候，创新链和产业链耦合，制造型中小企业在不同的位置嵌入产业链，即与创新链的不同阶段进行耦合，每一次的嵌入与耦合，都可使其价值不断得到提升，从价值链低端向高端移动。

（一）创新链与产业链耦合实现转型升级

产业链是指企业间以知识、技术、产品和服务为纽带形成的具有前后关联关系的链网式组合，通常以上、下游的关联企业为联结点。这些企业既可以来自同一产业，也可以来自不同产业。关联企业间通过供给与需求、投入与产出等实现满足消费者需求的生产创造过程。产业链转型升级的着眼点必须落在创新驱动上，实现创新链与产业链的双链耦合发展（见图1-5）。

产业链通常分为上、中、下游三部分，还可以进一步依照产业维度进行划分，分别为产业结构优化、产业空间分布、产业价值链三个维度。产业结构优化维度指传统产业到高技术产业的转变，产业空间分布维度指产业同构到产业异构的进阶，产业价值链维度指价值从低端向高端的延展。在这个三维立体交错的空间产业链内，创新链通过嵌入产业链方式的不同，导致各产业维度不同程度地优化和提升。创新链与产业链的深层关系具体分析如下：

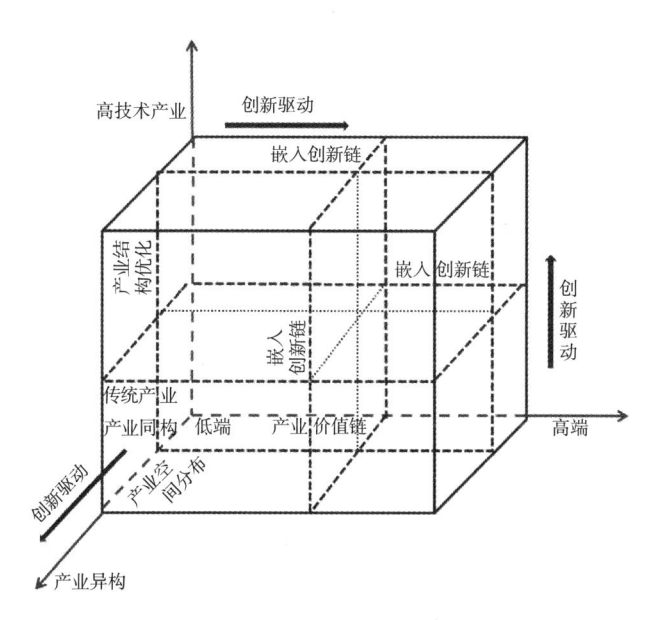

图1-5 创新链嵌入产业链的耦合发展

1.创新链嵌入产业链，促进产业链转型升级

创新链嵌入产业链，对促进产业结构转型、产业价值升级和产业空间异构等具有重要的驱动作用。全球生产的片断化和开放式创新加速了知识的分解和创新的扩散，使全球价值链上的创新过程被垂直分解和重新建构，为后发国家的本土企业，尤其是中小企业通过创新链嵌入产业链提供了学习和升级的机会。创新链嵌入产业链可以实现横向耦合与纵向耦合。创新链与产业链的横向耦合是创新链在同一产业环节上的规模化发展，有利于处于同一产业阶段的各类企业集聚起来，促进大型企业与中小企业之间技术的相互支撑、产品和服务的相互匹配，促进产业链从全球生产价值链的低端走向高端。创新链与产业链的纵向耦合则是产业链是由多个相互链接的产业所构成，构建基于创新链的各产业链的协同创新与开放式创新，打破既有系统的封闭环节，集聚创新资源，激发新业态，促进产业结构的转型和升级，推动优势资源向产业链集聚，突破区域产业同构现象，真正实现异构的产业重新整合，形成多样化、完整的产业链。

2.产业链耦合创新链，实现创新链演进发展

产业链耦合创新链，有效运用创新要素实现创新链的价值增值，并

以知识、技术、产品、服务为纽带形成多元创新主体的竞合共生，促进创新链的演进发展。进入 21 世纪后，随着科学技术的日新月异，尤其是信息通信技术的普及与快速发展，作为创新主体地位的企业，其创新模式发生了一系列变化，如从企业创新 1.0 阶段（Closed Innovation，封闭式创新，创新源局限在企业内部）到 2.0 阶段（Open Innovation，开放式创新，即"非此地发明"，广泛获取来自企业外部的创新源）再到 3.0 阶段（Embedded Innovation，嵌入/共生式创新，企业创新行为更加重视资源整合与共生发展）。封闭式创新强调企业建立内设研发机构进行自行研发、创新驱动力来自需求和科研的"双螺旋"；开放式创新强调产学研协同以及政府、企业、大学科研院所的"三螺旋"；而嵌入/共生式创新则进一步体现为产学研用的"共生"以及政府、企业、大学科研院所和用户的"四螺旋"。面对生产消费者（Prosumer）的崛起和产学研用社区生态化创新的新模式，创新链上的创新主体需要综合推进需求侧、供给侧和环境面政策的协同运用。创新链上不同产业环节的企业按其功能定位有序衔接，形成创新链各环节的互动与合作，强化产业链的支撑与互动。推进产业链与创新链的深度结合，必须实现知识、技术、人才、资本等各种创新要素汇集融合，产业的创新行为需要更加重视资源整合与共生发展，在推进创新链向高阶演进的同时，也促进产业链与创新链价值增值共同目标的实现。

创新链嵌入产业链，对促进产业结构转型、产业价值升级和产业空间异构等具有重要的驱动作用。产业链耦合创新链，有效运用创新要素实现创新链的价值增值，并以知识、技术、产品、服务为纽带形成多元创新主体的竞合共生，促进创新链的演进发展。因此，创新链需要依附产业链，产业链离不开创新链的支撑，形成创新链与产业链的"双链"联动需要跨行业、跨系统的统筹规划、布局协调，以及相应的体制机制保障。应该围绕产业链部署创新链，以促进产业链转型升级；同时，产业链耦合创新链，实现"双链"演进发展。

（二）创新链与价值链整合实现价值共创

企业价值链由九种活动（内部后勤、生产作业、外部后勤、市场营销、服务五种基本活动，以及采购、技术开发、人力资源管理、企业基础设施等四种辅助活动）以特定方式联结。在价值链的每一个环节上都可能衍生出一条创新链,且各创新链协同演化最终形成创新驱动发展的终极动力。同时,创新链也是价值链各个环节价值增值的源泉,关注价值链上各个环节创新价值的产生,以及价值链各环节的整体协同创新是推进创新主体实现价值增值的关键(见图1-6)。

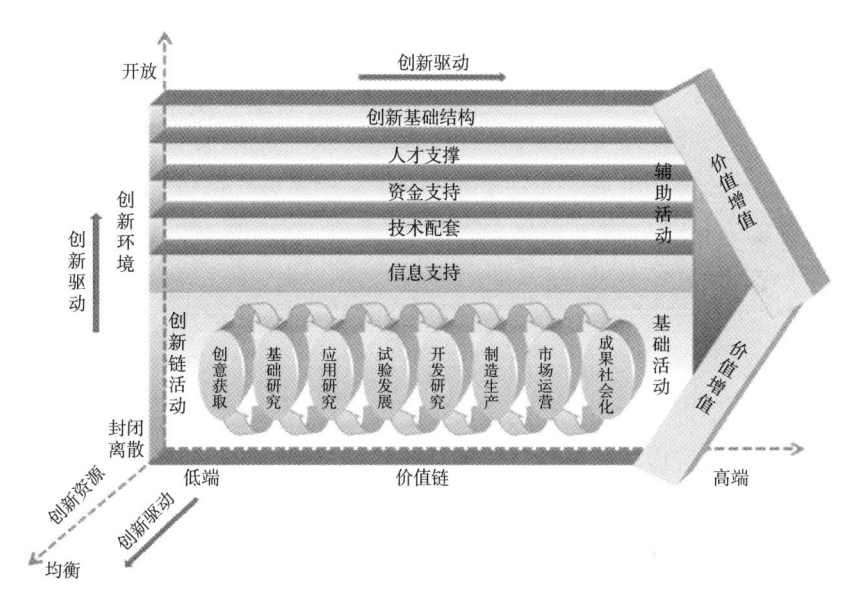

图1-6 创新链与价值链的协同发展

图1-6中横轴价值链基础活动可以是一个创新链,而非单一的技术创新过程,通过不同中小企业链式的嵌入来优化企业内外部创新活动。从竖轴创新环境来看,价值链不完全是企业内部的,存在企业内外资源的整合,创新链的嵌入使价值链从一个封闭式的环境向开放式的环境转型,实现价值增值的空间延展。从纵轴创新资源来看,初始价值互动的创新资源是离散的,在创新的驱动下,创新资源开始向均衡方向延展,整合效率进一步提高。创新链与价值链的深层关系分析如下:

1. 创新链是企业内外价值链整合的核心基础

不同企业之间价值链的差异形成企业竞争优势的源泉,只有通过价值链分解考察企业在供应链上的创新活动及活动间的关系,才能确定企业的竞争优势。随着市场竞争日趋激烈,企业之间的竞争态势已经从过去单个企业之间转变为整条供应链之间的竞争,其核心是价值链上各环节创新能力的较量，其实质是创新链之间的博弈。面对快速变化的全球化市场，企业必须建立一种能够与相关企业、机构紧密合作的价值关系网络。核心企业通过整合创新资源，建立利益分配链，实现与其他相关企业和机构在知识、信息、技术、渠道等方面上的共享和相互依存，从而适应环境的选择并获得竞争优势。这种高度开放的系统和模式，有利于促进企业间及企业内部关系的转变，创新资源配置从企业内部循环走向外部循环，创新环节分工更专业。

2. 创新链是产业价值网络形成的重要驱动

产业价值链是由多个主体参与，若干个创新链有机组成，以促进产业价值增值为目标的网络式链接。创新链嵌入在产业价值体系的多种链接中，不同产业价值链环节可以被打散并系统整合，成为产业价值网络形成的重要驱动。创新链驱动产业价值链的网络演进表明，各创新主体的利益关系不是独立的，而是协同的。各个创新主体只有不断提高自身价值活动的质量和效率，促进与其他主体的协作关系，才能实现彼此利益的共赢，实现创新过程中价值增值的最大化。当产业发展过程中价值链的节点成为"短板"时，通过价值链的节点协同创新，可以实现重点突破，提升产业核心竞争力。通过"多元、融合、动态、持续"的协同创新可以推动价值链跃升。通过协同创新的网络作用，不断形成新兴产业。创新链促成产业价值链上有机联结的各种创新主体（企业、高校、科研院所、政府、中介等）之间，以及与创新环境之间形成协同互动、开放循环、共生演化的关系。

3. 创新链是价值生态体系构建的关键动力

全球价值链反映了价值链的垂直分离和全球空间再配置，整个价值链条的各个环节在不同国家和地区之间如何配置取决于不同国家和地区的比较优势，而某一国家或地区的企业为确保其竞争优势，就应该在价值链条的若干细分环节和技术层面上进行专业化。在创新资源全球化流动的时代，企业开始充分利用外界丰富的知识技术资源，从外部寻找技术弥补内部创新资源的不足，将外部技术和内部技术整合起来，创造新产品和新服务。基于开放式创新的理念，通过服务外包，组织内部的创新链可以只是关键的"片段"，一个组织的创新体系的边界也因此具有强烈的模糊性和开放性，组织外部创意和外部市场化渠道的作用上升到和内部创意以及内部市场化渠道同样重要的地位。因此，创新已不再被认为是线性的过程或是机械化工程，而应该被看作一个生态系统，一种在经济社会许多方面之间广泛联系、多重互动的有机演化。创新链通过开放式创新促进全球创新资源的合理流动和有效配置，实现产业链与价值链有机融合，将科技与经济发展深层对接，为全球价值链生态系统建设提供关键动力。人才队伍的创新质量、社会承受风险、长期投资风险的创新能力、满足未来创新需求的基础设施和组织机制的建设构成了全球价值创新生态系统的关键要素。

（三）创新链与资金链整合实现可持续发展

资金链是维系创新主体正常生产经营运转所需要的基本循环资金链条。现金—资产—现金（增值）的循环，是创新主体经营的过程，创新主体要维持运转，就必须保持这个循环良性地不断运转。创新链与资金链结合，是实施创新驱动，促进科技与经济融合的重要路径（见图1-7）。

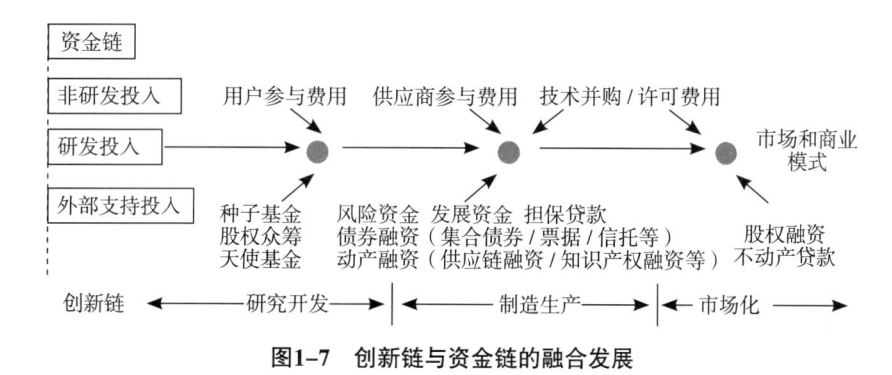

图1-7 创新链与资金链的融合发展

随着开放式创新的逐步深入，实现创新链和资金链的融合发展，需要着力围绕创新链完善资金链，优化支持创新驱动的金融体系，构建多层次资本市场来激发创新主体活力。在中小企业的创新初创期，中小企业更多嵌入的是创新链的研究与开发环节，企业不仅需要研发投入的基础性支持，还需要加大用户参与研究开发的相关费用支撑；在中小企业创新成长期，中小企业主要嵌入创新链的制造生产环节，企业如果仅仅依靠自有资金来实现创新驱动，不仅会面临巨大压力，而且创新风险也非常高。为了降低企业创新风险和提高创新效率，外部的支持投入对于中小企业创新驱动显得尤为重要。创新链与价值链的内在关系分析如下：

1. 围绕创新链完善资金链

在开放式创新和竞争全球化的背景下，创新链丰富的内涵决定了创新主体必须对创新进行全面的投入。创新投入除了研发投入外，还包括非研发投入，具体包括用户参与费用、供应商参与费用、技术并购和许可费用等。创新链的各个环节都需要资金的有力支持，需要进一步完善金融政策、综合运用多种金融手段为创新提供更加灵活的服务方式，实现资金链对创新链的支撑保障，提高创新资金投放的精准性。完善资金链就是要有效整合各种金融资源，加强不同金融工具间的协同，打造覆盖科技企业全生命周期、支持企业从小到大持续发展的"一站式"金融服务平台，通过金融创新实现创新驱动发展的长足动力。

2. 运用资金链整合创新链

经济新常态下，两化深度融合，"互联网+"、智能制造将成为产业发展的基本趋势，生产的网络化、柔性化、智能化步伐加快迈进。传统产业积极与"互联网+"相结合，最大限度地汇聚各类市场要素的创新力量，推动融合性新兴产业成为经济发展新动力和新支柱，在移动互联网、大数据、物联网等领域形成巨大的创业机会和发展空间，创新型、科技型、高端型中小企业将迎来广阔发展空间。这需要运用有效的资金链不断整合创新链。通过政府引导，可以吸引投资机构的集聚，大力发展VC/PE，培育更多天使投资人，完善股权融资链，推进产业孵化与培育，促进科技成果向现实生产力转化。通过多层次资本市场建设，大力发展支持创业创新的场外资本市场交易，让资本市场惠及制造型中小企业，同时拓宽天使投资、VC/PE退出渠道。通过众创空间、创业创新基地、特色小镇、高新区、创新平台等投入打造资本特区和人才特区，探索发展新孵化模式，营造创新驱动的大环境，推动创新链向新模式、新业态整合。

（四）"四链融合"实现创新驱动

围绕产业链部署创新链，围绕创新链完善资金链，通过产业链、创新链和资金链融合推进价值链升级，实现"四链融合"是当前推动制造型中小企业创新发展的关键途径。随着全球竞争由产品竞争转入产业链竞争，产业链上下游技术的关联性和融合性在一定程度上决定了产业整体竞争水平。首先，围绕产业链需求部署创新活动，是发挥创新的市场导向作用这一改革任务的重要抓手。一方面，依托产业链布局创新项目，将创新活动进行统筹和串联，使创新成果相互衔接、集成，支撑产业链整体发展。另一方面，产业链上的创新活动主体，通过建设产学研联盟整合创新资源，实现技术的群体突破，进而提升产业链创新能力。其次，围绕创新链完善资金链，提高资源投放精准性。创新是高投入伴随高风险的活动，任何一项新技术的突破和新产品的产生都离不开大量资金支持，因此需要在产业链、创新链的不同环节上精准合理地投入创新资金，提高创新资金的使用效率，完善政府对创新创业的支持机制，综合运用多种金融手段为制造型中小企业提供更加灵活的服务方式，实现资金链对创新链、产业链的支撑保障，促进产业链、创新链协同互动。价值链与产业链、创新链、资金链融合发展的最终目标都是促进制造型中小企业价值增值。同时价值链与产业链、创新链和资金链的协同互动，也可以使制造型中小企业从价值链的视角识别创新薄弱环节，有的放矢。

第二章　科技体制改革与制造型中小企业创新发展

科技是国家强盛之基，提升创新能力，培育发展新动能，是当前中国经济高质量发展的迫切需求，习近平总书记在两院院士会议上指出"实现建成社会主义现代化强国的伟大目标，实现中华民族伟大复兴的中国梦，我们必须具有强大的科技实力和创新能力"，改革开放以来，中国高度重视科技创新，科技体制改革取得了重大进展，促进了科技创新活力的不断增强，但不同区域和领域的科技体制改革程度仍不均衡。因此加快创新型国家建设，要继续深化科技体制改革，建立以企业为主体、市场为导向、产学研深度融合的技术创新体系，加强对中小企业创新的支持，促进科技成果转化，推动制造型中小企业创新发展。

第一节　科技体制改革与全要素生产率

一　改革开放 40 多年中国科技体制改革

中华人民共和国成立后，为适应计划经济体制，建立和形成了以行政管理为主的集中、封闭、垂直型科技体制，科技管理机构权限高度集中，人事制度僵化，科研机构远离生产系统。经过几十年的实践，党和国家领导人逐渐认识到计划经济运行的低效率，改革开放之后，党中央很快把工作重点转移到四个现代化建设的轨道上来。随着市场化体制的建立，相应地，国家创新体系和科技体制逐渐也由计划体制向市场体制转变（王宏伟、李平，2015）。

（一）改革开放以来中国科技体制改革历程回顾

改革开放以来，中国科技体制改革的脚步从未停歇，一直努力探索解放和发展科技生产力的最优道路。无论是在宏观层面，还是在微观层面，科技体制改革都在不断深入和完善。改革开放以来，中国科技体制改革的演变无疑始终与国家科技整体建设目标紧密联系在一起。中国科技体制改革的主线一直是沿着以下的脉络推进：推动科技与经济结合，支撑引领经济社会发展；优化科技资源配置与管理，推动企业成为技术创新主体；提高自主创新能力，以创新驱动经济和社会发展；构建国家创新体系，建设创新型国家。

科技体制改革阶段的划分基于五个重要的关键点：一是1978年3月全国科学大会颁布的《1978—1985年全国科学技术发展规划纲要（草案）》；二是1985年国务院颁布的《中共中央关于科学技术体制改革的决定》；三是1995年5月中央召开全国科学大会，明确提出科教兴国战略并发布《关于加速科学技术进步的决定》；四是国务院发布的《国家中长期科学和技术发展规划纲要（2006—2020年）》，提出建设创新型国家；五是2012年党的十八大提出实施创新驱动发展战略。根据以上节点，将1978年之后的科技体制改革划分为五个阶段（见表2-1）。由于在不同时期中国科技体制改革的主要方向和特点不同，相应的政策措施的发展演变也表现出不同的特点（李平、王宏伟、张静，2018）。

表 2-1　　　　　　改革开放以来中国科技创新发展阶段划分

阶段	科技政策和措施	科技体制改革目标
科技体制重建阶段（1978—1984年）	1. 全国科学大会发布《1978—1985年全国科学技术发展规划纲要（草案）》； 2. 中组部印发《关于落实党的知识分子政策的几点意见》； 3. 1981年4月国家科委制定《关于中国科学技术发展方针的汇报提纲》； 4. 1982年国家计委、科委牵头的第一个国家科技发展计划《科技攻关计划》开始实施确立"科学技术是第一生产力"的指导思想；"尊重知识，尊重人才"；调整科技政策发展的战略方针，"科学技术必须为经济建设服务，科技与经济、社会协调发展"	1. 确立"科学技术是第一生产力"指导思想；尊重知识，尊重人才； 2. 调整科技政策发展的战略方针，科学技术必须为经济建设服务，科技与经济、社会协调发展

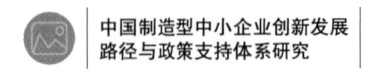

续表

阶段	科技政策和措施	科技体制改革目标
调整和创新科技体制阶段（1985—1994年）	1. 1985年，国务院颁布《中共中央关于科学技术体制改革的决定》； 2. 国家科委制定《关于分流人才，调整结构，进一步深化科技体制改革的若干意见》； 3. 1993年7月，全国人大通过《中华人民共和国科技进步法》； 4. 1994年，国家科委、国家体改委联合发布《适应社会主义市场经济发展，深化科技体制改革实施要点》	1. 引入竞争机制，依靠市场调节进行结构调整、人才分流、机制转变。 2. 提出建立适应社会主义市场经济体制和科技自身发展规律的科技体制
实施科教兴国战略和构建国家创新体系阶段（1995—2005年）	1. 1995年，中共中央、国务院颁布了《中共中央、国务院关于加速科学技术进步的决定》； 2. 1996年，国务院颁布了《关于"九五"期间深化科学技术体制改革的决定》； 3. 1996年，国务院提出《关于国民经济和社会发展"九五"计划》，以及2010年《远景目标纲要及关于〈纲要〉报告的决议》； 4. 1996年，第八届全国人民代表大会常务委员会第十九次会议通过《中华人民共和国促进科技成果转化法》； 5. 1998年，国务院发布《关于加强技术创新，发展高科技，实现产业化的决定》； 6. 1999年，国务院批准《关于中国科学院开展〈知识创新工程〉试点的汇报提纲》； 7. 1999年，由国务院办公厅转发的科技部等七部委制定的《关于促进科技成果转化的若干规定》； 8. 1999年，国务院办公厅转发国务院体改办等部门的《关于深化转制科研机构产权制度改革的若干意见》； 9. 1999年，科技部联合七部委制定《关于建立风险投资机制的若干意见》； 10. 2001年，科技部制定《科研条件建设"十五"发展纲要》； 11. 2001年，国家计委制定并颁布实施《国民经济和社会发展第十个五年计划科技教育发展规划（科技发展规划）》； 12. 2002年，科学技术部、教育部等部门发布《关于进一步加强原始创新能力的若干意见》； 13. 2004年，国务院办公厅转发了由科技部、国家发改委、教育部、财政部联合制定的《2004—2010年国家科技奖基础条件平台建设纲要》	1. 制定和实施科教兴国战略。 2. 完善创新体系，推进建立以企业为主体、产学研相结合的技术开发体系和以科研机构、高等学校为主的科学研究体系以及社会化的科技服务体系。 3. 设立科技型中小企业创新基金；深化科研院所改革；调动了科技人员的积极性，推进科技成果转化

续表

阶段	科技政策和措施	科技体制改革目标
建设创新型 国家阶段 （2006—2011 年）	1. 2006 年，中共中央、国务院作出《国家中长期科学和技术发展规划纲要（2006—2020 年）》； 2. 2006 年，中共中央、国务院作出《关于实施科技规划纲要增强自主创新能力的决定》； 3. 2006 年，国务院印发《实施〈国家中长期科学和技术发展规划纲要（2006—2020 年）〉的若干配套政策》； 4. 2006 年，财政部联合科技部发布了《关于改进和加强中央财政科技经费管理的若干意见》； 5. 2007 年，十届全国人大常委会第三十一次会议审议通过修订后的《中华人民共和国科学技术进步法》； 6. 2008 年，国家发展和改革委员会、科技部等九部委联合制定了《关于促进自主创新成果产业化的若干政策》； 7. 2008 年，国务院印发《国家知识产权战略纲要》； 8. 2009 年，国务院发布《关于进一步促进中小企业发展的若干意见》； 9. 2010 年，国务院发布《关于加快培育和发展战略性新兴产业的决定》	1. 增强自主创新能力、建设创新型国家，并提供了重要的法律保障。 2. 进一步规范财政科技经费管理。加快推进自创新成果产业化，促进科技与经济社会发展紧密结合。 3. 提高产业核心竞争力，促进高新技术产业、战略性新兴产业的发展。 4. 加快建设中国特色国家创新体系，为"企业主体，协同创新"
实施创新驱动 发展战略阶段 （2012 年至今）	1. 2012 年，中共中央、国务院发布《关于深化科技体制改革加快国家创新体系建设的意见》； 2. 2012 年，党的十八大报告正式确立了创新驱动发展战略，并明确提出："深化科技体制改革，推动科技和经济紧密结合，加快建设国家创新体系，着力构建以企业为主体、市场为导向、产学研相结合的技术创新体系； 3. 2013 年，国务院办公厅发布《关于强化企业技术创新主体地位全面提升企业创新能力的意见》； 4. 2013 年，十八届三中全会通过《中共中央关于全面深化改革若干重大问题的决定》； 5. 2015 年，中共中央、国务院发布《关于深化体制机制改革加快实施创新驱动发展战略的若干意见》； 6. 2015 年，国务院第 93 次常务会议审议通过了《关于大力推进大众创业万众创新若干政策措施的意见》； 7. 2015 年，十八届五中全会通过《中共中央关于制定国民经济和社会发展第十三个五年规划的建议》； 8. 2016 年，中共中央、国务院印发了《国家创新驱动发展战略纲要》； 9. 2016 年，国务院办公厅发布《国务院办公厅关于印发促进科技成果转移转化行动方案的通知》； 10. 2016 年，国务院办公厅发布《国务院办公厅关于建设大众创业万众创新示范基地的实施意见》；	1. 提出了全面实施创新驱动发展战略，围绕创新领域特别是科技创新领域存在的较为突出的问题和障碍，明确了未来深化科技体制改革的目标，对推进科技体制改革的具体方向进行了顶层设计。 2. 指出创新体制机制改革重点包括宏观科技调控管理、科技资源配置及创新评价考核、产学研合作及成果转化、创新创业人才吸引与培养、创新活动激励及风险分散等方面。

续表

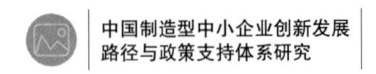

阶段	科技政策和措施	科技体制改革目标
实施创新驱动发展战略阶段（2012年至今）	11. 2016年，国务院办公厅发布《国务院办公厅印发〈国务院关于新形势下加快知识产权强国建设的若干意见〉重点任务分工方案的通知》； 12. 2016年，国务院发布《国务院关于印发"十三五"国家科技创新规划的通知》； 13. 2016年11月，中共中央办公厅、国务院办公厅印发《关于实行以增加知识价值为导向分配政策的若干意见》； 14. 2017年，国务院发布《国务院关于印发"十三五"国家知识产权保护和运用规划的通知》； 15. 2017年，国务院办公厅发布《国务院办公厅关于印发知识产权综合管理改革试点总体方案的通知》； 16. 2017年，国务院发布《国务院批转国家发展改革委关于深化经济体制改革重点工作意见的通知》； 17. 2017年，国务院办公厅发布《国务院办公厅印发关于深化科技奖励制度改革方案的通知》； 18. 2017年，国务院办公厅发布《国务院办公厅关于建设第二批大众创业万众创新示范基地的实施意见》； 19. 2017年，国务院发布《国务院关于强化实施创新驱动发展战略进一步推进大众创业万众创新深入发展的意见》； 20. 2018年，国务院发布《关于推动创新创业高质量发展打造"双创"升级版的意见》； 21. 2018年，国务院办公厅发布《关于加强知识产权审判领域改革创新若干问题的意见》； 22. 2018年，国务院发布《关于推动创新创业高质量发展打造"双创"升级版的意见》； 23. 2018年，国务院办公厅发布《关于分类推进人才评价机制改革的指导意见》； 24. 2018年，国务院发布《关于优化科研管理提升科研绩效若干措施的通知》； 25. 2019年，国务院办公厅发布《关于支持国家级新区深化改革创新加快推动高质量发展的指导意见》； 26. 2019年，国务院办公厅发布《关于促进中小企业健康发展的指导意见》； 27. 2019年，国务院办公厅发布《关于推广第二批支持创新相关改革举措的通知》； 28. 2019年，国务院办公厅发布《关于强化知识产权保护的意见》； 29. 2019年，国务院发布《关于推进贸易高质量发展的指导意见》；	3. 为完善中国的国家创新体系和创新生态系统，实现"到2020年跻身创新型国家行列、2050年建成世界科技强国"的战略目标勾勒出基本蓝图

续表

阶段	科技政策和措施	科技体制改革目标
实施创新驱动发展战略阶段（2012年至今）	30. 2020年，国务院发布《关于促进国家高新技术产业开发区高质量发展的若干意见》； 31. 2020年，国务院、办公厅发布《关于推广第三批支持创新相关举措的通知》； 32. 2020年，国务院发布《关于新时代加快完善社会主义市场经济体制的意见》； 33. 2020年，国务院发布《关于构建更加完善的要素市场化配置体制机制的意见》； 34. 2020年，国务院发布《关于新时代推进西部大开发形成新格局的指导意见》	

（二）体制机制改革实施效果

改革开放以来，经过40多年坚持不懈的深化改革，中国科技体制改革取得了重大进展和明显成效：云涛（2009）在文章中指出，科技体系结构得到优化，初步形成了科研院所、高校、企业和科技中介机构等各具优势和特色的创新主体，企业技术创新主体的地位不断上升；陈建辉（2013）指出，科技运行机制发生重要转变，竞争择优成为科技资源配置的主要方式；企业化转制、社会公益类院所分类改革等科研院所改革取得了积极的进展；《科学技术进步法》《专利法》《促进科技成果转化法》等法规相继出台，科技政策法规体系基本形成；科技创新能力不断增强。

1.科技创新体制机制改革不断深入和政策体系日益完善

从中央政府和各部门制定的科技体制改革措施和相关政策来看，注重创新宏观调控管理，关注产学研结合和科技成果转化机制建设，着力完善财政支持创新力度，积极支持互联网、电子商务、云计算和大数据等技术创新密集产业发展，营造"大众创业、万众创新"的政策环境和制度环境。科技体制改革目前已经形成了涵盖创新宏观管理体制、科技资源配置机制、产学研合作和成果转化机制、人才培养机制、科研管理机制、激励机制、评价机制和风险机制的系统改革措施；进一步完善了财政、税收、金融、人才、对外合作、产业发展等多方面政策措施。

2.科技体制改革促进了创新创业的热情和市场的活跃度

改革开放以来，特别是党的十八大以来，科技体制改革不断深化，政策陆续推出，市场活跃度不断提升，"大众创业、万众创新"达成共识，北京、天津、上海、浙江、江苏、深圳等省（市）创新创业活力明显激发。"大众创业、万众创新"的兴起对推动新产业和新业态的形成，缓解经济发展的压力起到了积极的作用。2016年，中国市场主体保持旺盛增长势头，全年新设市场主体1651.3万户，全年新登记第三产业企业446万户。根据从万德微观企业数据库汇总的企业已披露风险投资活动数据信息来看，2013—2015年，已披露的风险投资事件由1225件上升为2897件，年均增长53.8%；披露规模则由631亿元上升为4085.6亿元，年均增长154.4%。

3.科技体制机制改革促进了科技创新的快速发展和水平的跃升

2016年国家综合创新能力世界排名由第19位上升至第15位，2016年科技进步贡献率已经达到60%。科技投入增幅较大，2016年，全社会研究与开发费用支出占国内生产总值的比重达到2.5%。科技产出效果显著，截至2016年年底，中国共受理专利申请346.5万件，连续6年居世界首位，授权的发明专利133.9万件，居全世界第一位。科技人员发表国际论文数量居世界第二位，论文共被引用次数居世界第三位。科技与经济结合更加紧密，2016年全国技术市场合同交易总额达到11406.98亿元。科技人才队伍进一步壮大，中国的科技人力资源总量和R&D人员数已跃居全球首位，占到全球总量的29.2%。中国科技重点领域核心关键技术取得重大突破，科技竞争力和国际影响力显著增强。产业技术创新明显加强，基础研究领域取得了重要的标志性进展，创新基础建设再上新台阶，建成一批重大科研基础设施和创新平台，形成比较完善的公共科技资源开放共享机制。科技体制改革促进了创新驱动发展战略的顺利实施，创新型国家建设成果丰硕，天宫、蛟龙、天眼、悟空、墨子、大飞机等重大科技成果相继问世。

（三）中国科技体制改革存在的主要问题

虽然经过40余年的科技体制改革，中国科技创新取得了重要的成果，但依然存在很多突出的问题，这些问题的存在是尽快实施创新驱动发展的障碍。

1.科技投入产出效率不高

从创新知识产权来看，专利申请受理量中发明专利占比仍不大，企业发明专利申请数占整体发明专利申请数比例不高；从创新应用绩效来看，新产品产值、新产品销售收入、新产品出口、高科技产业增加值占制造业增加值比例及其出口额占比仍不高。特别是与典型的创新型国家相比，中国创新投入、创新潜能与发达国家相比差距逐渐缩小，创新产出和创新效率的差距依然很大。

2.企业创新主体地位不突出

由于缺乏公平竞争的市场环境和市场导向，企业难以真正成为主导产业技术研发创新的决策主体、产学研合作链接主体、研发投入主体和成果产业化主体。目前国有企业既不以追求商业利润最大化作为首位目标，也不承担经营失败破产的风险。民营企业也往往通过追求国家或地方最优惠的政策而以非竞争手段追求利益最大化，这对引导企业成为创新的主体造成严重的扭曲导向。目前企业研发投入仍较低，创新动力不足。2012年大中型工业企业研发强度仅为1.38%。

3.自主创新能力不强

中国科学技术研究基础和研究水平与发达国家存在很大差距，例如，就生命科学领域而言，目前中国的科技相对水平低于美国同时期水准。创新能力还远不能适应新科技革命的挑战。产业核心关键技术对外依存度高，拥有自主知识产权的技术与产品少，在整个世界产业分工格局中处于价值链低端位置。同时，由于中国与世界前沿技术存在差距，目前企业更倾向于引进跟踪模仿国外技术、低水平复制生产能力，而不愿意走具有市场风险的自主创新道路，这对快速提高中国的整体自主创新能力非常不利。

4.科技成果转化率低

由于政产学研各主体定位不清，政府、企业、高校和科研机构在技术创新中的协作关系失调。而且中国公益技术中介服务机构力量薄弱，技术服务体系和平台建设滞后，缺乏提供社会化服务的应用技术研发机构，特别是服务于中小企业的应用技术研发力量严重不足。产业链上下游之间的技术创新结合不够紧密，同时高校、科研院所与企业缺乏对接，大量科技成果束之高阁，不仅未能及时有效地转化为社会生产力，而且造成了严重的科技资源浪费。据统计，中国高校、科研院所的科技成果转化率在20%—30%，真正实现产业化的成果不足5%，与发达国家70%—80%的转化率和20%—30%的产业化率相比相去甚远。

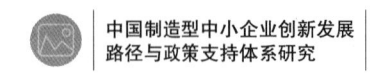

二　改革开放 40 多年中国全要素生产率变化

（一）全要素生产率内涵和测算方法的确定

经济增长的来源分为两种，一是生产要素投入量的增长，二是生产率的提高。其中，生产率指生产过程中投入品转化为产出的效率，全要素生产率的来源包括技术进步、组织创新、专业化和生产创新等。产出增长率超出要素投入增长率的部分为全要素生产率（TFP，也称总和要素生产率）增长率。从本质上讲，它反映的则是一个国家（地区）为了摆脱贫困、落后和发展经济在一定时期里表现出来的能力和努力程度，是技术进步对经济发展作用的综合反映（李平，2018）。

目前主流的 TFP 测算模型主要包括索洛余值法和生产前沿方法两大类。本书采用经济增长核算方法，测算索洛余值代表的中国 1979—2015 年全要素生产率指数，并同目前学者和研究机构的测算结果进行比较，得出相关结论。在测算劳动力、物质资本和全要素生产率三者与经济增长关系的基础上，进一步纳入代表劳动力质量的人力资本变量和代表经济社会知识资本的 R&D 变量，核算相应的全要素生产率增长率。

（二）全要素生产率指数测算

本书采用经济增长核算方法，测算了中国 1979—2015 年的全要素生产率（见图 2-1），包括：①不考虑人力资本因素，以全社会就业人数作为劳动力投入，测算出的全要素生产率指数（tfp-wp）；②考虑人力资本因素，以第二部分测算出的人力资本存量作为劳动力投入测算出的全要素生产率指数（tfp-hc）；③考虑代表经济社会知识资本的 R&D 资本存量，测算包含 R&D 资本变动的全要素生产率指数（tfp-rd）。如图 2-1 所示，三类全要素生产率的变动趋势较为一致，其中考虑人力资本因素的全要素生产率（tfp-hc）和包含 R&D 资本变动的全要素生产指数（tfp-rd）差异不大，均略小于不考虑人力资本因素的全要素生产率指数（tfp-wp）。说明从传统全要素生产率代表的"余值"中，逐步分离出人力资本和知识资本等投入要素，在一定程度上解决传统生产率被高估的问题，有助于"余值"部分更好地代表经济总量生产的技术进步和效率提高。

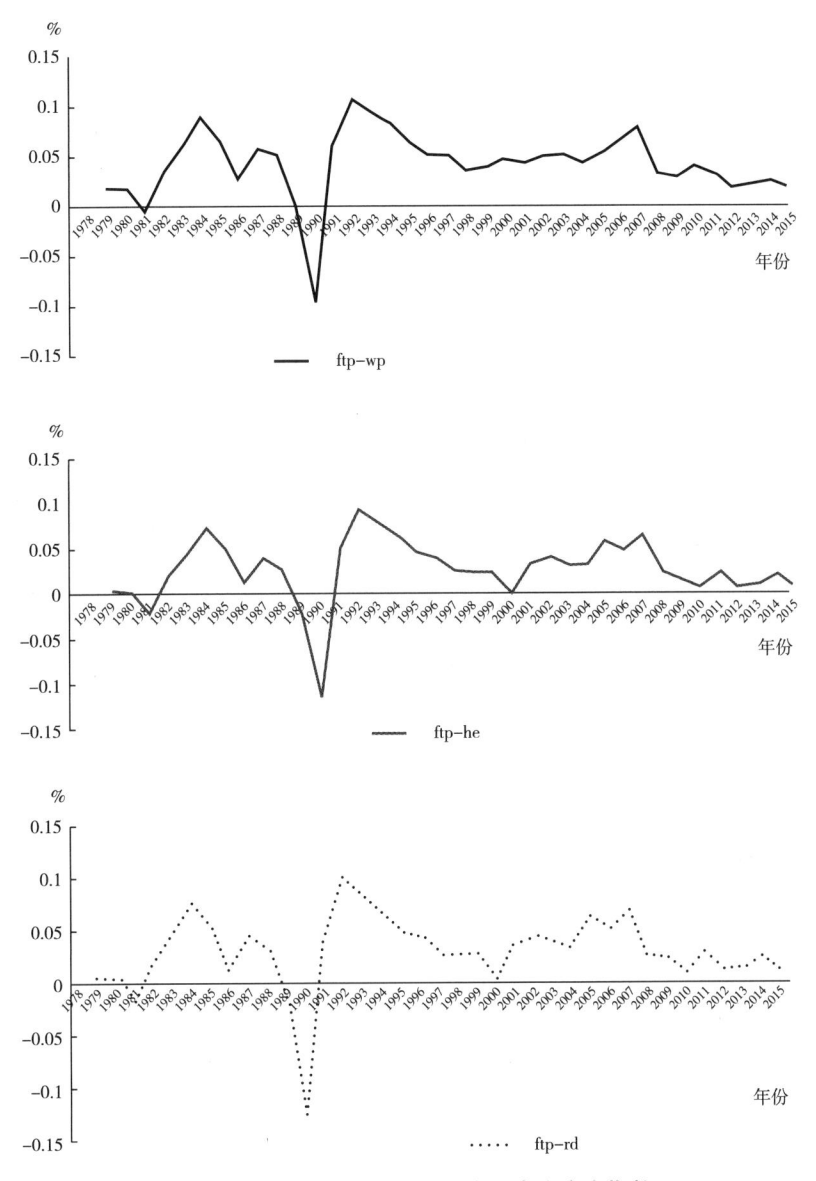

图2-1　1979—2015年中国的全要素生产率指数

从图2-1可以看出，1979—2015年，中国全要素生产率指数（tfp-hc）总体呈现涨跌互现的波动情形，其中，1979—1993年波动幅度较大且较为频繁。原因在于，1993年以前，中国正处于经济体制和市场条件发生剧烈变化的时期，改革开放初期（1978—1984年）的家庭联产承包责任制和国企放权让利等制度变革,使生产力得到极大解放,从而促进全要素生产率快速增长。随着改革的推进,制度上的深层次矛盾逐渐显现,中国全要素生产率指数快速下降,形成了这一阶段生产率增速大幅波动的趋势。1994—2000年,中国全要素生产率经过短期的恢复增长后逐年下降,到2000年,全要素生产率指数仅为0.41%。

（三）各类生产要素贡献比较分析

1. 全要素生产率贡献

与全要素生产率指数的变动趋势一致,如图2-2所示,除了个别异常年份外,全要素生产率对经济增长的贡献也大致经历了1979—2000年和2001—2015年两次先升后降的波动阶段,总体波动较为平稳。1979—2015年,中国全要素生产率对经济增长的平均贡献率为21.27%,其中,1979—2000年,全要素生产率贡献率的波动幅度较大,平均贡献率为14.56%,对经济增长的贡献率相对较低；2001—2015年,全要素生产率贡献率波动幅度较小,平均贡献率为31.13%,远高于前一波动周期的平均贡献水平。说明以全要素生产率为代表的技术进步和效率提高已经成为驱动中国经济增长的重要因素,其对经济增长的贡献水平明显提升。

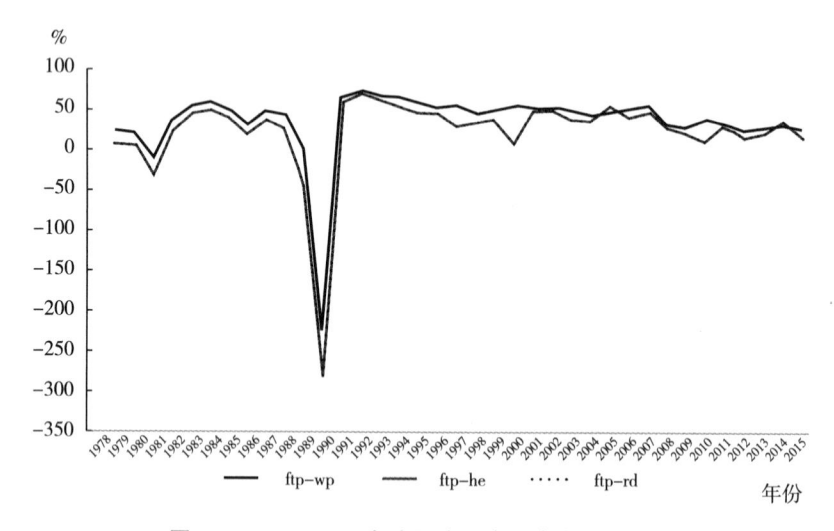

图2-2 1979—2015年中国全要素生产率贡献变化

2. 各类生产要素贡献比较

投入要素的贡献,等于投入要素的报酬份额和增长率乘积与经济增长率的比值。如图 2-3 所示,以全要素生产率 tfp-hc 的测算过程为例,1979—2015 年物质资本对经济增长的平均贡献率最高,为 50.08%;其次是人力资本贡献率,为 28.64%;全要素生产率对经济增长贡献达 21.27%。

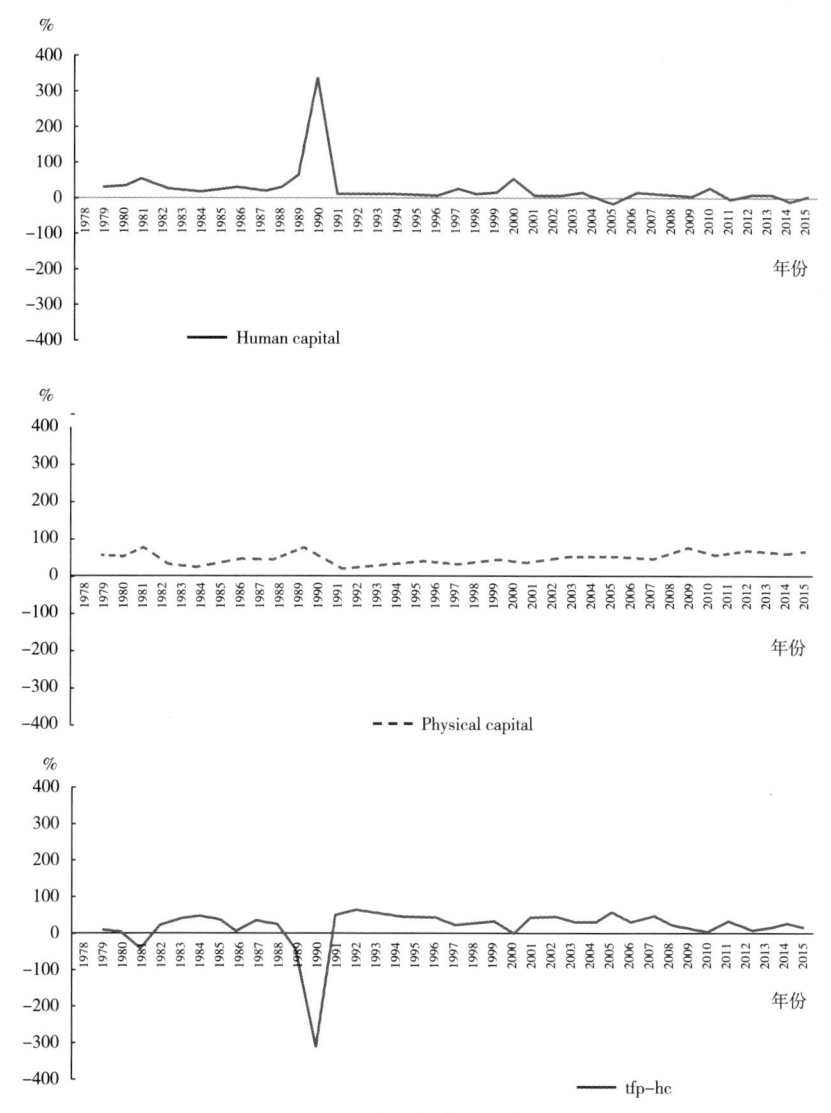

图2-3　经济增长中的要素贡献

按经济周期划分的时间阶段来看,1979—1981 年,物质资本对经济增长的贡献率最大,其次是人力资本投入,全要素生产率的贡献水平相对较低。1982—1986年，全要素生产率贡献在一系列制度改革过程中迅速提高，其对经济增长的贡献仅次于物质资本。2000—2007年，中国固定资本投资高速增长，物质资本积累增速超过了总量经济增长，对经济增长的贡献率逐年攀升，全要素生产率贡献也在一系列科技创新战略和科技激励政策的影响下有所上升，而人力资本增速却不断下降。随着中国人口老龄化趋势不断加剧以及全民"九年义务教育"的普及，人力资本增长的起点更高，其对经济增长的贡献呈现逐步下降的趋势。2008年国际金融危机爆发，中国通过大量的固定资产投资支撑总量经济的增速水平，物质资本存量对经济增长的贡献率快速持续上升。

如表2-2所示，2008—2015年的物质资本平均贡献率达到69.06%，比2000—2007年的平均贡献率高约22个百分点。与此同时，中国技术创新"后发优势"不断减弱，全要素生产率的贡献明显下降。2008—2015年全要素生产率的平均贡献率，比2000—2007年的平均水平低约18个百分点，反映出物质资本"高速、低效"积累对全要素生产率提高的"挤占效应"。2013—2015年，中国经济由高速增长转变为中高速增长，增长率逐步下降为6.9%，经济发展进入新常态。在这一时期，物质资本贡献高达70.98%，全要素生产率贡献率略有上升，为21.43%，人力资本贡献的份额进一步下降，为7.59%。调结构、促改革的发展过程仍需要经历较长的攻坚过程。

表2-2　　　　　　1979—2015中国年的全要素生产率指数　　　　　　单位：%

年份	人力资本	物质资本	TFP-hc
1979—2015	28.64	50.08	21.27
1979—1981	43.31	63.97	-7.28
1982—1986	27.57	38.40	34.03
1987—1990	111.32	54.34	-65.66
1991—1999	16.25	36.01	47.74
2000—2007	14.55	46.90	38.55
2008—2015	10.51	69.06	20.43
其中：2013—2015	7.59	70.98	21.43

3. 全要素生产率总体变化情况

第一，改革开放以来，生产率变化趋势出现了涨跌互现的波动情形，其增长是中国经济增长的重要源泉之一。2008—2015年随着资本投入进一步扩张，全要素生产率指数则因为后发优势的逐渐消失而呈缓慢下降趋势。第二，中国经济增长方式表现为资本投入驱动型，物质资本仍是目前中国经济增长最主要的动力来源。其对经济增长的贡献率基本保持在50%以上，呈现在波动中上升的趋势特征，近几年对经济增长的贡献甚至达到70%以上。以高投入支撑经济增长的趋势尚有一段时间的持续能力，但面临未来能源和环境的约束，继续依靠物质资本拉动经济增长将面临极大的挑战。第三，劳动投入对经济增长的贡献最小。这一方面因为人口投入量的变化幅度较小，另一方面因为长期的劳动力供给过剩抑制了劳动边际产出的提高，劳动投入对经济增长的贡献一直没有较大波动。近几年，劳动投入贡献呈缓慢下降的总体趋势，这主要是由于近几年中国人口红利的逐渐消失和产业结构转型过程中劳动力市场的反应滞后。

三 深化经济体制改革，提高全要素生产率的政策建议

进入21世纪之后，中国经济体制改革速度有所减缓，随着改革红利的进一步消耗，生产率出现了下降趋势。生产率的不断下降将会引起长期经济增长速度下降，使经济发展不可持续，中国必须继续深化改革，形成市场充分公平竞争格局，进而带动生产率的长期增长。

（一）优化经济运行模式，为经济体制改革奠定基础

1. 经济发展方式应由粗放型向集约型增长方式转变

进入21世纪以来，中国生产率呈现出下降态势，经济增长过多依靠资本的大量投入和扩张带动经济快速增长，尤其是2008年国际金融危机以来，经济增长方式愈加呈现出粗放特征。这种增长方式实质就是以数量的增长和速度为中心来实现的。随着国际经济结构调整，中国工业化和城镇化步伐减缓，以及人口老龄化加速，这种粗放经济增长方式将不可持续。中国经济发展方式应该向集约型增长方式转型，逐步依靠生产要素质量和使用效率的提高，以及生产要素的优化组合，通过技术进步、提高劳动者素质来实现经济的增长。

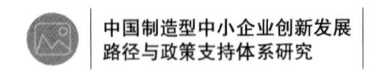

2. 解决好科技与经济发展之间的衔接问题

政府应着力于改善制度环境与完善公共服务体系，规范完善科技中介机构、产学研联盟的组织运行机制。重构公益性技术中介机构，承担企业不愿承担的公益职责。深化地方科研院所的改制，对科研院所进行分类管理，加大支持力度。借鉴国外产学研合作的成功经验，结合中国的国情，创新产学研合作模式，构建产学研合作的长效机制。

（二）提高技术创新能力，着力提高全要素生产率

1. 增强技术创新能力是实现中国经济可持续发展的重要方向

中国以往的经济增长更多地依赖要素的积累，而不是创新产生的技术进步，这种经济增长方式是难以持续的。因此，要加强自主创新的能力，中国的经济增长应该更多地依赖创新产生的技术进步，而不是要素的积累；虽然产生创新的途径包括技术扩散（溢出）、技术模仿和自主创新，但是对于中国的经济增长状况而言，未来保持经济持续增长的重要途径在于自主创新。

2. 科技资源配置要注重效益，大学和科研院所应走内涵式发展道路

近年来中国科研经费严重短缺的状况有了较大的改善，目前科技资源配置面临的问题是如何集约化使用科技资源，提高科研经费配置使用效益。在深化科技体制改革中，大学和科研院所应加强能力建设和制度建设，走内涵式发展道路，提高科学产出效率和效益。

3. 完善科技创新评价标准

建立和完善"同行评议制度"；建立促进创新需求的激励机制，加强科技创新人才培养。引导人力资源要素向科技创新领域流动，激发青年科技人员的创新热情，倡导创新意识，提高全民科学文化素质，培育创新文化环境。

（三）加大创新投入，加强创新成果的转化

1. 加大对研究型教育的扶持和引导储备研发人员，积累研发资本

因为研发人员对总产出的弹性比较大，随着跟随策略下技术的累积，相应的技术差距越来越小，因此也必须提前做好准备工作，同时社会资本存量已经处于高位，但研发资本存量却极其低。因此，需要建立和健全知识产权保护体系和知识产权交易网络，引导社会资本参与到各种创新研究项目中来，着力提高社会的自主创新能力。通过完备的产权保护体系，良好的制度设计，搭建便捷有效的知识产权交易市场，让自主创新物有所值，让每个自主发明创新的人都能真正收获到创新创造带来的丰厚利益，这样才能形成良好的自主创新氛围。

2. 推广软科学领域创新创造，加强成果转化

加强对管理科学与技术等软科学领域创新创造的研究和成果推广引用实践，改善当前软技术创新对经济增长推动力弱的问题。可以通过产学研相结合的方式设置若干相应的研究中心，专门研究新的管理、组织方式对经济增长效率的促进机制，着力做好相关的成果实践和转化。使软科学研究不再流于形式，相关的成果也不再是一纸文章，尘封故纸堆（徐海龙、李平，2017）。

（四）深化科技体制改革，保障全要素生产率的提高

1. 加快建立企业主导产业技术创新的体制机制

全面加快和推进要素市场化改革，激发企业在技术研发投入中的积极性；加大知识产权保护力度，让企业通过技术创新得到合理的市场报酬；让不同所有制企业公平分享科技资源；落实企业研发费用税前加计扣除政策，鼓励企业建立研发机构，对技术创新型企业进行科技奖励，鼓励企业牵头国家重大科技项目。

2. 推动政府在科技发展中的职能转变

明确政府与市场之间的关系，政府应减少对微观市场的干预，对于不存在市场失灵的环节政府应逐步退出，发挥市场在配置科技资源中的基础作用。在技术创新市场失灵环节，要充分发挥政府的引导作用。此外，应引入技术创新指标作为官员考核的标准，逐步扭转当前依赖投资驱动的粗放式经济发展方式。

3. 提高科技政策与产业政策、财税政策、金融政策之间的协调度

强化政府间科技管理协调机制，完善统筹协调的科技宏观决策体系。推进科技项目和经费管理改革，增加基础研究领域的固定投入比重。结合产业结构调整升级的需要，引导科技资源向战略性新兴产业、传统产业升级改造等领域倾斜。落实财税优惠政策，提高企业技术创新的利益激励；创新信贷工具，完善资本市场，引导资金要素向创新型企业流动；加大政府采购等需求政策措施力度，提高创新型企业的市场生存能力；建立风险分担机制，分担中小企业的技术创新风险。

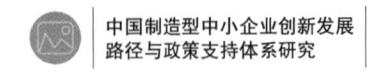

（五）弘扬企业家精神，激发市场主体创新活力

1. 增强爱国情怀

企业家爱国首先是办好一流企业，带领企业奋力拼搏、力争一流，实现质量更好、效益更高、竞争力更强、影响力更大的发展。

2. 勇于创新

创新是引领发展的第一动力。企业家创新活动是推动企业创新发展的关键，创新就要敢于承担风险。敢为天下先是战胜风险挑战、实现高质量发展特别需要弘扬的品质。

3. 诚信守法

社会主义市场经济是信用经济、法治经济。企业家要作诚信守法的表率，带动全社会道德素质和文明程度提升。

4. 承担社会责任

企业既有经济责任、法律责任，也有社会责任、道德责任。疫情期间许多民营企业家保持着高度的爱国情怀，发展生产诚信经营，稳定就业岗位、关心员工健康，积极捐款捐物，提供志愿服务，履行企业的社会责任，为疫情防控做出了重要贡献。

5. 拓展国际视野

企业家要立足中国，放眼世界，提高把握国际市场动向和需求特点、国际规则的能力、提高国际市场开拓、防范国际市场风险能力，带动企业在更高水平的对外开放中实现更好发展，促进国内国际双循环。

后疫情时代中国经济社会的改革创新已进入"深水区"，中国制造型中小企业行稳致远发展，关键要创新发展，在改善企业公平发展外部条件和优化营商环境上下功夫。着力提升企业自主发展水平，大力弘扬企业家精神，带领企业奋力拼搏、力争一流，激发市场主体活力，畅通国内大循环为我国经济发展增添动力，带动世界经济复苏，实现中国经济的高质量发展。

第二节　科技体制改革与区域创新驱动

中国科技创新全要素生产率增长来源于创新效率的推动，不同的区域表现出了不同的特点，中国科技创新力量布局现状深入地影响着区域创新驱动。区域创新能力代表一个地区生产出与商业相关的创新流的潜能,是一个地区将知识转化为新产品、新工艺、新服务的能力,表现为对区域社会经济系统的贡献能力,因此区域创新能力在一定程度上解释了区域经济繁荣程度(陈劲,2020)。因此,应进一步支持国家高新区跨区域配置创新要素,坚持科技体制改革,驱动区域创新能力,提升周边区域市场主体活力,深化区域经济和科技一体化发展。

一 中国科技创新全要素生产率的区域差异及原因分析

(一)中国科技创新重点领域国际比较

1. 基础研究领域

基础研究是整个科学体系的源头以及所有技术问题的总机关,因而该领域科技创新力量布局的合理性将直接影响基础科学研究的深度和广度,进而决定整个国家或地区原始创新的动力和活力。

第一,经费方面。中国基础研究投入水平大幅提升,但投入力度和投入结构与发达国家有明显差距,近年来,中国基础研究经费投入持续提升,党的十八大以来年均增长近20%。然而,2017年中国基础研究经费投入占比5.5%,仍与世界发达国家的15%—25%有明显差距。同时,中国基础研究投入结构不尽合理,90%以上来自政府,远高于世界发达国家(低于50%的比例);而企业、社会力量、社会捐赠等投入比例较低,尤其是企业占全社会基础研究总投入不足2%,远低于世界发达国家的20%。因此,中国不仅要持续增强基础研究投入力度,更要在保持中央财政投入稳定增长的基础上重点引导企业加大基础研究投入(吕岩威、李平,2016)。

第二,人员方面。中国基础研究人员队伍持续壮大,但领域内世界级科技领军人才以及顶尖团队严重缺乏。近年来,中国从事基础研究的人员数量持续增长,2017年R&D人员全时当量已达到403万人/年。然而,该数量在全社会人员中R&D的比重仅为7.2%,明显低于应用研究和实验发展领域。中国缺乏能够引领当代基础科学研究潮流的世界级科技领军人才以及顶尖团队,因此对世界基础科学发展贡献不足。以人工智能为例,中国在学科创立初期的赫步定律、图灵测试以及近年来的深度学习算法AlphaGo等重要基础理论和重大成果中的原创性、基础性的贡献都较为有限。

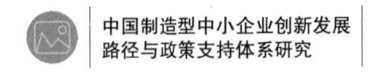

2. 重大前沿科技领域

重大前沿科技是未来世界科技发展的新方向，深刻把握该领域科技创新力量布局并做出完善调整，是抢占全球新一轮科技革命和产业变革制高点的关键。

第一，人工智能领域。人工智能被誉为继蒸汽机、电力、互联网科技之后最有可能引领全球新一轮产业革命浪潮的技术，为构筑人工智能发展先发优势、抢抓全球新一轮科技革命重大战略机遇，中国把人工智能发展放在国家战略层面系统布局。2017年"人工智能"被首度列入政府工作报告，随后印发的《新一代人工智能发展规划》《促进新一代人工智能产业发展三年行动计划（2018—2020年）》等一系列政策规划给人工智能发展提供了明确的时间表和路线图。同时，人工智能发展中不断强化和凸显企业主体以及市场主导的地位。2017年，科技部委托科大讯飞股份有限公司承建认知智能国家重点实验室，将重点开展面向认知计算的深度学习共性技术、知识自动构建与推理技术等认知智能基础理论的研究，突破人机交互技术、智能评测技术、智能辅助审判技术和认知医疗技术等认知智能支撑技术。当前中国人工智能企业数量、专利申请量、融资规模均仅次于美国，位列全球第二；全球最值得关注的100家人工智能企业中国占据27家，其中腾讯、阿里云、百度、科大讯飞等成为全球人工智能领域的佼佼者，也成为建设国家新一代人工智能开放创新平台的"领头羊"。然而，由于前瞻性布局不足，中国人工智能起步较晚，与较早进行系统布局的美国等西方发达国家差距明显，如对领域内重要基础理论和重大原创性成果贡献不足、缺少诸如深度学习领域Geoffrey Hinton这样的领军人才和GoogleDeepMind这样的顶尖研究团队，相关企业发展落后于微软（人工智能）和谷歌（无人驾驶汽车）等，未能形成具有国际影响力的产业链和生态圈。

第二，量子通信领域。量子通信被国际公认为是事关国家信息安全的战略必争领域。中国高度重视量子通信发展，将"量子通信与量子计算"列为科技创新2030重大科技项目之一，并连续多年入选国家重点研发计划。研究机构方面，2017年中国量子通信领域首个国家实验室——量子信息科学国家实验室建设正式启动，建成后将以国家信息安全保障、计算能力提高等重大需求为导向，着力突破推动以量子信息为主导的第二次量子革命的前沿科学问题和核心关键技术，培育形成量子通信等战略性新兴产业。此外，中国还拥有中科院上海技术物理研究所、中科院光电技术研究所、中科院上海微小卫星工程中心、南京紫金山天文台、北京国家天文台、中科院上海光学精密机械研究所等十几个研究所。企业培育方面，依托潘建伟团队的核心技术，国内成立了第一家从事量子信息技术产业化的创新型企业"科大国盾量子技术股份有限公司"，致力于将世界领先的科研成果转化为生产力，满足各行各业对信息安全的需求。此外，都飞通信、安徽问天、国科量子等量子通信领域的国内企业也快速成长。经过多年努力，中国量子信息研发实力已处于全球领先地位，目前正在金融、云数据、电力、政务等多个行业领域开展示范应用。

第三，脑科学和类脑研究。脑科学技术被视为未来新的经济增长点和引领新科技革命的潜在引擎。为抢占脑科学技术制高点，中国积极统筹布局，将"脑科学与脑类研究"列为科技创新2030重大科技项目之一，并开展中国"脑计划"。经费投入方面，中国"973""863"计划和科技支撑计划等总投入约14亿元，国家自然科学基金资助近20亿元，2012年起中科院启动的B类先导专项"脑功能联结图谱计划"每年投入6000万元。研究平台方面，目前国内已建成认知神经科学与学习国家重点实验室（北京师范大学）、医学神经生物学国家重点实验室（复旦大学）、神经科学国家重点实验室（中科院上海生命科学研究院）、脑与认知科学国家重点实验室（中国科学院生物物理研究所）和分子神经科学国家重点实验室（香港科技大学）5个与脑科学直接相关的国家重点实验室，形成了主要包括中科院上海生命科学研究院神经科学研究所、数十家联合共建的"脑科学与智能技术卓越创新中心"、北京大学脑科学与类脑研究中心、清华大学类脑计算研究中心等研究骨干团队及机构。然而，中国脑科学和类脑研究与欧美发达国家相比"起步晚、体量小"，资金投入不足，领军人物较少，尚未取得国际领先的成就。

第四，节能与新能源汽车领域。新能源汽车是当前世界各国推进能源战略转型的重要举措，也是中国实现节能减排、产业转型升级以及汽车强国目标的重要途径。中国将节能与新能源汽车发展列入"十三五"国家七大战略新兴产业和《中国制造2025》十大重点发展领域，并连续多年入选国家重点研发计划。2018年，中国成立首个国家级新能源汽车技术创新中心——国家新能源汽车技术创新中心，旨在打造成为世界新能源汽车技术创新策源地、技术标准引领地、开放融合创新示范地、汽车高端人才聚集地。然而，中国新能源汽车发展仍存在问题：①核心技术提升缓慢。动力电池作为电动汽车的核心部件之一存在续航能力不够、成本昂贵、寿命偏短、充电时间偏长等问题；电机驱动系统、燃料电池核心电堆技术、整车的节油率及可靠性等跟国际先进水平有较大差距。②基础设施严重不足。相比于庞大、成熟、便捷的传统汽车加油网络，电动汽车充电设施非常稀少。

第五，新材料领域。新材料承担着引领材料工业升级换代、支撑战略性新兴产业发展、保障国民经济和国防军工建设等重要使命。科技创新2030重大科技项目，并连续多年进入国家重点研发计划。中国材料领域专业技能人才稳步增长，拥有中科院院士和工程院院士210人，研发科技人员115万人，每年材料类大学本科毕业生4万余人、硕士和博士毕业生1万余人。此外，中国在新材料领域正逐步形成包括43个新材料企业国家重点实验室，64个国家工程技术研究中心，129个国家级新材料产业基地，中科院金属所和中科院化学所等研究机构，中国石化、中国中材、中国建材、中国钢研等大型央企以及中航工业北京航材院、中船725所等行业配套科技型中小企业等组成的研究力量。然而，中国新材料产业起步晚、底子薄、总体发展慢，仍处于培育发展阶段，面临核心技术与专用装备水平相对落后、关键材料保障能力不足、产品性能稳定性亟待提高、创新能力薄弱等问题（马茹、王宏伟、罗晖，2019）。

3. 中国建设科技强国的综合素质

全球新一轮科技革命和产业变革与中国加快转变经济发展方式形成历史性交会，比历史上任何时期都更接近科技强国目标，也比历史上任何时期都更需要建设世界科技强国。如图2-4所示，从内部条件来看，中国在人力资本、研发投入、知识产出、国内市场、制造业体系等方面具有一定优势，但同时也面临人力资本"大而不强"、基础科学研究短板突出、科技创新力量布局不足、科技成果转化能力不强、体制机制障碍与文化氛围障碍等劣势。从外部环境来看，全球创新版图重塑、创新全球化和网络化发展、中国国际影响力持续提升等是中国建设科技强国面临的机遇，而国际科技力量竞争加剧、发达国家遏制、全球科技治理缺乏强大话语权、不确定性因素增多等则是中国需要应对的挑战，应正视中国建设科技强国过程中，自身存在的优势和劣势，以及外部环境中的风险和挑战，为正确选择具有中国特色的世界科技强国道路提供坚实有力的决策支撑（马茹、王宏伟，2019）。

优势
科研人员规模全球首位并持续壮大
——科研经费投入规模、增速居世界前列
——知识产出总量和增速领跑全球
——巨大且多层次的国内市场
——独立完整的制造业体系
——集中力量办大事的制度优势

劣势
人才国际竞争力不强、顶尖人才缺乏
——基础科学研究短板突出
——科技创新力量布局不足
——科技成果转换能力不强
——体制机制障碍与文化氛围缺陷

机遇
全球创新版图重塑
——创新全球化和网络化发展
——科技创新成为国家竞争核心
——中国国际影响力持续提升

挑战
国际科技力量竞争加剧
——发达国家遏制中国科技发展
——全球科技治理缺乏强大话语权
——不完全适应全球科技发展趋势
——不确定性因素增多

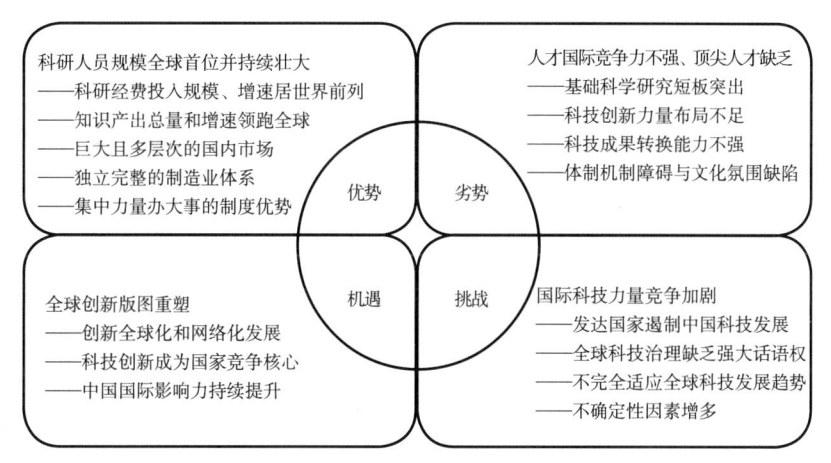

图2-4 中国建设科技强国的SWOT分析

（二）中国科技创新全要素生产率的国内区域差异

由于区域间科技创新模式不同，中国各区域科技创新全要素生产率及其分解值也存在较大差异，这里按照西部、东北、中部和东部四个区域划分，进一步对各区域科技创新全要素生产率及其分解值的变动情况进行分析。利用前文 Malmquist 生产率指数测算方法，并采用了涵盖1998—2013年中国30个省（区、市）科技创新活动的投入产出面板数据（西藏自治区由于大量数据缺失，分析中将其舍去），共480个观测样本进行分析。

如表2-3所示，中国西部、东北、中部和东部地区科技创新全要素生产率年均增长率分别为1.3%、1.0%、0.1%和2.3%，东部地区科技创新全要素生产率的增长率远高于其他地区，说明西部、东北和中部地区越来越远离生产前沿面，与东部地区的差距越拉越大。其原因可从科技创新全要素生产率的分解值创新效率和技术进步进行分析。从技术进步角度来看，四大区域中，只有东部地区呈增长趋势，其他地区技术进步值均呈下降趋势，东部地区技术进步值分别比西部、东北和中部地区高0.049、0.025和0.047，说明东部地区对科技创新活动生产前沿面抬升的推动作用远大于其他地区，东部与其他地区之间的技术差距在扩大。不过西部、东北和中部地区的创新效率值要高于东部地区,分别高出 0.04、0.014 和 0.027。也就是说,如果不考虑生产前沿面抬升,东部与其他地区之间的差距是缩小的。

表 2-3　1998—2013 年中国地区和各省份科技创新全要素生产率指数及其分解值

省份	TEC	TC	PTEC	SEC	TFPC	省份	TEC	TC	PTEC	SEC	TFPC
北京	1.087	1.031	1	1.087	1.121	湖南	0.99	0.946	0.948	1.044	0.936
天津	1.051	1.003	0.981	1.071	1.053	广东	0.979	1.021	0.967	1.013	1
河北	0.973	0.992	0.946	1.029	0.966	广西	0.972	0.923	0.972	1	0.896
山西	1.065	0.958	1.063	1.001	1.02	海南	0.962	0.991	1	0.962	0.953
内蒙古	0.933	0.91	0.93	1.003	0.849	重庆	1.065	0.936	1.023	1.041	0.997
辽宁	1.038	1.008	0.965	1.075	1.046	四川	1.123	1.026	1.035	1.085	1.152
吉林	1.002	0.975	0.969	1.034	0.977	贵州	1.075	0.96	1.074	1.001	1.031
黑龙江	1.056	0.953	0.998	1.058	1.006	云南	1.017	0.952	0.963	1.056	0.969
上海	1.065	1.035	0.984	1.082	1.102	陕西	1.167	1.015	1.112	1.049	1.185
江苏	1.085	1.01	1.001	1.084	1.095	甘肃	1.167	0.946	1.13	1.032	1.104
浙江	0.999	0.979	0.999	1	0.978	青海	1.084	0.956	1	1.084	1.036
安徽	1.104	0.983	1.096	1.007	1.085	宁夏	1.034	0.943	1.059	0.976	0.975
福建	0.971	0.968	0.97	1	0.94	新疆	1.002	0.943	1.012	0.99	0.945
江西	1.017	0.934	1.004	1.013	0.95	西部均值	1.058	0.955	1.028	1.029	1.013
山东	1.008	1.01	0.957	1.053	1.018	东北均值	1.032	0.979	0.977	1.056	1.010
河南	1.018	0.941	0.968	1.052	0.958	中部均值	1.045	0.957	1.014	1.032	1.001
湖北	1.077	0.98	1.004	1.073	1.056	东部均值	1.018	1.004	0.981	1.038	1.023

由此可见,中西部地区与东部地区科技创新全要素生产率的差距主要来自技术进步和规模效率方面,东北与东部地区科技创新全要素生产率的差距主要来自技术进步和纯创新效率方面,推动中西部地区技术进步和规模效率提升、东北地区技术进步和纯创新效率提升是弥补东部与其他地区差距的重要举措。

二　科技体制改革对科技创新全要素生产率影响效果的区域差异

对科技体制改革不同阶段下区域层面科技创新全要素生产率及其分解

值的变动情况进行分析，如表 2-4 所示，可得到以下重要结论。

表 2-4　科技体制改革对中国科技创新全要素生产率及其分解值的影响

		TEC	TC	PTEC	SEC	TFPC
科研机构转制改革和构建国家创新体系 （1999—2005 年）	改革初期值	0.954	1.103	0.905	1.055	1.053
	改革期均值	1.067	0.938	0.995	1.071	0.984
	改革前后变化值	0.113	−0.165	0.09	0.016	−0.069
实施创新驱动和建设创新型国家 （2006—2013 年）	改革初期值	1.101	0.899	1.079	1.02	0.99
	改革期均值	1.018	1.033	1.017	1.000	1.045
	改革前后变化值	−0.083	0.134	−0.062	−0.02	0.055

（一）科技体制改革初期各地区全要素生产率增速均下降

在科研机构转制改革和构建国家创新体系阶段，中国西部、东北、中部和东部地区科技创新全要素生产率增速较改革初期均略有下降。但四大区域创新效率增速均得到一定程度的提高，东部地区创新效率的增速远高于其他地区。表 2-4 显示，在科研机构转制改革和构建国家创新体系阶段，东北与东部地区的科技创新全要素生产率为正增长，而中西部地区的科技创新全要素生产率为负增长。但无论是西部、东北、中部还是东部地区，科技创新全要素生产率指数的平均值均在改革后出现了下降，分别比改革初期降低了 0.112、0.075、0.018 和 0.055。因此，这一阶段的改革对科技创新全要素生产率提升的作用整体上是有限的，甚至是负面的。

从技术进步来看，西部、东北、中部和东部地区技术进步指数的平均值均下降，分别比改革初期降低了 0.173、0.132、0.082 和 0.205，对科技创新全要素生产率产生不利影响。然而，在此期间，中国西部、东北、中部和东部地区创新效率增长速度均有了较大幅度提高，相比改革初期分别提高了 0.116、0.089、0.087 和 0.229，说明改革对于各地区提升创新效率发挥了一定作用，尤其是东部地区，其创新效率增长速度远高于其他地区。在这一时期，科研机构转制改革和国家创新体系建设逐步推进，在一定程度上提升了创新效率，但相当一部分转制科研机构短期内仍无法适应"开放、流动、竞争、协作"的市场运行机制，再加上这些科研机构转制后面临资金缺失和人才流失的"双瓶颈"，发展后劲不足，推动技术开发和自主创新难以保障，导致了技术进步减缓较快，科技创新全要素生产率

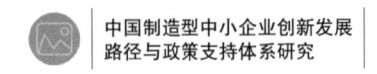

下降。

（二）实施创新驱动和建设创新型国家阶段，增速上升但东中西部差异明显

在实施创新驱动和建设创新型国家阶段，无论是西部、东北、中部还是东部地区，科技创新全要素生产率增速较改革初期均得到较大幅度提升，但西部和东北地区科技创新全要素生产率增速的提升来源于创新效率和技术进步提升的"双重"作用，而东部和中部地区来源于技术进步速度加快。表2-4结果显示，在实施创新驱动和建设创新型国家阶段，西部、东北、中部和东部地区科技创新全要素生产率增速相对于改革初期分别提高了0.075、0.11、0.048和0.027，从改革效果看，东北地区科技创新全要素生产率提高幅度最大，其次是西部和中部地区，而东部地区提高幅度相对较小。

将科技创新全要素生产率进一步分解后，发现西部和东北地区创新效率增速比改革初期分别提高了0.041和0.046，而中部和东部地区创新效率增速分别下降了0.028和0.022，说明西部和东北地区由于自身创新环境优化、投入结构改善，以及东中部地区的技术渗透和技术扩散效应，其创新效率提升明显。从科技创新全要素生产率的另一个分解值技术进步来看，西部、东北、中部和东部地区技术进步值均有显著提升，分别比改革初期增长了0.038、0.079、0.079和0.056，东北、中部和东部地区技术进步提升较快，西部地区技术进步提升相对稍慢，说明这一时期以"增强自主创新能力、建设创新型国家"为核心的科技体制改革，促进了各地区，尤其是东北、中部和东部地区的技术进步。

三　通过科技体制改革，推动区域创新驱动的政策建议

全面深化科技体制改革已经成为中国"十四五"规划的重要任务。深化中国科技体制改革、提高科技创新全要素生产率、实施区域创新驱动发展具有重要的政策启示。

（一）深化科技体制改革对促进科技创新全要素生产率增长仍有较大空间

社会主义市场经济体制是中国特色社会主义的重大理论和实践创新，是社会主义基本经济制度的重要组成部分。坚持社会主义市场经济改革方

向，加快完善社会主义市场经济体制，主要涉及经济体制改革，但也必然影响和传导到政治、文化、社会、生态文明和党的建设各个领域。1998年以来，中国对科技体制进行了改革，提高了科技创新全要素生产率，但现行的科技体制仍存在许多深层次的体制机制障碍，在宏观科技管理体制，以企业为主导、产学研互动的科技创新机制，科技资源的公平分配机制，科技评价、激励和监督机制等方面还需要进一步完善，因此继续深入推进科技体制改革，会带动科技创新全要素生产率增长。

（二）进一步深化科技体制改革的着力点在于提高创新效率

提高科技创新效率的途径包括：一是推动政府在科技发展中的职能转变，理顺政府与市场、科学共同体之间的关系；二是加快建立以企业为主导技术创新的体制机制；三是提高科研经费配置使用效益，提高科学产出效率；四是加速科技成果转化，解决好科技与经济发展之间的衔接问题；五是完善科技创新评价标准，引导人力资源要素向科技创新领域流动。并逐步缩小中国区域层面科技创新全要素生产率增长的差异，东部与其他地区科技创新全要素生产率增长差距较大的原因主要在于中西部地区与东部地区在技术进步和规模效率方面的差距较大，以及东北与东部地区在技术进步和纯创新效率方面的差距较大。

（三）深化经济体制改革布局，推动各区域创新驱动升级

国家需要大力推动科技体制改革，制定有利于西部、东北和中部地区技术进步和规模效率提升的制度和措施，如在创新型人才激励政策、创新扶持资金设立、重大项目规划布局、中小型科技型企业扶持等方面给予适当的专项支持，从以下几个方面入手，以改革促发展，带动西部、东北和中部地区科技创新全要素生产率提升。第一，区域发展要更加注重空间均衡，在创新驱动战略中避免形成新的"断崖式"差距。以五大发展理念引领区域经济发展新常态，通过更加有效的宏观调控手段，引导和监督不同区域发展，实现整体区域包容性增长目标（李平、王宏伟、贺俊、蔡跃洲、郑世林，2015）。第二，充分发挥产业集聚的空间溢出效应。一是要加快不同地区的产业融合互补，重点推动生产性服务业的集聚发展，提高产业的多样性；二是要推进制造业的转型和升级，同时加强制造业的空间集聚，逐步形成高端的上下游产业链体系，构建跨区域多中心产业集聚网络结构。第三，提高要素投入产出质量，建立健全要素市场流动的合理

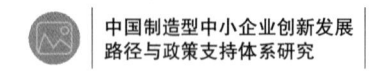

机制（程风雨，2020）。

第三节 科技体制改革驱动制造型中小企业创新发展

2019年中央经济工作会议指出：要坚持巩固、增强、提升、畅通的方针，以创新驱动和改革开放为两个轮子，全面提高经济整体竞争力，加快现代化经济体系建设。双轮驱动无疑有利于更好地激发经济内生动力，引领中国经济高质量发展。对科技创新和深化科技及体制改革的重视，既反映了中国经济在进入高质量发展阶段的客观需求，也将为中国经济注入新的动能，是当前中国经济高质量发展的迫切需求（刘萱、王宏伟，2019）。面对全球产业变革，在科技体制改革的驱动下，作为中国经济重要组成部分，中国制造型中小企业创新发展迎来了历史机遇期。

一 强化顶层设计，为制造型中小企业带来创新政策红利

中国制造型中小企业创新发展的现有政策符合中国特色社会主义初级阶段的基本国情，集法律法规、行政指令、行业标准于一体，财税金融支持力度不断加大，创新成果转化工作得以重视，党中央、国务院高度重视对中小企业技术创新的服务工作，构建了面向制造型中小企业较为全面完备的创新政策体系。尤其是近5年来，有关制造业、信息化、中小企业等相关主体的政策内容逐渐丰富，从国家和地方层面提供了制造型中小企业极好的成长环境，为中国制造业强国建设增砖添瓦。2016—2020年中国国家层面有关制造型中小企业的政策梳理如表2-5所示。

表2-5　2016—2020年中国有关制造型中小企业的政策汇总

时间	政策	具体内容
2016年4月	《促进科技成果转移转化行动方案》	支持地方围绕区域特色产业发展、中小企业技术创新需求，建设通用性或行业性技术创新服务平台，强化科技成果转化
2016年11月	《制造业创新中心知识产权指南》	针对知识产权的创造、管理、运营、保护提出指导建议，提升制造业整体包括中小企业在内的创新能力，强调政府支撑作用

续表

时间	政策	具体内容
2017年8月	《关于开展支持中小企业参与"一带一路"建设专项行动通知》	提出深化中国中小企业与沿线各国在贸易投资、科技创新、产能合作、基础设施建设等领域的交流与合作，构建和完善支持中小企业国际化发展的服务体系
2017年9月	《中小企业促进法》	将促进中小企业发展作为长期战略，要求各类企业机会平等、环境公平。规定实行有利于小微企业发展的税收政策，缓征、减征、免征小微企业所得税、增值税等，简化征税程序，减轻税收负担，合理提高小微企业不良贷款容忍度，健全多层次资本市场体系。明确在规划、用地方面提供支持，推动建立和发展各类创新服务机构为中小企业提供技术创新服务，促进科技成果转化，推动产品技术升级
2017年11月	《关于创建〈中国制造2025〉国家级示范区的通知》《制造业"双创"平台培育三年行动计划》	围绕激发制造企业创新活力、发展潜力和转型动力，鼓励和支持地方探索实体经济尤其是制造业转型升级的新路径、新模式，加快实施《中国制造2025》
2018年2月	《关于公布第八批国家新型工业化产业示范基地名单的通知》	提出要按照新型工业化发展新内涵和新要求，做好示范基地工作方案和产业发展规划实施等工作，实现规范发展和提质增效，加快产业集聚向产业集群转型升级
2018年3月	《知识产权对外转让有关工作办法（试行）》	规范了知识产权对外转让秩序，依据国家安全、对外贸易、知识产权等相关法律法规，审查知识产权转让对重要领域核心关键技术创新发展能力的影响
	《关于开展创新企业境内发行股票或存托凭证试点若干意见的通知》	为深化资本市场改革、扩大开放，支持创新企业在境内资本市场发行证券上市
2018年7月	《关于贯彻落实扩大小型微利企业所得税优惠政策范围有关征管问题的公告》	对年纳税额低于100万元的小微企业给予减半征税优惠
2019年4月	《关于创新企业境内发行存托凭证试点阶段有关税收政策的公告》《关于加强金融服务民营企业的若干意见》	为打造服务制造型中小企业的多层次融资市场提供政策引导
	《关于促进中小企业健康发展的指导意见》	提出放宽市场准入，服务中小企业，破解融资问题，完善财税支持，提升创新能力，改进服务保障工作，加强支持和统筹指导，助力中小企业健康成长
2019年11月	《关于加快培育共享制造新模式新业态促进制造业高质量发展的指导意见》	促进制造业中小企业顺应经济社会前沿商业概念或模式进行改造型创新或创造型创新，推进制造型中小企业在典型应用场景的专业化、标准化和品质化发展

续表

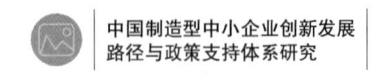

时间	政策	具体内容
2020年3月	《中小企业数字化赋能专项行动方案》	
	《关于进一步强化金融支持防控新型冠状病毒感染肺炎疫情的通知》《后疫情时期复工复产政策》等	为制造业中小企业灾后维系和复工复产提供金融支援

由表2-5可见，自2016年以来，国家各部委分别着眼于科技成果转化、中小企业知识产权建设、中小企业参与建设"一带一路"、制造型中小企业双创建设、工业基地建设、金融税收优惠补贴政策、中小企业数字赋能专项行动建设、新商业模式打造等方面，提出了一系列国家产业创新政策，并敦促地方政府予以贯彻落实。中国制造型中小企业正面临一个产业创新政策的密集机遇期。

二 推动数字产业创新，加速制造型中小企业产业链升级

面对制造业外资回流、国内外经济增速减缓、国内成本优势不再等新形势。由表2-6可知，近5年来，工业领域中小企业数量占比逐年增加，外资企业在制造业的占比逐年下降，制造业利润额也在2018年出现了明显降幅，凸显了中国制造型中小企业面临迫切的产业链升级需求。产业链是同一产业部门（或不同产业部门）企业间以知识、技术、产品和服务为纽带形成的具有前后关联关系的链网式企业组合。产业链通常以上、下游的关联企业为联结点，这些企业既可以来自同一产业，也可以来自不同产业，关联企业间通过供给与需求、投入与产出等实现满足消费者需求的生产创造过程。产业链转型升级的着眼点必须落在创新驱动，实现创新链与产业链的双链耦合发展。在过去二三十年里，高速发展的信息通信技术推动中国迅速跨入数字化时代。

表2-6　　2014—2018年制造型中小企业若干项经济指标

年份	企业单位总数（个）	利润总额（亿元）	中小企业占比（%）	外资企业占比（%）
2018	355852	56964.4	97.59	6.59
2017	350430	66368	97.52	6.63
2016	355518	65281	97.46	6.90

续表

年份	企业单位总数（个）	利润总额（亿元）	中小企业占比（%）	外资企业占比（%）
2015	358665	57975	97.49	7.38
2014	352365	56898	97.38	7.87

另外，依靠数字化转型的产业链升级背后，离不开国家各部委围绕制造业升级提出的一系列数字化赋能政策。中国制造型中小企业的数字化转型创新政策主要是围绕产业数字化和数字产业化两个方面进行的。2015年以来，国务院相继印发了《中国制造2025》《关于深化制造业与互联网融合发展的指导意见》等政策文件，对制造型企业数字化转型进行了全面部署。工业和信息化部、财政部等部门相继印发了《智能制造发展规划（2016—2020年）》《工业互联网发展行动计划（2018—2020年）》等规划，明确了制造型企业数字化转型的具体目标和重点任务。上述文件制定了技术研发、成果应用、重点领域突破、金融、财税、人才、基础设施、质量基础、信息安全、服务平台、国际交流合作、组织保障等方面的支持政策与措施，发挥了明显的推动和促进作用。中国政府已经意识到数字化转型对提高制造业竞争力且保持世界领先地位的重要性，2017年发布的《关于深化"互联网+先进制造业"发展工业互联网的指导意见》，旨在打造与经济发展相适应的工业互联网生态体系，促使中国工业互联网发展水平走在国际前列。2019年政府工作报告强调，要推动传统产业改造提升，强化工业基础和技术创新能力，打造工业互联网平台，拓展"智能+"，促进先进制造业和现代服务业融合发展。由此可见，政府对于发展智能制造产业的政策制度正逐步完善，逐步营造良好的市场环境。

三　深化产学研用金协同推进制造型中小企业创新链跃迁

制造型中小企业在满足市场需求的创新链环节中发挥着重要的作用。创新链是围绕创新核心主体，以满足市场需求为导向，以新技术获取、研究开发、新产品创新、市场拓展为核心，通过制度创新、组织创新和管理创新将相关创新主体联结起来，在创新全过程实现价值增值的功能链接模式。中小企业在创新发展中存在资源要素的局限性，在资金、技术、人才要素层面缺乏竞争优势，深化产学研用金协同机制有助于制造型中小企业解决资源要素不足的缺陷，有效实现创新链跃迁。习近平总书记在党的十九大报告中明确提出，"深化科技体制改革，建立以企业为主体、市场为导向、产学研深度融合的技术创新体系，加强对中小企业创新的支持，促进科技成果转化"。产学研深度融合，是深化科技体制改革的一项重要内容，在宏观层面能推动经济增长方式由要素驱动向创新驱动转变，在微观层面能实现企业、高校和科研院所等产学研主体的深度融合，形成创新合力。

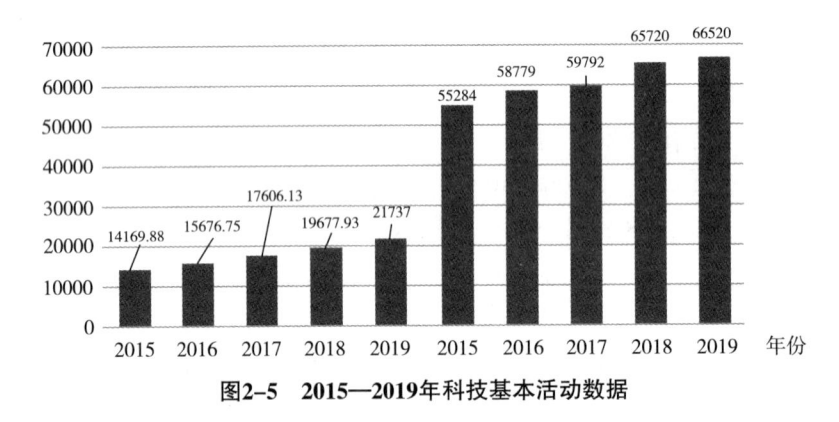

图2-5　2015—2019年科技基本活动数据

由图2-5可知，2015—2019年，全社会的研发与试验发展经费投入逐年增长，科技成果登记数随之增加，参与研究与试验发展的人员量也呈正相关关系，最终激发了技术交易市场成交额的增长。而科技活动的丰富，为制造型中小企业的创新和价值链跃迁提供了研发支持，降低了其自己创新失败的巨大风险（马茹、王宏伟、罗晖，2019）。

在推动产学研深度融合的过程中，中国政府积极成为产学研合作的参与者、服务者、引导者。在关键共性技术和基础共性技术的研发方面，政府积极参与，以重大科技项目为纽带，以产学研联盟为载体，力争突破一批共性技术和关键核心技术，促进产业结构转型升级。通过科学合理的政府角色定位，推动构建协同创新治理机制。通过培育企业、高校和科研院所的知识产权保护意识，强化科技与金融的紧密结合，解决好产学研深度融合中的资金问题。在大多数产学研合作模式中，都是由企业出资金，高校或科研院所提供科技人才和科研设备。面对关键核心技术、共性技术和前瞻性技术难题，企业单独出资面临较大困难，中国政府设立专项资金，为产学研深度融合提供资金来源，推动技术研发和创新，降低企业进行技术创新的风险，提升企业参与创新的意愿。政府积极引导建立产学研深度融合的利益分配机制和风险控制机制。前者充分尊重企业、高校和科研院所的利益和需求，充分考虑创新的贡献率问题；后者有效应对成果转化风险、创新失败风险等，尽可能地将风险发生的概率降到最低，有效减少创新主体的损失。以区域的产学研深度融合为例，长三角、粤港澳、京津冀等跨区域间的产学研合作正在广泛开展。

四 加强大中小企业融通发展汇聚制造型中小企业创新生态

随着制造型中小企业创新体系的完善和创新主体的凸显，制造型中小企业作为协同创新枢纽的融通职能逐步增强，形成了大中小企业产业链融通创新的协同创新模式。供应链整合、数字化提升以及区域一体化程度的逐渐加深使大中小企业正以块状经济为依托，向产业链经济发展转型，形成产业链协同的融通创新体系。围绕高水平现代化平台体系的建设，工业互联网平台、大中小企业融通型特色载体等创新综合体的不断涌现促使中小企业协同综合创新生态逐渐形成。

中国大部分地区如浙江、江苏等地具有块状经济中产业集聚的优势，大量中小企业通过产业集聚获取规模经济的优势，发展了许多小微企业创新园、特色小镇等产业创新载体，有效地降低了企业间的交易成本和生产成本。2019年，课题组实地调研走访了浙江省范围内11个设区市的小微企业园建设情况和首批20个小微企业园建设提升财政专项激励重点县（市、区）工作推进情况。截至2019年10月底，浙江省累计认定小微企业园726家，其中生产制造类园区397家（占比55%），生产服务类园区329家（占比45%）。浙江省新增小微企业园251个，较2018年增加29个；新增小微企业园建筑面积2273.33万平方米，较2018年提高399.26万平方米。浙江省小微企业园入园企业共计41676家，较2018年增加了2519家，其中规模以上企业2091家，较2018年增加了228家。在企业入园培育层面，浙江省11个设市区科学制定小微企业入园条件，支持创新型、科技型、成长型、"专精特新"企业或同步实施技术改造的小微企业优先入园，对亩均效益综合评价排位末档或未达标入园企业予以整改，对整改仍不达标企业倒闭退出。根据359家小微企业园抽样调查显示，园区数字化建设和应用程度层面，89.61%小微企业园具有数字化信息基础设施，44.81%小微企业园应用园区管理数字化，33.83%小微企业园应用企业服务数字化，22.86%小微企业园帮助入园企业数字化转型，仅有20.77%小微企业园已建设园区大脑（见图2-6）。

具有数字化信息基础设施 89.61
园区管理数字化 44.81
企业服务数字化 33.83
建立园区大脑 20.77
帮助入园企业数字化转型 22.86

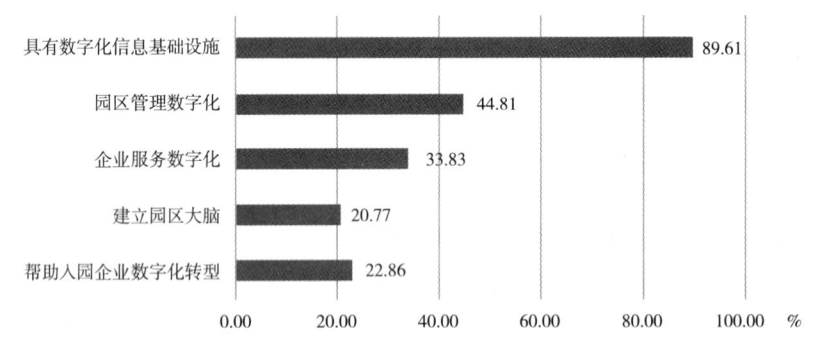

图2-6 小微企业园数字化建设和应用程度情况

不同小微企业园有不同的产业定位，调研走访发现，1/2以上园区对自身园区产业发展有一定的规划和设想，产业集聚的要求一般在50%—70%。但如何更好地发挥产业集聚优势仍没有切实可行的路径参考。其中，金华婺城区的浙江红牌智能家电产业园以其自身独特的企业战略规划，集聚了12家智能家电产业上下游企业入园，通过规范化管理，打造园区共有研发体系，打通智能厨房、无人厨房的整体产业链上下游，并借助用户信息，打通其他生活品类供应商的合作关系，助推园区内企业集群发展。聚焦重点行业领域，推动工业强基、智能制造、绿色制造、服务型制造专项行动，围绕供应链整合、创新能力共享、数据应用等当前产业发展关键环节，形成了基于供应链协同的大中小企业融通发展模式，大企业为中小企业提供"一揽子"信息支持，包括上游产品供给、下游产品需求、产品质量及流程标准，提高全链条生产效率。

五 整合全球高端创新资源促进制造型中小企业价值链重构

当下全球是一个变幻莫测的时代，一切事物都处于变动、创新、模糊的边界处境。随着以工业"革命4.0"为基础的世界经济新格局的形成，各国经济发展和对外贸易都面临着深层次调整，WTO框架下形成的TRIPs协议的局限性也随之凸显。欧美等发达国家认为，TRIPs最低保护标准降低了世界范围知识产权保护整体效率，出于自身利益诉求开始转移目标，试图通过区域或双边谈判以促成知识产权扩张保护的目的。在此背景下，《跨太平洋伙伴关系协定》(TPP)、《全面与进步跨太平洋伙伴关系协定》(CPTPP)、《区域全面经济伙伴关系协定》(RCEP)、《美国—墨西哥—加拿大协定》(USMCA) 等 TRIPS-plus 标准区域自由贸易协定应运而生。自由贸易协定（FTA）作为贸易政策正日益指导着全球知识产权国际规则重塑和知识产权国际保护水平提升。中国签署的双边 FTA 知识产权规则如表 2-7 所示（王黎萤、张迪、王雁、林妍，2019）。

表 2-7　　　　　　　　中国签署的双边 FTA 知识产权规则

签署对象	年份	知识产权规则要点	是否超 TRIPs
智利 / 智利升级	2005/2017	1. 高强度保护地理标志；2. 增加边境措施特别要求；3. 阐述知识产权合作	2017 年版部分超 TRIPs
新西兰	2008/2018	1. 开展知识产权合作；2. 提出保护遗传资源、传统文化要求；3. 丰富磋商机制	未超 TRIPs
秘鲁	2009	1. 提出保护遗传资源、传统文化要求；2. 扩展地理标志产品；3. 增强边境措施，打击假冒 / 盗版商品	未超 TRIPs
瑞士	2014	1. 版权：遵守《WIPO 表演与录音制品条约》，延长版权相关领接权保护期，延长广播保护期至 50 年；2. 商标：扩大对驰名商标保护；3. 执法：增加适用边境措施侵权类型至专利权以及工业品外观设计	超 TRIPs
澳大利亚	2015	1. 商标：扩展商标表示类型，新增视觉、声音商标；2. 规定专利申请审核期限；3. 扩大边境措施	超 TRIPs
韩国	2015	1. 版权：延长版权相关领接权保护期，延长广播保护期至 50 年，技术措施和权利管理信息纳入知识产权的保护客体；2. 商标：声音等视觉无法感知事物纳入商标注册范围，商标注册程序细化；3. 执法：公开执法信息条款，增加边境措施适用场合至转口货物，增加适用边境措施侵权类型至专利、植物多样性、外观设计和地理标志，民事程序上提高保护标准，新增"作者身份推定"的条款等；4. 新增遗传资源、传统知识和民间文艺	超 TRIPs
格鲁吉亚	2018	1. 商标：商标标识类型扩充到包含视觉和声音标识；2. 专利：可授予专利的客体扩展；3. 提及遗传资源、传统知识和民间文艺等新型知识产权	部分超 TRIPs

全球价值链是市场经济全球化基本规律的新体现，遵从多维且动态的统筹融通市场新制度。中小企业在各国经济发展当中发挥着重要的作用，尤其对于蓬勃发展的亚太经济来说，根据不完全统计，中小企业数量占到

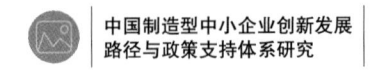

亚太地区企业总数的95%，中小企业雇用的劳动力占到80%，各个国家中小企业创造的劳动生产总值基本处于30%—60%。制造型中小企业在全球价值链中有着重要的发展地位，面临国际产业上激烈的竞争。面对挑战，制造型中小企业仍需坚持抓住全球价值链融通发展释放的积极信号，促进对外开放合作、竞争，融入全球产业大循环，利用全球价值链上频密的国际中间品贸易和国际直接投资促进产业创新，利用第三方服务以更低成本、更高效率拥抱互联网，获得科技的赋能。

第三章 区域产业集聚与制造型中小企业创新发展

基于全球层面和区域层面的经济发展规律显示，区域集聚成为中国经济持续有力增长的重要支撑，集聚效应与选择效应是影响区域制造型中小企业生产率差距的重要因素。随着区域创新要素由人力、资本向技术和智力等要素转变，知识产权要素集聚的知识产权密集型产业逐渐成为经济发展中重要的产业形态，成为驱动制造型中小企业创新发展的重要力量。伴随区域集聚异质性发展特征，区域空间上关联导致知识和技术溢出，典型的地域相互作用、自组织机制以及自我强化等特征深刻影响制造型中小企业的创新效率。

第一节 区域经济集聚、选择效应与制造型企业生产率

中国区域发展正在从单一区块发展向多区域跨越，通过区域间的比较优势，促进要素有序流通，极大地提高了区域经济发展的总体效率，激发了区域经济活力。无论从全球经济发展过程还是区域发展规律来看，区域集聚将成为中国经济持续有力增长的支撑，通过激发区域经济活力，进一步带动、辐射周边发展。区域经济集聚作为经济发展中较为典型的组织形式，通过要素之间的整合依赖，降低了制造型企业运营成本，同时也在制造型企业的相互依赖下产生协同创新作用，促进企业生产率的提升。虽然经济集聚会对制造型企业生产率带来倍增效应，但是也会因为经济过度集聚而产生拥挤效应，同时会因为异质性企业在不同空间的定位选择产生选择效应，这些均会影响制造型企业的生产率。

一 区域经济集聚、选择效应与制造型企业生产率提升的关系

区域集聚是经济发展中较为典型的经济组织形式,是工业化发展的客观规律和必然趋势。从国际上来看,越来越多的国家和地区通过推动产业集聚来促进区域要素资源整合以提升区域经济实力。从国内来看,那些以产业集聚方式推动经济增长的区域,不仅因为集聚特色而成为经济领先地区,而且通过继续贯彻实施产业集聚政策措施实现企业的集群式发展和创新能力提升。《浙江省产业集聚区发展总体规划(2011—2020年)》强调,规划建设一批产业集聚区,是贯彻落实科学发展观、拓展新的发展空间、加快经济发展方式转变、增强综合实力和可持续发展能力的战略举措,对于构建现代产业体系、优化生产力布局、建设生态文明等都具有重要意义。产业集聚区建设发展,能较好地满足经济转型升级需要新空间、优化区域开发格局需要新抓手、培育大产业大项目大企业需要新平台等诉求,从而成为推动区域转型升级、实现构架战略功能、提升国际经济地位的重要载体。当前中国区域集聚特征较为明显,总体表现为从东部至西部逐渐降低,形成了极为明显的空间梯度特征。发展水平较高的制造型企业高度集聚在东部沿海省市,以上海、江苏、浙江、山东、北京、天津、辽宁及广东等省市为典型,形成长三角、京津辽、珠三角三大集聚核心,依次向周围区域逐渐降低,中部省份处于中间层次,西部地区的云南、西藏、甘肃、青海、新疆等省区,制造型企业发展相对滞后(高丽娜、蒋伏心,2013)。

在区域经济集聚通过相同或相近产业在特定地理区域的高度集中、产业资本要素在特定空间范围的不断汇聚过程中,产业集聚通过要素之间的整合、依赖,不仅降低了企业运营成本,而且通过集聚区企业的相互作用,产生协同创新作用,企业更容易获得各类资源、信息和知识,促进了企业生产率的提升。学者Duranton、Puga(2004),Rosenthal、Strange(2004),Melo等(2009),Combes等(2010)发现,集聚区通过企业间的分工与合作、企业共享供应商、密集的劳动力市场和良好的匹配机制以及通过知识溢出促进信息和经验的学习,实现知识的累积和创新等途径,使集聚中心区(大城市)的企业具有更高的生产率。伴随着产业集聚而引起的生产要素在空间上的不断循环聚集,众多制造型中小企业聚集在特定的

区域必然产生对于土地、劳动、资本等生产要素的巨大需求，在企业生产效率等其他因素相对不变的情况下会导致企业的产品成本上升，使企业在竞争中失去竞争力，拥挤效应对区域经济增长和企业生产率产生负面影响。由此区域经济集聚对于制造型企业的生产率影响取决于集聚效应和拥挤效应的综合权衡结果。

新经济地理研究中，学者发现了企业存在生产效率差异的情况下，企业的出口决策往往内生于该企业的生产率，从而产生自我选择效应现象。也就是说，生产率高于某个阈值的企业才有可能选择进入出口市场，那些生产率较低的企业将退出市场（包括国内市场和出口市场），这种国际贸易中的异质性企业的自我选择效应后来被发现在产业集聚中也存在类似情况。在选择效应作用模式下，依托区域企业的竞争实力，地区间的激烈竞争和高的竞争壁垒将会剔除区域内的低生产率企业，控制新进入企业的生产率水平，这种筛选机制对于企业的生产率产生影响和促进作用。在集聚效应和选择效应的影响下，如果集聚效应是促进区域生产率提升最为重要的原因，那么促进经济的进一步集聚以及大城市甚至特大城市进一步扩大规模，那么将是政策的应有之义；但如果经济集聚导致的是拥挤效应，那么意味着政府需要调整原有的以各种优惠政策促进集聚的政策，改变高行政级别的大城市或特大城市往往享受更多产业发展优惠政策的局面，以市场的手段推动产业转移；如果选择效应确实显著存在，则需要考虑在促进欠发达地区发展的政策中，过于强调优惠政策或补贴政策会更多地吸引低效率企业进入欠发达地区，会加大发达地区与欠发达地区的生产率差距，不利于欠发达地区的长期可持续发展（梁琦等，2012）。因此，如何准确识别出"集聚效应"与"选择效应"对于区域生产率差异的影响就成为区域经济发展和制造型中小企业成长的重要问题，对于现阶段的中国而言还具有重要的政策含义与理论价值（李晓萍、李平、吕大国，2015）。

二 区域经济集聚、选择效应对企业生产率影响的实证分析

（一）模型设定

借鉴 Combes 等（2012）嵌套模型及其实证方法，设经济中有 I 个地区，第 i 个地区的人口为 N_i，每个代表性消费者的效用函数为：

$$U = q^0 + \alpha \int_{k \in Q} |q^k dk - \frac{1}{2}\gamma \int_{k \in Q} (q^k)^2 dk - \frac{1}{2}\eta \left(\int_{k \in Q} q^k dk\right)^2 \quad （3-1）$$

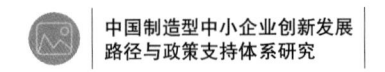

其中，q^0 表示标准化商品的消费数量，一般指农产品数量，Ω 表示差异化工业品集合，q^k 表示第 k 种差异化工业品的消费量。参数 α、γ、η 都大于 0，更大的 α，更小的 η 表示消费者相对于标准化商品，更偏好消费工业品，更大的 γ 则表示差异化工业品之间的差异性更大。在预算约束下，最大化消费者效用函数，可得：

$$p^k = \alpha - \gamma q^k - \eta \int_{k \in \Omega} q^j dj \quad (3-2)$$

其中，p^k 表示差异化工业品 k 的价格，由式（3-2）可知，如果产品 k 的价格过高，消费者将不消费产品 k。设 Ω 代表经济均衡时有消费量的工业品集合，设 P 表示有消费量工业品的平均价格，由式（3-2）可得工业品 k 的需求函数：

$$q^0 = \begin{cases} \dfrac{1}{\gamma + \eta \omega}(\alpha + \dfrac{\eta}{\gamma} \omega P) - \dfrac{1}{\gamma} p^k, & if\, p^k \leq \bar{h} \equiv P + \dfrac{\gamma(\alpha - P)}{\gamma + \eta \omega} \\ 0, & if\, p^k > \bar{h} \end{cases} \quad (3-3)$$

其中，$\bar{h}$ 来源于 $q^k \geq 0$ 的约束，由 P 的定义及式（3-2）可得 $P < \alpha$，所以 $\bar{h} > P$。

设标准化商品的生产规模报酬不变，1 个单位劳动生产一个单位标准化商品，标准化商品地区间贸易无成本，设标准化商品的价格等于 1，则工人工资等于 1，差异化工业品市场为垄断竞争市场，每个工业品厂商在支付 s 单位沉没成本后，可以生产差异化产品，生产一个单位产品需使用 h 单位劳动，厂商的边际成本为 h，每个厂商的边际成本不同，所有地区厂商的边际成本都服从概率密度函数 $g(h)$，其累积密度函数为 $G(h)$，如果厂商的边际成本 h 高于 $\bar{h}$，则其产品需求量为 0，厂商退出市场，因此经济均衡的工业品集合 $\Omega = \{k \in \Omega | h \leq \bar{h}\}$。

设工业品地区间贸易存在贸易成本，贸易成本为"冰山式"成本，τ 单位产品运往另一个地区只有 1 个单位能够到达。对消费者来说，所有差异化工业品都是对称的，则地区 j 单个消费者对地区 i 边际成本 h 厂商产品的需求量为：

$$q_{ij}(h) = \dfrac{1}{\gamma + \eta \omega_j}(\alpha + \dfrac{\eta}{\gamma} \omega_j P_j) - \dfrac{1}{\gamma} p_{ij}(h) = \dfrac{1}{\gamma}[\bar{h}_j - p_{ij}(h)] \quad (3-4)$$

地区 j 的人口为 N_j，则地区 j 的总需求量为：

$$Q_{ij}(h) = \begin{cases} = \dfrac{N_j}{\gamma}[\bar{h}_j - p_{ij}(h)], & if\, p_{ij}(h) \leq \bar{h}_j \\ 0, & if\, p_{ij}(h) > \bar{h}_j \end{cases} \quad (3-5)$$

地区 i 向地区 j 销售产品的利润为 $\pi_{ij}(h)=[p_{ij}(h)-\tau_{ij}h]Q_{ij}(h)$，其中，如果 $i=j$，则 $\tau_{ij}=1$，如果 $i \neq j$，则 $\tau_{ij}=\tau$。最大化利润函数，则有 $pij(h)=12(h_j+\tau_{ij}(h))$，则 $\tau_{ij}(h)=N_j(\bar{h}_j+\tau_{ij}(h))^{2/4\gamma}$。由于厂商进入市场需要支付 s 单位的沉没成本，则厂商的预期利润应等于 s。

$$\dfrac{N_i}{4\gamma}\int_0^{\bar{h}i}(\bar{h}_j-h)^2 g(h)dh + \sum_{j \neq i}\dfrac{N_i}{4\gamma}\int_0^{\bar{h}i/\tau}(\bar{h}_j-\tau h)^2 g(h)dh = s \quad (3-6)$$

其中，等号左边第一项为地区 i 厂商在本地销售的利润，第二项是在其他地区销售的利润。

设每个人提供一个单位劳动，劳动供给无弹性，每一个劳动者与其他劳动者相互接触可以提高生产率，这样劳动者越多，则生产率越高，但会随着空间距离的扩大而衰减。假设地区 i 的有效劳动供给函数为 $a(N_i+\delta\sum_{j \neq i}N_j)$，设 $a(0)=1$，$a'>0$，$a''<0$，$0 \leq \delta \leq 1$。地区 i 厂商的劳动需求函数为：

$$l_i(h) = \left[\sum_i Q_{ij}(h)h\right]/a(N_i+\delta\sum_{j \neq i}N_j) \quad (3-7)$$

设 $A_i=\ln[a(N_i+\delta\sum_{j \neq i}N_j)]$，代表地区 i 的集聚效应，则地区 i 厂商的生产率对数值为：

$$\Phi_i(h)=\ln\left[\dfrac{\sum_j Q_{ij}(h)}{l_i(h)}\right]=A_i-\ln(h) \quad (3-8)$$

由之前的分析可得，地区 i 退出市场的厂商比例。设 $F\Phi=1-G(e-\Phi)$，则 $F\Phi$ 表示没有选择效应和集聚效应时厂商生产率对数值的累积密度函数，则地区 i 厂商生产率对数值的实际分布函数为：

$$F_i(\Phi)=\max\left\{0, \dfrac{\widetilde{F}(\Phi-A_i)-S_i}{1-S_i}\right\} \quad (3-9)$$

同一地区企业获得的集聚效应并不一定相同，高效率企业可能获得更大的集聚效应。设在高效率企业工作的工人生产率更高。设地区 i 的有效劳动供给函数为 $a(N_i+\delta\sum_{j \neq i}N_j)h^{-D_i-1}$，其中，$D_i=\ln\left[a(N_i+\delta\sum_{j \neq i}N_j)\right]$，表示增强

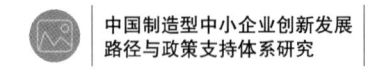

效应，设 $d(0)=1$，$d'>0$，$d''<0$。则：

$$\Phi_i(h)=\ln\left[\frac{\sum_j Q_{ij}(h)}{l_i(h)}\right]=A_i-D_i\ln(h) \quad （3-10）$$

$$F_i(\Phi)=\max\left\{0,\frac{\widetilde{F}\left(\frac{\Phi-A_i}{D_i}\right)-S_i}{1-S_i}\right\} \quad （3-11）$$

设经济中有大市场地区 i 和小市场地区 j，则大市场地区 i 受到选择效应 S_i、集聚效应 A_i 和增强效应 D_i 影响后的实际企业对数生产率分布函数等于式（3-11）。小市场地区 j 受到选择效应 S_j、集聚效应 A_j 和增强效应 D_j 影响后的实际企业对数生产率分布函数为：

$$F_j(\Phi)=\max\left\{0,\frac{\widetilde{F}\left(\frac{\Phi-A_j}{D_j}\right)-S_j}{1-S_j}\right\} \quad （3-12）$$

由于 $F\Phi$ 观察不到，所以并不能使用 $F_i\Phi$ 的方程估计选择效应 S_i、集聚效应 A_i 和增强效应 D_i，$F_j\Phi$ 的方程估计选择效应 S_j、集聚效应 A_j 和增强效应 D_j。设 $D=D_i/D_j$，$A=A_i-DA_j$，$S=(S_i-S_j)/(1-S_j)$。D 为地区 i 对地区 j 的相对增强效应，A 为地区 i 对地区 j 的相对集聚效应，S 为地区 i 对地区 j 的相对选择效应。

$$F_i(\Phi)=\max\left\{0,\frac{F_j\left(\frac{\Phi-A}{D}\right)-S}{1-S}\right\} \quad （3-13）$$

如果 $S_i<S_j$，则有：

$$F_i(\Phi)=\max\left\{0,\frac{F_j(D_\Phi+A)-\frac{-S}{1-S}}{1-\frac{-S}{1-S}}\right\} \quad （3-14）$$

设 F、F_i、F_j 可逆，$\lambda_{iu}=F_i{-1}(u)$，$\lambda_{ju}=F_j{-1}(u)$，则 λ_{iu} 为 F_i 的第 u 个分位点，λ_{ju} 为 F_j 的第 u 个分位点。如果 $S>0$，式（3-13）可改写为：

$$\lambda_i(u)=D\lambda_j(S+(1-S)u)+A, u\in[0,1] \quad （3-15）$$

如果 $S<0$，式（3-14）可改写为：

$$\lambda_j(u)=\frac{1}{D}\lambda_j\left(\frac{u-s}{1-s}\right)-\frac{A}{D}, u\in[0,1] \quad (3-16)$$

将式（3-16）的 u 改写为 $S+(1-S)u$，式（3-16）可改写为：

$$\lambda_i(u)=D\lambda_j(S+(1-S)u)+A, u\in\left[\frac{-S}{1-S},1\right] \quad (3-17)$$

将式（3-15）和式（3-17）结合在一起，可写为：

$$\lambda_i(u)=D\lambda_j(S+(1-S)u)+A, u\in\left[\max\left(0,\frac{-S}{1-S}\right),1\right] \quad (3-18)$$

因为 u 的区间为 $[\max(0,-S1-S,1)]$，依赖于 S，无法直接估计式（3-18），设 $r\delta u=\max 0,-S1-S+[1-\max(0,-S1-S)]u$，式（3-18）可以改写为：

$$\lambda_i(r_\delta(u))=D\lambda_j(S+(1-S)r_\delta(u))+A, u\in[0,1] \quad (3-19)$$

这样式（3-19）就通过相对增强效应 D，相对集聚效应 A 和相对选择效应 S 表示出地区 i 与地区 j 的企业生产率分布的分位数关系。但式（3-19）是用地区 j 企业生产率对数值分布表示出地区 i 企业生产率对数值分布，还需要用地区 i 企业生产率对数值分布表示出地区 j 企业生产率对数值分布。将式（3-15）的 u 改写为 $\frac{u-s}{1-s}$，式（3-15）可改写为：

$$\lambda_j(u)=\frac{1}{D}\lambda_i\left(\frac{u-s}{1-s}\right)-\frac{A}{D}, u\in[S,1] \quad (3-20)$$

由式（3-16）和式（3-20）可得：

$$\lambda_j(u)=\frac{1}{D}\lambda_i\left(\frac{u-s}{1-s}\right)-\frac{A}{D}, u\in[\max(0,S),1] \quad (3-21)$$

设 $Rs(u)=\max(0.5)+[1-\max(0.5)u]$，式（3-21）可改写为：

$$\lambda_j(r_s(u))=\frac{1}{D}\lambda_i\left(\frac{r_s(u)-s}{1-s}\right)-\frac{A}{D}, u\in[0,1] \quad (3-22)$$

设 $m_\theta(u)=\lambda_i(r_s(u))-D\lambda_j(S+(1-S)r_s(u))-A$，其中，$u\in[0,1], \theta=(A,D,S)$。则有：

$$\tilde{m}_\theta(u)=\lambda_j(\tilde{r}_s(u))-\frac{1}{D}\lambda_i\left(\frac{\tilde{r}_s(u)-s}{1-s}\right)+\frac{A}{D}, u\in[0,1], \theta=(A,D,S) \quad (3-23)$$

依靠 Gobillon 和 Roux（2010）的方法，$\hat\theta=\arg\min M(\theta)$，其中，$M(\theta)=$

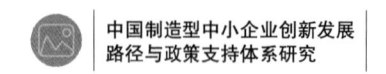

$\int_0^1 [\hat{m}_\theta(u)]^2 du_u + \int_0^1 [\hat{m}_\theta(u)]^2 du_0$，那么 $\overset{\theta}{\hat{m}_\theta}(u) = \hat{\lambda}_j(r_s(u)) - D\hat{\lambda}_i(S + (1-S)r_s(u)) - A$，$\hat{\lambda}_i$ 和 $\hat{\lambda}_j$ 为实际估计值。

设拟合优度 $R^2 = 1 - \dfrac{M(\tilde{A},\tilde{D},\tilde{S})}{M(0,1,0)}$，$M(0,1,0)$ 表示没有集聚效应、增强效应、选择效应时，大市场与小市场地区企业生产率对数值分布之间分位数差距的平方值。显然 R^2 越大，估计出来的参数越能解释大市场与小市场地区企业生产率对数值分布之间的差异。参数标准误用 Bootstrap 方法估计，方法如下：首先从样本企业中随机选取部分企业，再重新估计企业全要素生产率，最后重新估计参数，如此重复 50 次后计算得到参数标准误差。

（二）数据来源

本书研究的企业数据来源于国家统计局 1999—2007 年中国工业企业数据库，这个数据库具有以下一些特点：提供了规模以上工业企业（包括全部国有工业企业和年主营业务收入人民币 500 万元以上的非国有工业企业）的基本情况和财务信息，包括企业名称、企业代码、企业所在地区、行业类别、所有制类型、资产构成、负债构成、中间产品投入、员工总数等，这些企业都被细分到四位数的行业类别中。

（三）实证结果

根据周浩和陈益（2013）、周浩和余壮雄（2014）计算的需求可达性指标进行区分，以所有地级市 2007 年需求可达性的 75 分位数将所有地级市区分为大市场地区和小市场地区。采取了需求可达性作为衡量经济集聚的指标。采用 Combes 等（2012）的方法分别测度了 1999—2007 年、1999—2002 年、2003—2007 年 3 个时段全国以及 1999—2007 年东部和中西部地区的集聚效应、增强效应与选择效应（见表 3-1、表 3-2、表 3-3、表 3-4）。

表 3-1　　大市场地区和小市场地区制造业行业平均生产率比较

行业代码	大市场地区（s.e.）	小市场地区（s.e.）
13	6.3095（1.2727）	6.3551（1.3552）
14	6.2858（1.3670）	6.1109（1.5186）
15	6.4445（1.4743）	6.3163（1.4773）
17	6.0610（0.8721）	6.1650（1.0013）

续表

行业代码	大市场地区（s.e.）	小市场地区（s.e.）
18	6.1833（0.8501）	6.1602（0.9660）
19	6.3906（0.9682）	6.4465（0.9626）
20	5.0387（0.8991）	5.0571（0.9357）
21	5.5286（0.8897）	5.5159（1.0900）
22	6.2387（0.9951）	6.2543（1.0759）
23	6.3383（1.2545）	5.9074（1.5248）
24	6.3844（0.9070）	6.3990（0.9453）
25	3.0978（1.6456）	2.9017（1.5336）
26	6.4014（1.1064）	6.4398（1.1463）
27	6.4726（1.2238）	6.2766（1.2630）
28	6.2577（1.0338）	6.2867（1.1447）
29	6.2096（1.0021）	6.3155（1.0274）
30	5.6765（0.9124）	5.6240（0.9388）
31	6.8144（1.0458）	6.6997（1.1157）
32	5.3748（1.1376）	5.4869（1.1245）
33	5.7923（1.1267）	5.9422（1.1887）
34	5.6144（0.9664）	5.5728（1.0762）
35	7.3148（1.1428）	7.3394（1.1705）
36	7.3108（1.2460）	7.2288（1.4303）
37	7.0809（1.4181）	7.0388（1.4397）
39	5.9097（1.0330）	5.9101（1.0708）
40	5.9218（1.1638）	5.6994（1.1975）
41	7.1113（1.3128）	7.0461（1.2390）
42	6.5691（0.9615）	6.6182（1.0131）

注：行业代码与名称对照如下。13：食品加工业；14：食品制造业；15：饮料制造业；17：纺织业；18：纺织服装鞋帽制造业；19：皮革、毛皮、羽绒及其制品业；20：木材加工及竹、藤、棕、草制品业；21：家具制造业；22：造纸及纸制品业；23：印刷业、记录媒介的复制；24：文教体育用品制造业；25：石油加工、炼焦及核燃料加工业；26：橡胶制品业；27：塑料制品业；28：非金属矿物制造业；29：黑色金属冶炼及压延加工业；30：有色金属冶炼及压延加工业；31：金属制品业；32：化学原料及化学制品制造业；33：医药制造业；34：化学纤维制造业；35：通用设备制造业；36：专用设备制造业；37：交通运输设备制造业；39：电气机械及器材制造业；40：通信设备、计算机及其他电子设备制造业；41：仪器仪表及文化办公用机械制造业；42：工艺品及其他制造业。

表 3-2　　　　　　　　　　1999—2007 年估计结果

行业代码	A (s.e.)	D (s.e.)	S (s.e.)	Obs. For non UA	Obs. For UA	R^2
13	−0.0985* (0.0093)	1.0022 (0.0063)	0.0110* (0.0013)	16921	9467	0.9703
14	0.0813* (0.0339)	0.9755 (0.0311)	0.0218* (0.0094)	5470	4980	0.8196
15	0.0416* (0.0193)	1.0790* (0.0153)	0.0195* (0.0039)	4140	2574	0.7779
17	−0.1429* (0.0058)	0.9173* (0.0048)	0.0134* (0.0014)	11660	27880	0.9511
18	−0.0147* (0.0069)	0.9302* (0.0069)	0.0115* (0.0014)	6438	16756	0.9905
19	−0.0521* (0.0097)	0.9832 (0.0092)	−0.0010 (0.0017)	5063	6173	0.8676
20	−0.0555* (0.0078)	1.0301* (0.0101)	0.0115* (0.0020)	5723	4212	0.7458
21	−0.0578 (0.0128)	0.9070 (0.0174)	0.0225 (0.0043)	1817	4204	0.9546
22	−0.0414* (0.0095)	0.9508* (0.0086)	0.0073* (0.0015)	5577	7320	0.9496
23	0.0683 (0.1101)	1.0608 (0.0790)	0.1083* (0.0338)	2880	5669	0.9071
24	−0.0345* (0.0129)	0.9870 (0.0145)	0.0057* (0.0024)	1604	4430	0.7909

注：*表示A、S在5%水平下显著不等于0，D在5%水平下显著不等于1。

表 3-3　　　　　1999—2002 年与 2003—2007 年样本期估计结果比较

行业代码	A 1999—2002 (s.e.)	A 2003—2007 (s.e.)	D 1999—2002 (s.e.)	D 2003—2007 (s.e.)	S 1999—2002 (s.e.)	S 2003—2007 (s.e.)
13	0.0447* (0.0119)	−0.1200* (0.0062)	0.9622* (0.0082)	1.0296* (0.0051)	0.0125* (0.0019)	0.0013 (0.0008)
14	0.4955* (0.0301)	−0.0315* (0.0113)	0.8692* (0.0249)	1.0672* (0.0114)	−0.0044 (0.0064)	0.0179* (0.0023)
15	0.2103* (0.0269)	0.0497* (0.0168)	0.9686 (0.0175)	1.1318* (0.0157)	0.0066 (0.0041)	0.0107* (0.0035)
17	0.0162 (0.0098)	−0.2025* (0.0048)	0.9102* (0.0085)	0.9324* (0.0046)	0.0171* (0.0027)	0.0075* (0.0010)
18	0.0612* (0.0103)	−0.0267* (0.0072)	0.8950* (0.0085)	0.9357* (0.0056)	0.0268* (0.0022)	0.0042* (0.0010)

续表

行业代码	A 1999—2002 (s.e.)	A 2003—2007 (s.e.)	D 1999—2002 (s.e.)	D 2003—2007 (s.e.)	S 1999—2002 (s.e.)	S 2003—2007 (s.e.)
19	0.0601* (0.0123)	−0.1168* (0.0076)	0.9103* (0.0102)	0.9871 (0.0076)	−0.0049* (0.0018)	−0.0003 (0.0012)
20	0.2273* (0.0193)	−0.0496* (0.0078)	0.9241* (0.0177)	0.9826 (0.0093)	0.0242* (0.0041)	0.0008 (0.0014)
21	0.1156* (0.0249)	−0.0859* (0.0107)	0.9726 (0.0257)	0.9409* (0.0113)	0.0533* (0.0088)	0.0051* (0.0023)
22	0.0709* (0.0116)	−0.0992* (0.0091)	0.9482* (0.0109)	0.9606* (0.0083)	0.0083* (0.0024)	0.0038* (0.0011)
23	0.6798* (0.0405)	0.1185* (0.0380)	0.7810* (0.0252)	0.9645 (0.0346)	−0.0206 (0.0113)	0.0377* (0.0126)
24	0.0512* (0.0182)	−0.0094 (0.0113)	1.0500* (0.0254)	0.9834 (0.0141)	0.0188* (0.0068)	0.0058* (0.0027)
25	0.2462* (0.0227)	−0.0302 (0.0248)	1.0306 (0.0254)	1.1980* (0.0212)	0.0091* (0.0041)	0.0176* (0.0031)
26	0.0436 (0.0642)	−0.0905* (0.0130)	0.9729 (0.0551)	0.9295* (0.0134)	−0.0078 (0.0519)	−0.0042* (0.0021)
27	0.1789* (0.0088)	−0.0038 (0.0057)	0.9596* (0.0125)	0.9835* (0.0065)	0.0002 (0.0021)	0.0067* (0.0011)
28	0.2151* (0.0081)	0.0492* (0.0054)	1.0033 (0.0080)	1.0286* (0.0049)	0.0126* (0.0019)	0.0114* (0.0009) 29
30	−0.0213 (0.0172)	−0.3071* (0.0302)	0.9621* (0.0163)	0.9983 (0.0200)	0.0029 (0.0031)	0.0213 (0.0114)
31	0.1283* (0.0115)	−0.0282* (0.0065)	0.9208* (0.0107)	0.9531* (0.0061)	0.0134* (0.0024)	0.0057* (0.0010)
32	0.0737* (0.0083)	−0.0766* (0.0063)	0.9837* (0.0071)	0.9798* (0.0045)	0.0059* (0.0015)	0.0008 (0.0008)
33	0.2692* (0.0219)	0.0946* (0.0142)	0.9993 (0.0114)	1.0821* (0.0130)	0.0115* (0.0030)	0.0081* (0.0035)
34	−0.0750 (0.0647)	−0.1140 (0.2440)	1.0019 (0.0430)	0.9356 (0.0995)	0.0534* (0.0235)	0.0075 (0.1127)
35	0.1315* (0.0098)	−0.0537* (0.0059)	0.9618* (0.0087)	0.9897* (0.0044)	0.0021 (0.0015)	0.0006 (0.0007)
36	0.2544* (0.0138)	−0.0631* (0.0091)	0.8246* (0.0115)	0.9801* (0.0083)	0.0004 (0.0024)	0.0059* (0.0011)
37	0.1658* (0.0136)	−0.0332* (0.0089)	0.9610* (0.0124)	1.0585* (0.0078)	0.0024 (0.0023)	0.0039* (0.0010)
39	0.1029* (0.0109)	−0.0357* (0.0058)	1.0160 (0.0096)	0.9761* (0.0062)	0.0103* (0.0021)	0.0026* (0.0009)

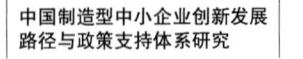

续表

行业代码	A 1999—2002 (s.e.)	A 2003—2007 (s.e.)	D 1999—2002 (s.e.)	D 2003—2007 (s.e.)	S 1999—2002 (s.e.)	S 2003—2007 (s.e.)
40	0.2263* (0.0231)	0.1449* (0.0122)	1.1066* (0.0222)	1.0619* (0.0096)	0.0420* (0.0063)	0.0063* (0.0014)
41	0.1129* (0.0192)	0.0414* (0.0153)	1.1874* (0.0274)	1.1269* (0.0165)	0.0087* (0.0031)	0.0036 (0.0021)
42	0.0331* (0.0112)	−0.1278* (0.0101)	0.9795 (0.0133)	0.9877 (0.0087)	0.0087* (0.0023)	0.0021 (0.0014)

注：(1)*表示A、S在5%水平下显著不等于0，D在5%水平下显著不等于1。
(2)为节省篇幅，没有报告大、小市场的企业数量和R^2。

表3-4　　　　　　　东部与中西部地区估计结果比较

行业代码	A 东部 (s.e.)	A 中西部 (s.e.)	D 东部 (s.e.)	D 中西部 (s.e.)	S 东部 (s.e.)	S 中西部 (s.e.)
13	−0.3045* (0.0109)	0.1042* (0.0109)	1.0995* (0.0099)	0.9572* (0.0080)	0.0017 (0.0013)	0.0024 (0.0014)
14	−0.0608* (0.0138)	0.3210* (0.0256)	1.1563* (0.0150)	0.8928* (0.0153)	0.0111* (0.0022)	−0.0031 (0.0027)
15	−0.0668* (0.0241)	0.2265* (0.0332)	1.2240* (0.0217)	0.9747 (0.0256)	0.0093* (0.0035)	0.0073 (0.0058)
17	−0.1499* (0.0040)	0.0443* (0.0126)	0.9973 (0.0050)	0.9914 (0.0093)	−0.0012 (0.0008)	−0.0072* (0.0018)
18	−0.0366* (0.0064)	−0.0019 (0.0247)	0.9562* (0.0061)	0.9916 (0.0202)	−0.0073* (0.0013)	0.0012 (0.0033)
19	−0.0625* (0.0073)	0.1303 (0.1942)	1.0049 (0.0078)	0.9358 (0.0851)	−0.0025 (0.0014)	−0.0086 (0.6033)
20	−0.0627* (0.0101)	0.0109 (0.0221)	1.1061* (0.0141)	1.0605* (0.0205)	−0.0070* (0.0024)	0.0311* (0.0068)
21	−0.0404 (0.0375)	0.0562 (0.0335)	0.9778 (0.0327)	1.0669 (0.0393)	−0.0098 (0.0325)	0.0304* (0.0102)
22	−0.1173* (0.0089)	0.1032* (0.0150)	0.9588* (0.0093)	0.9647* (0.0106)	−0.0046 (0.0016)	0.0078* (0.0019)
23	−0.0504* (0.0170)	0.9107* (0.0408)	1.1851* (0.0223)	0.8065* (0.0159)	0.0040 (0.0034)	−0.0417* (0.0087)
24	−0.0192 (0.0110)	0.0078 (0.0622)	1.0870* (0.0147)	0.8268* (0.0535)	−0.0074* (0.0029)	−0.0091 (0.0147)
25	−0.1308 (0.0753)	0.3751* (0.0503)	1.0378 (0.0342)	1.0320 (0.0307)	0.0122 (0.0167)	−0.0066 (0.0120)

续表

行业代码	A 东部 (s.e.)	A 中西部 (s.e.)	D 东部 (s.e.)	D 中西部 (s.e.)	S 东部 (s.e.)	S 中西部 (s.e.)
26	−0.1459* (0.0069)	0.0609* (0.0112)	1.0655* (0.0077)	0.9575* (0.0069)	−0.0092* (0.0017)	−0.0054* (0.0014)
27	0.1477* (0.0183)	0.2380* (0.0186)	1.1069* (0.0161)	1.0586* (0.0135)	−0.0087* (0.0031)	0.0152* (0.0033)
28	−0.0193 (0.0282)	−0.0158 (0.2166)	1.2640* (0.0317)	0.9891 (0.1019)	0.0121* (0.0040)	−0.0246 (0.2195)
29	−0.0529 (0.0601)	−0.0286 (0.0263)	0.9929 (0.0393)	0.9396* (0.0186)	−0.0252 (0.0541)	−0.0224* (0.0062)
30	0.0230* (0.0066)	0.1894* (0.0139)	1.0633* (0.0075)	0.9950 (0.0166)	−0.0129* (0.0017)	−0.0010 (0.0021)
31	0.0115 (0.0059)	0.1661* (0.0089)	1.0263* (0.0057)	1.0257* (0.0086)	−0.0032* (0.0010)	0.0083* (0.0018)
32	−0.0669* (0.0163)	−0.0689* (0.0151)	1.0588* (0.0181)	1.0794* (0.0176)	−0.0039 (0.0036)	−0.0030 (0.0030)
33	−0.0847* (0.0171)	0.0600* (0.0176)	0.9767* (0.0116)	0.9717* (0.0123)	−0.0146* (0.0037)	−0.0064* (0.0025)
34	−0.0019 (0.0067)	0.0338* (0.0151)	1.0447* (0.0065)	1.0716* (0.0107)	−0.0086* (0.0011)	0.0174 (0.0024)
35	−0.0860* (0.0067)	0.0882* (0.0134)	1.1414* (0.0066)	1.0515* (0.0102)	−0.0109* (0.0012)	0.0035* (0.0014)
36	−0.0261* (0.0085)	0.2649* (0.0252)	1.1160* (0.0116)	0.9664 (0.0180)	−0.0054* (0.0015)	0.0165* (0.0055)
37	−0.1051* (0.0105)	0.2098* (0.0282)	1.1548* (0.0111)	1.0107 (0.0223)	−0.0150* (0.0024)	0.0350* (0.0077)
39	−0.0052 (0.0058)	0.2007* (0.0134)	1.0460* (0.0064)	1.0241 (0.0127)	−0.0074* (0.0014)	−0.0051* (0.0017)
40	0.0742* (0.0080)	0.4950* (0.0271)	1.0815* (0.0088)	1.1616* (0.0250)	0.0016 (0.0010)	0.0017 (0.0037)
41	0.0467* (0.0163)	−0.0774 (0.1110)	1.1306* (0.0198)	1.1085 (0.0921)	−0.0181* (0.0048)	−0.0006 (0.0349)
42	−0.0509* (0.0098)	0.1050* (0.0335)	1.1018* (0.0119)	1.0548* (0.0264)	−0.0080* (0.0014)	0.0355* (0.0065)

注：（1）*表示A、S在5%水平下显著不等于0，D在5%水平下显著不等于1。
（2）为节省篇幅，没有报告大、小市场的企业数量和R^2。

（四）实证结论

中国制造业部门存在显著的选择效应。中国市场一体化程度虽然不断提高，但地区之间仍存在一定程度的地方保护主义和贸易壁垒，同时市场制度不完善造成地区之间贸易成本仍较高，国土范围大并且地区之间的交通成本仍相对较高，这些因素的存在使低效率企业在经济集聚区面临激烈竞争时，可通过离开集聚区定位于小市场的方式回避集聚区内激烈的竞争，这就能解释中国为什么会存在比较显著的选择效应。

集聚效应（或拥挤效应）与选择效应均是影响地区企业生产率差距的重要因素，但集聚效应（或拥挤效应）的影响更为显著。在第一个时间段中，制造业中的绝大多数行业都存在显著的集聚效应与选择效应，研究数据显示集聚效应与选择效应均是地区企业生产率差距产生的重要原因，但集聚效应的作用更为显著。在第二个时间段中，制造业中的绝大多数行业中的集聚效应转为拥挤效应，选择效应仍显著存在。研究数据显示在制造业大多数行业中，选择效应仍是地区企业生产率差距产生的重要原因，拥挤效应的出现则缩小了集聚区与非集聚区内的企业生产率，且拥挤效应的影响更为显著。

对于中国制造业部门而言，经济集聚已由促进企业生产率提升转变为阻碍企业生产率提升，即由总体上表现为集聚效应转为总体上表现为拥挤效应。2002年之前，企业在空间选址上主要考虑的是进入地区市场与寻求集聚租，集聚区（大城市）的经济集聚程度不算太高，尚未形成显著的拥挤效应，经济集聚对于企业生产率的影响整体表现为集聚效应。2002年前后，围绕招商引资而展开的"竞次式"补贴性竞争，导致经济集聚对企业生产率的作用发生重大转变（从集聚效应占主导转为拥挤作用占主导），不仅带来经济过度集聚（朱英明等，2012），使拥挤效应加剧；而且使企业选址时更多考虑的是获取政策租，集聚区内企业的内在关联性显著减弱，由此而形成的集聚效应也随之显著减弱。

经济集聚对于不同行业企业生产率产生的影响不同。由于不同行业具有不同的技术经济特征，不同行业从经济集聚中获得的集聚效应是不同的；过度集聚时不同行业所感受到的拥挤效应也是不同的；不同行业在集聚区规模变化与贸易成本的变化时邻近市场与逃避竞争收益的变化也不同，这就使经济集聚对于不同行业带来的集聚效应、拥挤效应及选择效应都是存在差异的。

东部与中西部两个不同的地区，经济集聚对于企业生产率的影响显著不同。其原因是，对于东部地区而言，城市经济集聚程度的进一步提高会对企业生产效率产生负向影响，主要表现为拥挤效应；对于中西部地区而言，城市经济集聚程度的提高会对企业生产率产生正向影响，主要表现为集聚效应。这种影响上的显著不同，主要是因为东部地区经济聚集程度远高于中西部地区，进一步经济聚集所带来的拥挤效应大于由此带来的集聚效应；而中西部地区城市经济聚集程度相对低许多，经济聚集还未带来显著的拥挤效应，聚集过程中集聚效应总体强于拥挤效应，因而总体表现为集聚效应的特征。

全国范围内制造业总体呈现出非常显著的选择效应，而东部地区内部、中西部地区内部制造业部门总体并没有表现出显著的选择效应。从全国范围来看，有23个制造业行业存在显著的选择效应；从东部地区内部来看，仅有3个制造业行业存在显著的选择效应；从中西部地区内部来看，仅有10个制造业行业存在显著的选择效应。对于这个结果，最为合理的解释是：从东部地区内部或中西部地区内部来看，企业处于地区内部相对较大的大城市还是处于地区内部相对较小城市，面临市场竞争的激烈程度是比较接近的，低效率企业在地区内部选择中小城市逃避竞争的动力也比较弱；但是从全国范围来看，经济聚集程度比较高的大城市多数分布在东部地区，集聚程度较低的中小城市多分布于西部地区，企业处于东部地区大城市面临的竞争压力要远高于处于中西部地区中小城市，低效率企业倾向于选择中西部地区中小城市以逃避竞争。

三 区域经济集聚与选择效应下的制造型企业生产率提升

根据区域不同发展的实际，相机抉择进行政策制定并考虑政策优惠力度及范畴。如果过于强调各类优惠政策，使中部、西部地区在经济聚集的过程中难以形成集聚效应，不利于中部、西部地区制造型企业效率的提升；另外，由于选择性效应的存在，中部、西部地区的区域优惠政策会更多地吸引低效率企业进入，会扩大中部、西部地区与发达地区的生产率差距，不利于欠发达地区的长期发展。因此，要根据不同区域发展差异性特征给予适度性的有所选择的政策优惠。同时，中央政府应加大中部、西部落后地区教育、科学技术、公共服务等方面的投入，中部、西部地区地方政府则应注重在经济发展过程中，促进当地企业之间的交流与合作以及集聚效应的形成，为中部、西部地区企业生产率的提升创造良好的外部环境。对于特大城市及大城市的发展已显现出显著的拥挤效应，应通过政策均等化、公共服务均等化、加大交通基础设施建设等手段推动产业转移及中小城市企业的发展。在制定创新政策时，不能只考虑增加研发投入，还应该考虑区域环境对研发活动的影响。各地区应该根据实际情况，提高信息化水平和市场化程度。通过加强信息基础社会建设，扩大互联网、物联网、云计算、大数据和人工智能等信息技术的推广使用。减少政府干预，完善市场运行的法律制度环境，以提高产业创新要素配置效率（魏新颖、王宏伟、徐海龙，2019）。

理顺政府与市场的关系，加快建立以企业主导技术创新的体制机制，加速科技成果转化，提高科学产出效率，解决好科技与经济发展之间的衔接问题。东部与其他地区科技创新全要素生产率增长差距较大的原因主要在于中西部地区与东部地区在技术进步和规模效率方面的差距较大，以及东北与东部地区在技术进步和纯创新效率方面的差距较大。因此，国家需要大力推动科技体制改革，制定有利于西部、东北和中部地区技术进步和规模效率提升的制度和措施，如在创新型人才激励政策、创新扶持资金设立、重大项目规划布局、中小型科技型企业扶持等方面给予适当的专项支持，以改革促发展，带动西部、东北和中部地区科技创新全要素生产率提升。加强地区协作，充分利用创新的过程溢出和空间关联效应提高区域创新能力和绩效。加强区域创新信息交流，通过科学分工和合理配置资源避免创新活动的低效率和重复，并充分发挥创新优势区域对周边区域的辐射带动作用。打破区域间的创新壁垒，实现创新人才、资本和成果的自由流动。着力打造区域创新优势环节，利用创新价值链的外溢和空间关联融入更大范围的"积木式"创新网络中，从而提高自身的创新能力和绩效。

对于产业集聚区的发展，应该基于产业链协同及价值链创造的原则，从整体上优化布局，并构建有效的政策框架。避免集聚区之间激烈的竞争所产生的谁能提供更多政策租的竞争，这些都使集聚区内企业扎堆但集聚效应不显著，同时也要大幅减少过多、过滥的各类集聚区优惠政策，以集聚区制造业的高质量发展为理念提供有效的政策，合理引导企业的发展，使各类不同级别的集聚区真正成为地区经济竞争及中小企业发展的重要载体。

第二节 区域知识产权密集型产业与制造型中小企业创新发展

区域经济集聚以企业共生依赖、要素资源优化配置等优势促进制造型中小企业生产率提升。而围绕技术和智力等要素集聚的知识产权密集型产业发展已经成为经济发展中重要的产业形态，其在推动中小企业从依靠密集的劳动力及资源投入转向依靠密集的知识产权创造与运用进而促进创新发展及转型升级中具有重要的作用。知识产权密集型产业是指生产过程中对技术和智力要素依赖大大超过对其他生产要素依赖的产业，全球产业发展和创新实践显示，产业价值链高端普遍都是知识产权密集型产业，其劳动生产率显著高于其他产业，对经济贡献的比重日益增强。培育发展知识产权密集型产业，并最大化地提高其经济贡献，是促进经济提质增效、实现企业创新驱动发展的必由之路。依托专利、商标、版权等知识产权要素资源，支持知识产权密集型产品推广、密集型企业培育、密集型产业公共服务平台和产业发展试验区建设等，促进企业实现从研发投资到高质量增长的良性循环，对于制造型中小企业创新发展具有重要的意义。

一 区域知识产权密集型产业支撑制造型中小企业创新现状

（一）知识产权密集型产业的类型

知识产权密集型产业，是指生产过程中对技术和智力要素依赖大大超过对其他生产要素依赖的产业，其知识产权就较为密集，高于所有产业的平均值，即定义为知识产权密集型产业，主要分为专利密集型产业、商标密集型产业和版权密集型产业（见表3-5），美国和欧盟的知识产权密集型产业分类略有差异（见表3-6）。其中专利密集型产业定义为专利强度（发明专利授权总量/就业量平均值）高于整体专利强度平均值的产业。商标密集型产业定义商标强度（商标总量/就业量平均值）高于整体平均值的产业。版权密集型产业定义为参与生产版权作品的核心版权产业都被视为版权密集型产业。

表 3-5　知识产权密集型产业的内涵

类型	内涵
专利密集型产业	是指专利强度高于整体平均值的产业,以专利强度来确定,通常并不是仅仅以专利数量的多少来断定,而是比较平均每个雇用者所拥有的专利数
商标密集型产业	是指商标强度高于整体平均值的产业,商标强度是比较平均每个雇用者所拥有的商标数,一般是高于平均值的被定义为商标密集型产业
版权密集型产业	参与生产版权作品的核心版权产业都被视为版权密集型产业

表 3-6　知识产权密集型产业的相关分类

国家/组织	知识产权密集型产业的相关分类
美国	知识产权密集型产业分类:专利密集型产业、商标密集型产业、版权密集型产业
欧盟	知识产权密集型产业分类:专利密集型产业、商标密集型产业、设计密集型产业、版权密集型产业、地理标志密集型产业

(二)区域知识产权密集型行业对制造型中小企业创新的支撑作用

1. 区域知识产权密集型行业的经济贡献率

知识产权密集型行业能以较高的知识产权密集度带动行业中小企业的创新发展和经济就业贡献,研究显示知识产权密集型行业的就业贡献度普遍较非知识产权密集型行业的贡献度高,有助于区域经济创新能力提升,为中小企业发展提供良好的创新基础和就业基础。浙江省 8 个专利密集型

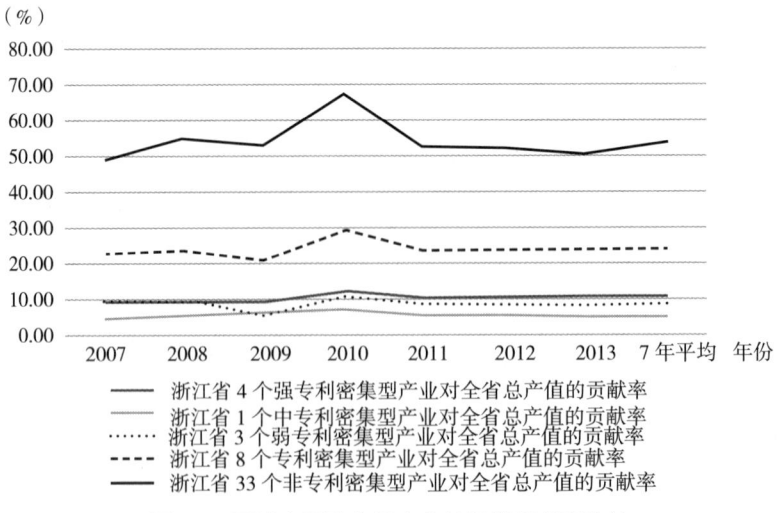

图3-1　区域专利密集型产业的经济贡献率比较

产业 2007—2013 年所创造的工业总产值平均值占浙江省全产业总产值的 23.73%，约占 1/4。其中，强专利密集型产业对全省全产业总产值的贡献率自 2008 年后呈上升趋势，说明专利密集型产业经济效益突出，拉动作用日益增强（见图 3-1）。商标密集型产业对浙江省的经济贡献率维持在 60% 左右，且商标密集型产业的经济贡献率明显高于非商标密集型产业。

2. 区域知识产权密集型行业产业就业贡献度

知识密集型产业具有较高的就业贡献率，能较为显著地带动行业中小企业就业能力提升。浙江省专利密集型产业就业贡献 6.32%（见图 3-2），对 GDP 贡献 23.73%，核心版权产业（版权密集型产业）的就业人口占浙江省就业总人口的 2.79%，28 个商标密集型产业 7 年平均就业人口为 12492.05 千人，将 28 个商标密集型产业的平均就业人口与浙江省平均就业人口总量作比，占到总就业人口的 34.71%。说明专利密集型行业中的制造业正逐步从依靠密集的劳动力及资源投入，转向依靠密集的知识产权创造与运用，专利密集型产业呈现出优化的产业结构，推动产业向价值链高端发展的趋势逐步显现。

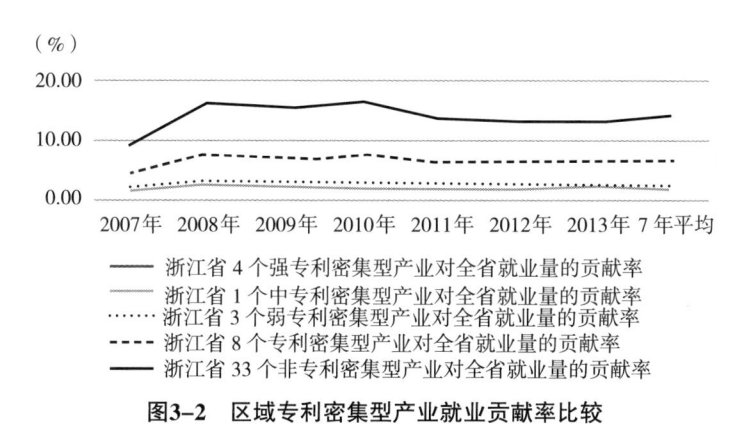

图3-2　区域专利密集型产业就业贡献率比较

3. 区域专利密集型产业的创新投入水平

区域知识产权密集型产业具有较高的 R&D 经费投入强度以及人员投入强度，有利于以较高的研发投入水平促进中小企业创新提升。2007—2013 年，浙江省 8 个专利密集型产业的 R&D 经费投入强度均远远大于 33 个非专利密集型产业的 R&D 经费投入强度（见图 3-3），从 7 年的平均数值来看，专利密集型产业的投入强度高出非专利密集型产业 0.9 个百分点（见图 3-4）。

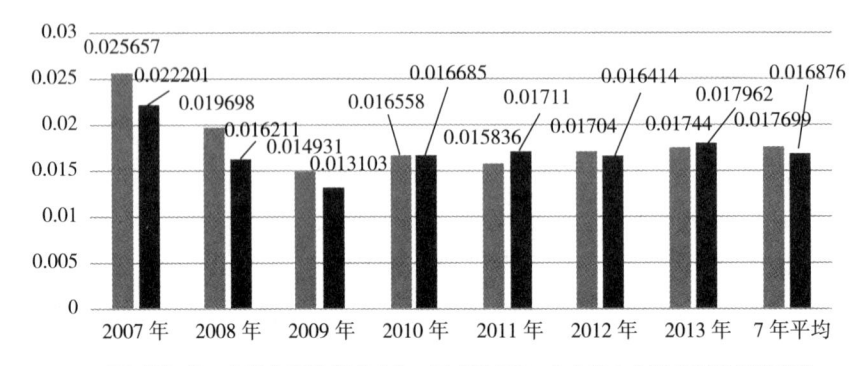

图3-3 区域专利密集型产业R&D投入强度比较

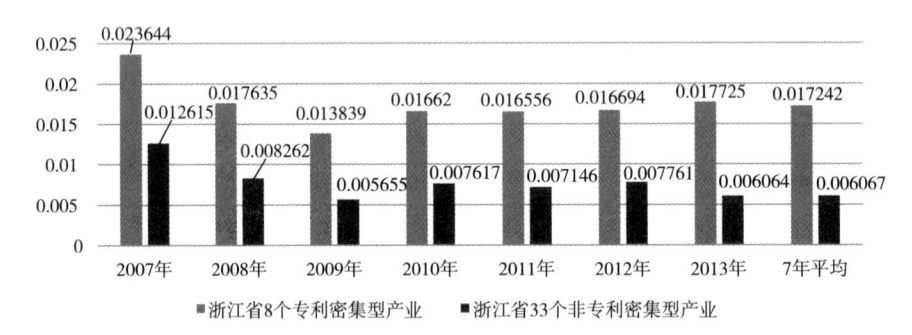

图3-4 区域专利密集型和非专利密集型产业的R&D经费投入强度动态比较

从R&D人员占就业人员比重看,2007—2013年浙江省强专利密集型产业的R&D人员投入强度也均大于中、弱专利密集型产业的R&D人员投入强度(见图3-5),2007—2013年浙江省8个专利密集型产业的R&D人

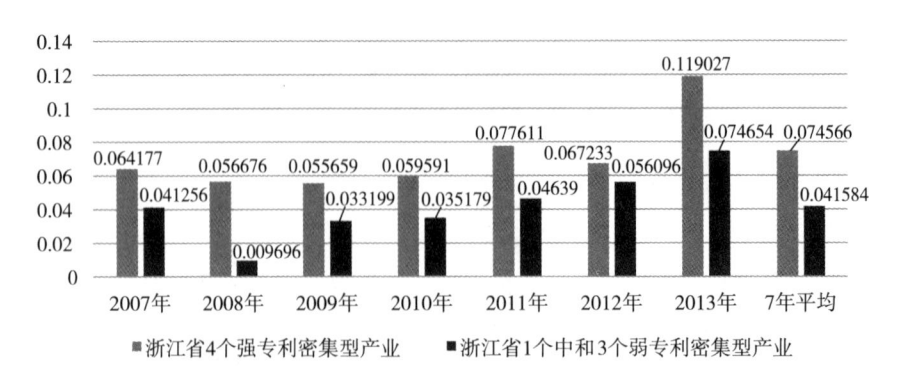

图3-5 强和中、弱专利密集型产业的R&D人员投入强度动态比较

员投入强度均大于 33 个非专利密集型产业的 R&D 人员投入强度，其中 2013 年两者的差值最大，达 6 个百分点，从 7 年的平均数值来看，专利密集型产业的投入强度高出非专利密集型产业投入强度约 3 个百分点（见图 3-6）。

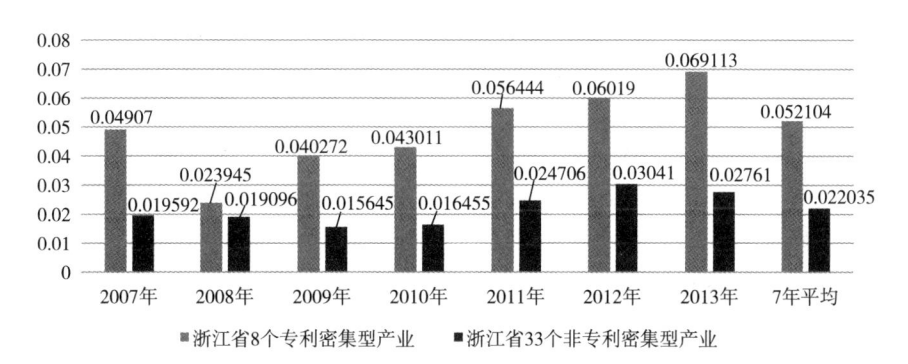

年份	浙江省8个专利密集型产业	浙江省33个非专利密集型产业
2007年	0.04907	0.019592
2008年	0.023945	0.019096
2009年	0.040272	0.015645
2010年	0.043011	0.016455
2011年	0.056444	0.024706
2012年	0.06019	0.03041
2013年	0.069113	0.02761
7年平均	0.052104	0.022035

图3-6　区域专利密集型产业和非专利密集型产业的R&D人员投入强度动态比较

总结来看，专利密集型产业的 R&D 经费投入强度、R&D 人员投入强度均大于非专利密集型产业；强专利密集型产业的 R&D 经费投入强度、R&D 人员投入强度也均大于中、弱专利密集型产业；显示出专利密集型产业创新投入逐步增强，产业转型力度加大，对制造业的创新带动能力较为显著。

二　影响区域知识产权密集型产业支撑制造型中小企业创新的因素

（一）影响因素述评

区域知识产权密集型产业发展受囿于已有主导产业和经济发展基础，产业创新效率高低影响其对区域经济和就业的贡献，也引起对中小企业创新支撑作用的差异，也对产业创新效率产生了影响。在产业创新效率的影响因素方面：冯根福等（2006）、陈修德（2010）认为，企业规模、企业所有制、市场结构等是影响行业创新效率的主要因素；余泳泽（2009）研究发现，市场化程度、企业规模、政府政策支持和企业自身的经营绩效对各地区高技术产业技术创新效率均有正的影响；代碧波（2012）认为，中国制造业产业的创新效率受到很多因素的影响，市场结构和企业规模对创新效率起正向促进作用，而企业所有制则对技术创新效率无较大影响。徐明（2013）用主成分分析法对专利密集型产业创新效率的共9个因素进行研究（涉及人力投入、资金使用、研发活动等方面）；陈伟（2015）采用Tobit模型分析了高专利密集度产业创新效率的影响因素，发现从业人员素质、政府支持力度、企业规模和产业科技水平与创新效率呈正相关关系，而产业聚集度对高专利密集度产业创新效率起显著的消极作用。虽然研究涉及的影响因素类型多样，但是缺乏统一的框架体系。本书在区域知识产权密集型产业基于创新价值链三阶段进行创新效率评价的基础上，开展创新效率评价和关键因素识别，以期对关键环节和影响因素进行深入分析。由于浙江省是一个创新资源相对贫乏、产业结构相对劣势的省份，但浙江省又是一个知识产权大省，专利拥有量位居全国前列，因此，基于浙江省展开实证研究以分析区域知识产权密集型产业创新效率的关键因素。

（二）理论分析与假设提出

由于创新活动本身是一个复杂的过程，环环相扣，因而影响技术创新效率的因素也多种多样。依据创新价值链理论，将创新过程分为科技产出环节、物化产出环节和价值产出环节。

在科技产出环节，产业注重科技发明，因此这一环节需要投入一定的资金进行研发。Higon（2007）实证表明，产业内R&D和产业间R&D投入对于生产率的提高有显著影响；Guan（2010）认为，企业资金和产业创新效率呈显著正相关，而政府资金则对创新效率的提升起消极作用；池仁勇（2003）认为，政府对企业创新效率起显著的正向作用。由于认为在各产业创新主体联系方面，创新基金、税收减免、财政拨款、贷款贴息等措施可被看作产业创新资源的间接投入，地方政府在创新过程中能起到支持与引导作用。本书提出以下假设：

假设H1：R&D研发经费内部支出对产业创新效率起正向的促进作用。

假设H2：政府资金对产业创新效率起正向的促进作用。

在物化产出环节，科技成果通过批量生产形成物化类的商品产出。本书将选取生产规模、消化吸收经费支出等指标数据进行表征。Chen等（2010）认为，要用一定的规模经济性措施来改善创新效率，而Pavitt等（1987）认为，企业规模和创新效率之间呈现"U"形关系，即规模较小和较大的企业的创新效率比中等企业更高。在物化产出阶段，科技成果在转化的过程中需要资金和制造能力的支持，因此企业的生产规模越大，则科技成果的转化率越高。基于以上分析，本书提出以下假设：

假设 H3：消化吸收经费支出对产业创新效率起正向的促进作用。

假设 H4：生产规模对产业创新效率起正向的促进作用。

价值产出环节是产业进行物化产出后推向市场进行商业化的过程。考虑到数据的科学性和获取的便捷性，本书将选取有研发活动企业数、发明专利申请数来表征产业的市场竞争情况、产品技术含量情况。Gu（2006）认为，技术市场成熟度会对产业的创新活动产生相应影响，对技术的需求方和供给方均会形成一定的促进作用，通常认为，市场竞争力越强劲，产品的技术含量越高，其在市场中容易获得行业地位，从而能带来可观的市场收益。因此，基于以上的分析，本书提出以下假设：

假设 H5：有研发活动企业数对产业创新效率起正向的促进作用。

假设 H6：发明专利申请数对产业创新效率起正向的促进作用。

（三）研究方法和理论模型

制造型中小企业创新效率的衡量方面，目前产业创新效率的评价模式主要有三大类：第一类是把创新过程看作"一阶段"过程，即一次投入一次产出。这种方法清晰简洁但是不能具体分析创新过程中的创新效率变化。第二类是"二阶段"过程，即一次投入两次产出，科技类产出为第一次产出，主要衡量创新主体的新技术开发水平，物化类产出为第二次产出，主要衡量创新价值实现的最终效果，科技产出仅仅是价值产出的再投入，属于中间循环产物。该类方法加强了分析结果的针对性，但忽略了知识产权产品的市场获益能力。第三类是"三阶段"过程，细化了创新价值的实现过程，其中，学者马云俊基于创新价值链按科技产出、物化产出、价值产出三阶段进行评价。该方法有助于清晰、系统、有针对性地分析产业各环节的创新效率。

创新价值链涉及三次投入三次产出，各环节中创新效率所涉及的影响因素也各异，依据前文对文献的梳理，及对各环节可能存在的影响因素进行分析汇总后，现从科技投入到价值产出的整体综合角度出发，借助 SPSS20.0 统计分析软件进行多元线性回归分析。为了更好地研究影响因素的作用方式，本书共选取了 3 个被解释变量，参照现有文献的相关经验，

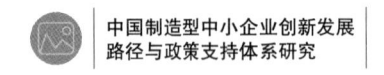

本书将 6 个关键因素对区域知识产权密集型产业创新效率影响的基本计量回归模型设定如下：

模型一：$CTE = \beta_0 + \beta_{1RDE} + \beta_{2GOV} + \beta_{3DAE} + \beta_{4PSL} + \beta_{5RDN} + \beta_{6PAN} + \varepsilon$

模型二：$VTE = \beta_0 + \beta_{1RDE} + \beta_{2GOV} + \beta_{3DAE} + \beta_{4PSL} + \beta_{5RDN} + \beta_{6PAN} + \varepsilon$

模型三：$SLE = \beta_0 + \beta_{1RDE} + \beta_{2GOV} + \beta_{3DAE} + \beta_{4PSL} + \beta_{5RDN} + \beta_{6PAN} + \varepsilon$

其中，CTE 代表整体的综合技术效率值，VTE 代表整体的纯技术效率值，SLE 代表整体的规模效率值，RDE 代表 R&D 研发经费内部支出，GOV 代表政府资金比例，DAE 代表消化吸收经费支出，PSL 代表生产规模，RDN 代表有研发活动企业数，PAN 代表发明专利申请数，β_0 代表截距变量，β_1-β_6 代表系数，ε 代表残差值。

（四）数据获取与处理

1. 被解释变量

本书采用 DEA 方法，基于创新价值链对区域知识产权密集型产业创新过程按照科技产出、物化产出和价值产出三阶段开展创新效率评价，分别得到各产业在三个环节中的综合技术效率值、纯技术效率值和规模效率值。其中，综合技术效率是纯技术效率和规模效率的乘积，纯技术效率，是指企业在给定投入的情况下所获得最大的产出能力，表示企业由于管理、技术、制度等因素影响的生产效率；规模效率则指企业在给定各自投入价格的情况下使用最优比例的能力，表示企业由于资金、人力等因素影响的生产效率。借鉴学者余泳则（2014）、马云俊（2013）关于多阶段技术效率值的处理方法，本书将科技产出、物化产出和价值产出三个环节的综合技术效率值的乘积作为整体的综合技术效率值，整体的纯技术效率值和整体的规模效率值的处理方式也是如此。

2. 解释变量

根据知识产权密集型产业在三次投入三次产出过程中的特点，本书选取了 6 个影响因素作为自变量进行分析，分别为 R&D 研发经费内部支出（RDE）、政府资金（GOV）、消化吸收经费支出（DAE）、生产规模（PSL）、有研发活动企业数（RDN）、发明专利申请数（PAN），数据均来自《浙江统计年鉴》，为了和整体创新价值链的时间对应，把年鉴中 2010—2014 年数据的平均值代入模型测算。同时，为了使数据更具稳定性，且克服变量的非线性问题，本书对自变量取对数后进行回归分析。

（五）研究结论

针对模型一所提整体的综合技术效率为因变量的模型结论：发现 R&D 研发经费、消化吸收经费支出、有研发活动企业数对整体综合技术效率不存在相关关系，没有通过检验；生产规模、发明专利申请数对整体综合技术效率具有显著的正相关关系，表明产业生产水平的提高和产品技术含量的提高对整体综合技术效率起到积极的促进作用；但是，政府资金对整体综合技术效率起显著的消极作用，表明获得政府资金支持的产业反而拥有更低的综合技术效率；同时，由于 R&D 研发经费内部支出、消化吸收经费支出、有研发活动企业数三项指标没有通过检验，说明在整个过程中，企业研发经费的投入、技术的消化吸收能力、行业的市场竞争态势方面还需要深入探讨。

针对模型二所提整体的纯技术效率为因变量的模型结论：发现只有生产规模对整体综合技术效率存在相关关系，通过检验，而其他5项指标则均被排除。根据回归分析结果，发现生产规模对整体综合技术效率具有显著的正相关关系，表明产业生产制造能力和产品技术含量的提高都会对整体纯技术效率起到积极的促进作用；政府资金对整体综合技术效率具有显著的负相关关系，发明专利申请量则对整体纯技术效率起到积极的促进作用。

针对模型三所提整体的规模效率为因变量的模型结论：发现政府资金、发明专利申请数和规模效率存在相关关系，R&D 研发经费内部支出、消化吸收经费支出、生产规模、有研发活动企业数4项指标没有通过检验；政府资金对整体综合技术效率具有显著的负相关关系，而发明专利申请量则对整体纯技术效率起到积极的促进作用。

三　知识产权密集型产业支撑制造型中小企业创新发展策略

（一）加强市场监管力度

由于科技经费筹集中的政府资金对创新效率没有正向的积极作用，出现这一现象的原因可能是高新技术企业申请获得的政府资金支持并没有发挥其应有的作用，因此政府在为高新技术企业提供创新资金支持的同时，应加强对资金使用的监管。除此之外，从以下方面改善环境：完善支持知识产权密集型产品产业化和市场化的法规、财政、税收等政策，设立知识产权密集型产业培育专项资金，支持知识产权密集型产品推广、密集型企业培育和高价值知识产权项目培育；发展促进知识产权运营的综合交易平台，从知识产权信息、运营、代理和金融等方面创新知识产权运营业态的商业模式和运行机制；构筑知识产权运营市场监管体系，充分利用大数据和"互联网+"实现知识产权管理部门与信用部门、电子平台以及全社会的嵌入与互动，形成动态监控、征信支持和全员监管的高效知识产权运营市场环境。

（二）提升规模经济效益

企业的生产规模对区域知识产权密集型产业的创新效率有着显著的影响，因此，积极发展高新技术企业大企业，从而提升规模经济效应。可采取以下措施：提高资本积累，以资本赚取剩余价值，并通过剩余价值来继续投资企业来使企业的规模逐渐变大的方式形成大企业；通过重组、收购、兼并来实现规模增加，避免同质化竞争，有利于发挥创新资源，提升创新效率；通过合作或者研发战略联盟的方式形成虚拟规模现象，推动创新和创新效率提升。

（三）提升专利的量和质

依托高新技术产业园区、自主创新示范区、特色小镇等建设和发展专利密集型产业协同发展试验区，加强产业链与创新链融合发展，提高科技创新产出效率；加强产业创新联盟建设，加强官产学研用协同创新机制，构建良性创新生态系统。以关键技术支撑平台、技术预见分析平台、专利挖掘预警平台、知识产权服务运营平台、人才培养平台等为支撑，引导专利密集型产业的大中小企业以产业链为基础建立合理分工协作关系，以创新链上下游中小企业协同研发、协同制造、协同发展来提升专利的数量和质量。

（四）打造专利密集型产业协同发展试验区，提高科技创新产出效率

专利密集型产业应以产业链与创新链融合发展为政策着力点，依托高新技术产业园区、自主创新示范区、特色小镇等建设和发展专利密集型产业协同发展试验区，提高科技创新产出效率。专利密集型产业需构建官产学研用协同创新机制，引导企业与产研院和其他共性技术研发机构等建立产业创新联盟，以关键技术支撑平台、技术预见分析平台、专利挖掘预警平台、知识产权服务运营平台、人才培养平台等为支撑，建立创新生态系

统。引导专利密集型产业的大中小企业以产业链为基础建立合理分工协作关系，促进企业之间任务分包、生产协作、资源开放，推动大企业带动创新链上下游中小企业协同研发、协同制造、协同发展（王黎萤、王佳敏、虞微佳，2017）。

（五）推动专利密集型产业创新发展，加快科技成果物化效率

推动专利密集型产业在"中国制造2025"体系下创新发展，积极推动智能制造技术在专利密集型产业中的运用和推广，加快推动云计算、物联网、智能工业机器人等技术的应用。专利密集型产业需要引领制造业服务化转型，在个性化定制、在线检测、远程诊断和维护等方面实现专利质量领先，依托智能制造技术将顾客价值共创渗透到产品设计、加工制造、销售物流等创新价值链环节。建设基于全球供应链的虚拟产业集群，推进生产装备智能化升级、工艺流程改造和基础数据共享，利用人机互动、智能物流管理、3D打印等先进技术在全球范围配置和优化资源，促进创新成果工程化、产业化以及推广应用，加快科技成果物化效率。

第三节 区域产业技术溢出与制造型中小企业创新发展

中国是典型的大国经济，大国经济的一个基本特征就是区域发展的异质性（蔡昉、王美艳，2009）。伴随区域间产业链分工的日益深化，推动区域经济增长的主导因素由劳动、资本等传统要素向创新要素转变，同时也产生了基于异质性基础上的溢出现象。从区域层面讲，创新要素的主要来源在于区域自身的研发投入，以及来自区域外部的技术输入或者创新溢出。区域经济并非企业、产业经济的简单合体，具有一定的独特性，其整体性、系统性特征更明显，而且强调主体间在特定地域的相互作用以及空间依赖形成的自组织机制，表现为集聚经济与区间创新溢出的存在，而且具有典型的自我强化特征，这些都会对制造型中小企业创新行为产生直接影响。多样化的空间外部性使知识不仅在产业内溢出，也会在互补的产业间溢出，互补性的知识传递与吸收能力促进了制造型中小企业的创新发展（高丽娜、张惠东，2015）。

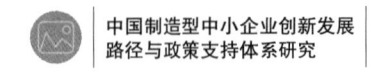

一 区域空间关联、产业技术溢出影响制造型中小企业创新的机理

随着中国科技创新资源投入不断增加，区域整体创新水平大幅提高，随之而来也就产生了创新的区际差异（李平、吴大华、王宏伟、江飞涛，2020）。中国经济由于历史、地理等客观原因和可能存在的价值观、消费习惯、产业禀赋等因素，造成了目前中国区域经济发展水平和市场化改革进程的显著差异。与之相应，中国区域创新格局也呈现出明显的梯次分布特征。例如，长三角、珠三角和环渤海地区等东部区域是中国重要的经济增长极，基础设施完善，消费能力强，科技资源也相对集聚；中西部地区经济发展相对落后，创新资源与东部地区差异较大。在区域经济集聚作用下，区域创新活动差异进一步被放大，大量创新要素聚集在少数区域和城市中，呈现越来越明显的空间聚集效应。在这一过程中，无论是推动遍地开花式的创新发展，还是构建区域之间的空间关联，实现区域创新和经济的协同增长，是两种不同的思路。事实上，随着区域间产业链分工的日益深化，区域分工由以传统的投入—产出分工模式为基础逐渐向基于价值链的协同创新网络形成的创新分工演化，这种新型的区域分工模式是知识经济时代区域分工与合作演化的必然产物。由于在创新知识溢出和人才流动的作用下，区域创新活动具有明显的"空间关联"特征。创新活动的"空间关联"，主要是由创新要素在区域间流动形成的。编码知识在各种传播媒介上的交流和创新资本、人才在区域之间的流动，都会使区域创新能力的提升明显受到周围区域创新活动的影响（李婧等，2010），从而使基于空间关联的知识和溢出成为创新增长的重要思路。建立中国区域创新联动机制，促进区域创新驱动经济协同增长，是中国发展方式转变和建设创新型国家的重要组成部分和动力源泉。

从新经济增长的本质来看，区域层面的创新主要源于建立在区内研发投入基础之上的区内自主创新，以及通过区外输入或者区际之间的创新溢出。对于区内自主创新能力来讲，取决于创新要素投入，即人力资本、研发经费等的区域投入。同时，区域创新要素的禀赋条件受到集聚经济的影响，由集聚产生的外部性带来交易成本降低，进一步吸引要素集聚，对于区域创新生产具有重要影响。对于创新的区外输入，一方面源于国内其他区域创新成果交易；另一方面来自对外开放过程中产生的国际溢出。由于创新是一个集成、复杂相互作用的过程，异质主体间的学习过程和知识共享扮演着关键的角色，引导研究重心由单个主体转向组织网络分析。从内生增长理论原理来看，技术创新容易产生技术溢出，即某地区的科技活动成果可能惠及其他没有参与技术创新过程的地区，同时该地区也可能受惠于其他地区的技术创新活动。因此，一个地区的技术创新能力不仅取决于该地区自身的研发投入，也受到周围地区技术创新溢出的影响。区域之间相互的技术溢出能够进一步提高技术创新能力，进而提升经济增长（魏新颖、王宏伟、徐海龙，2019）。从知识溢出的角度看，随着产业转移产生的技术转移、人力转移产生的知识溢出，都是国家或地区间经济增长空间关联的重要原因（Barro，Salai-Martin，1995）。但这种空间关联是会导致经济生产活动的地理集聚，引起区域经济的差异化发展，还会促使经济落后地区追赶邻近的经济发达地区，最终形成经济社会发展收敛的趋势。张静等（2020）研究发现，区域之间的空间邻近和知识溢出是经济增长俱乐部趋同的重要机制，通过区域之间的资本流动和人员流动，知识跨越区域界限形成地区溢出，使地理邻近或经济社会水平相似地区的经济增长形成俱乐部趋同。实证研究中，学者关注并论证了区域空间溢出对创新的影响。张同斌和高铁梅（2014）采用地理相邻权重矩阵建立空间计量模型研究了中国高技术产业研发存量、知识溢出对产出的影响，发现各地区高技术产业中心省份向外围的知识溢出对产出具有差异化影响。姚丽和谷国峰（2015）采用地理距离权重矩阵对中国区域高技术产业技术创新和其空间溢出对高技术产业发展水平的影响进行了研究，结果显示空间技术溢出对高技术产业产出有显著影响，且随地区间距离增大而减小。龙志和和张馨之（2007）采用探索性空间数据分析和空间计量经济方法，从省级和地市级两个层面研究了中国区域经济增长和知识溢出的敛散性，认为省级区域经济增长呈东部、中部、西部三大地区的俱乐部收敛，而地市空间层面没有表现出明显的收敛或发散趋势。Maurseth 和 Verspagen（2002）的研究认为，地理距离邻近对知识溢出效应存在重要影响，知识溢出对区域创新的影响会随空间距离的增加而衰减。Keller（2002）和符淼（2009）认为，相邻区域间或 800 千米范围以内的区域为技术创新的密集区，距离超过 800 千米后，技术创新溢出效应快速下降。科技研发活动和成果转化活动的互动影

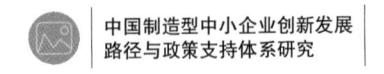

响关系，也会受到空间关联效应的调节（Mansfield，1995）。当前，中国制造型中小企业还存在技术创新能力不强、缺乏核心技术等问题。因此，研究如何利用区域间的技术溢出促进经济增长和企业创新能力提升，具有重要探讨价值。

二 区域产业技术溢出影响制造型中小企业创新的实证研究

对于中国的区域创新活动而言，对区域产业技术溢出在多大程度上会影响企业的创新行为问题的回答，对正确认识中国区域创新过程具有重要的意义。学者发现，中国各区域在不同创新阶段的非平衡发展造成了创新绩效水平的差异（官建成等，2009），使创新活动从"过程溢出"和"空间关联"两个层次共同导致产业技术溢出的差异，因此将创新活动分为科技研发和成果转化两个阶段，对此进行详细考察。

（一）模型设定

本书分别构建科技研发绩效和成果转化绩效的动态空间面板模型，两阶段创新绩效及其空间滞后项分别作为解释变量进入彼此的模型中，以检验区域创新绩效的过程溢出和空间关联。同时，将被解释变量的一阶滞后项作为控制变量引入模型。

$$PtfP_{it}=\delta_1 PtfP_{it-1}+\delta_2 \sum_{j=1}^{N}\omega_{ij}PtfP_{jt}+\delta_3 PtfP_{jt}+\beta_4 \sum_{j=1}^{N}\omega_{ij}PdtfP_{jt}+\theta X_{it}+C_i+\alpha_t+v_{it}$$

$$RdtfP_{it}=\beta_1 RdtfP_{it-1}+\beta_2 \sum_{j=1}^{N}\omega_{ij}RdtfP_{jt}+\beta_3 PtfP_{it}+\beta_4 \sum_{j=1}^{N}\omega_{ij}PtfP_{jt}+\gamma Z_{it}+C_i+\alpha_t+\mu_{it}$$

两模型结构对称，反映创新过程中两阶段生产率彼此间的过程溢出。其中，$RdtfP_{it}$ 为科技研发生产率，$PtfP_{jt}$ 为创新成果转化生产率；$\sum_{j=1}^{N}\omega_{ij}RdtfP_{jt}$ 和 $\sum_{j=1}^{N}\omega_{ij}PtfP_{jt}$ 为引入的空间滞后项，ω_{ij} 为空间权重矩阵的元素；Z_{it} 和 X_{it} 为两模型的控制变量和外生变量；C_i 和 α_t 为空间固定效应项和时间固定效应项，分别代表不随时间变化的空间特征和不随空间变化的时间特征。由于空间面板模型考虑数据的空间相关性，如果仍然使用经典计量中的普通最小二乘方法估计模型，可能会因为内生性问题导致结果的有偏和不一致。本书借鉴 Elhorst（2010）提出的模型估计思路，采用空间面板极大似然方法估计模型，至于选择固定效应面板模型还是随机效应面板模型，通过 Hausman 检验后确定。

（二）变量选取与数据处理

空间权重矩阵的构建：创新绩效的空间关联，不仅存在于地理邻近的区域间，也可能存在于经济社会特征相似的区域间。区域经济发展水平、基础设施水平和人力资本等决定了区域接受其他地区创新知识溢出的能力；区域间经济社会特征越相似，其创新绩效变化的关联度越高。因此，借鉴李婧等（2010）的研究方法，基于地理空间标准构建地理距离空间权重矩阵，并在距离空间权重矩阵基础上加入了经济和人力资本因素，构建经济空间权重矩阵和人力资本空间权重矩阵（张静、李平，2017）。

控制变量选取：科技研发生产率和成果转化生产率除了受到彼此在创新过程中的溢出影响和空间关联影响外，还受到其他因素的影响，在不同的创新阶段影响因素也不尽相同。为此在科技研发阶段，采用位于各地区的高等学校数量（Uni）代表区域高校数量，采用高校和科研机构科研经费中企业投入的比重（Unrden）衡量区域产学研合作程度，采用科技经费筹集中政府投入的比重（Rdgov）衡量区域政府支持力度，采用R&D经费内部支出中用于资本性支出的比重（Rdcap）衡量创新投入的偏向性。科技成果转化阶段采用规模以上工业企业主营业务收入水平衡量企业自身收益水平（Prosale），采用金融机构年末存贷款余额与生产总值之比衡量区域金融发展水平（Findev），采用非国有工业企业总产值占工业企业总产值的比重衡量区域市场化程度（Market），采用高技术产业总产值占工业总产值的比重衡量区域高技术产业发展水平（Hitech），采用进出口总额占生产总值的比重衡量区域对外开放程度（Open）。上述指标测算使用的原始数据来自2002—2015年的《中国统计年鉴》和《中国科技统计年鉴》，并且所有非比例性数据均经价格指数平减并取对数后纳入模型进行回归。

（三）实证结果及分析

对科技研发阶段的估计结果表明，中国区域成果转化绩效的提高会在一定程度上对区域内、地理邻近区域和经济发展相似区域的科技研发绩效产生正向影响，即企业对大学和科研机构的反馈影响机制促使科研机构和高校更关注市场的创新需求。另外，区域产学研合作程度、政府的研发支持力度和区域内高校数量等控制变量对区域科技研发绩效有显著的正向影响，而科研经费投入的资本偏向性的影响为负，说明科研经费投入应偏向劳动力支出，才更有利于促进中国科技研发绩效的提高。

对成果转化阶段的估计结果表明，区域成果转化绩效仅在经济空间权重矩阵和人力资本空间权重矩阵下存在显著的空间关联关系，而地理距离权重矩阵下的空间自相关系数不显著。从价值链角度看，成果转化绩效受到科技研发绩效变化的显著影响。说明中国两阶段创新绩效的互动溢出关系中，科技研发绩效处于主导地位，"学研"对"产"的创新知识溢出效应更加明显。因此，在地理上邻近科技研发优势区域，则具有分享其科技研发知识溢出红利的优势，并且这一优势在资本和人才的区域流动过程中进一步得到强化。此外，区域金融发展水平、对外开放程度、市场化水平、高技术产业发展程度和工业企业收益水平等均对成果转化绩效的提高有正向影响。

对东部、中部、西部地区科技研发绩效模型的双向固定效应估计结果表明，东部省份的科技研发绩效具有显著的空间关联，中部和西部省份科技研发绩效的空间滞后项系数虽为正但不显著。另外，仅有东部地区的创新成果转化绩效对科技研发绩效变动具有显著的反馈影响，中部、西部地区成果转化绩效的反馈效应不显著。控制变量对东部、中部、西部地区科技研发绩效的影响也不尽相同。东部、中部、西部地区成果转化绩效模型的双向固定效应估计结果显示，地理邻近和经济发展水平相似省份的成果转化绩效存在显著的空间关联。对于东部省份和中部省份，"学研"对"产"的创新知识溢出效应明显，区域内部和邻近省份的科技研发绩效显著正向影响成果转化绩效；而西部省份的成果转化绩效仅与邻近区域的研发绩效显著正相关。

三 区域产业技术溢出推进制造型中小企业创新发展策略

加强创新的跨区域合作与帮扶，健全协同创新发展机制。加大跨区域的合作与帮扶，以政策为杠杆，撬动市场机制发挥作用，引导本地科研院所、企业和中介机构加大跨区域的合作力度，形成协同创新的发展局面。并通过出台保护知识溢出方的相关政策，消除合作双方的顾虑，结合贷款、税收等优惠政策，吸引先进地区企业和研究机构进行合作。对于类似长三角这样的城市群而言，应健全协同创新机制，发挥增长极带动作用，共建开放型的创新网络，创新技术合作模式，深化科技资源共享，促进区域创新要素自由流动与高效配置。

鼓励成果转化，提高技术收入，提升城市自身创新能力。通过各地的生产力促进中心等专业机构进行成果转化推广服务，将科技成果鉴定、登记、统计与发布等活动常规化，定期进行科技成果的推广和展示，提供科技成果转化的咨询和交易服务，同时注重基础研究方面的成果转化和开发应用。优化专利技术环境，提高科技人员专利发明的积极性，同时注重加强对知识产权的保护，逐步引导企业成为专利拥有主体，在专利与应用之间搭建良好的平台，以企业为主体促进专利技术的产业化，使专利的申请、保护、产业化步入良性循环发展轨道。

引进和培养创新人才，以创新要素质量的提升促进区域制造型中小企业能力提升。高端的创新研发人才作为重要的创新投入要素，对区域企业创新能力的影响程度最高。应立足自身产业基础，根据产业发展导向做好人才精准引进，优化政府人才资金的配置，创新人才引进政策，放宽人才落户条件，满足产业转型升级、新兴产业培育的人才需求。此外，充分利用区域丰富的高校、科研机构等资源优势，加大人才培养力度，在发挥优化人才资源配置提升本省能力的基础上，促进人才对于区域制造型中小企业创新的基础性支撑作用，创造更优的创新环境，提高创新人才的积极性，促进企业创新能力的提升（包海波、林纯静，2019）。

第四章 国际贸易规则变革与制造型中小企业创新发展

世界已进入VUCA时代（Volatile指不稳定、Uncertain指不确定、Complex指复杂、Ambiguous指模糊），国际贸易规则体系正处于新一轮的重构期，始于2018年的中美经贸摩擦或将从传统贸易领域向贸易规则之争方向蔓延，从而增加了未来全球格局的不确定性和复杂性。制造型中小企业是参与国际合作与竞争的重要主力军，国际贸易规则变革，不仅对世界经济贸易格局和国际经贸关系调整产生深远影响，也会对中国制造型中小企业创新发展带来新挑战和新机遇。

第一节 国际贸易规则变革及演化趋势

当前国际贸易规则处于深刻变革期，区域化规则对全球规则存在替代趋势，国际贸易规则中知识产权规则更加注重议题的广泛性和规则的高标准，知识产权规则中保护标准日益提升，中国制造型中小企业创新发展面临新挑战。

一 国际贸易规则正处于深刻变革期

当前国际贸易规则体系正处于新一轮的重构期，正经历着1994年乌拉圭回合谈判结束以来最大一轮的改革与完善。新贸易规则体系注重议题的广泛性和规则的高标准，内容丰富且具备高复杂性。国际贸易规则变革，不仅对世界经济贸易格局和国际经贸关系调整产生深远影响，也会对中国制造型中小企业创新发展带来新挑战和新机遇。

国际贸易规则的变革是大势所趋。2008年国际金融危机爆发以来，全球经济格局深度调整，发达国家经济增长乏力，新兴市场国家和发展中国家快速崛起，国际社会要求变革现行国际贸易规则的呼声日益高涨。目前，新兴市场国家和发展中国家对全球经济增长的贡献率超过80%，已经成为世界经济稳定与发展的中流砥柱。中国作为全球最大的发展中国家、全球第二大经济体和最大贸易国，积极参与全球经济治理，致力于向国际社会提供更多公共产品。中国通过倡导和推动共建"一带一路"、发起创办亚洲基础设施投资银行、设立丝路基金等，积极推动发展中国家基础设施建设，努力引导全球经济互联互通，为世界经济发展和国际经贸规则变革做出巨大贡献。然而当前，面对深度调整的世界经济格局，虽然在中国等发展中国家的推动下，全球经济治理体系和国际贸易规则做出了一些调整，但仍然主要体现发达国家的利益诉求，发展中国家在国际贸易事务中的发言权明显不足。美欧等发达国家一直以来是国际贸易规则的引领者、制定者与最大受益者，在规则制定上占据绝对优势，发挥着重大影响力。近年来，发达国家出于自身利益诉求，凭借掌控全球治理制度性话语权的战略能力，积极推出《跨太平洋伙伴关系协定》（TPP）、《反假冒贸易协定》（ACTA）、《全面与进步跨太平洋伙伴关系协定》（CPTPP）、《美墨加三国协议》（USMCA）等区域和双边自由贸易协定，世界贸易组织（WTO）多边贸易体制受到冲击。新区域主义蓬勃发展，使多边体制在国际贸易体系中的中心地位受到挑战。受新规则体系的压力与制约，如何在国际贸易规则变革中避免被边缘化，是新兴经济体和发展中国家要正视的严峻挑战。

二 国际贸易规则演化趋势

2000年之前，国际贸易规则主要是通过WTO多边体制加以规范的（Shin W.，2016）。多边贸易体制对国际贸易规则制定发挥了非常重要的作用。然而，2001年多哈回合谈判的失败，意味着WTO不能像以前一样主导国际贸易规则了（王思语，2017）。随着全球价值链的快速发展，产生了贸易投资规则的新需求，但多边贸易体制进展迟缓，发达国家出于自身利益诉求主导规则演化，新兴经济体的兴起使发展中国家的利益逐渐被更加重视，导致发展中国家与发达国家之间的争论愈演愈烈。此后发达国家选择转而寻求双边、区域贸易网络的建立，该重大调整是为构建国际贸易规则的新平台，以更高的标准、更宽的领域、更有利于发达经济体的新条款来抢夺国际贸易规则制定的先机（Gaisford，2010；付丽，2017）。进入21世纪以来，区域／双边自由贸易协定（FTA）逐渐超越以WTO为主的多边贸易体制，成为各国商谈国际贸易规则的重要平台。

由此可见，当前国际贸易规则演化呈现出区域化规则对全球规则替代的趋势，特别是金融危机以来世界经济萎靡不振，各国为振兴经济自顾不暇，致使各国更加注重本国利益，贸易保护主义抬头。与此同时，自由贸易协定作为国际贸易规则的载体，以自由贸易协定等形式为主的区域经济合作迅速发展，促成区域上经济的进一步融合。可以预见，在未来一段时间，各国将主要通过区域合作的形式推广国际贸易制度和规则。国际贸易规则演化同时带来严峻挑战和重要机遇。

三 国际贸易规则中知识产权规则发展

国际贸易规则中的知识产权规则以《与贸易有关的知识产权协定》（TRIPS）的多边协定为基础（武长海，2010）。签署于1994年的TRIPS协定变革性地将其变成各缔约方必须履行的国际义务（Fink C.，2016），并通过贸易制裁的方式使规则具有效力。但对于发达国家而言，TRIPS协定最低保护标准会降低世界范围知识产权保护整体效率，出于自身利益诉求发达国家转移到双边、区域等场域，利用自由贸易协定（FTAs）推行TRIPS-plus标准（Gaisford，2010；张猛，2012）。截至2019年2月，WTO接受并生效的各种双边或区域贸易协定多达471个，绝大部分WTO成员被纳入一个及以上的自贸协定体制内。如此错综复杂的FTAs带来"意大利面条碗"效应并没有取得预期效果，2007年发达国家借助复边体制推行ACTA协定，但在欧盟遭遇滑铁卢（詹映，2016）。TPP协定紧随其后在亚太地区12国讨论签署，其所讨论的知识产权规则更着眼于边界后规则，影响成员国国内外市场与知识产权法律制度环境（蔡鹏鸿，2013；刘会芳，2015）。2017年美国退出TPP，日本紧随其后在2018年初主导完成了CPTPP协定签署。同期，2018年11月美国、墨西哥、加拿大三国领导人签署USMCA协定，保存了原《北美自由贸易协定》基本框架，同时CPTPP被搁置的高标准知识产权条款如数反映在USMCA中，特别是对商业秘密给予了有史以来最强有力的保护（张小波等，2019）。亚洲地区自贸协定同步跟进，《区域全面经济伙伴关系》（RCEP）由东盟10国在2011年首次提出并发起，随后邀请中国、日本、韩国、澳大利亚、新西兰、印度共同参与。中国主推的中日韩自由贸易协定自2013年启动谈判以来，至今已进行15轮协商，未来可能向中日韩和东盟（10+3）自由贸易协定演化发展（刘宇，2018）。

凸显TRIPS-plus特征的自贸协定，是美日欧等发达国家将知识产权保护与国际贸易规则结合并进行国际推广以实现国家利益最大化的战略举措（丛立先，2014），也是知识产权强国战略的关键环节（徐修德，2015；Weatherall K.G.，2016）。其商标申请规范、药品及农用化学品测试数据排他权、数字领域版权、侵权刑事制裁、边境措施扩大适用等多项TRIPS-plus规则（Petri P.A.，2012；董涛，2017），昭示了知识产权国际强保护的新趋势，也为经济发展带来新困境。发达国家的实力及其影响，尤其在投资、技术和市场准入等方面较之发展中国家优势明显，使国际知识产权规则主导权仍掌握在发达国家手中，这一形势短期内不会改变（张惠彬，2015）。但发展中国家也在不断推动多边体制下的国际知识产权制度变革，促进知识产权国际保护与保护生物多样性、传统文化资源、公共健康和人权等相平衡，如RCEP的讨论充分体现发展中国家"包容、平衡、普惠"的利益诉求（李俊等，2015；Townsend B.等，2016）。

第二节　国际贸易规则变革对制造型中小企业创新发展的影响

随着知识产权规则日益渗透到国际贸易规则中，自由贸易协定（FTA）知识产权国际规则变革呈现出TRIPS-plus趋势，导致各国间经贸摩擦演变为深层次的知识产权竞争。国际贸易中与知识产权相关的贸易纠纷和贸易壁垒不断涌现，对制造型中小企业创新发展造成较为严峻的影响。研究聚焦自由贸易协定中的知识产权国际贸易规则，构建自贸协定知识产权规则保护强度的评价指标体系，探析自贸协定知识产权规则保护强度对出口贸易结构的影响效应，有助于制造型中小企业更好地应对国际贸易规则变革。

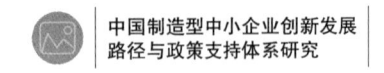

一 自由贸易协定知识产权国际规则结构化文本分析

（一）结构化文本分析范围界定与方法

从 WTO 官网对应的贸易协定信息系统（http://rtais.wto.org）中搜索自由贸易协定（FTA）。截至 2018 年 12 月，共 256 个 FTA 登记在册，其中明确表示提及知识产权议题的有 189 个，尤其是在 2000 年以后，数量迅猛上涨。图 4-1 显示自 1960 年起自贸协定生效情况，左边对应明确表示提及知识产权议题并生效的 FTA 历年数量，右边对应全部生效的 FTA 历年数量。可见，知识产权议题逐渐成为自贸协定谈判内容的固定一部分，其经济贸易地位不断攀升。

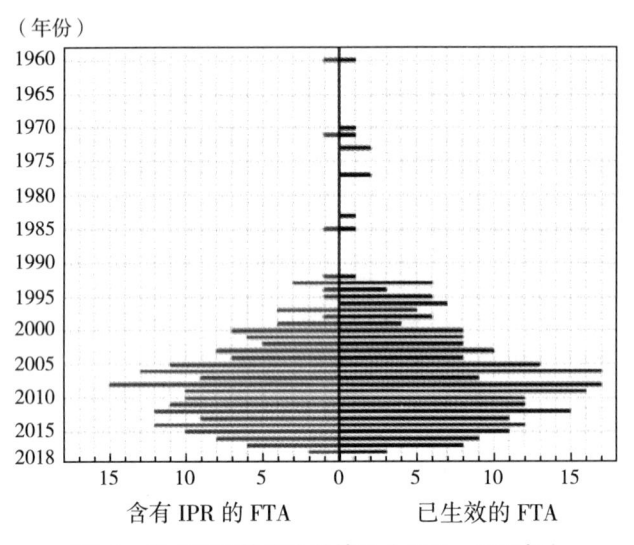

图4-1 自由贸易协定生效情况（1960—2018年）

本书以亚太区域主要经济体（CPTPP 协定成员国及美国和 RCEP 协定成员国）共 21 个国家为对象。21 国及对应贸易国占全球经济总量 60% 以上，具有一定代表性。本书首先收集 21 国在 2000 年之后生效的所有自由贸易协定文本，收集方式详见表 4-1。其次，为匹配精准的知识产权国际规则内容，对所收集文本进一步筛选，保留明确含有知识产权固定章节的 FTA，共计文本数量 63 个。

表 4–1　　　　　　　　　　自由贸易协定文本获取方式

检索科目	检索内容
获取时间	2019 年 3 月 1 日
检索时间范围	2000—2018 年
检索国家范围	CPTPP 成员国及美国（12 个）：美国、澳大利亚、文莱、加拿大、智利、日本、马来西亚、墨西哥、新西兰、秘鲁、新加坡、越南 RCEP 成员国（16 个）：东盟（马来西亚、印度尼西亚、泰国、菲律宾、新加坡、文莱、越南、老挝、缅甸、柬埔寨）、中国、日本、韩国、澳大利亚、新西兰、印度
数据库	Regional Trade Agreements Information System
检索类型	FTA（明确包含知识产权）

本书运用文本挖掘方法，比较自由贸易协定知识产权国际规则范围和功能。文本挖掘方法，是以探寻新知识为主要目的，基于大量文本数据，通过一定的方法找出隐藏模式的过程。通过对自由贸易协定中知识产权文本的研究能够反映出全球自贸协定知识产权变革的趋势及特征。由此建立文本挖掘模型如图 4-2 所示。

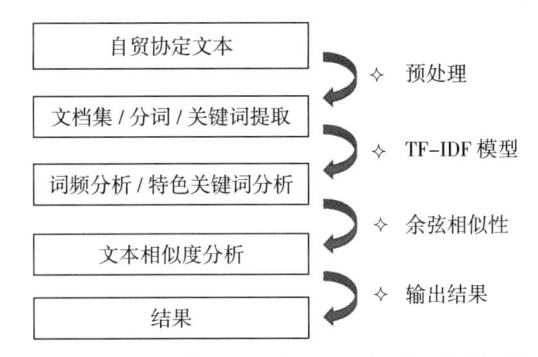

图4–2　自由贸易协定知识产权国际规则文本挖掘模型

关键词是文本挖掘的核心切入点，本书运用 NVivo11 软件进行词频分析，并选用"同义词"的分组方式筛选，按照关键词频次降序进行排序。鉴于关键词较多，本书难以全部呈现，根据 Donohue（1973）提出的关于词频高低的界分公式 $T=\dfrac{-1+\sqrt{1+8/1}}{2}$（其中，$T$ 为关键词个数的阈值，I_1 是词频为 1 的关键词数量），自上而下选取 T 个自由贸易协定中有关知识产

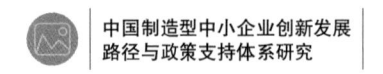

权的高频关键词，按词频高低顺序排列。

以 Python 语言在文本分析中的应用为基础，利用 TF-IDF（Term Frequency-Inverse Document Frequency）模型，准确甄别各个自由贸易协定特色关键词。TF-IDF 模型能测量关键词语在不同文本总集中的特殊性及重要程度。以 TF×IDF 表示权重值，TF×IDF 值越高表示该词在某文本中出现次数多而在其他文本中出现次数少，这个词则作为某文本的代表关键词。

$$TF_{ij}=\frac{n_{ij}}{\sum_{k}n_{kj}} \qquad (4-1)$$

式（4-1）中，分子是该词在文件中的出现次数，而分母则是在文件中所有字词的出现次数之和。

$$IDF_{ij}=\log\frac{|D|}{|\{j: t_i \in d_j\}|} \qquad (4-2)$$

式（4-2）中，|D| 表示语料库中的文件总数；$j: t_i \in d_j$ 表示词语的文件数目。

（二）自由贸易协定知识产权国际规则范围比较

自由贸易协定知识产权国际规则内容离不开国际经济社会发展的大背景。21 世纪科学技术突飞猛进，使 TRIPS 协议捉襟见肘，呼吁国际知识产权规则进一步变革。本书将 2000—2018 年分为 4 个时间阶段，分别计算 4 个时间阶段知识产权高频关键词 TF-IDF 值，并由此制作不同时间阶段自贸协定知识产权国际规则高频词 TF-IDF 等值线图（见图 4-3）。

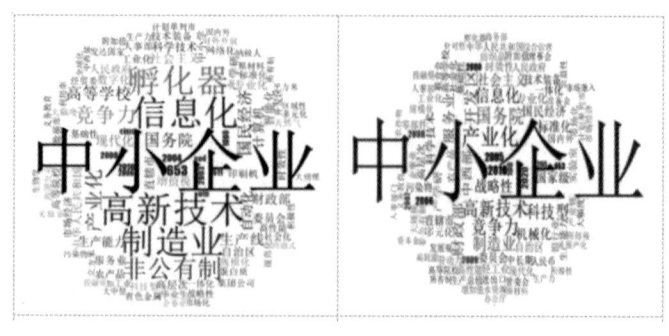

2001—2005 年　　　　　　2006—2010 年

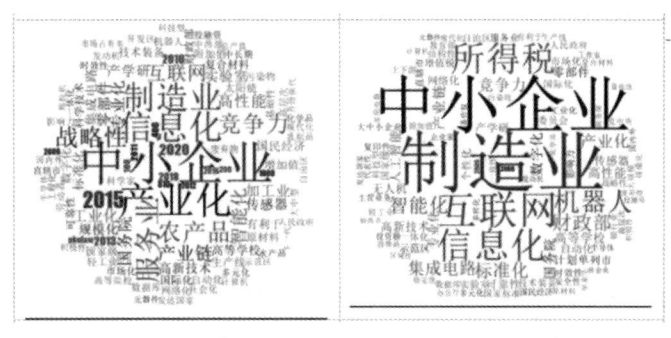

2011—2015 年　　　　　2016—2020 年

图4-3　不同时间阶段自贸协定知识产权国际规则高频词TF-IDF等值线

图4-3显示，2000—2018年全球自由贸易协定知识产权国际规则关注焦点正逐渐转移。第一阶段，2000—2005年自由贸易协定对知识产权规则落实在传统知识产权客体上，包括"版权（0.0808）、商标（0.1386）、专利（0.1000）"等，其中"录音制品（0.1166）、表演作品（0.1147）"一直是版权领域关注焦点。知识产权执法有较为全面的囊括，具体包括"民事（0.0459）、司法措施（0.0424）"的运用。1995年签署的TRIPS协议对数字议程缺乏关注，对网络侵权管辖、判决执行等问题都无涉及。在2000年之后，更多自由贸易协定关注到数字技术，尤其提及"网络服务提供商（0.0358）"，对其义务做了较为详细的阐述。第二阶段，2006—2010年自由贸易协定中不断丰富了知识产权客体内容，新增"化学品（0.0137）、植物（0.0287）"等客体。在商标保护范围中注册商标标记类型不断纳入"域名（0.0312）、声音/气味（0.0405）"。在知识产权执法方面，提及了诸如"赔偿（0.0127）、补偿（0.0165）"等措施，可见在侵权损害处理上更加突出细节。另外，该时期随着ACTA协定的讨论，强调希望遏制"盗版（0.0386）"侵权等行为。第三阶段，2011—2015年中"药品（0.0118）、生物（0.0191）、试验数据（0.0046）"等更多新型知识产权客体不断涌现。商标分类中"驰名商标（0.0219）"在部分自由贸易协定中被尤为强调。执法措施上更为多样，尤其是边境措施不断强调"海关（0.0143）"执法重要性，并赋予其"中止放行（0.0170）"等更多自主权利。货物关注重心由盗版延伸至"嫌疑、混淆（0.0157）"货物，在举措上丰富了"扣押（0.0129）"等措施。第四阶段，2016—2018年发展中国家崭露头角，原先TRIPS偏技术性特征对发展中

国家的传统文化、民间文艺与遗传基因等资源的保护相当不利，故在最新自由贸易协定知识产权讨论中，"遗传资源（0.0237）和传统文化（0.0159）"被提及的频次迅速增加。在知识产权执法中，在执行单位上重点提及"主管机关（0.0466）"，对其赋权更加广泛。并且研究发现近20年的自由贸易协定演化历程中，对国际公约与知识产权委员会发挥的作用关注度越来越强，表现在知识产权委员会TF-IDF值由0.0073提升至0.0375，国际公约TF-IDF值由0.0505提升至0.1445，侧面表现出某些新型条款不断演变纳入国际通行准则的一部分。

（三）自由贸易协定知识产权国际规则功能比较

为进一步探究不同自由贸易协定知识产权规则在国际知识产权规则发展中的作用，本书以签订自由贸易协定数量最多的美国、日本、韩国、东盟与中国为例，基于自由贸易协定知识产权国际规则文本高频关键词及其TF-IDF值计算结果，制作美国、日本、韩国、东盟、中国自由贸易协定知识产权特色关键词TF-IDF等值线图（见图4-4）。从TF-IDF分布差异上看，同一国签署自由贸易协定知识产权国际规则文本中不同高频词TF-IDF值越趋于接近，说明该高频词在此类文本中出现频次与重要程度越接近，特色关键词也就越集中。以TF-IDF分布与知识产权国际规则特色关键词内容差异两个方面，将不同国家签订的自由贸易协定分为3种类型，即以美国为代表的规则引领型，以日本、韩国为代表的规则跟随型和以中国、东盟为代表的规则适应型。

美国所签自由贸易协定知识产权特色关键词TF-IDF等值线囊括知识产权内容全面且均衡，高频关键词TF-IDF值总体更趋于稳定与平均，具有规则引领的作用。从整体所涉及知识产权内容的全面性上，美式自由贸易协定涵盖范围最广，且细节设置最为详尽。从知识产权内容深度上，美式自由贸易协定在诸多方面具有显著的TRIPS-plus色彩，呈现出典型的高标准特征，在知识产权权利人与社会公共利益的平衡方面更加向权利人倾斜。具体包括专利保护客体扩张、对药品临床试验数据准专利保护，最先强化权利管理信息和技术保护措施等，并且有较为详细的知识产权争端解决机制。知识产权制度属于国内制度安排，即边境后措施。国内知识产权制度很难针对不同国家实行不同的制度，最终致使部分与发达国家商签了知识产权保护高标准的发展中国家，在多边知识产权国际规则制定中的立场也会与发达国家相近。美式自由贸易协定即是以美国国内法为基础，无论是与发达国家还是发展中国家签订，遵循着一贯原则，以达成其扩张目的。

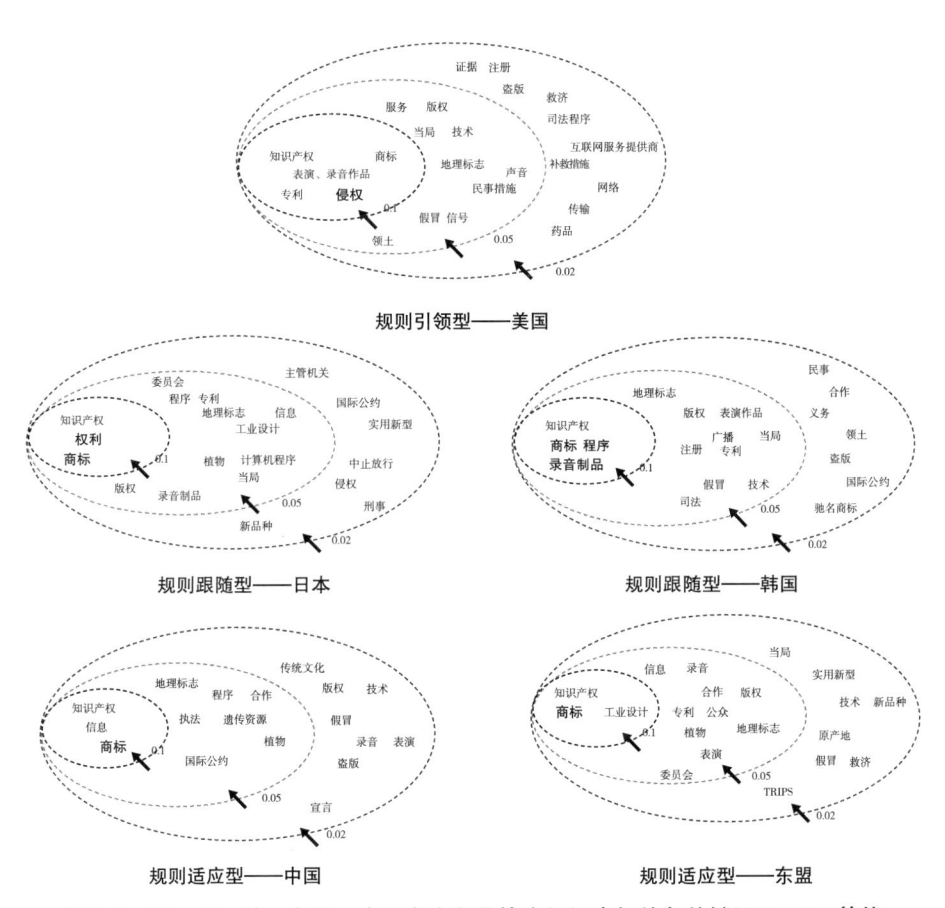

图4-4　美、日、韩、东盟、中国自由贸易协定知识产权特色关键词TF-IDF等值

日本、韩国所签自由贸易协定知识产权规则突出两国各自关注的焦点，知识产权高频词 TF-IDF 值差异略高于美式自由贸易协定，位列规则跟随的队伍。日、韩自由贸易协定缺乏美式自由贸易协定的一致性，但与知识产权国际保护标准保持紧密跟随趋势。相较于美式自由贸易协定，日、韩同时注重创新保护，促进自身实体创新。如在涉及日本的几个自由贸易协定中，均要求各方确保与新植物品种有关的权利得到充分保护。日本非常关注计算机程序相关发明的专利保护，规定任何专利申请不应仅以申请

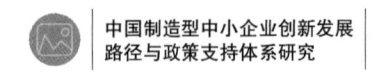

中所要求的主题与计算机程序有关为理由而被拒绝。

中国、东盟自由贸易协定知识产权高频词 TF-IDF 值差异较大，内容与规则各异，尚无统一范式，属于规则适应的队列。掣肘于发展程度的差异，发展中经济体对规制议题的处理更着力于发展和规制能力的建设，而不是权利的实施。东盟签订自由贸易协定包含了知识产权和公共卫生的规定，通常承认 TRIPS 协定和《公共卫生的多哈宣言》，高度遵循 WTO 义务。中国灵活选择适应条款以求通过签订自由贸易协定，尤其注重成员间监管合作与能力建设，与美式自由贸易协定形成鲜明对比。近年来，中国也不断提升对生物多样性、遗传资源、传统知识和民间文艺保护等新的知识产权议题的关注。发达国家的实力及其影响较之发展中国家具有明显优势，自由贸易协定知识产权国际规则主导权仍掌握在发达国家手中，这一形势短期内不会改变，但发展中国家也在不断推动多边体制下知识产权国际规则变革。

二 自由贸易协定知识产权国际规则保护强度差异分析

（一）自由贸易协定知识产权国际规则保护强度评价体系构建

本书旨在建立一套能合理、客观地评价自由贸易协定知识产权国际规则保护强度的指标体系。构建相对科学合理的自贸协定知识产权国际规则保护强度评价指标体系，一方面要准确把握知识产权规则的内涵，另一方面所设立的指标要符合自由贸易协定知识产权规则高标准、严保护的发展趋势，紧抓真正核心指标。需要说明的是，由于不同的自由贸易协定实施效果不一，有的尚未生效执行，因此对自由贸易协定知识产权国际规则保护强度的评价主要集中于对自由贸易协定知识产权国际规则进行立法方面的静态分析而不涉及执法效果。以 Pugatch（2005）为代表的三维衡量评价法更加针对协定本身规则层面的知识产权保护强度，Pugatch 基于 TRIPS 协议提出由协议整体结构框架和知识产权保护强度两个一级指标、若干个二级指标组成的知识产权保护强度评价指标体系，并以超出 TRIPS 协议标准、与 TRIPS 协议标准持平、低于 TRIPS 标准三个维度，分别赋予 1 分、0 分、-1 分，以此测算美国、欧盟主导的贸易协定知识产权保护强度。在 TRIPS 协议奠定当今全球知识产权最低保护标准下，本书充分融入亚太区域主要经济体签署的 63 个自由贸易协定、CPTPP、RECP 等凸显全球知识产权规则变革新趋势、新特征的代表性条款，同时考虑指标的客观性和可测算性，吸纳 Pugatch 设计的评价方法以 TRIPS 协议为基准，参考 CPTPP 知识产权保护标准以及 G-P 方法经过大量验证相对精确、合理的度量指标，设计以下自由贸易协定知识产权国际规则保护强度评价方法，表示为：

$$St = F(IA, Wt, Lt, Dt, S) \quad (4-3)$$

其中，S_t 表示自由贸易协定知识产权规则保护的总体强度，是 IA、Wt、Lt、Dt、S 这 5 个变量经一定变化测算得到的结果。IA、Wt、Lt、Dt、S 为一级指标，分别代表国际协定、知识产权规则权利广度、知识产权规则期限宽度、知识产权规则执法立法深度和强制性。以 TRIPS 协议作为评价基准，IA、Wt 结构框架又包括 3 个二级指标，分别为版权、专利、商标；Dt 包括一般义务、民事程序及救济、临时措施、边境措施、刑事程序 5 个二级指标。已有研究表明，版权、商标在知识产权保护中重要强度愈加提升。在度量知识产权规则权利广度和期限宽度方面，根据现今经济发展趋势，使用专利、版权和商标更为合适。在知识产权规则执法立法方面，在 ACTA 协定出台之后，知识产权执法立法标准体现得更加完善和重要，深入民事程序及救济、临时措施、边境措施、刑事程序各个方面。最终构建的自由贸易协定知识产权国际规则保护强度评价指标体系。

以 Pugatch 设计的评价方法，在更新与丰富原有被证实合理有效的国际协定、知识产权规则权利广度、知识产权规则期限宽度、知识产权规则执法立法深度四大方面指标的基础上，创新性地融入自由贸易协定发展过程中表现出逐步深化条款、增加争端解决机制以提升其法律可执行性新特征的强制性指标（Baccini et al.，2015；柴瑜、孔帅，2015）。指标计分规则如下，每个二级指标满分为 1 分。根据各个自由贸易协定知识产权的具体条款计算其各项指标得分，符合某个三级指标的，得分为 1 除以三级指标数；不满足条件的，得分为 0。统计各级指标的分数总和，计算指标得分有三种方法：二进制法、数值法以及两种方法混合使用。一些指标从本质上就是二进制的（要么为 0，即某一自由贸易协定并不存在某种知识产权规则；要么是 1，即该知识产权规则在该自由贸易协定中的确存在）。以下为具体各项指标详细内容介绍：

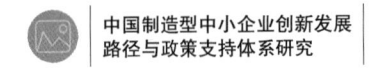

1. 自由贸易协定国际公约（IA）评价指标

国际公约（IA）是自由贸易协定中参与和批准国际条约的情况。在新形势下，新型自由贸易协定知识产权规则中凸显 TRIPS-plus 标准的一大特征就是将 TRIPS 所覆盖国际公约数量再次扩大。版权领域内，《世界知识产权组织版权条约》（WCT）及《世界知识产权组织表演和录音制品条约》（WPPT）是发达国家主导自由贸易协定中的常见条款，又被统称为"互联网条约"，分别包含和澄清了数字环境中版权的使用以及表演者和录音制品制作者的经济权，内容均超出 TRIPS 协议及许多国家的国内立法水平。评价过程中，符合其中一项计 0.5 分。专利领域内，《专利合作条约》（PCT）是继《保护工业产权巴黎公约》之后专利领域最重要的国际条约，也是国际专利制度发展史上的又一个里程碑。另外凸显 TRIPS-plus 特征的自由贸易协定知识产权规则中还要求缔约方加入 TRIPS 协议不涉及的专利保护国际条约，包括《保护植物新品种国际公约》（UPOV）和《布达佩斯条约》。以上三项作为专利领域 TRIPS-plus 特征的国际协定，符合其中 1 项计 0.33 分。商标领域内，新型自由贸易协定中往往要求缔约方批准或加入如《商标国际注册马德里议定书》《商标法条约》类似条约或软法，以扩展商标客体范围、建立商标注册申请的电子系统等商标保护新要求，强化商标保护强度，符合其中一项计 0.5 分。

2. 自由贸易协定知识产权规则权利广度（Wt）评价指标

知识产权规则权利广度体现的是新形势下自由贸易协定中知识产权权利项目内容复杂化趋势，即传统知识产权保护客体不断向外延伸、新的权利内容不断丰富。

在版权方面，临时复制权、专有权保护和技术措施、权利管理信息的保护是新型自由贸易协定知识产权规则中凸显的主要 TRIPS-plus 特征，以此 3 项为三级指标，各占 0.33 分。具体而言，临时复制问题触及了版权法最为敏感的神经，以自由贸易协定中是否要求复制权范围延伸至临时复制行为作为指标，符合计 1 分。在专有权保护中，若超出 TRIPS 协议规定，若有公众传播权、发行权、精神权利、追续权、表演者和唱片制作者的公平获偿权 5 项内容作为度量专有权保护范围的三级指标，符合其中 1 项计 0.2 分，全部满足则计 1 分。在技术措施和权利管理信息的保护中，WCT 和 WPPT 增加了"技术措施""权利管理信息"等受保护的客体，此前，

TRIPS 协议未对相关项目做出规定。基于此，对保护技术措施和权利管理信息中的任何 1 项计 0.5 分，无此规定计 0 分。在专利方面，TRIPS 要求下，授予专利的发明条件同时满足新颖性、包含创造性步骤和可供工业应用三大条件。但在新型自由贸易协定知识产权规则中，显然有降低专利申请条件的趋势，如 CPTPP 中明确表示专利授予条件只要满足新用途、新程序、新方法之一即可申请授予。以专利申请授予条件降低规定为三级指标，符合计 1 分。自由贸易协定知识产权章节中若要求对生命形式（动物和植物）和已知产品的二次用途予以专利保护，视为扩大了专利保护的范围，每符合 1 项计 0.5 分。新型自由贸易协定中包含 3 项使专利权利保护丧失内容，包含限制专利撤销，限制强制许可的授予及限制药品的平行进口，符合其中 1 项计 0.33 分。药品和农用化学品测试数据专有权属于新型专利项目，使专有权人即使在未获专利授权的情况下也能维持市场垄断，是自由贸易协定中最富争议性的条款，每符合其中 1 项计 0.5 分。在商标方面，大多数新型自由贸易协定已将商标权的客体扩大到了声音商标、气味商标等非可视性标记，另外将"域名"纳入商标保护范围。以此 3 项为三级指标，每符合其中 1 项计 0.33 分。对驰名商标予以特别关照，规定无论是否注册，均可实施跨类保护，以此为指标，符合计 1 分。从地理标志角度，TRIPS 仅将地理标志限于对葡萄酒和烈酒地理标志的强化保护，而新型自由贸易协定将地理标志延伸至除葡萄酒、烈酒之外的普通产品的地理标志上，以此为指标，符合计 1 分。

3. 自由贸易协定知识产权规则期限宽度（Lt）评价指标

综观全球知识产权保护发展趋势，尤其发达国家国内立法的最新进展，知识产权权利保护期限不断延长，更加强调维护以创新优势显著的发达国家权利人的垄断利益。这个特征在自由贸易协定知识产权规则中也体现出来，昭示国际知识产权保护强度增加。Lt 一级指标中下设版权、专利、商标 3 个二级指标，每个指标各占 1 分，满分为 3 分。不同自由贸易协定 Lt 强度的数值为 0—3 分，0 表示与 TRIPS 协议保护标准一致。知识产权规则保护期限宽度单位是年限，故参照国际知识产权保护指数计算方式，采用连续衡量专有权期限的指标采用数值计算方法，即用每个相关指标涉及的专有权实际期限除以一个标准基数。衡量版权期限，计算这一子类别得分的数学公式就是某自由贸易协定中规定的版权期限 n 除以 95，以此得分，本书参考国际知识产权指数计算中所用的基准数值。针对专利保护期限宽度计算，查阅各个自由贸易协定中对专利的保护期限，一般以TRIPS所规定的20年为基准。但在专利领域，其保护期限延长存在明显的TRIPS-plus特征，即以补偿方式延长。具体而言，如果专利授予过程中，或是在获取销售许可过程中（如药品）被不合理地延迟，应依专利权人的请求调整专利权的保护期以补偿该延迟，这实际上是另一种延长专利垄断期限的方式。故以是否存在专利权保护期以补偿方式延长情况为三级指标，存在计1分。

4. 自由贸易协定知识产权规则执法立法深度（Dt）评价指标

自由贸易协定知识产权规则执法立法深度（Dt）体现的是其执法权力保护标准强化。在提升实体保护标准的同时，加强知识产权执法，对贸易伙伴施加更重的执法义务也是部分自由贸易协定的重要内容。①一般义务。部分自由贸易协定除了TRIPS协议规定的一般义务之外，或在执法信息的公开、司法资源的分配，以及版权存续的推定等方面提出额外要求，或扩大执法措施的适用范围。以上述4项内容为三级指标，每符合1项计0.25分。②民事程序及救济。自由贸易协定在民事程序及救济部分超出TRIPS协议标准的主要有：采取宽泛的计算损害赔偿的模式（考虑权利人提交的对其所受损害所作的价值评估）；法定赔偿的强制化（要求建立或维持法定赔偿，包括惩罚性赔偿的额外赔偿制度）；销毁侵权商品的常态化、模式化。以上述3项内容为三级指标，每符合1项计0.33分。③临时措施。临时措施是一种会对相对人产生重大后果的权利救济措施。新型自由贸易协定赋予司法机关极大的自由裁量权，包括要求迅速处理不听取对方当事人陈述的救济请求，以及引入玛瑞瓦禁令。以上述2项内容为三级指标，每符合1项计0.5分。④边境措施。边境措施是发达国家自由贸易协定知识产权执法立法部分重点加强的领域。扩大可适用边境措施的货物范围（由TRIPS协议规定的进口货物扩及出口、转口等货物），增加可适用边境措施的侵犯知识产权的类型（由TRIPS规定的假冒商标货物和盗版货物两类扩大到假冒商标货物、混淆性相似商标货物和盗版货物三类），以及规定主管机关无须正式的起诉，可以依职权主动执法都是典型的TRIPS-plus边境执法措施。以上述3项内容为三级指标，每符合1项计0.33分。⑤刑事程序。部分自由贸易协定在TRIPS协议刑事执法条款的基础上，加大对知识产权侵权行为的刑事处罚力度，主要包括通过对"商业规模"的界定降低刑事程序的适用门槛（将商标权和著作权领域纳入应受刑事处罚的违法行为）；规定主管机关可以依职权主动发起法律行动（无须第三方或权利人正式指控）。以上述2项内容为三级指标，每符合1项计0.5分。

5.自由贸易协定知识产权规则强制性（S）评价指标

强制性（Enforceability）或称为可执行性指标。将贸易争端解决机制引入知识产权领域，是WTO提高TRIPS标准执行力的重要举措。在新型自由贸易协定中，如TPP也借鉴了WTO的做法，将第十八章（知识产权）项下的争端纳入其争端解决条款的适用范围，为其TRIPS-plus标准的有效实施提供了强有力的制度保障。本项指标利用Hofmann（2017）所提供的贸易协定数据库，对各自由贸易协定知识产权规则的强制性进行测算，根据各自由贸易协定中知识产权条款的文字表述以及是否具有相应争端解决机制，对各知识产权条款的法律可执行性进行了衡量。具体测量方式为：若某知识产权条款不仅在文字表述方面给出了明确承诺，还具有完善的争端解决机制，则其法律可执行性为2；若仅仅只是给出承诺但被排除在争端解决机制的适用范围之外，则其法律可执行性为1；如果在文字表述上也是模糊不清，未做出明确承诺，则其可执行性为0。

（二）自由贸易协定知识产权国际规则保护强度构成与测量

通过对所选择的63个自由贸易协定知识产权章节具体条款逐一判别，并与构建的自由贸易协定知识产权国际规则保护强度评价体系指标一一对应，进行初步打分。汇总得到各项一级指标的得分，对所得一级指标打分进行标准化，构造等式如下：

$$Sti_k^* = \alpha + 1 - \alpha\, Sti_k - Sti, 10\%_k / Sti, 90\%_k - Sti, 10\%_k \qquad (4-4)$$

其中，Sti_k表示对i自由贸易协定中第k项一级指标评估，星号"*"代表转化后的值。该等式的含义是如果某项一级指标在其分类中的得分水平处于所有自由贸易协定中最低的10%之列，那么$Sti_k = Sti, 10\%_k$，其得分为α[借鉴Petri（2012）在亚太地区相关贸易协议中的计算，假设$\alpha=0.5$]。同理，如果得分水平处于最高的90%之列，则$Sti_k = Sti, 90\%_k$，其得分为1。最终对五项一级指标具有相同权重的标准化评估进行合并。

本评价体系下的各个指标均占有相同的权重。理由有三点，首先

Ginarte、Park（1995）把度量知识产权保护强度用五大类指标表示，具体包括保护的覆盖范围、加入国际条约的情况、权利保护的丧失、执法措施和保护期限，其研究中 G-P 模型下各类指标对权重大小并不敏感；其次，拟议的评价体系下的每个类别都是完整的自由贸易协定识产权保护必不可少的内容，均等的权重安排也是合理的；最后，对各指标类别分配不同的权重可能会导致方法论意义上的主观性和随意性问题，影响评价的信度。

为了验证该评价指标体系可靠性，研究首先使用对各项指标进行相关分析，如表 4-2 所示，所有的指数成分都是高度相关和显著的。

表 4-2　　　　　　　　　　Spearman 秩相关系数

变量	1	2	3	4	5
IA	1.000				
Wt	0.761***	1.000			
Lt	0.616***	0.706***	1.000		
Dt	0.708***	0.755***	0.690***	1.000	
S	0.388***	0.394***	0.359***	0.377***	1.000

注：***表示所有系数在1%概率水平下都是显著的。

本书进一步确定所设计评价体系指标的合理性，知识产权立法保护强度属于国家知识产权保护的一部分，本书将自由贸易协定知识产权规则保护强度的计算结果与国际上较为广泛使用的国家知识产权保护评价方法中的立法评价部分指标得分进行比较。本书选择了：① Ginarte 和 Park 的专利保护指数（2008 年）；②知识产权指数，由世界经济论坛（www.weforum.org）制定；③全球竞争力指数中的 IPR 指标；④国际知识产权保护指数，美国商会制定评价。总体而言，表 4-3 显示自由贸易协定知识产权规则保护强度评价体系结果与其他国际较为广泛使用的方法显著正相关。

表 4-3　所构建评价体系与国际知识产权保护评价方法相关性

国际知识产权保护评价方法	相关性
G-P 指数	0.304***
知识产权指数（WEF）	0.411***

续表

国际知识产权保护评价方法	相关性
全球竞争力指数——IPR	0.378***
国际知识产权保护指数——美国商会	0.479***

注：***所有系数在1%概率水平下都是显著的。

（三）自由贸易协定知识产权国际规则保护强度差异分析

根据所构建的指标和确定的测算方法，本书对亚太区域主要经济体从2000年起生效的共63个双边自由贸易协定知识产权规则保护强度进行了测量。比较各个自由贸易协定中构成体制，由于签署于1994年的多边体制下的TRIPS协定逐渐不能满足发达国家对知识产权强保护的期望，慢慢转向双边场域、复边体制以FTA形式不断形成新标准，63个自由贸易协定中发达国家与发展中国家共同签署的协议达65%，南北合作逐渐成为自由贸易协定主要构成形式，发达国家的强力推动加之发展中国家集体抗衡，南北合作在不断博弈中向前推进。根据FTA知识产权规则保护强度测量结果将63个协定分为三类：第一类，规则水平较高的协定类型。自由贸易协定知识产权规则保护强度得分靠前的7个自由贸易协定均有美国身影，韩国、欧盟、新加坡均在列，它们是全球知识产权强保护模式的关键力量。第二类，保护强度浮动较大的协定类型。例如，中国在签署FTA对象上，以发展中国家为主，缓慢向发达国家推进。作为蓬勃发展的发展中国家，中国在不断加强知识产权保护的实践中获得了一定程度的知识产权利益。第三类，保护强度基础偏弱的协定类型。东盟发展中国家及印度在缔结的自由贸易协定中，不仅没有全面纳入类似CPTPP的知识产权保护和实施高标准，甚至未涉及单独知识产权章节。从其所签自由贸易协定知识产权规则保护强度差距可以窥见，不同国家知识产权发展水平存在较大差距，各方在知识产权领域存在严重分歧，难以快速就具体规则达成基本共识。不同类型指标中自由贸易协定知识产权规则保护强度差异呈现出不同形式。知识产权规则期限宽度、强制性指标呈现两极分化：针对63个自由贸易协定，其知识产权规则期限宽度即权利保护期限大体参照TRIPS标准，平均值为0.61，最接近0.5分，但美国、欧盟、韩国部分自由贸易协定分值显著偏高，形成"峰"状。从强制性指标分值看，超过70%的自由

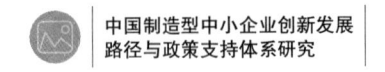

贸易协定分值超过0.75，说明至少在TRIPS协定上具备法律可执行性，但少数自由贸易协定仍缺乏必要的争端解决机制。而国际协定、知识产权规则权利广度、知识产权规则执法立法深度指标则呈现出层次不齐：63个FTA三类指标得分均匀分布于0.5—1分数段中，即所加入的国际协定有多有少，知识产权权利保护范围有多有少，执法立法深度有高有低。

全球自由贸易协定谈判重点领域知识产权议题难以达成一致意见主要原因在于，不同国家知识产权保护认知差异较大导致利益难以平衡、价值取向相悖。在国家主权平等的原则下，多边立法大都采用协商一致的立法模式，但实质上各国并不具有平等的谈判能力。因此，对中国现今发展而言，在全球自由贸易协定知识产权国际规则变革之际，亟须强化对知识产权保护的重视程度，顺应国际知识产权规则发展趋势，找准适合自身定位的发展模式。

三 自由贸易协定知识产权国际规则对出口贸易影响实证分析

（一）模型设定与变量说明

传统贸易引力模型用经济总量、收入水平以及地理边界等特征因素解释各国间的双边贸易，而扩展的引力模型加入了一些非正式和正式制度因素，非正式制度如共同语言、共同宗教，正式制度则包括是否同属一个优惠贸易协定、政府制度质量和合约实施保障等。在研究自由贸易协定对出口贸易影响的文献中，一些学者引入虚拟变量（Baier and Bergstrand，2005；Anderson et al.，2011），基本证实两国签署贸易协定能促进出口贸易。本书在此基础上增加测量知识产权国际规则保护强度的变量。构建基本回归模型如下：

$$\ln EXP_{ijt} = \theta_0 + \theta_1 FTA_{ijt} \times IPR_{ijt} + \theta_2 hc_{it} + \theta_3 hc_{jt} + \theta_4 \ln GDP_{it} + \theta_5 \ln GDP_{jt} + \theta_6 \ln D_{isij} + \lambda_{ij} + \lambda_{it} + \lambda_{jt} + \xi_{ijt} \quad (4-5)$$

其中，下标 i、j、t 分别代表某一自由贸易协定签订国与其贸易伙伴国和年份。FTA_{ijt} 指一个国家 i 对另一个国家 j 在 t 年某一类产品占出口总额的占比。FTA_{ijt} 是虚拟变量，衡量某一国 i 与另一国 j 所签订的包含IP规则的 FTA 在 t 年是否生效，生效后取1，未生效取0。IPR_{ijt} 表示 t 时期 i 国和 j 国的签署生效 FTA 知识产权国际规则保护强度。hc_{it}、hc_{jt} 分别表示 t

时期 i 国和 j 国的人力资本指数。$\ln GDP_{it}$、$\ln GDP_{jt}$ 分别表示 t 时期 i 国和 j 国的 GDP 的对数值。$\ln D_i S_i$ 表示 i，j 两国距离的对数值。λ_{it}、λ_{jt} 分别表示进出口国家双方的时间固定效应，λ_{jt} 和 ξ_{ijt} 分别指代双边固定效应和随机误差项。

（二）样本选择及数据来源

数据选取 2000—2018 年的 63 个 FTA 协议资料，出口贸易数据来自 UN 贸易统计数据库，考虑到数据跨期长，选取了 SITC Rev.3 编码的商品出口贸易数据。国内生产总值数据来自世界银行发展指标数据库。自贸协定知识产权国际规则保护强度由第四章自由贸易协定知识产权规则保护强度评价体系计算而得。

（三）实证分析及结果

本书综合考虑了美国（2012 年美国商务部和专利商标局发布的实证研究报告《知识产权和美国经济：聚焦产业》）、欧盟（2013 年欧洲专利局和欧洲内部市场协调局共同发布的《知识产权密集型产业对欧盟经济及就业的贡献》）、中国知识产权（专利）密集型产业统计分类（2019）等分类标准，将 SITC Rev.3 编码的商品分为知识产权密集型产品和非知识产权密集型产品，并进一步细分为专利密集型产品与商标密集型产品。

1. 自由贸易协定知识产权国际规则保护强度对出口贸易结构的影响

本书将 SITC Rev.3 编码下两位数共 66 种分类商品的出口贸易占比数据全部进行回归分析，回归结果如表 4-4 所示。在仅加入自由贸易协定变量时，发现含有知识产权规则的 FTA 生效协议对产品占总出口贸易额的比重有促进作用。说明含有知识产权规则的 FTA 生效协议可以提升知识产权密集型产品占比，有利于优化出口产品的结构。

表 4-4　　　　FTA 签署生效协议对出口产品占比提升的影响分析

产品分类	FTA	产品分类	FTA	产品分类	FTA
0	−0.0003***	33	−0.0121	68	0.0085
1	−0.0026***	34	0.0503	69	0.0038***
2	0.0095***	35	0.0001	71	−0.0002
3	−0.0075***	41	−0.0003	72	−0.0049***
4	0.0037	42	0.0026**	73	−0.0004

续表

产品分类	FTA	产品分类	FTA	产品分类	FTA
5	0.0071*	43	0.0001**	74	0.0023*
6	0.0112***	51	−0.0022*	75	−0.0153
7	0.0009	52	0.0013**	76	−0.0129***
8	−0.0013	53	−0.0001	77	−0.0043
9	0.0139***	54	0.0007	78	−0.0130**
11	0.0073***	55	0.0029***	79	−0.0045**
12	0.0013***	56	0.0051***	81	−0.0001
21	−0.0014***	57	0.0036***	82	0.0003
22	−0.0003	58	0.0034***	83	0.0005
23	0.0021**	59	0.0017***	84	0.0097***
24	0.0006	61	−0.0007**	85	0.0015
25	−0.0044	62	−0.0001	87	0.0042***
26	−0.0016*	63	0.0023***	88	−0.0010**
27	0.0035***	64	0.0008	89	0.0001
28	−0.0120*	65	−0.0027*	93	0.0018
29	−0.0010	66	0.0001	96	0.0001
32	−0.0223***	67	−0.0002	97	0.0048

注：*、**、***分别表示在10%、5%、1%的水平上显著。

在增加 IPR 变量后，FTA×IPR 系数仍显著为正的分类商品共 15 种，产品类别与 FTA×IPR 系数结果列于表 4-5。产品分类显示属于知识产权密集型产业的有 14 种，将随 FTA 知识产权规则保护强度加大而提升占比，其中系数显著的知识产权密集型分类商品共 8 种。由此可见，FTA 知识产权保护强度越大，知识产权密集型产品占比会有所增加。

表 4-5　FTA 保护强度对出口产品占比提升的影响分析

产品分类	FTA×IPR	产品分类	FTA×PR	产品分类	FTA×IPR
0	−0.0001	33	−0.0038*	68	0.0010
1	−0.0006	34	0.0013	69	0.0008**
2	0.0032***	35	−0.0001	71	0.0002

续表

产品分类	$FTA \times IPR$	产品分类	$FTA \times PR$	产品分类	$FTA \times IPR$
3	−0.0017**	41	−0.0001	72	−0.0013***
4	−0.0017**	42	0.0004	73	−0.0001
5	0.0031***	43	−0.0001	74	0.0004
6	0.0039***	51	0.0001	75	−0.0027**
7	−0.0014***	52	0.0003	76	−0.0038***
8	0.0008	53	−0.0001	77	0.0003
9	0.0034***	54	0.0003	78	−0.0020
11	0.0018**	55	−0.0002	79	−0.0012*
12	0.0002	56	0.0023***	81	−0.0001
21	−0.0003***	57	0.0018***	82	−0.0002
22	0.0001	58	0.0015***	83	−0.0001
23	0.0008***	59	0.0007***	84	0.0010
24	0.0012	61	−0.0002**	85	0.0007
25	−0.0001	62	−0.0003	87	0.0020***
26	−0.0001	63	0.0007***	88	−0.0004**
27	0.0022***	64	−0.0005*	89	0.0011*
28	−0.0093***	65	−0.0008*	93	0.0048***
29	−0.0004**	66	−0.0007**	96	0.0001
32	−0.0054***	67	−0.0001	97	−0.0028**

注：*、**、***分别表示在10%、5%、1%的水平上显著。

2. 自由贸易协定知识产权国际规则对中国出口贸易结构的影响

从近5年中国出口贸易结构看，SITC Rev.3编码下的24类产品占据中国出口产品总额的90%以上（见表4-6），其中24类产品中属于知识产权密集型产品的约有10类，总体上中国知识产权密集型产品占总出口比重渐进提升。中国出口产品优势主要集中在第7机械和运输设备大类（77、76、75），其中办公室机器和自动资料处理仪器、电信和录音及音响设备和仪器、电气机械三类专利密集型产品出口占比较大，超过出口贸易总额30%。中国企业在贸易国，尤其是发达国家的专利申请量不断创出新高，侧面体现出中国创新能力不断增强，知识产权密集型产品的国际竞争力也

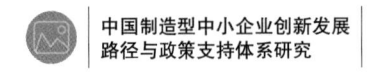

不断上升。

表 4-6　　　　2014—2018 年中国各类出口产品占比数据

2014 年		2015 年		2016 年		2017 年		2018 年	
产品	比重	产品	比重	产品	比重	产品	比重	产品	比重
77	13.282	77	11.964	76	12.870	76	13.233	77	12.693
76	11.445	76	11.795	77	12.683	77	12.607	75	11.525
75	10.131	75	9.634	75	8.488	75	8.299	76	10.509
84	8.032	84	7.967	84	7.679	84	7.541	84	6.957
89	7.042	89	7.447	89	6.462	89	6.399	89	6.362
65	4.825	65	4.767	65	4.792	65	4.987	65	4.842
74	4.253	74	4.359	74	4.446	74	4.770	74	4.758
69	3.546	69	3.667	69	3.920	69	3.721	69	3.792
78	2.932	67	3.085	78	3.016	78	2.992	78	3.256
87	2.708	78	3.052	67	2.808	82	2.647	82	2.577
82	2.693	82	2.559	82	2.667	67	2.637	67	2.463
67	2.476	87	2.512	87	2.567	87	2.537	87	2.449
85	2.298	85	2.401	85	2.354	85	2.250	85	2.129
66	2.137	66	2.127	66	2.334	66	2.062	72	2.030
51	1.649	72	1.723	81	1.905	81	1.729	66	1.896
72	1.645	51	1.667	72	1.651	51	1.714	51	1.880
71	1.531	81	1.606	79	1.625	72	1.711	71	1.607
79	1.527	71	1.561	51	1.605	71	1.707	81	1.579
81	1.363	79	1.348	71	1.572	79	1.359	79	1.288
33	1.267	33	1.210	83	1.249	83	1.197	33	1.279
83	1.260	83	1.169	68	1.022	5	1.127	83	1.184
68	1.026	68	1.086	33	0.987	33	1.038	5	1.120
62	0.991	62	0.955	5	0.966	68	0.992	68	1.030
5	0.990	3	0.891	64	0.865	3	0.953	3	0.902

中国专利 / 商标密集型产品出口占比近 5 年保持稳定，并有小幅提升趋势，中国的出口商品结构不断优化。根据实证结果，中国出口产品中专

利密集型产品占比较高,专利密集型行业的进口企业能够迅速察觉到知识产权保护水平的变化,过高的自由贸易协定知识产权规则保护强度对中国专利密集型产品出口促进不显著,对中国总体出口贸易结构优化不明显。中国与他国签订自由贸易协定,涉及知识产权条款时,更应该注重考虑其内容保护强度,主要注意三个方面:①绿色通行条款。对于TRIPS协议及知识产权国际条约规定内容,可以积极纳入。②渐进放松条款。对于中国正努力培育的专利密集型行业,适当严格保护的条款能够促进产业升级优化,建议选择性纳入。主要体现在办公仪器、电信和录音及音响设备和仪器、电气机械、专用科学设备及控制用仪器等产品。③严格踩线条款。有些条款设定旨在寻求贸易国单方利益,如发达国家有机和无机化学品、医药产品、化工原料与化工产品优势行业产品所涉及的药品、农用化学品测试数据专有权保护等,需要谨慎谈判(王黎萤、高鲜鑫、霍雨桐,2020)。

第三节 制造型中小企业应对国际贸易规则变革的风险防范

一 制造型中小企业应对国际贸易规则变革的知识产权风险分析

(一)制造型中小企业应对知识产权客体范围扩大的风险分析

1. 侵权风险

商标保护方面,TRIPS-plus标准的TPP协定、CPTPP协定以及USMCA协定做出规定,除了视觉可见的物体和物质之外,声音和气味也被列在商标保护的范围内,与文字、图形商标等传统可视性商标不同,声音、气味商标是从听觉、嗅觉的角度帮助消费者对特定商品或服务进行区分。中国制造型中小企业在进行出口贸易时,如果还是单纯只考虑到传统的文字、图形商标,而忽视出口商品中含有的声音、气味可能已在国外被注册保护,将很有可能导致构成侵权行为,由此会陷入知识产权的纠纷中。

专利保护方面,TRIPS-plus标准的TPP协定、USMCA协定做出规定,新方法和新工序也包含在专利保护中。这对中国从事加工制造为主的中小企业来说是一个巨大的隐患，中国的代加工制造型中小企业知识产权意识相对薄弱，对于委托方要求加工的货物，很少考虑所加工货物的知识产权状况就盲目接单，更不用说在加工货物时使用的工序是否侵权，无论制造者主观上是否知道其制造的是专利产品，只要客观上有制造的行为就构成专利侵权，同时在合作协议中也没有对产生知识产权纠纷后的责任承担进行明确约定。如果发生侵权不仅将导致该批货物无法照常出口，而且侵权企业会受到诉讼带来的人力、物力、时间等方面的巨大损失，甚至可能被列入禁止贸易的"黑名单"中，影响企业未来的发展。

2. 管理风险

由于中国制造型中小企业相对缺乏在海外经营发展的基础和经验，国际贸易规则变革使知识产权客体范围不断扩大，在商标保护、专利保护等方面，中小企业对于声音、气味商标以及发明的新方法和新工序专利，往往只注意到在国内不能注册气味商标或申请某些专利，而忽视了在国外可能允许申请该类商标或该类专利。制造型中小企业在海外知识产权管理方面如果缺乏布局的前瞻性和全面性，最终可能发生商标被国外企业恶意抢注、专利被国外企业提前注册保护的情况。中小企业往往规模比较小，核心竞争力主要体现在知识产权方面，因此如果失去该竞争优势，将面临停产、歇业甚至破产倒闭的后果。

（二）制造型中小企业应对知识产权保护期限延长的风险分析

1. 研发风险

目前国际贸易规则对技术专利实施越来越严格的保护措施，专利保护期限不断延长，TRIPS-plus 标准的 TPP 协定、CPTPP 协定以及 USMCA 协定明确规定进一步强化对专利的保护，需要注意的是，这些协定条款中设立了因专利局的延迟而调整保护期限的灵活性条款，专利的保护期限在特定情况下能够调整延长。中国制造型中小企业在出口贸易中处于全球产业链中下端，掌握的核心技术较少，往往需要购买其他公司已有专利。专利保护期限延长将对中小企业顺利进行技术研发产生风险，一方面研发进程可能中断或终止，另一方面研发费用提升会带给企业较大的财务压力。在进行技术研发的过程中，制造型中小企业一方面要加强自身核心技术的开发，另一方面在专利合作时，需要谨防侵犯他人知识产权的可能性，避免发生知识产权纠纷。

2. 经营风险

商标保护方面，TRIPS-plus 标准的 TPP 协定、CPTPP 协定以及 USMCA 协定对商标实施 10 年的保护期限，且尤其加强对驰名商标、域名的保护。对中国的制造型中小企业而言，由于缺乏商标运营的战略，通常在海外经营发展的过程中对商标的布局不够及时或不够全面，如果海外竞争对手提前获得相关商标的保护，对出口企业未来长时间的海外发展将形成限制。

工业设计保护方面，TRIPS-plus 标准的 USMCA 协定已将对工业设计的保护期限提高至目前全球最高标准 15 年，除侵权风险之外，随着工业设计保护期限的延长可能会导致某些产品价格的上涨。对于与国外企业合作授权生产涉及工业设计商品的制造型中小企业而言，通常被要求支付一定的入门费和一定比例的销售提成额，其需要支付的费用会随保护期限延长而增加，给中小企业带来较大的财务压力。

（三）制造型中小企业应对知识产权执法强化的风险分析

1. 处罚力度风险

随着知识经济时代的来临，知识产权地位迅速提升，为保护知识产权，国际上加大了对侵犯知识产权行为的处罚力度，包括民事处罚措施、行政处罚措施和刑事处罚措施等，并且这些处罚措施规定变得越加具体。TRIPS-plus 标准的 TPP 协定、CPTPP 协定以及 USMCA 协定将民事损害赔偿方式规定为法定赔偿和额外赔偿两种形式，并注明额外赔偿包括惩罚性赔偿，处罚金额大幅上涨，且对侵权商品的销毁范围已扩大到侵权的原材料和侵权工具。在刑事处罚措施方面，TRIPS-plus 标准的 TPP 协定、CPTPP 协定以及 USMCA 协定未对"商业规模"进行定量界定，意味着形式措施的启动标准被降低，且刑罚措施更为具体和强化。在中国，制造型中小企业大多以贴牌加工为主，如果在接受订单后并未就相关品牌权利进行调查核实，造成知识产权侵权行为，即使并非主观侵犯，侵权货物也将遭到被退运甚至被销毁的下场，同时损害赔偿金额可以增至因被侵权造成损失的 3 倍。

2. 过境审查风险

目前国际上在过境审查环节强化对知识产权的执法。基于中国知识产权执法有待加强的现状，中国制造型中小企业知识产权保护意识较弱，在过境环节没有引起足够的保护意识。以前，企业出口的货物在过境环节是不受此过境国家知识产权保护的，也就是说即使该出口的货物有可能侵犯此过境国家的知识产权，该国海关也无权利扣押该货物。然而如今，TRIPS-plus 标准的 TPP 协定、CPTPP 协定明确规定在进口、出口和过境三个环节对货物进行审查，USMCA 协定将更是边境措施扩展到进口、出口、过境以及进入或离开自由贸易区这四个环节，在这些环节中海关执法权力扩张，能够直接扣押疑似侵权的出口货物，且货物侵权的标准降低，导致货物侵权可能性增大。因此，对于以加工贸易为主的中国制造型中小企业，如不重视对不同区域、国家的贸易规则研究，货物将很有可能在过境审查环节造成知识产权侵权，出口货物被直接扣押，导致企业无法正常销售该批货物获取利润，过境审查规则的严格和海关执法的强化客观上加大了制造型中小企业出口面临的知识产权风险。

二 制造型中小企业应对国际贸易规则变革的知识产权风险防范策略

（一）重视国际贸易知识产权规则，积极参与国际标准制定

对中国制造型中小企业而言，国际贸易知识产权规则带来的机遇包括能够保证依赖于知识产权保护的国外商品和服务顺利进入本国市场，有利于高技术制造设备和产品的进口，获得来自贸易伙伴国的技术转移，进一步提升整个产业供应链的竞争力；另外，如能更好地了解贸易目的国与国际贸易知识产权规则中关于制度环境、法律法规等关键信息，化被动为主动，制造型中小企业在出口贸易竞争过程中能够更快占据有利位置，获得长远发展。因此，在国际贸易知识产权规则标准高、覆盖面广等特征下，外向型企业亟须重视加强对国际贸易规则的研究，紧密关注规则变革趋势，不仅包括国际上多边、区域和双边条约中对知识产权规则的说明，也包括各个贸易国自身所订立的知识产权法律法规及其国内实践。同时，新一轮科技革命和产业变革正在全球范围内孕育兴起，制造业重新成为全球经济竞争的制高点，即使是中小企业也应尝试积极参与国际标准的制定，积极参与竞争，争取发出自己的声音，有效规避贸易壁垒。

（二）提高出口产品的自主知识产权比重，加强数字化转型

对于大部分海外经营的企业而言，知识产权风险存在的重要原因在于出口产品的自主知识产权比重不高。因此，制造型中小企业应将发展的重心放在提升自身创新能力上，更多地采用自主知识产权生产商品，在客观上减少侵犯海外知识产权的概率。在拥有自主知识产权的情况下，能够有效化被动为主动，在被控侵权时会拥有较强的反制能力。事实上，如海尔、华为、中兴等企业之所以能在"走出去"战略中取得成功，是因为其在经营活动中坚持不断创新的同时申请了许多自主知识产权。制造型中小企业在决定进军海外市场时，应提前在目标市场所在国家尽可能多地申请专利和注册商标。同时，在全球知识产权强保护趋势下，随着数字经济的快速发展，中国制造型中小企业应尽快实现数字化转型，加速智能化发展，迫使原以加工贸易为主的低端制造产业向以自由核心技术为主的高端制造产业转型升级，进一步提升生产效率（王黎萤、杨妍、张迪，2019）。

（三）积极组建海外知识产权联盟，共同应对海外风险

由于中小企业普遍对海外知识产权法律制度了解不深、缺乏处理海外知识产权纠纷的经验，且由于诉讼费用高昂等原因，中国制造型中小企业在海外经营中处于劣势地位。国际上不断提升对知识产权的保护，海外知识产权联盟的建立有利于提高制造型中小企业应对知识产权诉讼和保护自身知识产权的能力，给予中小企业处理海外知识产权纠纷的信心，减少遭受海外知识产权侵权时不知所措或被诉侵犯知识产权时采取消极逃避的现象，同时减少中小企业即使赢得官司也因消耗过大而拖垮企业的局面。企业海外知识产权联盟可以是同行业的中小企业共同联合，也可以是同地区的中小企业共同联合，联盟既可以只在企业间形成，也可以由企业、行业组织、中介服务机构等各种性质的主体共同联合。知识产权联盟的建立，将在技术创新、专利创造与标准研制方面发挥企业的整体优势，助力外向型企业向高端化和国际化方向发展（王黎萤、张迪、王雁、杨妍，2019）。

（四）健全海外知识产权风险战略，成立专门知识产权管理机构

企业加强海外知识产权信息分析应成为知识产权风险防范的日常工作。主要内容有四点：第一，收集和分析海外本行业知识产权情况以及海外主要竞争对手的知识产权状况，研究其与本企业产品知识产权方面的相关性，是否容易引起侵权诉讼等问题；第二，调查海外主要竞争者在知识产权管理方面的行为措施，主要分析其知识产权管理水平，知识产权联盟等情况，确保在本企业进入该市场时不会引起其恶意阻碍；第三，收集与分析海外知识产权制度规则，并在此基础上熟悉当地的知识产权法律

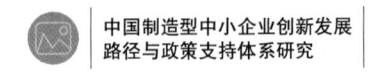

制度，以防范可能发生的知识产权风险；第四，关注海外知识产权执法情况，比如海外目标市场的行政执法机构、执法力度、司法保护力度、司法裁判标准和诉讼成本等情况。企业应成立专门的知识产权事务管理机构或人员，在定期维护各类型知识产权的基础上，了解跟进国际上知识产权的动态、及时更新企业应对策略及方案。

第五章 制造型中小企业创新发展的政策支持体系

中国正处于高质量发展的关键机遇期，制造型中小企业的创新发展是实现高质量发展必备的动力基础。推动制造业高质量发展，关键是培育制造业的技术创新能力，而技术创新能力的提高离不开完善合理的相关政策的支撑。当前，制造型中小企业创新发展面临着政策体系不够完善、共性技术支撑不足、融通创新系统待培育、业态集聚市场待优化等问题，亟须加强制造型中小企业创新发展政策的顶层设计，促进制造型中小企业转型升级和高质量发展。

第一节 制造型中小企业创新发展政策支持体系溯源及演进

中小企业政策支持体系的制定主要是为了通过政策倾斜来增加中小企业的市场竞争力，使中小企业更好地生存和发展。制造型中小企业创新发展政策的驱动力主要是实现制造型中小企业转型升级目标和解决制造型中小企业的市场困境，制造型中小企业转型升级目标是制造强国战略目标和"1+X"规划体系的产业发展依据（王黎萤等，2019）。

一 制造型中小企业创新发展政策支持体系内涵及分类

（一）制造型中小企业创新发展政策支持体系内涵

制造型中小企业创新发展政策支持体系从各个维度上来看，包括政策工具本身的经济属性是经济性政策还是非经济性政策杠杆；无论是针对特定企业、特定产品和特定技术的纵向的、选择性的产业政策，还是企业、产品和技术中性的、横向的、功能性的产业政策；政策重心是侧重技术创新还是结合了商业模式创新、管理创新、集群创新、人才机制创新、政产学研用社结合创新等综合政策体系；政策指向是单向的政策制定与实施机制，还是双向的政策绩效评估反馈与动态调整机制。政策工具中的经济性政策杠杆包括财政、税收、金融等政策工具；非经济性政策包括法规、技术标准、行政指导、业绩考核、文化教育、职业培训等政策工具。政策主要载体是产业联盟或创新平台。政策两大路径是做大增量和做优存量。不同层级产业政策的协调性主要分为宏观政策、中观政策和微观政策等。

（二）制造型中小企业创新发展政策支持体系分类

制造型中小企业创新发展政策支持体系有别于一般中小企业政策体系框架，其中科技中介政策与产业创新政策方面的创新具有明显的产业特色，需做一定的内涵区分。结合制造型中小企业创新发展政策支持体系的内涵，可以在中小企业政策支持体系分类的基础上把制造型中小企业创新发展政策支持体系分为法律保障政策、组织支撑政策、科技中介政策、财税优惠扶持政策、融资扶持政策、产业扶持政策、创新扶持政策（包括国际化政策）和人才扶持政策8大类。具体如下：

1. 法律保障政策

制造型中小企业创新发展法律保障体系与中小企业法律保障支持体系的整体框架并无二异，是以《中国中小企业促进法》为核心，其他制造型中小企业相关法律制度相结合的法律保障政策体系。从两个方面为制造型中小企业提供保障支持，一是保证制造型中小企业公平竞争的基本法律支持，包括制造型中小企业的市场准入制度、市场竞争制度等，通过这些法律制度的建立，能为中小企业创造一个公平的营商环境；二是促进制造型中小企业进一步发展的法律建设，包括中小企业的技术促进法、税收鼓励法、信用担保法、融资支持法和政府辅导法等，通过完善这些法律建设，从多角度来鼓励制造型中小企业实现进一步的发展壮大。

2. 组织支撑政策

制造型中小企业组织支撑体系包括中央政府制定的有关中小企业发展的政策文件和设立负责中小企业发展的政策机构等在内的中小企业行政管理体系，制造型中小企业与整体中小企业归属的政策机构一致。《中国中小企业促进法》规定国务院建立中小企业促进工作协调机制，统筹全国中小企业促进工作。国务院负责中小企业促进工作综合管理部门组织实施促进中小企业发展政策，对中小企业促进工作进行宏观指导、综合协调和监督检查。县级以上地方各级人民政府根据实际情况建立中小企业促进工作协调机制，明确相应负责中小企业促进工作综合管理部门，负责本行政区域内中小企业促进工作。

3. 科技中介政策

大力发展科技中介机构，加速先进制造科研成果的孵化和市场推广。科技中介服务是制造型中小企业将自有科研成果加速推向市场并尽快商业化的必要渠道。《中国中小企业促进法》规定国家鼓励各类创新服务机构为中小企业提供技术信息、研发设计与应用、质量标准、实验试验、检验检测、技术转让、技术培训等服务，促进科技成果转化，推动企业技术、产品升级。

4. 产业扶持政策

产业扶持政策有以下几个方面：①产业集聚发展政策。为提升产业集群竞争优势，着力增强技术创新能力，着力加快产业配套功能建设，强化要素资源保障，加快推动经济开发区提质转型创新发展，国家基于此类产业发展的需求制定系列产业集聚发展政策。全国各省市因地制宜，根据各自的产业优势和经济发展阶段制定能促进制造型中小企业创新发展的系列举措。②产学研合作政策。高校和科研院所集聚了大批创新科研人才，而制造型中小企业缺乏系列创新人才的配套，且投入成本和风险较大，因此国家出台有关产学研合作的政策可以更好地发挥各方优势，服务制造型中小企业成长。《中国中小企业促进法》规定国家鼓励中小企业参与产业关键共性技术研究开发和利用财政资金设立的科研项目实施。国家支持中小企业及中小企业的有关行业组织参与标准的制定。③政府转移支付政策。政府转移支付是公共部门无偿地将一部分资金的所有权转让给他人所形成的支出。制造型中小企业自身资金链相对脆弱，一旦研发投入过大，存在极大的沉没风险。因而政府出台系列倾斜政策扶持制造型中小企业创新发展。《中国中小企业促进法》规定国家采取措施支持社会资金参与投资中小企业。创业投资企业和个人投资者投资初创期科技创新企业的，按照国家规定享受税收优惠。④社会服务支撑政策。制造型中小企业用工成本有限，一般人员配置上不够完善。国家及各类政府单位针对这一问题提供面向全体中小企业的社会服务体系,更好地满足制造型中小企业的运营需求,降低其营运成本。《中国中小企业促进法》规定国家建立健全社会化的中小企业公共服务体系,为中小企业提供服务。县级以上地方各级人民政府应根据实际需要建立和完善中小企业公共服务机构,为中小企业提供公益性服务。通过政府网站、宣传资料等形式,为创业人员免费提供工商、财税、金融、环境保护、安全生产、劳动用工、社会保障等方面的法律政策咨询和公共信息服务。

5. 创新扶持政策

创新扶持政策有以下几个方面:①研发支持政策。制造型中小企业普遍存在研发投入风险过高导致的自主研发动力不足问题。研发支持政策致力于减轻制造型中小企业研发投入负担,更好地扶持其转型升级。《中国中小企业促进法》规定国家鼓励中小企业按照市场需求,推进技术、产品、管理模式、商业模式等方面创新。中小企业的固定资产由于技术进步等原因,确需加速折旧的,可以依法缩短折旧年限或者采取加速折旧方法。国家完善中小企业研究开发费用加计扣除政策,支持中小企业技术创新。②飞地创新政策。三、四线城市制造型中小企业对创新人才的需求很大,但大多数人才更倾向于在一、二线城市生存,造成三、四线城市制造型中小企业很大的人才缺口和能力浪费。飞地创新政策致力于给需要人才为其服务的制造型中小企业提供人才的创新能力,在一、二线城市设置办公点。人力资源实现在一、二线城市生活,同时为三、四线城市的制造型中小企业提供创新服务。③知识产权保护政策。制造型中小企业的知识产权保护工作尤为重要。中小企业自身市场影响力有限,企业拥有的知识产权数量普遍较少、质量较低,制定知识产权保护政策意味着保护制造型中小企业群体的核心竞争力,使其加大投入研发成本以获得科研成果,并且不易造成侵权窃取的风险。④创新失败救济政策。中小企业创新失败风险较大,会导致大多制造型中小企业不愿意进行创新活动。政府推出创新失败救济政策目的是为鼓励制造型中小企业积极开展自我革新,因为市场需求在迭代,需要社会不断创新才能不被市场淘汰,系列失败救济政策打消了中小企业进行创新的后顾之忧。⑤破产退出便利化政策。通过设立破产援助资金、破解破产税务难题、推动简易注销便利化等措施,不断全面优化营商环境,解决长期困扰破产审判的企业注销、信用修复、税收减免等痛点难点，积极开展个人破产制度试点工作，大力推进破产案件简易审理，实现无产可破等适用简易程序审理的破产案件一般在 6 个月内办结。系列措施为制造型中小企业开展创新活动提供后盾保障，打消企业法人因破产而无法再参与创新活动的后顾之忧。⑥企业技术孵化政策。鼓励制造型中小企业参与技术孵化过程，不断进行自我革新，有利于其更好地与市场趋势接轨。《中国中小企业促进法》规定国家支持中小企业在研发设计、生产制造、运营管理等环节应用互联网、云计算、大数据、人工智能等现代化技术手段，创新生产方式，提高生产经营效率。⑦创新国际化政策。国际化是大势所趋，创新国际化政策可以为有国际愿景的制造型中小企业提供国际战略、知识产权、法律等方面的援助，增强其国际化的信心。《中国中小企业促进法》规定县级以上人民政府有关部门应当为中小企业提供用汇、人员出入境等方面的便利，支持中小企业到境外投资，开拓国际市场。

6. 融资扶持政策

政府的资助不仅起到对中小企业激励的作用，而且还能引导民间风险资本增加投入。例如 2019 年科创板的成立，本质上鼓励中小企业进行科研创新投入，更好地为其融资并产生超额利润。《中国中小企业促进法》规定国家鼓励各类金融机构开发和提供适合中小企业特点的金融产品和服务。国家政策性金融机构应当在其业务经营范围内，采取多种形式，为中小企业提供金融服务，尤其适用于实体经济范畴内的制造型中小企业。

7. 财税优惠扶持政策

政府运用财税等宏观调控杠杆和推行特别折旧制度，加快制造型中小企业产品的新陈代谢，鼓励新技术和设备在国内生产中的应用和国际市场的推广。《中国中小企业促进法》规定国家设立中小企业发展基金，国家中小企业发展基金应当遵循政策性导向和市场化运作原则，主要用于引导和带动社会资金支持初创期中小企业，促进创业创新。县级以上地方各级人民政府可以设立中小企业发展基金；另外，国家实行有利于小微型企业发展的税收政策，对符合条件的小微型企业按照规定实行缓征、减征、免征企业所得税、增值税等措施，简化税收征管程序，减轻小微型企业税收负担。

8. 人才扶持政策

相比于大企业和信息化产业，制造型中小企业对人才的吸引力有限，很难在人才市场上与其争夺有能力的人才,而制造行业的数字化、智能化发展亟须创新人才的参与。《中国中小企业促进法》规定县级以上人民政府有关部门积极拓宽渠道,采取补贴、培训等措施,引导高等学校毕业生到中小企业就业,帮助中小企业引进创新人才。国家鼓励科研机构、高等学校和大型企业等创造条件向中小企业开放试验设施,开展技术研发与合作,帮助中小企业开发新产品,培养专业人才。国家鼓励科研机构、高等学校支持本单位的科技人员以兼职、挂职、参与项目合作等形式到中小企业从事产学研合作和科技成果转化活动,并按照国家有关规定取得相应报酬(高婧雯,2019)。

二 制造型中小企业创新发展政策支持体系演进

自20世纪70年代末中国实行改革开放政策后,特别是90年代以来,中国政府先后制定了一系列加速发展中小企业的政策,包括为中小企业营造公平竞争环境的政策、金融支持政策、土地优惠使用和转让政策、科技人才引进及激励政策、出口和对外投资政策、知识产权保护政策等,完善中小企业创新发展政策支持体系,使中国制造型中小企业创新发展从政策支持轨道逐步纳入法制轨道。

1. 法律保障方面

2002年6月通过、2003年1月开始实施的《中华人民共和国中小企业促进法》,从法律法规制度层面确认对中小企业的扶持政策方向,该法的实施起到促进中小企业发展、促进市场竞争机制逐步完善、促进产业结构进一步调整、安排更多劳动力就业等作用。

2. 创新扶持方面

自20世纪80年代以来,中国政府制定了两项计划类政策措施,包括"星火计划"和"火炬计划",旨在通过扩散先进技术、提供先进的技术装备、培训人员等方式促进乡镇企业的技术创新,促进科技成果向农村转化、应用;旨在促进高新技术产品的开发及商品化、产业化,两项计划加速了大批科研成果向现实生产力转化,在先进制造、新能源、新材料等制造领域产生一批具有国内外领先水平和自主知识产权的创新成果,形成了高新技术产业化发展的体系、机制和环境,培育了浓厚的创新创业氛围,产业界创新创业的积极性被极大地调动起来。

3.融资扶持方面

中国中小企业技术创新基金成立于1999年，该基金是用于促进中小企业技术创新活动的专项基金，首期经费总额达10亿元人民币，根据中小企业和项目的不同特点，创新基金分别以贷款贴息、无偿资助和资本金（股本金）投入等不同方式支持中小企业的技术创新活动。此外，2004年5月中国在深圳推出中小企业板，中小板的推出为中小企业提供了另一条融资途径，从而有利于中小企业更好更易融资。2011年12月，工信部和交通银行签署战略合作协议，以进一步加大对中小企业信贷支持力度和综合金融服务；工信部还与国家开发银行股份有限公司签署了"十二五"战略合作协议，将共同扶持拥有自主创新能力的中小企业，支持企业技术改造。

4.财税扶持方面

自2009年起，小规模纳税人增值税征收率降低，征收税统一为3%；核定征收企业应税所得率幅度标准降低，其中制造业由7%—20%调整为5%—15%。另外，1999年6月，国家经委发布了《关于建立中小企业信用担保体系试点的指导意见》，建立面向中小企业的信用担保体系，此项措施可以缓解中小企业创新资金短缺的矛盾；2012年，继续发挥中小企业信用担保专项资金和税收政策的作用，完善中小企业信用担保体系，推进有条件的地方设立完善中小企业信用再担保机构。

5.公共服务方面

国家工信部为了促进中小企业创业创新，为广大中小企业提供科技、信息、人才、培训、知识产权、投融资、品牌与市场等服务，于2010年出台了《关于促进中小企业公共服务平台建设的指导意见》，全国各地纷纷建设为中小企业服务的公共服务平台。

第二节　中国制造型中小企业创新发展政策支持体系研究

完善中小企业发展政策支持体系，激发中小企业创新活力，对于国民经济发展具有重要的意义。党的十九届四中全会对完善中小企业政策提出了迫切要求，经济高质量发展亟须完善中小企业创新发展政策体系，发展先进制造业亟须制造型中小企业创新发展政策体系支撑，开放发展战略对中小企业创新发展政策体系提出新要求，后疫情时代对完善中小企业创新发展政策体系提出新需求。为贯彻落实党中央发展理念和制度决定，当前需要把促进制造型中小企业发展上升到国家战略层面，加强顶层设计，加强制造型中小企业创新发展支持政策和破除企业发展体制机制障碍两者的对接，促进制造型中小企业创新发展。

一　中国制造型中小企业创新发展的政策支持体系框架

中华人民共和国成立60多年来尤其是改革开放以来，中国已经建立了相对完善的、具有国际竞争力的现代制造业体系，在世界制造业格局中占有举足轻重的地位。制造业规模跃升世界第一，制成品出口全球居首，创新型制造型中小企业不断涌现，而2020年年初对新冠肺炎疫情的有效应对也从各个方面向世界展示了中国制造的实力。总结中国制造业的成功经验，主要体现在坚持改革开放战略，保持稳定社会经济环境，建立完善公共基础设施，发挥地方政府积极性，高度重视创新和科技进步等方面。自20世纪90年代以来，中国先后制定了一系列加速发展制造型中小企业的政策，包括营商环境政策、金融支持政策、土地优惠使用和转让政策、科技人才引进及激励政策、出口和对外投资政策、知识产权保护政策等，使中国制造型中小企业发展从政策支持轨道逐步纳入法制轨道。对中国近7年（2014—2020年）发布的支持制造型中小企业创新发展的政策文本进行梳理，内容归纳为组织支撑政策、产业创新政策、财税金融政策、科技中介政策、人才政策以及其他专项政策6个方面，如图5-1所示。

中小企业政策文本即由全国人大、中共中央、国务院以及各部委等政策发布主体为改善中小企业经营环境，促进中小企业健康发展而单独或联合颁布的法律、意见、办法、通知等体现中央政府指向性的文件。政策文本的收集途径主要是：①在国家发展改革委员会、财政部、税务总局、科技部、工信部等官网中的"政务信息"板块收集与中小企业密切相关的政策法规文件；②借助制造型中小企业技术创新基金中心官网、中小企业信息网以及地方中小企业信息网上的政策汇编专栏，直接选取扶持中小企业发展的法律法规；③以"中小企业政策"为关键词搜索相关书籍及学术论文，间接获取扶持中小企业发展的政策条款。

第五章 制造型中小企业创新发展的政策支持体系

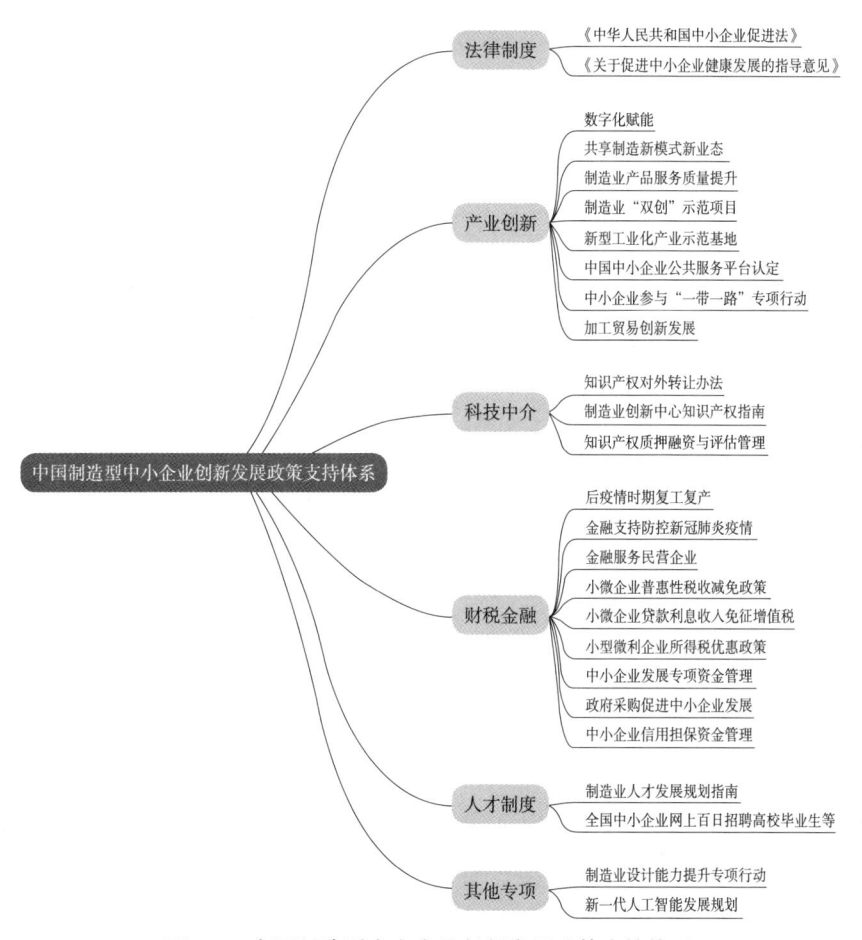

```
                            ┌─ 法律制度 ─┬─《中华人民共和国中小企业促进法》
                            │           └─《关于促进中小企业健康发展的指导意见》
                            │
                            │           ┌─ 数字化赋能
                            │           ├─ 共享制造新模式新业态
                            │           ├─ 制造业产品服务质量提升
                            ├─ 产业创新 ┼─ 制造业"双创"示范项目
                            │           ├─ 新型工业化产业示范基地
                            │           ├─ 中国中小企业公共服务平台认定
                            │           ├─ 中小企业参与"一带一路"专项行动
                            │           └─ 加工贸易创新发展
                            │
                            │           ┌─ 知识产权对外转让办法
中国制造型中小企业创新发展 ──┼─ 科技中介 ┼─ 制造业创新中心知识产权指南
政策支持体系                 │           └─ 知识产权质押融资与评估管理
                            │
                            │           ┌─ 后疫情时期复工复产
                            │           ├─ 金融支持防控新冠肺炎疫情
                            │           ├─ 金融服务民营企业
                            │           ├─ 小微企业普惠性税收减免政策
                            ├─ 财税金融 ┼─ 小微企业贷款利息收入免征增值税
                            │           ├─ 小型微利企业所得税优惠政策
                            │           ├─ 中小企业发展专项资金管理
                            │           ├─ 政府采购促进中小企业发展
                            │           └─ 中小企业信用担保资金管理
                            │
                            │           ┌─ 制造业人才发展规划指南
                            ├─ 人才制度 ┴─ 全国中小企业网上百日招聘高校毕业生等
                            │
                            │           ┌─ 制造业设计能力提升专项行动
                            └─ 其他专项 ┴─ 新一代人工智能发展规划
```

图5–1 中国制造型中小企业创新发展政策支持体系

二 国家层面支持制造型中小企业创新发展政策举措

随着时间的推移，中国对制造型中小企业扶持政策的文本数量整体呈上升趋势。改革开放初期，出台的政策主要是针对国有小型企业，1998年后开始针对所有中小企业加大扶持力度。统计结果显示，2005年是中小企业政策数量的转折点。在此之前相关政策的年出台数量均未突破个位，且变化幅度波动不大。2005年后，中小企业扶持政策文本数量开始快速增加。另外，中国对于制造型中小企业的政策分布存在两大特征：首先，政策出台的数量分布具有明显的阶段性。其次，政策的出台的内容越来越具有系统性。从政策内容来看，融资、财税类政策发布最多。再次是产业、创新类政策。最后是法律、科技成果转移类政策，组织、人才政策相对较少。从制造型中小企业政策体系的演化看，首先，在组织支撑体系上承认了中小企业的重要性。1998年年底，随着政府机构改革的顺利推进，国家经贸委宏观上指导中小企业发展的职能得到进一步明确，并成立专门负责制定和指导落实中小企业改革与发展政策的中小企业司，中小企业得到前所未有的重视。其次，国务院把中小企业发展纳入国民经济发展规划。1995年9月，十四届五中全会通过的《关于制定国民经济和社会发展"九五"计划和2010年远景目标的建议》提出了"抓大放小"，为统一中小企业政策奠定了基础。九届人大二次会议通过的《1998年国民经济和社会计划发展执行情况与1999年国民经济和社会发展计划草案报告》在涉及1999年国民经济和社会发展的主要任务时，提出了"必须加强对中小企业的扶持力度"；在《政府工作报告》中也提出了"支持制造型中小企业的发展"。为了加大对中小企业的扶持力度，2000年8月国务院办公厅转发了国家经贸委《关于鼓励和促进中小企业发展的若干政策意见》，分别从推进结构调整、鼓励技术创新、加大财税政策扶持力度、积极拓宽融资渠道、加快建立信用担保体系、健全社会化服务体系、创造公平竞争的外部环境、加强组织领导八个方面，提出了25条政策措施。作为中国第一个促进中小企业发展的综合性政策文件，《关于鼓励和促进中小企业发展的若干政策意见》的出台，加快了中国中小企业立法的进程，进一步促进中国统一的中小企业政策体系的建立。

近十年来，有关制造型中小企业的政策出台数量越来越多，并且越来越细化（见表5-1）。法律支撑层面，国家各部委在2017年重新修订出台了《中华人民共和国中小企业促进法》，为历史新阶段中国中小企业的创新发展提供指导建议和顶层设计。组织支撑层面，2019年出台了《关于促进中小企业健康发展的指导意见》，认真实施中小企业促进法，纾解中小企业的困难，稳定和增强企业的信心及预期，加大创新的支持力度，提升中小企业专业化发展能力和大中小企业融通发展水平。产业创新方面，各部委从数字化赋能、公共服务平台打造、产品服务质量提升、新模式新业态的高质量发展、"中国制造2025"国家示范区、制造业"双创"平台培育、"一带一路"建设等维度进行专项政策的出台落地，以期完善制造型中小企业产业生态和服务能力。财税金融层面，国家出台了一系列减税降赋的优惠措施，尤其是2020年年初新冠肺炎疫情暴发后，国家紧急出台一系列补助措施帮助中小企业共渡难关。同时，为了发挥政府采购的政策功能，促进符合国家经济和社会发展政策目标，产品、服务、信誉较好的中小企业发展，制定出台了《政府采购促进中小企业发展暂行办法》。此外，阶段性出台了《关于加强金融服务民营企业的若干意见》《中小企业发展专项资金管理暂行办法》《中小企业信用担保资金管理办法》等一系列资金管理办法，确保中小企业创新发展扶持工作有序进行。科技成果转化层面，国家出台了《加强知识产权质押融资与评估管理支持中小企业发展》《制造业创新中心知识产权指南》等政策，有序帮助中小企业做好知识产权创造、运营和保护工作。

表5-1　　　　　国家层面支持制造型中小企业创新发展政策举措

分类	时间	名称	扶持政策要点
组织支撑政策	2017.09	《中华人民共和国中小企业促进法》	为了改善中小企业经营环境，保障中小企业公平参与市场竞争，维护中小企业合法权益，支持中小企业创业创新，促进中小企业健康发展，扩大城乡就业，发挥中小企业在国民经济和社会发展中的重要作用，制定本法
组织支撑政策	2019.04	《关于促进中小企业健康发展的指导意见》	提出以供给侧结构性改革为主线，以提高发展质量和效益为中心，按照竞争中性原则，打造公平便捷营商环境，进一步激发中小企业活力和发展动力。认真实施中小企业促进法，纾解中小企业困难，稳定和增强企业信心及预期，加大创新支持力度，提升中小企业专业化发展能力和大中小企业融通发展水平
组织支撑政策	2019.10	《关于加快培育共享制造新模式新业态促进制造业高质量发展的指导意见》	发展共享制造，优化资源配置，提高生产资源的利用效率，减少闲置产能，扩大有效供给；提高产业组织柔性和灵活性，推动大中小企业融通发展，促进产品制造向服务延伸，提升产业链水平，加快迈向全球价值链中高端；降低中小企业生产与交易成本，促进中小企业专业化、标准化和品质化发展，提升企业竞争力
组织支撑政策	2020.03	《中小企业数字化赋能专项行动方案》	针对中小企业典型应用场景，鼓励创新工业互联网、5G、人工智能和工业APP融合应用模式与技术，引导有基础、有条件的中小企业加快制造装备联网、关键工序数控化等数字化改造，应用低成本、模块化、易使用、易维护的先进智能装备和系统，优化工艺流程与装备技术，建设智能生产线、智能车间和智能工厂，实现精益生产、敏捷制造、精细管理和智能决策
产业创新政策	2016.01	《国务院关于促进加工贸易创新发展的若干意见》	延长产业链，提升加工贸易在全球价值链中的地位；发挥沿海地区示范带动作用，促进转型升级提质增效；支持内陆沿边地区承接产业梯度转移，推动区域协调发展；引导企业有序开展国际产能合作，统筹国际国内两个市场两种资源；改革创新管理体制，增强发展动力；完善政策措施，优化发展环境

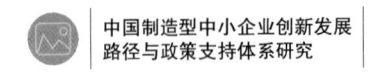

续表

分类	时间	名称	扶持政策要点
产业创新政策	2017.07	《关于印发〈国家中小企业公共服务示范平台认定管理办法〉的通知》	为贯彻落实国务院促进中小企业发展的政策措施,推动中小企业公共服务平台建设,支持中小企业健康发展,制定《国家中小企业公共服务示范平台认定管理办法》
	2017.07	《关于开展支持中小企业参与"一带一路"建设专项行动通知》	贯彻落实党中央、国务院支持中小企业发展的决策部署,以"一带一路"建设为统领,完善双边和多边合作机制,发挥中小企业在"一带一路"建设中的重要作用,深化中国中小企业与沿线各国在贸易投资、科技创新、产能合作、基础设施建设等领域的交流与合作,构建和完善支持中小企业国际化发展的服务体系
	2017.08	《制造业"双创"平台培育三年行动计划》	围绕激发制造企业创新活力、发展潜力和转型动力,坚持示范引领,强化产业支撑,打造基于互联网的制造业"双创"平台,依托"双创"平台推动要素汇聚、能力开放、模式创新和区域合作,构建资源富集、开放共享、创新活跃、高效协同的"双创"新生态,形成《中国制造2025》+《互联网》+"双创"互促共进的新格局
	2017.11	《关于创建〈中国制造2025〉国家级示范区的通知》	为加快实施《中国制造2025》,鼓励和支持地方探索实体经济尤其是制造业转型升级的新路径、新模式,国务院开展《中国制造2025》国家级示范区(以下简称示范区)创建工作
	2018.02	《关于公布第八批国家新型工业化产业示范基地名单的通知》	按照新型工业化发展新内涵和新要求,做好示范基地工作方案和产业发展规划实施等工作,实现规范发展和提质增效,加快产业集聚向产业集群转型升级
	2018.06	《关于组织开展2018年制造业"双创"平台试点示范项目申报工作的通知》	2018年试点示范项目遴选包括4个领域9个方向,每个申报主体限申报1个项目,每个申报项目的申报方向不超过3个。围绕"双创""平台+要素汇聚+能力开放+模式创新+区域合作"4个领域,培育一批基于互联网的制造业新模式新业态,提升制造业重点行业骨干企业互联网"双创"平台普及率
	2019.09	《关于促进制造业产品和服务质量提升的实施意见》	提出全面加强质量基础能力建设,发挥各类公共服务平台作用,加大面向中小企业的质量和品牌服务供给。发挥国家、省级制造业创新中心作用,支持专业机构加强质量控制和技术评价能力建设,加快发展研发设计、工业设计、知识产权、标准验证、质量诊断、检测认证等生产性服务业
财税金融政策	2014.04	《中小企业发展专项资金管理暂行办法》	为了规范中小企业发展专项资金的管理和使用,提高资金使用效益,满足《中华人民共和国预算法》《中华人民共和国中小企业促进法》等规定
	2017.06	《关于贯彻落实扩大小型微利企业所得税优惠政策范围有关征管问题的公告》	自2017年1月1日至2019年12月31日,符合条件的小型微利企业,无论采取查账征收方式还是核定征收方式,其年应纳税所得额低于50万元(含50万元,下同)的,均可以享受财税〔2017〕43号文件规定的其所得减按50%计入应纳税所得额,按20%的税率缴纳企业所得税的政策

续表

分类	时间	名称	扶持政策要点
财税金融政策	2017.10	《关于支持小微企业融资有关税收政策的通知》	自2017年12月1日至2019年12月31日，对金融机构向农户、小型企业、微型企业及个体工商户发放小额贷款取得的利息收入，免征增值税。自2018年1月1日至2020年12月31日，对金融机构与小型企业、微型企业签订的借款合同免征印花税
	2018.03	《关于集成电路生产企业有关企业所得税政策问题的通知》	2018年1月1日后投资新设的集成电路线宽小于130纳米，且经营期在10年以上的集成电路生产企业或项目，第一年至第二年免征企业所得税，第三年至第五年按照25%的法定税率减半征收企业所得税，并享受至期满为止；2018年1月1日后投资新设的集成电路线宽小于65纳米或投资额超过150亿元，且经营期在15年以上的集成电路生产企业或项目，第一年至第五年免征企业所得税，第六年至第十年按照25%的法定税率减半征收企业所得税，并享受至期满为止
	2018.03	《关于开展创新企业境内发行股票或存托凭证试点若干意见的通知》	牢固树立和贯彻新发展理念，深化资本市场改革、扩大开放，支持创新企业在境内资本市场发行证券上市，助力中国高新技术产业和战略性新兴产业发展提升，推动经济发展质量变革、效率变革、动力变革
	2018.09	《关于金融机构小微企业贷款利息收入免征增值税政策的通知》	一、对金融机构向小型企业、微型企业和个体工商户发放的，利率水平不高于人民银行同期贷款基准利率150%（含本数）的单笔小额贷款取得的利息收入，免征增值税；高于人民银行同期贷款基准利率150%的单笔小额贷款取得的利息收入，按照现行政策规定缴纳增值税。二、对金融机构向小型企业、微型企业和个体工商户发放单笔小额贷款取得的利息收入中，不高于该笔贷款按照人民银行同期贷款基准利率150%（含本数）计算的利息收入部分，免征增值税；超过部分按现行政策规定缴纳增值税
	2019.01	《关于实施小微企业普惠性税收减免政策的通知》	一、对月销售额10万元以下（含本数）的增值税小规模纳税人，免征增值税。二、对小型微利企业年应纳税所得额不超过100万元的部分，减按25%计入应纳税所得额，按20%的税率缴纳企业所得税；对年应纳税所得额超过100万元但不超过300万元的部分，减按50%计入应纳税所得额，按20%的税率缴纳企业所得税
	2019.04	《关于创新企业境内发行存托凭证试点阶段有关税收政策的公告》	自试点开始之日起，对个人投资者转让创新企业CDR取得的差价所得，三年（36个月，下同）内暂免征收个人所得税。对企业投资者转让创新企业CDR取得的差价所得和持有创新企业CDR取得的股息红利所得，按转让股票差价所得和持有股票的股息红利所得政策规定征免企业所得税
	2019.09	《关于加强金融服务民营企业的若干意见》	从优化金融服务体系、抓紧建立"敢贷、愿贷、能贷"长效机制、公平精准有效开展民营企业授信业务、着力提升民营企业信贷服务效率、从实际出发帮助遭遇风险事件的民营企业融资纾困、推动完善融资服务信息平台、处理好支持民营企业发展与防范金融风险的关系七个方面展开

续表

分类	时间	名称	扶持政策要点
财税金融政策	2020.02	《后疫情时期复工复产政策》	国务院联防联控机制出台支持中小微企业和个体工商户复工复产及财税金融社保等政策。人民银行按照国务院常务会议要求及时部署落实对中小微企业复工复产加大信贷支持
	2020.02	关于进一步强化金融支持防控新型冠状病毒感染肺炎疫情的通知	加强制造业、小微企业、民营企业等重点领域信贷支持。金融机构要围绕内部资源配置、激励考核安排等加强服务能力建设,继续加大对小微企业、民营企业支持力度,要保持贷款增速,切实落实综合融资成本压降要求。增加制造业中长期贷款投放
科技服务中介政策	2016.03	《制造业单项冠军企业培育提升专项行动实施方案》	为引导制造企业专注创新和产品质量提升,推动产业迈向中高端,带动中国制造走向世界,开展制造业单项冠军企业培育提升专项行动
	2016.11	《制造业创新中心知识产权指南》	针对知识产权的创造、管理、运营、保护提出指导建议,提升制造业整体包括中小企业在内的创新能力,强调政府支撑作用
	2018.03	关于印发《知识产权对外转让有关工作办法(试行)》的通知	规范知识产权对外转让秩序,依据国家安全、对外贸易、知识产权等相关法律法规。审查知识产权对外转让对中国国家安全、重要领域核心关键技术创新发展能力的影响
人才政策	2014.03	《关于联合举办2014年全国中小企业网上百日招聘高校毕业生活动的通知》	贯彻落实党的十八届二中、三中全会精神,"促进以高校毕业生为重点的青年就业",进一步改善中小企业人才结构
	2016.12	《制造业人才发展规划指南》	以创新体制机制为动力,以深化产业与教育融合为抓手,以夯实人才队伍基础和培育急需紧缺人才为重点,对接制造强国建设战略任务和重点领域,提升人才服务先进制造业发展的能力,健全多层次多类型人才培养体系,进一步提高人才培养的前瞻性、引领性和针对性,不断优化人才发展环境,为实现中国制造由大变强的战略任务提供坚实的人才支撑
其他专项政策	2017.07	《关于印发新一代人工智能发展规划的通知》	提出了要面向2030年中国新一代人工智能发展的指导思想、战略目标、重点任务和保障措施,部署构筑中国人工智能发展的先发优势,加快建设创新型国家和世界科技强国
	2019.10	《十三部门关于印发制造业设计能力提升专项行动(2019—2022年)的通知》	围绕制造业短板领域精准发力,不断健全产业体系,改善公共服务,提升设计水平和能力,推动中国制造向中国创造转变、中国速度向中国质量转变、制造大国向制造强国转变,为制造业高质量发展提供支撑保障

三 中国制造型中小企业创新发展的政策支持体系特征

（一）政策体系发展具有阶段性

结合改革开放以来中小企业出台政策数量的变化趋势及在此期间影响经济发展的重大历史事件，1978—2020年中国对中小企业扶持政策出台数量呈明显的四个阶段特征：1978—1997年处于政策恢复阶段；1998—2005年处于政策探索阶段，主要围绕着金融支持及专项资金等展开；2006—2008年处于政策发展阶段；2009—2020年则处于政策密集阶段。

第一阶段（1978—1997年）：改革开放之初，中国还处于工业基础薄弱阶段，产业体系不完善、工业化水平低，而当时国际上以核能、信息技术的大规模商业化应用为代表的科技革命兴起。以净产值衡量，当时中国工农业结构中农业比重高达84.5%，工业占15.5%，其中重工业只占4.5%。随后，中国集中力量进行重工业和国防工业建设，重点发展电子与核工业，成为世界上少数几个拥有核武器与卫星的国家，不但提高了国际地位，而且增强了国防安全保障能力，既为中国后续发展营造了稳定的国际环境，也为制造业的发展奠定了必要的物质与人才基础。中国的改革开放正是抓住了发达国家离岸外包和全球垂直分工的趋势，充分发挥劳动力丰富、成本低的优势，快速融入全球分工格局，承载了发达国家跨国公司全球价值链劳动密集型环节的转移。但从目前看来，当时国家政策关注国有小企业的生存和发展问题，很少出台覆盖全部中小企业的政策。

第二阶段（1998—2005年）：进入政策探索阶段，划分的标志是2006年全国科技大会的召开。其间经历了亚洲金融危机时期，出台41份文本，初步确立了中小企业的基本地位，积极鼓励创建中小企业。该阶段扶持重点是中小企业的融资信贷、专项资金支持及立法支持等。至今中国出台的唯一一部扶持中小企业发展的法律在此期间诞生，为扶持中小企业长期持续发展奠定法律基础。整体上，中小企业政策质量在第一阶段的基础上有了较大的提升，形式趋于多样化，扶持手段逐渐涉及财税、融资、创新、产业等各个方面，在一定程度上为中小企业发展营造了良好的外部环境。中国于2001年加入WTO，进一步降低了加入全球分工体系的壁垒，迅速发展成为世界主要的加工制造基地。

第三阶段（2006—2009年）：处于政策发展阶段。全国科技大会上提出建设"创新型国家"之后,在继续加大财税、信贷担保及融资方面的扶持力度上,又陆续颁布了一系列促进技术创新的政策,并注重对制造型中小企业的税收减免。此阶段为"十一五"期间,中小企业规模实力成倍成长、自身素质不断提高、技术创新能力不断增强,社会贡献日益显著。这与2006年《国务院关于实施〈国家中长期科学和技术发展规划纲要(2006—2020年)〉若干配套政策的通知》(国"60"条)的发布有直接的关系。

第四阶段(2009—2020年):为政策密集阶段。受2008年金融危机的影响,中小企业经营面临实际困难。政府适时出台积极有效的措施,尤其是在2009年和2010年,国务院连续制定了《关于进一步促进中小企业发展的若干意见》和《关于鼓励和引导民间投资健康发展的若干意见》两大政策,帮助中小企业保持平稳较快发展,为共同渡过危机起到了积极作用。其间,相关职能部门也跟随中央政府相继出台了众多帮助中小企业解困、扶持中小企业发展的政策与措施。此阶段财税、资金及金融支持势头有增无减,创新创业及社会化服务支持数量翻番,整体政策数量冲破百位。新一轮科技革命和产业变革方兴未艾,云计算、大数据、物联网、人工智能等新一代信息技术,正推动制造业进入智能化时代,个性化定制模式已经出现。随着人工智能技术从实验室走向产业化,无论是国家层面还是企业层面,都在积极推动制造业的智能化转型,制造型企业不断利用信息化技术优化生产线、改进产品架构,从而提高生产效率、产品质量,并能更快速地对国际市场的变化做出响应。通过机器换人、人工智能技术进行产品检测等智能化改造,在提高生产效率、保持"中国制造"物美价廉优势的同时,进一步提高中国产品性能与质量,推动实现从"中国制造"向"中国创造","中国产品"向"中国品牌"的转变。

(二)政策出台具有系统性

近年来,中国出台了大量扶持制造型中小企业的政策法规和文件。在这个阶段中国中小企业政策除了传统的金融、财税扶持政策外,产业扶持、创新促进和科技中介政策的数量得到较快的增长,且产业扶持政策的侧重点与之前略有不同,除扶持特定产业外,同时强调合理的调整产业结构和发展区域经济,科技中介和社会化服务政策也是全面开花,政策类型趋于综合化(许必芳,2006)。其中融资扶持政策、创新政策和产业扶持政策的占比最大,组织政策、财税政策、科技中介政策、人才政策和法律保障政策的比重都逐步加大。政策向扶持属于中小企业自己的金融机构、产业组织、基本法律等综合方向发展（池仁勇等，2006），表明了中国中小企业在国民经济中的基础地位、长期发展战略地位得到确立，整体规划更具有系统性。

（三）政策实施过程更具有灵活性

中国制造型中小企业政策在具有前瞻性的基础上，其政策本身又具有灵活性，使政策留有余地兼顾不确定性，更重要的是在保证政策得以顺利实施的同时，能够巧妙地避开政策的不利影响。既能够解决制造型中小企业发展中遇到的一般问题，又能够随着制造型中小企业需求的变化而动态灵活发展。灵活性主要表现在以下三个方面：①政策经过反复修改和修订。例如《中国中小企业促进法》作为中国唯一的中小企业基本法律经过了多次修订，最新版是在2017年10月修订完毕，并于2018年1月1日正式生效的。②扶持政策具有关联性。中国众多政策之间互相有联系、共同起作用。③政策内容逐渐深化。相关政策之间不是简单的关联性，而是内容上的深化与改进。随着经济社会环境的变化，中小企业面临的问题、难点与需求也发生变化与拓展。一项政策能够通过不断地深化来满足中小企业的需要，在一定程度上说明该项政策的制定是成功的（许必芳等，2006）。

（四）政策细则更具有针对性

制造型中小企业政策按性质可以分为保护性政策和扶持性政策。根据保护性政策的基本假设，中小企业是弱者，容易于被大企业吞食，因而需要保护政策，包括《反垄断法》《不正当竞争法》《基本法》《合作组织法》等。根据扶持性政策的基本假设，中小企业具有高成长性、强竞争优势，为了促进这种成长、推进经济发展，因而需要扶持政策，包括各种产业政策、金融政策、技术创新政策、人才政策、振兴计划、财政政策等，其特点是政策数量众多、涉及面很广。

工业进程开始阶段的中小企业政策几乎都是保护性政策，1998年后才开始有扶持性政策的出现，其中最关键的转折点在2005年，国家开始出台大量针对中小企业的扶持性政策，使扶持性政策的数量开始超过保护性政策，并且呈现直线上升的态势。除了经济发展的直接需要外，另一方面的原因是政府逐渐认识到单纯的保护性政策不足以克服中小企业自身的弱势，中小企业必须依靠政府强有力的扶持政策，才能实现更好的发展。

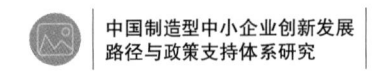

2009年以后，受到2008年国际经济危机的影响，中小企业的发展潜力获得了极大的关注，中小企业的重要性、竞争力得到了普遍的认可，因此保护性政策逐渐趋于减少，各种扶持性政策数量一路攀升。面对制造业众多领域，中国近年来出台的政策有针对性地扶持关键行业，并对重点企业提供政策支持。

第三节　构建制造型中小企业创新发展的多层次政策支持体系

在明确中国制造型中小企业创新发展的主要任务基础上，从健全相关法律法规、完善组织支撑、推进科技中介、优化产业扶持、强化创新支撑、深化金融支持、细化财税扶持、加强人才激励等维度构建支撑制造型中小企业创新发展多层次政策体系。

一　中国制造型中小企业创新发展的主要任务

（一）明确制造型中小企业创新发展的顶层战略设计

1. 自主技术创新与制度创新是制造型中小企业创新发展的核心动能

中国庞大的市场规模、完备的产业体系、多样化的消费需求与互联网时代创新效率的提升相结合，为制造业创新提供了广阔的空间。中国特色社会主义制度的优越性，能够有效结合集中力量办大事和市场配置资源的优势，为实现制造型中小企业创新发展提供根本保障。"自力更生是中华民族自立于世界民族之林的奋斗基点，自主创新是攀登世界科技高峰的必由之路。"全面推进实施制造强国战略，加快推进制造业创新发展，战略转型是关键。制造强国必须从跟随到引领，从引进、集成上升到自主创新。中国科技创新必须立足战略转型，立足核心能力的完整建立及核心技术的充分占有，即"努力实现关键核心技术自主可控，把创新主动权、发展主动权牢牢掌握在自己手中"。同时，要坚持自主创新和制度创新"双轮驱动"，习近平总书记在2018年两院院士大会上曾强调，要坚持"双轮驱动"，以问题为导向，以需求为牵引，在实践载体、制度安排、政策保障、环境营造上下功夫，在创新主体、创新基础、创新资源、创新环境等方面持续用力，强化国家战略力量，提升国家创新体系整体效能。要优化和强化创新体系顶层设计，实施制造强国战略第一个十年的行动纲领——《中国制造2025》落地后，坚持"创新驱动、质量为先、绿色发展、结构优化、人才为本"的基本方针，坚持"市场主导、政府引导，立足当前、着眼长远，整体推进、重点突破，自主发展、开放合作"的基本原则，通过"三步走"实现制造强国的战略目标：第一步，到2025年迈入制造强国行列；第二步，到2035年中国制造业整体达到世界制造强国阵营中等水平；第三步，到中华人民共和国成立100年时，我制造业大国地位更加巩固，综合实力进入世界制造强国前列。明确企业、高校、科研院所创新主体在不同环节的功能定位，激发各类主体创新激情和活力，并不断完善改革创新的体制机制，相互协调、彼此配合、持续发力。

2. 开放协同是制造型中小企业创新发展的关键路径

中国坚持以全球视野谋划和推动制造业创新，结合大力推进"一带一路"倡议，构建全球协同创新共同体和人类命运共同体。随着创新投资规模的逐步提高和国际化开放水平的提高，全球知识流动和知识溢出效应发挥的作用越来越大。中国已经成为具有重要影响力的制造业大国，制造业的发展支撑了中国的工业化和现代化进程，既为各国人民提供了大量物美价廉的工业化产品，也为各国企业提供了巨大的商业和投资的机会，更为世界经济的增长做出了重要的贡献。随着全球新一轮科技革命和产业变革的孕育和兴起，新兴技术群体的密集突破、产业跨界融合日益明显。制造模式和企业形态也发生了重大的变化。制造业的数字化、网络化、智能化成为发展趋势，智能制造成为制造业发展的方向。对于中国的制造业而言，实现高质量发展的关键就在于能否实现向创新驱动发展根本性的转变。在创新驱动发展中需要紧紧抓住高端要素引进培育、战略性新兴产业发展、高新区建设、品牌打造等关键环节，加强高端化、战略化、专业化、集成化、国际化发展，因此需要完善知识产权制度，全面提升知识产权创造、运用、保护和管理水平，充分发挥知识产权制度在创新驱动发展中的重要推动作用（王黎萤、王宏伟、包海波，2014）。要健全以企业为主体的产学研一体化的创新机制，支持构建开放、协同、高效的共性技术研发平台，跨越从实验室产品到产业化之间的"死亡之谷"。要加快科技成果转化为现实生产力，要充分地发挥中小企业的创新生力军作用，在全社会为创业、创新、创造营造良好的发展环境，支持中小企业向"专精特新"的

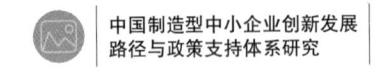

方向发展，促进大中小企业融通发展。坚持开放合作，通过打造高水平的开放型经济来促进制造业的高质量发展。尽管当前国际上保护主义、单边主义有所抬头，但全球化这个大趋势是不可逆转的潮流。中国的制造业因开放而兴，未来推动制造业高质量发展也必须坚持走开放合作共赢的道路。

3. 责任发展是制造型中小企业创新发展的重要基础

《中国制造 2025》提出，到中华人民共和国成立 100 年时，要把中国建设成为引领世界制造业发展的制造强国。制造强国不仅仅体现在制造业的规模、效益、质量、创新等方面，而且必须具备社会责任感。长期以来，中国制造业走的是规模速度型粗放增长道路，为了改变这一局面，《中国制造 2025》要求把绿色发展作为建设制造强国的基本方针之一。制造型中小企业是制造强国建设的主体，要强化制造型中小企业的社会责任建设，推行企业产品标准、质量、安全自我声明和监督制度，对制造型中小企业履行社会责任形成制度约束，同时还要从意愿、制度、行为等各个方面对企业进行引导、规范和管理，以便为发展有责任感的制造业提供保障。中国作为负责任的发展中大国，制造强国的永续发展不仅仅聚焦创新本身的技术可行性与先进性、经济效益与效率，同时考虑创新的道德伦理可接受与社会期望的满足，最终实现制造业创新引导的公共价值创造。

（二）构建支撑制造型中小企业创新发展的多层次创新政策体系

1. 宏观政策方面

保持经济运行在合理区间，制造业具有基础性支撑作用。2020 年 1 月，国务院常务会议提出四方面针对性举措促进制造业稳增长。这四支"政策箭"分别是：推进改革创新、大力发展先进制造业、扩大制造业开放以及深挖内需潜力。会议要求，要用改革办法和市场化措施，充分激发市场主体活力，增强发展动能，促进制造业稳增长。促进制造业发展，稳定经济发展的基本盘，制造型中小企业在其中发挥非常重要的作用，亟须在宏观政策层面构建支撑制造型中小企业创新发展的多层次政策。用改革的办法促进制造业稳增长这一方法论至关重要，国务院常务会议做出若干重磅具体部署，如要求大力改善营商环境，继续实施以制造业为重点的减税降费措施，推动降低制造业用电成本和企业电信资费等；引导金融机构创新方式，缓解中小企业"融资难、融资贵"；明确对外直接投资对经济发展的重大促进作用，把对外直接投资纳入经济发展的重要工作中来，充分发挥宏观经济政策的引领作用和政策性金融的导向作用，实施差异化信贷政策（王宏伟，2018）；鼓励增加制造业中长期贷款，股权投资、债券融资等更多向制造业倾斜（王黎萤，2019）；加大产权和知识产权保护，创造良好的市场环境（包海波，2008）；出台信息网络等新型基础设施投资支持政策，推进智能、绿色制造；更好发挥民营和中小企业在制造业投资中的作用；鼓励企业加大技术改造投入，运用先进适用技术升级传统产业，推动重大创新技术和产品应用、工业基础能力提升、新动能成长，提高劳动生产率；扩大制造业开放方面，要清除影响制造业开放政策落地的各种障碍，鼓励企业面向国际市场参与竞争、开展合作；完善规划、用地、用海、能耗等政策，推进制造业重大内外资项目尽快落地投产；鼓励支持中西部和东北地区更大力度承接产业转移和吸引外资；积极扩展"内需潜力"，利用提升庞大的市场需求来激发产业升级是一大重点方向。

2. 区域发展方面

中国一度重视促进区域经济协调发展，目前中国经济逐渐开启了区域经济协同发展的"大棋局"。为进一步促进中国区域经济协调发展和制造产业集群做大做强，未来将着力出台多项制造业区域协调发展政策和措施，包括：①"中国制造2025"分省市指南及实施机制，加快形成因地制宜、错位竞争的制造业发展新格局，同时将《中国制造2025》示范区建设与培育世界级先进制造业集群结合起来，形成若干有较强影响力的协同创新高地和优势突出的世界级先进制造业集群。②长江经济带世界级产业集群指南，主要聚焦电子信息、高端装备、汽车、家电、纺织服装等领域，将依托长江经济带区内上海、江苏、浙江、安徽、江西、湖北、湖南、重庆、四川、云南、贵州等11省（市）现有超过100个国家级、省级开发区和产业园区，建立更加协同高效并具有国际竞争力的产业集群。业内普遍认为，打造跨省市的区域性产业集群已成为中国制造业和经济发展的新趋势，能促进区域经济协同发展，发达国家也有类似的先进经验做法可借鉴（潘家栋、包海波，2019）。在政策助力下，中国有望形成多个世界级产业集群，这不但能够大幅增强中国制造业的国际竞争力，还能确保中国经济进入高质量增长阶段继续保持健康发展。

3. 产业提升方面

当前，中国作为全世界唯一拥有联合国产业分类中全部工业门类的国家，具备独立完整的现代工业体系，是世界第一制造业大国和世界网络大国，一些技术已经从过去的"跟跑"到"并跑"甚至向"领跑"迈进，发电设备、输变电设备、轨道交通设备、通信设备等产业处于国际领先地位，已成为驱动全球工业增长的重要引擎。在时代机遇前，中国制造应积极拓展新空间、激发新活力，坚持创新驱动发展战略，把握新一轮科技和产业革命机遇，增强制造业技术创新能力，推动制造业质量变革、效率变革、动力变革，以新产业生成新动能，以新动能赋予经济新发展。坚持创新驱动，守好制造优势。制造业的核心就是创新，就是掌握关键核心技术。推动制造业升级和新兴产业发展，加快打造具备国际领先水平的新型基础设施，需要迎难而上，继续攀登，以刀刃向内的勇气主动转型升级，加强技术创新、产业创新，以智能制造为主攻方向推动产业技术变革和优化升级，在产业链上不断由中低端迈向中高端，继续走好中国特色的新型工业化发展之路。同时，要加大投入、加强研发、加快发展，以大数据、云计算等新技术给制造业的生产模式、生产技艺带来新的变革，努力占领世界制高点、掌控技术话语权，增强国内制造业成品的国际竞争力，从而强化对相关产业链的提振与吸附能力，在中小企业群体中打造更多"隐形冠军"，使中国成为制造强国。稳定产业链、供应链，拓展市场空间。经济生产环环相扣，产业链供应链是重要支撑点。新冠肺炎疫情下，不少制造企业感受到了来自其中的压力。稳定产业链供应链，协同上下游，成为保生产、化风险的关键。供应链影响着企业的生产，也决定着发展的主动权。制造企业要抓住世界制造格局调整的机遇，通过加快产业链的整合来提高效率，赢得发展的主动权。

4. 企业创新方面

《中国制造2025》强调以市场为导向，以企业为主体，强化创新驱动和政策激励，促进整个制造业向智能化、绿色化和服务型升级，加快建设制造强国。制造业正加速向数字化、网络化、智能化方向延伸拓展，软件定义、数据驱动、平台支撑、服务增值、智能主导的特征日趋明显，新产品、新模式、新业态、新产业层出不穷，围绕工业互联网平台的竞争愈演愈烈。中国制造业升级的根本出路在于技术创新，这其中发挥至关重要作用的是企业。就制造业创新体系角度而言，企业应与高校和研究院所联合，弥补创新链上实验室到产业化之间的缺失环节，并在现有基础上加快推进新材料、人工智能、机器人等创新中心建设，开展共性关键技术的研究和产业化应用示范，破解行业的共性技术供给不足等难题。在关键核心技术，尤其是关乎工业发展基础能力的技术方面，须发挥集中力量办大事的制度优势，支持优势企业开展产学研用联合攻关，突破重点领域发展的基础性"瓶颈"。同时，加大对制造型中小企业创新的支持力度。中小企业是制造业"主战场"的重要力量，应进一步激发中小企业创业创新活力，发展一批主营业务突出、竞争力强、成长性好、专注于细分市场的专业化"小巨人"企业；发挥中外中小企业合作园区示范作用，利用双边、多边中小企业合作机制，支持中小企业走出去和引进来；引导大企业与中小企业通过专业分工、服务外包、订单生产等多种方式，建立协同创新、合作共赢的协作关系。

（三）营造支持制造型中小企业创新发展的良好创新氛围与环境

当前，中国经济转向高质量发展阶段，正处在转变发展方式、优化经济结构、转换增长动力的攻关期。跨越这个关口，必须坚持质量第一、效益优先，提高全要素生产率，促进新动能茁壮成长，推动经济发展质量变革、效率变革、动力变革。从中国制造业创新的现状看，经过多年发展，在载人航天、载人深潜、新支线飞机、大型液化天然气船（LNG）、高速轨道交通、新一代信息通信等领域，逐步掌握了一批关键技术，一些领域接近或达到世界先进水平，某些领域正向"并行者""领跑者"转变。但与发达国家相比，总体上还有很大差距，核心关键技术严重缺乏、高端装备对外依存度高、基础共性技术供给不足等"卡脖子"问题依然突出。以信息通信产业为例，中央处理器（CPU）、内存和硬盘三大核心器件大量为国外产品垄断，个别领域中国近乎空白；通信设备中的部分高端器件仍依赖进口，传感器、存储芯片等都还存在严重的制约。突破这些"瓶颈"的根本出路在于创新，关键是要靠科技力量。制造业是国民经济的主体，历来是创新活动最为集中、最为活跃领域。提高制造业创新能力，不仅需要基础设施等"硬"支撑，更需要体制机制等"软"保障，营造支持制造型中小企业创新发展的良好创新氛围与环境。当务之急是，抓紧建立和完善科技计划管理制度，强化顶层设计，统筹科技资源，加强部门功能性分工和各级政府协同，采取更精准的措施，促进创新链、产业链、市场需求紧密衔接。要深入推进"放、管、服"改革，支持专业机构建设，扩大高校、科研院所科研管理自主权。加快构建普惠性创新支持政策体系，完善企业研发费用加计扣除政策，扩大固定资产加速折旧实施范围，激励企业加大研发投入和设备更新。健全技术创新、专利保护与标准化互动支撑体系，发挥好中小微企业应对技术路线和商业模式变化的独特优势，通过市场筛选把新兴产业培育起来。牢固树立人才是第一资源的观念，深入落实制造业人才发展规划（2016—2020），大力推进产业和教育深度融合，以创新创业教育和协同育人机制改革为突破，促使行业资源有效转化为育人资源。要在全社会弘扬创新创业精神，真正形成有利于杰出科学家、发明家、技术专家和企业家不断涌现，全民创新大众创业蔚然成风的社会环境和文化氛围。

二 支持中国制造型中小企业创新发展的多层次政策体系

（一）健全支持制造型中小企业创新发展的相关法律法规

一是完善健全投融资制度。首先，完善融资信用担保制度。针对该问题，中国可借鉴国外先进做法，例如，为中小企业建立融资信用担保体系。该担保体系可依担保机构级别不同而进行层级划分，由地方担保机构提供担保，然后对企业进行衡量，针对经济实力薄弱但技术能力较强的企业，由中央和省级担保机构为其提供再担保，以此推动基层担保机构为有技术实力却资金短缺的中小企业提供担保，保证企业能够融资并实施创新。另外，为方便对中小企业实施管理活动，可为其建立信用评分等级平台，对企业相关信息进行记录并留档，为银行和个人向中小企业发放贷款和投资提供依据。其次，完善创新发展基金制度。美国、日本等发达国家为促进本国企业创新发展，均设立了有关基金制度，该制度为中小企业融资提供重要保证。为此，中国可借鉴国外该种创新发展基金制度，且有必要以法律形式对其加以确立，明确资金使用的资格、范围及使用比例，为制造型中小企业创新发展所需基金提供制度保障，同时又能保证资金不被滥用。

二是健全人才激励机制。由于中小企业资金实力薄弱，市场地位偏低，法律保障机制不健全，不能吸引大批优秀创新人才。为改善该种不利局面，国家应积极完善人才保障机制，扭转中小企业创新人才保障方面法律错综复杂、相互冲突、操作困难的状况，用法律的形式对中小企业科技创新人才的权利予以保障，对侵犯创新成果的不文明行为苛以严厉的法律责任并明确权利人的具体救济途径，做到中小企业在实施创新，保障技术性人才权益方面严格依据并遵守法律，且执法手段必须强硬，严格追究侵犯人才合法权益、盗取创新成果的行为。为中小企业吸引优秀人才，提高企业综合素质，激发中小企业的市场活力提供制度保障。

三是加强投融资引导。中小企业实施技术创新的资金单靠政府和金融机构的资助远远不够，在市场经济条件下，政府仍需以方针政策的方式加强对民间投资、风险投资的引导，以此来引导资金更多注入到中小企业科技创新方面。日本为此制定了有关扶持中小企业创新、保障其资金的相关法律；美国也相继制定了有关鼓励中小企业创新的法律，引导社会富余资金更多流向中小企业，为中小企业科技创新提供法律保障。而中国虽然制定了《制造型中小企业创业投资引导基金管理暂行办法》，但是其法律位阶不够，引导方式单一，故中国可借鉴美国和日本的做法，制定《中小企业创新投资鼓励法》，拓宽融资渠道，引导民间投资及风险投资，为中小企业创新资金提供政策及法律支持。

（二）完善支持制造型中小企业创新发展的组织支撑政策

一是发挥政府在服务体系建设中的保障、导向和服务作用。首先，对中小企业的保障作用主要体现在法律与一系列专门性法规的制定与完善上，需要政府针对制造型中小企业基本法和专项法规进行进一步完善优化。其次，政府的导向作用主要体现在一系列支持配套政策的制定与实施上，这些配套扶持政策需要随着经济发展环境的变化不断调整和发展完善，从普适性支持转向选择性或重点性支持，并与区域经济和社会发展相结合，要体现政策的针对性，并强化其在中小企业扶持促进中的导向性。最后，政府的服务作用主要体现在通过设立专门的管理机构或服务机构上，需要进一步完善从中央到地方的横向和纵向的中小企业服务组织网络，直接或间接为中小企业提供更好的服务。

二是发挥非营利性组织在服务体系建设中的作用。非营利性组织包括社会团体组织、高校和科研单位、行业协会、商会、手工业协会等组织，它们为中小企业提供信息咨询、培训、贸易展览等服务。根据经济发展的区域特点或行业特征，积极培育社会中介服务机构与各类行业组织，鼓励和引导这些机构或组织发挥对中小企业的服务作用，是中小企业服务体系

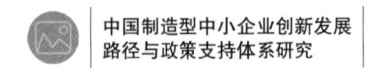

形成与运作的重要前提。

三是加强各服务机构间良好合作与互动,有效支撑中小企业服务网络。无论是政府规制型、政府引导型还是政府主导型模式,中小企业服务体系都是建立在各类服务机构的分工、合作或互补关系基础之上,而统一的中小企业行政管理机构往往是使这种关系得到良好协调的重要保证。可见,建立统一的中小企业管理机构并在此基础上协调各类服务机构之间的关系,同样很重要。

(三)完善支持制造型中小企业创新发展的科技中介政策

一是加强中介组织的人才建设。西方发达国家科技中介机构的行为准则是"招聘最优秀的人才,给予最佳的培训,培养最好的科技顾问,为客户提供最优质的服务"。科技中介机构是非常专业化的服务机构,这就要求从业人员不但要具有必要的法律知识,另外,必须具有丰富的科技知识和经济知识,对技术及科技成果的原理、工艺等都有所精通。因此,中国要建立健全科技中介从业人员的市场准入制度,加强技术经纪人的资格审查和上岗培训,提高其理论水平、技术能力和职业道德,争取建立一支高水平、高素质、高能力的科技经纪人才队伍。

二是完善科技成果转化供需体系。科技水平的提升,必须要注重融合以及交流,一个地区的科技发展必须打开眼界,才能够认知到自身的优势以及不足。推进"技术市场+众创空间"或者是"技术市场+孵化器"这类的服务平台,选择更加优质的科技产品以及科技企业进行合作,才能够将成果转化成为实际的价值,带动创新技术的发展。在当下,成果转化的供需体系发展,要从供需两个角度入手,发挥好中介机构的交流和联系作用,提升每个客户的服务满意度,保证客户可以选择最适合自身的产品,促进中国制造型中小企业创新发展及经济共同进步。

三是提升专业化服务水平,完善管理机制。中国科技中介服务机构处于起步阶段,服务能力不足,服务形式单一,参与企业研发的较少,且缺乏"宽容失败"的机制。中国科技中介服务机构应注重提升专业化服务能力,借鉴日本"委托开发""开发斡旋""独创性成果育成"和"促进成果专利化、商业化"的服务形式,充分参与企业研发过程,尝试建立知识失败数据库,宽容失败,甚至给予失败补偿;借鉴韩国的中介网络模式和区域技术转移联合体模式,创新中介服务内容和形式,充分发挥科技中介服务机构在促进中国制造型中小企业技术创新中的关键作用。

（四）优化支持制造型中小企业创新发展的产业扶持政策

一是引入产业扶持政策的招投标机制。从国外扶持中小企业发展的措施来看，政策扶持中小企业的发展分为间接扶持和直接扶持两个方面，目前，中国对中小企业的财政扶持政策以直接扶持为主，没有一套统一的、完整的、系统的扶持政策体系，扶持措施和方法也有待完善，因此制定系统的完整的产业扶持政策机制体系是非常重要的。对产业扶持资金的申报过程如果引进招投标的方式，那将会大大减少现有的政策申报和评审的弊端，目前的产业扶持政策都是以鼓励性直接扶持为主，难以形成竞争机制，目标针对性不强，经常会出现面广、规模小的现象，难以真正提升当地企业的技术水平和产业结构的升级。因此，应由政府部门制定产业的发展方向，公开对优质项目进行招投标，减少直接奖励补助的形式，不直接对项目进行奖励和扶持，这样可以提升扶持项目的公平和公开性，还可以达到项目"好中选优"的目的。

二是促进产业扶持政策向产业基金方式转型。近年来，借鉴了国外政府在财政资金间接化扶持和市场化的实践经验，产业基金也在中国开始出现。政府引导产业基金是财政扶持资金方式的创新，引导和扶持引入了市场化的方式，侧重于战略性新兴产业的中小企业，政府作为决策角色进行科学的引导，融入市场化的机制运作，尽量不参与子资金的运作和管理，参与企业的投资的同时也能够分享企业发展的收益，体现了政策性、引导性和市场性的功能结合。作为财政引导资金的市场化的方向，引导基金的作用优势要大于政府直接扶持效果。政府部门出资扶持中小企业的最终目的，希望是通过财政专项资金对社会资本的引导作用，开展优质的产业项目、引入高端的人才和技术，达到产业升级和人才结构的优化，促进推动战略性新兴产业的升级，从而推动地区经济的发展。政府的引导与市场的力量进行结合，能够有效地处理政府干预和市场失灵的问题，在突出财政资金主导作用的前提下，如何发挥好主管部门的主管作用和其他相关部门之间的协调作用，有待进一步进行深入的研究。

三是完善公共技术支持平台。各地要根据区域中小企业的产业特点，引导和促进中小企业转变发展方式，打破"小而全"，提倡分工协作。重点支持在制造型中小企业相对集中的产业集群或具有产业优势的地区，建

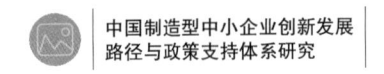

立和完善为中小企业服务的公共技术支持平台。鼓励企业和社会各方面积极参与中小企业公共技术平台建设。国家有关部门应加大对公共技术平台的政策支持。

(五)深化支持制造型中小企业创新发展的创新扶持政策

一是深化支持制造型中小企业集群高质量发展政策,助力产业结构优化。目前,中国制造型中小企业内部存在部分行业产能过剩、大量核心技术依赖进口的结构性供需失衡问题,为加速制造型中小企业智能化转型,应深化支持新一轮创新集群高质量发展政策,助力企业从管理、组织、经营等多层面实现变革,实现产业结构优化。一方面加快区域战略新兴产业建设,加大对高附加值产业的扶持力度,助推制造型中小企业融入高端产业集群产业链,培育发展并集聚一批高新技术制造中小企业集群,不断提升产业层次;另一方面加快区域数字战略和数字经济工程的实施,围绕工业互联网、大数据等产业的发展,加速推进数字经济产业与实体经济的深度融合,激发传统产业新活力促进产业优化高质量发展。进一步支持地方已有制造业高质量集群建设,鼓励更多地方打造先进制造业集群,例如广东省提出在电子信息、绿色石化、汽车、智能家电、机器人五方面打造世界先进制造业产业集群;上海市提出全力打造汽车、电子信息两个世界级产业集群,积极培育民用航空、生物医药、高端装备、绿色化工四个世界级产业集群;安徽省提出实施国际先进制造业集群培育工程,打造具有国际影响力的集成电路、新型显示、工业机器人、新能源汽车、高端装备、智能家电等先进制造业集群。

二是深化支持制造业关键领域创新生态系统建设政策,将中小企业作为创新的主要力量。制造型中小企业主要面临核心技术缺失、薄弱以及资源相对缺乏等重大问题。在此方面,美国构建了一个基于国家制造创新网络(NNMI)的先进制造业创新生态系统,主体包括学术界和国家实验室、工业界、各级政府和知识机构、制造创新研究所,明确提出学术界和国家实验室的技术成果向科技型企业进行转化,同时将中小企业作为创新的主要力量,并鼓励中小企业参与制造业标准的制定,加快市场化和商业化的进程。中国应积极支持制造业关键领域创新生态系统建设政策,组建先进制造业的政产学研协同创新网络,在核心基础零部件、关键基础材料、先进基础工艺等环节鼓励共性技术研发,鼓动各主体服务于重大共性技术、前沿引领技术、现代工程技术、颠覆性技术的创新工作，促进科技成果转化，进而培育新产业、新动能。

三是深化支持制造型中小企业数字创新发展政策，助力企业开展数据赋能创新工程。汇聚制造业创新资源，强化中小企业创新主体地位，把推动人工智能、智能制造、区块链等新一代信息技术与制造业深度融合，持续深化制造业与互联网融合发展、信息化与工业化融合创新、数字产业化与产业数字化融合再造，增强制造型中小企业在基础与核心领域的竞争力。推进数字化区域协同平台建设，配合京津冀协同、长江经济带、"一带一路"建设、粤港澳大湾区建设、长三角一体化等重大区域发展战略，形成优势互补、数据联通、资源共建的区域协同体系。推广5G、物联网、云计算、大数据、区块链等新技术，打通制造型中小企业上下游，推动互联互通数据共享平台建设。进一步鼓励制造型中小企业开展数据赋能创新工程，通过建设数据中台、工厂大脑、反馈控制闭环，以实现数据资产、形成数字化转型、营造健康产销氛围。

（六）细化支持制造型中小企业创新发展的金融支持政策

一是改革完善制造型中小企业金融支持政策，健全多层次资本市场。例如，德国向制造型中小企业提供多渠道的资金支持，包括个人借贷、风投、研发机构投融资、担保机制、股票市场融资等；美国规定联邦政府部门在划拨研究与开发经费时预留一定的比例给中小企业创业创新，用以开展科技开发和技术成果转化。应对制造型中小企业实施金融支持政策倾斜，引导民间投资投向增长前景好的先进制造型中小企业，提高企业投资回报率；同时，提高直接融资比重，发挥政策性金融、开发性金融和商业性金融的协同作用，预留特定比例用以支持中小企业，且加大对先进制造型中小企业的融资支持，引导资本、资源向关键制造业聚焦，支持重大短板装备攻坚、重点产业创新服务平台等，推进关键领域制造型中小企业健康发展。

二是推进支持打造中小企业信用工程，构建制造型中小企业与金融机构数据融通互信机制。推动打造制造型中小企业信用信息平台，减少信用信息不对称问题，便于金融机构对中小企业进行评级及授信，降低中小企业融资成本，缓解融资难。支持发展创投、风投等基金，支持大型商业银行多渠道补充资本，增强信贷投放能力，鼓励增加制造型中小企业中长期贷款和信用贷款，以支持中小企业创新可持续发展。应构建制造型中小企业与金融机构互信机制，加快中小企业数字化转型数据融通及标准体系建设，打通金融机构与中小企业运营信息的信息鸿沟，鼓励重点建设一批公共服务、重点行业和企业数据中心，支持第三方机构以数据服务、数据分析、数据交易等业务形式推进行业数据聚合，破解企业数字化转型中的信息安全难保障、数据标准难统一、数据流通难共享问题，赋能互信。

三是细化完善制造型中小企业信用担保网络，推进形成利益共同体以提高金融风险防御能力。发挥国家融资担保基金的引导作用，鼓励和推动有条件的地方设立政府性担保基金，提高国有资本对制造型中小企业融资性担保业务的影响力和覆盖面。发挥政府在贷款损失补偿上的资金保障作用，鼓励银行为中小企业提供便捷的融资渠道。如德国推行担保银行制度，为制造型中小企业融资提供了独特的"信用质押"，且德国政府为担保银行制度提供了强力支持，特别是政府为担保银行贷偿损失提供了相当比例的资金补偿，极大地鼓励了担保银行产业的发展，并为制造型中小企业提供了更为便捷的融资渠道；日本中央政府和地方政府共同努力构建起由中小企业信用保证协会和中小企业信用保险公库构成为中小微企业提供服务的信用担保网络，培育了民间风险金融资本。应以投资、增信、分险等为纽带，各类担保机构共同参与的担保体系，推进形成利益共同体，提高担保机构抵御风险和议价能力。探索建立担保机构不良资产管理中心，加大担保机构由于代偿原因造成的不良资产处置力度，提高担保机构资产质量和流动性。

（七）完善促进制造型中小企业创新发展的财税扶持政策

一是完善制造型中小企业税收优惠政策，落实企业减税降费行动。一方面重点推进制造业税费项目整治清理工作，规范行政事业性收费和经营服务性收费行为，减轻中小企业负担，并完善制造业乱收费投诉举报和查处制度；另一方面降低工业增值税税率，可实施行业试点，在可行范围内下调企业所得税基本税率，扩大进项税抵扣范围，提升进项税占销项税比例等改革措施，在提升税收优惠力度和广度上下功夫。落实制造型中小企业减负的相关政策及措施，积极开展"企业减负"专项监督检查，切实降低企业制度性交易成本、税费成本、融资成本、物流成本、人力成本等生产经营成本。

二是完善制造型中小企业以研发费用加计扣除为主的税收优惠政策，营造制造业创新发展良好环境。如日本政府提出企业设备特别折旧制度，对于制造型中小企业投资设备实现技术更新升级，政府采用高折旧率加速企业固定资产折旧并多次缩短折旧年限，规定企业研发投入超往年峰值的经费增量可部分抵扣企业的所得税。中国研发费用加计扣除政策应进一步完善，研发费用适用的行业和具体费用范围可进一步扩大，达到制造型中小企业少交企业所得税的目的，鼓励中小企业增加研发投入，按照市场需求推进技术、产品、管理模式和商业模式创新。

三是完善面向制造型中小企业的政府采购政策，鼓励中小企业创业创新。例如美国明确了面向制造型中小企业的几种政府采购方式：一是规定政府采购的一定比例合同要预留给中小企业创业创新；二是联邦机构面向制造型中小企业定向采购；三是将特定的大型科技合同分拆为小额合同给中小企业创业创新。应完善面向制造型中小企业的政府采购政策，引领地方积极探索政府扶持制造型中小企业的有效途径，加大对中小企业创业创新的财税扶持投入，建立扶持中小企业发展的长效机制。

（八）加强促进制造型中小企业创新发展的人才扶持政策

一是加强制造业专业人才引进和培育政策，聚力人才要素支撑制造型中小企业发展。积极从国外引进先进制造业人才，例如美国长期以来奉行人才引进战略，通过"杰出人才绿卡"作为吸引高端人才的一项重要政策，如今在美国重要大学和科研机构中60%以上学术带头人是外裔；积极支持本国人才海外深造，例如日本支持青年研究人员到海外深造，如"海外特别研究员"项目选派优秀青年研究人员到海外一流研究机构学习。应继续推动完善人才引进机制，实施具体引才计划，开展专项就业活动，成立重点企业人力资源服务联盟，搭建企业人力资源交流对接服务平台，为保障制造型中小企业用工提供高效服务；构建高端制造技术人才的培训、学习平台，同时积极开展海外深造计划，推动本土高端人才的培育。

二是加强制造业领域学习型企业建设，探索人才柔性流动机制。在制造业领域全面推进学习型企业建设，坚持并完善企业职工全员培训制度，规模以上企业要有专门机构和人员组织实施职工教育培训，加强企业大学、培训中心等企业培训机构建设。通过政产学研用产业创新联盟等新机制，重点培养制造业领域的基础理论研究、核心技术开发、重大工程管理

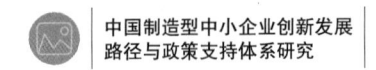

等方面的领军人才。发挥国家技术创新中心、制造业创新中心、相关重点实验室等在创新人才培养中的引领作用。探索研究型、学习型、创新型单位之间的人才柔性流动机制，进一步推进要素共享与交流，共同提升创新发展能力。

三是建立国家引资人才培养计划，为制造业创新发展提供高级技术工人。例如，美国自 2014 年实施"学徒计划"，每财年投入 6 亿美元用于培训制造业学徒；新时期，特朗普政府财政投入策略有所改变，降低政府财政投入比例，转而向私营企业寻求更多的资金支持。"学徒计划"旨在将社区培训高级技术工人的模式及经验推广至全国，在以此创造就业的同时，培养特定技能的高级技术工人，将原来集中在建筑行业的技能型青年工人拓展至清洁能源、机器人、3D 打印、新材料、信息技术等先进制造业领域，提升本国劳动者素质，为重振制造业集聚人才力量。中国应加强对人才培养计划的投入，可建立国家引资机制，引导地方健全人才拨款制度，向制造业相关专业倾斜，重点围绕制造业十大重点领域，支持有关地区、部门开展高级技术工人培养网络建设，促进制造型中小企业创新发展。

第二篇

中国制造型中小企业创新发展的路径研究

第六章 中国制造型中小企业创新发展的现状与问题

中国制造型中小企业创新发展面临世界贸易体系加速变革、全球产业创新格局重组、数字产业创新发展滞缓、科技创新基础能力薄弱、国际标准引领地位不强等多方面的现实挑战,广大制造型中小企业创新发展虽然取得了显著成效,但制造型中小企业创新发展依然存在诸多问题,亟须充分发挥中小企业在创新链中的作用,提升中小企业创新能力,端正中小企业创新主体地位,这既是中国制造业蓬勃发展的基础,也是中国中小企业转型升级的重要目标。

第一节 中国制造型中小企业创新发展的现实挑战

中国经济的增长方式依赖于高投入、高消耗,虽然这让经济保持了高增速,但也带来了诸多深层次问题(李平,2017)。在全球制造产业链中,中国加工制造劳动力价值低、产业链定位于低价值环节,在供需两端受制于国际市场,产品研发和销售两端比较优势有待加强,制造型中小企业创新发展面临巨大挑战。

一 世界贸易体系加速变革倒逼制造型中小企业创新发展

美欧一直以来都是国际贸易规则的引领者、制定者与最大受益者,在规则制定上占据绝对优势,发挥着重要影响。此前,美欧凭借掌控全球治理制度性话语权的战略能力,积极推出 TPP、TTIP、TISA 等贸易协定谈判,反映了世界经贸格局的深层次变化,凸显了美欧主动进行战略性调整的布局,其目的在于争夺规则制定的主导权,占据未来国际竞争的制高点。然而，当前国际贸易规则体系正处于新一轮的重构期，贸易保护主义重新抬头。2017年1月23日，美国总统特朗普签署行政命令，宣布美国退出TPP，这一举措标志着美国贸易政策发生重要调整。一些发达国家转向贸易保护主义，使全球经济治理体系面临方向性选择。发达国家总体上是经济全球化的受益者，但也面临传统制造型产业空心化的挑战。这原本是各国按照比较优势参与全球分工的结果，但由于一些发达国家内部收入分配调节机制存在缺陷，其国内收入差距扩大成为严重的社会问题。国际金融危机凸显了这一问题，加之互联网推动了极端民族主义、民粹主义思潮的传播，发达国家的一些群体错误地将本国的社会问题归咎于经济全球化，归咎于其他国家的"不公平竞争优势"。

进入21世纪以来，全球科技创新进入空前的密集活跃时期，新一轮科技革命和产业革命正在重构全球创新版图、重塑全球经济结构。过去40多年中国的企业和产业技术创新主要依靠市场化改革、对外开放和人口结构优势所形成的巨大国内外市场需求拉动，这一需求拉动型的创新发展路径，为中国企业开展以技术引进、渐进式创新、二次创新、组合创新等应用性创新提供了巨大的拉动力，也提供了新产品应用和快速迭代的用户基础，但面临以人工智能、生命科技、区块链和5G通信技术为代表的新一轮科技革命带来的挑战，需求拉动型的创新已经无法与中国制造业强国建设的目标相适应，也无法与发达国家的基础研究能力相抗衡。因此，在世界贸易体系变革环境下，中国制造型中小企业亟须发挥自身创新能动性，更好地适应市场和国际竞争环境需求。

二 全球产业创新格局重组削弱制造型中小企业竞争优势

新一轮科技革命正深刻影响着全球产业变局，在产业链的生产模式下，任何一个环节都是核心环节，必须有安全的替代品。近年来，美欧日等主要发达国家纷纷提出"再工业化"战略，以重塑自身制造业竞争新优势，加速推进全球产业创新格局重组。例如，美国积极推进构建中小企业技术创新（SBIR）计划、制造业扩展伙伴（MEP）计划和国家制造业创新网络（NNMI）；日本提出"科技立国"战略，重点扶持中小企业投入电子信息技术、新能源、新材料等技术密集型产业领域；德国2013年推出"工业4.0"概念，提出要在生产研究计划下吸引更多中小企业参与，该国智能制造领域的"隐形冠军"企业中近 1/5 的中小企业作为各自领域顶级的机械和设备制造商,为德国"工业 4.0"提供重要的专业技术方案。过去的几十年,中国成了世界制造的加工厂,承担了一系列产品的加工任务,提供了廉价的劳动力,但随着全球各个国家产业格局的调整重组,中国制造型中小企业的竞争优势不再明显,制造型中小企业需要调整自身的发展模式,发挥企业创新自主性,更好地适应新的产业格局。随着经济新常态到来,中国工业制成品出口增速趋缓,以往低水平扩张的外贸发展方式难以为继。目前,对外贸易和产业政策调整的方向和着力点应放在为不同规模、不同所有制的企业提供公平有序的市场环境。只有加快国内产业结构调整,深化要素市场改革,着力完善统一的国内市场,打破地区分割和行业垄断(刘航、杨丹辉,2013),才有可能使这一轮外部需求调整演化为中国制造业淘汰落后产能、化解产能过剩矛盾的有利契机。

三 数字产业创新发展滞缓制约制造型中小企业转型升级

整体来看,中国制造型中小企业在生产装备数字化、联网化层面具备一定的基础,但仍有较大提升空间,主要表现为工业设备设施数字化、网络化基础薄弱,制造型中小企业数字化转型进展缓慢。生产控制类软件和系统普及水平与应用深度不够,使制造环节智能化发展受到限制。《中国两化融合发展数据地图》(2019 年)报告数据显示:当前中国制造业企业底层设备数字化、网络化尚未全面普及,硬制造资源上云进程相对滞后是企业应用工业互联网亟待弥补的"短板";在工业数字经济方面,2019 年全国开展网络化协同、服务型制造、个性化定制的企业比例分别为 35.3%、25.3% 和 8.1%,工业电子商务普及率达到 61.2%,较去年有不同程度增长,为推动基于互联网的制造业模式变革注入了新动能;企业研发设计、生产制造等重点环节数字化水平不断提升,全国关键工序数控化率达 49.7%,数字化研发设计工具普及率达 69.7%,46.0% 的企业在主要业务环节全面实现数字化。工业互联网平台是新一代信息技术与制造业融合的高级形态,然而现阶段中国工业互联网平台的关键技术突破不足,平台产业创新生态仍需持续构建。一方面,工业互联网的原创技术、核心技术和高端产品对外依存度较高。《全国工业互联网创新发展白皮书》(2018 年)指出,美国和德国处于工业互联网领域的领跑地位,全球已有的工业互联网平台有

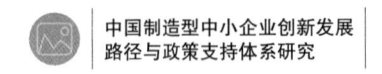

近50%分布在美国，德国、法国等欧洲工业互联网平台紧随其后。另一方面，工业互联网平台的产业创新生态构建仍需加强。微软、PTC、西门子、Software AG等领先平台企业不断完善开发者社区建设，并提供全面的技术资源和应用推广支撑。而中国平台企业的生态合作伙伴类型和数量都还明显不足，大部分平台还没有构建开发者社区，已构建开发者社区的平台入驻开发者数量普遍在千人左右，远远落后于国外数万人的平均水平。

四 科技创新基础能力薄弱阻碍制造型中小企业可持续创新

习近平总书记在全国科技创新大会上强调，优化基础研究、战略高技术研究、社会公益类研究的支持方式，力求科技创新活动效率最大化，应重点开展自由探索的基础研究。李克强总理也强调要补好基础研究"短板"，并要求加大长期稳定支持力度，到2020年研发投入强度达到2.5%。总体来看，中国制造型中小企业现有的创新投入严重不足，研发经费投入强度不够。中国经济增长与宏观稳定课题组指出，赶超战略和政府管制使资源存量快速资本化，导致实体经济创新不足和产能过剩（刘航、李平、杨丹辉，2016）。目前，中国基础研究投入仅占全社会研发投入的5%左右，仅相当于国外水平的一半。引领型技术和引领型产业较为滞后，关键核心技术与高端装备对外依存度较高，部分基础技术、通用技术、"卡脖子"技术、替代进口技术仍处于发展起步阶段。数据显示，2018年，中国知识产权贸易逆差高达302.22亿美元，美国、日本、德国知识产权贸易顺差分别为726.31亿美元、237.93亿美元、87.36亿美元。关键材料、计算机和服务器的高级专用芯片、智能终端处理器、存储芯片、装备制造领域高档数控机床、高档装备仪器、运载火箭、大飞机、航空发动机、汽车等关键件精加工生产线超95%的设备严重依赖进口。基础研究与技术创新有着本质区别，它需要长期积累，需要一代甚至几代人的持续努力，需要一砖一瓦地建设一个学科，这些离不开国家长期、持续、稳定的投入。全世界技术领域的创新活动一般都遵循基础研究发明、转化应用研究、进入市场三个阶段。一旦中间阶段被弱化，就会出现"死亡之谷"，基础研究成果就会"胎死腹中"。现阶段中国科技创新基础能力薄弱严重阻碍了制造型中小企业可持续创新。

五　国际标准引领地位不强限制制造型中小企业高质量发展

技术标准制定工作在规范和严格产品市场准入门槛、淘汰落后产品和技术、引领制造型中小企业高质量发展层面有着重要作用。但目前看来，中国标准的制作周期长、更新缓慢，国际组织标准制定工作参与度较低，企业创新过程有关标准先行的意识薄弱，这些都成为制约中国制造型中小企业创新发展的重要影响因素。此次新冠肺炎疫情，面临国际市场不确定性增加局面，暴露出中国现有制造标准化程度对整体制造业产业链协同支撑力度不够的问题。主要表现为标准化程度较高的制造业产业链环节在选择原材料或零部件替代品的过程中较为顺利，实现了疫情影响的有效缓冲，而标准化程度不够的产业则显得无能为力。另外，在疫情导致国内市场停滞情形下，有意识对标国际标准的企业相比一般企业有更大的市场优势，其产品可以由内销转出口，降低疫情对其盈利水平的负面影响。目前，中国各省（市）推进企业参与国际标准制定修订的政策力度不一，总体来看成效一般。主要表现为：目前中国制造业技术被 IEEE、IEC、ISO 等国际标准组织采纳的数量有限，面向国际的"中国制造"外文标准也不多，标准互译工作还有待推进；中国数字化转型试点企业参与国际化标准组织的会议次数还不够多，以企业为代表参与国际标准制定的意识还不够强。

第二节　中国制造型中小企业创新发展现状

中小企业，特别是从事制造业的中小企业，因其内生的创新主动性使自身在开发新产品、创造新业态、开发新工艺等创新活动中具有不可替代的主体地位。量大面广的制造型中小企业直面市场激烈竞争，对市场需求反应灵敏，适应需求进行创新的愿望强烈，是创新的主力军和重要源泉。充分发挥中小企业在创新链中的作用，提升中小企业创新能力，端正中小企业创新主体地位，既是中国制造业蓬勃发展的基础，也是中国中小企业创新升级的前提。中国制造型中小企业的创新政策体系不断完善，创新主体地位日益提升，协同创新能力逐步增强，数字转型新业态快速增长，创新成果运用大幅提高，创新资源承载作用不断凸显，创新公平竞争环境大幅完善。

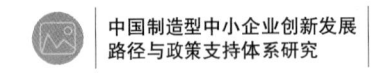

一 制造型中小企业创新政策体系不断完善

中国不断完善制造型中小企业创新扶持政策，在充分借鉴发达国家制造型中小企业创新发展先进经验基础上，建设了符合中国社会主义初级阶段的基本国情，集法律法规、行政指令、行业标准等为一体的创新政策体系，坚持完善面向制造型中小企业法律法规制度，不断强化服务制造型中小企业的创新发展政策，始终落实助力制造型中小企业发展的财税金融支持体系，极力助推制造型中小企业创新成果转化，逐步构建了面向制造型中小企业较为全面完备的创新政策体系。

（一）完善法律法规制度

中国制造型中小企业立法执法政策体系始终坚持与时代背景和经济规律相协调。2017年第十二届全国人大修订颁布了《中华人民共和国中小企业促进法》，将促进中小企业发展作为长期战略，要求各类企业机会平等、环境公平；规定实行有利于小微企业发展的税收政策，缓征、减征、免征小微企业所得税、增值税等，简化征税程序，减轻税收负担；合理提高小微企业不良贷款容忍度，健全多层次资本市场体系；明确在规划、用地、财政等方面提供支持，推动建立和发展各类创新服务机构为中小企业提供技术创新服务，促进科技成果转化，推动产品技术升级。2019年党中央和国务院联合印发了《关于促进中小企业健康发展的指导意见》，提出放宽市场准入、服务中小企业、破解融资问题、完善财税支持、提升创新能力、改进服务保障、加强支持统筹等惠企举措，助力中小企业健康成长。

（二）落实财税金融扶持

为助力制造型中小企业健康持续发展，政府通过信用担保、贷款倾斜、税收减免、经营补贴、定向采购等形式，纾解中小企业"融资难、融资贵"的问题。2010年财政部和工信部联合出台了《中小企业信用担保资金管理办法》，由中央财政预算安排，专门用于支持中小企业信用担保机构和再担保机构建设。2019年财政部、国税局、证监会发布的《关于创新企业境内发行存托凭证试点阶段有关税收政策的公告》和中办、国办发布的《关于加强金融服务民营企业的若干意见》为打造服务制造型中小企业的多层次融资市场提供政策引导。2020年2月新冠肺炎疫情袭来，人行、财政、银保、证监、外汇等多部门联合先后发布《关于进一步强化金融支持防控新型冠状病毒感染肺炎疫情的通知》《后疫情时期复工复产政策》等，为制造型中小企业灾后维系和复工复产提供金融支持。

（三）助推创新成果转化

为推进创新成果的有效利用，政府一方面推进创新成果转化机制，助力基础研究与应用研究升级改进，另一方面厘清创新成果转让途径，为新技术研究开发与新产品生产经营提供便利。2010年财政部、工信部、银监会、国家知识产权局、国家工商行政管理总局、国家版权局等多部门联合印发了《加强知识产权质押融资与评估管理支持中小企业发展》，提出要推进知识产权质押融资工作，拓展中小企业融资渠道，完善知识产权质押评估管理体系，支持中小企业创新发展。2015年国务院发布的《中国制造2025》进一步强调了要推动制造业企业科技成果转化，完善科技成果转化运行机制，建立完善科技成果信息发布和共享平台，健全以技术交易市场为核心的技术转移和产业化服务体系。2018年国务院印发了《知识产权对外转让有关工作办法（试行）》，规范了知识产权对外转让秩序，依据国家安全、对外贸易、知识产权等相关法律法规，审查知识产权转让对重要领域核心关键技术创新发展能力的影响。

二 制造型中小企业创新主体地位日益提升

近年来，中国制造型中小企业创新意识不断增强，对创新研发活动的资金和人才支持不断增加，研发能力稳步提升；创新成果产出数量与质量并行增长，创新转化效率和效益同步提高，创新技能持续积累；健全创新管理体系，重视技术中心建设，创新管理水平不断提升；形成一批质量高、发展快、抗压强的"专精特新"企业。

（一）创新研发投入加大

当前中国制造型中小企业对创新研发资本的投入比例不断增加，对创新研发人才的培育力度持续加大，在新兴产业中尤为明显。据国家知识产权局统计，2018年50.47%中小企业的研发经费占主营业务收入比例超过5%，同一指标的大型企业占比为20.6%。从研发人员组成上看，中小企业对科创型人才的招揽力度较大。中小板及创业板研发支出前百强企业中，17家公司研发人员数量占总员工数量超过50%，36家企业具有本科及以上学历的员工占比超过50%，53家企业具有本科及以上学历的员工占比

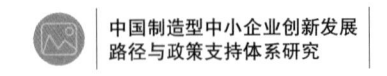

超过30%。从前沿产业上升势态看,据前瞻产业研究院统计显示,2014—2017年中国人工智能市场规模由48.6亿元上升至135.2亿元,年均复合增长率为40%以上,投融资金额居世界首位,投融资笔数仅次于美国,市场主体多为初创型中小企业。从研发投资、人才培育或前沿创新等各方面看,制造型中小企业创新主体地位已然凸显。

(二)创新成果产出增强

随着中国制造型中小企业创新研发投入的不断加大,创新成果产出数量与质量并行增长,创新转化效率和效益同步提高。通过中小企业知识产权战略推进工程试点工作,全国32个城市的中小企业集聚区中小企业专利申请量年均增长53%,专利授权增速超过30%,平均每个集聚区有专利申请的中小企业占企业总数的比例为43.5%,小微企业新产品开发、发明专利占比分别为80%和65%。据中小创板数据显示,在全球公开的发明专利申请数量进行统计排名中,2018年首批25家科创上市企业发明专利申请数量在100件以上的有12家,其中有2家在1000件以上;截至2018年年末,创业板上市公司专利数量由2009年的2394件累计提升至68753件,年复合增速超40%。而中国制造型中小企业创新能力的提升不仅表现在以专利为主要代表的创新成果数量的增加,还在于专利利用的提高与专利价值的挖掘上。据国家知识产权局统计,2019年相较2018年,中国有效专利实施率由52.6%上升至55.4%,有效专利产业化率由36.3%上升至38.6%,有效专利许可率由5.5%上升至6.1%,有效专利转让率由3.1%上升至3.5%;其中,中小企业有效专利产业化率略高于大型企业,有效专利许可率、转让率明显高于大型企业。

(三)创新管理水平提升

创新管理体系日益健全,技术中心建设受到重视,专业人才培育持续推进是中国制造型中小企业创新管理水平不断提升的重要表征。据工信部披露,全国已累计批复了13家国家制造业创新中心、指导各地认定了107家省级制造业创新中心,其中2019年新批复建设的4个国家级制造创新中心涉及智能网联、轨道交通、农机装备、先进纤维等新兴战略产业,围绕工业"四基",服务中小企业,推动制造业技术创新能力增强。据国家知识产权局统计,截至2019年,有52.90%的中小企业建立了知识产权资产管理制度,有48.29%的中小企业开展了《企业知识产权管理规范》国家标准贯彻实施工作，37.62%的中小企业设有专门的知识产权管理机构，以上指标较 2018 年均有明显增长；至少七成以上中小企业认为国家知识产权战略对制造业技术突破有显著增益，超半数中小企业表达了明确的境外专利申请意愿（含 PCT）。通过历年调查数据跟踪发现，中国有效专利实施率、产业化率、许可率和转让率较 2018 年均有所回升，专利持有单位或个人对知识产权保护意识明显增强，专利遭侵权事件呈稳定下降趋势，专利权人中认为现今知识产权保护水平比较适当的占比较上年增加 10.2%，企业在强化知识产权源头保护等方面需求旺盛。

（四）"专精特新"企业竞争优势凸显

自党中央和国务院提出引导制造型中小企业"专精特新"发展以来，制造型中小企业在企业发展和产业竞争中的优势日益凸显。2017 年各省（区、市）认定的"专精特新"中小企业累计 14000 多家，2019 年跃升至 20000 多家，复合增长率达 20%。据统计，2018 年中国境内半数以上的新上市企业是"专精特新"企业。上海市 2018 年市级百强民营制造业企业中有 1/3 来自"专精特新"；全市"专精特新"企业户均销售收入超过 1.9 亿元，户均利润总额超过 1500 万元；其中 227 家企业设立了国家级或市级企业技术中心或院士工作站，515 家企业研发投入比例不低于 10%，54 家优秀企业成功上市，219 家企业获评"隐形冠军"。在全球经济不确定性和去全球化的危机下，"专精特新"中小企业表现出更好的社会危机抗压力和公共治理适应性。面对疫情的冲击，相对传统劳动密集型中小企业而言，"专精特新"中小企业抗风险能力更强，复工复产的速度也比较快。据工信部统计，截至 2020 年 3 月，全国 2 万多家省级"专精特新"中小企业复工率已达到 53.6%；第一批 248 家"专精特新""小巨人"企业复工率已达到 91.4%。据工信部监测数据显示，后疫情时期"专精特新"中小企业的复工率高于中小企业整体水平。

三　制造型中小企业协同创新能力逐步增强

随着制造型中小企业创新体系的完善和创新主体的凸显，制造型中小企业作为协同创新枢纽的融通职能逐步增强，目前形成了大中小企业产业链融通创新、产学研协同创新和高水平现代化平台中小企业创新生态的三类协同创新模式。供应链整合、数字化提升以及区域一体化程度的逐渐加深使大中小企业正以块状经济为依托，向产业链经济发展转型，形成产业链协同的融通创新体系；制造业创新中心的搭建配合中小企业创新地位的上升使产学研技术创新协同体系初步形成；围绕高水平现代化平台体系的建设，工业互联网平台、大中小企业融通型特色载体等创新综合体的不断涌现促使中小企业协同综合创新生态逐渐形成。

（一）依托区域一体化的大中小企业产业链融通创新

中国大部分地区具有块状经济中产业集聚的优势，大量中小企业通过产业集聚获取规模经济的优势，降低企业间的交易成本和生产成本（詹爱岚、王黎萤等，2020）。但块状经济产业集群存在产业链条较短，纵向协同不深入，价值链整合度不够，产业集聚不稳定等问题。随着中国促进中小企业发展的相关政策出台，目前中国制造型中小企业分布区域化集聚形式明显，大中小企业产业链协同愈加明显。聚焦重点行业领域，推动工业强基、智能制造、绿色制造、服务型制造专项行动，围绕供应链整合、创新能力共享、数据应用等当前产业发展关键环节，形成了基于供应链协同的大中小企业融通发展模式，大企业为中小企业提供"一揽子"信息支持，包括上游产品供给、下游产品需求、产品质量及流程标准，提高全链条生产效率。在长三角、珠三角、京津冀等区域，制造型中小企业依托区域一体化优势，把握优质科研资源，拉动产学研一体化，共同构筑创新共同体。根据长江产业经济研究院统计，2000年至2018年，长三角地区内部经济规模差距呈缩小趋势，规模以上工业企业在科研经费方面的投入差距不断缩小，国内三种专利人均申请受理数、授权数、技术市场成交额占GDP比重逐年趋同。由此可见，长三角地区创新产出的地区差距不断缩小，区域创新共同体逐渐形成。

（二）立足新型研发机构的产学研协同创新发展体系

2019年世界制造业大会期间发布的《全球制造业创新指数白皮书》显示，中国首次跻身2019年全球制造业创新指数15强，并在计算机设备制造业、电力制造业表现出高创新水平。新一代信息技术和制造业深度融合，智能制造推动制造业产业模式和企业形态深刻变革，技术集成的广度和深度大幅拓展，大型复杂产品设计与制造能力成为制造业竞争的制高点。基于当代制造业发展趋势和区域经济特征，各地纷纷做出完善制造业创新体系，培育新型研发机构群的决策部署。广东省通过"国有新制"改革，鼓励清华珠三角研究院运用自有资金、社会资本和政府产业基金投资孵化出 80 多家科创企业。北京市采用"民办官助"模式，鼓励外资投资新型研发机构，引入盖茨基金会，与北京市政府、清华大学三方成立全球健康药物研发中心。北京协同创新研究院实行"研究院＋母基金"模式，由北大等 14 所高校及 100 多家高新技术企业共同运作总规模 10 亿元协同创新母基金，引导和鼓励其他高校院所、社会资本围绕特定领域建立协同创新子基金，重点支持成果产业化，打造国际公益性创新平台。江苏省产业技术研究院创新"一所两制"运行机制，探索"技术研发＋专业孵化＋投资基金"的运营方式，已建设新型研发机构 47 家，衍生孵化科技型企业 504 家，累计实现研发产业产值超 2000 亿元，有效发挥产业创新策源的功能与效用。

（三）围绕高水平现代化平台体系构建中小企业创新生态

目前中国正在加快完善制造业创新生态建设，强化高水平现代化平台体系，促使"大平台＋小前端＋富生态"的组织形态大量涌现。截至 2019 年 7 月，国家有关部门已累计批复了 13 家国家制造业创新中心，指导各地认定了 107 家省级制造业创新中心。海尔的"海创汇"平台孕育了 2000 多家创客小微，48% 的成活率远高于社会平均水平，被认定为国家小微企业创业创新示范基地。国家电网以"三型两网"建设需求为导向，营造开放合作新生态，面向社会开放 100 个重点实验室，累计获得国家科学技术奖 79 项，拥有专利 82810 项，建设各类"双创"平台，带动产业链上下游 9000 多家企业发展和 170 万人就业，拉动投资 350 亿元。2018 年国家有关部门提出大力支持平台载体建设，由中央财政通过中小企业发展专项资金，分 3 年投入 100 亿元支持 200 家优质实体经济开发区打造包括大中小企业融通型特色载体在内的四类创新创业特色载体，依托特色载体打造大中小企业融通发展的新型产业创新生态。2018 年，已经批复 36 家实体经济开发区打造大中小企业融通型特色载体，推动大中小企业融通发展。

四　制造型中小企业数字转型新业态快速增长

近年来，全球经济进入数字化转型时期，数字化转型指通过现代技术和通信手段，将数字技术融入产品、服务与流程中，改变着企业为客户创造价值的方式。在新一轮科技革命和产业变革中，数字经济已成为引领创

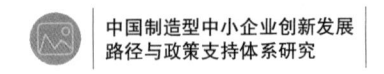

新和驱动转型的先导力量，正在加速重构全球经济新版图，也成为中国经济转型增长的重要一极（潘家栋、包海波，2019）。

（一）数字化转型打造智能制造新业态

近年来，制造型中小企业面对劳动力成本和环境成本的压力，逐步向数字化转型打造智能制造新业态。数字化制造以信息和知识的数字化为基础，以现代信息网络为主要载体，运用数字化、智能化、网络化技术来提升产品设计、制造和营销效率的全新制造方式，包括数字化设计、数字化工艺、数字化加工、数字化装配、数字化管理等。随着5G、云计算、物联网、大数据、人工智能等技术的兴起，数字化制造成为推动制造业发展质量变革、效率变革、动力变革的重要力量。体量巨大的国内市场、快速发展的智能设备设施、不断完善的政策体系等，都为中国制造业数字化转型打造智能制造新业态提供了得天独厚的有利条件。以浙江省为例，2018年政府出台了《关于推动工业企业智能化技术改造的意见》，目标是至2022年规模以上工业企业与18个振兴实体经济财政激励县（市、区）的中小企业实施智能化技术改造覆盖面达到70%以上，在役工业机器人拥有量达15万台以上，制造业机器人密度达200台/万人以上，骨干企业装备数控化率达到65%以上、机器联网率达到55%以上，数字化车间、智能工厂达到300个以上，重点技术改造投资年均增长15%以上；2020年政府出台了《2020年浙江省两化深度融合国家示范区建设暨产业数字化推进工作要点》，目标以工业互联网为主要抓手，发挥产业数字化在复工复产中的重要作用，连接5000万台工业设备产品，服务10万家以上工业企业，重点行业典型企业装备数控化率、工业设备联网率分别达到62%、45%，在役工业机器人突破10万台。

（二）"互联网+"实现共享制造新业态

近年来，制造型中小企业面对设备、技术和人才等资源的供求不对等问题，为提升产品的层次和质量，通过"互联网+"逐步实现共享制造新业态。一方面，制造型中小企业利用"互联网+传统制造业"开展个性化定制和柔性化生产，取得良好的经济效益。随着"两化"深度融合，即信息化与工业化在更大范围、更细行业、更广领域、更高层次、更深应用、更多智能方面实现彼此交融，先进制造业与生产服务业"两业"融合成为大趋势。新兴制造型中小企业需要重新配置产品或推出新的定价模型，这是一种利用客户体验、选择和喜好进行创新的商业模式。"智能工厂"使客户的个性化定制需求得以满足，同时发掘出创造价值的新方法和商业模式。制造型中小企业通过"互联网+"，从重资产向轻资产转型，实现向高端化、高效率、高附加值的转变，通过在高端环节获得更高产业附加价值，推动更高生产效率，进一步深耕"个性化"。另一方面，以工业互联网为载体，帮助企业充分利用全球资源和要素，整合优化企业的产品和工艺设计、原材料供应、产品制造和市场营销与售后服务等主要产业链环节；以共享制造为理念，围绕生产制造各环节，将分散、闲置的生产资源集聚起来，弹性匹配、动态共享给需求方，是顺应新一代信息技术与制造业融合发展趋势、培育壮大新动能的必然要求，是优化资源配置、提升产出效率、促进制造业高质量发展的重要举措。

（三）大数据推动数据中台服务型制造新业态

根据中国信通院发布的《中国数字经济发展与就业白皮书（2019年）》，2018年中国数字经济规模达到31.3万亿元，按可比口径计算，名义增长20.9%，占GDP比重为34.8%；中国数字经济领域就业岗位1.91亿个，占年总就业人数24.6%，同比增长11.5%，显著高于同期全国总就业规模增速。随着制造业产品个性化、定制化趋势日益明显，制造业企业前端市场同样日趋复杂，大数据推动的数据中台帮助制造型中小企业耦合差异，加速数据驱动带来的价值。例如，杭州数澜科技有限公司作为面向企业的第三方大数据服务提供商，通过有型的产品支撑和实施方法论，解决大企业面临的数据孤岛、数据维护混乱、数据价值利用低的问题。截至2019年8月数栖云已为2019年世界500强中7%的中国上榜企业提供数据中台相关服务；数栖云基于"数栖4.0"部署于云端，活用企业的数据，支持专有资源和共享资源等部署形态和使用模式，截至2019年8月数栖云已有2060家用户。此外，国内首个知识产权大数据产品——六棱镜知识产权，融汇了知识产权、工商注册、投融资、科技文献、标准等12大类300余种多源异构数据资源，构建形成了涵盖150亿条专利—实体网络关系数据的资本—人才—技术知识图谱，针对技术投资、精准并购、招商引资、人才引进等场景提供了全新的大数据解决方案。

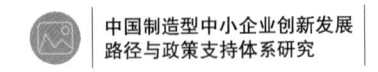

五 制造型中小企业创新成果运用大幅提高

制造型中小企业在创新发展的实践过程中，深度融合新一代信息技术，创新成果转化数量快速增长、质量不断提升，积极参与国内外标准制定与推广，质量和品牌建设不断加强，知识产权综合运用能力不断增强。

（一）创新成果转化数量快速增长、质量不断提升

中国制造型中小企业的创新成果转化率较发达国家相对较低，目前的科技成果转化率仅为10%左右，远低于发达国家40%的水平，但创新成果转化数量快速增长、质量不断提升。据《中国科技成果转化2018年度报告》显示，2017年中国2766家研究开发机构、高等院校以转让、许可、作价投资的方式转化科技成果的合同金额、合同项数增长迅速，合同金额达121亿元，同比增长66%，合同项数为9907项，同比增长34%；科技成果交易合同均价显著提高，转化合同平均金额为122万元，同比增长约24%，转化合同收入超过1亿元的机构达到31家，同比增长55%。近年来，中国科研创新成果转化机制体制不断优化，2015年10月实施的《中华人民共和国促进科技成果转化法》，促进科技成果转化为现实生产力，规范科技成果转化活动，加速科学技术进步，推动经济建设和社会发展；2016年8月印发的《教育部 科技部关于加强高等学校科技成果转移转化工作的若干意见》，简政放权鼓励科技成果转移转化，建立健全科技成果转移转化工作机制，加强科技成果转移转化能力建设；2019年8月科技部出台的《关于新时期支持制造型中小企业加快创新发展的若干政策措施》，提出17条具体举措强化科技创新政策完善与落实。

（二）积极参与国内外标准制定与推广，质量和品牌建设不断加强

中国制造型中小企业积极参与国内外标准制定与推广。2018年12月，国务院总理李克强主持召开国务院常务会议，部署加大对中小企业的支持，鼓励中小企业参与关键核心技术攻关和国家标准制定。2018年2月，上海天诚通信技术股份有限公司作为布线行业唯一的中国企业代表，参加在巴黎举行的第64届ISO/IEC JTC1 SC25 WG3（通用布缆的国际标准化组织）标准会议；9月，天诚通信再次在美国华盛顿参加了第65届ISO/IEC JTC1 SC25 WG3标准会议。中小企业积极参与共性、新兴、关键技术标准的研制与推广，不断完善融合标准体系，并同步推进国际国内标准化工

作，增强中国中小企业在国际标准化组织（ISO）等国际组织中的话语权。中国制造型中小企业质量和品牌建设不断加强。2014年习近平总书记提出"推动中国制造向中国创造转变、中国速度向中国质量转变、中国产品向中国品牌转变"，为推动中国制造业产业结构转型升级、打造中国品牌指明了方向。中国工业和信息化部和工业经济联合会自2017年起已累计公布四批制造业单项冠军示范（培育）企业名单，目前共包括示范企业257家、培育企业111家，引导和支持企业专注于细分产品领域的创新、产品质量提升和品牌培育，突破关键领域短板，培育具有全球竞争力的世界一流企业，促进中国制造业高质量发展。

（三）知识产权综合运用能力不断增强

近年来，中国制造型中小企业知识产权综合运用能力不断增强。中国知识产权发展状况发布会指出，2019年，全国专利转让、许可、质押等运营次数达到30.7万次，同比增长21.3%；专利和商标质押融资金额达到1515亿元，同比增长23.8%；全国涉及知识产权技术合同成交额达到9286.9亿元，同比增长137.7%；知识产权运营项目和运营平台正加快落地，截至2019年年底，知识产权运营服务体系建设重点城市已经增加到26个，9个国家级知识产权运营平台挂牌各类知识产权12.1万件，注册用户达到28.4万个，知识产权运营体系建设取得了新的成效。目前，全国性银行和地方商业银行已在扩大知识产权融资方面做出相关的制度安排，2019年第一季度末，银行业金融机构知识产权质押贷款户数6448户，较2018年增加1200余户，贷款余额比2018年年初增长98%，新增著作权质押担保主债务登记金额80亿元。2019年7月，中国银保监会加大发力，部署扩大知识产权质押融资力挺制造业，推动缓解制造型中小企业融资难问题，调整优化贷款结构，强化知识产权运用。此外，制造型中小企业加强知识产权保护和运用。目前中国制造业存在知识产权发展不充分、地区发展不平衡问题，2018年中国知识产权使用费进出口逆差超过300亿美元。

六 制造型中小企业创新资源承载作用不断凸显

创新资源是对企业技术创新过程实现和创新成果取得发挥作用的物质和非物质资源的统称，具体包括企业创新活动所必需的人才、科技信息、资本、组织等资源。中小企业具备相对灵活的用人机制，基于科技信息服

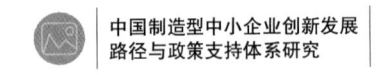

务平台促进信息集聚，通过利好金融政策推进资本流动，建设组织机构提升资源整合利用，中国制造型中小企业具备承载各类创新资源的优势。

（一）制造型中小企业成为技能型和创新型人才的培养皿

目前，中国中小企业提供超 80% 的城镇就业岗位，与大型企业相比，中小企业用人机制相对灵活，制造型中小企业成为技能型和创新型人才的培养皿。自 2005 年起，工信部在中国中小企业信息网专设招聘频道，与教育部联合举办"全国中小企业网上百日招聘活动"，已累计有 7 万家中小企业通过网络招聘平台向 352 万高校毕业生提供了近 83 万个工作岗位。2016 年 4 月，中小企业家集聚北京共谋培育中国企业"工匠精神"，助推制造型中小企业提升产品品质、树立自主品牌。2020 年 3 月，人力资源和社会保障部等三部门联合发布智能制造工程技术人员、工业互联网工程技术人员、虚拟现实工程技术人员等 16 个新职业，进一步弥补智能制造产业人才缺口，推动智能制造产业发展以促进制造业转型升级。中小企业创业基地推动实现制造业创新型人才集聚，目前经省级主管部门认定的中小企业创业基地已有 1700 多个，基地入驻企业数达 12 万家以上，提供就业岗位 420 多万个，人才集聚激发制造型中小企业创新活力。新型研发机构进一步凝聚创新型人才，截至 2019 年年底，全国范围内新型研发机构累计达到上千家，其中江苏（346 家）、北京（近 300 家）和广东（297 家）三省市新型研发机构的数量和质量领跑全国。

（二）制造型中小企业成为科技信息资源的策源地

中国 65% 的国内发明专利由中小企业获得，75% 以上的技术创新和 80% 以上的新产品由中小企业创造，中小企业基于科技信息服务平台促进信息集聚，制造型中小企业成为科技信息资源的策源地。近年来，工信部实施"中小企业两化融合能力提升行动"及"互联网＋小微企业行动计划"，推动信息化服务商运用互联网、移动互联网、云计算、大数据等信息技术，搭建支持中小微企业研发设计、经营管理、市场营销等核心业务发展的信息化服务平台。目前，全国已建立 5900 多个信息化分支服务机构，配备了近 10 万名专业服务人员，通过信息化服务平台，凝聚了超过 60 万家软件开发商和专业合作伙伴。制造型中小企业面向并基于用户个性化需求，通过科技信息服务平台促进信息集聚，提高产业组织柔性和灵活性，推动制造型中小企业承载科技信息资源。

（三）制造型中小企业成为资本流动的新洼地

目前，中国中小企业创造了全国60%以上的GDP，贡献了全国50%以上的税收，制造型中小企业通过利好的金融政策推进资本流动，成为资本流动的新洼地。为缓解中小企业"融资难、融资贵"的问题，2015年起国家建立总规模为600亿元的中小企业发展基金，各省市结合各自区域现状着手制定地方中小企业发展基金和引导基金，重点支持实体经济，进一步激发了制造型中小企业创新活力。2019年中国"瞪羚"企业数据报告显示，共有25057家企业"爆发式"增长成为2019年中国"瞪羚"企业，制造业的"瞪羚"企业数量最多，高达9577家，占比38.22%，多地密集出台培育"瞪羚"企业的新政，在财政金融方面给予大力支持。2020年新冠肺炎疫情以来，制造型中小企业在复工复产方面更是面临前所未有的压力和困境，由人民银行等五部门于2020年2月联合印发的《关于进一步强化金融支持防控新型冠状病毒感染肺炎疫情的通知》，从优化金融服务体系、抓紧建立"敢贷、愿贷、能贷"长效机制、公平精准有效开展企业授信业务、着力提升企业信贷服务效率、从实际出发帮助遭遇风险事件的企业融资纾困、推动完善融资服务信息平台、处理好支持企业发展与防范金融风险的关系七个方面帮助中小企业渡过难关推动创新。制造型中小企业在政策利好的大环境下，积极推进制造业高质量发展，将资本引入实体经济，促进资本资源流动。

（四）制造型中小企业成为组织资源整合的实验基

组织资源能够保障各种创新资源的有效协同整合，以及创新资源的有效利用，制造型中小企业通过建设组织机构提升资源的整合利用效果，成为组织资源整合的实验基。2019年5月，国务院印发的《关于推进国家级经济技术开发区创新提升打造改革开放新高地的意见》，明确实施先进制造业集群培育行动，支持国家级经开区创建国家新型工业化产业示范基地，培育先进制造业集群；商务部表示将积极支持国家级经开区集聚、集约、集群发展先进制造业，会同有关部门共同实施先进制造业集群培育行动；发改委表示将培育世界级先进制造业集群，加大关键基础材料、核心基础零部件、产业技术基础等研发的力度。此外，工信部等通过支持30个省份和5个计划单列市搭建互联互通、资源共享的平台网络，正打造一批高质量云服务平台，积极推动云计算、大数据、物联网与现代制造业结

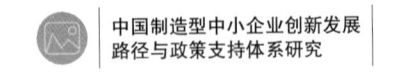

合，加速发展智能装备和智能产品。中国制造业企业创新发展的积极性被极大地调动起来，中小企业在其中承载组织资源的主体作用快速提升。

七 制造型中小企业创新公平竞争环境大幅完善

公平、开放的竞争环境是实现制造型中小企业高质量发展的必要条件，也是促进社会主义市场经济健康发展的重要举措。近几年，在《中国制造2025》、数字化转型、"互联网+"、大数据等背景下，对制造型中小企业而言，中国营商环境得到了极大改善、区域创新一体化带来了发展新机遇、全球价值链融通发展释放了积极信号，制造型中小企业创新公平竞争环境大幅完善。

（一）营商环境得到极大改善

近十余年来，中国通过"一部法律四个文件"的颁布和实施，中小企业创新公平竞争环境得到不断完善。其中，一部法律指2002年颁布的《中小企业促进法》，标志着中国中小企业发展从此步入法制化轨道；四个重要文件是指2005年出台的《国务院关于鼓励支持和引导个体私营等非公有制经济发展的若干意见》、2009年出台的《国务院关于进一步促进中小企业发展的若干意见》、2010年出台的《国务院关于鼓励和引导民间投资健康发展的若干意见》和2012年出台的《国务院关于进一步支持小型微型企业健康发展的意见》，从市场准入、公平竞争、政策普惠等方面制定了鼓励中小企业创新发展的具体政策。2015年以来，全国推进的"大众创业、万众创新"，既扩大了就业，增加了居民收入，又有利于促进社会资源纵向流动和分配公平，进一步推动制造型中小企业创新公平竞争环境的改善。2019年10月发布的《全球营商环境报告2020》显示，中国营商环境总体得分77.9分（中国达到了全球最佳水平的77.9%），比上年上升4.26分；排名跃居全球第31位，比上年提升了15位。

（二）区域创新一体化带来发展新机遇

长三角、京津冀、珠三角等区域经济、创新一体化为制造型中小企业带来了发展的新机遇。以长三角区域创新一体化为例，一方面，国家重大战略在长三角的落地为区域制造型中小企业带来更多政策红利，2010年国家发改委颁布《长江三角洲地区区域规划》，优化区域布局，推动区域协调发展，在巩固传统产业的基础上提升新兴产业，建设区域创新体系；

2018 年颁布的《长三角地区一体化发展三年行动计划（2018—2020 年）》，建设长三角综合交通体系，提升能源互济互保能力，加快信息基础设施建设，共享公共服务。另一方面，长三角开放产业平台的构建为区域制造型中小企业带来了更多合作机遇，例如 G60 科创大走廊、杭州湾大湾区等高起点、高标准、高定位的平台建设正强势推进，这将为区域制造型中小企业提供更为广泛的对接渠道和合作机遇，有效为制造业优化制造流程、更新生产模式消除技术壁垒。此外，长三角技术创新机制的先行先试为区域制造型中小企业提供更多创新支持，结合区域制造业基础和资源禀赋，加强战略协同、产业链协同、创新协同、主体协同，助推制造型中小企业创新发展。

（三）企业直面全球价值链挑战，抓住融通发展释放的积极信号

全球价值链是市场经济全球化基本规律的新体现，遵从多维且动态的统筹融通市场新制度。中小企业在各国经济发展当中发挥着重要的作用，尤其对于蓬勃发展的亚太经济来说，根据不完全统计，中小企业数量占到亚太地区企业总数的 95%，中小企业雇用的劳动力占到 80%，对于中小企业创造的劳动生产总值，各个国家不尽相同，基本处于 30%—60%。制造型中小企业在全球价值链中有着重要的发展地位。面临国际产业激烈的竞争，尤其是 2020 年新冠肺炎疫情在全球暴发以来，企业直面全球价值链挑战。2018 年 11 月，工信部会同发改委、财政部、国务院国资监管委联合印发了《促进大中小企业融通发展三年行动计划》，鼓励中小企业积极深化对外合作，在大型跨境电商的带动下充分利用跨境网络交易平台进行跨境产品交易、技术交流、人才流动，融入大型跨国公司的产业供应和产业创新体系；依托中德、中欧等中外中小企业合作区和合作交流平台，围绕重点领域开展国际经济技术交流和跨境合作，吸引高端制造业、境外原创技术孵化落地，推动龙头企业延伸产业链，带动"专精特新""小巨人"企业融入全球价值链，促进"单项冠军"企业迈向全球价值链中高端，积极参与国际产业竞争。2020 年 2 月，商务部印发了《关于积极指导帮助"走出去"企业做好新冠肺炎疫情应对工作的通知》，强调进一步加强与"走出去"企业的沟通联系，积极行动、主动作为，帮助企业抗击疫情、克服困难、渡过难关。

第三节 中国制造型中小企业创新发展存在的问题

尽管中国制造型中小企业在创新研发、成果转化、资本运作等方面取得了优秀的成绩，但是仍然面临政策体系不完善、共性技术不充足、生态系统待建设、市场环境不成熟、服务体系偏薄弱、投融资渠道不丰富和人才激励制度不完备的问题。

一 促进制造型中小企业创新发展的政策体系仍不完善

针对中小企业发展所出台的包括减轻负担降低成本的财税金融政策、鼓励支持创新创业和高质量发展等在内的多项扶持政策有力地支持了中小企业的创新发展，取得了积极的政策效应。在政策贯彻落实中也浮现出一些问题，从而为政策的优化提供了空间。首先，直接激发创新的政策体系不完善。直接支持制造型中小企业尤其是小企业加大新产品开发以及研发投入来实施融通创新、整合创新等不同创新模式的激励机制不足，还需进一步以积极的政策鼓励支持制造型中小企业加大科技成果转化及知识产权保护等方面的工作力度，为推进先进制造业伙伴计划、加强各项要素资源的流动并充分利用支撑平台提升企业创新能力提供有力支持。其次，金融政策、科技成果转化一部分政策的差异化及普惠性不足。中国不同区域的中小企业发展的既定特点、企业发展的成熟度、外部不确定时间对企业的影响不同等均导致企业创新特征不同。因此对于中小企业的创新政策需要兼顾总体发展的激励措施以及分类指导政策。普惠性方面，有的企业因为"不符合政策列出的条件或不属于政策优惠的范围"而未享受到有关优惠政策。近期《中国经济时报》报道指出，虽然扶持政策让中小企业感受到一定的暖意，但有的措施"看得见、摸不着"，企业感受不明显。金融扶持政策虽然在向中小微企业倾斜，但以金融机构现有的风控标准，很难给予中小微企业足够的资金支持，许多中小微企业和个体户还是贷不到款。最后，应急政策体系相对不足。随着中国社会经济结构转型的不断深入，社会矛盾错综复杂，突发事件的种类和频率上升，现有制度中由于不协同因素的存在导致信息流动出现梗阻，不能及时支持应急决策，需要尽快完善中小企业应急响应组织机构建设以及中小企业应急响应能力提升相关支持政策。

二 促进制造型中小企业创新发展的共性技术支撑不足

党的十九大报告提出,"突出关键共性技术、前沿引领技术、现代工程技术、颠覆性技术创新,为建设科技强国、质量强国、航天强国、网络强国、交通强国、数字中国、智慧社会提供有力支撑"。首先,关键共性技术供给距离规划要求还有差距。工信部《产业关键共性技术发展指南（2017年）》提出优先发展的产业关键共性技术共174项,其中,原材料工业53项、装备制造业33项、电子信息与通信业36项、消费品工业27项、节能环保与资源综合利用25项。根据2019年全国技术交易市场数据,近七成的技术交易涉及高新技术领域,电子信息、先进制造、新能源领域技术合同成交额居前列,与规划的产业关键共性技术方向一致,但是在原材料、装备制造等关键技术领域还需提升。其次,"四基"领域及数字领域共性技术还不足。工业基础能力直接决定着制造型中小企业产品的性能、质量和可靠性,中国关键基础材料、核心基础元器件零部件、先进基础工艺、产业基础技术还是一大短板,关键共性技术缺失,产品质量和可靠性难以满足需要。另外,数字经济下中小企业在进一步发展中面临提高制造业柔性生产能力、推动先进制造和现代服务深度融合的需求,但是在工业互联网、芯片、工业软件等领域还存在技术的"卡脖子"问题,大量的产业关键共性技术亟待研究,供需不匹配局面较为显著。其中包括共性技术的外部性、信息不完全以及随之而来的市场失灵问题决定了产业共性技术的效益很容易外溢,加上共性技术研发周期长且应用前景不明,市场在共性技术研发与扩散中的资源配置作用受到抑制,共性技术研究过多地依赖政府的直接组织和资助。共性技术的研发投资、协作机制等问题未得到充分解决;共性技术的知识产权尚不完善,差别化保护制度尚未建立。最后,共性技术产出转化不足。缺乏对合作研究的鼓励政策及相关管理规定,特别对联合研发成果的产权归属、技术转移、收入分配等方面的管理不足等,均导致共性技术的实际成果产出及转化不足。尽管中国2019年有超过5800项区块链专利申请,但仅有3%获得专利授权。中小企业自身的研发实力相对较弱,加上中小企业享受共性技术扩散的门槛还比较高,共性技术向中小企业扩散效率不高,从共性技术创新中获得的收益不能达到行

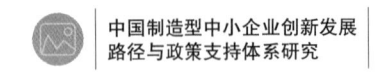

业创新和产业升级的需要，不能有效地促进企业自主创新能力的提高，对产业发展的支撑作用偏弱。

三 促进制造型中小企业融通创新的生态系统有待建设

"发明方法的发明"是世界科技强国成功的奥秘，优化创新创业生态、集聚融通创新要素、培育新兴产业集群是世界科技强国崛起的基础（包海波、潘家栋，2018）。中国中小企业创新活力不断增强，无论在传统领域还是在信息技术、生物医药等新兴领域，积极创新转型推出新产品、新技术、新模式和新业态。在此背景下，各省加快融通创新平台建设：政府统计数据显示，广东省2018年省部级以上各类创新平台300多个；河北省提出至2020年省级以上重点实验室、工程研究中心（工程实验室）、技术创新中心（工程技术研究中心）、产业技术研究院、企业技术中心等总数达到1900家的发展目标。但目前还存在以下问题：首先，大中小企业协同度不足。大企业为了保障自身利益，与中小企业相比，更愿意选择具有资金、技术等资源或渠道优势的其他大企业进行合作。由于有效的激励机制尚未建立，大企业带动中小企业融通发展的动力不足，不乐于向中小企业开放或共享技术、市场等核心资源，沟通机制较为缺乏，导致中小企业产业层次普遍较低，与大企业协作配套能力与融通度不足。其次，产学研合作效率需要提升。制造型中小企业产学研合作的深度和广度还不够，产学研合作创新对企业所产生的效用还需要加强。调研数据显示，有75%的受访企业认为，以高校为主体的企业创新模式存在明显的创新动机（目标）不一致问题，因为高校的研究人员追求科研价值，而企业追求市场价值，进而存在创新（项目研发）的不确定性较大（76%）、技术交流不畅（74%）、投入的经费（72%）和时间不足（74%）等问题，使以高校为主体、企业参与的合作创新存在诸多障碍。尤其是通过引入创新要素加强产学研合作，以及加快运用科技成果和新技术催生制造型中小企业新的经济增长点，促进形成发展的新模式、新产品、新业态，激发企业创新的内生动力方面还需要完善提升。再次，融通创新平台供给需要加大，县、区、镇级的创新平台覆盖率需要进一步提升。有数据显示，2020年广东专业镇协同创新平台覆盖率将达90%，相较之下，其他一些地区相应的平台数量和覆盖率还达不到这个水平，需要进一步扩大平台网络覆盖范围，延伸服务触角，增加服务节点，拓展平台网络在区、县的纵向覆盖以及在各类重点产业聚集区、工业园区、创业创新基地等的横向覆盖，加快创新平台从量到质方面的建设。适应数字经济背景的高端协同创新平台及创新生态系统亟须建立。

四 促进制造型中小企业新业态集聚的市场环境尚不成熟

工业和信息化部《关于加快培育共享制造新模式新业态促进制造业高质量发展的指导意见》中提到，坚持以市场为导向，充分发挥企业主体作用，强化产业链上下游协作，丰富平台应用。目前中小企业创新的市场环境不完善对新业态集聚的制约也依然存在，具体表现在：首先，不确定的环境加大企业生存压力。中小企业面临的内外部市场环境多变，"VUCA"（Volatility，Uncertainty，Complexity，Ambiguity）已经成为包括制造型中小企业在内的企业面临的新常态。数据显示，近年来制造型中小企业采购经理指数PMI在荣枯线附近波动压力始终存在（见图6-1）。在贸易保护主义不断升温的情况下，全球进出口贸易额出现大幅回落，美日欧等经济体制造业扩张幅度呈现缩小趋势，对中国中小企业产品的外部需求减弱，导致外需增长空间受限，这也使通过内外合作鼓励中小企业开展创新业务，促进形成新业态、新模式受到一定的制约。

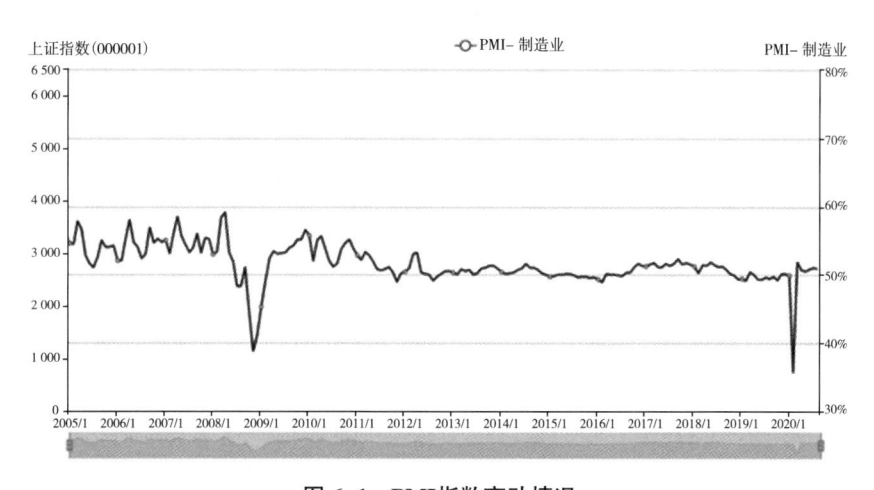

图6-1 PMI指数变动情况

其次，营商环境改革还需解决制造型中小企业新业态集聚面临的约束性问题。中小企业用地、用工、资金、原料、能源等在内的约束性问题的解决还需要营商环境改革深入推进来进行支持；还需要加强市场管理，为中小企业质量型发展提供良好空间。中小企业多存在质量管理水平偏低、产品和服务竞争力不强、质量基础设施薄弱等问题。2017年质检总局调查问卷显示，有87.5%的被调查企业希望获得质量技术基础设施服务。因此，需要良好的市场基础设施服务和市场监管为中小企业提供有利于新业态发展的公平竞争大环境。

最后，既有制度还不足以支撑新业态集聚的市场环境。新一代信息技术与各行业加速融合催生新产品新服务新业态的情境下，中小企业近半数（48%）创新成果被竞争对手低成本模仿，严重损害了创新企业权益。需要加强知识产权保护制度、科技成果转化制度建设以此协助中小企业获得关键信息和技术实现创新，并保护其创新成果，真正发挥中小企业的创新活力和创新主体地位，为中小企业的创新发展保驾护航，在此基础上深入推进反垄断、反不正当竞争，保障中小企业公平参与市场竞争等。

五　促进制造型中小企业创新发展公共服务体系仍待强化

近年来，各省市的公共服务体系建设均取得较快发展，呈现广覆盖、服务优的特色。据不完全数据统计，当前中国各类产业公共服务平台数量共计40多万个，在提升产业协作水平和市场效率、促进制造业健康发展方面发挥了重要作用。面对外部环境的不确定性以及新形势，制造型中小企业公共服务体系建设面临着新的挑战和任务。首先，各地公共服务平台总体发展程度不一，普遍存在未统一规划形成合力的现象。调查显示，一些城市的中小企业公共服务平台还处于起步阶段，由于缺乏统一规划，没有形成跨部门、跨行业和行之有效的顶层协调管理机制，各个平台之间的协作聚合及信息共享度偏低，各自为政、自成一体地开展服务，横向缺乏服务沟通和协作，纵向缺乏服务指导和衔接，导致区域共享资源不足。尽管建设力度不断加大，有数据显示，48%的企业仍然认为目前可供使用的服务资源严重缺乏。有的区域运营中的公共服务平台只是解决现阶段企业现实的科技需求，建设缺乏系统性，长远发展思路有待进一步明确。其次，公共服务平台的服务力度和范围需要提升。在长三角一些工业园区的调查中发现，技术中心等能够积极为企业提供检测等服务，但是也可以看出有些平台服务类型相对单一、服务质量需要提升，线上、线下信息的快速响应和供需对接机制还未发挥，平台作用形式和真正的服务效能、影响力之间还有一些差距。2017年山东一些地区的公共服务平台发展报告显示，部分地区由于平台建设和运营时间较短，缺少专业技术和管理人才，为中小企业提供高效、便捷、规范的服务等方面还缺乏相应经验；还有一些地区公共服务平台服务提供方与服务接收方信息不对称，部分企业对相关政策的知晓率和了解度不高。最后，公共服务平台的精准服务能力有待提升。公共服务平台需要从平台、基地、机构等多个层面，以及技术开发服务平台、科技信息共享体系服务中心、科技中介服务平台、科技人才服务体系和产品质量检测平台等多个领域加强建设，以提升中小企业的精准服务能力。工信部、科技部配合财政部印发的《关于支持打造特色载体推动中小企业创新创业升级的实施方案》提出于2020年以前安排100亿元支持引导200个实体经济开发区打造不同类型的创新创业特色载体的目标任务。目前载体的功能还需要提升，据黑龙江省工信委数据显示，截至2018年年末，全省78家省级创业基地完成服务收入仅占运营资产总额的8.8%，多数创业基地停留在场地出租、物业管理、政务代理等基础性服务阶段，高端服务、专业服务等增值服务较少，盈收渠道狭窄，缺乏创新、高效的运营模式。新一轮科技革命迅速兴起和数字经济的蓬勃发展，各省市在对标任务、加强公共服务体系建设和平台供给、切实服务制造型中小企业高质量方面还有很大的提升空间。

六 促进制造型中小企业创新发展的投融资渠道亟须丰富

据统计，中国企业的平均寿命只有2.5年，大企业的平均寿命也就7—9年，远远低于美国和日本企业的平均寿命。中小企业融资难的问题一直存在，仍未解决（李平，2017）。尽管支持中小企业创新的风险投资等正快速成长，但总体来说，小微企业在整个市场中处于相对弱势地位，在市场准入、资源使用以及市场营销等方面均处于落后地位；尤其是"融资难、融资贵"问题，成为一些运营良好的企业扩大投资和再生产的重要"瓶颈"（包海波、孙雪芬，2015）。首先，中小企业创新投融资的资金来源渠道、支持面还比较有限。中小企业所能使用的融资手段单一，大部分融资仅能通过银行贷款和民间借贷实现，股票、基金和债券等资金募集方式使用者较少。既有金融对中小企业的支持面和精准度也需要提升。中国中小企业发展促进中心《发挥中小企业在创新链中的作用推动"大众创业、万众创新"》报告显示，有52.21%企业认为政府在金融服务方面应"为技术创新项目提供低息贷款或贷款贴息"服务，有35.38%家企业认为应"为企业技术创新贷款提供担保"服务，还有部分企业认为政府应提供"种子期项目科技发展资金补贴""设立非营利科技企业资信评估机构，降低科技贷款风险""支持引进外资""支持企业上市""建立创业风险投资基金""建立企业信用担保机构风险补偿机制"等服务。有22.39%家企业认为，在促进企业自主创新过程中，最希望获得的金融政策是"政策性银行对自主创新的资金支持"，有26.37%家企业支持"政府利用基金、贴息、担保等方式，对商业金融机构支持自主创新的引导"，此外企业也支持"知识产权权利质押贷款""对高新技术企业的保险服务""政府引导创业风险投资投资于高新技术企业"等金融政策的实施和推广。其次，银行信贷支持力度仍然不足。中国中小企业发展促进中心《发挥中小企业在创新链中的作用推动大众创业万众创新》数据显示，中国四大国有商业银行信贷份额占全部信贷的75%以上，服务对象主要锁定在国有和大型企业，而对数量巨大的中小企业，则会采取种种限制条款与防范措施。许多中小企业依旧主要通过土地、房屋抵押获得银行贷款，动产融资比例较低，只有10%左右的企业是纯信用贷款，这在不同程度上导致中小企业贷款成本增加。为防范风险，金融机构在为中小企业发放贷款时，不仅会提出短期限、小金额等要求，也会要求额外支付账户管理费、融资顾问费、承诺费、信息咨询费、业务手续费等其他融资费用，最终导致融资成本上升。根据中小企业发展情况的不同，年化利率较之基准预期年化利率可上浮30%—200%。而民间借贷由于缺乏监管，利率更高，部分地区最高年息甚至可能超过100%。

七 促进制造型中小企业创新发展人才激励制度还需加强

人才是制造型中小企业创新发展的关键性资源，在创新发展中，制造型中小企业人才发展存在的问题表现在：首先，人才吸引力不足和留人难使人才供给不足。"招工难、留人难"这一中小企业普遍面临的问题在相当长的一段时间段内制约中小企业创新发展。近期对中小企业产业园区的一项调查显示，很多园区尤其是地域相对偏远的园区由于产业薄弱、平台不强、科技进步水平等原因，科创能力和影响力还不大，吸引和集聚人才还不强。使中小企业从事技术创新的人员明显不足，直接制约了中小企业自主创新的能力。虽然有的企业发展较好但所在园区提供的人才创业创新舞台不多，产生了园区即使招了人却留不住人的现象，人员流动性大，大多制造型中小企业有迫切的引智留人需求。其次，是企业创新中的人员结构问题：高级研发人员由于高薪及管理层职位的吸引力，基本处于稳定状态；低端研发人才由于自身掌握的技能不足、创新能力差且需要长周期培养，也趋于稳定；而处于中层的研发人才已经具备一定的创新能力，由于对薪资及上升路径的期望，倾向于到邻近的一、二线城市或省会城市发展。换言之，企业的研发人才分布呈现出"分散两端中间断档"的特点。另外，随着数字化时代的到来，中小企业高端人才资源尤为重要，但是人才匮乏的问题始终存在，尤其是在数字化时代甚至成为"瓶颈"性因素。调查数据显示，56%的受访企业表示缺乏关键人才。人才缺乏的问题在中国大陆表现得尤为突出，有24%的中小企业将它列为数字化转型的最大障碍，远高于亚太区整体17%的占比。现有政策体系从各个层面均已密集出台了人才吸引和激励措施，但一些地区针对不同类型制造型中小企业的差异化实用性技术人才引进措施不足，或者引进享受政府优惠政策范围的人才并不真正符合企业要求，造成供需错位，不能真正惠及中小企业。对于整体环境导致中小企业经营不佳时的人才吸引和维护需要更有力度的解决方案。另外，现有人才政策的实施常涉及人事、社保等部门，需要科技、财政、工信等部门的进一步配合。由于各部门之间的充分协调沟通机制较为缺乏，对于同一政策的实施常存在许多冲突和矛盾。例如，2015年《深化科技体制改革实施方案》中对科技创新人才的评价和机理提出了具体的指导性意见，但地方执行中，由于各部门在相关激励政策的奖励资金来源、具体实施标准以及补偿额度等方面未能进行有效衔接安排，导致奖励落实效果不甚理想。尤其是在涉及不同区域范围的身份编制、社保转移、档案管理等方面时，这些问题表现得尤为明显，对于人才的激励问题仍然突出。

第七章　中国制造型中小企业创新发展的战略框架

制造型中小企业应以创新链为核心、以产业链为基础、以价值链为目标、以资金链为支撑，通过四链联动和有效协同促进企业与市场有机衔接，构建基于双元创新能力和边缘竞争的"四链融合"模式，以知识产权与标准化协同战略推进创新链跃迁，以产业综合创新战略助推创新链与产业链融通创新，以平台创新战略实现创新链与价值链、资金链的整合创新，以国际化战略引领制造型中小企业聚力全球价值链重构，达到增强自主创新能力、破除体制机制障碍、落实创新驱动的目的。

第一节　动态视角下制造型中小企业创新战略框架

随着外部环境不确定性的加剧，制造型中小企业需要构建与环境发展相适应的动态竞争优势。动态能力视角下的中小企业创新战略，不仅需要在创新中实现渐进性创新和突破性创新的平衡，以创新链所呈现的嵌入式和模块化特征促进渐进式创新演进，以创新链所形成的开放式交互特征实现突破式创新；而且需要在开放式创新框架下，以创新链、产业链、价值链和资金链的整合协同形成资源集聚的创新基础，打通企业内外要素融合通道进一步促进制造型中小企业开放式创新战略的实现。继而通过企业持续变革及灵活应变能力的增强以及边缘竞争战略的实施获取四链融合下的竞争优势（王黎萤等，2016）。

一　构建基于双元创新能力的创新链战略

环境不确定性的加剧，使企业必须构建与环境发展相适应的创新能力及持续竞争优势。双元创新能力就是相对于企业传统能力观而发展的具有动态特征的创新理念。双元理论是学者 Danneels 在 March 的组织学习领域双元理论基础上所提出的创新领域双元特征，其根据技术创新程度，将创新分为渐进性创新和突破性创新。其中，渐进性创新是企业对现有技术、产品或服务等进行改进，以维持原有技术渐进性和持续性的创新；突破性创新是打破企业原有技术、产品或服务轨道，在一定时期内引起产业结构变化的根本性创新。Tushman 和 Smith（2002）认为，双元能力视野下的企业要积极主动地塑造不同理念层面的创新流，以实现渐进式创新与突破式创新的协同。基于该理念，企业既要重视"搜索、改变、试验和发现"等探索性创新活动以加强对环境的适应性，不断发现新市场、新技术、引入新知识、构建新能力；又能够兼顾进化性与革命性创新的关系，具备跳出已有的体系进入新体系的能力，不断推动变革实现突破式创新。在双元创新框架引领下，以市场为主导，多功能模块交互作用、多元化主体协同运作、多阶段模式共生竞合而形成的创新链有利于创新要素和创新资源整合，形成多样性、静态均衡的持续演进机制，通过战略的有机整合促进企业创新能力的突破式发展。

构建基于双元创新能力的创新链战略呈现以下特点：

第一，多元主体协同运作的自组织系统构成了创新链的基本形态。创新链涉及以企业为核心主体的，包括供应商、客户、高等学校、科研机构、中介机构、风险投资机构、金融机构等在内的多元主体形态，各主体在创新链中承担不同的功能与角色，通过知识、资金、技术、信息的流动与交换实现主体间的连接和要素共享。在多主体共生生态体系中，各项资源在系统有机流动并逐渐趋于优化，不仅为企业渐进性创新提供了基本的场所、为突破式创新创造了条件，而且实现了市场对资源的优化配置并促进了知识的学习和扩散。进一步在政府的作用下，创新链实现高阶演进，推动实现创新的弹性和包容机制。

第二，创新链所呈现的嵌入式和模块化特征促进了渐进式创新能力的形成和发挥。在创新链所呈现的共生系统中，一方面，各主体之间能够对所需要完成产品或项目的改进进行分解和解构，呈现多功能模块式特征；另一方面，各主体之间通过纵横交错的联系彼此嵌入创新链，使模块之间呈现多维度的、互为反馈的网络联结机制，逐步推进分解式任务的互动、融合和改进，在主体和要素的积累式互动中推进不断的、渐进的、连续的小创新实现，最后实现创新发展。

第三，创新链所形成的开放式交互特征构成突破式创新涌现的基石。创新链并非是简单的封闭共生系统，事实上那些具有良好的动态反馈功能的组织节点始终同其他创新主体进行积极有效的互动，呈现出包容性和开放性组织形态。随着开放深度和广度的不断加强，创新中的研究、应用、产业化活动不断完善。在此基础上，多领域创新链交叉融合并在纵向和横向与其他维度链条分解和集中，不断衍生出新的创意思维和创新灵感，使突破式创新在资源的链接、交错、碰撞、冲击中得以形成和完善。

二 基于开放创新的创新链与产业链、价值链和资金链的整合协同

开放式创新是 Chesbrough 在开源软件运行模式的启发下提出的，West 和 Gallagher 在此基础上做了进一步延伸，认为开放式创新是企业系统地鼓励寻找外部资源，有意识、有目的地将获取的资源和能力进行整合，并多渠道开发市场机会的一种创新模式，其本质是企业创新过程中所形成的跨越组织边界的资源搜索与获取战略。通过将企业内部资源能力与外部市场要素的有机融合，开放式创新为企业动态能力的形成提供了有力的支撑。基于开放式创新的创新链、产业链、价值链和资金链的整合协同，打通了企业内外要素融合通道，形成资源集聚、重组、交互式的创新基础。

基于同一产业上下游企业关联理念而形成的产业链，是同类或不同类产业部门企业间基于知识、技术、产品和服务纽带而形成的具有前后关联关系的链网式企业组合。围绕产业链的上、下游企业有机整合，服务于产业发展和转型升级目标。基于价值增值和价值传递的价值链由内部后勤、生产作业、外部后勤、市场营销、服务五种基本活动，以及采购、技术开发、人力资源管理、企业基础设施四种辅助活动构成并以特定的方式联结；基于资金要素流通的资金链是基于现金—资产—现金（增值）循环而形成的企业生产经营循环资金链条。开放式创新理念下，创新链与产业链、价值链和资金链在价值驱动机制下，形成创新链嵌入产业链、围绕创新链完善资金链并共同促进价值链实现整合协同机制。

开放式创新下，创新链与产业链、价值链和资金链通过多维度嵌入实

现融合。具体来说，首先当创新链嵌入产业链并实现纵向和横向耦合后，产业的空间分布从同构向异构转化，知识和创新因为创新链的作用而加速分解和扩散，也为大中小企业的协同合作以及产品和要素的相互匹配创造了集聚条件，从而打破了既有系统的封闭性，促进了产业的重新整合和转型升级。不仅如此，两者的耦合使产业在知识、技术、产品和服务等要素的推动作用下，创新链的原有模式得以演进提升，形成有利于政府、企业、高校、研究机构、用户共生的螺旋演绎式共生模式，促进创新链的发展。

其次，创新链和价值链的耦合是产业发展的重要内容，价值链的每一个环节都可能衍生出类似于组织创新、管理创新等的创新链内容，当各环节经由创新所形成的价值成为整个价值链价值增值的源泉时，也使各个环节的整体协同成为推进创新主体实现价值增值的关键。究其机理，企业通过建立利益分配机制整合创新资源，实现与其他主体在知识信息等方面的共享共存，从而有助于利益主体协同实现彼此利益共赢，进而实现价值增值；价值链不同环节的"短板"可经由协同创新过程实现节点间的互相补足，以"多元、融合、动态、持续"的网络作用模式推动价值链跃升，从而使创新链成为价值生态体系构建的关键动力。

最后，创新链和资金链的耦合是产业发展中的现实选择。开放式创新的深入使企业不得不面临资金要素的基础性支持作用，如何构建企业和产业发展不同阶段费用支撑机制是企业提高创新效率的基本保障。资金链的治理机制关乎创新链、价值链、产业链等在内的所有链条实现方式和水平。就创新链和资金链的协同作用来看，包括研发和非研发投入在内的创新投入都需要金融政策的支持，以实现资金链对创新链的支撑保障。例如，覆盖企业全生命周期的"一站式"金融服务平台通过最大限度汇聚各类市场要素的创新力量推动企业发展，助推融合性新兴产业成为经济发展的关键动力和重要支柱。反过来讲，在创新要素的需求导引下，资金要素、资本产品以及市场也不断创新，产生了股权质押、新兴产业创新投资引导基金、多层次金融市场等特色化创新模式。

三 基于边缘竞争的制造型中小企业四链融合的创新战略

1998 年布朗（Brown）与艾森哈特（Eisenhardt）合作出版的《边缘竞争》中提到边缘竞争战略思想，成为企业在不确定加剧的动态环境下塑造创新优势的重要指导理论。该理论基于"如何制定战略目标"和"如何实现战略目标"两个维度内容，强调通过加强企业对市场的应变能力并不断完善组织结构的方法，通过变革管理来构建和调整企业的竞争优势，根据一系列不相关的竞争力来彻底地改造企业优势，保持企业在无序和有序之间的微妙平衡。与传统的战略管理理论不同，边缘竞争战略关注企业所面对的不确定性环境特征下企业通过持续的变革及灵活应变能力的增强，面对企业内外管理中的不可控性因素通过不断调整和完善企业发展战略以获得竞争优势，这是基于企业外部环境变化而形成内在能力调整的动态竞争思路。边缘竞争战略思想为制造型中小企业四链融合以及协同应对外部环境变化以提高企业创新发展能力提供了有力的理论支撑。

基于边缘竞争的制造型中小企业四链融合的创新战略中，四链之间并非简单的两两作用关系，基于边缘竞争形成的链式融合是创新战略的重要内核，以创新链为核心、以产业链为基础、以价值链为目标、以资金链为支撑，四链协同耦合共同推动要素资源的优化配置、促进实现市场的创新、推进产业主体之间的协同联动，最大限度解放和激发创新蕴藏的巨大潜能，促进创新价值的实现。在互联网、数字经济以及各种政策调整变革时期，制造型中小企业是最为活跃的创新主体以及创新效率的推动者。通过当前时期大数据、云计算等数字技术信息的升级与迭代，让更多的制造型中小企业在技术创新、商业创新、产业创新以及三者的交互反馈中不断提升企业在创意获取、精细化生产、平台运营和商业模式创新等方面的能力，提升企业的核心竞争优势。通过四链融合的作用方式，提升制造型中小企业应对外部不确定性的能力，并借助于四链协同的优势，提升制造型中小企业应对创新的战略响应水平。当制造型中小企业处于价值链低端的时候，企业可以考虑结合自身优势特点嵌入产业链的不同位置，通过与创新链的不同阶段进行耦合使其竞争能力逐步得到提升。制造型中小企业可以依托所处产业链的特征及创新项目布局，结合资金链特征在不同环节提高资金及相关资源投放的精准性，以资源要素的有效支撑提供对外界风险的抵御能力，为企业的战略变革提供基础保障。同时通过产学研联盟整合创新资源，提升关键节点的创新能力，逐步提升企业竞争优势，继而以创新成果的相互衔接和集成支撑产业链整体发展，实现企业竞争战略的逐步推进并促进组织优化调整。以产业链的支撑保障促进产业链、创新链协同，并在价值链与产业链、创新链和资金链的协同互动中实现企业战略的推进和变革,从要素配置、组织变革、路径选择层面实现边缘竞争战略。

第二节 知识产权与标准化战略协同推进制造型中小企业创新链跃迁

知识产权裹挟的技术标准先行已成为全球产业创新重要的竞争规则,需要制造型中小企业积极应对知识产权和标准化竞争规则,促进创新链、价值链、产业链、资金链的融合发展。标准战略的推进必须与技术创新战略、市场创新战略和知识产权战略紧密结合、协同发展,将标准化优势真正转化为产业竞争优势。制造型中小企业的技术创新促进标准战略和知识产权战略的相互融合,后两者的融合既有利于技术创新,也在某些方面阻碍技术创新,三者只有协同发展,才能促进制造型中小企业创新链的跃迁与发展。

一 知识产权战略推进制造型中小企业创新链发展

(一)知识产权战略是制造型中小企业创新发展的保障

知识产权战略已经成为各国经济发展和产业创新提升的重要工具和手段,也是制造型中小企业可持续创新能力形成和发展的重要保障。2008年《国家知识产权战略纲要》提出要把知识产权战略作为国家重要战略,并指出实施国家知识产权战略,大力提升知识产权创造、运用、保护和管理能力,有利于增强中国自主创新能力,建设创新型国家;有利于完善社会主义市场经济体制,规范市场秩序和建立诚信社会;有利于增强中国企业市场竞争力和提高国家核心竞争力;有利于扩大对外开放,实现互利共赢。《深入实施国家知识产权战略行动计划(2014—2020年)》对于知识产权战略的内容从知识产权创造、知识产权运用、知识产权保护、知识产权管理、知识产权基础能力、知识产权国际合作等方面提出了详细的目标要求,成为中国知识产权战略实施的重要依据和指导性方案。各国根据产业和企业发展的实际,分别加快了知识产权战略的制定和实施,并呈现差异化特点。

发展中国家围绕着知识产权保护战略、知识产权发展战略、中小企业知识产权促进战略、知识产权反垄断战略等内容，从知识产权管理的信息化、知识产权机构的改革等方面提高本国的知识产权竞争力和强化知识产权战略管理能力。在中小企业创新促进方面，发展中国家通过加强对中小企业的技术信息服务、知识产权管理和咨询服务，同时通过加强技术市场职能促进技术转让等方式加强区域中小企业合作。其中，韩国作为知识产权战略实施的成功典范，通过修改知识产权法律制度、加强知识产权保护和执法水平、打造一流的知识产权行政管理、促进专利的应用和商业化、扩大知识产权创造的社会基础、加强知识产权的国际合作来构建特色知识产权战略，以促进企业知识创造力和知识产权竞争力的提升（包海波，2004）。美国通过对技术发明等技术创新成果和企业知识产权进行创造性开发和保护，通过对企业知识产权的所有权控制、知识产权管理职能的发挥、商业秘密的保护等措施强化企业知识产权全面管理战略，并通过知识产权的排他使用权、知识产权资产的动态利用等充分实现了知识产权战略对于创新的意义和价值（包海波，2004）。日本企业在强化专利文化的基础上，将技术发展战略、信息战略、组织管理战略、知识资产经营战略、国际化发展战略、诉讼和风险战略有机整合，共同构建起融多维战略为一体的综合性的、动态化的知识产权战略体系（包海波，2004）。

（二）制造型中小企业知识产权战略与创新战略的协同机制

制造型中小企业的知识产权战略和创新战略在彼此依赖、交互演进、共同促进中服务于企业创新发展。知识产权战略从加强成果保护、协调利益分配、提高资源配置效率等方面提升创新动机及效果。企业知识产权战略，通过对于劳动者的智力成果予以肯定和有偿作价，以及通过专利、商标等手段对于企业创新成果进行保护，保障了权利人的合法权益，调动了创新者的积极性从而不断激励制造型中小企业的创新性活动。在行业创新中普遍存在知识外溢和"搭便车"的情况下，知识产权制度能够协调利益相关者的权益分配来保障创新者的经济利益，从而实现了产业要素资源的充分流动，加速行业技术和知识的产生。随着企业竞争的加剧、技术复杂性的提高以及创新过程的不断演进，知识产权作为战略性资产帮助企业创造并促进盈利机制的实现。以专利战略的有效实施为契机，当前的企业已经能够积极运用专利分析等手段，确定企业的技术发展战略，并且降低了重复研发行为，提高了专利技术的含金量，降低了技术创新的风险，增强了投入产出效率。企业通过实施积极有效的知识产权战略参与知识产权管理标准认证等行为，能够有效地提升企业知识产权水平、提高企业的核心竞争力，并进一步正向反馈于创新战略。

制造型中小企业的创新活动在知识产权战略的推进中促进战略目标的实现、促进战略内涵的提升及内容的丰富。创新的本质在于新产品、新服务、新技术、新工艺、新模式等的不断创造，随着以工业革命"4.0时代"为基础的数字经济新格局雏形渐显，数字经济下创新速度加快，创新内容多样性明显加强，创新战略目标的实现需要将知识产权制度嵌入产业创新的整个过程以实现知识产权制度和产业技术的深度融合，以知识产权制度机制促进创新战略的实现。在开放式创新模式下，越来越多的企业同时利用内部和外部互相补充的资源来实现创新，企业内部的创新思想可以在研发的任何阶段通过知识、技术、人才等载体而扩散到企业外部，同时也可以通过许可协议等制度安排让其他组织利用自己的知识技术成果。在各主体所进行的资源共享、优势互补、风险共担行为中，有效的知识产权战略确保相关利益分配及成果保障，以有效的制度支撑促进要素之间相互连接的有机融合创新生态系统的实现，促进企业由单一的技术创新转变为技术创新、制度创新、文化创新、战略创新的整合，进一步推动整合式创新战略的实现。

（三）知识产权战略推进制造型中小企业创新链提升路径

首先，知识产权战略通过加强创新链中大中小企业的协同关系、加强中小企业在创新链中的创新激励、推进中小企业构建创新链中的技术创新主导作用模式等路径推进制造型中小企业创新链提升，见表7-1。

表7-1　　知识产权战略推进制造型中小企业创新链提升的路径

创新链中的问题	知识产权战略作用路径	知识产权战略发挥作用的基本内容
协同能力不足	加强创新链中大中小企业的协同合作	帮助提升合作体系中的中小企业成长空间 保护合作利益分配、激励创新成果产出 推进高层次合作
创新能力较弱	加强中小企业在创新链中的创新激励	补足信息技术"短板" 创新成果保护 提升创新链中制造型中小企业创新资源承载作用
资源承载不足	推进中小企业构建创新链中的技术创新主导作用模式	助推上、下游资源衔接整合 以战略能力增强帮助获取创新链中的创新要素

数字经济背景下，基于信息共享、协同工作以及合理的利益分配协同合作方式是一种发挥制造型中小企业在创新链中协同创新作用的重要模式。然而调查显示中小企业与大企业合作环节主要集中"制造生产"（占57.05%），其次为"研究开发"（占34.30%）和"市场运营"（占34.77%），而在"物流供应服务""国际合作"等方面则较少合作，其原因之一在于优势互补、利益共享的协同创新方式未能得到有效的机制激励和主体利益保护。同时，通过实施积极有效的知识产权战略，以合法的垄断权鼓励中小企业在协作中的创新行为，为大中小企业协同中的中小企业提供更多的成长空间，加强对于中小企业技术产出成果的激励和保护，打破产学研合作的技术转让、合作开发和委托开发等较低层次的合作格局，进而提升基于产业技术共同研发协作的创新链成长空间。

其次，创新链中制造型中小企业作用的发挥不仅仅是政策层面引领问题，更需要以知识产权制度的方式加以强化。创新资源的来源则是多渠道的，创新链上任何创新主体都需要提供相应的创新环节中的创新要素和创新激励。由于中小企业技术创新过程中的有关科研成果的定价、技术中介机构的服务管理和科技成果产业化等方面缺乏完善的法律规范等，使制造型中小企业创新供给受到抑制，创新能力还较欠缺，如调查显示有37.93%的企业认为专利成果转化中遇到的最主要问题是"该项技术尚不成熟"。加快完善企业知识产权战略，通过多方合作加强对中小企业的技术服务、信息服务和咨询服务等方式，促进创新链中中小企业核心技术能力的提升，不仅能为制造型中小企业融入创新链创造新业态、新模式和新机会提供更多的空间，而且有助于中小企业在创新链上作为创新资源承载主体作用的提升。

最后，知识产权战略通过提升制造型中小企业的创新能力帮助创新链中以技术创新为主导的中小企业作用模式的构建。中小企业的创新成本是大企业的1/3，知识产权作为合法的垄断权，帮助创新链上的中小企业集中力量专注于某一领域的核心技术攻关，并借助于企业知识产权战略的提升以及知识产权创造、运用和保护能力的增强，实现上、下游环节以及互补产品技术的衔接与整合，有助于充分获取创新链条上的创新性要素，促进整合知识、技术等创新资源，并以要素共享机制的实现加强优势互补合作行为的实现，促进与创新链中的其他主体形成稳定联盟，助推创新链整体竞争优势的形成，进一步以创新链、产业链、价值链、资金链的相互嵌入融合推动制造型中小企业创新战略的实施。

二　标准化战略与创新战略的协同演进

（一）标准化战略是制造型中小企业创新发展的重要抓手

标准化水平的高低反映了一个国家产业核心竞争力乃至综合实力的强弱，标准化战略是国家实现科技、经济竞争的重要手段。标准是指"经公认机构批准的、规定非强制执行的、供通用或重复使用的产品或相关工艺和生产方法的规则、指南或特征的文件。该文件还可包括专门关于适用于产品、工艺或生产方法的专门术语、符号、包装、标志或标签要求"。技术标准是指在技术活动中对需要统一协调的事物所制定的规范和标准，是由固有技术轨迹形成的、在使用上具有排他性的且能重复使用的技术或格式类型。标准原本只是企业进行生产技术活动的依据，但是随着创新在产品领域、市场领域和国家经济利益领域竞争的加剧，其已经从技术创新的参照依据及其文本属性上升为引领创新的有力武器并拥有战略属性。技术标准作为战略的本质在于，当企业专利上升为能够控制或影响产业的公共标准时，不仅意味着制定标准的企业拥有技术层面的主导优势地位及较强的话语权，在产品供给领域能够获得来自相关配套产品在内的产业链上下游资源的汇聚从而实现供给端竞争优势；而且由于消费者倾向于购买符合技术标准规范的产品，随着技术标准的推广能够获得规模经济效益优势，从而实现消费端的市场竞争效应，成为企业参与竞争的重要手段。

企业标准化战略通常包括标准定位战略和标准竞争战略。其中标准定位涉及企业是自行开发标准还是引进外来标准的选择决策，这也是当前时期对于标准引领制定或者是参与标准制定战略选择的一个重要内容；而标准的定位通常涉及的是采用封闭标准还是开放标准，封闭标准意味着标准不对外开放，而开放标准涉及标准对联盟外的成员授权、许可和开放，其中不可避免涉及标准中隐藏专利的标准专利化问题。在标准战略制定和实施中，企业出于利润最大化需要而在竞争中利用多种手段进行技术标准竞争，如企业会通过抢占用户基础、建立标准可信度等方式来说服足够多的厂商采纳自己的标准，以实现标准的网络效应，而那些在标准竞争中失败的企业只能接受已有标准，失去了有利的战略主导地位。因此，企业所拥

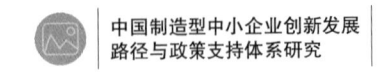

有的专利技术如何能够上升为标准就成为至关重要的问题。标准组织的积极作用、技术发起人的努力、用户安装基数的影响等因素成为技术标准竞争战略的重要内容。

（二）标准化战略与创新战略的协同机制

整合式创新框架促使标准化战略应用范围的扩大和内容层次的加深，面对新的技术冲击以及由此带来的产业融合发展，不仅需要对于技术本身的规范引领，而且需要对技术与产业融合所形成的新的商业模式和新的业态进行规范，创新战略的演进不仅使标准化战略变得迫切，而且标准化战略的应用随着新业态的衍生其作用领域更加广泛。尤其是在数字技术引领的创新管理范式下，数字技术的模块化、通用化、智能化等特征，使技术标准的支撑作用明显加强，标准化战略将在产品研发、产品设计、生产制造、质量提升、市场监督等方面起到积极的引领保障作用，并在此过程中引领企业资源获取模式的变革、促进企业动态能力的提升，进一步促进新兴技术和业态变革下的企业组织管理流程变革。标准化战略支撑下的创新战略，应紧密把握新兴领域、新兴产业、新兴技术中的国际标准法规的突破口，推动企业创新战略的实施和产业创新模式的演进，以技术标准话语权的提升促进中国制造型中小企业的创新能力的增强以及竞争优势的获得。

标准化战略通过对技术的规范引领而对创新战略提供重要的引领和支撑作用。技术标准贯穿于产品的研究、设计、开发和市场化的全部过程，不仅为企业在国际上参与竞争提供规范性的依据和指导，而且通过技术标准的引领作用为企业积极参与标准制定、以标准引领行业主导技术演化路径及相关配套资源的集聚发展提供重要基础。早期的技术标准战略更加强调企业对于市场和国际标准的了解和遵循，这样能使尚不具有较强研发能力的制造型中小型企业严格遵守市场竞争规则和产品质量规范，能达到国内国际市场竞争的基础性条件，使产品具有竞争力，进而可以带动进一步的研发和创新。近年来，技术标准对技术本身、对创新的积极作用被进一步深入识别。Kano（2000）发现，技术标准化可使杂乱无章的技术创新活动在系统的框架内共同发挥作用，从而对开放式创新战略下的多维度技术框架共同作用下的产业共性技术、关键主导技术融合具有重要的引领和导向作用。尤其是在数字经济背景下，围绕着云计算、大数据、工业互联网等新兴技术的发展使新兴产业技术标准建立后,围绕着技术标准不断吸引产业内更多的主体参与进来,同时吸引配套资产等产业发展资源。在适当的技术标准许可协议和技术外溢的作用下,拥有标准的企业能够实现"赢家通吃"而取得市场竞争优势。尤其是在标准先行战略引导下,技术标准会对产业或企业的技术发展水平起到积极的促进作用,对于企业优势资源的集聚起到引领和导向作用。Spulber(2000)认为,具有主导技术标准的行业具有很强的竞争力和创新性,更有利于发展和实现自己的创新战略。

(三)标准化战略推进制造型中小企业创新发展的路径选择

通过构建"标准引领+研发创新"的战略模式加强技术标准对制造型中小企业创新发展的引领支撑作用。帮助企业理解标准引领企业创新发展的基本过程,加强标准引领研发和标准引领研发的战略规划制订。通过专利分析,帮助企业获取关键领域技术布局,明确创新发展主要技术的轨道和路径,提高企业技术研发的效率水平。尤其是在数字经济背景下,围绕做大做强先进制造业的发展要求,加强产业化与信息化的融合,在关键平台、关键技术、关键工业软件层面加强技术分析和研发。积极申报专利,掌握标准必要专利的产生和形成关键环节,积极参与标准必要专利的制定,提升企业在行业市场竞争中的主导优势。积极参与地方标准、行业标准、国家标准的制定,以标准能力的提升反馈促进研发和创新的积极性。在此过程中,根据价值链和产业链的融合互动机理,加强技术标准和知识产权的战略协同,夯实产业标准发展的基础,提升创新促进水平。

构建基于标准适应性的产业创新生态系统帮助提升制造型中小企业的主导竞争优势。随着信息化与工业化的两化融合趋势加剧,产业互联、万物共生已经成为企业创新发展的现实背景。根据创新链、产业链、价值链、资金链的有机融合和互动机理,加强产业内各信息要素以及主体之间的互动,为标准化的形成和制定创造支持机制。积极推动工业互联网战略布局,抢占未来制造业竞争的制高点,加快工业互联网标准的研发和应用。加强专利布局,加快产业链企业联合技术攻关水平,以关键技术的突破锁定核心技术标准制定的领域,加强行业上下游企业、联盟组织、政府组织对于技术标准制定的支持,推动形成国家标准乃至国际性标准,帮助提升制造型中小企业构建竞争生态中的优势地位。

推进优势领域产品与标准的"走出去"行动,帮助提升制造型中小企业的国际竞争力。围绕当前时期各省市布局的关键产业支撑发展计划，结合数字经济时期工业互联网、新基建、大数据等产业加速发展的诉求，推进优势领域产品与标准的分阶段、分步骤"走出去"计划，从标准类型打造、标准"走出去"的国别推进、标准"走出去"的内容提升等几个方面进行架构和分析设计，以实现标准战略体系形成、标准战略体系推广、标准战略影响力提升目标。基于中国数字经济快速发展所构建的数字化贸易平台，依托"一带一路"倡议下的各种平台机制，促进提升标准先行的平台化发展动能，构建以技术、标准、质量、品牌为核心的国际贸易竞争新优势，促进制造型中小企业国际竞争力提升。

三 知识产权与标准化战略协同推进创新链跃迁的路径选择

（一）基于创新链效率提升的知识产权与标准化战略协同模式

创新链效率的提升，要求创新活动从无序和孤立的状态走向创新链各个环节齐头并进注重系统总体创新成果发挥作用的模式。在以创新链为主线，产业之间、大中小企业之间共生共赢模式下，不仅需要科技成果的创新转化而且需要以知识产权战略的有效运用来促进良性创新生态的构建和生态体系保护，还需要以技术标准促进创新利润最大化，从创新链的各个节点推进整个链条价值的实现。基于此理念的创新竞争促进知识产权战略与标准化战略的协同，知识产权战略与标准化战略的协同，在于利用知识产权和标准化工作的特点，通过"知识产权联营"等手段将技术专利等知识产权写入标准，将技术许可战略构建在技术标准战略中，形成一条"技术知识产权化—知识产权标准化—标准许可化"的链条，从而实现在技术和产品上的竞争优势。在创新链价值的促进形成机制中，知识产权与技术标准通过标准必要专利、专利池等融合协同模式，将创新成果写入技术标准并经由标准的推广延长创新链中关键节点的链条长度，促进主要环节价值增值和效率的提升；或者经由企业所拥有的不同专利彼此交叉许可的方式，降低单独复杂谈判所带来的许可交易成本（詹映、朱雪忠，2007），提高知识产权与技术标准的协同融合程度，促进产业创新发展水平。

（二）知识产权与标准化战略协同推进创新链跃迁的路径

知识产权与标准化战略协同，通过知识产权主导的激励机制、技术标准主导的技术引领机制、知识产权与标准化协同的共同促进机制等路径推进创新链的跃迁。首先，在标准中引入知识产权要素后，由于知识产权具有地域性和排他性，一旦以专利技术等知识产权为核心建立的标准得到普及，就会形成一定程度的技术和市场垄断，并可以保护本国技术，发挥技术壁垒的积极作用。由于在经济全球化和一体化进程中，只有兼容于标准才能在同一个技术系统内有效地工作，市场资源配置的格局和效率也偏向于受知识产权保护的标准技术。那些拥有、影响和控制标准制定和实施的企业或机构在国际经贸活动中更容易主导国际市场、排挤竞争对手，获得更强的市场利益分配能力，为创新链上价值的捕获及实现创造可能，增强制造型中小企业所处创新链的价值主导水平，并在创新链与价值链的共同作用下进一步促进创新链的跃迁升级。

其次，当专利写入标准后，通过专利技术的支撑及许可收益，标准制定者能够获取广泛的价值链环节利益。具体来说，通过技术标准对于技术轨迹的引领和规范作用，引导技术进步及其成果的扩散，促使各生产要素收敛于标准竞争的赢家，形成在技术和产品上的竞争优势。具有较强能力的企业可以积极参与标准制定，利用标准推广自己的技术，并借助技术标准战略的网络效应实现规模报酬递增，从而迅速实现创新链条价值的扩大化。即便对于那些不能主导标准的企业，也可以通过积极的标准跟随战略而确保能够在市场当中立足，稳固创新链创新盈利水平。

最后，在知识产权与标准化战略的协同模式下，经由技术专利化—专利标准化—标准许可化逻辑框架，知识产权和标准化的创新促进作用同时得以发挥。作为技术标准与知识产权融合的典型表现，企业更多地参与专利池来实现产业标准的制定以及国际标准的制定，能够消除专利"瓶颈"，有效促进协同作用发挥。在协同效应下技术标准和知识产权的双重影响作用同时发挥，加速产业创新成果以及与内外部资源的互动交流，实现价值链目标的最大化。

第三节　产业平台创新战略助推制造型中小企业"四链融合"创新

数字经济时代，产业平台为制造型中小企业创新发展提供有力支撑，产业综合创新战略助推创新链与产业链的融通创新，平台创新战略助推创

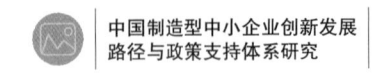

新链与价值链、资金链整合创新，产业平台创新战略是助推"四链融合"创新的路径选择。

一 产业综合创新战略助推创新链与产业链的融通创新

产业创新综合战略旨在整合系列创新主体的能动性，集技术、资金、人才、政策等各类产业资源于一体共同推动产业链跃迁、价值链创造。从创新主体层面来看，形成产业创新综合战略联盟必须加强两个方面的工作：一是进一步强化跨区域产学研合作，组织高校或科研院所设立跨区产学研合作项目，推进各类科研机构和高校与其他区域的企业进行创新合作，积极探索以企业为主导的多种产学研合作模式。二是在企业层面构建基于产业链的企业创新联盟，加强不同创新要素之间的开放式合作。今天的国际竞争已经不是企业竞争、产品竞争，而是进入一个前所未有的、全新的产业链竞争阶段。占据了产业链的95%利润的是六大环节——产品设计研发、原料采购、物流运输、订单处理、批发经营、终端零售，而加工制造是利润最低的环节。因此，构建基于产业链的企业综合创新联盟势在必行。产业创新综合战略联盟形成的根本在于利益协调，政府和产学研各方均须确认利益范围和责任边界，设定风险分担和利益分配机制，并辅以一定风险投资机制。创新是长期持续和承担风险的行为，企业与高校、科研院所进行合作存在很多现实层面的问题。例如，在科技成果的小试—中试—产业化过程中，必将存在很多困难甚至要走很多弯路，会遇到资本、土地、人才等方面的问题，而创新风险承担主体多元化有利于鼓励创新主体采取创新行为，实现多方主体的合作（陈劲、阳银娟，2012）。

党的十九大报告提出，要"建立以企业为主体、市场为导向、产学研深度融合的技术创新体系，加强对中小企业创新的支持"。产业政策是国家制定的，引导国家产业发展方向、引导推动产业结构升级、协调国家产业结构、使国民经济健康可持续发展的政策。产业政策主要通过制订国民经济计划（包括指令性计划和指导性计划）、产业结构调整计划、产业扶持计划、财政投融资、货币手段、项目审批来实现。为贯彻落实党中央、国务院提出的产业创新行动计划，同时为保障各地产业经济健康发展，各省市积极出台一系列产业综合创新政策，支持各地优势产业有序建设。例如，浙江省自2017年起提出产业创新服务综合体培育计划，产业创新服务综合体是以产业创新公共服务平台为基础,坚持政府引导,以企业为主体,高校、科研院所、行业协会以及专业机构参与,聚焦新动能培育和传统动能修复,集聚各类创新资源,为广大中小企业创新发展提供全链条服务的新型载体,到2022年实现块状经济、现代产业集群产业创新服务综合体全覆盖。截至2019年年底,浙江省已创建培育省、市、县三级产业创新服务综合体168家,其中省级65家。综合体成效已初步显现:创新服务机构不断集聚,大量共性技术难题得到破解,实验室里的创新成果找到了"婆家"。

产业综合创新战略推动创新链与产业链的双链耦合发展。全球生产的片断化和开放式创新加速了知识的分解和创新的扩散,使全球价值链上的创新过程被垂直分解和重新建构,为后发国家的本土企业,尤其是中小企业通过创新链嵌入产业链提供了学习和升级的机会。产业综合创新战略促进创新链在同一产业环节上的规模化发展,有利于处于同一产业阶段的各类企业集聚起来,促进大型企业与中小企业之间技术的相互支撑、产品和服务的相互匹配,促进产业链从全球生产价值链的低端走向高端。产业链是由多个相互链接的产业所构成,构建基于创新链的各产业链的协同创新与开放式创新,打破既有系统的封闭环节,集聚创新资源,激发新业态,促进产业结构的转型和升级,推动优势资源向产业链集聚,突破区域产业同构现象,真正实现异构的产业重新整合。

为贯彻落实产业综合创新战略,国家各部委持续推出一系列产业政策扶持以产业园区、小微企业园、特色小镇等为主要载体的产业链集聚创新活动。中国阶段性地实现了产业链与创新链的融通创新,研究表明,研发投入、创新环境、信息化水平和市场化程度对高技术产业绩效具有显著的促进作用(魏新颖、王宏伟、徐海龙,2019)。其中,大中小企业的融通创新是国家落实产业综合创新战略的重要一步。2018年11月,工业和信息化部、发展改革委、财政部、国资委联合印发了《促进大中小企业融通发展三年行动计划》的通知。大中小企业融通发展是落实党中央、国务院为中小企业发展创造更好条件、推动中小企业创新发展的决策部署,是贯彻创新驱动发展战略、建设制造强国和网络强国、推动经济高质量发展、促进大企业创新转型、提升中小企业专业化能力的重要手段。该行动计划为营造大中小企业融通发展产业生态,鼓励大中小企业创新组织模式、重构创新模式、变革生产模式、优化商业模式,进一步推动大中小企业融通发展发挥了重要作用。除此之外,国家还通过发展产业园区来鼓励产业综合创新发展,促进产业链、创新链融合。为贯彻落实党中央、国务院关于统筹推进新冠肺炎疫情防控和经济社会发展的部署,充分发挥产业投资对减少疫情影响和稳定经济增长的关键作用,以高水平招商引资推动高能级产业投资,以高品质园区建设推动高质量产业发展,强化高端产业引领功能,不断提升城市能级和核心竞争力,各省市提出有关加快特色产业园区建设、促进产业投资的政策部署。例如,上海提出聚焦集成电路、人工智能、生物医药、航空航天、新材料、智能制造等主导产业,加快引进行业领军企业。同时,吸引产业链相关企业,形成集聚效应,不断提升园区集中度和显示度。按照"一园一策",打造产业集聚、定位鲜明、配套完善、功能完备的特色产业园区,做大做响园区品牌。先期重点打造26个特色产业园区,总规划面积约108平方千米,可供优质产业用地超25平方千米,物业空间超1400万平方米。

二 平台创新战略助推创新链与价值链、资金链整合创新

大数据时代,区块链、工业互联网、云计算、人工智能等新一代信息技术不断发展,以互联网为核心的技术革命催生出空前的科技创新浪潮。面对各产业领域中小企业数字化转型的多样化、个性化创新需求,平台创新服务成为将不同领域和不同类型科技资源进行有效整合,为企业创新活动提供相关服务支撑的重要载体。制造型中小企业亟须依托互联网技术及海量科技资源的原始积累,基于可持续发展战略,采用平台战略联盟发展模式,构筑起辐射全国、覆盖各产业领域的综合性、一体化科技服务体系,以通过创新链与价值链的深度融合,加快推动平台创新驱动发展进程(李佳、王宏起、李玥、孙亮,2018)。李克强总理在国务院常务会议的重要讲话中强调"互联网+双创+中国制造2025",彼此结合起来进行工业创新,将会催生一场新工业革命。如今,新工业革命正在改变企业的生产方式和创新模式,平台正在成为一种普遍的市场形式或行业组织形式,拥有一个成功的平台也就成为企业获得竞争优势的重要途径。目前在全球最大的100家企业里,已有60家企业的主要收入源自平台商业模式,其中包括苹果(Apple)、谷歌(Google)、微软(Microsoft)、亚马逊(Amazon)、

易趣（eBay）、优步（Uber）、爱彼迎（Airbnb）等著名公司。在中国，诸如阿里、百度、腾讯、人人网等公司，同样是通过平台商业模式获利并持续扩大版图的。平台是一种通过连接两个或更多群体、满足多方需求并进行盈利的第三方链路系统。随着"大众创业、万众创新"的蓬勃发展，"互联网+"、平台经济、共享经济已成为引领创新创业和组织转型升级的"风向标"，平台的作用及其产生的网络效应备受学术界和产业界的关注。百度、腾讯、阿里巴巴、Facebook等互联网公司逐步进入了以零售、石油、银行等传统行业为主导的资本市场前列，同时以这些互联网公司为代表的平台模式也成为传统产业组织在互联网时代转型的参照模式。组织平台化有利于促进企业敏捷应对动态市场环境变化；在低成本条件下进行试错和快速创新；易于实现规模扩大和业务迅速增长等新竞争优势。成功的平台战略精髓在于基于价值共创理念，打造一个完善的、成长潜能强大的"平台生态圈"，拥有独树一帜的精密规范和机制系统，能有效激励多方群体之间的互动。

在开放式创新和竞争全球化的背景下，创新链丰富的内涵决定了创新主体必须对创新进行全面的投入。创新链嵌入在产业价值体系的多种链接中，不同产业价值链环节可以被打散并系统整合，成为产业价值网络形成的重要驱动。通过协同创新的网络作用，不断形成新兴产业。创新链促成产业价值链上有机联结的各种创新主体（企业、高校、科研院所、政府、中介等）之间，以及与创新环境之间形成协同互动、开放循环、共生演化的关系。创新链通过开放式创新促进全球创新资源的合理流动和有效配置，实现产业链与价值链有机融合，将科技与经济发展深层对接，为全球价值链生态系统建设提供关键动力。

创新链的各个环节都需要资金的有力支持，需要进一步完善金融政策、综合运用多种金融手段为创新提供更加灵活的服务方式，实现资金链对创新链的支撑保障，提高创新资金投放的精准性。传统产业积极与"互联网+"相结合，最大限度汇聚各类市场要素的创新力量，推动融合性新兴产业成为经济发展新动力和新支柱，在移动互联网、大数据、物联网等领域形成巨大的创业机会和发展空间，创新型、科技型、高端型中小企业将迎来广阔的发展空间。这需要运用有效的资金链不断整合创新链，通过多层次资本市场建设，大力发展支持创业创新的场外资本市场交易，让资

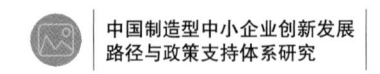

本市场惠及制造型中小企业，通过众创空间、创业创新基地、特色小镇、高新区、创新平台等建设来打造资本特区和人才特区，探索发展新孵化模式。

平台创新战略助推创新链与价值链、资金链整合创新。数据中台是近两年来最能体现平台创新助推创新链与价值链、资金链整合创新的产物。数据中台（见图7-1）是与前台、后台相对而言的。前台要快速响应前端用户的需求，贵在快速创新迭代，而后台重视稳健；两者就像两个不同转

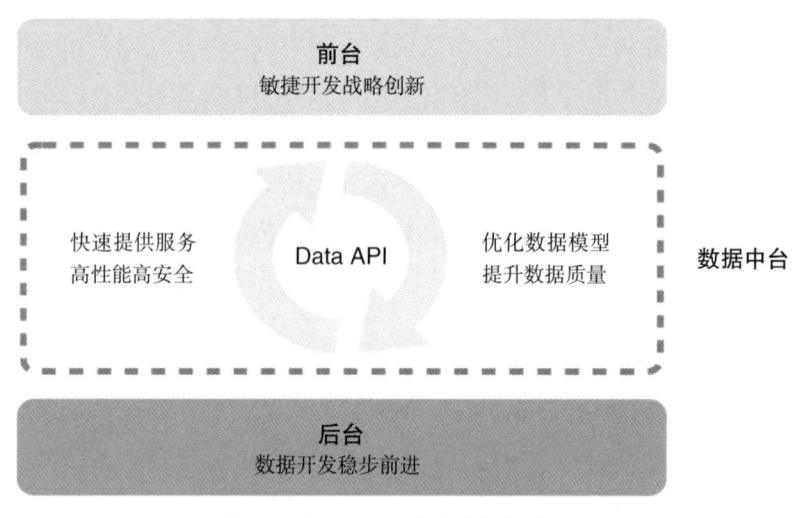

```
┌─────────────────────────────────────────┐
│              前台                         │
│         敏捷开发战略创新                    │
└─────────────────────────────────────────┘
   ┌ ─ ─ ─ ─ ─ ─ ─ ─ ─ ─ ─ ─ ─ ─ ─ ─ ┐
     快速提供服务              优化数据模型
     高性能高安全   Data API    提升数据质量        数据中台
   └ ─ ─ ─ ─ ─ ─ ─ ─ ─ ─ ─ ─ ─ ─ ─ ─ ┘
┌─────────────────────────────────────────┐
│              后台                         │
│         数据开发稳步前进                    │
└─────────────────────────────────────────┘
```

图7-1　数据API即服务的数据中台

速的齿轮。随着企业规模的扩大及业务的日渐多元化，前台与后台的速率匹配失衡也会日益显著。此时，数据中台架构应运而生，数据中台是具有资源汇聚作用的数据管理平台，是解决企业间数据流通的重要中间工具。数据中台推进企业数字化转型的三个重要方向是：以客户为中心用洞察驱动企业稳健行动，以数据为基础支持大规模商业模式创新，盘活全量数据构筑坚实壁垒以持续领先。数据整合和管理、数据提炼和分析加工、数据资产化服务、业务价值变现是数据中台具有的四个核心能力。

数据中台通过平台创新战略充分实现了价值链、资金链的整合，是制造型中小企业数字化转型发展的重要方式。以数据中台企业数澜科技为例，2016—2017年，数澜只有3家中台客户；2018年的新增中台客户达到十余家；截至2019年5月，新增中台客户已有数十家。代表客户来自各行业头部，如万科地产、方太集团、雪松控股、中信云网、兴业银行、时尚

集团、视源电子、喜茶等，数澜的发展也随之高速增长。在新冠肺炎疫情的刺激下，中小企业数字化转型的步伐也开始加快，对数据中台的需求也随即水涨船高。建设数据中台，不仅可以解决企业的数据"孤岛"问题，让散落在各个系统的数据互联互通，形成企业数据仓库，让数据统一存储和统一运算，节省硬件成本；还可以解决数据需求重复开发问题、提升数据开发效率。以数据中台主导的平台创新战略有效助推了创新链、价值链与资金链的整合创新。

三 产业平台创新战略助推"四链融合"创新的路径选择

产业平台创新战略推进"四链融合"的创新路径实现。产业平台以产业园区、小微企业园、特色小镇、产业创新服务综合体等重要线下为产业链载体，以数据中台、生态体系合作伙伴为虚拟创新链载体，积极推动第三方金融机构、政府基金、民间资本等资金链的加入支持，最终实现共同的价值创造和产业价值链的跃迁。围绕产业链部署创新链，围绕创新链完善资金链，通过产业链、创新链和资金链融合推进价值链升级，实现"四链融合"是当前中国落实创新驱动发展战略的关键路径。依托产业平台布局产业链创新项目，将创新活动进行统筹和串联，使创新成果相互衔接、集成，支撑产业链整体发展。产业平台的创新主体，通过建设产学研联盟整合创新资源，实现技术的群体突破，进而提升产业链创新能力。依托产业平台在产业链、创新链的不同环节上精准合理地投入创新资金，综合运用多种金融手段为产业平台上的制造型中小企业提供更加灵活的服务方式，实现资金链对创新链、产业链的支撑保障。

产业平台进一步通过一体化战略实现价值链与产业链、创新链和资金链的协同互动。国家积极推进湾区经济建设，鼓励粤港澳大湾区、长三角区域一体化、京津冀一体化融合发展，构建现代化经济体系以推进更高起点的深化改革和更高层次的对外开放为重要抓手，从经济、科技、社会、生态、政府治理等角度创建了更多合作空间。在一体化战略从构想至落地的十年当中，各地政府在国家整体框架下进行机制体制设计和资源重构整合，密集出台相关政策推进价值链与产业链、创新链和资金链的协同互动，从多维角度构建并出台一系列规划举措，进行政策设计，构建并衔接区域发展规划，形成突出地域特征、形成分工互补的空间格局：一是进行制度改革，将不同省市所承担的自贸试验区建设、行政审批制度改革、科技和产业创新中心建设等国家重大战略和重要改革举措实现成果共享，示范效应和带动作用进一步放大；二是实现政策协同，在交通、产业、科技、环保等领域开展深入合作，区域间有形及无形樊篱将大幅削减，互联互通将成为生产生活的主题；三是引导和支持企业、高校和科研机构加强科技合作，共同承接国家重大科技项目，促进创业空间、创新资源、金融服务等共享，加快推进区域创新平台建设，实现了产业平台助推创新链、资金链、价值链、产业链"四链融合"的战略发展路径。

第四节 国际化战略引领制造型中小企业聚力全球价值链重构

新兴经济体国家要提高工业化水平，必须要提升产品和创新的国际化、提升工业竞争力水平（陈衍泰、吴哲、范彦成、金陈飞，2017）。在实施"一带一路"倡议和国际产能合作过程中，制造型中小企业是全球价值链重构的主力，"引进来"和"走出去"是制造型中小企业实施国际化战略的关键路径，同时制造型中小企业还需要联合大企业共同聚力全球价值链重构。

一 制造型中小企业在全球价值链重构的地位

（一）制造型中小企业是全球价值链重构的主力

过去10年，中国和"一带一路"沿线国家贸易额年均增长19%，对沿线国家直接投资年均增长46%，明显高于同期中国外贸和对外投资的总体年均增速。2015年3月28日，国家发改委、外交部和商务部发布《推动共建丝绸之路经济带和21世纪海上丝绸之路的愿景与行动》，其重点是投资和贸易合作。中小企业因其更容易绕开东道国政治因素和垄断等经济壁垒，成为"走出去"发展的生力军。一方面，中小微企业的灵活性能更适应国际市场上技术更新频率越来越快的趋势，并在电子信息新技术、新材料、智能装备等战略新兴产业获得新突破，呈现主动出击开拓国际市场的新态势。通过绿地投资、依托海外工业园的境外投资新模式，中小微企业可以培育自己的东道国代理商网络、东道国技术工人以及资本圈，找到跨境创新合作的资源整合新方式，并在旅游餐饮、快消品等行业借鉴国内先进商业模式迅速占领海外市场。如浙江越美集团在尼日利亚国家级保税区设立越美纺织工业园，通过引进纺织类上、下游配套企业，形成完整的产业链，形成国内同类企业"抱团出海"共享创新链跨境合作机制。另一方面，"一带一路"沿线国家大多还处于工业化初期阶段，不少国家的经济高度依赖矿产等资源型行业。在"一带一路"建设中，大型企业"走出去"的重点集中在工程基建、建筑建材、交通运输的产品、设备和劳务输出，并带动中小微企业在相关配套领域与大型企业构建链网合作模式，通过资金链支持创新链，创新链推动供应链，供应链连接产业链，实现中小微企业"借船出海"的国际化成长。

（二）制造型中小企业是实践国际化战略的先锋

"一带一路"沿线国家在华设立外商投资企业近千家，自沿线国家进口总额占中国进出口总额的近1/3。越来越多的沿线国家通过各种方式与中国中小企业开展合作，构建研发联盟，共享人才交流，促进创新链的国内外流动和扩张。与此同时，政府有关部门通过与"引进来"企业的沟通，研究境外开发区运行情况，加强与境外商会、协会等组织的联系，掌握更多沿线国家的政治、经济、文化、社会变迁的特点，通过设立"一带一路"贸易便利化、投资便利化的服务平台，提供有关境外项目的市场信息、投资环境分析、经济评估、法律咨询、人员培训等服务。推动中国从"大进大出"转向"优进优出"，形成开放型经济新格局，重塑有利于发挥各国比较优势、更加均衡和普惠的全球产业链，从而凝聚未来5年全球经济稳定增长的新动力。以上海、天津为代表的自贸区，囊括了国际全方面、多形式、高价值含量的宏观和微观信息，对周边区域乃至向更广泛空间扩散的方式和速率呈现多样化、持续化、高频化的特征。其溢出效应所传导的优质影响力，已成为广区域、"零成本"、共分享的宝贵资源，为中小微企业及时吸纳转化国际最新信息资源，实现开放创新提供重大机遇。

二 国际化战略引领制造型中小企业转型路径

（一）"引进来"鼓励制造型中小企业与海外巨擘合作创新

"一带一路"建设着力推动国际产能和装备制造业合作。制造型中小企业是国际产能合作的重要组成部分，加强中小企业创业创新领域的国际合作，是进一步深化提质增效升级的关键。首先，自贸区建设为中小企业创业创新带来了重大的机遇，促进中小企业的产业链、价值链、供应链和服务链的优化升级，为中小企业实现"优进优出"、内外贸一体化，提供更大的选择与运营空间。加快自贸区开放改革的试验，要加快企业共性技术基础研发和行业标准等支撑体系建设，要对企业推进"互联网+"行动与新一代信息技术在运营全流程集成应用给予有力指导与政策支持，同时整合行业组织、社会机构，协调推进制度机制的创新、统筹综合性平台建设、优化提升政策支持和指导的服务效能。在加快引进来的同时，中小企业也要加强"内功"修炼，牢固树立"精良制造"与优质服务意识，重视先导性技术能力与新知识的掌握和储备，升华设计创意审美能力，加强以质量为核心并注入中国优秀文化元素的品牌建设，优化企业理财融资能力，重视企业在履行社会就业、环境保护、安全生产和维护消费者权益等方面的"软实力"。鼓励中小企业积极开展国际合作，引进国外高技术企业的海外华人、通过企业内创业、技术入股等多种方式实现企业创新人才素质和创新能力的提升。

（二）"走出去"支持制造型中小企业在海外开展创新业务

大力推动制造型中小企业"走出去"的综合竞争优势提升，支持中小企业在海外开展创新业务。鼓励支持企业转变"单打独斗"为协同互补、产业集聚利益一体的发展组合，转变"扎堆竞争"为协同拓展多元化市场、互动共赢的格局。使中小企业"走出去"，更能良性发展。首先，可以通过中小企业"抱团出海"，在境外合资建立产业集聚区、工业园区，开展"集群式"国际产能合作；通过与"平台型"大企业合作，"以大带小"合作出海，以全产业链"走出去"的方式推进国际产能合作；通过互联网平台企业开展"互联网+"国际产能合作模式，借助互联网平台企业的境外市场、营销网络平台，开展跨境电商、开辟民营中小企业新的国际合作空间；通过民营企业与发达国家企业联手开展国际产能合作、共同开发第三方市场。其次是引导企业转变传统的贸易方式，实行"产品+服务""走出去"的新型发展方式。还要引导推动海外售后服务体系建设，实现既能"就地制造"，又能"就近服务"的跃升。最后是营造企业乐于"走出去"、敢于"走出去"的有效服务环境。要进一步完善服务保障体系：推动金融与贸易投资深度结合，鼓励金融机构为中小企业"走出去"开展包括国际并购等多项合作提供融资支持；政策性金融机构要扩大出口信用保险规模、创新信用保险险种，大力发展海外投资险；通过政府部门、行业协会和第三方机构积极协同，加强为企业"走出去"提供分国别的法律咨询、领事保护和贸易摩擦预警与应对等服务。自贸区在改革"引进来"管理方式的同时，改革"走出去"投资管理方式，支持企业及个人开展多种形式的境外投资合作以及到各国地区自由承揽项目，构建对外投资合作服务平台，加强对外投资合作的事中事后管理与服务，积极完善境外资产和人员安全风险预警与应急保障体系。

三 制造型中小企业联合大企业聚力全球价值链重构

（一）制造型中小企业开展集群式国际产能合作

制造型中小企业"抱团出海"，在境外建立产业集聚区、工业园区，开展"集群式"国际产能合作。中国正在全球50个国家建立上百个经贸合作区，其中多个合作区处在丝绸之路经济带的沿线国家和21世纪海上丝绸之路的沿线国家。加工制造型境外经贸合作区是国际产能合作的主要载体。目前已经入区的中国民营中小企业达到2790多个（占中国在三大新兴经济板块中小企业投资总数的21.30%），入园企业投资额达120多亿美元，累计产生480多亿美元的产值，有力地推动了国际产能合作。

（二）制造型中小企业以全产业链推进国际产能合作

传统"平台型"大企业通过"以大带小"合作出海，以全产业链走出去的方式推进国际产能合作。这类"平台型"大企业包括行业内龙头大企业、中国在海外的专业商品市场、海外工程总承包企业等。例如，浙江吉利汽车在印度尼西亚、俄罗斯等国家开展产能合作，带动了一批中国汽车零部件配套企业"走出去"；浙江在海外构建专业商品市场，带动了中国轻纺、建材、化工等领域一大批中小企业走出去；江苏、山东和重庆等地的中小企业在海外承办相关建设工程，带动了一大批中国水泥、平板玻璃等行业中小企业开展产能国际合作。

（三）制造型中小企业开展"互联网+"国际产能合作

通过互联网平台企业开展"互联网+"国际产能合作模式，借助互联网平台企业的境外市场、营销网络平台，开辟民营中小企业新的国际合作空间。中国一批以BAT（百度、阿里巴巴、腾讯）为代表的互联网平台企

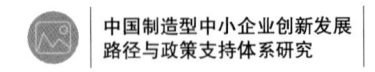

业，已在国内与传统制造企业深度融合，其业务也逐步拓展到全球新兴经济体。"互联网+"国际产能合作不仅拓展了商贸流通领域，大大缩短了国内外需求方和制造商之间的沟通时间，为制造型中小企业开展国际产能合作提供机遇。

（四）制造型中小企业开展第三方市场的合作创新

中国中小企业与发达国家企业联手开展国际产能合作、共同开发第三方市场的创新模式。中国一批领先型的中小企业通过海外并购或与发达国家的企业形成联盟，借助其相对先进的技术或品牌，结合中国制造能力，共同开发其他国家的市场。浙江、广东、江苏和北京等地有500多家制造型中小企业通过与发达国家的企业开展产能合作，宁波均胜集团通过并购德国一家汽车零部件企业，为全球多家知名汽车企业提供配件供应。

第八章　中国制造型中小企业创新发展的模式与路径

创新链内涵已经表明，在特定创新核心主体的带领下，创新协同单位围绕核心创新主体，以满足市场需求为导向，通过知识创新活动将相关的创新参与主体连接起来，以实现知识经济化过程与创新系统目标优化（王黎萤等，2016）。制造型中小企业作为创新驱动主要力量，在创新链中发挥重要作用。由于制造型中小企业行业特征、技术积累以及商业模式的巨大差异，制造型中小企业在创新链中发挥作用呈现出八种不同模式，并形成制造型中小企业创新发展的五大路径。

第一节　中国制造型中小企业创新发展的模式演进

制造型中小企业创新发展的模式有其自身的特性，不是每一种企业创新模式都适合中国制造型中小企业主体。一般而言，制造型中小企业起初创新资源、资金、人才相对薄弱，制造工艺也有待提升，需要通过模仿创新来获取工艺制造能力。随后在原有工艺逐渐成熟的基础上进行自主创新的尝试，一般制造型中小企业可以通过科学技术创新、设计驱动创新、产学研协同创新、绿色创新等多维度进行自我变革和创新发展，同时也可以借助外部平台生态和产业链上大企业的创新资源进行大中小企业融通创新和平台创新，最终制造型中小企业可以实现自身具备战略、文化、协同、开放四个核心要素的整合式创新。制造型中小企业创新发展的八种模式如图 8-1 所示。

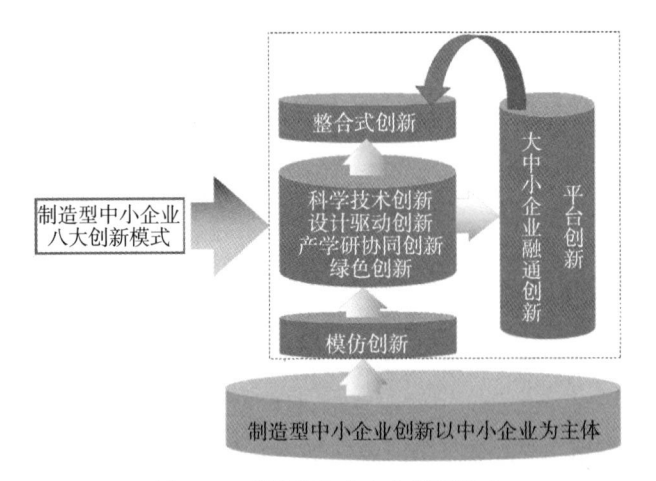

图 8-1　制造型中小企业创新模式

一　模仿创新主导模式

制造型中小企业模仿创新主导模式是指企业通过模仿率先创新者的创新构想和创新行为，吸收率先创新者成功的经验和失败的教训，购买或破译率先创新者的技术秘密，并在此基础上改进完善，进一步开发，在工艺设计、质量控制、成本控制、生产管理、市场营销等创新环节的中后期阶段投入主要力量，生产出在性能、质量、价格方面富有竞争力的产品，与其他企业，包括率先创新企业进行竞争，以此确立自己的市场竞争地位，获取经济利益的一种创新活动（见图 8-2）。制造型中小企业开展模仿创新行为具有许多独特之处。首先是模仿与跟随阶段即模仿阶段，在这一阶段制造型中小企业作为模仿创新者最大限度地吸取国内大型企业或国外企业等率先创新者成功的经验和失败的教训。其次是有针对性地进行 R&D 活动阶段即创造性模仿阶段，在这一阶段制造型中小企业会进行渐进的创新行为，模仿创新同样需要投入一定的研究开发力量，对领先者的技术进行进一步开发。但由于模仿创新的大部分基础技术不需要依靠自主研发，可以省去新技术探索性开发的大量投资，因而能够在创新链的中下游环节投入较多的人力、物力。另外，有学者研究发现不同阶段产品的进口技术溢出对制造业企业的生产能源效率提升效果不同。主要表现为：进口技术溢出对能源效率的影响存在吸收能力的单一门限效应，当消化改造能力低于门限值时，进口技术溢出对能源效率的促进作用较为微弱，而当消化改造能力跨越门限值后，进口技术溢出对能源效率表现出较强的促进作用，当整合应用能力低于门限值时，进口技术溢出无助于能源效率改善，而当整合应用能力跨越门限值后，进口技术溢出与能源效率呈显著的正相关关系。进一步分析的结果显示：来自发达国家的进口技术溢出显著提升了能源效率，而来自发展中国家的进口并未产生显著的技术溢出效应；中间品进口技术溢出对能源效率具有显著的促进作用，而资本品进口技术溢出未能明显改善能源效率（李平、丁世豪，2019）。

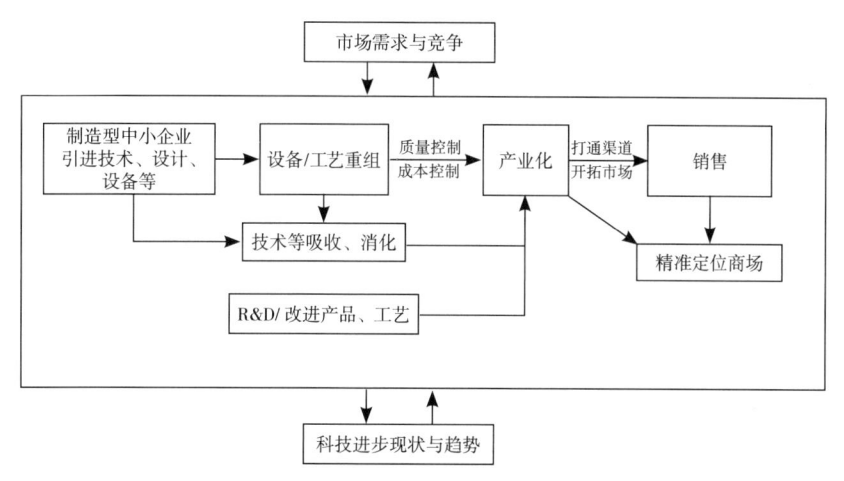

图8-2 制造型中小企业模仿创新模式

制造型中小企业具有块状以及产业链集聚的特点，并且处于一个充分自由竞争的市场环境中，这为模仿创新提供了实施条件。首先，制造型中小企业产业集聚形成的规模经济优势，使其拥有快速成长的市场环境，模仿创新者并不是依靠抢夺率先创新者的市场而获得成功，而是在原有市场的基础上，寻找具有快速成长潜力的市场，并投入大量资源进行二次创新，从而通过满足一个快速增长的市场需求而取得成功。其次，处于自由竞争市场环境中的中小企业面临巨大的竞争压力，率先创新企业往往出于扩大市场份额的目的向模仿创新企业输出一定的技术，制造型中小企业需要具有一定的技术储备，对模仿引进技术进行消化吸收再创新。

有数据表明，在创新的成功率方面，模仿创新的成功率高达87.5%，而原始创新的失败率达47%。从国际发展趋势看，技术创新活动已经从绝对新颖性和原始创新模式，转向非突破式创新以及对现有技术的模仿创新模式。诸如制造型中小企业在生物工程、计算机软件和光电子信息等高新技术领域的活动中，大多沿用模仿创新模式。在汽车市场的竞争中，比亚迪汽车采用了模仿创新的全新策略，在车型设计等方面拥有了自主知识产权，使模仿产生了新的巨大的意义。近年来，比亚迪汽车销量猛增，在海外市场的拓展不断有所斩获。作为互联网界的一个传奇，腾讯的成功也是在模仿的基础上不断进行有效的创新，腾讯的核心产品腾讯QQ即是模仿创新的典型案例，是作为ICO的模仿者出现在中国用户面前，但是随着腾讯在此基础上的不断创新，腾讯QQ的功能不断强大，在中国拥有庞大的用户群。

案例 8-1

一加手机——脱身OPPO，从"不讲究"到"不将就"

一加手机（OnePlus）是OPPO前副总经理刘作虎于2013年10月创立的深圳市万普拉斯科技有限公司旗下的智能手机品牌，一加手机采用5.5英寸1080屏幕，主打外观设计，配备高通骁龙801顶级处理器。2014年4月23日，一加手机正式发布，2014年5月28日正式上市。作为手机市场的后起之秀，一加手机的上市成为当年最大的"黑马"。

沿用OPPO成熟设计，降低市场风险。智能手机行业的几乎每一个厂商在新品量产前都会准备数套设计方案，不断打磨、尝试、校验，最终留下最好的，所以智能手机在ID设计方面的成本极高。这样的资金及时间成本对于OV、华为这样年出货量上亿级的头部品牌而言属于正常，但对于一加这类年出货量仅百万级的小众互联网手机品牌来说，显然难以承受。脱胎于OPPO的一加手机采用了"继承"的方式承袭OPPO设计，沿用OPPO的成熟设计，既可以将新机的市场风险降到最低，又能节省大量ID设计成本，节省的资金可以投入品牌宣传等方面。

找准定位深耕产品，打造多样化销售渠道。面对竞争激烈的智能手机市场，一加和其他手机品牌进行全渠道、全价格段覆盖的策略不同，它自成立初期就专注于高端市场，一年只打磨1—2条产品线，每年只发布少数几款精品，走精品化、国际化路线，坚持"不将就，做最好的安卓旗舰的理念"。除了在产品上"不将就"以外，一加对于市场需求有着精确的洞察，在全球市场都有前瞻性的布局。从2016年开始，一加的市场重点逐渐向海外倾斜，果断打出"不将就"的Slogan，每年只推出1—2款产品，用精品化策略整合所有资源打磨产品，保证每款机型都是最顶级水准，满足全球每位消费者的需求。2018年，一加和美国顶级运营商T-Mobile达成战略合作，正式走进美国主流市场，此举极大地提升了一加手机在行业中的地位，在海外高端市场彰显了中国创新和制造的实力。在印度，一加是亚马逊的独家合作手机品牌。在线下，一加也开设了体验店与授权专卖店，并与印度家电巨头Croma合作，拓展了销售与售后的覆盖面。

注重用户体验，构建独特社区文化。一加在国内是线上手机品牌，几乎没有线下渠道，早期用户大多是真正的数码爱好者，且多为18—25岁的年轻人，对硬件的各项参数感兴趣，品牌黏性强。一加借此找到了属于自己的早期用户群体，形成了独特的社区文化。通过社区，一加产品的任何细节都可能被全球各个领域的专家看到，这些用户都会用"挑剔"的眼光为一加的产品把关。让用户有强烈参与感的同时，增加了对品牌的认同感。（案例来源：由本书作者整理）

二 科学技术创新主导模式

制造型中小企业基于科学技术的创新是以研发为基础的创新，其创新过程从基础研究、应用研究、试剂、生产制造直至商业化（陈劲，2012），如图8-3所示。科学技术创新的创新过程模式是典型的一次创新，即始于基础研究活动，是从发明到商业化的创新过程，促进制造型中小企业科技成果转化。科学技术创新具有高风险性、创造性和先进性、创新主体合作化以及可持续性特征，具有较强研发能力的制造型中小企业可实现科学技术创新。科学技术创新在全过程都有较高的投入，而投入是否有回报受到来自技术本身的不确定性，以及来自市场、社会、政治等的不确定性影响；科学技术创新所应用的技术是前所未有的新技术或者是经过改造应用效果明显提升的技术；由于技术创新本身的复杂性，个别企业的创新资源无法完全覆盖创新所涉及的所有技术领域，多技术和多领域支持已成为技术创新成功的条件之一。

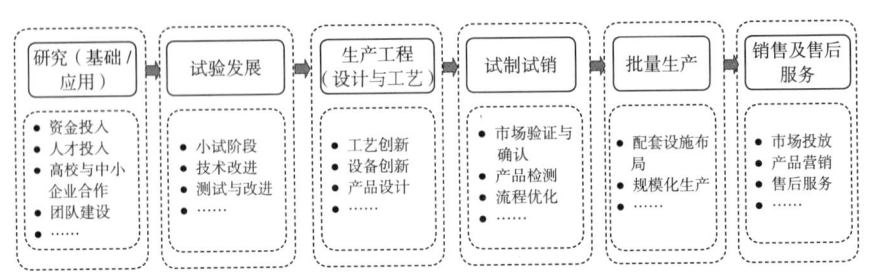

```
研究（基础/应用）        试验发展         生产工程        试制试销        批量生产        销售及售后
                                    （设计与工艺）                                         服务
• 资金投入         • 小试阶段       • 工艺创新      • 市场验证与     • 配套设施布     • 市场投放
• 人才投入         • 技术改进       • 设备创新        确认           局             • 产品营销
• 高校与中小       • 测试与改进     • 产品设计      • 产品检测      • 规模化生产     • 售后服务
  企业合作         • ……            • ……           • 流程优化      • ……           • ……
• 团队建设                                          • ……
• ……
```

图8-3 制造型中小企业基于科学技术的创新模式

具备高研发能力和实现成果产业化能力的制造型中小企业可开展科学技术创新。首先，企业应具备很强的研发能力和技术能力，同时也需要拥有充足的研发人力资源和物质资源作保障，依靠自身的努力和探索，实现核心技术的突破；其次，科学技术创新需要企业拥有开放的组织体系，各个企业的技术创新体系相互之间、企业与高校等创新主体之间进行着密切的联系与影响，相互之间进行资源的交换与共享，进行技术创新合作；最后，提升科技成果转化率也是科技创新主要目的之一，企业还要拥有完整的生产线，依靠自身的技术能力，完成新产品的开发并成功实现产业化。2018年50.47%中小企业的研发经费占主营业务收入比超过5%，中小上市企业研发投入合计1463亿元，同比增长24.8%，中小企业对研发活动的倾斜逐年增加，日渐注重以基础研究为主的科学技术创新。

随着《中国制造2025》的全面实施，新一代信息技术产业、高端制造、航空航天、清洁能源、新材料、新能源汽车、生物医药等战略新兴产业领域的制造型中小企业技术创新日渐活跃。通过梳理国家技术发明奖和国家科学技术进步奖发现，获奖项目主要覆盖生物医药、农牧业、石油化工、高端制造、电子通信、环保、新能源、材料、电力、矿产勘探及冶炼等领域。阿里巴巴、海康威视、大华股份是国内大型科技企业，企业通过自身战略制定，加大对科研的投入力度，建立研发部门或者建立联合研究中心，启动研究技术开发，实现科学技术创新；以恒瑞医药、正大天晴等为首的生物医药行业企业，已经走向转型创新道路，从仿制到仿创结合再到自主创新，它们正沿着研发路径稳步发展，其年均研发费用10亿元以上，研发投入强度接近10%，对制造型中小企业的科学技术创新起到引导作用。近几年，国内一些中小型企业也加大研发投入，成为行业领跑者，从而助力企业长远发展。

案例 8-2

荣昌生物——目标远大的科学技术创新

荣昌生物制药（烟台）有限公司是一家专注于具有自主知识产权的创新生物药创制的公司。2008年，由烟台荣昌制药股份有限公司与房健民教授共同发起创办，公司坐落于烟台经济技术开发区荣昌生物医药园内。自成立以来，荣昌生物针对自身免疫疾病、恶性肿瘤、眼科疾病等人类重大疾病，先后研发了一系列具有自主知识产权的新药。目前，公司共拥有90多个中成药产品的生产批件，13个剂型，16条生产线。

"人才"+"平台"的科技创新发展战略。荣昌生物秉承"创建一流研发团队，形成人才优势地位"的人才发展战略，拥有一支500余人的科学家研发团队，其中多人具有在海外20年以上的生物新药研发经验。人才培养需要有平台作为基础，随后，公司与同济大学、烟台开发区管委开始共同建设"生物药物创制联合开发平台和基地"，建成哺乳动物细胞表达（CHO）和抗体—药物偶联（ADC）两大技术平台，平台拥有多条从2—2000升的细胞培养生产线，可在GMP环境下年产抗体蛋白250千克，相关技术能力达到国内领先、世界先进水平。

"用科学提高生命质量"的公司使命。科学技术创新的创造性和先进性决定了创新过程是漫长的，荣昌生物成功的原因也在于持续不断的技术创新，依靠科学的力量，创制技术先进、疗效可靠的药品。成立以来，为研发治疗红斑狼疮的药物，荣昌生物先后投入建设、研发费用超过20亿元，"泰它西普"的上市成为全球首款针对系统性红斑狼疮的双靶标抗体药物，获得包括美国在内的十多个国家发明专利授权。荣昌以"始终向新的可能性挑战"的企业理念和志存高远、开拓进取、追求卓越的精神境界不断激励公司创新发展。（案例来源：由本书作者整理）

三 设计驱动创新主导模式

设计驱动创新是指产品传递的信息及其设计语言的新颖程度超过了产品功能和技术的新颖程度的创新（Verganti，2003）。制造型中小企业开展设计驱动创新的本质是在开放的创新网络中通过诠释者将市场需求、社会文化模式进行整合、重组并赋予新产品以激进式意义，是一个跨越组织、用户、技术、文化等边界对创新要素进行网络化整合的过程（Verganti，2008），如图 8-4 所示。设计驱动创新强调制造型中小企业在创新中的整合作用，通过设计创造新的产品语言（意义）从而推动创新的产生。开展设计驱动创新的中小企业需突破原有的"技术研究→产品开发"传统创新路径，实施以用户需求为起点的"社会文化趋势研究→产品设计开发"的创新路径。设计驱动创新是在研究和开发两个层面展开的，在研究方面，设计驱动创新的知识来源具有明显的社会文化背景，由于社会文化知识的结构相对不正式且机构松散，因此社会文化趋势的研究需要从多维度进行开展。在新产品开发方面是由多阶段组成的完整过程，又可以分为新产品创意产品化以及新产品意义推广两个部分。

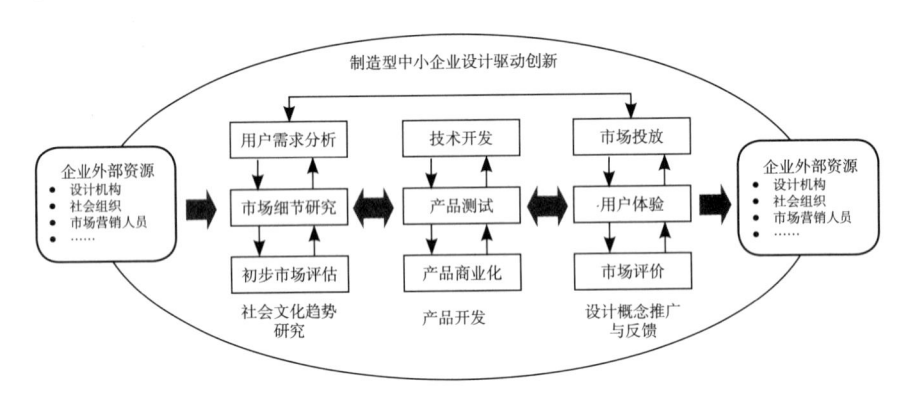

图8-4 制造型中小企业设计驱动创新模式

设计驱动创新是创意产业和制造业结合的一种创新形式，制造型中小企业的产业链融通能力逐渐提升，对社会文化、用户需求的深入研究以及企业灵活的组织框架推动其开展设计驱动创新。①社会文化趋势研究能力。企业对用户需求以及文化趋势具有敏锐的嗅觉，通过网络平台构建设计社区，广泛吸收创新、传播创新，获取外部社会文化资源，在需求端超越传统的市场或顾客的范畴，从而准确把握潜在的需求，甚至能够引导市场需求。②成熟的市场营销组织架构。设计驱动创新需要对产业用户的需求进行调研并进行反馈，对新产品意义进行改进和设计优化，成熟市场营销组织架构能帮助企业实现设计概念的推广和用户反馈。

在设计驱动创新模式上，传统制造业的龙头企业是较早地成功运用设计驱动创新模式实现创新突破，以丝绸为主要产品的杭州万事利集团和以茶叶为主要产品的四川竹叶青茶叶有限公司都是较早设计驱动创新模式的成功典型；同时一些ICT产业的大型企业，其始终紧跟时代发展的步伐，科技和产品意义并重，坚持设计驱动创新的设计理念，引领中国企业发展。相较于高新技术产业的制造型中小企业，传统行业的制造型中小企业如制鞋、纺织、家具制造、机械及器材制造等，已经拥有成熟的生产技术和流水线，在"大众创新、万众创业"的浪潮中，更加倾向于开展设计驱动创新。近年来，越来越多传统行业制造型中小企业引入外部资源，选择与国外设计公司进行合作，或者直接聘用外籍设计师和设计顾问，弥补自身设计能力缺陷，实现设计驱动创新，逐渐成长为市场竞争力强、设备工艺先进、管理体系完善的"专精特新"或"单打冠军"企业。义乌"双童"吸管通过对一根吸管的设计创新，逐渐发展成全球最大的吸管生产企业。

案例 8-3

双童吸管——一根吸管的创新思维"蝶变"

创办于1994年的"双童"公司是目前世界上最大的饮用吸管生产企业，下设义乌市双童日用品有限公司、义乌市双童进出口有限公司和义乌市双童淘金电子商务有限公司，是中国为数不多的塑料一次性产品的清洁生产企业，目前义乌吸管在全国市场的占比约为3/4。公司的"双童"品牌和产品是"浙江省著名商标"及"浙江品牌产品"，是国内同行业唯一的知名品牌。

制定创新发展战略。双童吸管在企业发展过程中，不是一味扩大生产规模，而是积极实施转型发展，改造生产车间的工艺流程和技术设备。2005年，发布第一个五年发展规划，其中就提到"创新提升"关键词。2009年，第一批37项专利顺利通过，2011年，成立研发小组，建立吸管行业的研发中心和吸管产品的实验室，加大力度推动产品创新、技术改造和设备研发，形成"双童"规范的创新研发工作流程。通过产品研发、设备研发和技术改造等创新工作，"双童"逐渐促进和推动了整个吸管行业

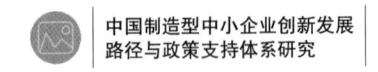

的发展,提升全球吸管行业整体发展水平。

设计驱动创新成就"单打冠军"。2005年,双童吸管可降解吸管生产,引起了广泛的关注。作为塑料制品,吸管的使用回收性差,使用中一定会产生白色污染,双童吸管通过自主研发生产环保的可降解吸管,实现全球市场份额从百分之零点几到3/4的飞跃。近年来,"双童"主导了《聚丙烯饮用吸管》的行业标准、中国国家标准、ISO国际标准的编制工作,掌握吸管领域全球70%的知识产权,牢牢把握全球吸管行业的话语权和中高端产品定价权。

颠覆人们对吸管的认知,使个性化吸管成为"市场宠儿"。双童建立吸管博物馆,里面陈列了700多种吸管,这其中有1/3的产品是自己生产的,其中100多种吸管是创新性的。可发声音的,可随温度变色的,有配小风车的,有溶解仓方便小孩子吃药的、有可以作为眼镜的也有供情侣的(各类吸管),极大地颠覆了人们对吸管的认知,同时对环保可降解吸管产品进行了推广。(案例来源:由本书作者整理)

四 产学研协同创新主导模式

产学研协同创新是指企业与大学或科研机构利用各自占有的要素优势,分工协作共同完成一项技术创新的行为。大学和制造型中小企业为实现共同利益,以技术转移合约为纽带,在共同投入、资源共享、优势互补、风险共担的条件下,将高技术成果转化为现实生产力。协同创新是企业、政府、知识生产机构(大学、研究机构)、中介机构和用户等为了实现重大科技创新而开展的、知识增值为核心的、大跨度整合的创新组织模式。协同创新的关键是形成以大学、企业、研究机构为核心要素,以政府、金融机构、中介组织、创新平台、非营利性组织等为辅助要素的多元主体协同互动的网络创新模式,通过知识创造主体与技术创新主体进行深入合作、资源整合,产生"1+1+1>3"的非线性效用。制造型中小企业充分调动高校、政府、大型企业、研究机构等主体的积极性,围绕市场需求,使各个主体内部的人、财、物、知识产权等有形及无形资源得到充分的优化配置,通过计划、组织、协调、控制等方式进行全面协作的一种新的创新组织形态,逐渐建立起以政府为主导、中小企业为主体、以市场为导向、产学研相结合的合作创新体系（陈劲、阳银娟，2012），如图8-5所示。政府通过政策指引、科技计划实施对其他主体产生推动作用，高校与科研机构利用其自身的文化、知识、组织创新能力满足制造型中小企业的创新发展需求，形成创新互补的良性循环。产学研合作创新的动机主要源于企业、大学之间的能力"异质性"，节省交易费用，独占知识技术三个方面，通过产学研合作，制造型中小企业获得研究专家的技术支持，裂解技术发展趋势，大学为企业提供接近共性技术和新兴技术的窗口。大学不是企业在产品市场的直接竞争者，不存在对新技术产品的利益独占性问题，所以在竞争激烈的市场环境中，产学研合作是制造型中小企业获取科技知识的有效途径。

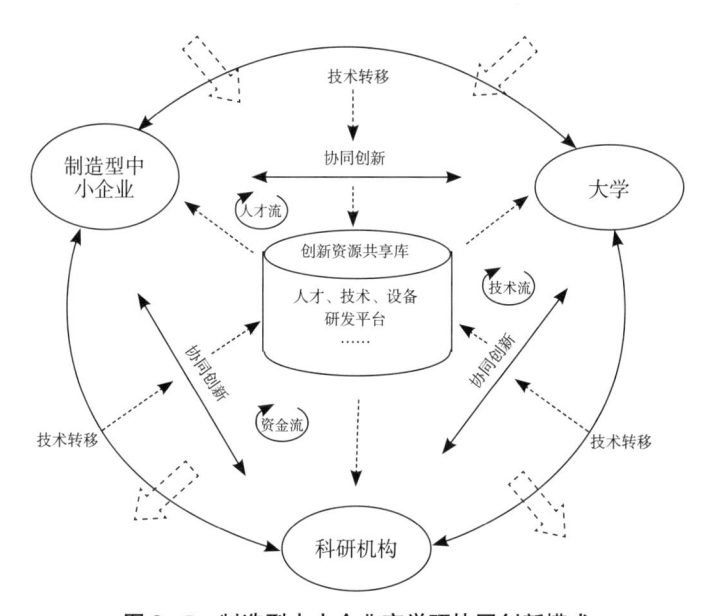

图8-5　制造型中小企业产学研协同创新模式

由于多数制造型中小企业基础研究和共性技术研究不足，因此产学研合作是制造型中小企业快速获取新知识、增强对科学发展理解力的一种重要的外部来源。制造型中小企业具备的创新资源吸收能力和知识创造能力，能快速助力高校科技成果创业化，实现创新发展。首先，产学研合作需要企业与高校建立紧密的合作关系，与高校和科研院所通过创新资源转移、运用和反馈促进价值创造，发挥创新资源的"外部性"和"溢出效应"；

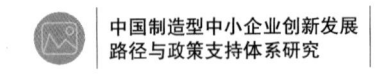

其次，企业拥有技术吸收和共享能力以及知识创造能力，能自主提出研发要求同时具有市场开发能力，一般通过五种途径实现：①企业拥有自主独立研发机构；②联合多方在企业共建研发平台；③组建产学研战略联盟；④搭建科技成果转化和孵化公共服务平台；⑤在科研院所设立产业技术研究院。

目前国内已有许多典型的产学研合作案例，早期案例主要集中在大型国有企业，上汽集团与上海交大、同济大学等单位合作，开展新能源汽车关键技术研究，在燃料电池汽车、混合动力汽车和电机、电池、电控等关键零部件方面取得了一系列突破，推出了面向市场的产品；宝钢集团先后与上海交大、东北大学、钢铁研究总院等 8 所院校开展了战略合作。2017 年起中国以产业需求为导向，实施新工科发展战略，主要针对新兴产业的专业进行升级改造，如人工智能、智能制造、机器人、云计算等，推动新兴产业的产学研合作，尤其针对自身研发能力有限的中小企业，涌现出一批如快可光伏、华工照明等产学研协同创新的高新技术领域的中小企业。

案 例 8-4

华工照明——产学研助推创新发展

苏州市华工照明科技有限公司成立于 2009 年，坐落于苏州工业园区国际科技园里，是集研发、生产、销售于一体的高科技公司。

依托高校研究平台实现技术创新。华工照明是一家以技术见长的公司，非常重视技术研发和技术创新，公司依托苏州大学嵌入式仿生智能研究所的技术，开发了将 GPRS、WIFI、Zigbee 等技术运用于照明控制领域的一系列产品，实现了道路路灯的无线组网技术，并成功开发出了无线照明控制器及监控系统。现拥有国家发明专利 8 项、软件著作权登记 8 项、省级鉴定的科技成果 10 项，获得省市级科技成果奖 6 项。

依托工业园区为人才建设提供保障。华工照明坐落于苏州工业园区，并依托园区资源，打通产学研"任督二脉"。园区以助推产学研合作为目标，集聚了 23 所高等院校，1 个国家级研究所，170 个研发机构和平台，4 个国家级孵化器，38 个院士工作站、博士后科研工作和流动站，为企业发展提供个性化服务与人才保障。华工照明研发团队中90%研发人员来自高校或研究院所，并通过园区牵线搭桥取得长期合作关系。

与高校合作铸起资金链。华工照明与苏州大学下属公司苏大万佳（万佳公司以100万元现金入股）达成双方长期战略技术合作和市场合作关系，形成有利于未来利益共享以及潜在风险共担的长效机制，同时，苏州国际科技园以租金111万元作价入股，为以后的市场开拓提供更多可用的社会资源。减轻了华工照明的资金负担，同时，也与苏州大学建立利益共享机制，进一步促进了产学研合作机制建立。（案例来源：由本书作者整理）

五 整合式创新主导模式

制造型中小企业整合式创新是指在企业主体战略视野驱动下的全面创新、开放式创新和融通创新（见图8-6）。制造型中小企业整合式创新的关键内涵包括三个方面（尹西明、陈红花、陈劲，2019）：首先，整合式创新是战略创新、融通创新、全面创新和开放式创新的综合体。企业的创新之路包括战略引领、组织设计、资源配置和文化营造四个方面，只有将战略、组织、资源与文化进行有机整合、着眼长远、实现动态创新，企业才能构建稳定、柔性和可持续的核心竞争力（陈劲、尹西明、梅亮，2017）。其次，制造型中小企业整合式创新基于系统科学的系统观和全局洞察，通过顶层的目标确定和战略设计，超越知识管理，突破传统企业的组织边界，同时着眼于与企业创新发展密切相关的外部资源供给端（如高校、研究机构、供应商、技术与金融服务机构等）、创新政策与制度支持端（政府、国内外公共组织和行业协会等）以及创新成果的需求端（消费者、领先用户、竞争对手和利基市场用户等），借助东方文化孕育的综合集成、全域谋划和多总部协同等智慧，助力企业调动创新所需的技术要素（研发、制造、人力和资本等）和非技术要素（组织、流程、制度和文化等），构建和强化企业的核心技术和研发能力，打造开放式创新生态系统环境下企业动态、可持续的核心竞争力。为了不断创造卓越价值，企业需要不断溶解并打破组织边界，建立与外部组织的正式或非正式的合作关系，来获得不同类型的创新资源（阳银娟、陈劲，2015）。最后，整合式创新是一种总体创新、大创新的创新思维范式，其精髓在于整体观、系统观和着眼于

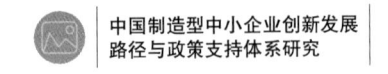

重大创新。整合式创新突破了传统的研发管理、制造管理、营销管理和战略管理相互独立的原子论思维范式，通过战略引领和战略设计，将企业管理的多个方面进行有机整合，为企业和国家实现重大领域、重大技术的突破和创新提供支撑，是量子理论时代具有量子管理学思想的创新观。

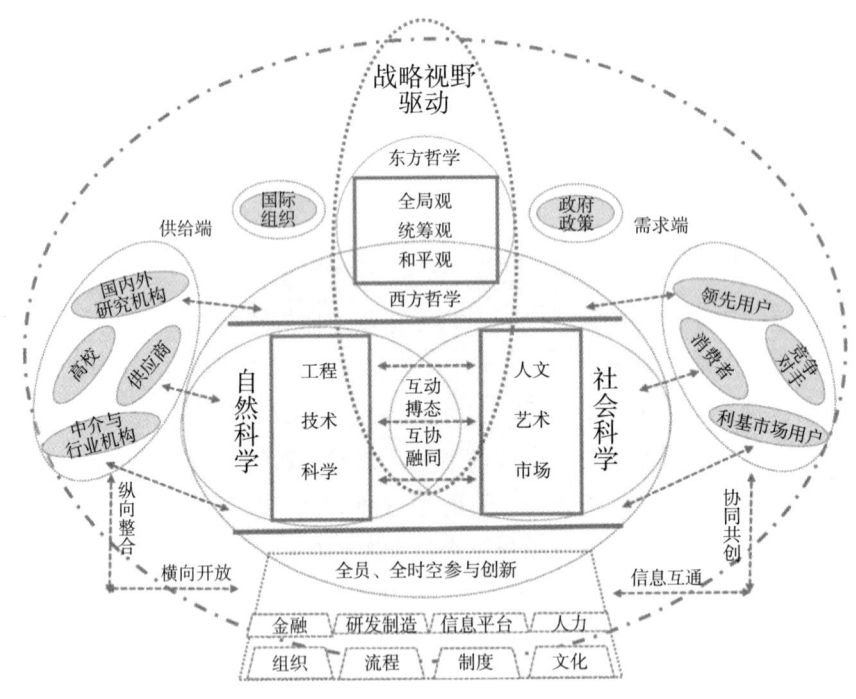

图 8-6　制造型中小企业整合式创新主导模式

　　整合式创新的四个核心要素是"战略""全面""开放""融通"，四者相互联系、缺一不可，有机统一于整合式创新的整体范式中。①战略。在企业技术创新管理中，战略视野观要求企业领导者不能将技术创新视为单一的活动，而应将之内嵌于企业发展的总体目标和企业管理的全过程，根据全球经济社会和科技的大趋势，借助跨文化的战略思维，确定企业和生态系统的发展方向，从而实现"战略引领看未来"。产业和国家也需要根据所处的国内外环境和创新体系现状制定全局性战略，使各要素相互连接，构建竞争优势。②全面。"全面"是指全面创新，即"与生产过程相关的各种生产要素的重新组合"，包括全要素创新、全员创新和全时空创新三个方面。其中，全要素创新是指创新需要系统观和全面观，需要调动技术和非技术的各种要素，进一步激发和保障所有员工的创新活力；全员创新是指创新不再只是企业研发人员和技术人员的专属权利，而应是全体人员的共同行为；全时空创新是指企业在信息网络技术平台上实现创新时空观的全面扩展，做到"24/7创新"（每周7天、每天24小时都在创新）。③开放。"开放"是指开放式创新，是指"企业利用外部资源进行创新，提升企业技术创新能力"。开放式创新聚焦企业内外部知识的交互，强调企业要突破原有的封闭式创新，通过获取市场信息资源和技术资源实现"从外部获取知识（内向开放）"和"从内部输出知识（外向开放）"的有机结合，弥补企业内部创新资源的不足，进而提高企业的创新绩效。有学者提出在整合企业创新获利理论以及企业行为理论后，指出开放度和非正式独占性机制均是企业自身可塑的战略行为。其中，开放度既包括对外开放广度，也包括与外部主体合作互动深度；非正式独占性机制不仅包括企业技术保密机制，还涉及企业人力资源管理与客户锁定程度。从创新获利视角研究企业最大化开放式创新收益，不仅理论上可行，而且也得到了案例研究结论的支撑（阳银娟、陈劲，2018）。④融通。"融通"是指"以知识增值为核心，企业、政府、知识生产机构（大学、研究机构）、中介机构和用户等为了实现重大科技创新而开展的大跨度整合的创新组织模式"。融通创新具有两个特点：第一，强调科技创新的整体性，即创新生态系统是各要素的有机集合而非简单相加，其存在方式、目标和功能都表现出统一的整体性；第二，动态性，即创新生态系统是不断动态变化的。在科技经济全球化的环境下，以开放、合作、共享为特征的融通创新被实践证明是有效提高创新效率的重要途径。充分调动企业、大学和科研机构等各类创新主体的积极性，跨学科、跨部门、跨行业地组织实施深度合作和开放创新，对于加快不同领域、不同行业以及创新链各环节之间的技术融合与扩散尤为重要。

整合式创新适合于已经处于谋求战略引领和实现发展跨越的制造业中型企业，尤其是航天系统、高铁技术、量子通信、人工智能和工业互联网等领域的制造型中小企业到达一定的发展阶段，必须通过整合式创新进行自我革新和创新发展。北京蓝箭空间科技有限公司的创新发展就是整合式创新的典型案例。

案例 8-5

蓝箭科技——中国民营火箭的整合式创新

北京蓝箭空间科技有限公司（以下简称蓝箭航天）成立于2015年，是从事运载火箭研制和运营的民营企业。公司聚焦中小型商业航天应用市场，致力于研制具有自主知识产权的液体燃料火箭发动机及商业运载火箭，凭借一流的技术研发团队，以高度集成的设计能力和单机创新能力，完成产品设计、制造、测试和交付全流程任务，为全球市场提供标准化发射服务解决方案。

"战略"站位填补民营火箭市场。蓝箭航天认为做民营商业火箭应秉承中国创新与坚韧的航天精神，以技术创新为根基，市场驱动为导向是该企业发展的核心要务，未来要坚持发展独立自主可控的液氧甲烷发动机和与之配套的运载火箭系统。蓝箭航天要成为中国航天的有益补充，在未来持续助力中国宇航事业，为客户提供安全且高性价比的产品和服务。通过打造模块化的产品体系、优化研发生产流程、打造具有强竞争力的核心基础设施，以期通过人性化的服务方式，为客户创造优良的价值体验。

"全面"实现全员全时全环节创新。蓝箭从创立初期的数十个人，发展到如今的超过200名员工，在湖州设立智能制造基地，同时在北京、西安两地均设立了研发中心。蓝箭航天以科技创新为企业核心竞争力，以价值创造为最终目的，通过技术、市场、战略的有机结合，基本实现了全员创新、全要素创新和全时空创新。

"开放"聚力内外部研发力量。蓝箭航天注重产学研合作，其技术团队全部来自航天领域的科研院所，蓝箭航天目前已与清华大学、北京航空航天大学、南京航空航天大学、航天工程大学研究生院等多所院校建立了战略合作关系，其创始团队、供应链团队和品牌团队等基本上来自航天体系以外的专业机构，这种构成决定了蓝箭有足够的开放度。蓝箭航天是清华大学航空航天学院博士生必修课的实践基地，有独立的博士后科研工作站，以资深研发工程师和运载火箭研制过程的前沿项目为依托，为清华大学博士生提供实践创新平台，助力航天人才培养，加强校园和企业之间在商业航天领域的更多技术合作。

"融通"民营火箭"四个链条"。融资源，蓝箭航天的国内研发布局包括"两中心一基地"，即北京研发与运营中心，西安研发中心，湖州智能制造基地；北京及西安在航天、电子、信息产业方面是一个聚集地，拥有大量科研院所，众多科技人才以及完整的配套基础设施，通过硬科技创新大会为科技型企业搭建了很好的平台。蓝箭与北航宇航学院开展新型产学研合作，双方在致力于联合共建航天产业校企联合实验室及实验平台、人才培养平台，以及促进资源整合与共享、共同探索联合研制、设施共享等领域开展合作。通链条，在成立第三年时，发射了中国首枚民营运载火箭"朱雀一号"，在中国首次打通民营企业做火箭的"四个链条"——能力链条、体系链条、供应链条、发射链条。通过产业链协同融通合作，具备运载火箭总体系统研制能力，包括火箭的箭体结构系统、控制系统、分离系统及其系统单机设备的设计等核心能力；通过贯通上下游产业链，具备了运载火箭总装、总测的研保条件和能力。蓝箭在充分继承航天成熟技术基础上，通过总体技术的创新和再优化，进一步提高了产品综合性能和工作可靠性。（案例来源：由本书作者整理）

六　大中小企业融通创新主导模式

大中小企业融通创新，是指一个商业生态系统中的大企业通过独特的合作机制带动其相关的中小企业共同创新，这意味着创新不再是一个企业内部的事情，在必要时应当与其相关的企业网络成员共同制定未来的战略（见图8-7）。面对竞争全球化、环境不确定性、技术复杂性以及产品生命周期缩短，企业独立创新难以拥有创新所需的全部资源，创新失败的风险也难以承担，由此，异质性主体间的大中小企业融通创新成为应对新环境的有效创新模式。融通创新是大中小企业通过与外部创新网络中不同主体（产业伙伴、知识伙伴、政府机构、创新中介机构等）进行资源融合互补、知识协同共享、共创价值实现的协同创新发展模式（陈劲、阳银娟、刘畅，2020）。对于制造型中小企业来说，融通创新是其规避不确定性风险的不二之选。有研究发现，企业在资源有限的情况下，需要通过开发型学习获取既有业务的优势，然后将组织资源配置到新业务和新技术的探索中，待新业务获得一定成功后再同步进行开发型学习和探索型学习；通过资源的交叉配置以及对应组织学习能力的提升，企业能更好地兼顾企业的短期利润和长远利益；在战略创业的不同阶段，企业必须从企业运营、组织结构和组织文化方面做出调整，使之与对应的组织学习类型相匹配，才既能维持现有竞争优势，又能获得创新的先发优势（阳银娟、陈劲，2018）。大中小企业融通创新具有三个特点：创新链条的系统性、知识共享的动态性和风险共担的多元性。制造业大中小企业融通创新需要建立一套更有利于"融"和"通"的支撑体系，要构建一个以促进技术进步和创新为目标，由政府、企业、科研机构和中介组织构成，通过建立多元主体间链接来促进知识交流的创新生态系统。其中，中介机构对整个多元主体系统具有"黏合剂"作用，是"融"的要素基础；良好的知识自由流动的动态机制，能更好地促进创新动能的培育，是"通"的关键所在；多元主体之间通过互动将其所在的地理位置、产业部门、知识禀赋等个体差异所带来的不确定性分散到整个系统之中，进而转化为系统内部演化的动态，持续推动高质量的经济与创新产出，能够较好地分担融通创新的市场风险。

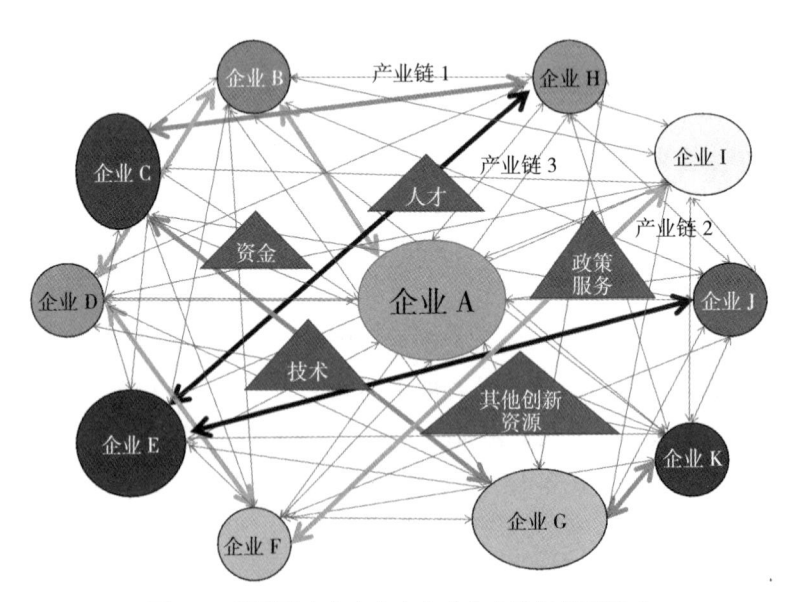

图8-7 制造型中小企业大中小企业融通创新模式

相比传统的技术创新，大中小企业融通创新的特点更为凸显：①强调创新链条的系统性。基础研究、应用研究和产业化研究深入融合，创新链条前后端联系更加紧密，产业发展与技术创新得益于区域内多种要素、多元主体和多个产业群共同发力的系统性作用。②强调知识分享的动态性。大数据、人工智能、区块链等新兴技术带来了前所未有的海量信息，信息产生和交换的速度呈现前所未有的增长，知识流动对创新的作用显著提升。③强调风险共担的多元性。新业态下，市场与技术之间的关系由市场需求拉动技术进步，转变为由技术创新推动市场兴起。这种变化增加了创新环境的不确定性，更需要多元主体的风险共担。

国内外许多大型企业都在探索大中小企业融通创新的范式，并争取通过产业链、创新链的融通为自己争取持续性竞争优势。例如，宝洁公司通过自身生态合作创新平台，与世界各地各类型创新参与组织与个人合作，实现了35%的创新想法来自公司外部的成就。苹果和IBM公司的创新模式也从外部资源里找到最先进的技术，与内部技术有效整合，为用户提供有价值的解决方案。相比而言，大中小企业融通创新适合于生产工序复杂的具有较长产业链环节的行业，例如电子产品、航天航空、生物医药等产业领域。小米产业生态的生态链企业——小米有品就是制造型中小企业参与大中小企业融通创新的典型案例。

案例 8-6

温州瑞安——汽摩配产业集群的大中小企业融通创新

汽摩配作为瑞安市的四大主导产业之一，从最初的"低小散"到"中国汽摩配之都"，走出了一条"瑞安制造"向"瑞安智造"的"蝶变"之路。当下，瑞安市汽摩配产业正从块状经济，努力向大中小企业融通的现代产业集群转型升级。

大中小企业创新链条的系统性。近年来，瑞安市陆续打造了以温州市汽摩配行业龙头企业、温州首家境外上市公司——瑞立集团为引领的"雁阵"式企业梯队，以温州唯一的国家汽车电气零部件产品质量监督检验中心为引领的创新平台体系，以及以温州最具价值区域品牌"中国汽摩配之都"为引领的全产业链条。据统计，瑞安现拥有汽摩配生产企业1500多家，产品品种达到3000多个系列4000多个品种，2018年汽摩配规模以上企业实现产值133.7亿元，同比增长7.2%。2019年1月，100台中国宇通E12纯电动客车在智利首都圣地亚哥完成向当地公交运营商的交付。这100台纯电动客车搭载的电动空气压缩机就是瑞立集团生产的，而这只是瑞立走向世界的一个缩影。眼下，瑞立为60多家国内外汽车厂提供产品配套服务，销售网络遍及五大洲的100多个国家和地区。频繁亮相世界舞台的背后是瑞立多年在机器换人、技术研发持续投入取得的硕果。经过多年的持续创新和投入，瑞立已实现从原材料压铸到冲焊、注塑、机加工全过程的"机器换人"，实现了减员增效、减能增效、减污增效、减耗增效和提高全员劳动生产率、提高优质品率的"四减两提高"目标，并树立了浙江省汽摩配行业"机器换人"典范。不仅是瑞立，瑞安越来越多的汽摩配企业依托科技创新，引领行业转型升级。

企业积极参与标准制定，引领企业发展。瑞安市采用标准提档、质量提升、品牌兴业、深化"浙江制造"品牌培育试点县建设等措施，全方位提升"中国汽摩配之都"品牌价值，秉承打造"绿色智造中国汽摩配之都"的理念，全力将瑞安市打造成为全国汽摩配最为集中、品种规模最全的基地。2018年2月，由温州瑞明工业股份有限公司起草的《汽车发动机用铝合金气缸盖》标准，入选2018年第一批"浙江制造"标准制订计划。浙江环球滤清器有限公司通过浙江制造品牌认证，并参与制定3个国家标准……瑞安市越来越多汽摩配企业参与制定并发布"浙江制造"标准，品牌价值有了显著提升。由此，一份中国质量认证中心颁发的"2017年区域品牌价值评价证书"也随之而来。依据《品牌评价品牌价值》（GB/T29187）等评价办法，瑞安汽摩配区域品牌价值评估为106.97亿元，较2015年的评估值38.6亿元提升了177%。

依靠平台实现产业风险共担。没有平台，就没有发展空间。2018年3月，国家汽车电气零部件产品质量监督检验中心（浙江）在瑞安挂牌成立，这是浙江省唯一一家汽车电气领域内的国家质检中心，其检测能力居华东地区首位。据了解，该中心总投资达到3600万元，检测能力范围覆盖85%以上的汽车电气零部件产品，为促进瑞安市汽配产品质量提升、推动产业创新升级提供了有力的支撑，也为扩大技术服务半径、辐射浙江及周边省市更多汽摩配企业奠定基础。搭建以国家汽车电气零部件产品质检中心为引领的创新平台体系，仅是瑞安市做大做强汽摩配产业的一个重要抓手。近年来，瑞安市把科技创新作为推动瑞安汽摩配产业转型的重要驱动力，出台了相关政策、组成了相关平台，积极把瑞安打造成创新驱动、智造升级的中国汽车高端部件先进制造之都。去年，瑞安汽配智造小镇高新产业、塘下汽摩配产业基地（东区）场桥小微园、浙江铭博汽车部件有限公司新建厂房等多个产业转型类项目开工。（案例来源：由本书作者整理）

七　平台创新主导模式

制造型中小企业平台创新是基于多边平台的空间、规则及价值网络的一种创新模式，是一种开放的多元主体互动合作的创新模式（见图 8-8）。平台型创新的精髓在于把生态系统中的多元主体联结到平台，各相关主体的互动合作可导致交易成本降低进而促进创新，核心功能在于基于平台价值网络实现的协同创新。要着力深化全面整合提升，加强体制机制创新，重构高水平现代化产业平台体系，打造一批劳动生产率、投入产出率、资源利用率较高和创新活力较强的高质量骨干平台。在平台型企业的开放式

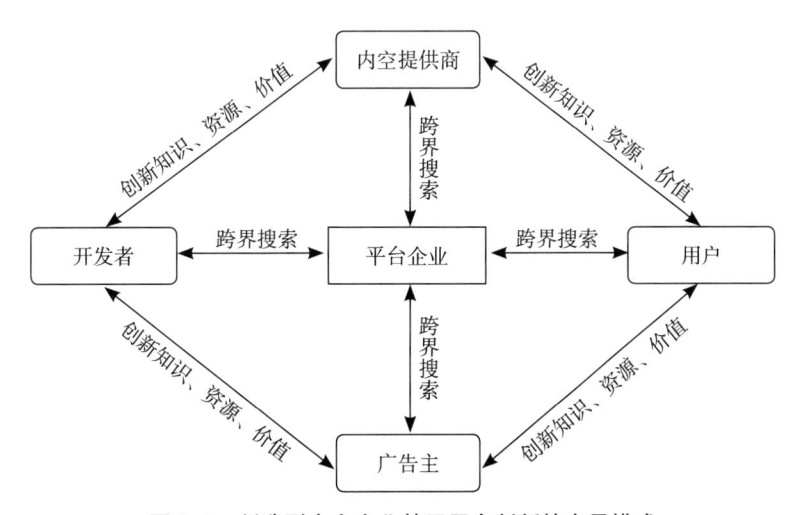

图 8-8　制造型中小企业基于平台创新的主导模式

服务创新活动中，利益相关者包括：①平台型企业本身。其处在创新网络的中心位置，领导生态圈各主体的沟通、协调过程，是连接供需双方的桥梁和纽带。②第三方开发者。其开发海量应用资源，是创意、知识的提供者和技术的需求者。③用户。其是创新生态存在的前提，其日趋多元化的需求为平台开放服务创新指明了方向。④广告主。其将流量转化成经济价值，是互联网开放平台的主要盈利来源之一。⑤内容提供商。其提供多种形式的互联网信息资源，是创意与服务的传播主体。制造型中小企业，特别是纺织业、金属制品业等传统制造业进行平台创新要具备并行研发、持续的创新迭代、创新向外部资源开放等特征。

第一，变串行研发为并行研发。并行研发就是让创新团队在平台上将产品分成不同的模块，不同模块化的部件可以以不同规格体量，但相同的接口进行组装融合。同时，并行研发要求模块在设计开发时，需要有市场、工艺、生产、采购等不同人员并行加入创新平台。第二，平台式创新需要中小企业导入"产品生命周期"管理，进行持续的创新迭代。任何产品都会经历源概念设计、研发、样品、入市、成长、成熟、退出的周期循环。这就需要平台的创新团队（一般是产品经理）对产品生命周期进行监控、规划，形成产品系列更替的良性循环。第三，在物联网高速发展的今天，单打独斗很难永立潮头，必须借助外部的力量。平台式创新意味着企业创新向外部资源的开放。

平台创新有利于纺织业、金属制品业等传统制造业的转型发展。首先，平台经济改变了制造业资源配置方式。制造业对生产资源要素形成较高的依赖，渠道是制造业传统资源配置的方式。如招工和贷款等，都通过某种渠道发布和获取信息。平台形成后，借助互联网和大数据，制造企业生产要素配置实现从直线式向网络化转变，平台成为新型的资源配置方式。平台资源的集聚和共享拓宽了资源的来源，提高了信息和资源的可获得性。资源的网络化配置降低要素交易成本，提高了配置效率，有助于制造企业获取和利用优质资源，推动升级转型。其次，平台经济推动传统制造业智能化升级。平台的信息集聚功能为制造业智能化提供了便利。平台提供的各类数据拓宽了制造企业信息来源，降低信息获取成本，既有助于企业管理决策，也可以利用信息技术改造生产流程，提高产品智能化和自动化生产水平。

案例 8-7

青岛凯能——传统制造的智能蜕变

青岛凯能环保科技股份有限公司成立于 1999 年，是专业从事余热利用系统设计、生产、销售并提供整体方案的高新技术企业。公司致力于为客户提供更高效、更节能的环保供热产品——全预混低氮高效冷凝燃气锅炉。数字化浪潮已经到来，传统制造企业要么拥抱数字化，大胆迈出转型步伐；要么被边缘化，逐渐退出竞争的舞台。青岛凯能利用协同运营中台和协同数据机器人开启的智能化蜕变是一次重要的探索与尝试，能够为传统制造业企业提供很好的借鉴和启示。

数字化协同运营中台。传统制造业企业的业务应用多采用专门的系统，比如 HR、CRM、预算、合同管理系统等。这些系统各有各的数据库，数据无法共享，这就导致了企业业务的割裂，干不同的事进不同的数据库，即使很多数据信息是相同的，也要在不同业务系统中重新录入，效率非常低。青岛凯能锅炉为了避免这种系统割裂带来的效率问题，选择在致远数字化协同运营中台上扩展自己的业务应用系统，上线了协同 HR 系统、协同 CRM 系统、协同预算管理系统，而且利用该平台对后台的 ERP、PDM、MES 系统进行了集成，使后台数据能够顺畅进入协同中台系统，与中台的业务系统打通，实现销售订单数据、产品设计数据、项目进度数据等在平台上的有序自动流转，支持销售订单、生产排产、工单下达、生产进度的采集与统计、产成品入库、库存、产成品发货及相关统计报表。

精准解决制造企业系统架构痛点。数字化协同运营中台，将臃肿不堪的前台系统中使用率相对较低且通用的业务能力"沉降"到中台层，为前台"瘦身"，大幅提高前台的快速响应能力；将后台系统中使用频率相对较高且通用的能力提取到中台层，赋予这些业务更强的灵活度和更低的变化成本，从而更好地为前台提供强大的能力支援。这一平台创新主导模式催生了企业 IT 治理新架构，即移动前台的轻量化、中台的一体化和后台的集成化。

平台孵化创新生态，提升可持续发展能力。"协同数据机器人＋协同运营中台"架构能够帮助制造业企业实现从"数据说话"型企业向"数字驱动"型企业的转变，实现由传统的以生产为中心的业务模式向以客户价值为中心的价值创造模式的转变，实现以线下市场模式向线上线下联动模式的转变，实现以产品为中心向以服务为中心的商业模式的重构，真正支撑企业业务创新，随时随地透视经营，辅助管理者科学决策，加速企业数字化升级。同时，该模式对于锅炉制造业是一个重大创新，用数据精准地计算客户的热能耗水平，帮助客户有效降低供热费用，节约客户经营成本。（案例来源：由本书作者整理）

八 绿色创新主导模式

制造型中小企业绿色创新是指能够显著缓解环境问题的产品、生产工艺、市场方式和组织结构的创新行为，并将积极的环境效应归咎为这一创新的明确目标或副效应（见图8-9）。绿色创新也常被称为"生态创新""环境创新""环境驱动型创新""可持续创新"等。现阶段，制造业推行绿色创新所带来的环境效益及社会效益应主要体现在减少环境污染。制造型中小企业绿色创新系统是一个有机整体，由各个构成要素组成，各要素之间具备特定的关系，相互作用、相互联系、相互依赖，从而形成具有特定比例的结构。创新资源、创新动力、创新主体以及创新过程，是绿色创新系

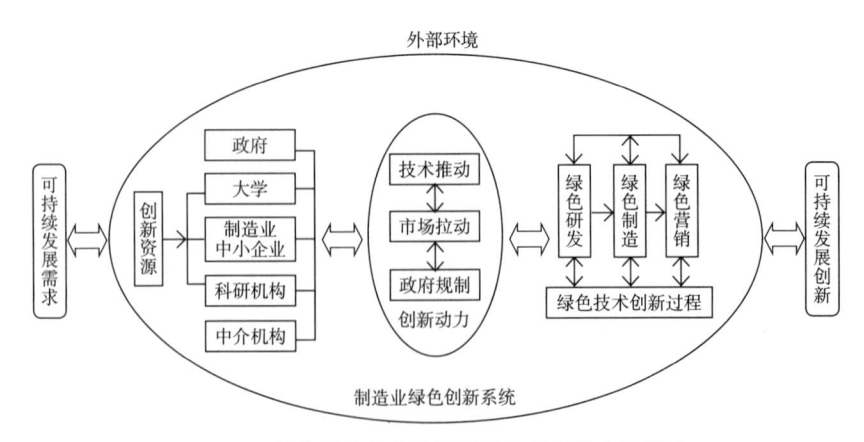

图8-9 制造型中小企业基于绿色创新的主导模式

统的主要要素，这四个要素相互协同、相互作用，共同保证制造业绿色创新系统的螺旋上升得以顺利实现。绿色创新有利于中国制造型中小企业，特别是高耗能高污染行业绿色转型和可持续发展。

制造型中小企业在绿色创新方面有相对优势，有助于推动整体创新效率的提高。绿色创新，尤其是工艺和组织创新，更多关注企业自身生产和管理过程，因此具有较低的市场风险，这与中小企业抗风险能力相匹配，绿色创新有利于中国制造型中小企业绿色转型和可持续发展。在中国，绿色创新虽然还是一个未经普及的概念，但中国企业在绿色创新方面的实践已经非常丰富。清洁生产、绿色制造、环境友好产品、环境管理体系和低碳技术等传统研究领域，均与绿色创新概念有密切联系。因此，中国制造型中小企业应积极发展绿色创新的主导模式。

当原有的经济模式运行接近极限或进入拐点，各类经济主体原有的惯性依赖也需逐步放弃。各类高耗能高污染行业及其产品服务，如石油加工、炼焦及核燃料加工业、化学原料及化学制品制造业、非金属矿物制品业等，以及各类轻工业如纺织、服装业等，均需要整体转往循环经济、低碳经济、绿色经济技术路径。

案例 8-8

浙江迪邦化工有限公司——绿色发展之路

浙江迪邦化工有限公司创建于2006年8月，隶属于浙江闰土股份有限公司。公司在生产过程中推崇"厂房集约化、原料无害化、生产洁净化、废物资源化、能源低碳化"的方式。提高资源利用效率，减少生产过程的资源和能源消耗，将污染尽可能地在生产企业内进行处理，减少生产过程中污染排放，并尽可能对容积进行全面回收套用，通过技术处理进行循环利用，最大限度地利用不可再生资源，对生产企业无法处理的废弃物集中回收、委托处理。公司完成了一系列的循环改造工程，并取得了可观的经济环境效益。在保证产品功能、质量以及制造过程中员工职业健康安全的前提下，引入生命周期思想，满足基础设施、管理体系、能源与资源投入、产品、环境排放、环境绩效的综合评价要求。公司的战略与举措如下。

第一,为了最大限度减少换炭的费用,研究活性炭再生及重复利用技术。考虑到热再生法的优势,采用外部加热、升高温度来改变平衡条件等,以实现活性炭的再生。开展活性炭循环热再生技术的研究,包含颗粒炭及粉炭的再生。研究内容包括:①颗粒炭的循环再生技术;②粉炭的循环再生技术。

第二,加强产品设计生态化。在产品设计中引入生态设计理念,在减少原材料投入、减少有害物质使用和替换方面加强思考,与科研机构强强联手,共同探索绿色工艺。

第三,基于MVR多效浓缩工艺研究染料合成过程中高浓度废水资源化利用技术。为了改变传统染料废水处理成本高且无法从根本上解决染料废水的处理问题,并更好地处理染料合成过程中高浓度废水,制备出可应用于印染、化工等领域的合格硫酸铵,采用MVR三效蒸发结晶技术,母液采用单效TVR蒸发结晶,最终母液经刮板蒸发器浓缩、结晶变为水分10%以下的固体结晶,无母液外排。即废水经此套蒸发结晶设备后,变为高纯度硫酸铵,少部分带有有机及无机杂质的硫酸铵,和蒸发冷凝后的冷凝水相比,实现了废水的绿色化处理。

第四,采用先进的生产技术,源头提高绿色化水平,公司与清华大学合作,共同开发了染料合成的微通道反应技术。解决了染料品质不稳定,自动化水平低,生产效率不高,染料合成具有一定的反应风险性等问题。研究成果实现了微通道反应器在分散染料生产过程中的应用,实现连续性生产,提高了生产效率及集成化水平。(案例来源:由本书作者整理)

第二节　中国制造型中小企业创新发展的路径选择

围绕制造型中小企业创新模式的分析,根据制造型中小企业获取内部资源能力和外部资源能力表征的发展阶段特征,构建企业创新发展五大路径选择。

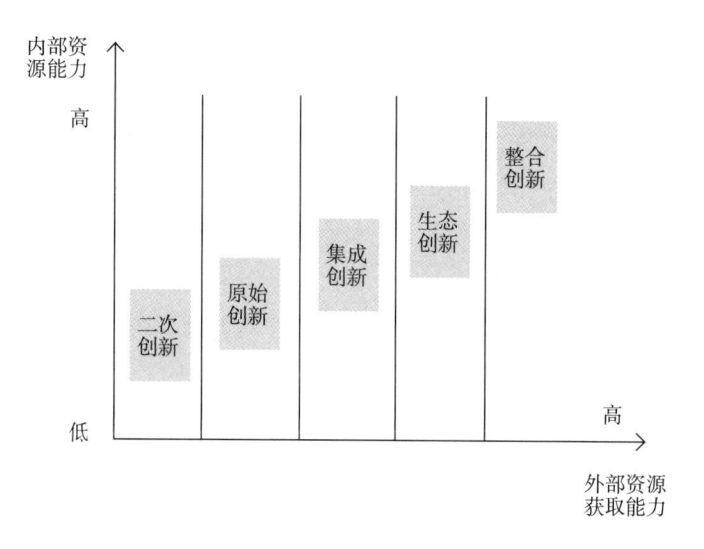

图 8-10　制造型中小企业发展阶段及创新路径选择

一　基于应用开发迭代的二次创新路径

有别于主导技术范式和技术轨迹形成、发展和变革的原始创新，二次创新是指在技术引进的基础上，受囿于已有技术范式，并沿着既定技术轨迹而发展的创新路径。从能力观看，二次创新是能力替代的过程，是企业从外部引进、获取特定的知识和能力，替换已有能力以适应环境的重要选择。二次创新路径一般包括技术抉择、技术引进、学习模仿、消化吸收、本土再造、生产经营等几个环节。其中必须指出，单纯的技术引进和学习模仿并不能缩小先发企业与后发企业间的技术差距，在二次创新的实践过程中，不乏因为缺少对技术成果的消化吸收再创造而始终沦为技术跟随者的制造型中小企业，最后就连"技术引进、工艺模仿、产品迭代、再引进"这样的循环也难以为继。二次创新的关键在于对引进技术的消化吸收和本土化创新，利用引进技术的后发优势，实现比技术输出企业更快的技术发展速度。二次创新的特征在于对引进技术的再次创新，使引进技术更符合本土市场和目标受众的实际情况，实现更快的商业化，最终形成便于中小企业、具有本土特色的自主技术能力。二次创新的目标在于解决产品版本迭代时对技术引进的持续依赖问题，通过本土化和自主研发实现产品迭代的自主革新。

制造型中小企业是二次创新的主要发起人和主要受益人。根据日本企业的经验显示，二次创新平均能为企业节省2/3的研发实践和90%的研发费用。但是，投身二次创新的企业往往也面临技术替代的困境。横向看，二次创新主体较原始创新而言牵涉更广、参与更多，同业竞争更加激励，产品和技术的替代性更强，技术生存空间受到挤压，技术成果在产业链中的地位让位于互补资产，企业二次创新盈利空间小，创新提升动力不足。纵向看，新技术对旧技术的替代可能使对旧技术的投资大部分甚至全部无效，这就是隐藏在制造型中小企业技术跟随和工艺模仿中的"后发劣势"陷阱，尤其是技术生命周期短、技术标准迭代快的战略性新兴产业更为严峻。

基于此，对于具有较强的技术引进消化吸收能力以及具有相对健全的知识产权保护机制的制造型中小企业，适宜采用二次创新路径（见图8-11）。在技术引进基础上，通过模仿创新实现改进型创新和产品迭代的效果。

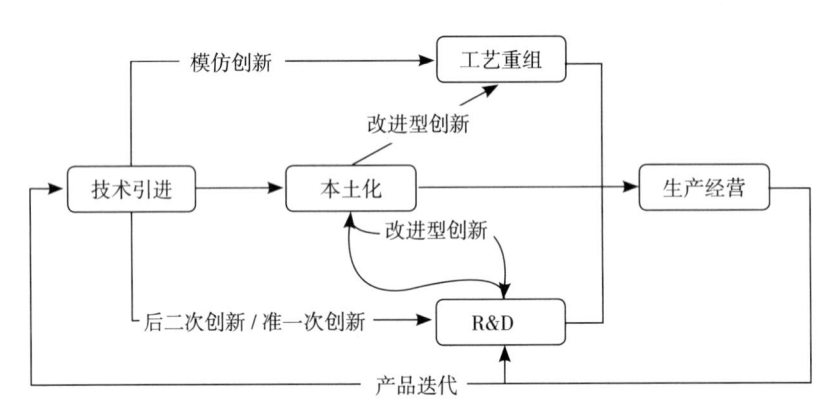

图 8-11 制造型中小企业二次创新路径

在路径的具体实现中，一是形成企业基本的技术基础。在初始阶段，企业需要依靠科学技术创新主导模式，以有效的技术学习为基础，以技术成果本土化为手段，以自主实现产品迭代为途径，最终实现后发优势的超前发展。二是进行技术的引进和有效学习。在成长阶段，依靠模仿创新主导模式，通过对外界资源的吸收和互动，以有效的技术学习实现对引进技术核心领域的持续积累和提升，确保企业技术创新实现从引进到自研、从模仿到原创、从改进到改革的过程目标。三是将技术知识融入生产经营活动。在成熟阶段，主要依赖科学技术创新主导模式，将技术必需的核心知识引入生产经营活动的内部中，并且通过独有的辅助知识来对核心知识进行渐进式的包装和改进，用互补技术对引进技术进行本土化的修饰和改造，以实现满足本地市场需要的二次创新过程（见图 8-12）。

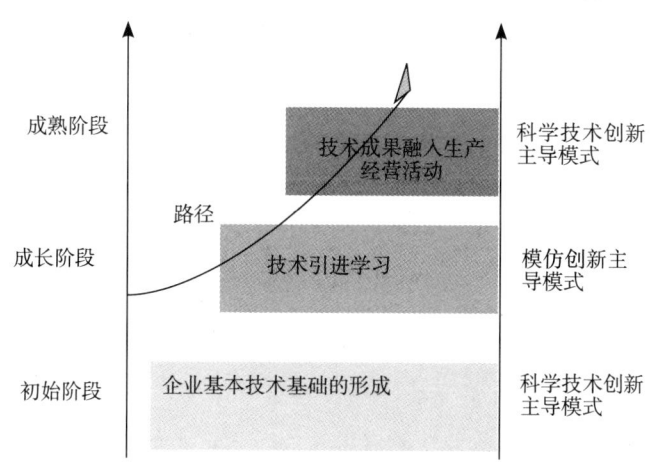

图 8-12　二次创新不同阶段主导模式选择

案 例 8-9

尼彩手机——因模仿而生，因山寨而亡

尼彩科技集团有限公司是国内一家从事手机研发、生产、销售、服务于一体的大型民营科技企业。"中国性价比最高的智能手机"是尼彩自始至终的理念。尼彩曾在深圳拥有 1 万平方米的研发生产基地，上百位通信产品硬件、软件、结构、ID 研发的专业人才；一线生产员工 1000 余人，生产线 15 条，拥有德国、瑞士、日本、美国的先进生产设备，以及斥资 1000 万美元的万级无尘 SMT 生产线，年生产能力 1000 万部。旗下品牌尼彩 i3 和尼彩 i9 先后获评 2012 年"中国手机畅销排行榜"第 20 位和第 12 位，尼彩 i8 作为该企业首款功能手机因其超高的性价比曾经引发千人抢购。然而，如此名噪一时的国产品牌因模仿苹果手机而一炮走红，但深陷模仿怪

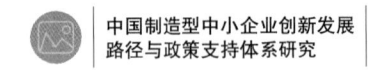

圈而淡出市场。

廉价多销，因模仿而生。尼彩手机兴起于 2011—2013 年。当时适逢苹果正式进入中国市场，同时还推出划时代的 iPhone 4 手机，经典的外形、出众的软件、先进的功能使 iPhone 4 成为大家竞相模仿的对象，而尼彩就是当时模仿苹果的"佼佼者"。尼彩一方面专门仿照 iPhone 4 的玻璃、不锈钢、玻璃的三文治式设计，产品外观全面向正品 iPhone 看齐，硬件配置以低端从简为主，做出了高颜值、低配置的 iPhone 4"山寨机"；另一方面宣称首创"手机工厂"模式，用"工厂价"的低价优势冲击市场，打出"每部只赚 10 元钱"的口号，通过巨额的广告投放和疯狂的开店方式对消费者（尤其是中低端市场消费者）狂轰滥炸，以典型的"填鸭式"营销策略快速卖掉手机。据统计，尼彩曾在 4 年时间内疯狂开店 6000 家，为尼彩带来数量级的销量，一度问鼎国产山寨手机之冠。

粗制滥造，因山寨而亡。尼采手机重营销、轻研发的经营策略和"绝对低端"的手机定价为企业的长远发展埋下隐患。分辨率极差，系统卡顿，有时甚至连基本的通话功能都无法实现，诸多故障导致尼彩手机销售业绩一路下滑。2013 年，小米、ViVO、OPPO 等国产智能机品牌开始迅速崛起，相较尼彩的外观模仿和技术跟随，新兴的智能手机生产商更注重系统开发、生态打造、品牌建设等方面的技术学习，通过对智能手机卖点的本土化分析，分别主打续航、摄像、外观、硬件等不同领域的突破，通过对智能手机产业的二次创新实现价值创造。而尼彩手机则在国产智能手机品牌之争中落败，超 6000 家线下店铺迅速相继关店，尼彩品牌迅速被智能手机狂潮淹没，被人们如光速般抛弃在脑后。（案例来源：由本书作者整理）

二 基于基础研究突破的原始创新路径

原始创新是指企业通过自身的努力和探索，产生核心概念或技术的突破，并基于此完成创新的后续环节，向市场推出全新的产品或率先使用全新工艺的一类创新行为，是独立开发一种全新技术并实现商业化的过程。原始创新的实现有 STI（研发创新）与 DUI（实战创新）两类途径。在创新过程中通常伴随提出首创的科学发现、科技发明、研究理论、研究方法，并为解决经济社会发展的关键问题而实践这一基础研究或应用研究，最终会引发常规科学的研究范式变革和经济社会的商业模式更新。与其他技术创新不同，原始创新具有独特的内外两类影响因素。内因包括原始知识积累、原始人才积累、原始资本积累、创新核心建设、创新团队协作、原创技巧学习等；外因包括创新氛围培育、科研经费支持、立项审查机制、成果评价体系等。

制造型中小企业在依靠原始创新路径提升自主创新能力的过程面对以下问题：一是原始积累的不足。原始创新是在创新链的渐进积累基础上的一种飞跃和变革，积累是原创的前提和必要。原始积累包括基础知识的积累、技术人才的积累、生产资料的积累、科研传统的积累和创新技巧的积累等。中小企业相对大企业而言，在创新管理水平、生产技术开发、生产设备建设、科研信息控制等创新开发方面处于明显劣势，在科研成果的推广、转化、转让等方面缺少长久积累，在配套生产、转运、销售等创新互补环节居于产业下游，因此制造型中小企业在选择原始创新路径前必须对比审查自身创新资料的原始积累水平。二是原创环境的不利。任何一项创新，包括根本性的重大创新，都不可能完全脱离现有的生产技术，都需要尽可能地兼容现有的生产标准。而在标准之争中，大企业相对中小企业而言处于有利地势，往往成为标准的制定者、监督者和领跑者；中小企业受制于大企业主导的技术标准和生产规范，在原始创新过程中受标准门槛和规范框架的桎梏，难以大展拳脚。三是风险收益的不平。原始创新往往是一个漫长探索的过程，其经济和社会价值充满未知，成果常见技术趋前而收益滞后的特性，因此对创新主体的风险承压能力要求较高。大企业能够向不同研究项目进行分散化投资，对创新回报的预期周期较长；而中小企业普遍受规模较小，资金不足，信誉度低的制约，在原始创新过程中对风险收益的时间效益更敏感。

基于以上原因，制造业中具有相对较强的人力、资金以及知识积累的中小企业可以考虑采用原始创新路径（见图 8-13），利用人才、金融、知识的驱动，实现从基础研究到应用研究、成果转化直至生产经营的完整创新过程。

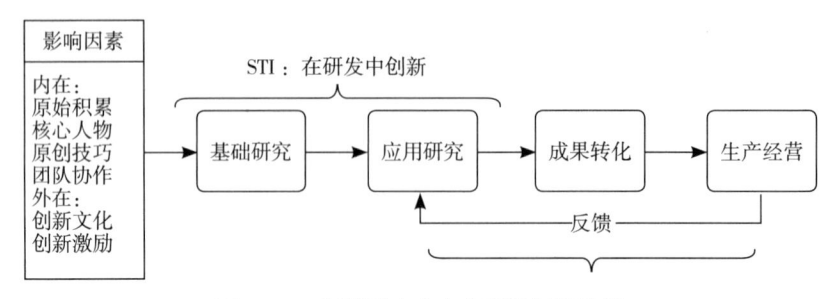

图 8-13　制造型中小企业原始创新路径

在路径的具体实现中，一是构建基本要素驱动创新机制的形成。初始阶段利用科学技术创新主导以及设计驱动主导模式，在人才和知识因素的驱动作用下，不断加大人才资源以及知识、信息资源投入，探索原始创新成果。二是依靠资金的驱动促进创新成果的实现及转化。成长阶段采用科学技术创新主导模式，以大量的研发设备投入为原始创新提供硬件条件，同时在人才和资金的积累上，以原始创新成果为载体，将专利技术运用到产品中，为科技成果转化奠定基础。三是与外部环境形成良好互动。成熟阶段主要采用产学研协同创新主导模式，与高校、科研机构、政府等形成良好的知识信息资源流通和共享，以形成创新的良性反馈，助力创新目标实现（见图 8-14）。

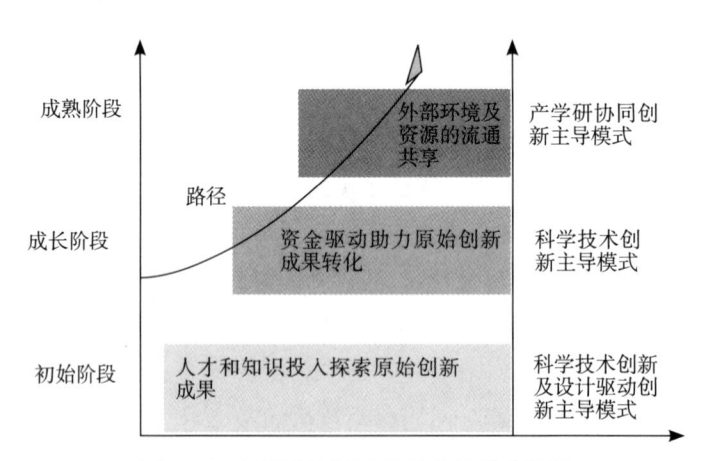

图 8-14　原始创新不同阶段主导模式选择

案例 8-10

海康威视——从原始创新走向业内一流

海康威视数字股份有限公司就是中国制造型中小企业原始创新成功的典型案例。作为全球视频监控细分领域的头号企业，海康威视是中国制造叫响全球的杰出代表之一。它的前身是中国电子科技集团下的一家军工研究所——52所。2001年，中国电子科技集团52所抓住视频监控由模拟向数字转型的历史机遇，成立了海康威视。之后的十几年的时间里，海康威视致力于视频监控等安防产品市场，紧抓市场机会爆发点，逐渐从一家视频监控产品提供商转变为解决方案提供商。如今的海康威视，布局公共安全、司法、交通、金融、文教卫、能源、楼宇七大主要行业，不断进行技术革新与产品转型，已经牢牢坐稳了安防产业的头把交椅。

抓住技术升级机遇，填补国产安防空白。改革开放初期，视频安防监控系统仍属于稀缺昂贵的设备物资，在国内需求较少，发展较慢，国内企业的安防镜头生产技术远远落后于国外，前端设备几乎被日系企业垄断，本土安防产业以代理国外品牌为主，自主产品的市占率很低。2000年视音频编码的技术标准面临从MPEG1升级到MPEG4的契机，而在当时担任中国电子科技集团第52所副所长的陈宗年和副总工程师的胡扬忠等已经对MPEG4技术有着深入研究，并且对于压缩比例更高的H.264标准的研究也走在国内前列。面对这一次编码技术升级的难得机遇，他们带领程瑜、邬伟琪等52所的一批技术骨干，在华科校友龚虹嘉以及52所的资本帮助下，于2001年11月30日成立了海康威视。由于其深厚的技术积累，海康威视在成立后不久就推出了基于MPEG4标准的板卡产品，当年即占领了中国60%的市场份额。2003年，海康威视又推出了基于H.264标准的压缩板卡，成为国内第一家将H.264标准产品化的公司，在主流压缩板卡的市场份额高达80%，公司当年的销售收入也达到了1.6亿元，一举奠定安防产业的龙头地位。

加大技术研发投入，维护创新引领地位。自成立以来，海康威视始终重视对技术研发和创新的投入，仅2017年投入研发费用就达31.94亿元，占当年营业总收入的 7.62%。海康威视现有研发和技术服务人员超过 13000 人，占总员工的半数之多。可以说，海康威视业绩得以持续增长，很大程度上得益于公司始终坚持自主研发的原始创新能力培养，不断保持并扩大技术领先优势，并将技术优势快速转化为产品优势。持续的研发投入也带来了丰硕的成果：2017 年海康威视新增专利 684 份，其中包括发明专利 93 件、实用新型专利 148 件、外观专利 443 件，新增软件著作权 165 份。截至 2017 年年底，公司累计拥有专利 1959 件，其中包括发明专利 397 件、实用新型专利 471 件、外观专利 1091 件，拥有软件著作权 769 份。目前，海康威视以杭州为中心，建立了辐射北京、上海、重庆、武汉、新疆以及加拿大蒙特利尔、美国硅谷和英国利物浦的研发中心体系，并计划在西安、武汉、成都、重庆和石家庄建立新的研发基地。（案例来源：由本书作者整理）

三 基于产业链资源重组的集成创新路径

集成创新是自主创新的基本实现形式，是运用系统思想方法创造性地将不同创新主体的知识、技术、市场、管理、文化以及制度等要素进行综合集成而实现创新目的的实践过程。在此过程中，企业或产学研官结合体等创新行为主体，将战略、资源、技术和能力等各种创新要素经过主动的优化、选择搭配，相互之间以最合理的结构形式结合在一起，形成一个由各种适宜要素组成的优势互补、相互匹配的有机体，从而使该有机体的整体功能发生质的跃变，形成独特的创新能力和竞争优势。企业至少需要从以下几个方面为集成创新的实现创造基本条件：一是要实现组织的变革。集成创新需要企业组织的创新，需要在组织内部融合基础上形成与其他主体的资源共享，尤其是在数字经济背景下，企业组织的边界被打破，需要以开放式状态加强与其他主体的联结以创造有利于知识和技术资源集成的组织结构。二是在融合多种现有的技术资源而形成新的竞争优势基础上，注重以产品为中心实现技术、知识、资源等多种要素在空间和组织上的集成，以形成具有独特竞争优势的资源和能力。在此过程中，需要重视不同领域的信息和知识的融汇与集合，尤其重视创新过程中的各类技术资源的融合与交会，而不仅仅是多类技术资源的简单叠加。

制造型中小企业开展集成创新具有优势也存在"短板"。优势体现在：一是制造型中小企业集成创新的基础条件不断成熟。中国制造型中小企业科技创新体系不断完善，以企业为主体的技术开发体系建设发展迅速，中小企业研发组织尤其是规模以上企业的研发机构数量不断提升，创新人才比例不断加大，为制造型中小企业的集成创新及可持续发展奠定了坚实的基础。二是创新平台的效率不断加强。区域层面的研发创新平台、工程技术中心等服务设施的建设及效率不断加大，在技术推广、技术中介、信息交流等方面为特色产业发展提供创新资源服务的中介平台的服务效率加大，为中小企业通过产学研寻找技术、资源和能力提供了积极的保障，同时相应的政策支撑为企业进行集成创新提供了基本的保障。三是区域性块状经济特色利于集成创新。对于一些块状经济特色显著、产业集群效率和产业链聚合度较高的地区，企业可以充分便捷地利用和共享块状区域内相应创新资源，为人才、技术、信息等创新资源集聚创造良好的外部条件，吸引外部规模经济和范围经济，保证创新资源的传播、交换。不利因素表现在：一是制造型中小企业产业层次偏低。相对来讲，制造型中小企业传统产业比例偏高，技术密集型产业少，高新技术产业发展不足，由于创新要素主要集聚在低水平的传统产业层，导致产业的总体创新能力薄弱。虽然政府层面不断有促进措施和激励措施，但对于一些地区的以内源性为主导的中小企业产业体系，其转型升级还需要"阵痛"的过程和外部事件的刺激，即使是面对数字背景的推动，企业固有的约束性因素使这种变革还需要一定的时间。二是对于企业集成创新而言，其主要作用在于充分利用其他资源形成优势互补的作用，但在一些地区制造型中小企业发现存在产业相似、类同度高，同类产业创新水平低的现象，产业的重复建设及产品同质，并未带来产业资源的共享。即使是在长三角这样的大的区域中，也产生由于产业类同所导致的产业间缺乏密切的联系，限制了知识经验的传播交流。

基于以上特征，遵循集成创新的一般逻辑，制造业中产业链环节上的重点、关键制造型中小企业，由于具备资源整合基础和组织变革条件，能够充分发挥优势条件而有利于资源优势互补进而提升产业层次，可考虑采用如图 8-15 所示集成创新模式和路径，从战略的集成、资源的集成、技

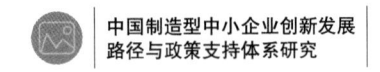

术的集成、能力的集成等角度展开创新。

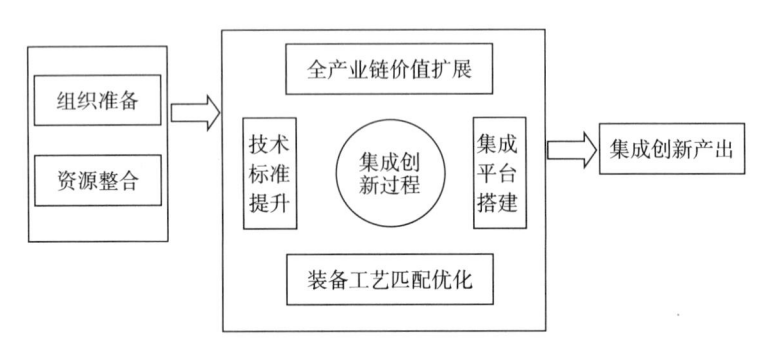

图8-15 制造型中小企业集成创新路径

具体来说：一是加强设计和规划，实施战略集成。初始阶段依据价值主张、核心能力、合作伙伴网络关系的构想分析，依靠产学研协同创新主导模式，加强中小企业的战略集成规划和设计能力，通过组织革新，提升有目的、有意识的比较选择水平，根据市场和技术发展需求迅速与相关主体加强连接，形成网络创新生态结构，在与各主体深度和广度的合作中提升资源、知识、信息的鉴别和选择能力从而实现优势互补。二是打造重点企业集成创新培育和示范机制，帮助探索能力的集成。成长阶段重点采用大中小企业融通创新主导模式，以可渗透的企业边界、灵活的组织结构以及知识共享，加强企业与外部的连接。针对重点中小企业，率先运用集成手段建立和完善企业创新体系内部机制，探索适合不同类型企业的纵向一体化发展、横向一体化、混合一体化资源整合机制。组织培育企业核心竞争力，实现技术跨越或突破，并最终具备核心技术。三是进一步完善产业集成创新平台，实现统摄、凝聚区域创新要素的目标，促进技术、工艺、装备和设施的协同优化和集成。成熟阶段结合平台创新主导模式，结合区域重点产业发展方向，完善重点产业研发公共服务平台，提供支撑产业发展和产品研发的软、硬环境。建立产业共性技术创新机制，围绕产业发展、战略调整与升级统一规划产业共性技术、关键技术和高新技术，组织产学研联合攻关，进一步打造支撑企业参与国际竞争的技术平台（见图8-16）。

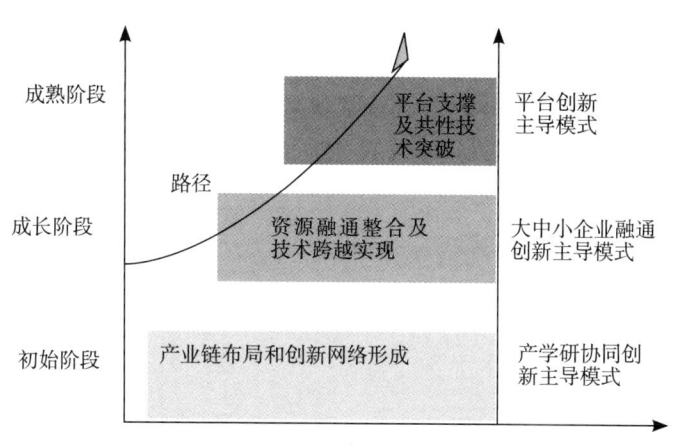

图8-16 集成创新不同阶段主导模式选择

案例 8-11

深圳光韵达——链式集成的激光制造强者

深圳光韵达光电科技股份有限公司是一家激光智能制造解决方案与服务提供商，于2011年6月8日，在深圳证券交易所创业板成功上市。主要产品和服务包括增材制造（3D打印）、激光三维电路（3D-LDS）、精密激光模板、柔性电路板激光成型、精密激光钻孔（HDI）、电子制造产业的关联产品、航空航天及军工零部件制造等应用服务；智能检测设备、自动化设备、激光设备及3D打印设备等智能装备；以及激光光源及关键零部件制造等。公司利用"精密激光技术＋智能控制技术"突破传统生产方式，实现产品的高精密、高集成及个性化，为全球制造业提供全种类的精密激光制造服务和全面创新解决方案。

通过区域布局奠定创新资源整合的坚实基础。精密激光智能制造与服务是向客户提供精准定制化的产品和服务，具有小批量、多品种、非标准化以及交货期短、对客户的需求快速反应的特点。建立贴近主要市场和客户的网点布局有利于公司及时提供产品和服务，迅速获得信息反馈。公司构建了同行业中最多、覆盖面最广的经营网点，在全国电子产品制造聚集地建立了30多个激光加工站，并自建三个产业化基地，形成了华南、华东、华北三大服务区域，实现当地生产当地交货，公司的网点布局优势树立了良好的口碑，为市场开拓和业务创新奠定了坚实的基础。

通过收购及合作等方式实现产业链条纵横拓展。公司凭借雄厚的技术基础及生态竞争优势通过收购与合作等方式加强与其他主体资源的集成利用，实现协同创新。通过收购专业从事自动检测设备的综合测试解决方案提供商的金东唐为自动检测提供强劲支撑；通过与南京初芯展开战略合作，导入现有客户资源、开展芯片研发与销售工作等。不仅实现向上游激光器、激光装备方面探索和研究，也实现与下游PCB（印制电路板）厂商的深度战略合作。近期通过控股成都通宇横向拓展新业务，成功进军航空航天和军工领域。

基于资源整合搭建研发平台全面推进集成创新。近期光韵达牵头并联合大学、产业链上中下游等企业成立"深圳市3D打印制造业创新中心"，搭建贯穿自产品设计、3D打印设备、材料研发到3D打印应用服务的全产业链的创新平台，为涉及企业产业链多个环节的主体共同实现产品优化和性能提升搭建平台，为公司实现基于产业链资源纵横整合基础上的集成创新和转型升级提供有力保障。（案例来源：由本书作者整理）

四 基于战略推进及赋能的整合创新路径

整合创新强调战略视野驱动下的全面创新和协同创新，其核心要素是"战略""全面""开放""协同"，也即战略视野驱动下的全面创新、开放式创新与协同创新。战略视野观要求企业根据所处的国内外环境和创新体系现状制定全局性战略，确定企业和生态系统的发展方向，使各要素相互连接，构建竞争优势。"全面"创新强调全要素创新、全员创新和全时空创新，即需要调动技术和非技术的全面要素，进一步激发和保障所有员工的创新活力；调动不仅只是企业研发人员和技术人员的专属权利，而应是全体人员的共同创新行为；全时空创新是指企业在信息网络技术平台上实现创新时空观的全面扩展。开放式创新聚焦企业内外部知识的交互，强调企业要突破原有的封闭式创新，通过获取市场信息资源和技术资源实现创新。协同创新强调企业与外部各主体之间的协同互动，共同服务于企业创

第八章　中国制造型中小企业创新发展的模式与路径

新工程。

基于整合式创新的基本思路，新竞争环境下，企业技术创新需要从封闭自主转向基于自主的开放整合，通过科技创新筑基、制度文化赋能、战略视野驱动，由单一技术创新转变为技术创新、制度创新、文化创新、战略创新的整合创新，打造动态核心能力，进而实现颠覆性技术突破和技术的持续跃迁。整合式创新并没有固定统一的路径，对于制造型中小企业而言仍属于战略上重要但战术上仍需要探索的模式。当前一些大型的企业通过整合式理念成功实现创新，并探索了适合企业特色的模式，形成了可供借鉴的经验。例如，中国高铁站立在全球视野和平台上，客观分析自身面临的内外部机遇和挑战，制定"引进国外先进技术，联合设计生产，打造中国品牌"的路径，以国内国外两个维度，技术、生产和产品三个层面的配置策略，通过整合内外部资源、在集团宏观层面进行战略协调，实现了全球竞争优势的提升。海尔集团则通过"人单合一"模式以及构建与发展创新生态系统，基于HOPE创新平台构建了企业与用户交互的创新生态圈，同时基于自主经营体与小微创新的组织管理模式，实现了用户参与、全员创新的生态成员交互模式，从而进一步优化了海尔的企业创新生态系统。这些均为制造型中小企业开展集成创新提供了可鉴的模式。

由于整合式创新在于利用战略赋能带动企业能力提升，且兼顾企业多项资源的整合利用，当前具有行业核心竞争优势的制造型中小企业，可以在资源优化整合基础上，借鉴既有企业成功经验，采用如图8-17所示的整合式创新路径。

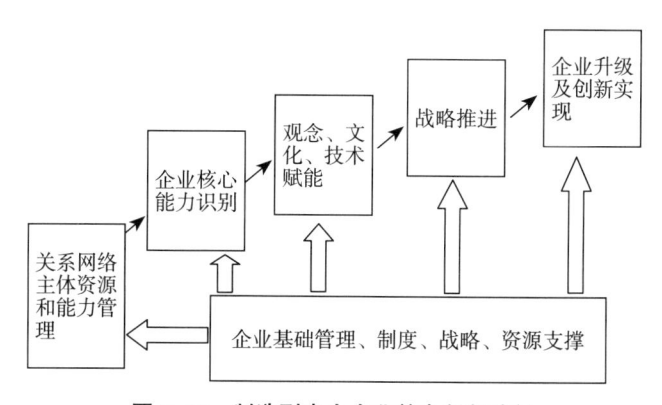

图 8-17　制造型中小企业整合创新路径

253

具体来说：一是进行上下游主体资源整合。初始阶段采用平台创新主导模式，通过内外部资源和能力分析，探索产业链上下游主体能够参与企业创新的主要形式，形成创新平台主体功能和架构模式。分析各主体所具有的创新资源以及能够提供的创新能力，根据供应商、客户、中介组织等在开放式创新中的作用、企业创新流程、主体参与模式等构建符合自身产业类型和企业特色的整合式创新顶层设计战略。二是具体创新策略的实现。基于大中小企业融通创新主导模式，积极获取外部网络资源，在初始阶段形成的平台基础上，构建要素流动共享机制。充分利用组织管理以及数字技术等多种先进工具，对网络连接体的观念、文化、战略、技术等要素整合，对人力、物力、财力、信息等进行归类和分析，目的是实现资源在数量和结构上的优化，进一步实现围绕创新目的的资源配置效率的提升。三是从区域层面加强整合式创新的保障机制。成熟阶段利用整合式创新主导模式，与创新链各个阶段的多种合作伙伴进行多角度动态合作，加强区域要素的联动和交换，为人财物等创新资源的流动打通渠道；充分利用政府各项平台功能推进要素的优化配置，促进向中小企业主体的聚拢；充分利用社区和文化影响，构建利用整合创新的文化氛围（见图8-18）。

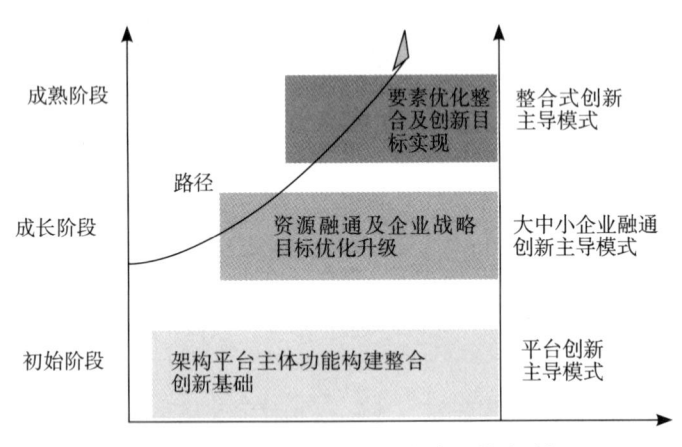

图 8-18 整合式创新不同阶段主导模式选择

案例 8-12

海通通讯——整合创新下的中国手机天线行业"头部玩家"

位于温州经济技术开发区的海通通讯电子有限公司成立于 2003 年，是一家专业的通信行业电子产品配件的解决方案提供商和制造商。企业具有十多年丰富的集冲压和注塑模具设计加工、精密切削、自动化装配、高速冲压和注塑成型为一体的"整合制造"能力，为专业生产电子产品配件，手机、电脑、汽车等领域天线，屏蔽框罩，SMT 接地和射频弹片等精密冲压件，及通信连接器 RJ、USB 等系列产品提供有力保障。

战略驱动下的企业技术定位及发展理念。从成立之日起，公司将建立具有"快速反应"体系的天线解决方案作为公司发展的定位及创新的基本理念。海通通讯创始人认为，智能手机最重要的部件就是"天线"，在智能终端越做越小、越做越精的背景下，各大厂商对天线的要求也越来越高、越来越细分。如果仍然按照通用的天线解决方案，就会影响手机信号。因此，海通通讯把研发中心建到距离客户 3 千米的范围内，并建立类似于定制化的"快速反应"体系，并以此作为创业和创新的基本理念。

围绕方案解决的全员、全时空创新参与。为实现客户定制快速响应，公司从人才、时空等多维角度保障创新。海通通讯年生产手机天线超亿支，为华为、小米、三星、联想、摩托罗拉、TCL、Alcatel、TECNO、魅族等全球知名手机以及汽车、无人机等厂商提供天线解决方案或者天线产品。为此，公司建立了由硕士、博士和天线专家组成的 80 多人研发团队，研发投入在营收中的占比达到了 13%。并与更多的中小企业、新兴产业、龙头企业一起，携手跨行业的产业合作，例如与纳米晶合金新材料技术公司合作，研发生产体积小、充电快、最安全的手机无线充电设备，目标客户就是三星。并通过先后在上海、北京、西安建立天线研发中心的方式，创造全员、全时空的创新条件，推动整体创新和产业融合。

基于供需响应的全面创新。面对 5G 时代的到来和市场客户需求的变化，公司围绕核心产品和技术发展，推出适应 5G 传输要求的手机天线产品以及手机天线设计解决方案，将目光瞄准了无线充电、5G 通信、北斗导

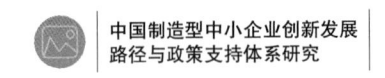

航等领域，通过战略升级，加强外部资源整合与合作，推进更高阶段创新的实现。（案例来源：由本书作者整理）

五 基于要素友好共生的生态创新路径

面对中小企业可持续发展的要求及生态化转型需求的日益高涨，生态创新成为制造型中小企业创新的基本目标之一。生态创新要求组织机构对新产品、生产过程、服务、管理或经营方法的产生、采用或开发行为进行变革，使这些行为与其他方法比较能够在整个生命周期内有效降低环境污染风险和资源使用过程中的其他负面效应。生态创新不仅要求企业主体的创新，也强调与企业有连接的相关主体实现资源环境可持续发展。从生态创新的内容来看，涉及生产过程的生态创新、产品或服务的创新、针对末端污染物或废物的生态创新、针对包括市场、制度、技术、组织在内的企业整体系统的创新。生态创新是一个紧迫而又需要着力研究的问题，对问题的解构可以从影响生态创新的内外部因素入手，以寻求解决方案。根据相关调查研究，影响生态创新的外部因素主要包括政府制定的环境政策、基于网络连接以及利益导向的企业与供应商、高校和科研机构的研发合作导向及合作行为、制造型中小企业本身所处的行业技术特征、企业所面临的竞争对手所采取的生态创新策略。内部因素包括中小企业自身的资源和能力、企业的组织特征、企业文化的影响等。

生态创新，不仅在于构建资源、环境、经济的和谐生态，也在于构建大中小企业良性共生的生态群落，同时也适用于企业与客户、伙伴之间的友好关系，这是制造型中小企业生存的几个基本条件。基于以上思想，广大的制造型中小企业应该根据多种要素友好共生的理念，围绕制造型中小企业生态创新的主要环节和影响因素，充分利用先进技术手段和平台，从以下维度打造生态创新路径（见图8-19）。

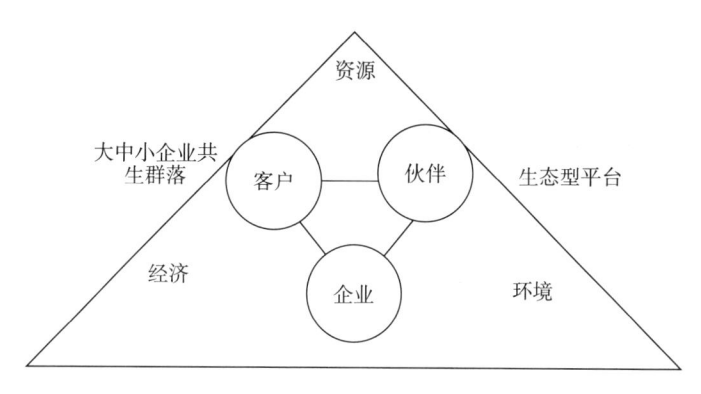

第八章 中国制造型中小企业创新发展的模式与路径

图8-19 制造型中小企业生态创新路径

具体来说：一是打造利于生态创新的大中小企业协同友好共生体系。初始阶段围绕生态创新的理念，基于绿色创新主导模式，促进资源、人才、企业、高校、研究院所等资源的集聚，确定要素间的相互作用、相互联系、相互依赖关系及特定比例结构。围绕绿色资源、绿色信息、绿色要素的共享，聚焦节能环保产业相关政策、规划、技术、项目、金融、信息等资源，推进产业创新网络的扩张和升级（见图 8-20）。二是打造创新生态型平台，促进生态创新服务与管控，帮助提升要素友好共生的机制。成长阶段采用平台主导创新模式，构建基于多维要素、多边平台的空间、规则及价值网络，结合企业所在行业技术特征及竞争结构，以新技术新工艺和管理方法重塑各类创新主体，加强产品设计生产、服务和管控机制创新，

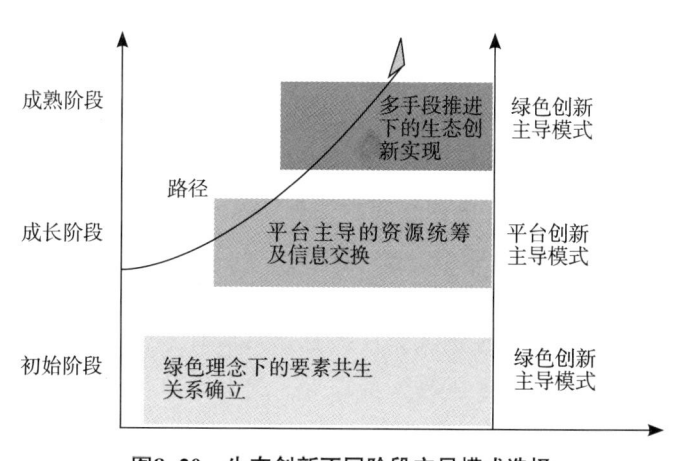

图8-20 生态创新不同阶段主导模式选择

依靠大数据等手段帮助企业获得生态创新专利、商标等知识资本。利用平台的作用整合产业相关信息、帮助把平台优势连接国内外先进的生态型产业领军主体，促进与高端可持续发展要素的对接和动态跟踪，缓解产业内知识的不同构、资源的不统筹、信息的不对称、行动的不互动等问题，提高合作效率。三是充分利用大数据技术推动生态创新。成熟阶段基于绿色创新主导理念围绕可持续发展目标的实现，利用大数据检测、分析、共享生态创新资源并实时决策，推进大数据与互联网应用增强财税、信贷等政策杠杆的作用，以数字化促进有利于生态创新的组织和文化构成，以数字技术促进生态创新要素之间的联动，促进循环利用资源、实现绿色低碳循环发展。

案例 8-13

联能电气——智能化引导的生态创新模式

浙江联能电气有限公司位于衢州市绿色产业集聚区，是智能化高低压成套开关设备、动态无功补偿装置等产品的专业生产厂家，是以做工程项目为主的国家高新技术企业。产品主要涉及能源、基础设施、工矿、军工等领域。公司高、低压产品符合 GB 国标、IEC 国际标准，低压成套开关设备通过了国家强制性 CCC 认证和欧盟 CE 认证。公司与施耐德、西门子、ABB、三菱电机等国际跨国公司建立了长期技术合作伙伴关系。经过自主研发，E-HOUSE 产品填补了国内设计、生产、制造和集成的技术空白。

创建要素友好共生的基本规则。围绕"一切为用户着想"的理念，公司以项目制管理模式创建要素全流程友好共生的管理模式。本着"一站式"技术服务的交钥匙工程思路，公司围绕"三个前置"进行生产经营：一是技术前置，在工程项目方案设计阶段，本着为用户创造价值的理念，通过设计方案的优化，使制造成本更具合理性；二是解决方案前置，在产品生产阶段，通过技术方案与生产实际相结合，最大限度地在方案合理性和可操作性方面进行比对和再优化，以提高产品的可靠性；三是售后服务前置，工程项目在确定售后服务人员以后，就对产品生产过程进行全程跟踪，确保产品一次送电成功。基于此管理流程，实现全生命周期的要素管理基本规则。

以数字化推动企业生态化创新。公司以智能化生产线改造促进产业转型升级和可持续发展。作为位于衢州绿色生态产业集聚区的重点企业，公司将数字化改造作为重中之重，用全球顶级的智能化生产解决方案提供商三菱电机的基因改造传统的高低压成套开关设备生产线，使一条智能化的母线数控生产线可以实现布线、裁线、割线、压线等程序的高效实现，产品的所有技术指标全部数字化、可视化，质量得到了保证，人力得到了释放，资源与环境效能指标得以有效提高。当前，浙江联能生产的高、低压产品符合GB国标、IEC国际标准，低压成套开关设备通过了国家强制性CCC认证和欧盟CE认证。（案例来源：由本书作者整理）

第九章 研发策略与制造型中小企业二次创新

创新是制造型中小企业发展壮大、获得持续竞争力及获取超额利润的主要方式，制造型中小企业为获得收益而进行创新活动的积极性日益高涨。在建设创新型国家和实施创新驱动战略的发展过程中，制造型中小企业创新在国家创新中的主体地位已经显现。通过加大创新投入，选择适合的研发策略，让制造型中小企业以提高创新力的方式促进自身绩效提升，是当前优化发展模式，实现"创新引领"，最终达到经济高质量发展的最优解决途径（王宏伟、何亚鸥，2009）。面对高速发展的全球经济、多样化的客户需求和迅猛更迭的技术，制造型中小企业受自身规模和能力的限制，对标优势企业的原始创新存在困难，利用出口效应优化企业的研发策略进行二次创新，日益成为制造型中小企业参与国际竞争的重要路径。

第一节 研究背景

一 研发策略与制造型中小企业二次创新

技术进步和创新是经济发展的推动力，而技术进步往往来源于经济社会中微观企业的创新活动，处于国际价值链中的跨国公司会更加注重创新的投入，以稳定其在市场中的地位。产业全球化以后，管理经验、技术知识以及网络资源所带来的溢出效应，能显著促进制造型中小企业的自主创新，进而影响制造型中小企业的经营绩效，还能通过提高企业的国际竞争力，进一步促进制造型中小企业创新全球化水平的提升，并且，不同规模制造型中小企业在全球化市场中，所受到的影响不一样，往往规模越大的企业受到创新投入带来的促进效应越明显,可以看到,创新投入对企业绩效的影响往往会因为企业的性质、规模等因素产生一定差异,因此需要制定不同的研发策略。同时,产业全球化进程的加速,也促使不同行业中的企业面临更大的挑战,进一步推动了企业加大创新投入(刘帷韬、尤济红、邹小华,2020)。

我国创新型国家建设取得新进展,整体创新能力大幅提升。根据 2019 年全社会研发支出达 2.17 万亿元,占 GDP 比重为 2.19%;科技进步贡献率达到 59.5%;世界知识产权组织(WIPO)评估显示,我国创新指数居世界第 14 位;2014 年《中国科技统计年鉴》,中国研发投入(R&D)占 GDP 的比重由 1995 年的 0.6% 上升至 2014 年的 2.09%,虽居新兴国家之首,但与发达国家的 3%—3.5% 相比还有距离;人均 R&D 水平较低,不到 1000 元;而且企业的研发投入更加不足,中国规模以上企业研发投入占销售比例为 0.9%,远低于发达国家的 2% 水平;36 个行业中仅有 1/3 的行业高于平均值 0.9%。科技成果转化也不够,2014 年,中国在核心技术、关键技术上对外依存度高达 50%,高端产品开发 70% 的技术要靠外援,重要零部件的 80% 需要进口,而美国的对外技术依存度仅为 5%。因此,中国企业自主创新还有相当长的路要走。

面对高速发展的全球经济、多样化的客户需求和迅猛更迭的技术,发展中国家后发企业仅依靠技术引进提高自身竞争力、缩小与引领企业的技术差距是远远不够的。通过跨国并购行业内的国际领先企业翻越行业进入壁垒,进行二次创新,日益成为后发企业参与国际竞争的必由之路(杜健、丁飒飒、吴晓波,2019)。二次创新是指在技术引进基础上进行的,受囿于已有技术范式,并沿既定技术轨迹而发展的技术创新(吴晓波,1995)。制造型中小企业二次创新的多种影响因素中,出口是不可忽视的一种,近年来出口与创新的关系引起了理论界与实务界的广泛关注。

二 相关研究文献综述

二次创新以"学习"和"理解"为基本特点,其遵循这样一个进化过程:掌握运行技术—掌握生产技术和原理—掌握设计技术—掌握设计原理(形成自主 R&D 能力)—开发改进型产品和工艺。一次创新常表现为打破旧技术范式的技术体系的突变或跳跃式的发展;二次创新大多始于有目的的技术引进成熟技术，引进主体的技术能力和研究开发能力是在消化吸收的过程中逐渐形成的，因此表现为接受已有技术范式，并在其制约下实现渐进积累的技术进步，二次创新过程反映了一个反向的技术能力积累过程，企业通过二次创新获取技术进步有多种路径，通过发展出口贸易推动企业二次创新一直是学界讨论的主题（史青、李平、宗庆庆，2017）。

对企业出口和研发创新的研究主要集中在两者的因果关系上，其中一类文献认为，研发投入会促进企业的出口行为。这种观点可以从两个角度来解释：第一，贸易比较优势理论认为，研发创新可以转化为企业的比较优势，促使企业在更广阔的国际市场上竞争，因此出口往往是国内公司创新活动的副产品。最早提出这一观点的理论文献可追溯到 Vernon（1966）和 Krugman（1979）的产品循环模型（Product-Cycle Models），随后 Grossman 和 Helpman（1995）的宏观经济模型支持这种因果关系，认为企业提高产品质量（创新）最终会导致本国的出口需求曲线外移。第二，微观企业的"自我选择"假说（Self-Selection Hypothesis）认为，研发创新提高了企业生产率，高生产率企业能够支付出口沉没成本进入出口市场（Melitz，2003）。与理论文献相呼应，很多国家的经验研究支持这一解释：Liu 和 Lu（2015）利用工具变量法发现，中国企业的投资显著加大了企业的出口倾向，这种促进作用来源于企业投资对生产率的提高。Damijan 等（2010）对斯洛文尼亚、戴觅和余淼杰（2012）对中国、Bratti 和 Felice（2012）对意大利的研究均得出研发创新是促使企业进入出口市场的重要因素。

另一类文献认为，出口行为使企业更具创新性。这种观点也可以从两个角度来解释：宏观上，从知识积累的角度出发，来自海外消费者的需求通过知识积累促进技术增长，进而加速本国出口企业创新速率。这种观点得到了 Romer（1990）、Grossman 和 Helpman（1993）内生创新增长理论的支持。微观上，可以从企业的"出口中学"假说（Learn by Exporting Hypothesis）出发，强调企业的"学习效应"。企业在国际化市场中，面临更激烈的竞争、更丰富的技术来源渠道，因此有动力提高其知识储备，企业的出口行为（或出口倾向）会大大促使其加大研发投入进而创新（Clerides et al.，1998；Salomon and Shaver，2005）。Atkeson 和 Burstein（2010）通过构建一般均衡模型阐述了贸易边际成本变动对企业创新的影响。经验研究中验证学习效应的关键在于找到合适的代理变量来衡量企业的"学习"

行为，之前研究中较多采用企业全要素生产率（Baldwin and Gu，2003；Girma et al.，2004）。Salomon 和 Shaver（2005）首次采用"创新"这种更直观的评价方式作为"学习效应"的代理变量，他们用西班牙数据验证了企业通过出口活动提高其知识储备的判断。Lin 和 Tang（2013）将创新因素嵌入 Melitz（2003）的异质性企业模型中，利用匹配方法发现中国出口企业的研发强度显著高于非出口企业。此外，Criscuolo 等（2010）对英国的研究也得出了类似的结论：出口行为会促进企业研发创新。

事实上，"自我选择"和"出口中学"这两种假说并不矛盾，企业出口和研发创新的双向因果关系可能同时存在。部分学者对两者的关系进行了概括：企业目前的竞争力（创新力）是其出口的助推器，同时出口行为也会影响企业将来的创新模式以及生产率表现（Mohnen and Hall，2013）。Gkypali 等（2015）对希腊制造业企业的研究表明"年轻"（成立时间较短）的企业支持"出口中学"假说，而"年长"（成立时间较长）的企业支持"自我选择"假说。此外，Filipescu 等（2013）、Arvanitis 等（2014）等也用不同国家的企业数据得出：创新促进企业出口，同时创新也是企业出口过程中不断提高竞争力自我成长的结果，企业出口与研发创新是双向因果关系。

目前对出口行为是否促进了中国企业研发创新的研究并不少见，但已有的研究并未考虑企业之间的研发策略互动。微观企业做研发投入决策时，除受企业规模和市场竞争程度等自身或行业因素影响外（Aghion et al.，2005），极有可能受到其"邻居"的研发投入影响。由于研发活动存在溢出效应，新技术的模仿成本确实远低于研发成本，因此竞争者更愿意看到技术领先者从事创新活动而自己采取模仿策略（Brozen，1951）。Scherer（1965）将竞争视为内生变量，首次从研发互动的博弈论角度对企业创新机制进行了研究，Dasgupta 和 Stiglitz（1980）等对其进行了扩展。这类研究的共性是认为企业的研发投入是相互影响的，即企业之间存在研发投入策略互动，且这一互动会对行业内的均衡研发水平产生影响。

研发互动策略分为两种类型：一方面，企业之间存在策略竞争（谢申祥等，2016），企业可以从竞争对手创新思想中受到启发或者鼓励，企业之间竞相增加研发创新以争夺市场份额、攫取垄断利润，即开展研发竞赛，以与领先者保持"齐头并进"；另一方面，企业可以减少研发或者不研发，通过模仿对手的新技术从而坐享其成，扮演"技术追随者"的角色。研发策略互动模型由于捕捉到了"技术溢出"效应，因此在研究企业创新活动时更加准确。然而，囿于微观企业数据的可得性以及空间计量估计技术的发展限制，国内外仅有少数学者对该模型进行了经验检验。Zizzo（2002）最早用实验方法验证了研发竞赛的存在，发现技术差距非常小时，技术领先者的投资确实会随该差距的减小而增大，与其"针锋相对"公司的研发投资也会随之增加。宗庆庆（2013）验证了中国工业企业确实存在研发的策略互动，发现同一行业的企业更多选择"模仿"领先者的新技术，而非自己研发创新。王宏伟等（2019）运用2010—2015年中国信息产业上市公司的数据，实证分析了企业"寻租"支出对其研发投入的影响。研究发现，在国有企业中，企业"寻租"支出与其研发投入之间呈现倒"U"形关系；在非国有企业中，企业"寻租"支出能够提升其研发投入。在探究企业"寻租"支出对其研发投入的影响渠道时发现，非国有企业通过"寻租"支出获取政府补贴，进而提升其研发投入（王宏伟、何亚鸥，2019）。

三 研究内容

目前有关企业出口的"学习效应"研究，均忽略了企业研发策略互动这一事实，这可能导致估计结果出现偏差，并由此得出片面结论。在计量经济学中企业研发创新的策略互动关系可以体现为研发投入的"空间"相关性。通过构造恰当的空间权重矩阵进而构建空间计量模型来准确度量个体之间的"空间"，本书在此基础上研究出口行为对研发创新的影响。具体地，利用2005—2007年的中国工业企业数据，在考虑企业"自我选择"偏差和研发策略互动的前提下，构建空间自回归Tobit模型捕捉研发行为的"空间"相关性，并根据企业所在行业、省份、全要素生产率等地理和经济特征构造空间权重矩阵，定义空间"邻居"，探讨微观企业出口行为对其研发创新的影响。结果发现，2005—2007年中国企业面临研发决策时，更多采取模仿技术领先者的"搭便车"行为，而不是你追我赶地开展研发竞赛，这一行为抑制中国的整体创新水平；出口行为确实促进了企业研发投入，而忽略研发的空间交互作用会低估这一影响；进一步研究发现，出口增大了新产品的研发投入力度，对高科技行业研发创新的促进作用高于其他行业。

通过研究，一方面验证了2005—2007年中国企业放弃技术追赶这一现象，与发达国家企业采取研发竞赛形成鲜明对比，进一步丰富了学界关于中国工业企业研发投入行为机理的认识；另一方面在研究中引入对企业研发策略互动问题的关注，纠正了以往文献中出口对研发创新影响程度的认识，而基于中国的数据也证实了这种新认识，完善了"出口中学"的相关研究，丰富了考虑企业研发策略前提下，出口行为对企业二次创新的影响的研究体系。

第二节 研究方法

一 模型构建

如何解决企业研发和出口之间的内生性问题以及如何捕捉企业之间研发投入的空间相关性是研究经验分析的两大关键点。对于后者而言，LeSage和Pace在2009年认为空间计量模型提供了一个很好的工具。通过构造恰当的空间权重矩阵来准确刻画个体之间的"空间"相关性，研究采用企业研发投入作为因变量构造空间计量模型，在整理数据库时发现，有些企业没有研发，即研发投入为0。Qu和Lee在2012年认为，传统的处理连续型因变量的空间计量模型并不适用，本书使用新近发展的空间Tobit模型来估计企业研发策略互动行为。

经济学直觉也支持空间Tobit模型。有接近1/4的企业选择参加研发活动，研发的收益显而易见，通过研发活动获得领先的专利和技术为企业提供技术垄断，使企业收取高额许可费并且阻止新厂商进入。然而从企业角度看，研发却是不确定的，首先，有一部分企业根本不面临研发与否的决策，如加工贸易企业；其次，对于面临研发与否决策的企业，研发带来潜在收益的同时也必须支付高额的成本，企业必须承担研发失败带来的各种风险。企业在做研发决策之前，要充分权衡研发期望收益和研发成本的大小。参照Aghion等在2005年的研究，我们引入潜变量，假定企业创新激励取决于企业创新成功后的期望利润与创新前利润之差。这表明如果我们观测到某个企业研发投入为0，则意味着该企业可能因发现研发的期望利润低于不研发的利润而选择了不研发，即给定其他企业的研发策略时，某企业的最优反应是不研发，

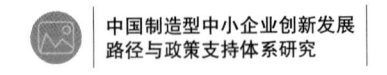

此时便出现受限因变量这一情况。

由于采用的是分年份的截面数据,空间自回归 Tobit 模型可写为如下形式:

$$q^* = \lambda(W_q)_i + X_i\beta + \varepsilon_i, \ q_i = q_i^* I, (q_i^* > 0) \tag{9-1}$$

这一模型认为,企业研发行为的空间相关性体现在真实结果上,因而研发费用为 0 的企业对其他企业的研发决策没有影响。其中,q_i^* 表示潜变量;q_i 表示企业 i($i=1,2,\cdots,n$)真实的研发投入;W 是 $n \times n$ 维的空间权重矩阵,表示截面企业之间的空间关系;W_q 是空间滞后变量,由于 W 的主对角线元素为 0 且是行标准化的常数矩阵,所以 W_q 可解释为竞争对手的平均研发投入;λ 代表企业研发投入反应系数即"空间"邻居效应,用来捕捉企业之间的研发策略互动行为,是研究重点关注的核心系数之一。如果 λ 显著异于 0,说明在研发问题上企业确实存在策略互动;反之则说明个体企业的研发决策不受其他企业影响。具体地,若 λ 显著为正,说明企业研发投入为策略互动型,即主动开展研发竞赛;若 λ 显著为负,则说明企业研发投入为策略替代型,即被动模仿其他企业。X_i 为影响企业研发的其他控制变量;ε_i 是独立同分布的随机误差项且 $\varepsilon_i \in N(0, \sigma_\varepsilon^2)$,$I(\cdot)$ 是标示函数,括号内表达式成立则取 1,否则取值为 0。

表 9-1　　　　　　　　　样本企业的出口及研发状况

变量	2000—2007 年平均(%)
出口企业比例	40.95
研发企业比例	22.80
出口企业中研发企业比例	29.90
未出口企业中研发企业比例	17.88

资料来源:笔者根据中国工业企业数据库计算得出。

二　估计方法——贝叶斯 MCMC

Pinkse 和 Slade 在 2010 年指出,空间离散选择模型的估计与统计推断是空间计量经济学的一个重要方向,如何估计受限因变量的空间计量模型已引起学者广泛的关注。近年来,大量文献对此模型的估计进行了研究,主要包括 McMillen 在 1992 年提出的期望最大化(Expectation Maximization,

EM）方法，Klier 和 McMillen 在 2008 年提出的广义矩阵估计法以及贝叶斯马尔科夫链—蒙特卡洛（Markov Chain Monte Carlo，MCMC）法。由于空间模型参数的后验分布计算需要进行多元积分，计算过程比较烦琐，因此借鉴 LeSage 和 Pace 在 2009 年的做法，研究使用贝叶斯 MCMC 方法来估计空间自回归 Tobit 模型。贝叶斯 MCMC 方法的基本思想是，如果样本足够多，推导后验概率密度的表达式还不如使用某种估计（如核密度估计）去逼近。

使用贝叶斯 MCMC 方法的关键在于我们需要从模型参数 λ、β 和 σ_ε^2 条件分布的完整序列以及给定 q_1 时 q_2 的条件分布中进行连续抽样。本质上讲，贝叶斯 MCMC 方法将研发投入为 0 的观测值看作额外的待估参数，投入为 0 的观测值 q_2 从非 0 观测值 q_1 中抽样并估计得到。该方法的好处是研发费用为 0 的企业视为潜在的期望利润之差为负，通过对研发费用为正的样本进行 MCMC 抽样，我们可以估计出不研发企业的潜在期望利润之差。使用这些估计出的连续型潜变量代替原来的 0，我们可以得到一组完整的潜变量向量（此时可观测），并据此估计出模型的其他参数 λ、β 和 σ_ε^2。具体估计方法如下：

将式（9-1）中向量 q 分成两部分，$q_1 > 0$ 和 $q_2=0$，q_1 表示研发投入为正的观测，维数为 $n_1 \times 1$，q_2 表示研发投入为 0 的观测，维数为 $n_2 \times 2$，同样，权重矩阵 W 依 n_1 和 n_2 个观测值也分成对应的两部分，因此空间 Tobit 模型也可用式（9-2）进行直观的表示。其中 X_1、X_2 与 ε_1、ε_2 分别对应 n_1 个非零观测值以及 n_2 个零观测值对应的特征值与干扰项。

$$\begin{pmatrix} q_1 \\ q_2 \end{pmatrix} = \lambda \begin{pmatrix} W_{11} & W_{12} \\ W_{21} & W_{22} \end{pmatrix} \begin{pmatrix} q_1 \\ q_2 \end{pmatrix} + \begin{pmatrix} X_1 \\ X_2 \end{pmatrix} \beta + \begin{pmatrix} \varepsilon_1 \\ \varepsilon_2 \end{pmatrix} \quad (9-2)$$

假定（q_1, q_2）的先验分布为联合多元正态分布，如式（9-3）所示。根据标准的多元正态分布理论，$q_2|q_1$ 的条件分布也是正态，具体形式为断尾的多变量正态分布，其均值和方差表达式分布为式（9-4）和式（9-5）：

$$q = \begin{pmatrix} q_1 \\ q_2 \end{pmatrix} N(\mu, \Sigma) = N \left[\begin{pmatrix} \mu_1 \\ \mu_2 \end{pmatrix} \begin{pmatrix} \Sigma_{11} & \Sigma_{12} \\ \Sigma_{21} & \Sigma_{22} \end{pmatrix} \right] \quad (9-3)$$

$$E = (q_1 \mid q_2) = \mu_2 + \Sigma_{21} (\Sigma_{11})^{-1} (q_1 - \mu_1) \quad (9-4)$$

$$var = (q_1 \mid q_2) = \Sigma_{22} - \Sigma_{21} (\Sigma_{11})^{-1} \Sigma_{12} \quad (9-5)$$

其中，μ 为样本均值，令 $Z=I-\lambda W$，$\Psi=Z'Z$，有 $\sum=Z^{-1}(Z')-1=\Psi^{-1}$，$\mu=(\mu_1 \mu_2)'==Z^{-1}X\beta$。进一步地，LeSage 和 Pace 在 2009 年指出，在上述

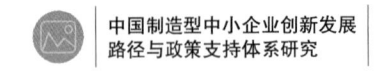

计算中，由于 W 是很多元素为 0 的稀疏矩阵，将其求逆会导致运算很慢甚至溢出计算机内存无法计算。为避免对空间权重矩阵求逆，采用 Harville（1997）的引理：$\sum_{21}\sum_{11}^{-1}=-\Psi_{22}^{-1}\Psi_{21}$。本书遵循这一做法，于是 $q_2|q_1$ 的条件期望可写成：$E(q_2|q_1)=\mu_2-\Psi_{22}^{-1}\Psi_{21}(q_1-\mu_1)$，其中 $\Psi_{22}=I_{n2}-\Psi W_{22}$，$\Psi_{21}=\Psi W_{21}$，$\mu=(I_n-\Psi W)^{-1}X\beta$。估计出不研发企业的潜变量后，对原来研发投入为 0 的观测值进行替代，得到新的 Q_n^*。$Q_n^*=\begin{pmatrix}q_1^*\\q_2^*\end{pmatrix}$ 包括了可观测到的潜变量和估计出来的潜变量（期望利润之差），进而根据新估计出的潜变量的条件分布，估计出模型其他参数 λ、β 和 σ_ε^2。

三 样本及指标构建

本书研究数据来源于中国国家统计局"500 万元产值以上工业企业统计年度库（2000—2007）"。根据聂辉华等在 2012 年的总结，此数据库存在样本匹配混乱、指标缺失与异常、测度误差明显及变量定义模糊等缺陷。针对以上问题，本书首先根据 Brandt 等在 2012 年提出的序贯识别法，依次按照企业代码、企业名称、邮政编码识别出每年持续存活的企业，以避免受到企业关闭、改制、重组原因带来的进入退出影响。参照 Cai 和 Liu 在 2009 年的研究剔除异常指标的观测值，如总资产、从业人数、工业总产值、销售额等关键指标缺失的观测值，总资产小于流动资产、总资产小于固定资产净值、累计折旧小于当期折旧及研发费用等关键指标小于 0 的观测值。由于使用的样本数据库从 2005 年才开始有"研发费用"这一项，故本书使用 2005—2007 年每一年的截面数据进行经验分析，每年样本数为 48385 个。

在指标构建方面，本书使用研发投入来度量 R&D 投入。参照已有文献，影响研发的企业和行业特征主要包括：①企业规模。吴延兵 2007 年的研究表明，企业规模和研发投入可能密切相关，我们选用从业人员数量来度量企业规模。②出口强度。经验分析文献中"学习效应"的存在表明了出口对企业研发的促进作用，借鉴 Wagner 2007 年的研究用出口交货值与销售额比值作为出口强度测度指标。③资本密集度。为了弥补二分位行业反映企业个体特征的不足，我们构造了资本密集度（人均资本）作为行业特征的代理变量，因为资本密集型行业更倾向于进行技术创新。该指标用固定资产与从业人员的比值度量。④行业集中度。行业集中度又称市场集中度，可反映市场的竞争和垄断程度。本书选用赫芬达尔指数（Hirschman-Herfindahl Index，HHI），即一个行业中各市场竞争主体所占行业总收入百分比的平方和（Rosenberg，1976）来代表行业集中度。⑤市场势力。一般用勒纳指数衡量，由于边际成本不可获得，无法计算每个企业的勒纳指数，因此我们借鉴 Rosenberg 在 1976 年的研究，用市场份额度量。⑥所有制类型。不同产权结构对企业研发决策的影响不同，本书借鉴聂辉华等在 2008 年的研究，用国有企业虚拟变量衡量。

此外，由于后文需要度量企业间的技术距离，因此精确地估计企业全要素生产率（TFP）对于研究的结果至关重要。我们采用 Olley 和 Pakes 在 1996 年提出的 OP 方法来估计企业的 TFP，以避免传统 OLS 方法估计带来的选择偏差和同步偏差。本书利用永续盘存法算出企业投资，并结合了 OP 方法的一些最新进展：考虑到企业的出口状况可能会影响 TFP，我们参照 Amiti 和 Konings 2007 年的研究，包含了企业是否出口的虚拟变量。在进一步的稳健性分析中，我们借鉴 Levinsohn 和 Petrin 在 2003 年提出的 LP 方法，采用中间投入品作代理变量来估计全要素生产率，以矫正 OLS 方法遗漏变量带来的内生性问题。

样本中所有名义变量都以 2000 年为基期进行了调整。其中工业增加值和新产品产值使用企业所在地区工业品出厂价格指数平减，实际资本（固定资本存量）使用固定资产投资价格指数平减，研发费用使用固定资产投资价格指数和居民消费价格指数的加权合成指数进行平减，权重借鉴朱平芳和徐伟民在 2003 年的研究分别设为 45% 和 55%，平减指数均取自"中经网统计数据库"。研究使用的主要变量见表 9-2。

表 9-2　　　　　　　　　变量定义及描述性统计

变量	定义	度量方法	均值	最小值	最大值
R&D	研发投入	研发费用/工业销售额	0.003	0	0.426
Size	企业规模	从业人员数量	771.969	8	151013
EX	出口强度	出口交货值/工业销售额	0.219	0	1
$\frac{K}{L}$	资本密集度	固定资产/从业人员	165.501	1.029	9669.442

续表

变量	定义	度量方法	均值	最小值	最大值
HHI	行业集中度	赫芬达尔指数：行业内全部市场份额平方和	0.013	0.002	0.094
Mpower	市场势力	企业销售收入/行业销售额	0.001	0.000	0.177
State	国企虚拟变量	国企，state为1；否则为0	0.114	0.000	1
TFP	全要素生产率	OP	5.443	0	9.790
		LP	7.442	0.681	12.845

资料来源：中国工业企业数据库。

四　空间权重矩阵设置

准确度量个体之间的空间相关关系，并构造恰当的权重矩阵是空间计量经济学的关键。不同空间权重矩阵的设置会使企业研发投入的反应系数有显著的统计差异，为提高统计推断的可靠性和稳健性，研究参照 Bavaud 在 1998 年研究主要从行业空间、地理空间、技术空间三个方面构造不同的空间权重矩阵：①行业相邻矩阵 W_{adj}。同一行业的企业构成最直接的竞争对手，企业直接获取的一般是行业内其他企业创造的新知识，且研发人员和技术人员一般也只在同一行业内流动。设定如下：当企业 i 和企业 j 属于同一类二分位行业，且企业 j 研发费用不为 0 时，$W_{ij}=1$，否则 $W_{ij}=0$。这种设置方式对同一行业的所有邻居企业赋予了相同的权重。②地理距离矩阵 W_{geo}。企业研发带来的知识溢出效应对于不同的邻近企业不同，假定权重与距离成反比关系，企业研发投入对距离自己越近的邻近企业影响越大。设定如下：首先计算企业 i 和企业 j 所在省份（分别记为省 a 和 b）的地理距离 d_{ab}，如果企业 i 和企业 j 不在相同省份，则 $W_{ij}=\frac{1}{d_{ab}^2}$，否则 $W_{ij}=0$。技术距离矩阵 W_{tpf}。企业研发更容易受到行业内部生产率与自身较为相近企业的影响，本书以全要素生产率为权重设定了技术距离矩阵 W_{tpf}：如果企业 i 和企业 j 属于同一行业，则 $W_{ij}=\frac{1}{abs(econ_i-econ_j)}$，否则 $W_{ij}=0$。其中，$abs(\cdot)$ 是绝对值算子，$econ$ 代表企业生产率。与行业相邻矩阵不同，地理距离矩阵和技术距离矩阵对同一行业内的企业赋予了不同的权重。矩阵构造完成后，我们对其进行标准化处理，保证空间权重矩阵每行元素之和为 1，即 $W_{ij}' = \dfrac{w_{ij}}{\sum_{j=1}^{n} w_{ij}}$。

恰当选取权重的函数形式是构造空间权重矩阵的另一个核心问题。理论空间计量经济学并没有提供一般性的函数形式选取准则，因此我们在具体函数形式设定时考虑了多种情况。行业相邻矩阵采用离散型函数来度量空间权重，而地理距离矩阵和技术距离矩阵则采用连续型函数来度量空间权重。采用连续型函数度量空间权重时，具体函数形式的设定有以下问题：以地理距离为例，显然 $W_{ij} = \dfrac{1}{d_{ab}}$ 和 $W_{ij} = \dfrac{1}{d_{ab}^2}$ 均反映了空间权重和地理距离成反比关系，但第一种函数形式构造的空间权重矩阵往往会产生发散的空间自相关过程，而第二种形式得到的研发投入反应系数满足理论约束条件（|λ| < 1），故本书采用 $W_{ij} = \dfrac{1}{d_{ab}^2}$ 构建空间权重矩阵。在技术距离权重方面，$W_{ij} = \dfrac{1}{abs(econ_i - econ_j)}$ 和 $W_{ij} = \dfrac{1}{abs^2(econ_i - econ_j)}$ 构造的权重矩阵所得到的估计结果相似，不改变研究基本结论，故本书用前者来构造权重矩阵。

第三节 数据分析与结果

本书考察的对象是中国出口企业的创新行为。值得强调的是，研究的一个难点问题是很多企业不进行研发，即研发投入为 0，因此我们首先采用对角点解相应的 Tobit 模型。Tobit 模型既能给出因变量的非负估计值，也能较好地衡量偏效应。为便于进行结果的比较，我们先给出 Tobit 模型的经典估计方法——Heckman 两步法的结果。

一 全样本基准 Tobit 模型——Heckman 两步法

针对研发投入为 0 的企业，Westerlund 和 Wilhelmsson 在 2011 年认为，若是简单地忽略或者剔除，会造成估计结果的偏误。只有在企业研发投入为 0 这一事件是随机发生时，忽略或者剔除才不会造成偏差。然而事实上，研发投入较高的企业往往具备较高的生产率，能支付较高的成本，因此将不进行研发的企业排除在外，仅对研发企业进行回归是采用了选择样本而

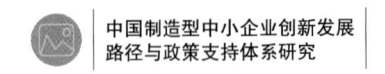

非随机样本，而 Coe 和 Hoffmaister 在 1998 年认为，这种非随机的数据筛选本身就导致了有偏的估计。

针对估计模型的样本选择偏差问题，我们采用 Heckman 在 1979 年提出的经典的两阶段模型来解决。本书将企业研发创新模型分为两个阶段，第一阶段是 Probit 的研发选择模型，即首先考察企业是否研发；第二阶段为修正的研发投入数量模型，进一步考察企业研发的影响因素，具体模型为：

$$Pr(RD_i=1)=\Phi(\alpha_1 EX_i+Z_i\alpha_2) \quad (9-6)$$

$$R\&D_i=\gamma_1 EX_i+Z_i\gamma_2+\gamma_3\lambda_i+\xi_i \quad (9-7)$$

其中，式（9-6）是 Heckman 第一阶段的 Probit 研发选择模型。$Pr(RD_i=1)$ 表示企业参与研发的概率；RD_i 表示企业 i 是否选择研发（1 表示研发，0 表示不研发）；RD_i^* 表示企业 i 的潜在研发投入；若 $RD_i^*>0$，则 $RD_i=1$；若 $RD_i^*\leq 0$，则 $RD_i=0$。RD_i 表示企业 i 的实际研发投入；$\Phi(*)$ 表示标准正态分布函数；EX_i 表示企业 i 的出口强度；Z_i 表示其他影响企业 i 研发的因素；α_1、α_2、γ_1、γ_2、γ_3 表示回归系数；ξ_i 表示残差项。式（9-7）是修正的 Heckman 第二阶段研发投入模型，其中 λ_i 从式（9-6）回归中得到，加入式（9-7）中以克服样本的选择性偏差。

估计结果见表 9-3，解释变量依次为企业出口强度、企业规模、国企虚拟变量、市场势力、行业集中度和资本密集度。回归结果显示，我们关注的解释变量出口强度 EX，其系数在回归 1 研发选择方程与回归 2 研发投入方程中均显著。这说明出口对中国企业的研发决策和研发投入力度起到了显著的正向作用，"出口中学"效应确实存在。出口企业在国际市场面临更激烈的竞争、更丰富的技术来源渠道，因此有动力提高其知识储备，加大研发投入力度进行创新。出口行为不仅促使企业进行研发决策，即提高研发的广延边际（extensive margin），同时也提高了研发投入力度，即研发的集约边际（intensive margin）。研究进一步将估计系数进行标准化，计算结果列在表 9-4 中，$\beta_1'=\dfrac{\beta_1 s(EX)}{s(dummy)}$，$\beta_2'=\dfrac{\beta_2 s(EX)}{s(R\&D)}$，其中 β_1 和 β_2 分别为研发选择方程和研发投入方程中出口强度的估计系数，$s(EX)$、$s(dummy)$、$s(R\&D)$ 分别为变量出口强度、研发虚拟变量、研发投入的标准差，β_1' 和 β_2' 分别为标准化后的系数。计算发现 $\beta_1'>\beta_2'$，即出口行为对研发的广延边际影响超过集约边际影响,说明总体来看出口行为促进研发的增长,这种增长在很大程度上源于选择研发的企业数量增多,即出口促使越来越多的企业加入研发大军,而不是已有的研发企业增大研发力度。出口对研发的促进更多的是通过广延边际来实现,而非集约边际。

表 9–3　　　　出口行为的研发效应（Heckman 两步法）

被解释变量	回归 1 研发选择方程	回归 2 研发投入方程
EX	0.083** （2.07）	0.009** （4.01）
$\ln Size$	0.297*** （26.34）	0.006** （2.51）
$State$	－0.461*** （－10.33）	－0.009*** （－7.58）
$Mpower$	－2.041 （－1.07）	－0.003** （－2.07）
HHI	7.602*** （6.09）	0.021*** （5.88）
$\ln\left(\dfrac{K}{L}\right)$	0.166*** （14.62）	0.019*** （9.43）
λ	－3.891*** （－16.39）	
行业效应	是	是
地区效应	是	是

注：括号内为回归系数的t值,*、**和***分别代表10%、5%和1%的显著水平。

表 9–4　　　　研发估计系数的标准化比较

β'	标准化系数
研发选择方程：β'_1	0.0574
研发投入方程：β'_2	0.0116

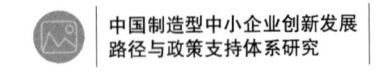

二　全样本空间自回归 Tobit 模型

Heckman 两步法有效解决了样本选择偏差，然而还有一个问题被忽略：企业研发的策略互动，即企业做研发决策时会受到其他邻居企业的影响。企业的特征不仅会影响自身的研发决策，由于空间交互作用，可能会影响其他企业的研发策略。具体存在两种可能：给定其他企业研发投入，企业可能采取模仿领先者的策略，减少自身研发投入；或者开展"你追我赶"的研发竞赛，加大自身研发投入。忽略这种相互影响，会导致参数估计有偏且往往会低估其他协变量对研发投入的作用。空间自回归模型很好地控制了这种交互作用，同时由于很多企业不研发（研发投入一项为0），我们又将其与 Tobit 模型结合起来，采用空间自回归 Tobit 模型来刻画企业出口的研发效应。

1. 空间自相关性检验

在估计空间自回归 Tobit 模型之前，首先检验企业间研发投入的空间相关性。针对有些企业不研发的受限因变量问题，我们主要采用 Qu 和 Lee（2012）空间 Tobit 模型的 LM 检验来验证，用于检验连续型因变量模型空间相关性的主要是 Moran's I 检验（Moran，1950）和 AB 检验（Anselin and Bera，1998）。相比之下，考虑受限因变量的文献较少，仅 Kelejian 和 Prucha（2001）针对 Probit 和 Tobit 模型，基于非线性回归的残差提出了 KP 检验并且基于一维变量线性二次型的中心极限定理推导其渐进分布。Qu 和 Lee（2012）将 KP 的一维变量推广到多维，并在此基础上给出了空间自回归和空间误差 Tobit 模型的 LM 检验统计量及其极限分布。表9-5列出了 2005—2007 年各年的分行业相邻空间权重矩阵 LM 检验统计量，为保持结果的稳健性，同时列出了 KP 检验统计量进行比较。结果显示，两种检验统计量均统计显著，表明各行业内企业在做研发投入决策时确实存在空间相关性。

表9-5　　　　　　企业研发投入空间相关性检验

行业	2005年		2006年		2007年	
	LM	KP	LM	KP	LM	KP
化学制品制造业	12.78***	22.76***	12.68***	22.14***	13.01***	21.71***

续表

行业	2005年 LM	2005年 KP	2006年 LM	2006年 KP	2007年 LM	2007年 KP
交通设备制造业	11.83***	20.84***	11.58***	19.35***	12.06***	25.18***
金属制造业	13.05**	15.01***	13.17***	14.29***	13.12**	14.55***
非金属矿物制造业	9.16***	18.09***	10.21***	18.40***	9.25***	18.21***
黑色金属矿采选业	11.29***	14.26***	12.13***	15.02***	10.69***	13.11***
有色金属矿采选业	10.11***	13.45***	13.51***	12.14***	8.93***	11.16***

注：限于篇幅，只列出6个代表性行业的结果。它们分别在"针锋相对度"排名中位于前两位、中间两位以及最后两位。***代表1%的是基水平。

2. 全样本空间自回归Tobit模型

验证了空间相关性确实存在后，我们采用MCMC方法估计空间自回归Tobit模型。设定模拟次数为2000次，因参数的后验分布非常烦琐，故采取M-H（metropolis-hastings）方法进行抽样，估计中为保证马尔科夫链的收敛舍去前300次模拟，回归结果列在表9-6中。我们关注的解释变量W_{adj}、W_{geo}、W_{tfp}分别为从行业、地理距离、技术距离构造的不同空间权重矩阵，其系数为研发投入的反应程度。可以看出，除地理权重矩阵不显著外，行业和技术距离权重矩阵系数在回归方程中均为负值且在计量上显著，说明当其他技术领先者研发时，更多的企业选择了减少研发或者不研发，研发企业的投入似乎显著抑制了不研发企业的自主创新。中国企业在面临研发投入决策时，并没有像发达国家的企业一样积极开展研发竞赛，而是采取模仿行业内或生产率相近邻居、放弃技术追赶的消极策略，即存在显著的策略替代行为。这一点与宗庆庆（2013）的结论相同，同时也符合中国企业创新能力呈现二元结构的现状，即少数创新企业与大部分跟随企业并存。虽涌现出华为、联想、华大基因、格力等一批创新型企业，但大多企业还是消极模仿。原因之一可能是知识产权意识薄弱、知识产权保护力度不够。产权保护不力为技术落后者提供了"免费搭车"的可能性，在监管不力、违法代价过低的情况下，技术模仿者为获得垄断利润，模仿技术领先企业已成为最优策略。总体来讲，这种模仿或抄袭的"搭便车"行为，大大降低了技术领先者的积极性，抑制了整个国家的创新。

三个权重矩阵中，技术距离权重矩阵W_{tfp}系数的绝对值最大。这表明

表 9-6　全样本空间自回归 Tobit 模型

被解释变量 研发投入	2005 年 W_{adj}	2005 年 W_{geo}	2005 年 W_{tfp}	2006 年 W_{adj}	2006 年 W_{geo}	2006 年 W_{tfp}	2007 年 W_{adj}	2007 年 W_{geo}	2007 年 W_{tfp}
W_{adj}	-0.329*** (-2.61)			-0.294** (-2.45)			-0.310** (-2.57)		
W_{geo}		(0.11) (-1.15)							
W_{tfp}			-0.431*** (-3.53)						
EX	0.057*** (2.69)	0.03 (1.13)	0.042*** (3.14)	0.068*** (2.96)	0.04 (1.37)	0.048** (2.09)	0.069*** (2.76)	0.02 (1.53)	0.059*** (4.63)
ln Size	0.019*** (3.62)	0.019*** (4.25)	0.012*** (7.01)	0.021*** (2.63)	0.031*** (6.93)	0.013*** (2.62)	0.017*** (2.83)	0.014*** (3.46)	0.012* (1.89)
State	-0.021*** (-5.79)	-0.015** (-2.43)	-0.015*** (-7.44)	-0.019*** (-6.38)	-0.014*** (-3.51)	-0.015*** (-3.75)	-0.014*** (-6.12)	(0.01) (1.46)	-0.015*** (-3.48)
Mpower	-0.001*** (-10.03)	-0.002 (-1.45)	-0.001* (-1.67)	-0.002*** (-8.62)	0.003 (-1.56)	-0.002** (-1.11)	-0.002** (-2.18)	-0.001*** (-3.21)	-0.003** (-2.51)
HHI	-0.004*** (4.12)	-0.003*** (9.39)	-0.002** (2.11)	-0.003*** (3.21)	-0.003*** (3.03)	-0.002*** (1.99)	-0.002*** (3.76)	-0.004* (1.88)	-0.004*** (3.82)
$\ln\left(\dfrac{K}{L}\right)$	0.025** (2.14)	0.031*** (13.41)	0.035*** (12.65)	0.06 (1.09)	0.037*** (11.25)	0.075*** (6.82)	0.040** (2.26)	0.047*** (14.65)	0.059*** (11.59)
行业效应	是	是	是	是	是	是	是	是	是
地区效应	是	是	是	是	是	是	是	是	是

相较于仅处于同一行业或者地理距离上比较接近的邻居企业，企业的研发决策对同一行业中全要素生产率与自身差异较小的邻近企业更加敏感。技术水平是影响企业研发策略互动的重要因素，因此政府加大对技术落后企业的引导与扶持，提高企业全要素生产率，缩小企业间技术差距，或许会产生较大的研发竞争激励，进而提高整个社会的创新能力。

此外，我们最为关注的解释变量出口强度，其系数显著为正，证实了"出口中学"效应确实存在。与表9-3相比，表9-6考虑研发策略互动情形下出口强度系数更大，说明忽略企业研发策略的空间交互作用会低估出口对研发投入的影响。我们尝试从以下角度解释：对于任何一个企业a，其出口对自身研发投入有促进作用，这种正向影响已经通过"学习效应"的机制得到验证；与此同时，企业b（企业c，企业d，……）出口促进自身增大研发投入，而企业a针对邻居企业b（企业c，企业d，……）增大研发投入的行为采取减少甚至不研发的追随模仿策略，给研发带来负面影响，之前表9-3的研究忽略了这种间接的负面效应，会造成"出口中学"效应系数的低估。

第四节　结论与讨论

制造型中小企业的二次创新能力受多种因素影响，通过前文的研究证实，"出口中学"效应存在，出口行为可以促进企业在原有技术水平上增加研发投入的力度，从而通过创造性的知识吸收策略实现企业二次创新。因此"出口中学"属于二次创新中的"研究开发中学"，同时，其他的研发策略也推动了企业更多形式的二次创新，如"用中学""干中学""组织间学"。因此，应多措并举来推动制造型中小企业创新发展。

一　研究结论："出口中学"效应存在

利用中国工业企业生产和贸易数据进行研究，在考虑企业研发内生性前提下，引入企业研发策略互动，探讨了企业出口对其研发投入的影响，从全新的角度验证"出口中学"效应的存在。在研究过程中，充分考虑了企业的"自我选择"内生性问题，即研发会促使企业进入出口市场。我们采用倾向得分匹配法控制这一内生性，在匹配样本的基础上采用空间自回归 Tobit 模型捕捉企业研发的空间交互作用，并构造不同的空间权重矩阵，从行业、地理距离、技术距离三个方面来考察企业出口的研发效应。结果显示 2005—2007 年中国企业面临研发决策时，更多地采取模仿或抄袭技术领先者的策略，而非像发达国家的企业一样开展研发竞赛。这种放弃你追我赶的竞争、采取成本较低的"搭便车"行为大大降低了技术创新者的积极性，在一定程度上抑制了整个国家的创新水平。此外，"出口中学"效应确实存在，但出口对企业研发的促进作用被企业之间的"搭便车"模仿行为带来的负向影响所削弱，造成已有忽略企业研发策略互动的研究对"出口中学"效应的低估；出口行为还促进了新产品的研发投入力度，同时对高科技行业的促进作用高于其他行业。

作为追求利润最大化的微观个体，企业在技术进步方式上的选择归根结底在于创新成本与收益的权衡。相对于投入大、见效慢和风险高的自主研发来说，通过"出口中学"实现的技术进步或生产率提升无疑是一种更为便捷、成本更为低廉的方式，所以，在利润最大化的目标下，出口规模与企业自主研发之间的替代关系实际上反映的是企业短期内一种理性选择。

但是，如果企业想打造自身的核心竞争优势并获得长远的发展，在合理利用外部知识和技术资源的同时，绝不能忽视研发投入和自主创新的重要作用。应在出口贸易的刺激下，引进较为成熟技术，在消化吸收的过程中再创新，逐渐形成企业的主体技术能力和研究开发能力。此时，出口贸易与企业自主研发之间不仅不会冲突，反而会表现出一种相互补充、相互促进的关系（阳银娟、郭爱芳、张宏，2020）。

二 研发策略的选择与制造型中小企业二次创新

（一）操作知识的积累提高策略——"干中学""用中学"

"干中学"和"用中学"已为人们所熟知，主要体现于生产过程中重复操作效率的提高，是操作知识的积累。与世界具有先进技术的企业相比，我国企业尚处于技术能力积累的初始阶段，企业的研究和发展能力普遍较弱。在此阶段，"干中学""用中学"是学习的主导模式，对创新能力提高具有特别重要的意义。

万向集团在"干中学"和"用中学"进行二次创新的经验丰富，万向在技术创新中注重让技术人员放手去干，让他们在实践中得到锻炼、提高技术创新能力。"干中学""试错中学"对万向的技术创新具有重要意义。以减震器研究所为例，1997年才成立，投入了1.1亿元的资金，其中8000万元左右为进口设备。相对设备起点，人员技术水平的起点不够高。但为了进入减震器的市场，除了聘请国外减震器的专家，万向不惜投入大量开发经费，用于开发人员做试验和改进。例如，对油封的一次改进，出错损失达20万元左右，经过很多次改进，投入达400万元。在减震器的开发过程中，大的改进达6次（将整套图纸换掉），小的改进则不计其数。就这样，使开发出的减震器从1—2天就坏，达到能跑4万千米的性能。

万向集团的二次创新方法显示：在技术发展起步阶段，企业的学习往往依靠"干中学""试错中学"，并且学习的具体形式是多种多样的，没有固定模式。通过反复的试验和经验的积累，在现有技术水平上针对企业自身的特点不断地进行改进和完善，用实践中的经验和教训，指导企业的技术进步，完成"用中学""干中学"的二次创新。

（二）创造性知识吸收学习策略——"研究开发中学"

"研究开发中学"是在研究开发的创造性过程中进行知识吸收的学习过程。对研究开发中学的过程模型的研究认为，研究开发可分为四个阶段，即发散（Diverge）、吸收（Absorb）、收敛（Converge）、实施（Implement）。其中，发散阶段产生创新思想，经过吸收和合并阶段产生解决方案，实施阶段执行解决方案。与此对应，"研究开发中学"可分为连续循环的四个阶段，即具体的体验、沉思的观察、抽象的概念化、积极的实验。该模型在研究开发活动和学习过程之间搭起了理解的桥梁，正是在此基础上，可以认为研究开发是一个学习系统，进行循环往复的持续的学习（见图9-1）。

研究开发不仅是一个知识整合与创造的过程（发散阶段），也是一个对整合与创造后的知识不断再学习的过程。而且，研究开发所产生的新知识有许多是企业特有的隐性知识，是竞争对手所难以模仿的，这些知识的吸收和学习不仅使技术能力的量得以积累，也使其质得到提高。所以，研究开发中学属于能力学习层次，对企业技术能力的提高比"干中学"和"用中学"更为重要。

```
                     具体的体验
         
     实施              发散
     • 资源投入         • 产生可选
     • 解决方案           方案
       实施            • 识别问题

积极的实验                        沉思的观察

     收敛              吸收
     • 验证理论         • 明确理论
     • 解决问题         • 定义问题

                     抽象的概念化
```

图 9-1 "研究开发中学"过程模型

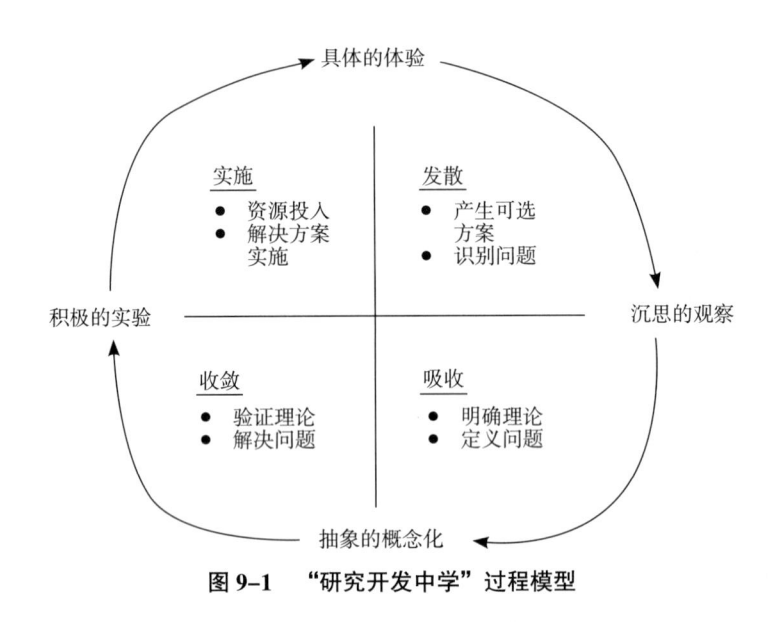

前文实证分析中的"出口中学"就是一种典型的"研究开发中学"的二次创新模式，企业通过出口行为提高了研发投入，通过出口过程中对标更高的出口要求和客户需求，学习优质先进企业经验和技术，通过具体的体验、沉思的观察、抽象的概念化、积极的实验的循环方式进行企业产品的二次创新，从而不断提高企业的科研水平和创新能力。

（三）战略性合作研发策略——"组织间学习"

与前两种学习方式相比，组织间学习具有更多的战略性，一般是在战略性合作的过程中，组织向合作伙伴进行知识的吸收，提高自身技术能力。组织间学习涉及的知识不仅包括显性技术知识，还包括许多隐性技术知识，因此能有效提高企业的技术能力。尤其是，战略性合作中合作双方的吸收过程就是一个"组织间学习"过程（阳银娟、郭爱芳、张宏，2020）。"组织间学习"的有效性取决于与两个组织在以下几个方面的相似性，即知识基础组织结构和补偿政策、主导逻辑（文化）。合作者在基础知识、低管理正规性、研究集中、研究共同体等方面的相似性有助于"组织间学习"进行。

对于发展中国家而言，国外技术的引进被认为是改善自主技术能力、调整产业技术结构和发展经济的有效方式。因此，发展中国家的技术发展呈现从技术引进和吸收到技术改进，再到自主技术创新的发展道路。一些学者研究认为，在这三个阶段中的学习主导模式呈现从"干中学"，到"用中学"，再到"研究开发中学"的动态转换特征（陈劲，1994）。

　　总之，无论西方国家还是发展中国家，许多组织在其技术能力从弱到强的发展过程中，都要从外部技术知识引进开始，经过消化吸收，再经过自主创新，使技术能力发展壮大。并且，从战略的角度来看，为获取竞争优势，组织技术能力发展过程的最终目标是拥有具有独特性、难以模仿性和具有战略价值的技术核心能力。因此，对于企业而言，如何正确处理好技术引进与自主研发的关系，直接关系到企业发展模式的选择和未来的可持续发展。而政府部门也不应直接干预，而应该通过设立必要的制度环境，采取适当的政策来引导和鼓励企业着眼于自身能力的提高，不断地培育发展动能，谋求企业未来可持续的高质量发展。

第十章　知识网络嵌入与制造型中小企业原始创新

在开放式的创新时代，制造型中小企业提高原始创新能力需要嵌入内外多层知识网络以超越自身知识资源的限制。制造型中小企业创新过程中，最为核心和关键的能力就是团队创造力，围绕"知识网络嵌入性"如何提升团队创造力，本书采用跨层次研究方法探讨核心层、中间层和外围层知识网络嵌入性对团队创造力的影响，进一步基于共享心智模型的中介效应揭示其在知识网络嵌入性中的选择机理，最后以探索性和挖掘性学习为中介探讨知识网络嵌入作用于制造型中小企业原始创新的过程机制，研究为制造型中小企业基于知识网络嵌入提升原始创新能力提供了新路径。

第一节　研究背景

在开放式的知识经济时代，信息更迭速度不断加快，科技日新月异、科研成果推陈出新，企业需以自身拥有的知识资源在市场中寻求持续的竞争优势，这意味着企业需要不断地更新现有的知识，获取知识的增量，从而增强创新能力和实践运用能力，才能保持竞争优势。

一　知识网络嵌入与中小企业原始创新

基于知识网络，组织能快速利用自身存储的记忆信息资源及调用其他合作组织的共享信息资源。知识是嵌入在社会网络中的，企业的经济活动需要社会网络作为平台，企业在知识网络中的知识转移活动越发频繁，每个企业都成为网络中的一个节点，各个节点根据自身的特点所形成的知识连接深度广度各有不同，企业知识网络由此诞生。研究认为，知识网络是企业根据自身发展需求，主动构建、管理和维护与外部知识源之间的联结关系，与外部组织共同创造与分享同一种资源的跨组织知识管理组织形态。知识网络的结构由网络节点、网络资源、网络活动、支持环境和任意的知识链组成（林智同、王黎莹等，2015）（见图10-1）。

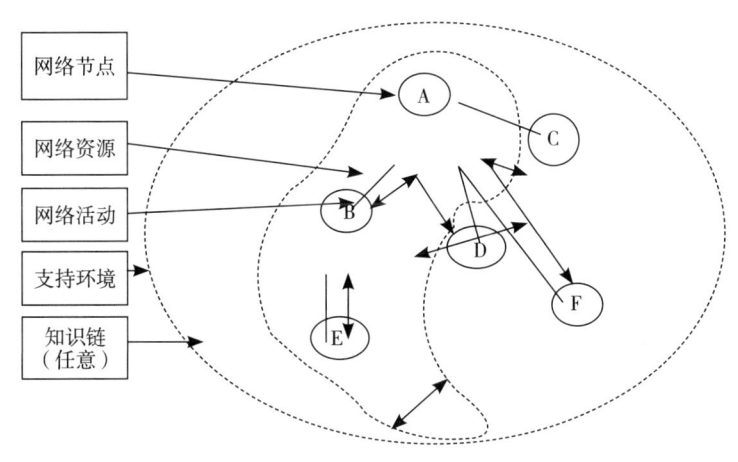

图10-1　知识网络结构

国内学者陈骁聪（2012）对先前的嵌入性概念进行总结，指出嵌入性是指拥有一定关联的行动者中，相互之间因长期联系而形成的一种惯性和稳定关系，并由这种关系结构影响彼此的行为或行动的行为倾向。统合前人的嵌入性理论框架研究，将嵌入性理论分析框架分为五类（见表10-1）。

表 10-1　　　　　　　　　嵌入性的理论研究

学者	嵌入性分析
Granovetter（1992）	关系嵌入和结构嵌入
Nahapie、Ghoshal（1998）	关系嵌入、结构嵌入和认知嵌入
Zukin、Dimaggio（1990）	结构嵌入、认知嵌入、文化嵌入和政治嵌入
Andersson、Forsgren、Holm（2001）	业务嵌入和技术嵌入
Hagedoorn（2006）	环境嵌入、二元嵌入、组织嵌入

网络嵌入性理论受到了学者的日益关注，王炯（2006）对"网络嵌入性"进行了理解和归纳（见表10-2）。

表 10-2　网络嵌入性的概念理解及影响

概念理解	影响
网络嵌入性影响企业行为和绩效，是战略性资源	对企业能力和绩效受到企业网络嵌入性差异的影响
网络嵌入性的形成及发展具有时间过程，由保守型的联系发展到相互信任的关系	应该动态地、连续地看待网络嵌入性，而非简单对其两种状态的存在或缺少来描述
网络嵌入性主要分结构和关系两类要素	网络嵌入性的研究形成两个研究方向：结构嵌入性和关系嵌入性

中小企业立足于目前的发展状况，必须要提升其创新创造能力，赢得创新创造先发优势，才能保持其在市场竞争中的优势地位，在中小企业提升其创新创造力，促进企业原始创新的过程中，最为关键和核心的能力就是团队创造力，基于知识网络嵌入，分析其对团队创造力的影响。

二　研究文献综述

创新是一个复杂的过程，在开放式的创新环境中，企业不仅要整合内部创新资源，更要充分利用组织外部创新知识资源（陈劲、阳银娟，2014），以提升企业原始创新力。有学者从逐渐兴起的认知视角探讨了信任、共享心智模型影响团队创造过程机制（Borghini，2005；Paul and Peter，2007；杨志蓉，2006；王黎萤、陈劲，2010），但忽视了知识创造的本质和知识网络嵌入对企业创造力的影响。研究表明，团队需要建立更多的平台知识让成员共享，关注团队外部各种信息资源的互动和交流对提升研发团队创造力有积极作用（王黎萤、陈劲，2010）。知识经济时代，如何持续打破传统的行业、组织边界来获取提升企业欠缺的互补性能力，高效率地整合内部资源，同时利用外部知识成为企业提升创新能力的关键（陈劲、阳银娟，2013）。为提升研发团队创造力，研发团队需收集更多专业复杂化的碎片化创造性知识，嵌入内外部知识网络已经成为提升研发团队创造力的关键（郝敬习、王黎萤、王佳敏，2015）。"知识网络嵌入性"是团队创造力形成和发展的重要基础，团队成员通过嵌入内外部知识网络实现知识共享和信息互补，从而超越自身相关知识资源的限制（王黎萤、虞微佳、王宏伟、王佳敏，2017）。已有研究大多将网络嵌入性分为"结构嵌入性"和"关系嵌入性"（Burt，2004；Uzzi，2005）。但相关研究指出，不同文化、制度和愿景的差异会影响网络的合作关系形成与发展（Hagedoorn，2006），团队间不同文化背景及彼此间的异质性，使知识尤其是隐性知识的跨团队转移存在沟通和认知上的障碍（肖冬平、顾新，2009）。因此，知识网络还需要从文化、制度和愿景角度考察其"认知嵌入性"的影响。

三 研究内容

（一）团队创造力

团队创造力的定义并没有统一，但总体上都是从创造过程视角来界定团队创造力的，对"团队创造力是团体的创造性品质及其在创造成果中的具体表现"具有共识。Taggar（2002）认为，团队创造力是个体创造力的函数，但团队创造力相关过程起重要调节作用（见图10-2）。Taggar归纳了个体层面影响团队创造力的一些因素，如个体性格差异（如易相处、外向、尽职等方面差异）对团队创造相关过程的影响，尽职对任务动机的影响，总体认知能力对领域相关技能的影响，以及经验公开的差异对创造力相关技能的影响等。Pirola-Merlo和Mann（2004）认为，团队创造力是团队所有成员在某个时点的个体创造力的平均值或加权平均值，整个项目的创造力则是各时点团队创造力的最大值或平均值（见图10-3）。但研究指出（王黎萤，2009），成员个体创造力的贡献大小受任务结构（如任务相互依赖

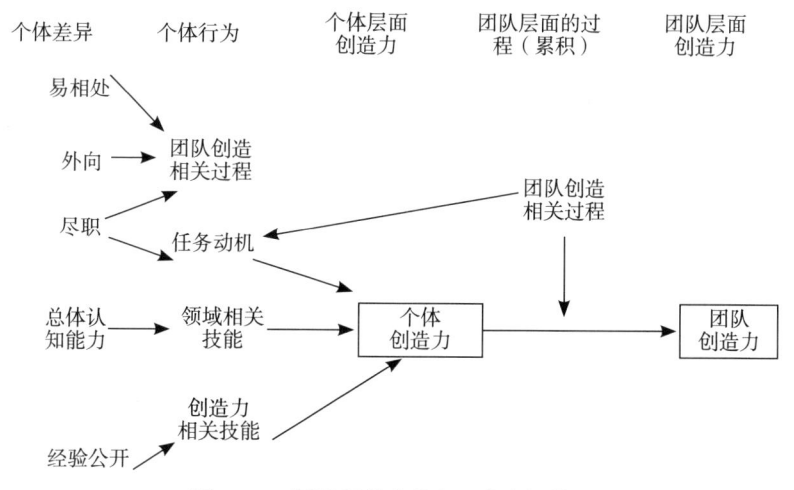

图 10-2　团队创造力的多层次变量模型

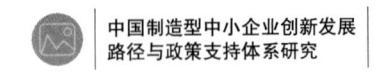

性等）本身，或团队成员和重要团队领导的影响；并强调了团队成员共同感知的团队层面的创造气氛对团队创造力的影响，指出团队工作气氛并不直接影响团队创造力，它是通过提升个体创造力，进而间接影响团队创造力。

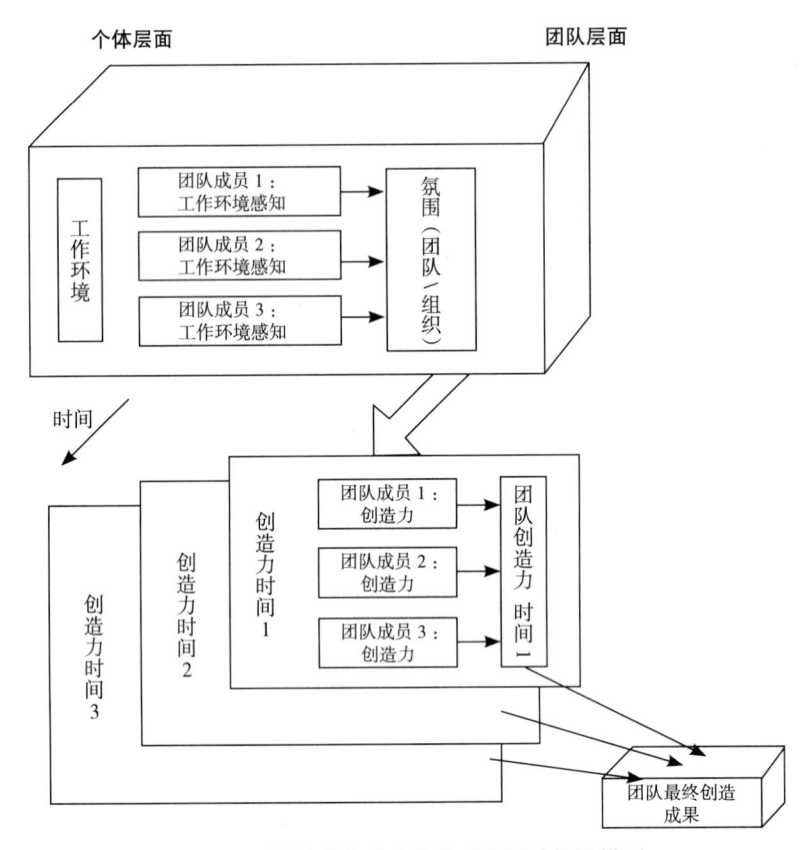

图 10-3　团队创造的个体和时间累计假设模型

（二）共享心智模型中介效应

企业在嵌入内外知识网络中获取知识的过程并不都是外显的，一些内隐交互的行为会影响企业创造力的激发（王黎萤、陈劲，2010）。而团队共享心智模型（Shared Mental Models，SMM）有助于解释团队如何通过内隐协同来对付复杂的创造性任务（王黎萤、陈劲，2010）。因此团队共享心智模型的多样性特征可以解释团队如何嵌入内外知识网络来促进隐性知识的传递，加深知识主体间的信任，从而不断提升企业创造力的作用机理。

王黎萤和陈劲（2010）分析了 215 个研发团队的数据，利用结构方程验证团队共享心智模型在研发团队创造气氛影响研发团队创造力中的中介作用，表明任务式共享心智模型在任务目标、任务规范、组织保障影响团队创造力的过程中起到完全中介作用，对协作式共享心智模型起到部分中介作用；同时研究数据也验证了协作式共享心智模型对领导支持、角色期待和成员互动具有完全中介作用，对成员多样性具有部分中介作用，但研究表明协作式共享心智模型对工作依赖和组织保障不具有完全或部分中介作用，任务式共享心智模型对领导支持不具有完全或部分中介作用，实证研究表明研发团队创造气氛主要通过团队共享心智模型的中介作用间接影响团队创造力。因此，探索共享心智模型在知识网络嵌入性影响组织创造力之间的中介效应具有一定的可行性。

（三）探索性和挖掘性学习

研究者将学习定义为一个过程，通过这个过程，重复和试验能使任务完成得更好更快，并可能识别新的产品机会。技术学习是从组织外部环境搜索和获取对组织有用的技巧知识进行消化吸收，将其纳入自己的技术轨道或者重建技术轨道，从而增强组织整体技术能力的过程。学习循环理论表明企业通过技术学习获取技术能力，技术能力可以产生和管理技术变化，并将经验反馈给技术学习，从而提升技术能力（见图 10-4）。挖掘性技术学习是"开发和利用已有知识"，适合短期竞争和稳定环境下的学习活动，但挖掘性技术学习会使学习主体受囿于已有的知识网络。探索性技术学习是"追求新知识"，适合长期竞争和动荡环境下的学习活动，更有利于组织嵌入外部知识网络探寻和试验新技术和新方法，但探索性技术学习又具有高度不确定性和风险性。企业既需要探索性学习来开拓新的业务领域与尖端技术来保证未来的发展，也需要通过挖掘性学习来提升已有的技术和改善核心业务。本书通过构建"知识网络嵌入性—探索学习和挖掘学习—团队创造力"的作用路径，来揭示组织如何通过探索性学习和挖掘性学习的协同作用来动态调整组织在多层次知识网络中的嵌入性选择和作用，进而提升企业创造力的过程机制。

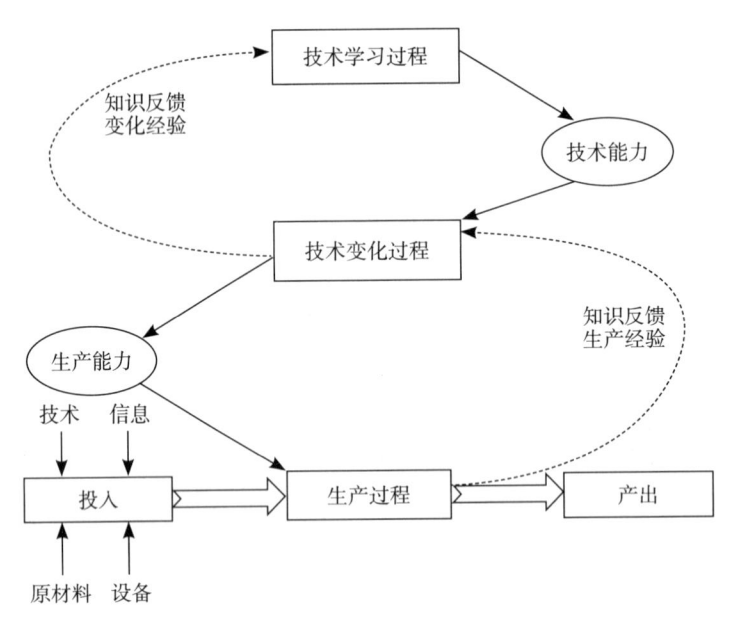

图 10-4　技术学习循环模型

第二节　相关理论及假设

本书运用跨层次分析考察知识网络嵌入性对团队创造力的影响，分析团队学习和组织学习对创造力的作用机制，基于共享心智模型探讨其对组织创新能力的提升作用，以探索性和挖掘性学习两种学习范式为中介探讨知识网络嵌入性对团队创造力的作用机理。

一　跨层次知识网络嵌入性与创造力关系的假设

本书借鉴 Mentzas 等（2001）的研究，将研发团队的知识网络划分为核心层（由团队内部个体成员组成）、中间层（由企业其他团队成员组成）和外围层（由政府、客户、供应商、分销商、科研院校及竞争对手等构成），拟将团队创造力的形成与发展置于以团队为核心的跨层次知识网络中，并从结构嵌入性、关系嵌入性和认知嵌入性三个维度探索知识网络嵌入性的结构和要素，将网络密度、网络规模、网络中心性等作为"结构嵌入性"评价指标，将网络关系强度、网络关系质量等作为"关系嵌入性"

评价指标，将信任、愿景共识度、规范共识度等作为"认知嵌入性"评价指标，从而更为全面地分析研发团队的知识网络嵌入特性（王黎萤、王宏伟等，2017）（见图10-5）。由此提出以下假设：

H1：跨层次研发团队知识网络嵌入性呈现"结构嵌入性""关系嵌入性""认知嵌入性"三种维度特征。

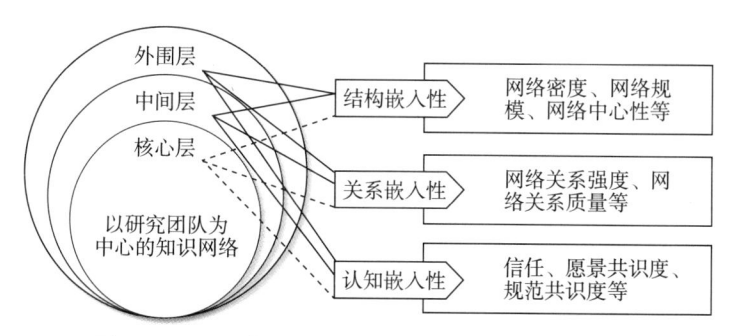

图10-5 跨层次研发团队知识网络嵌入性的结构特征

纪慧生、陆强（2010）指出，研发能力增长过程是知识协调的过程。团队需要利用知识管理等手段建立更多的平台知识让成员共享，需要关注团队外部各种信息资源的互动和交流对提升研发团队创造力的积极作用。换言之，团队创造力的形成和发展是深深地嵌入在已有的知识网络中，受到网络成员之间的相互关系及整个知识网络属性的影响。由此提出以下假设：

H2：外围层知识网络嵌入性与团队创造力正相关。

H3：中间层知识网络嵌入性与团队创造力正相关。

H4：核心层知识网络嵌入性与个体创造力正相关。

研究显示组织外部网络合作会影响团队学习的范式转换，进而影响组织的创新绩效（王志玮，2010）。团队创造活动是通过团队学习来整合内外部知识网络资源，团队学习在中间层和外围层知识网络嵌入性与团队创造力之间发挥着中介作用。此外，团队还需要不断地将外部的新知识转移进入团队内外部来实现对原有知识的增强、补充和替代（Stefania，2005），通过这种知识更新活动，团队可以获得创造力的持续提升，而组织学习是完成这种跨层次知识转移的合适方式。因此，组织学习有助于团队整合来自组织外部的知识网络资源，组织学习在外围层知识网络嵌入性与团队创造力之间发挥着中介作用。由此提出以下假设：

H5：中间层知识网络嵌入性通过团队学习对团队创造力产生积极影响。

H6：外围层知识网络嵌入性通过团队学习对团队创造力产生积极影响。

H7：外围层知识网络嵌入性通过组织学习对团队创造力产生积极影响。

相关研究已证实团队学习对个体创造力存在跨层次影响（Hirst，2009），此处进一步假设团队学习是影响核心层知识网络嵌入性与个体创造力之间关系的情境变量。团队学习水平较高时，强化了成员对自身及知识资源的积极认知，为成员优化信息资源配置提供了线索，有利于个体更好地吸收和利用来自团队的知识提升个体创造力（薛会娟，2013）；团队学习水平较低时，团队成员之间缺乏针对知识网络的多维嵌入，知识网络嵌入性对个体创造力的作用力度将会降低。此外，研发团队嵌入知识网络的动机直接来源于组织战略意图，知识网络的开放性与灵活性有助于获取组织外部潜在资源（王涛、任荣，2010），这就意味着高水平的组织学习，有利于加强组织内部团队间的互动交流，促进团队内外知识的融合，将嵌入的知识网络资源真正转化为团队创造力的提升（王黎萤、王宏伟等，2017）。由此提出以下假设：

H8：团队学习对核心层知识网络嵌入性与个体创造力的关系起调节作用。即团队学习水平越高，核心层知识网络嵌入性与个体创造力之间的关系越强；反之越弱。

H9：组织学习对中间层知识网络嵌入性与团队创造力的关系起调节作用。即组织学习水平越高，中间层知识网络嵌入性与团队创造力之间的关系越强；反之越弱。

综上所述，基于团队学习和组织学习的研发团队知识网络嵌入性影响团队创造力作用机理的跨层次研究模型如图10-6所示。

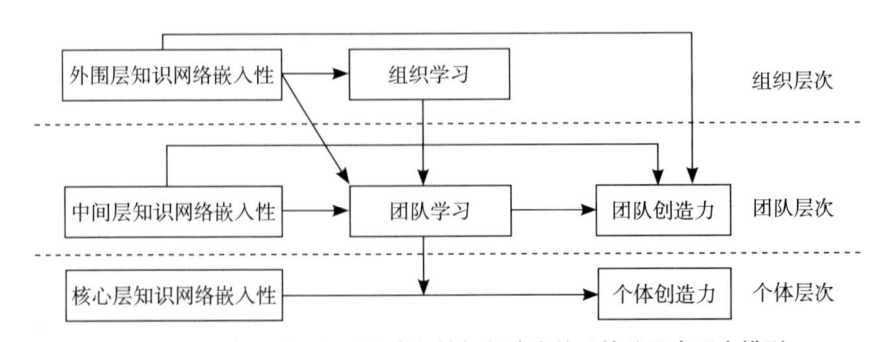

图10-6 研发团队知识网络嵌入性与创造力关系的跨层次研究模型

二 共享心智模型在知识网络嵌入性与创造力间的中介效应假设

根据 Cannon 和 Edmondson（2001）等的研究发现，组织共享心智模型由一类重叠或一致的知识、态度和信念所构成，将其定义为"任务式共享心智模型"。金杨华、王重鸣等（2006）的研究则认为，互补但不尽相同的知识对绩效更重要，因此研发组织的共享心智模型由另一类分布或互补的知识、态度和信念所构成，将其定义为"协作式共享心智模型"。Walter（2004）等发现，共享心智模型在高绩效和低绩效组织中的层次是存在明显差异的。这说明通过组织成员间的隐性互动和沟通，共享心智模型对于组织创新能力的提升将发挥一定的作用。由此提出以下三个假设：

J1："任务式共享心智模型"和"协作式共享心智模型"是研发组织共享心智模型的二维结构特征。

J2："协作式共享心智模型"对研发组织创造力具有正向影响。

J3："任务式共享心智模型"对研发组织创造力具有正向影响。

研发组织知识网络的结构嵌入性表征了网络规模和网络成员的异质性，而"协作式共享心智模型"体现了对分布或互补知识和信息的态度以及信念的相似或相容，因此认为"协作式共享心智模型"在知识网络的结构嵌入性和组织创造力之间发挥着一定的中介效应；研发组织知识网络的关系嵌入性表征了网络关系的强度和网络关系的质量，而"任务式共享心智模型"体现了成员对组织任务目标的共识，因此认为"任务式共享心智模型"在知识网络的关系嵌入性和组织创造力之间发挥着一定的中介效应，"协作式共享心智模型"也在知识网络的关系嵌入性和组织创造力之间发挥着一定的中介效应；知识网络的认知嵌入性用愿景共识来表征，强调网络成员在共同愿景下工作和参与网络的意愿度。在高度程序化的任务中，组织成员的任务型心智模型的一致性程度也高，因此认为"任务式共享心智模型"在知识网络的认知嵌入性和组织创造力之间发挥一定的中介效应。上述分析表明，一方面，"协作式共享心智模型"将促进组织形成一个重叠或一致的"任务式共享心智模型"；另一方面，"任务式共享心智模型"将帮助组织在共同使命和行动计划指导下实现螺旋式增长；"任务式共享心智模型"在"协作式共享心智模型"和研发创造力之间起着中介效应。

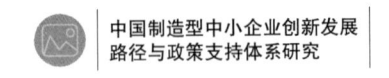

综上所述，基于共享心智模型的知识网络嵌入性影响研发组织创造力的作用机理如图10-7所示，研究进一步提出以下五个假设：

J4："协作式共享心智模型"在知识网络的结构嵌入性和组织创造力之间起中介效应。

J5："协作式共享心智模型"在知识网络的关系嵌入性和组织创造力之间起中介效应。

J6："任务式共享心智模型"在知识网络的关系嵌入性和组织创造力之间起中介效应。

J7："任务式共享心智模型"在知识网络的认知嵌入性和组织创造力之间起中介效应。

J8："任务式共享心智模型"在"协作式共享心智模型"和组织创造力之间起中介效应。

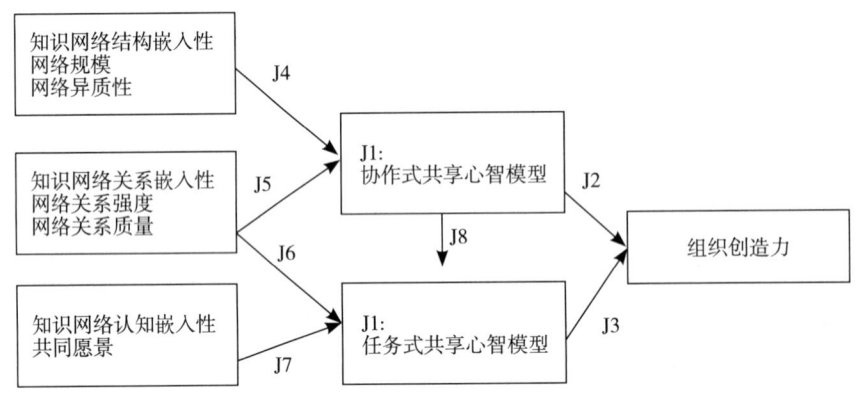

图10-7 基于团队共享心智模型的知识网络嵌入性影响组织创造力的作用机理

三 基于两种学习范式的知识网络嵌入性影响创造力的过程机制

本书认为，创造活动是通过探索性或挖掘性学习来整合内外部知识网络资源，通过构建"知识网络嵌入性—探索学习和挖掘学习—创造力"的作用路径，来揭示如何通过探索性学习和挖掘性学习的协同作用来动态调整在多层次知识网络中的嵌入性选择和作用，进而影响创造力的本质过程（林智同、王黎萤等，2015）。由于创造活动的本质是知识创造，知识创造离不开相适应的学习范式，而不同学习范式的选择又依赖所拥有的知识资源。

本书廓清探索性学习和挖掘性学习的构成要素和测度指标，并在企业层面和团队层面选取控制变量进行分析。为明晰两种学习范式的中介作用，本书分别探索和验证两种学习范式在中间层知识网络嵌入性和外围层知识网络嵌入性与团队创造力之间的中介机制（林智同、王黎萤等，2015）。通过四个探索性案例研究，认为探索性和挖掘性技术学习在知识网络嵌入性作用与研发团队创造力中起中介效应。并提出 12 个研究假设命题（见表 10-3）。

表 10-3　基于两种技术学习的中间层知识网络嵌入性影响研发团队创造力的研究假设

假设编号	假设内容
假设 1	中间层知识网络嵌入性的"结构嵌入"通过"探索性技术学习"影响研发团队创造力
假设 2	中间层知识网络嵌入性的"关系嵌入"通过"探索性技术学习"影响研发团队创造力
假设 3	中间层知识网络嵌入性的"认知嵌入"通过"探索性技术学习"影响研发团队创造力
假设 4	中间层知识网络嵌入性的"结构嵌入"通过"挖掘性技术学习"影响研发团队创造力
假设 5	中间层知识网络嵌入性的"关系嵌入"通过"挖掘性技术学习"影响研发团队创造力
假设 6	中间层知识网络嵌入性的"认知嵌入"通过"挖掘性技术学习"影响研发团队创造力
假设 7	外围层知识网络嵌入性的"结构嵌入"通过"探索性技术学习"影响研发团队创造力
假设 8	外围层知识网络嵌入性的"关系嵌入"通过"探索性技术学习"影响研发团队创造力
假设 9	外围层知识网络嵌入性的"认知嵌入"通过"探索性技术学习"影响研发团队创造力
假设 10	外围层知识网络嵌入性的"结构嵌入"通过"挖掘性技术学习"影响研发团队创造力
假设 11	外围层知识网络嵌入性的"关系嵌入"通过"挖掘性技术学习"影响研发团队创造力
假设 12	外围层知识网络嵌入性的"认知嵌入"通过"挖掘性技术学习"影响研发团队创造力

第三节　研究方法与数据分析

本书调研多家制造型中小企业，获得企业研发团队研究数据，开展跨层次团队知识网络建构、多维度知识网络嵌入特性的探索和验证，证实共享心智模型对团队和组织创造力的影响，知识网络嵌入性通过探索性和挖掘性学习的中介作用影响企业研发团队创造力。

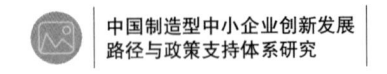

一 跨层次知识网络嵌入性实证研究

（一）研究样本与测量

本书对 70 家高新技术企业的 300 个团队进行调查，发放问卷 950 份，回收问卷 836 份，回收率为 88%，最终获得 708 份问卷组成 236 个团队的数据，其中 90% 为电子通信和生物医药行业，91.52% 为中小企业，71.43% 为私人控股企业；团队规模主要分布在 6—15 人（占 62.71%），成立时间主要在 1 年以上，以男性为主，年龄主要集中在 35 岁以下，学历以本科和硕士为主，工作时间主要集中在 1—3 年，236 个团队主管均接受了调查，保证了研究数据获得的可靠性。

借鉴 Mentzas 等研究，本书从核心层、中间层和外围层三个层面分别测量。其中，知识网络的结构嵌入性和关系嵌入性共有 9 个测量项目（Granovetter, 2005），知识网络的认知嵌入性共有 10 个测量项目（Hagedoorn, 2006）。本书采用 Edmondson（1999）等团队学习量表，该量表共有 7 个题项；组织学习的测量借鉴吴价宝（2003）等的研究，共有 5 个题项；个体创造力的测量借鉴 Tierney 和 Farmer（2004）的研究，共有 6 个题项；团队创造力的量表在 West（2002）研究基础上进行修订，由 10 个测量项目组成。此外，将团队规模、所属行业作为控制变量。

（二）研究结果

采用 James（1993）的公式计算 Rwg，团队学习、团队创造力的 Rwg 值分别为 0.93 和 0.95，知识网络嵌入性各维度的 Rwg 值均在 0.90 以上，团队水平的各测量指标均超过 0.7 的临界标准，将个体数据加总团队层面开展研究。

探索性因子分析结果显示核心层、中间层和外围层知识网络嵌入性的 KMO 指标分别达到 0.932、0.941、0.936，Bartlett 球形检验的显著水平均为 0.000。跨层次知识网络嵌入性的 8 个向量分别采用主成分因子分析法，按照特征值大于 1 和正交旋转法方差最大法抽取因子，均获得 3 个因子结构，总方差解释量分别为 59.26%、56.44% 和 57.60%（见表 10-4）。根据测量内容命名各因子，三个层次的知识网络嵌入性的各因子载荷均在 0.510 及以上，且各测量项目跨因素载荷均小于 0.41，表明整体结构具有良好的收敛和区别效度。三个层次的知识网络嵌入性所得到的 3 个因子与研究假设构思一致，即结构嵌入性维度（因子1）、关系嵌入性维度（因子2）和认知嵌入性维度（因子3）。对探索性因子分析得出的三层次知识网络嵌入性的三个结构维度分别进行信度检验，结果表明（见表10-4）各结构维度的显变量的纠正条款总相关系数值（CITC）均大于0.3，各显变量的条款删除后的a信度系数均大于0.7，且各结构维度的整体a信度系数均大于0.7，说明每个层次的知识网络嵌入性所获得的三维因子结构具有较好的信度。根据理论假设和探索性因子分析结果，研发团队每个层次的知识网络嵌入性的因子模型由三个潜在变量构成，分别绘制三个层次的研发团队知识网络嵌入性的CFA路径图，查看模型自由度达到可以识别的条件（王黎萤、王宏伟等，2017）。根据识别后的模型拟合输出的数据进行分析（见表10-5），其中各层次的绝对拟合指标均符合评价标准；相对拟合指标均超过受值0.90。由此认为，三个层次的知识网络嵌入性的三维因子结构具有良好的结构效度。

表10-4 研发团队多层次知识网络嵌入性的探索性因子分析结果及因子鉴定（N=236）

知识网络嵌入性多层次划分	CFA可行性指标			因子1 结构嵌入性			因子2 关系嵌入性		因子3 认知嵌入性		
	KMO	Bartlett显著水平	总方差解释量	网络密度	网络规模	网络中心性	网络关系强度	网络关系质量	网络信任	愿景共识度	规范共识度
				解释方差比例 a系数			解释方差比例 a系数		解释方差比例 a系数		
核心层知识网络嵌入	0.932	0.000	59.26%	20.832% 0.8782			21.101% 0.8735		17.331% 0.8613		
中间层知识网络嵌入	0.941	0.000	56.44%	21.624% 0.8396			20.577% 0.8645		14.235% 0.8523		
外围层知识网络嵌入	0.936	0.000	57.60%	26.239% 0.8924			21.176% 0.8467		10.181% 0.8217		

表10-5 研发团队多层次知识网络嵌入性的验证性因子分析结果及结构效度（N=236）

验证指标层次划分	绝对拟合指标					相对拟合指标				
	χ^2/df	RMR	GFI	AGFI	PGFI	NFI	RFI	IFI	TLI	CFI
核心层嵌入	1.892	0.079	0.916	0.951	0.656	0.945	0.948	0.914	0.911	0.906
中间层嵌入	1.802	0.073	0.903	0.942	0.618	0.944	0.920	0.912	0.908	0.912

续表

验证指标层次划分	绝对拟合指标					相对拟合指标				
	χ^2/df	RMR	GFI	AGFI	PGFI	NFI	RFI	IFI	TLI	CFI
外围层嵌入	1.845	0.070	0.921	0.933	0.637	0.937	0.922	0.910	0.910	0.907
评价标准	<2	<0.1	>0.9	>0.9	>0.5	>0.9	>0.9	>0.9	>0.9	>0.9

团队学习、组织学习、个体创造力和团队创造力的信度和效度检验（见表10-6），各变量均具有良好的信度和结构效度。对研究变量的Pearson相关分析显示个体层次变量的核心层知识网络嵌入性与个体创造力显著正相关；团队层次变量的中间层知识网络嵌入性、团队学习与团队创造力两两显著正相关；组织层次变量的外围层知识网络嵌入性与团队学习、组织学习和团队创造力分别显著正相关（见表10-7）。

表10-6　各变量的信度分析和验证性因子分析结果（N=236）

变量		χ^2/df	GFI	NFI	IFI	CFI	a系数
个体层次	核心层知识网络嵌入性	1.892	0.916	0.945	0.914	0.906	0.871
	个体创造力	1.783	0.942	0.938	0.925	0.937	0.915
团队层次	中间层知识网络嵌入性	1.802	0.903	0.944	0.912	0.912	0.852
	团队学习	1.332	0.937	0.941	0.944	0.945	0.898
	团队创造力	1.576	0.958	0.959	0.957	0.958	0.921
组织层次	外围层知识网络嵌入性	1.845	0.921	0.987	0.910	0.907	0.853
	组织学习	1.457	0.911	0.913	0.912	0.911	0.842

表10-7　各变量的描述性统计分析和相关分析（N=236）

变量		Mean	S.D.	1	2	3	4	5
个体层次	核心层	5.541	0.089					
	个体创造力	5.205	0.087	0.314**				
团队层次	中间层	5.326	0.076				A	
	团队学习	5.474	0.076	0.232**			0.254**	
	团队创造力	5.586	0.079	0.356**	0.370**		0.372**	
组织层次	外围层	5.524	0.075					0.256**
	组织学习	4.543	0.072	0.217**				

注：*代表在p<0.05水平上显著，**代表在p<0.01水平上显著。

首先分析个体—团队之间的跨层次效应。建立模型：第一，建立以个体创造力（IC）为因变量的空模型 M1；第二，考察个体层次上核心层知识网络嵌入性（CKNB）对个体创造力的作用 M2；第三，考察团队学习（TL）对核心层知识网络嵌入性与个体创造力关系的跨层次调节作用 M3。由 M1 空模型可见，代表组内方差的第一层残差方差 σ^2=0.73（$p < 0.001$），代表组间方差的随机截距方差 τ_{00}=0.30（$p < 0.001$），组间方差与组内方差都在 0.001 水平下显著，说明个体因素和团队因素共同造成了个体创造力的差异。另外，由 M2 个体层次主效应模型可知，在个体层次的方程中，γ_{11}=0.55（$p < 0.001$），τ_{00}=0.29，χ^2 检验结果显示此组间方差显著（$p < 0.001$），表示有可能存在团队层次的解释变量。R^2_{within}=0.0612，表明 6.12% 的个体创造力组内方差可以用核心层知识网络嵌入性来解释。由 M3 团队学习调节作用模型可知，γ_{11}=0.61（$p < 0.01$），即团队学习在核心层知识网络嵌入性和个体创造力之间起正向调节作用。R^2_{within}=0.4534，表明有 45.34% 的个体创造力组间方差可以用团队学习来解释。

其次分析团队—组织之间的跨层次效应。建立如下模型：第一，建立以团队创造力（TC）为因变量的空模型 M4；第二，考察团队层次上中间层知识网络嵌入性（MKNB）对团队创造力的作用 M5；第三，考察组织学习（OL）对中间层知识网络嵌入性与团队创造力关系的跨层次调节作用 M6。由 M4 空模型可知，代表组内方差的第一层残差方差 σ^2=0.64（$p < 0.001$），代表组间方差的随机截距方差 τ_{00}=0.26（$p < 0.001$），组间方差与组内方差都在 0.001 水平下显著，说明团队因素和组织因素共同造成了团队创造力的差异。由 M5 团队层次主效应模型可知，γ_{11}=0.58（$p < 0.001$），τ_{00}=0.27，χ^2 检验结果显示此组间方差显著（$p < 0.001$），表示有可能存在组织层次的解释变量。R^2_{within}=0.5312，表明有 53.12% 的团队创造力组内方差可以用中间层知识网络嵌入性来解释。由 M6 组织学习调节作用模型可知，γ_{11}=0.54（$p < 0.01$），即团队学习在核心层知识网络嵌入性和个体创造力之间起正向调节作用。R^2_{within}=0.2736，表明 27.36% 的团队创造力组间方差可以用组织学习来解释。

通过多层次回归方法分析团队学习、组织学习在中间层和外围层知识网络嵌入性与团队创造力之间存在的中介效应。以团队创造力为因变量，分别以中间层和外围层知识网络嵌入为自变量的回归分析，得到模型 1；以团队学习为因变量，分别以中间层和外围层知识网络嵌入为自变量的回归分析，得到模型 2；以团队创造力为因变量，以团队学习、中间层、外围层知识网络嵌入为自变量的回归分析，得到模型 3；以组织学习为因变量，以中间层和外围层知识网络嵌入为自变量的回归分析，得到模型 4；以团队创造力为因变量，以组织学习、中间层、外围层知识网络嵌入为自变量的回归分析，得到模型 5。团队学习在中间层知识网络嵌入和外围层知识网络嵌入与团队创造力之间发挥部分中介作用，组织学习在外围层知识网络嵌入与团队创造力之间发挥部分中介作用，研究模型得到进一步验证（见表 10-8）。

表 10-8　多层次知识网络嵌入性与研发团队创造力间中介效应的回归分析（N=236）

因素	模型 1	模型 2	模型 3	模型 4	模型 5	团队学习	组织学习
中间层嵌入	0.371**	0.362*	0.223**	0.360	0.217**	部分中介	—
外围层嵌入	0.262*	0.234*	0.128*	0.217*	0.128*	部分中介	部分中介
团队学习			0.315**				
组织学习					0.311**		
调整 R^2 增量值	0.252	0.163	0.145	0.246	0.142		
F 值	24.662**	20.015**	18.437**	24.186**	20.495**		

注：***代表在 $p<0.001$ 水平上显著；**代表在 $p<0.01$ 水平上显著；*代表在 $p<0.05$ 水平上显著。

二　知识网络嵌入性、共享心智模型与组织创造力的实证研究

（一）研究样本与测量

本书获得来自 63 个研发团队的 296 个有效样本。近 50% 的样本是私人控股公司（47.44%）、中小规模企业（69.76%）。T-tests 结果显示，受访者从公司年龄、公司规模、资产总额、利润、销售和资本角度看没有显著差异（$p<0.05$）。考虑到外界环境对公司业绩的影响，在研究中控制了以下变量：公司规模、公司年龄和行业。

测量知识网络的结构嵌入性的指标是网络规模和网络异质性。Granovetter（2005）、Uzzi（2005）的研究显示这两个维度共有 6 个测量项目，其中网络异质性由 5 个项目组成。测量知识网络的关系嵌入性是用关系强

度和关系质量2个指标。关系强度要求受访者描述和每个联系人的关系密切度；关系质量关注了企业间的信任和共同解决问题能力。测量知识网络的认知嵌入性主要用共同愿景这个指标，侧重于网络成员在共同愿景下工作和参与网络的意愿程度的衡量。"任务式共享心智模型"的量表着重测量一致的、重叠的态度或信念，由7个项目组成。"协作式共享心智模型"的量表关注对分布或互补知识获取时的团队内隐的态度和认知，由9个项目组成。在Amabile（1996）和West（2002）研究基础上，本书修订了研发团队创造力量表，修订后的量表由10条测量条目组成，用来衡量研发团队创造力的数量、类别和新颖程度。

（二）研究结果

通过区别"重叠或一致"和"分布或互补"的特征，提出研发团队的共享心智模型的结构维度假设，通过EFA获得了二维团队共享心智模型结构（见表10-9），表明"任务式共享心智模型"和"协作式共享心智模型"是团队共享心智模型的二维结构特征，假设J1得到肯定。

表10-9 研发团队共享心智模型的探索性因子分析结果及因子界定（N=63）

条款	因子1 任务式共享心智模型	因子2 协作式共享心智模型
SMA1-1 任务目标共识	0.632	0.414
SMA1-2 协作目标共识	0.745	0.289
SMA2-1 技术共识	0.689	0.137
SMA2-2 规范共识	0.717	0.254
SMA2-3 设备共识	0.635	0.322
SMA3-1 获取资源	0.529	0.230
SMA3-2 获取支持	0.671	0.145
SMC1-1 专长分布	0.236	0.765
SMC1-2 风格分布	0.223	0.798
SMC1-3 角色分布	0.321	0.656
SMC1-4 误解较少	0.383	0.601
SMC2-1 专长互补	0.266	0.577
SMC2-2 认知信任	0.358	0.565
SMC3-1 专长信任	0.243	0.634
SMC3-2 方法互补	0.307	0.578
SMC3-3 信息可靠	0.419	0.518

续表

条款	因子1 任务式共享心智模型	因子2 协作式共享心智模型
特征值	5.278	5.436
解释方差比列（%）	30.647	31.213
信度系数	0.8925	0.8932
KMO指标	0.875	df38
Bartlett球形检验	1363.238	Sig.0.000

相关分析结果如表10-9所示。知识网络的结构嵌入性、关系嵌入性、认知嵌入性与研发团队创造力显著正相关（$p < 0.01$），因此，结构嵌入性、关系嵌入性、认知嵌入性对研发团队的创造力有显著积极影响；研发团队两个模型与团队创造力呈正相关（$p < 0.01$），研发团队两个模型对团队创造力具有显著积极的影响，H2和H3得到初步验证；网络规模、网络异质性、关系强度和关系质量与"协作式共享心智模型"存在显著的积极影响（$p < 0.01$）；关系强度、关系质量和共同愿景与"任务式共享心智模型"存在显著的积极影响（$p < 0.01$）。

表10-10 团队创造力、网络嵌入性和共享心智模型之间的相关分析（N=63）

		结构嵌入性—网络规模	结构嵌入性—网络异质性	关系嵌入性—关系强度	关系嵌入性—关系质量	认知嵌入性—愿景共识	任务式共享心智模型	协作式共享心智模型
研发团队创造力	Pearson相关	0.425**	0.4785**	0.4815**	0.3405**	0.4565**	0.5665**	0.3475**
	Sig.	0.000	0.000	0.000	0.000	0.000	0.000	0.000
协作式共享心智模型	Pearson相关	0.5895**	0.5355**	0.4215**	0.3295**	0.163		
	Sig.	0.000	0.000	0.000	0.000	0.152		
任务式共享心智模型	Pearson相关	0.048	0.167	0.4395**	0.3755**	0.5365**		
	Sig.	0.283	0.246	0.000	0.000	0.000		

注：**代表在$p<0.01$水平上显著；*代表在$p<0.05$水平上显著。

首先构建模型1，即知识网络的结构嵌入性、关系嵌入性、认知嵌入性、"任务式共享心智模型"和"协作式共享心智模型"都直接影响团队创造力的同时，知识网络的结构嵌入性、关系嵌入性还通过"协作式共享心智模型"间接影响团队创造力，知识网络的关系嵌入性、认知嵌入性还通过"任务式共享心智模型"间接影响团队创造力，结构方程获得的验证指标见表10-11中的模型1。其次构建模型2，即仅有"任务式共享心智模型"和"协作式共享心智模型"直接影响团队创造力，而知识网络的结构嵌入性和关系嵌入性仅通过"协作式共享心智模型"间接影响团队创造力，知识网络的关系嵌入性和认知嵌入性仅通过"任务式共享心智模型"间接影响团队创造力，结构方程获得的验证指标见表10-11中的模型2。最后构建模型3，即在模型2的基础上，深入考察"协作式共享心智模型"还通过"任务式共享心智模型"间接影响团队创造力，结构方程获得的验证指标见表10-11中的模型3。

对上述构建的三个模型进行比较：模型1是"协作式共享心智模型"和"任务式共享心智模型"部分中介效应的路径模型；模型2是"协作式共享心智模型"和"任务式共享心智模型"完全中介效应的路径模型；模型3是基于模型2，添加直接影响"协作式共享心智模型"和"任务式共享心智模型"的作用路径。通过比较所有路径的系数，模型3是基于共享心智模型的知识网络嵌入性影响团队创造力作用路径匹配度最好的模型，获得的结构方程路径如图10-7所示。表10-11和图10-7的数据验证了基于"协作式共享心智模型"从结构嵌入性、关系嵌入性影响团队创造力的完全中介效应。因此，假设J4和假设J5得到验证。与此同时，数据也验证了基于"任务式共享心智模型"从关系嵌入性、认知嵌入性影响团队创造力的完全中介效应，因此假设J6和假设J7得到验证和支持。同时，"任务式共享心智模型"对"协作式共享心智模型"影响团队创造力有部分中介效应，因此，假设J8得到验证。最后，本书的研究获得了基于共享心智模型的知识网络嵌入性影响研发团队创造力的作用路径，假设J2—J8得到验证和支持（郝敬习、王黎萤等，2015）。

表10-11　　基于团队共享心智模型知识网络嵌入性影响团队创造力验证模型指标（N=63）

	绝对拟合指标				相对拟合指标				
	χ^2/df	RMR	GFI	AGFI	PGFI	NFI	RFI	IFI	TLI	CFI
模型1 F1F2 to F4 F2F3 to F5 F1F2F3F4F5 to F6	1.984	0.125	0.734	0.866	0.692	0.798	0.820	0.823	0.807	0.816

续表

	绝对拟合指标					相对拟合指标				
	χ^2/df	RMR	GFI	AGFI	PGFI	NFI	RFI	IFI	TLI	CFI
模型2 F1F2 to F4 F2F3 to F5 F4F5 to F6	1.915	0.093	0.876	0.901	0.584	0.915	0.859	0.871	0.811	0.839
模型3 F1F2 to F4 F2F3F4 to F5 F4F5 to F6	1.886	0.082	0.917	0.932	0.618	0.944	0.941	0.914	0.912	0.913
评价标准	<2	<0.1	>0.9	>0.9	>0.5	>0.9	>0.9	>0.9	>0.9	>0.9

注：F1=知识网络结构嵌入性；F2=知识网络关系嵌入性；F3=知识网络认知嵌入性；F4=协作式共享心智模型；F5=任务式共享心智模型；F6=团队创造力。

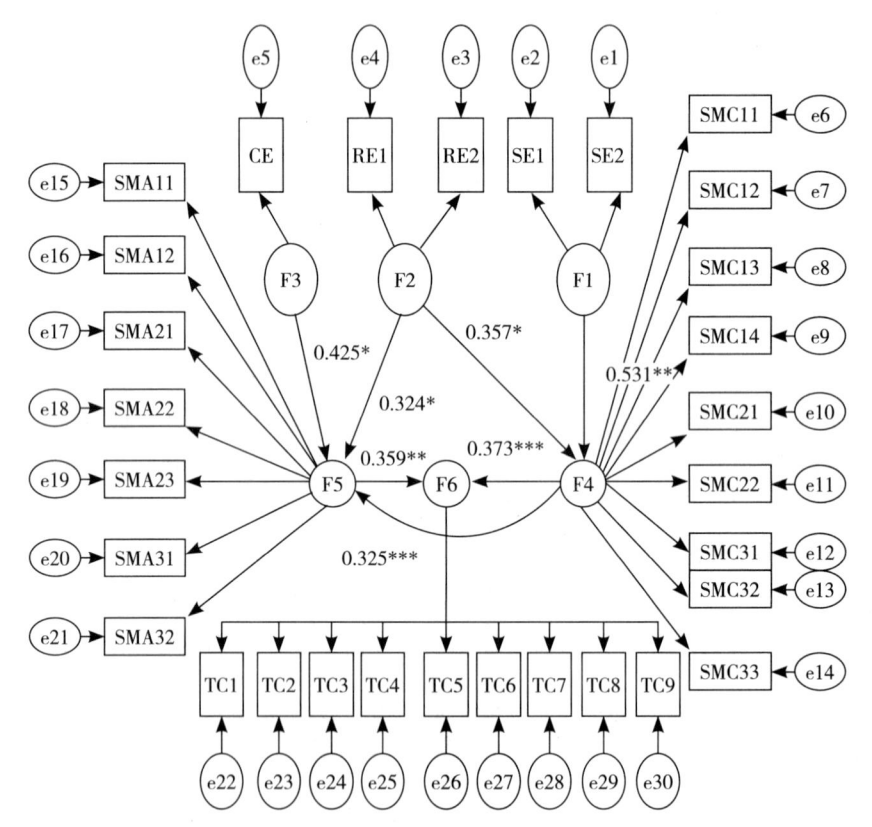

图10-8 基于团队共享心智模型的知识网络嵌入性影响团队创造力结构方程模型

注：F1=知识网络结构嵌入性；F2=知识网络关系嵌入性；F3=知识网络认知嵌入性；F4=协作式共享心智模型；F5=任务式共享心智模型；F6=团队创造力；SE为知识网络结构嵌入性测量项；RE为知识网络关系嵌入性测量项；CE为知识网络认知嵌入性测量项；SMA为任务式共享心智模型测量项；SMC为协作式共享心智模型测量项；TC为团队创造力测量项。

三 以探索性和挖掘性学习为中介的实证研究

(一)研究样本与测量

本书采用现场研究和问卷调查的方式进行数据收集和整理。通过小样本调查,采用纠正条款的总相关系数 CITC 分析、α 信度系数分析、因子分析等方法检验问卷初稿有效性和可靠性。本书实际调研 75 家高新技术企业,获得 236 个高技术企业研发团队研究数据,共计 1160 余个体样本。

本书结合 March(1991)、Beck 等(2005)、Miller 等(2006)等的研究,廓清探索性学习和挖掘性学习的构成要素和测度指标,在企业层面和团队层面选取控制变量进行分析,探讨两种学习范式在中间层知识网络嵌入性和外围层知识网络嵌入性与团队创造力之间的中介机制,探讨知识网络的多层次嵌入性对两种学习范式的选择路径及对研发团队创造力的影响,并最终确认知识网络嵌入性对研发团队创造力的作用路径及各嵌入特性要素在两条路径上的传导机制。

(二)研究结果

本书先通过单因素方差分析验证其他控制变量对中介变量和结果变量的影响,来决定后续的分析是否牵涉控制变量。所有控制变量均是采用编码测量。企业层面的变量包括企业的所有制性质、企业的规模和所在行业等;团队层面的变量包括团队规模、团队成立时间和团队所处阶段等(见表 10-12、表 10-13)。

表 10-12　　企业层面控制变量对中介变量和结果变量的影响
(单因素方差分析)(N=236)

控制变量	结果变量及中介变量	F 值	Sig.	是否显著
企业性质	团队创造力	0.589	0.313	否
	探索性技术学习	0.423	0.615	否
	挖掘性技术学习	0.187	0.743	否
企业规模	团队创造力	0.552	0.224	否
	探索性技术学习	0.542	0.657	否
	挖掘性技术学习	0.466	0.867	否
企业所在行业	团队创造力	0.331	0.578	否
	探索性技术学习	0.519	0.421	否
	挖掘性技术学习	0.234	0.346	否

表 10-13　团队层面控制变量对中介变量和结果变量的影响
（单因素方差分析）（N=236）

控制变量	结果变量及中介变量	F 值	Sig.	是否显著
团队规模	团队创造力	0.388	0.657	否
	探索性技术学习	0.436	0.487	否
	挖掘性技术学习	1.278	0.253	否
团队成立时间	团队创造力	0.989	0.098	否
	探索性技术学习	0.761	0.341	否
	挖掘性技术学习	0.732	0.623	否
团队发展阶段	团队创造力	6.102	0.022	是
	探索性技术学习	4.325	0.031	是
	挖掘性技术学习	4.539	0.023	是

对研究变量的 Pearson 相关分析显示中间层知识网络嵌入性、技术学习与团队创造力两两显著正相关，外围层知识网络嵌入性与技术学习和团队创造力分别显著正相关（见表 10-14）。

表 10-14　各变量的相关分析（N=236）

变量		Mean	S.D.	1	2	3	4
中间层	中间层知识网络嵌入性	5.326	0.076				
	技术学习	5.474	0.076	0.232**			0.254**
	团队创造力	5.586	0.079	0.356**	0.370**		0.372**
外围层	外围层知识网络嵌入性	5.524	0.075				

注：*代表在 $p<0.05$ 水平上显著；**代表在 $p<0.01$ 水平上显著。

通过多层次回归方法分析探索性技术学习和挖掘性技术学习在中间层知识网络嵌入性各维度与团队创造力之间存在的中介效应（见表 10-15）。步骤：以团队创造力为因变量，分别以中间层知识网络嵌入的结构嵌入、关系嵌入、认知嵌入为自变量的回归分析，得到模型 1；以探索性技术学习为因变量，分别以中间层知识网络嵌入的结构嵌入、关系嵌入、认知嵌入为自变量的回归分析，得到模型 2；以团队创造力为因变量，以探索性技术学习、中间层知识网络嵌入的结构嵌入、关系嵌入、认知嵌入为自变量的回归分析，得到模型 3；以挖掘性技术学习为因变量，以中间层知识网络嵌入的结构嵌入、关系嵌入、认知嵌入为自变量的回归分析，得到模型 4；以团队创造力为因变量，以探索性技术学习、挖掘性技术学习、中间层知识网络嵌入的结构嵌入、关系嵌入、认知嵌入为自变量的回归分析，得到模型 5。从表 10-15 可看出，探索性技术学习对中间层知识网络嵌入的结构嵌入影响研发团队创造力有部分中介效应，但对关系嵌入和认知嵌入的中介效应不显著。挖掘性技术学习对中间层知识网络嵌入的结构嵌入、关系嵌入与认知嵌入影响研发团队创造力有部分中介效应。

表 10-15　多层次知识网络嵌入特性作用研发团队创造力过程机制的回归分析（N=236）

多层次知识网络嵌入特性	模型 1	模型 2	模型 3	模型 4	模型 5	探索性技术学习	挖掘性技术学习
中间层结构嵌入	0.432**	0.232*	0.217*	0.245*	0.203*	部分中介	部分中介
中间层关系嵌入	0.313**	0.215	0.311*	0.237*	0.196*	无中介	部分中介
中间层认知嵌入	0.298**	0.171	0.305*	0.281**	0.178*	无中介	部分中介
探索性技术学习			0.215*				
挖掘性技术学习					0.214*		
调整 R^2 增量值	0.177	0.165	0.143	0.167	0.155		
F 值	22.12**	21.00**	19.23**	21.89**	22.76**		
外围层结构嵌入	0.260*	0.312*	0.104**	0.257*	0.192*	部分中介	部分中介
外围层关系嵌入	0.298*	0.298*	0.176*	0.236*	0.210*	部分中介	部分中介
外围层认知嵌入	0.203*	0.341*	0.177*	0.558	0.201*	部分中介	无中介
探索性技术学习			0.255*				
挖掘性技术学习					0.249*		
调整 R^2 增量值	0.194	0.169	0.188	0.243	0.137		
F 值	20.58**	18.79**	19.04**	21.55**	22.33**		

注：***代表在$p<0.001$水平上显著；**代表在$p<0.01$水平上显著；*代表在$p<0.05$水平上显著。

通过多层次回归方法分析探索性技术学习和挖掘性技术在外围层知识网络嵌入性各维度与团队创造力之间存在的中介效应，具体结果见表10-15。步骤为：以团队创造力为因变量，分别以外围层知识网络嵌入的结构嵌入、关系嵌入、认知嵌入为自变量的回归分析，得到模型 1；以探索性技术学习为因变量，分别以外围层知识网络嵌入的结构嵌入、关系嵌入、认知嵌入为自变量的回归分析，得到模型 2；以团队创造力为因变量，以探索性技术学习、外围层知识网络嵌入的结构嵌入、关系嵌入、认知嵌入为自变量的回归分析，得到模型 3；以挖掘性技术学习为因变量，以外围层知识网络嵌入的结构嵌入、关系嵌入、认知嵌入为自变量的回归分析，得到模型 4；以团队创造力为因变量，以挖掘性技术学习、外围层知识网络嵌入的结构嵌入、关系嵌入、认知嵌入为自变量的回归分析，得到模型 5。从表 10-15 可以看出，探索性学习对外围层面的知识网络嵌入的结构嵌入、关系嵌入与认知嵌入影响研发团队创造力具有部分中介效应，挖掘性学习对外围层面的知识网络嵌入的关系嵌入和结构嵌入影响研发团队创造力具有部分中介效应，但对认知嵌入的中介效应不显著。

验证探索性技术学习和挖掘性技术学习在中间层和外围层知识网络嵌入各维度与团队创造力之间中介作用的路径模型如图 10-9、图 10-10 所示，两个路径模型均获得较好地拟合指标（见表 10-16）。对于结构嵌入具有优势的研发团队，选择探索性技术或挖掘性技术学习路径，都对提升研发团队创造力具有显著的作用；对于关系嵌入具有优势的研发团队，选择挖掘性技术学习路径对提升研发团队创造力具有显著的作用。

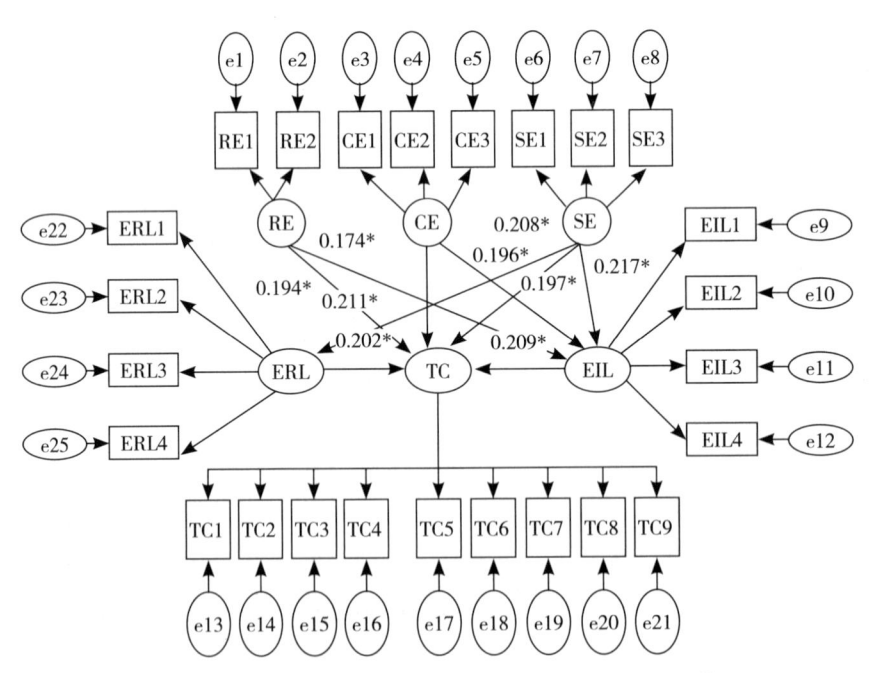

图10-9 基于探索性和挖掘性技术学习中间层知识网络嵌入影响团队创造力结构方程模型

注：*代表在＜0.05水平上显著。

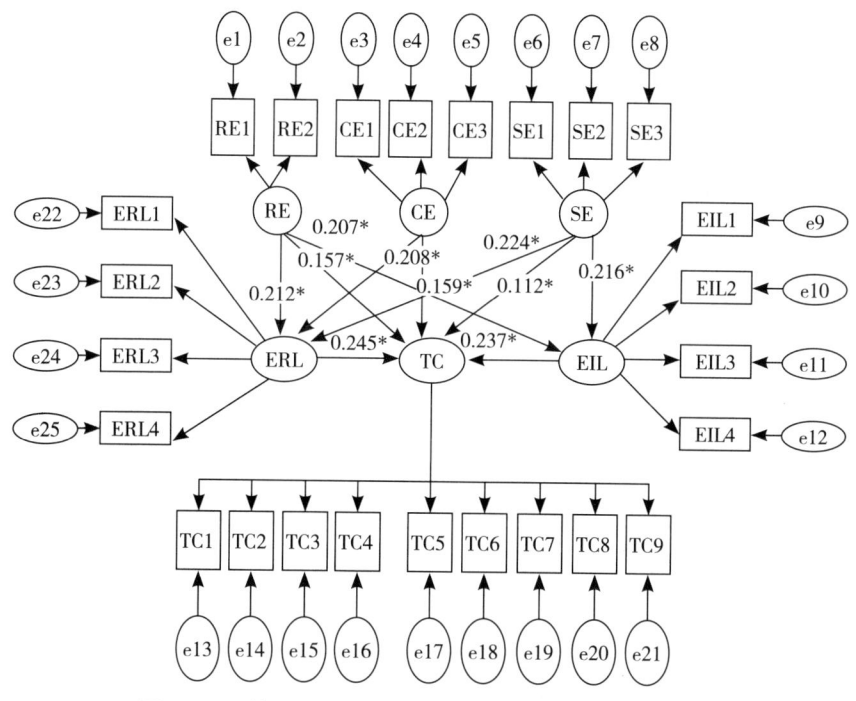

图10-10　基于探索性和挖掘性技术学习外围层知识网络嵌入影响团队创造力SEM框架

注：*代表在＜0.05水平上显著。

表10-16　基于两种学习范式的多层次知识网络嵌入影响团队创造力的指标（N=236）

验证指标	绝对拟合指标					相对拟合指标				
层次划分	χ^2/df	RMR	GFI	AGFI	PGFI	NFI	RFI	IFI	TLI	CFI
基于两种学习范式的中间层知识网络嵌入路径	1.623	0.058	0.957	0.983	0.711	0.962	0.951	0.934	0.925	0.940
基于两种学习范式的外围层知识网络嵌入路径	1.645	0.059	0.954	0.969	0.698	0.954	0.946	0.926	0.921	0.924
评价标准	＜2	＜0.1	＞0.9	＞0.9	＞0.5	＞0.9	＞0.9	＞0.9	＞0.9	＞0.9

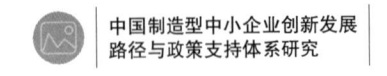

第四节　研究结论与讨论

研究创新性地将网络信任与愿景和规范共识共同凝练在知识网络嵌入性的认知嵌入维度中，使知识网络嵌入性不再单一地由网络规模、关系强度进行表征。本书强调在知识网络嵌入中，由于网络资源多样化和认知内容的异质性，则需要更加关注分布或互补的认知模式，比单纯依赖共享心智模型的重叠部分更能增加可用知识的总量和提升成员的内驱力，是适应知识网络嵌入性进而有效提升制造型中小企业原始创新能力的重要途径之一。

一　跨层次知识网络嵌入性影响创造力研究结论

跨层次知识网络中，结构嵌入性、关系嵌入性和认知嵌入性三个维度均为知识网络嵌入性的因子结构特性。本书将网络信任与愿景和规范共识共同凝练在认知嵌入性维度当中，进一步体现了网络成员之间的基于愿景、文化、价值观等内容的认知特性对知识网络嵌入性的影响。从因子结构特征的结论中发现，认知嵌入维度在核心层内的比重最高，在外围层的比重最低，说明构建网络间信任、进行愿景及规范共识的沟通，对于形成稳定的知识网络结构具有重要的作用。

研究进一步发现核心层、中间层和外围层知识网络嵌入性对创造力的作用机理存在差异。在团队层次上，中间层知识网络嵌入性对团队创造力具有积极影响，团队学习对中间层知识网络嵌入性与团队创造力的关系起部分中介作用，组织学习对中间层知识网络嵌入性与团队创造力的关系起正向调节作用。在组织层次上，外围层知识网络嵌入性对团队创造力也具有积极影响，而组织学习和团队学习均对外围层知识网络嵌入性与团队创造力的关系发挥着部分中介作用。在跨层次知识网络嵌入性对研发团队创造力的作用机理中引入组织学习和团队学习为动态提升组织创造力提供了演化路径。研发团队结构具有的自组织性和自学习性，使组织在变动的环境中寻求阶段性的均衡。

二 知识网络嵌入性与创造力间共享心智模型中介效应研究结论

对"任务式共享心智模型"和"协作式共享心智模型"的构思和验证，旨在强调知识网络嵌入中，由于网络资源多样化和认知内容的异质性，则需要更加关注分布或互补的认知模式，这是适应知识网络嵌入性进而有效提升制造型中小企业原始创新能力的重要途径之一。研究证实，"协作式共享心智模型"在结构嵌入性、关系嵌入性影响创造力中起完全中介作用。"任务式共享心智模型"在关系嵌入性、认知嵌入性影响团队创造力中起到完全中介作用。结论验证和支持了成员对相关网络嵌入性的感知，一方面，有助于形成创造性任务的共同期望、创造性活动的正确指导和任务创造性的激励。另一方面，它有利于形成对获得各种信息和资源的共同预期，从而协调成员行为以使其适应创造性的任务和其他成员的要求，通过换位思考和资源互补来提高创造力。研究还证实"协作式共享心智模型"直接影响创造力，"任务式共享心智模型"间接影响创造力。同时，关于共享心智模型在不同发展阶段影响差异的结论，也显示了提高创造力的意义，需要在平衡"协作式共享心智模型"和"任务式共享心智模型"互动的基础上，构造动态的路径和方法来提升创造力。

三 以探索性和挖掘性学习为中介知识网络嵌入影响创造力研究结论

本书阐释了探索性学习和挖掘性学习在知识网络与组织的互动中发挥的中介作用，揭示了不同知识网络嵌入特性影响两种学习范式的选择，进而影响企业创造力的本质过程，透析了网络竞争环境下创造力形成发展的内在机理。运用结构方程验证了挖掘性学习对中间层面的知识网络嵌入结构、关系与认知特性影响研发团队创造力具有部分中介效应；探索性学习对中间层面的知识网络嵌入结构特性影响研发团队创造力具有部分中介效应，但对关系和认知的中介效应不显著（林智同、王黎萤等，2015）。本书还验证了探索性学习对外围层面的知识网络嵌入结构、关系与认知特性影响研发团队创造力具有部分中介效应，挖掘性学习对外围层面的知识网络嵌入关系和结构特性影响研发团队创造力具有部分中介效应，但对认知

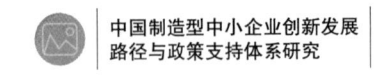

特性的中介效应不显著。结果表明，嵌入外围层面的知识网络主要通过探索性学习来提高团队创造力，嵌入中间层面的知识网络则主要通过挖掘性学习影响团队创造力，说明制造型中小企业需要建立与嵌入网络相匹配的学习能力才能不断激发原始创新能力。

四 基于知识网络嵌入的制造型中小企业原始创新路径

（一）重视运用知识网络认知嵌入的影响

制造型中小企业必须提升其原始创新能力，才能赢得创新发展的先发优势，才能保持其在市场竞争中的优势地位。在制造型中小企业原始创新过程中，最为关键和核心的能力就是团队创造力，只有在创造力提升的基础上，才能提升企业原始创新能力。团队创造力的形成和发展是深深地嵌入在已有的知识网络中，受到网络成员之间的相互关系及整个知识网络属性的影响。在跨层次科技型中小企业的知识网络中，结构嵌入性、关系嵌入性和认知嵌入性三个维度均为知识网络嵌入性的因子结构特性。由于"认知嵌入性"与"结构嵌入性"和"关系嵌入性"同是科技型中小企业知识网络嵌入性的结构维度，因此愿景与文化接近性也是影响知识网络嵌入的重要因素，并对科技型中小企业创造力具有不容忽视的影响。

（二）加强组织内外知识资源的整合

网络竞争下的科技型中小企业需要嵌入企业内外多层次知识网络以超越自身知识资源限制来提升创造力。在个体层次上，核心层知识网络嵌入性对个体创造力具有积极影响；在团队层次上，中间层知识网络嵌入性对团队创造力具有积极影响；在组织层次上，外围层知识网络嵌入性对团队创造力也具有积极影响。团队学习对核心层知识网络嵌入性与个体创造力的关系起正向调节作用；团队学习对中间层知识网络嵌入性与团队创造力的关系起部分中介作用；组织学习对中间层知识网络嵌入性与团队创造力的关系起正向调节作用；而组织学习和团队学习均对外围层知识网络嵌入性与团队创造力的关系发挥着部分中介作用。

（三）促进探索性和挖掘性学习范式的迭代

在开放式创新的时代背景下，激发和提升企业创造力作为企业可持续发展的核心要务，更是公司提升创新绩效的重要内容与举措。挖掘性学习对中间层面的知识网络嵌入的结构、关系与认知特性影响研发团队创造力具有部分中介效应；探索性学习对中间层面的知识网络嵌入结构特性影响研发团队创造力具有部分中介效应，但对关系和认知的中介效应不显著。挖掘性学习对组织方面的支持与成员之间的关系、认知方面的需要相对于探索性学习来说更加强烈，需要通过这两方面的支持，才能产生团队创造力实现原始创新（王黎萤，2009）。Terje（2003）在研究承担复杂项目的组织间关系时提出了"社会互动"（孙国强，2003），作为进行复杂性创新的研发组织，保持与外部组织持续的"社会互动"是必要的。这种互动关系可能基于以下机制：①新知识项目的市场拉动机制（Market-pull）；②知识链上的知识扩散和转移机制；③技术设备更新及其他有形资源的支持机制。研发组织结构具有自组织和自学习性，它通过与外部互动过程中的信息、物质和能量交换，增强适应能力，发现创新机会，加快结构调整，使组织在变动的环境中寻求阶段性的均衡。研发组织通过这种自我引导、经验分享和协作互助的问题解决方式，获得团队创造力持续提升的演化路径，如图 10-11 所示。

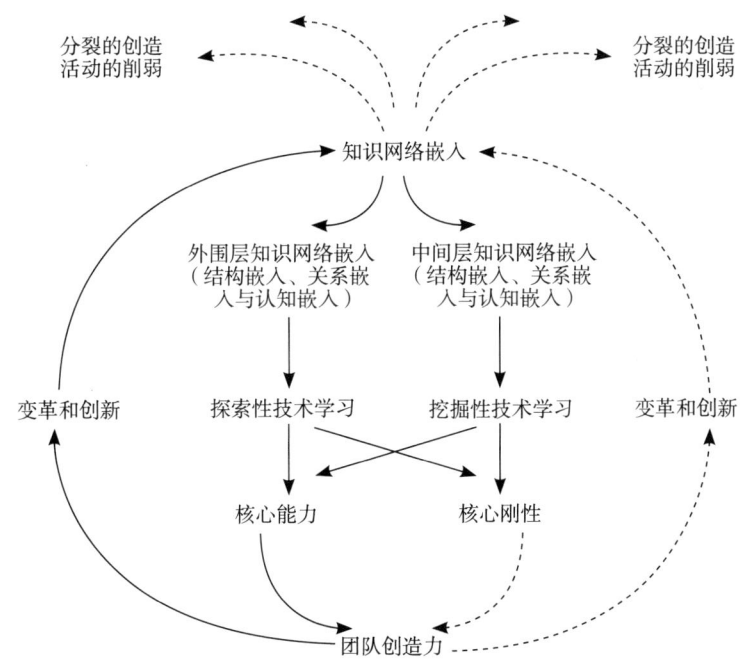

图 10-11　多层次嵌入的知识网络通过学习范式迭代来动态提升团队创造力的演化路径

第十一章　全要素生产率与制造型中小企业集成创新

为探索新常态下中国经济从粗放型增长模式向全要素生产率支撑型增长模式转变，制造型中小企业从研发创新向非研发创新过渡的机制，从市场竞争的视角出发利用自然实验进行经验分析发现，市场竞争的引入激发了一个以低效率企业收缩和高效率企业扩张为核心的"创造性破坏"的企业更替和产业重组过程。无论是在投入规模还是产出规模上，市场竞争推动的产业重组都没有增长效应，但是，它通过改善跨企业的资源配置效率推动了总量层面全要素生产率的增长，市场竞争推动了企业层面创新投入的增长，尤其是本来缺乏创新激励的大企业创新投入的增长，进而推动了微观层面全要素生产率的增长。本书研究为市场竞争对总量和微观层面全要素生产率增长的促进作用提供了新的证据，提出制造型中小企业通过市场竞争机制开展集成创新的政策着力点。

第一节　研究背景

中国经济正式步入新常态，经济增长由高速转为中高速已经达成共识，经济下行压力不断增大。推行的供给侧结构性改革围绕提升企业和产业全要素生产率、提高产品品质寻求突破。研究拟从全要素生产率的内涵及测度方法出发，结合相关理论和实证文献，系统梳理提升全要素生产率的主要路径及其影响因素，在此基础上提出有针对性的政策建议（李平，2016）。

一　全要素生产率与集成创新

（一）全要素生产率

全要素生产率（Total Factor Productivity，TFP）也称多要素生产率（Multi-Factor Productivity，MFP），是一项测度所有能够观测到的要素投入组合所能得到的产出，进而客观衡量生产效率的指标。为了更好地理解TFP，不妨从生产率出发对相关概念辨析。

生产率指的是给定一组资源要素投入能够获得的产出，度量的是经济单元（大到国家，小到工厂、车间）的生产效率。在投入和产出都只有一种的情形下，生产率的测度非常简单，数学形式可以表示为投入—产出比。劳动生产率作为测度生产效率的重要指标，本质上正是将劳动作为唯一的投入要素。当然，现实中投入要素除劳动外还包括有形资本等其他可观测到的要素资源，因此，使用劳动生产率衡量和比较生产效率往往会出现很大偏差。例如，拥有同样数量和素质工人的两个工厂，采用最先进机器设备的工厂，其劳动生产率会高出很多；很显然，劳动生产率与资本使用情况即资本强度密切相关，资本深化能够提升劳动生产率（Coelli et al.，2005；Syverson，2011）。

为更加客观衡量生产效率，需要测度所有能够观测到的要素投入组合所能得到的产出，于是便有了TFP（或MFP）。Hulten（2000）指出，TFP本身的理论性并不是很强，其表达式最初源自初级经济学的收入循环模型：

$$P_t Q_t = w_t L_t + r_t K_t \qquad (11\text{-}1)$$

其中，Q、L、K分别代表产量、劳力、资本，P、w、r分别对应其价格，式（11-1）可以得到产出价格与投入成本处于均衡状态下的经济运转预算约束。在此基础上引入基期不变价格的概念，可以得到新公式：

$$P_0 Q_t = S_t (w_0 L_t + r_0 K_t) \qquad (11\text{-}2)$$

其中，S_t代表t时期的全要素生产率，其经济含义就是"单位（全要素）投入的产出"，即所有要素投入的产出效率。然而在经济增长测度实践中，相比全要素生产率本身，受到更多关注的是全要素生产率的变化程度，即TFP指数或TFP增长率。关于生产率指数概念的提出最早可追溯到

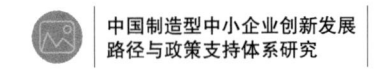

20世纪30年代末（Copeland，1937；Copel and Martin，1938）。此后，包括1982年诺贝尔经济学奖得主乔治·斯蒂格勒在内的经济学家，以上述预算平衡式为基础，从实证角度进行了指数构造和测度工作（Stigler，1947；Abramovitz，1956），以式（11-2）为基可以进一步推导出全要素生产率指数的表达式：

$$\frac{S_t}{S_0} = \frac{\dfrac{Q_t}{Q_0}}{\dfrac{w_0 L_t + r_0 K_t}{w_0 L_0 + r_0 K_0}} \quad (11-3)$$

（二）全要素生产率指数与增长核算

式（11-3）从形式上看是一种固定权重的拉氏指数（Fixed-weighted Laspeyre Index），可以算是从宏观层面测度 TFP 指数的最早实践。然而这类指数设计存在理论缺陷，因为式（11-3）的指数设计忽视了全要素生产率与单要素生产率（如劳动生产率、资本生产率）之间的关系，仍然停留在单纯地测算全要素生产能力的层面，并没有深入挖掘生产要素之间的协同创新关系。此后，测度宏观 TFP 指数成为经济学家，特别是增长经济学家的关注焦点。在众多文献和方法中，最具划时代意义的当属 1987 年的诺贝尔经济学奖得主罗伯特·索洛的新古典增长模型。1957 年，索洛引入具有希克斯技术中性和规模报酬不变的生产函数替代式（11-1）的投入产出预算平衡式，生产函数形式如下（Solow，1957）：

$$Q_t = A \cdot F(K_t, L_t) \quad (11-4)$$

对式（11-4）的左右两端同求微分并除以 Q_t，可以得到如下形式的微分方程式：

$$\begin{aligned}\frac{\dot{Q}_t}{Q_t} &= \frac{\dot{A}_t \cdot F(\cdot)}{Q_t} + \frac{A_t \cdot \partial F(K_t, L_t) \cdot \dot{K}_t}{Q_t \cdot \partial K_t} + \frac{A_t \cdot \partial F(K_t, L_t) \cdot \dot{L}_t}{Q_t \cdot \partial L_t} \\ &= \frac{\dot{A}_t}{A_t} + \frac{\partial Q_t \cdot K_t}{\partial K_t \cdot Q_t} \cdot \frac{\dot{K}_t}{K_t} + \frac{\partial Q_t \cdot L_t}{\partial L_t \cdot Q_t} \cdot \frac{\dot{L}_t}{L_t}\end{aligned} \quad (11-5)$$

其中，资本和劳动要素的产出弹性虽然难以观察，但是根据均衡状态下要素投入等于边际产出的特性，即 $\partial Q_t : \partial K_t = r_t : p_t$ 和 $\partial Q_t : \partial L_t = w_t : p_t$，资本和劳动要素的产出弹性可以用 S_t^K 和 S_t^L 表示，得到全要素生产增长率公式如下：

$$R_t = \frac{\dot{A}_t}{A_t} = \cdot \frac{\dot{Q}_t}{Q_t} - S_t^K \cdot \frac{\dot{K}_t}{K_t} - S_t^L \cdot \frac{\dot{L}_t}{L_t} \qquad (11-6)$$

其中，式（11-6）所测度的就是著名的"索洛余值"（索洛所说的"被忽略因素"），代表的是实际产出增长率与实际要素投入增长率之差，是（所有）投入要素产出效率整体提升的结果，即 TFP 增长率（Solow，1957）。式（11-6）通过数学方法表征了全要素增长率的经济学内涵，也开启了增长核算（Growth Accounting）的先河。从式（11-6）可以看出，经济增长可以分解为资本、劳动要素和"被忽略因素"三部分的增长；据此可以进一步计算出经济增长中不同因素的贡献率。乔根森（Dale Jorgenson）将投资理论引入上述索洛增长核算框架中，进一步丰富了 TFP 增长率测度的理论基础（Jorgenson，1963）。此后，包括 Dale Jorgenson、Zvi Griliches、Erwin Diewert、Charles Hulten、Laurits Christensen 等在内的众多经济学家将指数理论、国民收入核算体系、企业理论等不断融合到增长核算框架中（Jorgenson and Grili-ches，1967；Hulten，1973；Diewert，1976；Christensen and Jorgenson，1973；Griliches，1994），最终形成了目前主流的迪维希亚指数（Divisia Index）作为 TFP 增长率的主要测算方法之一，将 TFP 增长率定义为如下公式：

$$\frac{\dot{A}_t}{A_t} = \frac{\dot{Y}_t}{Y_t} - \sum_k v_k \frac{\dot{X}_k}{X_k} \qquad (11-7)$$

其中，X_k 和 v_k 分别代表第 k 种投入要素及其价值占总投入价值的份额，且满足：$\sum_k v_k = 1$ 和 $\forall v_k \geq 0$。式（11-7）的提出与推广说明当前经济和管理学界对投入要素的种类性质不再局限于"资本"和"劳动"，而更聚焦于对不同层级的要素投入及产出进行合成、分解，因此，全要素生产率和全要素生产增长率在经济与管理学界的适应性历久弥新。

进入 21 世纪后，以指数理论和国民收入核算为基础的增长核算框架体系已经为西方学界和政策部门所普遍接受。为规范成员国统计部门的 TFP 增长率测算活动，同时也提高测算结果的国际可比性，OECD（2001）专门以手册形式对 TFP 增长率测算的具体方法和细节进行了详细说明。OECD（2001）基本延续索洛余值的 TFP 增长率测算思路，遵循了 Jorgenson 和 Griliches（1967）、Jorgenson（1963）、Diewert（1976）等文献所共同确立的增长核算框架，利用迪维西亚指数测度不同要素投入的变动情况及其对增长的贡献，最终可测算出 TFP 增长率及其对增长的贡献。OECD（2001）用不同的章节分别对产出、劳动投入、资本投入的测算进行了详细说明，目前已经成为 TFP 增长率测算和增长核算的主要规范。其中，关于资本投入的测算沿袭了 Jorgenson（1963）的基本思路，将"资本投入"界定为由生产性存量资本所提供的"资本服务"，正如"劳动投入"是由劳动者提供的"劳动服务"一样。为更加准确地核算作为"资本投入"的"资本服务"，不仅需要对"存量资本"数量进行测算，还需要设定不同年限存量资本的生产能力（Productive Capacity）如何随时间推移而变化，即年限效率模式（Age-Efficiency Profile）；此外，还需要设定不同年份资本的退役方式（Retirement Pattern），估算资本服务价格。鉴于"资本投入"在增长核算中的重要性以及"资本服务"测算过程的复杂性，OECD（2009）专门以手册形式对"资本投入"测算进行规范。

（三）全要素生产率与制造型中小企业集成创新

集成创新，即对现有知识或技术进行创新性的整合。集成创新的关键是创造性地融合已有技术、知识等创新要素，并且能应用到创新实现过程中。按照集成对象不同，集成创新可分为技术集成、知识集成和组织集成三个层次，其中技术集成最为普遍，也是制造型中小企业最常用的非研发创新方式。通俗地说，集成创新就是在拾掇、整理已有技术、知识和组织形态的基础上，通过跨层级、跨方向、跨领域的集成思路，实现旧工艺新制造的创新路径。在此过程中，中小企业作为创新主体，需要将战略、资源、技术和能力等各种创新要素经过优化、选择、组合、搭配，创造性地把旧有资源（包括资本、劳力、技术、专利等）搭建为崭新结构。这一过程，就是通过集成创新路径提升全要素生产增长率的过程。

二 研究文献综述

在中国工业部门的绝大多数产业里，一个公认的典型事实是，一方面，存在大量的效率非常低的"僵尸企业"；另一方面，缺乏具有创新能力和国际竞争力的大公司。"僵尸企业"的存在不仅造成了严重的产能过剩，而且占据了大量资源，从而阻碍了高效率企业的扩张，进而导致微观层面跨企业资源配置效率的低下。一项非常有影响的研究表明，如果中国制造业部门的产业组织能够像美国那样将资源更多地配置给高效率企业，那么，中国制造业部门的全要素生产率将提高 30%—50%。显然，微观层面上低效率的产业组织已经成为宏观层面上全要素生产率和经济增长的一个突出的结构性障碍（李平、简泽、江飞涛、李晓萍，2019）。

当前，中国经济正在从工业化进程中的高速增长阶段向工业化后期的中速增长阶段转换（黄群慧，2014）。在这个过程中，随着资本积累引起的资本边际生产率递减，传统的以政府主导型投资为核心的增长动力不断减弱，中国经济增长必须向全要素生产率支撑型模式转变（蔡昉，2013）。可是，近年来中国经济的全要素生产率呈现下降的趋势，并且成为经济增长速度下滑的重要原因（蔡昉，2016；白重恩、张琼，2014）。在这个背景下，寻求和形成全要素生产率增长的新动力与新机制迫在眉睫。

从全要素生产率的角度看，经济增长可能来源于以下两个方面：一是在微观层面上企业全要素生产率的提高；二是在总量层面上跨企业资源配置效率的改善（Olley and Pakes, 1996）。发展经济学的经典文献表明，经济资源在不同产业之间的重新配置所带来的资源配置效率的改善被认为是发展中国家实现工业化和经济增长的关键（Chenery and Kretschmer, 1956）。在中国，以劳动力为代表的生产要素在不同产业之间重新配置推动的全要素生产率增长构成了过去 30 多年全要素生产率和经济增长的重要组成部分（蔡昉，2013）。可是，随着中国工业化的逐步完成，这种跨产业的资源再配置效应逐渐减弱，进而成为近年来全要素生产率呈现下降趋势的重要原因（蔡昉，2016）。

基于微观视角的研究表明，在成熟的市场经济里，存在大规模的以创造性破坏为核心的跨企业资源再配置。而且，这种资源再配置主要发生在产业内部，而不是产业之间（Baily et al., 1992；Foster et al., 2006, 2008）。以美国为例，这种由产业内部重组推动的资源配置效率改善为美国经济全要素生产率增长提供了一半左右的贡献（Haltiwanger, 2000）。世界经济发展史也表明，在 19 世纪末 20 世纪初，以低效率企业的退出和高效率企业的扩张为核心的产业重组构成了现代工业革命的重要组成部分（Jensen, 1993）。

在中国工业部门的绝大多数产业里，一个公认的典型事实是，一方面，存在大量的效率非常低的"僵尸企业"；另一方面，缺乏具有创新能力和国际竞争力的大公司。"僵尸企业"的存在不仅造成了严重的产能过剩，而且占据了大量资源，从而阻碍了高效率企业的扩张，进而导致微观层面跨企业资源配置效率的低下。一项非常有影响的研究表明，如果中国制造业部门能够充分发挥继承创新优势，学习美国把资源更多地配置给高效企业和部门，那么，中国制造业部门的全要素生产率将提高三成至五成（Hsieh et al., 2009）。显然，微观层面上低效率的产业组织已经成为宏观层面上全要素生产率和经济增长的一个突出的结构性障碍。

市场竞争是推动以"创造性破坏"为核心的企业更替和产业重组的基本力量（Caballero, 2007; Caballero et al., 2008; Aghion and Howitt, 1992; Aghion et al., 2015; Jovanovic, 1982; Foster et al., 2006; Holmes and Schmitz, 2010）。本章研究了市场竞争的加强对产业重组和全要素生产率增长的影响。在一个自然实验的框架下，研究发现，以生产率为基础，市场竞争激发了一个"创造性破坏"的企业更替和产业重组过程。无论是在投入规模还是产出规模上，市场竞争推动的产业重组都没有增长效应，但是，它通过改善跨企业的资源配置效率推动了总量层面全要素生产率的增长。同时，市场竞争推动的产业重组不仅推动了企业层面的技术创新和全要素生产率的增长，而且还促使技术创新活动更多地集中到创新效率较高的大企业中。

TFP 增长率被广泛应用在学术和产业界对经济增长的评价与预测中。尽管 TFP 增长率在增长核算过程中被当作"余值"和"被忽略的因素"来处理，但其对经济增长的贡献却无法被忽视。根据亚洲生产率组织（Asian Productivity Organization, APO）的测算，1970—2012 年，美国、日本、韩国的年均经济增速分别为 2.8%、2.6%、6.7%；其中，TFP 年均增长率分别为 0.9%、0.7%、1.6%；对经济增长的贡献率分别为 31%、25%、24%。上述期间，日本和韩国先后完成了工业化，经济增长经历了由高速向中低速的转变。其中，日本在 20 世纪 90 年代以后经济增速由此前的 4%—5% 迅速下降到 2% 以下，特别是 1995 年以后，经济增长基本处于停滞状态，年均增速甚至不足 1%；韩国的经济增速也是在 1995 年以后出现了明显的下降，1990—1995 年平均增速为 7.4%，而 1996—2000 年的年均增速下降到 4.9%，此后一路下滑，2010—2012 年平均增速仅为 2.7%。经济增长进入中低水平后，TFP 增长对经济增长的贡献反而明显增加。1995—2000

年、2001—2005 年、2006—2010 年 4 个时间段，TFP 增长对日本经济增长的贡献分别为 30%、66%、167%；而韩国则分别为 32%、38%、63%。至于美国，早在 20 世纪 30 年代便已完成工业化，经历"二战"后世界经济的全面复苏，到 20 世纪 70 年代已经进入低速平稳增长的后工业化时代。美国、日本、韩国的测算数据表明，经济发展进入相对稳定的成熟期后，TFP 在经济增长中的重要性将更加凸显。

在中国，增长核算框架下的 TFP 指数测算工作大约始于 20 世纪 90 年代初。李京文院士与乔根森、黑田昌裕两位教授共同主持了"中美日生产率与经济增长比较研究"课题，并于 20 世纪 90 年代先后出版发表系列研究成果；相关的测算工作都是在 Jorgenson 所倡导的增长核算框架下完成的，在资本投入估算中明确区分了"资本存量"与"资本服务"（李京文等，1993；李京文、李军，1993；李京文等，1996；郑玉歆，1998）。此后，国内学者从宏观增长核算角度测算 TFP 指数及其增长贡献的努力一直延续。任若恩领导的研究团队沿用了 Jorgenson 和 OCED 的增长核算框架，在资本投入和 TFP 方面做了大量基础性工作。黄勇峰和任若恩等（2002）借鉴了乔根森等资本投入核算的基本做法，充分考虑不同年限资本生产效率等因素，采用永续盘存法对 1985—1995 年中国制造业分行业的资本存量进行估算。孙琳琳和任若恩（2005）在资本投入估算基础上对中国 1981—2002 年的 TFP 变化情况进行测算。孙琳琳和任若恩（2005）的测算结果表明，中国经济增长的首要原因是资本投入，TFP 在改革后并未保持较高增速。肖红叶和郝枫（2005）同样依据 Jorgenson 和 OECD（2001）手册的思路，在充分考虑资本年限、生产能力衰减模式、租赁价格等因素前提下，采用永续盘存法估算资本投入，即"资本服务"。中国社会科学院数量经济与技术经济研究所最新的测算结果表明，1977—2012 年，TFP 年均增长 3.57%，对中国经济增长的平均贡献为 38.3%（蔡跃洲、张钧南，2015）。该测算结果与 APO 的测算结果基本吻合。根据 APO 的测算，1970—2012 年，中国经济年均增长 8.7%，而 TFP 的年均增长率为 3.1%，平均贡献度为 36%。事实上，从改革开放到党的十八大前，中国经济正处于经济起飞阶段。在快速推进工业化过程中，投资无可争议地成为经济增长最重要的驱动因素，而 TFP 对于中国经济增长的贡献同样也是非常突出。

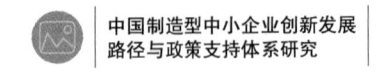

三 研究内容

在增长核算框架下,以余值方式测算出的 TFP 增长率从某种意义上成为一个"黑箱",任何未被观测到的因素都可以被归于 TFP 变化;更多的时候,TFP 增长率还被简单地等同于技术进步。而第三部分微观层面的 TFP 指数分解表明,技术进步(技术变化)和技术效率提升都能有效推动 TFP 增长。另外,从宏观和中观层面来看,结构转换也是促进 TFP 增长的重要途径。

(一)技术进步及其影响因素

经济学意义上的技术进步指的是代表最先进生产技术的生产前沿面整体向外移动,即在技术上实现以同样的投入组合生产出更多的产出,或者以更少的投入获得同样的产出。不同发展阶段的经济体,其面对的生产前沿面是不同的。对于发达经济体来说,它们掌握了全球最先进的技术,对应的是全球性的生产前沿面;而对于发展中国家来说,其对应的可能是一个落后于发达经济体,但在本国范围内最有效率的国内生产前沿面(Hu and Mathews, 2005)。对于每个经济体来说,只要将自身生产前沿面向外推进都是技术进步,并能带来 TFP 增长。

对于已经处于全球技术前沿的发达经济体而言,技术进步只能依靠不断的研发和自主创新;而对于处于追赶或跟跑地位的发展中国家而言,除了自主创新外,还可以借助国外技术转移,通过引进消化吸收再创新的方式提升本国的前沿技术水平。上述途径能否切实推动技术进步受到以下因素的影响。第一,是否有持续充足的 R&D 经费投入,包括基础研究投入和技术开发投入。在 1880 年以前,科学研究和发明创造还被看作发明者"天才的火花"和"灵光闪现"。随着现代工业实验室在德国、美国相继出现,科学研究和技术研发越来越依赖于组织和团队协作。而系统性、有组织的现代科学研究和技术研发模式必须有大量 R&D 经费投入作为保障支撑(Isaksson, 2007; Syverson, 2011)。第二,是否有充足的人力资本积累。无论是自主创新还是模仿创新,最终都需要研发人员去具体实现,需要充足的人力资本积累。人力资本主要体现在研发人员数量和研发人员综合素质,后者包括个体的知识储备、研发经验、创造能力、对新技术的消化吸收能力等。第三,相关体制机制是否适应技术创新的内在要求。一是科研经费分配管理机制能否将有限的公共 R&D 经费配置到最急需的领域；二是收入分配机制能否充分调动研发人员的积极性和能动性；三是国与国之间、企业之间的技术转移扩散通道是否顺畅，是否存在知识产权及其他法律方面的障碍（Bartelsman and Doms，2000；Keller and Yeaple，2003）。

（二）技术效率及其影响因素

生产前沿面代表的是最优技术（或技术上的可行性），现实中只有少数生产活动能够实现技术上的最优，更多生产活动都处于次优甚至远离生产前沿面的状态。如果微观层面的厂商都努力将自己的生产活动向既定最优技术水平（生产前沿面）靠近，同样也能带来宏观上的投入产出效率提升和 TFP 增长，这种情形被称为技术效率的提升。技术效率的提升本质上是在现有技术水平下，通过增加各种资源要素间的协调性，使既有技术水平的潜能得以更大程度释放。从企业微观层面来看，在给定技术前沿情况下，如何通过自身技术效率的提升来实现 TFP 增长，取决于以下因素。第一，企业内部管理组织模式。要素间协调性的增加主要是通过提升生产经营管理来实现的，而管理水平的高低又直接取决于企业自身的管理组织模式和架构。Bloom 和 Van Reenen（2007）的实证表明，企业管理水平对 TFP 增长的影响在统计上表现出很强的显著性，在经济意义上也不可忽略。因此，根据企业自身生产经营流程的特点构建并完善相应的管理组织架构，是提升管理水平和技术效率的前提。第二，企业员工素质。管理流程和规范确定后能否有效实施，最终取决于流程中每个员工，包括管理人员和一线人员。因此，企业员工素质同样是决定其管理水平和技术效率的重要因素。第三，信息通信技术在生产经营中的广泛应用。提高要素间协调性靠的是生产经营各环节信息传递和处理反馈速度的加快。信息通信技术解决的正是信息收集、传递、处理、反馈方面的问题。国内外大量的实证研究也表明，信息通信技术能够提高要素之间的协同性，进而带来 TFP 增长（Bartel，Ichniowski and Kathryn，2007）。第四，企业地理位置和产业配套情况。在产业聚集地区，通常有着良好的通用基础设施及产业共性基础设施，产业链上下游企业配套齐全，从而有利于更好地提高企业内部要素间的协同性（Isaksson，2007）。

（三）结构转换及其影响因素

发展经济学的众多文献表明，长期的结构变化是经济增长的重要因素（Kruger，2008）；其内在机制在于，通过结构转换可以实现中观和宏观层面的技术效率提升。在产业层面，结构转换就是将资源要素更多配置到TFP水平更高的部门，包括传统产业中TFP水平较高的部门和以前沿技术为支撑的新兴产业部门。随着劳动和其他要素资源从农业部门向现代经济活动转移，经济体整体生产率水平将得到提升（McMillan and Rodrik，2011）。基于各国数据的实证研究表明，产业进步效应是生产率水平提高的决定性因素，结构变化的推进速度则成为各国经济发展成败的关键因素，专注提升技术进步最快的产业比重的国家能获得更高的生产率增速（Fagerberg，2000；Peneder，2003；McMillan and Rodrik，2011）。在产业内部，结构变化则表现为不断提高产业内高生产率水平企业的规模和份额；对于那些TFP增长较快的细分产业，存在劳动力比重不断上升的趋势（Ngai and Pissarides，2007）。对于既有产业部门来说，产业之间和产业内部结构转换的实现，取决于企业进入、退出机制的完善，以及要素资源的有效配置（Bartelsman and Doms，2000；Isaksson，2007；Syverson，2011）。具体来说包括以下因素：第一，能否充分发挥市场竞争选择机制。有效的市场选择机制，能够将高生产率企业留下，让低生产率企业退出；从而实现高生产率企业对低生产率企业的替代，提升产业整体生产率水平。要减少企业进入的行政性壁垒，使所有企业在理论上都有公平进入的机会，进而通过充分市场竞争留下真正高生产率企业。第二，行业准入和规制是否适当。过于严格的行业准入和规制，有可能限制市场选择机制的发挥；而过于宽松的准入标准，又容易导致鱼龙混杂，带来大量低效率企业的涌入，既降低整体生产率水平，也浪费社会资源。第三，针对新兴产业的引导培育是否充分有效。新兴产业往往具有完全不同于传统产业的技术、模式和形态，在发展初期不容易被社会所接受。此时，政府的培育和引导至关重要。随着新兴产业的迅速壮大，高生产率部门份额将进一步增加。第四，金融体系成熟程度能否支撑实体经济发展的需要。金融的本职应该是为实体经济融通资金。金融体系能否形成顺畅的传导机制，将社会储蓄（资金）有效配置到那些具有较高技术水平和创新能力的企业，对于结构转换的实现至关重要。需要指出的是，TFP增长意味着同样的投入组合所带来的产出更多；这种界定虽然简单直观，但在经济（学）意义上又可以分为三种不同情形：一是同类产品产出数量的增加；二是生产出同样数量但品质更高的产品；三是具有明显功能改善甚至颠覆的新产品。事实上，在增长核算框架中，数量增加、品质提升、功能改进都会通过价值形态表现为增加值的增长，并通过余值最终反映为TFP的增长。这三种情形大致对应于创新中的"过程创新""渐进式产品创新"和"激进式产品创新"。就当前推进供给侧结构性改革，适应"传统消费体制升级、新兴消费蓬勃兴起"的需求变化趋势，应更多地将企业、产业的技术创新方向引导到后两种情形。因此，无论是推动企业技术进步还是技术效率提升，都应以提升产品质量和品质渐进式创新为主；而推动结构转换，则恰好与后两种情形相契合。

第二节 研究方法

一 自然实验设计

在理论上，市场竞争对全要素生产率增长的影响已经引起学术界的广泛关注（Disney et al., 2003；Foster et al., 2006；Holmes and Schmitz, 2010；Nickeel, 1996）。但是，由于内生性问题的存在，这方面的经验证据还缺乏足够的说服力（Galdon-Sanchez and Schmitz, 2002）。为此，本书设计了一个自然实验，通过市场竞争环境的变化来识别企业集成创新决策对全要素生产率增长的影响。在这个自然实验中，外生冲击来源于2002—2005年一些产业非关税壁垒的变化。在20世纪90年代中后期，为了能够加入世界贸易组织，中国多次大幅度降低关税壁垒。不过，为了保护一些产业，中国并没有取消非关税壁垒。因此，即便关税税率大幅度下降，凭借由进口许可证、进口配额和进口招标产品组成的非关税壁垒，一些产业仍然没有受到严重的进口竞争冲击。2001年，中国正式加入世界贸易组织。在加入世界贸易组织以后，根据中国加入世界贸易组织的协议书，之前在一些产业中存在的非关税壁垒，包括进口许可证、进口配额和进口招标产品，在2002—2005年逐步取消。

随着非关税壁垒的取消，这些产业对国外产品的进入壁垒消失了。在一个发展中经济里，国外产品通常具有技术优势，因此，在非关税壁垒取消以后，这些产业中的本土企业可能受到强烈的竞争冲击（Baumol and Lee,

1991）。用价格成本加成作为市场竞争程度的度量，简泽等（2017）的研究结果表明，在 2001 年，这些产业企业平均的价格成本加成是 0.0218，但是，在 2005 年以后，这些产业平均价格成本加成下降到 −0.2910。这些产业市场势力的大幅度下降表明，非关税壁垒的取消构成了实质性的竞争冲击。于是，它们构成了自然实验的处理组。与这些产业形成鲜明对照的是，在那些没有经历非关税壁垒变化的产业里，2001 年企业平均价格成本加成为 −0.0449；但是，在 2005 年以后，企业平均价格成本加成上升到 0.0241。因而，在这些产业里，企业层面的市场势力呈现加强而不是减弱的趋势。因此，它们构成了自然实验的控制组。

这些事实表明，非关税壁垒的取消为研究提供了一个市场竞争发生明显变化的自然实验环境：一方面，对于企业而言，2002—2005 年一些产业非关税壁垒的取消构成了一个近乎外生的竞争冲击；另一方面，非关税壁垒的取消没有发生在所有的产业中，而是发生在部分产业中。这样，那些经历过非关税壁垒取消的产业构成了实验的处理组。相反，那些没有经历过非关税壁垒取消的产业构成了实验的控制组。

二　数据、变量与测度方法

数据收集来自国家统计局 1998—2007 年的工业企业数据库。不过，对于企业创新行为的分析，只能用 2001 年、2005 年、2006 年和 2007 年的数据。其背后的原因是，中国工业企业数据库只有 2001 年、2005 年、2006 年和 2007 年报告了企业的 R&D 数据。幸运的是，它包含了相关产业非关税壁垒取消之前的一个年份和非关税壁垒取消以后的 3 个年份，因而，适合用来考察非关税壁垒取消引起的竞争冲击对企业创新活动的影响。

基于这个数据库，参照李玉红等（2008）的方法删除数据库中的错误记录，同时借鉴 Brandt 等（2012）的方法统一全部四位数产业的统计口径，并对企业进行编码，确定了截面分析单元。这样，就得到了一个以企业为截面单元、时间跨度在 2001—2007 年的面板数据集。利用这个面板数据集，构造需要的变量。这些变量的描述和构造方法如表 11-1 所示。

表 11-1　　　　　　　　　　　主要变量及其构造方法

变量	描述	构造方法
企业投入产出变量		
L_{sit}	劳动投入	年均就业人数
K_{sit}	资本存量	永续盘存法
$RVadd_{sit}$	增加值	企业实际增加值
企业创新变量		
创新投入	R&D投入密度	R&D投入与产品销售收入比
创新产出	全要素生产率	详参简泽等（2014）
企业特征变量		
$Ownership_{sit}$	所有制	国有资本占实收资本的比重
$Export_{sit}$	出口密度	出口占当年生产总值的比重
Age_{sit}	企业年龄	根据数据库报告的企业成立时间推算
$Scale_{sit}$	企业规模	
产业层面变量		
HHI_{st}	赫芬达尔指数	四位数产业内企业市场份额的平方和
KI_{st}	资本密度	四位数产业层面资本存量与劳动投入的比
RSC_{st}	产业市场化程度	四位数产业层面国有资本占总资本的比例
ERP_{st}	关税有效保护率	详参刘云中、陈辉（2002）
GRD_{st}	需求变化	两位数产业层面销售收入的增长率

第三节　数据分析与结果

一、市场竞争对企业生产规模的影响：平均处理效应

这里观察市场竞争的引入对单个企业生产规模的影响，主要集中在市场竞争的引入对企业投入产出规模的影响上。为此，基于研究设计，构建计量经济模型：

$$y_{st}=\alpha^{t}+\beta_{i}+\lambda_{1}(A\cdot T)+X_{sit}\cdot\theta+\phi\cdot Z_{st}+u_{sit} \qquad (11-8)$$

其中，s 表示产业，i 表示企业，t 表示时间；α_t 是年份固定效应，用来控制非关税壁垒取消之外其他所有事件的发生，比如经济周期性波动可能产生的影响；β_i 是企业固定效应，它用来控制不随时间变化的企业异质性因素的影响；A 是描述外生冲击发生时间的哑变量，它在2005年之后取值为1，在2002年之前取值为0；T 是区分处理组和控制组的哑变量，

如果产业 s 的非关税壁垒在 2002—2005 年被取消，那么 T 取值为 1，否则为 0；$A \cdot T$ 是 A 与 T 的交互作用项；X_{sit} 是由企业层面的控制变量组成的向量；Z_{st} 是由产业层面的控制变量组成的向量；y_st 分别是劳动投入、资本存量和企业增加值。估计结果如表 11-2 所示。

表 11-2　　　市场竞争对企业生产规模的影响：平均处理效应

解释变量	被解释变量		
	劳动方程 $\lg L_{sit}$	资本方程 $\lg K_{sit}$	增加值方程 $\lg RVadd_{sit}$
常数项	6.2828***	3.1832***	3.7444***
$A \cdot T$	0.0076	−0.0061*	−0.0083
$Ownershhip_{sit}$	−0.0254***	0.0591***	0.0437***
$Export_{sit}$	0.0817***	0.0308***	0.0062
$\lg Age_{sit}$	−0.0002	0.0368***	−0.0027
$\lg Scale_{sit}$	0.5029***	0.3327***	0.8515***
HHI_{st}	−0.2458***	−0.1099***	−0.1295***
$\lg KI_{st}$	0.0172***	−0.0439***	0.0464***
RSC_{st}	−0.0402**	0.1599***	−0.0464***
ERP_{st}	−0.0680	−0.0128	−0.1556
GRD_{st}	0.0967***	0.0318***	0.0383***
年份固定效应	包含且联合显著	包含且联合显著	包含且联合显著
企业固定效应	包含且联合显著	包含且联合显著	包含且联合显著
拟合优度	0.8905	0.9420	0.9419
观察值个数	981134	981134	959667

估计结果显示，在所有的回归方程中，拟合优度都在 0.85 以上。同时，统计上显著的控制变量大多具有合理的符号。出乎意料的是，无论是在投入方程中，还是在产出方程中，$A \cdot T$ 的回归系数均在 5% 的显著性水平上无异于零。这意味着，市场竞争的引入对企业层面的投入产出规模没有明显的影响。因此，在微观层面上，市场竞争没有表现出明显的增长效应。不过，这些结果的背后可能存在两种不同的情形：第一种情形，市场竞争的引入对产业内的所有企业产生了相同的影响，因此，这些平均处理效应的估计结果比较好地代表了市场竞争的引入对企业生产规模的影响；第二种情形，市场竞争的引入对同一产业内生产率水平不同的企业产生了不同的影响，因此，平均处理效应的估计结果仅仅代表了市场竞争对同一产业

内不同企业不同影响的简单加总。因此，只有将企业异质性考虑进来，才能准确地观察市场竞争的引入对企业生产规模的影响。

二　市场竞争对企业生产规模的影响：企业间的差异

这里观察市场竞争的引入对不同生产率水平的企业所产生的不同影响，本书的研究和分析主要集中在市场竞争的引入对企业投入产出规模的影响上。为此，基于研究设计，构建计量经济模型：

$$y_{st}=\alpha_t+\beta_i+\lambda_1\,(A\cdot T)+\lambda_1\,(A\cdot T\cdot TFP_{sit})+X_{sit}\cdot\theta+\phi\cdot Z_{st}+u_{sit} \quad (11\text{-}9)$$

与式（11-8）不同的是，式（11-9）引入了 A、T 和 TFP_{sit} 的交互作用项，度量了市场竞争的引入对不同生产率水平的企业所产生的不同影响。估计结果如表 11-3 所示。

表 11-3　市场竞争对企业投入产出规模的影响：企业间的差异

解释变量	被解释变量		
	劳动方程 $\lg L_{sit}$	资本方程 $\lg K_{sit}$	增加值方程 $\lg RVadd_{sit}$
常数项	602602***	3.1638***	3.7396***
$A\cdot T$	−3.2021***	−0.3563***	0.3403***
$A\cdot T\cdot TFP_{sit}$	0.4527***	0.0495***	−0.0492***
$Ownershhip_{sit}$	−0.0054	0.0618***	0.0418***
$Export_{sit}$	0.0719***	0.0284***	0.0066
$\lg Age_{sit}$	0.0035	0.0371***	−0.031
$\lg Scale_{sit}$	0.4919***	0.3354***	0.8541***
HHI_{st}	−0.2190***	−0.1176***	−0.1338***
$\lg KI_{st}$	0.0344***	−0.0423***	0.0444***
RSC_{st}	−0.0451***	0.1574***	−0.0454***
ERP_{st}	−1.0277***	−0.1587	−0.0558
GRD_{st}	0.0834***	0.0286***	0.0397***
年份固定效应	包含且联合显著	包含且联合显著	包含且联合显著
企业固定效应	包含且联合显著	包含且联合显著	包含且联合显著
拟合优度	0.8985	0.9434	0.9420
观察值个数	960040	960040	959667

注：***代表在 $p<0.01$ 水平上显著。

研究发现，在增加值方程中，$A \cdot T$ 的回归系数大于零，$A \cdot T \cdot TFP_{sit}$ 的回归系数小于零，并且，都在 1% 的水平上显著。这意味着，市场竞争的引入显著地压缩了低效率企业的生产规模，同时，扩大了高效率企业的生产规模。进一步还发现，在劳动方程中，$A \cdot T$ 的回归系数在 1% 的显著性水平上小于零，而 $A \cdot T \cdot TFP_{sit}$ 的回归系数在 1% 的显著性水平上大于零；在资本方程中，$A \cdot T$ 的回归系数在 1% 的显著性水平上小于零，而 $A \cdot T \cdot TFP_{sit}$ 的回归系数在 1% 的显著性水平上大于零。这意味着，面对市场竞争的冲击，生产率水平不同的企业做出了不同的反应：低效率企业倾向于通过削减劳动雇佣量来应对竞争冲击，而高效率企业倾向于削减固定资本存量，从而更好地利用中国经济的比较优势。

三 市场竞争的资源再配置效应

最后，本书考察市场竞争对资源再配置的影响。这种影响可能表现在两个方面：一是低效率企业的退出；二是市场份额的再配置。

首先，分析市场竞争对企业退出的影响。其基本假说是，市场竞争的引入会导致低效率企业的退出，从而激发一个优胜劣汰的市场选择过程。在前面给出的式（11-9）的框架下，研究考察了市场竞争的引入对企业退出的影响。这里将中国工业企业数据库中曾经出现但从某一年份开始不再出现的企业定义为退出企业 $Exit_{sit}$。如果企业在某一年份退出，那么，$Exit_{sit}$ 取值为 1；否则，取值为 0。估计结果如表 11-4 所示。

表 11-4　　市场竞争与企业的退出

解释变量	被解释变量（$Exit_{sit}$）		
	1	2	3
常数项	0.0547***	−0.0018	0.2704***
$A \cdot T$	0.2042***	0.2004***	0.1748***
$A \cdot T \cdot TFP_{sit}$	−0.0214***	−0.0223***	−0.0261***
$Ownershhip_{sit}$		−0.0506***	0.0062**
$Export_{sit}$		0.0004	−0.0035***
$\lg Age_{sit}$		0.0533***	0.0113***
$\lg Scale_{sit}$		−0.0089***	−0.0359***

续表

解释变量	被解释变量（$Exit_{sit}$）		
	1	2	3
HHI_{st}			0.0777***
$\lg KI_{st}$			0.0015
RSC_{st}			−0.0405***
ERP_{st}			−0.0285
GRD_{st}			−0.0066*
年份固定效应	包含且联合显著	包含且联合显著	包含且联合显著
企业固定效应	包含联合显著	包含且联合显著	包含且联合显著
拟合优度	0.6133	0.6210	0.6464
观察值个数	1383427	1330889	960040

注：***代表$p<0.01$水平显著。

在第1列中，分析发现，在1%的显著性水平上，$A \cdot T$的回归系数大于零，$A \cdot T \cdot TFP_{sit}$的回归系数小于零。这意味着，在市场竞争机制的作用下，低效率企业退出市场的概率上升了，高效率企业退出市场的概率下降了。进一步，在第2列中，引入了企业层面的控制变量。分析发现，在引入企业层面的控制变量以后，$A \cdot T$和$A \cdot T \cdot TFP_{sit}$的符号和统计显著性没有发生实质性的变化。在第3列中，进一步引入了产业层面的控制变量。分析发现，在控制主要的企业特征和产业特征以后，$A \cdot T$和$A \cdot T \cdot TFP_{sit}$的符号和统计显著性仍然没有发生实质性的变化。这意味着，从第1列中观察到的结果具有统计上的稳健性。

其次，本书考察了引入市场竞争对跨企业份额重新配置影响，估计结果如表11-5所示。

表11-5　　　　　　　市场竞争与市场份额的重新配置

解释变量	被解释变量（$Market\ Share_{sit}$）		
	1	2	3
常数项	0.2131***	−0.1644***	0.6325***
$A \cdot T$	−0.3355***	−0.2805***	−0.3348
$A \cdot T \cdot TFP_{sit}$	0.0418***	0.0327***	0.0430***

续表

解释变量	被解释变量（$Market\ Share_{sit}$）		
	1	2	3
$Ownershhip_{sit}$		0.0411***	−0.0155
$Export_{sit}$		−0.0009	−0.0218***
$\lg Age_{sit}$		−0.0323***	−0.0075***
$\lg Scale_{sit}$		0.0860***	0.1115***
HHI_{st}			8.7990***
$\lg KI_{st}$			−0.2587***
RSC_{st}			−0.0035
ERP_{st}			−1.1051*
GRD_{st}			−0.1640***
年份固定效应	包含且联合显著	包含且联合显著	包含且联合显著
企业固定效应	包含且联合显著	包含且联合显著	包含且联合显著
拟合优度	0.7342	0.7377	0.7825
观察值个数	1383427	1330889	960040

第1列显示，$A·T$ 的回归系数小于零，$A·T·TFP_{sit}$ 的回归系数大于零，并且都在1%的水平上显著。这意味着，在市场竞争的冲击下，低效率企业的市场份额下降了，高效率企业的市场份额上升了。在第2列中，引入包括企业所有制、出口密度、企业年龄和企业规模在内的企业层面的四个控制变量。研究发现，在控制这些企业特征后，$A·T$ 和 $A·T·TFP_{sit}$ 的符号和统计显著性没有发生实质性的变化。在第3列中，进一步引入产业层面的五个控制变量。研究发现，在控制企业特征和产业特征后，$A·T$ 和 $A·T·TFP_{sit}$ 的符号和统计显著性仍然没有发生实质性变化。因此，市场竞争显著推动了市场份额从低效率企业向高效率企业转移。

四　资源再配置的增长与生产率效应

既然市场竞争激发了以低效率企业的退出、收缩和高效率企业的扩张为基础的"创造性破坏"的企业更替和产业重组过程，那么，这个重组过程可能对产业层面的生产规模和全要素生产率产生重要的影响。因此，研究侧重考察市场竞争对加总的产业层面上经济增长的影响。具体而言，主要集中在两个方面：一是产业层面投入和产出规模的增长；二是产业层面生产效率的改善。

为此，本书基于研究设计，构建产业层面的计量经济模型：

$$y_{st}=\alpha_t+\beta_s+\lambda(A \cdot T)+\phi \cdot Z_{st}+v_{st} \tag{11-10}$$

估计结果如表 11-6 所示。

表 11-6　　　　　　　　市场竞争在产业层面的规模增长效应

解释变量	被解释变量		
	劳动方程 $\lg L_{sit}$	资本方程 $\lg K_{sit}$	增加值方程 $\lg RVadd_{sit}$
常数项	11.8968***	11.8968***	14.4907***
$A \cdot T$	−0.0236	−0.0236	−0.0021
HHI_{st}	−2.2115***	−2.2115***	−0.9613
$\lg KI_{st}$	−0.1234***	0.8766***	0.2953***
RSC_{st}	0.4315***	0.4315***	−0.0738
GRD_{st}	0.0074***	0.0074***	0.0143***
$\lg Export_{sit}$	−0.0058	−0.0058	0.0083
年份固定效应	包含且联合显著	包含且联合显著	包含且联合显著
企业固定效应	包含且联合显著	包含且联合显著	包含且联合显著
拟合优度	0.9660	0.9746	0.9650
观察值个数	2074	2074	2074

估计结果表明，在劳动、资本和产出方程中，所有统计上显著的控制变量都具有合理的符号。重要的是，在这些回归方程中，$A \cdot T$ 回归系数的估计量在 5% 的水平上都不具有统计上的显著性。这意味着，无论是从投入还是产出上看，市场竞争推动的产业重组对于产出规模的增长没有明显影响。

本书进一步考察了市场竞争激发的产业重组对四位数产业层面全要素生产率的影响。通过把产业加总的总量全要素生产率 $TTFP$ 定义为按市场份额 s_{it} 加权的产业内企业全要素生产率的加权平均，即 $TTFP_t = \sum (s_{it} \cdot TFP_{it}) = \overline{TFP_{it}} + \sum (s_{it} - \overline{s_{it}}) \cdot (TFP_{it} - \overline{TFP_{it}})$。其中，$\overline{TFP_{it}}$ 是各个企

业全要素生产率的简单平均，写作 $ATFP$；$\sum (s_{it} - \overline{s_{it}}) \cdot (TFP_{it} - \overline{TFP_{it}})$ 描述了市场份额与生产率的协同变化情况，是生产份额跨企业的配置效率，写作 $ETFP$。估计结果如表 11-7 所示。

表 11-7　　　　产业重组对产业层面的影响效应

解释变量	被解释变量		
	$\lg ATFP_{st}$	$\lg ETFP_{st}$	$\lg TTFP_{st}$
常数项	6.2969***	0.0419	6.3389***
$A \cdot T$	0.0125	0.0754**	0.0878**
HHI_{st}	0.0025	3.5544***	3.5570***
$\lg KI_{st}$	0.1326***	0.2804***	0.4130***
RSC_{st}	−0.3361***	0.0471	−0.2891***
GRD_{st}	0.0027**	0.0057***	0.0084***
$\lg Export_{sit}$	0.0089	−0.0047	0.0042
年份固定效应	包含且联合显著	包含且联合显著	包含且联合显著
企业固定效应	包含且联合显著	包含且联合显著	包含且联合显著
拟合优度	0.9739	0.8526	0.9534
观察值个数	2074	2074	2074

注：**代表在 $p<0.01$ 水平上显著；***代表在 $p>0.01$ 水平上显著。

研究发现，在产业层面简单平均的全要素生产率方程中，$A \cdot T$ 回归系数的估计量大于零，但是，在 5% 的水平上不具有统计上的显著性。重要的是，在跨企业的资源配置效率方程中，在 5% 的水平上，$A \cdot T$ 的回归系数大于零。这意味着，通过推动低效率企业的退出和高效率企业的扩张，市场竞争激发的企业更替和产业重组导致了跨企业资源配置效率的改善。最后还发现，在产业加总的全要素生产率方程中，在 5% 的显著性水平上，$A \cdot T$ 回归系数的估计量大于零。这意味着，虽然市场竞争没有产生规模上的增长效应，但是，通过激发产业层面的重组和跨企业资源配置效率的改善，市场竞争推动了产业层面总量全要素生产率的增长。

第四节 研究结论与讨论

一 研究结论

传统上，经济增长是一个宏观问题。然而，当前中国经济增长遇到的问题和障碍，尤其是全要素生产增长率的减速，很可能与微观层面低效率的产业组织存在密切关联。研究考察了市场竞争对产业重组和全要素生产增长率的影响。基于一个自然实验，得到了两个方面的主要结果：一方面，市场竞争的引入激发了一个以低效率企业的收缩和高效率企业的扩张为核心的"创造性破坏"的企业更替和产业重组过程。在这个过程中，经济资源逐渐从低效率企业向高效率企业集中，进而推动了跨企业资源配置效率的改善和总量层面全要素生产率的增长。另一方面，市场竞争推动的产业重组和生产集中并没有阻碍微观层面企业的技术创新和全要素生产率的增长。相反，市场竞争推动的产业重组不仅推动了企业层面的技术创新和全要素生产率的增长，而且最大限度地推动了创新效率较高的大企业的技术创新和全要素生产率的增长，从而，为企业层面的技术创新和全要素生产率的增长创造了更好的条件。

这些结果表明，随着经济资源在不同产业之间重新配置的余地缩小，制造型中小企业受制于研发经费和企业规模，应该更多地转向以跨企业的资源再配置为核心，以同业内的产业重组为抓手的非研发型集成创新路径。这种以资源再配置为关键的创新方式不仅能够推动资源配置效率的改善，而且能够促进企业层面的技术创新和全要素生产率的增长，进而推动中国经济从投资驱动的粗放型增长模式向全要素生产率支撑型模式转型。

在过去 30 多年里，中国政府一直致力于改善产业组织，比如通过组建大型国有企业集团来推动产业重组，以促进经济资源向高效率企业集中。同时，中国政府也利用各种各样的政策措施解决重复建设和产能过剩问题。不过，基于日本和韩国经验，依靠行政手段而不是市场方法往往把自然的产业组织演进变成人为干预的过程，因此，这些努力没有达到预期的效果。

要想帮助中国经济发展步入新常态，扭转粗放、重复、过剩的工业生产局面,必须转变政府主导的工业发展模式,必须有效利用市场竞争和建设创新机制,必须发挥制造型中小企业的创新活力,必须重视中小企业的固有属性,提升中小企业非研发创新意识,鼓励中小企业走集成创新之路,提升全要素生产增长率。具体而言,在一个转轨经济中,制造型中小企业可能面临两个方面的竞争冲击:一是内部市场化改革产生的竞争冲击——地方保护主义、进入壁垒、行政垄断、违法损害市场主体利益等不利于建设全国统一市场和公平竞争的现象普遍存在;二是对外开放带来的竞争压力——对于一个发展中经济而言,贸易自由化,特别是进口自由化,可能给本土企业带来巨大的外部竞争压力,尤其是在渐进式改革的过程中,各种各样的地方保护主义、金融市场发展的滞后和复杂多样的政府干预造成了国内市场竞争的严重扭曲。在这个背景下,外部自由化能够在很大程度上矫正国内市场竞争的扭曲,起着不可替代的作用。

内部市场化和外部自由化的有机结合能够把更多的企业纳入市场竞争机制,创造更完整、更全面的竞争,进而鼓励创新要素充分流动,创新资源充分融合。建立在更完整、更全面的竞争基础上的创造性破坏的市场选择机制将促进制造型中小企业不断尝试、提炼和萃取集成创新组合,进而推动增长模式向全要素生产率支撑的方向转型。

根据前述三大途径及其影响因素分析,全面提升全要素生产率,涉及宏观、中观、微观不同层面的体制机制,与企业、政府、研究机构、科研人员、企业员工等各类主体都有着密切关联,是一项复杂的系统工程。不过从国家和政府角度来看,推动宏观全要素生产率提升可以从"加快科技创新步伐""助力企业提质增效""引导产业结构转换"三方面采取相应的政策和措施。

二 对策建议

(一)加快科技创新步伐,加速创新要素集成

第一,建立起全社会 R&D 支出持续增长的长效机制。要实现全社会范围内 R&D 支出的持续增长,既要统筹好公共财政支出,保障公共研发经费的持续增长;更要充分运用好财税政策,引导和激励企业加大 R&D 投入。一是深化科研经费管理体制改革,完善公共科研经费投放机制,推行第三方评估机制,切实提高公共科研经费的配置效率。二是改革现行财

政科研资金资助模式，逐步试点推行后激励机制，根据最终成果对科研单位和人员给予补偿和激励。三是实施普惠性税收优惠政策，鼓励引导企业加大 R&D 投入，逐步扩大享受优惠企业范围，并针对中小科技型企业定向提高加计扣除比例。

第二，综合运用财税政策，强化人力资本积累。中国是人力资源大国，但还不是人力资源强国，表现为：顶尖高端科技人才相对不足，制约了对国际前沿技术的消化吸收和对国内技术前沿的推进；高水平的技能性人才相对不足，制约了现有前沿技术在工程和应用上的有效实现；具有企业家才能的人力资本也是创新驱动中的稀缺资源，而这恰恰是将前沿技术转化为最终生产力的关键。强化人力资本积累要从三个方面入手：一是充分发挥中国人力资本的存量优势，有针对性地吸引培育重点领域高端科技研发人才。二是有计划地开展大规模技能人才培训。三是为具有企业家精神的人才脱颖而出创造良好的外部环境。

第三，纠正收入分配扭曲，增加企业及研发人员科技创新激励，实现多种生产要素集成、创新、再分配的新机制。目前，中国的收入分配机制对科技创新有着非常明显的逆向调节作用。突出表现为社会财富过多地向房地产、金融投机等缺乏技术含量甚至不创造真实社会价值的部门倾斜。必须从纠正收入分配扭曲入手完善微观机制，确保在物质层面不断增加从事科技创新活动的报酬和激励。一是深入推进收入分配体制改革，逐步消除凭借行政权力和行政性垄断地位获取超额回报的逆淘汰现象；二是对尖端人才、科研人员和高级技能性人才给予个人所得税方面的减免和优惠；三是鼓励企业内部分配向创新和研发科技人员及技能人才倾斜，在执行研发费用加计扣除时可以考虑将研发人员工资列入扣除范围；四是利用好税收杠杆，对各种投机性收益进行调节。

第四，促进技术转移和技术扩散。一是建立符合 WTO 规则和义务要求的知识产权保护制度，为跨国公司技术转移创造较好的制度环境；二是探索合理的保护尺度，既要切实维护知识产权方获取高额回报、弥补创新风险的权益，也要特别注意过度保护可能对技术扩散带来的阻碍；三是深化高校院所科研管理改革，完善高校院所应用性研究与企业需求有效对接的机制，探索新型官产学研联盟模式；四是提高科技公共服务水平，围绕产业共性技术开发，建立开放式共性技术研究院或公共实验室，为共性技

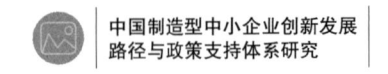

术开发、转移、扩散提供平台。

(二)助力企业提质增效,建设优质创新资源

第一,完善公共基础设施建设,为企业生产经营提供更多便利。能源、交通(铁路、机场、城铁)、通信、物流、环保、城市地下管网等公共基础设施建设是企业赖以运行的外部硬件环境;实证研究表明,健全的公共基础设施网络体系,有助于提升企业运行效率(技术效率)。当前,应抓紧老龄化初期宏观储蓄率仍保持较高水平、全社会资金供给尚属充裕的时间窗口,构建起足以支撑未来企业高效运行的公共基础设施网络体系。在合理定位城市功能、区域功能基础上,制定涵盖交通运输、能源电力、市政建设、邮电通信等领域的基础设施项目建设综合规划。加强工程质量监理和项目审计监督,着力提高工程质量,尽最大可能地减少"豆腐渣"工程、"烂尾"工程带来的社会资源浪费。

第二,提高信息通信技术的渗透率,推进优质创新要素的集成和交换。在生产过程中,技术效率很大程度上受制于不同要素之间的协同性;要素之间的协同障碍则源于信息收集、传递及反馈上存在的时滞和不对称。现代信息通信技术,特别是以移动互联、大数据、云计算等为主要特征的新一代信息通信技术,对信息收集、交换、处理带来革命性变化。与此同时,信息通信技术属于通用目的技术,具有高渗透性特点,能够与几乎所有的既有产业和生产过程相结合。因此,利用信息通信技术对既有产业进行升级改造,加快提升信息通信技术的渗透率,是提升各行业技术效率,提高TFP增速的重要途径。为此,一方面应继续推进工业化、信息化两化融合,针对传统企业信息化改造出台普惠性的财税扶持政策;另一方面要本着简政放权、开放包容的原则,支持基于IT技术而形成的各种新事物、新模式和新业态。

第三,发挥区域要素禀赋,统筹规划产业布局,推动产业融通集聚。着眼于各地资源禀赋,发展壮大其优势产业、实现产业集聚,既能够减少要素资源跨区域流动的物流成本,又能够通过集聚效应实现规模经济及范围经济,最终带来区域范围内TFP水平的整体提升。为此,应加强产业布局方面的实地调研和顶层设计;基于调研情况和总体设计,本着统筹布局、错位发展和优势互补的原则对各地产业发展布局给出指导性意见。此外,在国家重大项目立项、共性研发平台及公共实验室等公共科研基础设施建设方面，也应充分考虑各地产业优势来进行布局，引导各地社会资源向其优势产业集聚。

第四，着力提高人口劳动力素质。加大教育、医疗卫生、文化体育等方面的财政投入，在加快推进这些领域基本公共服务均等化的基础上，不断改善公共服务水平，全方位提升人口劳动力素质。一是着力构建完善职业教育体系，为职业培训、继续教育创造条件，建设学习型社会，提高人口劳动力的知识技能素质；二是深化医疗卫生体制改革，在医疗保障和救助范围广覆盖基础上，提高全民卫生健康状况和身体素质；三是加强公共基础设施建设，鼓励支持各种健康的群众性文体活动，提升社会成员的人文素养，为集成创新奠定人才基础。

（三）引导产业结构转换，建设创新要素市场

要顺应人均 GDP 进入中高收入阶段后消费需求提质升级的变化趋势，引导企业和产业朝着提高产品质量、创新产品并创造新消费需求的方向发展，进而带动产业结构的优化升级。

第一，充分发挥市场优胜劣汰机制，保障企业整体效率水平稳步提升。要切实发挥好市场选择机制，必须逐步消除各种市场扭曲。一是消除市场分割。各级政府应摒弃地方保护主义理念，致力于建立全国统一的大市场，使要素产品能够自由流动，创造充分竞争的市场环境。二是纠正要素资源定价扭曲。要推动构建要素价格市场化形成机制，通过理顺价格扭曲提高要素资源整体配置效率。三是完善生态补偿机制和环境税收体系，推动生态环境成本显性化，使真正有竞争力的企业能够脱颖而出。四是深化金融体制改革，减少资金配置中的各种壁垒和障碍，打通金融服务实体经济的通道，使资金要素能够更多地配置到 TFP 水平较高的中小科技型企业。

第二，推动产业结构升级。一方面，要扶助企业不断向产业链高端环节跃迁，依托产业技术联盟，统筹规划协调，有重点、有步骤地突破核心和关键技术，培育行业龙头企业，并带动上下游企业共同提升产业价值链。另一方面，要把握好新一轮科技革命和产业变革的重大历史机遇，加快新兴产业发展，创造新兴消费，不断提高新兴产业在国民经济中的结构比重，引导要素资源向新兴产业领域集聚，实现产业结构转换过程中提升宏观经济 TFP 水平。

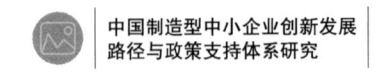

第三，宽严相济，优化现行监管规制。一方面，要运用行业标准和环境标准等手段加强监管规制，提高特定行业的准入门槛，从而引导社会资源向具有更高技术水平、产品质量、环保标准的企业聚集；另一方面，主动适应新技术、新业态、新模式要求，提高行业监管规制弹性，为新兴产业发展预留更多空间，尽量减少滞后监管规则带来的阻碍。

第十二章　专利合作网络与制造型中小企业整合创新

在开放式创新和网络化生存的今天，整合创新对于中小企业高质量发展至关重要。而制造型中小企业提升整合创新绩效的重要举措是在专利激增背景下构建和运用专利合作网络。运用专利合作网络提升制造型中小企业整合创新绩效具有积极的理论和现实意义。

第一节　研究背景

在整合创新和网络化生存的今天，制造型中小企业拥有专利的数量和质量成为其生存和发展的关键。大量的制造型中小企业为了提升创新能力和获取创新资源，企业之间通过相互合作申请专利、转让专利、购买专利或许可专利技术等形成专利合作网络来提升企业竞争力。

一　专利合作网络与中小企业整合创新

专利合作网络不同于广义上的共同承担风险并享受收益的合作创新模式，其本质是基于社会网络嵌入的知识流转和资源整合的交互创新过程（王黎萤、王佳敏、李建成、虞微佳，2016）。尤其是在专利激增的背景下如何构建适应企业成长的专利合作网络，培养何种关键能力更好地发掘和利用专利合作网络资源，如何动态调整专利合作网络的演化来突破企业成长"瓶颈"，这些都是运用专利合作网络促进制造型中小企业整合创新研究中亟待解决的关键问题（王黎萤、池仁勇，2015）。制造型中小企业创新绩效提升面临着两大问题：一是专利合作广度过高而深度过低将导致企业管理资源配置分散、对外部技术的过度依赖；二是专利合作广度过低而

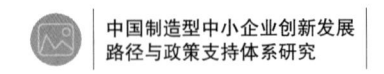

深度过高将使企业仍局限在已有的创新范式下，无法从根本上实现专利合作的网络优势。企业只有通过建立起强有力的知识转移网络才能极大改善自身创新能力，突破发展路径锁定（詹爱岚、王黎萤，2017）。

二 研究文献述评

（一）专利合作网络的形成机理

专利合作网络主要包括技术的转移和联盟、知识产权制度和政策、专利合作网络的演化等，涉及企业与企业、企业与高校、企业与科研院等。因此本书将专利合作网络界定为企业在研发合作、产学研合作、技术转移过程中通过合作申请专利、购买专利、转让或交叉许可专利而形成的多维度的复杂网络。专利合作网络主要依据地理接近性、技术接近性和社会接近性进行区分和建构（见表12-1）。

表12-1　专利合作网络的构成分类

指标分类	指标差异	构成分类	参考文献
地理接近性	地域差异	跨国专利合作网络 区域专利合作网络 企业间专利合作网络	Lei、Xiao-Ping 等（2013）；Paier 等（2011）；Fornahl 等（2011）；向希尧、蔡虹、裴云龙（2010）；刘晓燕、阮平南（2013）；叶春霞、余翔、李卫（2013）；Von P.等（2014）
技术接近性	技术合作方式差异	专利合作申请网络 专利技术转移网络	Beaudry 等（2011）；Murphy 等（2013）；温芳芳（2013）；张华、郎淳刚（2013）；司尚奇（2010）；Cassi 等（2014）；Wang 等（2014）等
	技术运用方式差异	专利联盟 专利池	Phelps C. C.（2010）；Pekhool Soh（2010）；王飞绒、池仁勇（2011）；宋志红、李常洪、李冬梅（2013）等
社会接近性	合作对象差异	产学研专利合作网络 科研项目合作网络 发明人合作网络	Arza 等（2011）；Bertrand-Cloodt 等（2011）；Wilhemsson 等（2008）；栾春娟、王续琨、侯海燕（2008）；马艳艳、刘凤朝、孙玉涛（2011）；刘凤朝、刘靓、马荣康（2013）等

对专利合作网络影响因素的研究较多从地理接近性探究不同专利合作主体间网络整体布局，如 He（2009）等、周磊等对专利合作网络的特征和地理特征进行研究，发现地理拓扑学特征对网络形成起决定性作用，但现有研究忽略了三种接近性内在联系及其相互作用的影响，有些研究通过区分合作主体的合作目的、主体间合作的广度和深度，探索影响制造型中小企业专利合作网络构建的关键因素及作用差异（王黎萤、张迪，2019）。

（二）专利合作网络影响企业创新绩效的研究述评

持有资源观（Resource Based View）的学者认为，专利合作有利于整合异质资源，对创新绩效的增长具有正向作用。如Ozbugday等（2012）对1993—2007年的荷兰制造业影响产业创新的因素调查显示，公司之间专利合作申请的增加对产业创新绩效的增长具有显著的作用。但是资源观学者较多关注静态专利合作网络对创新绩效的作用，忽视了专利合作网络动态演化特征对创新绩效带来的影响。持有演化观（Evolutionary View）的学者指出，专利合作对创新绩效的影响呈现倒"U"形，那些合作过密或缺乏合作的网络比具有平均合作强度的网络的创新绩效要低，甚至重复合作会对创新绩效产生负面影响（Beaudry and Schiffauerova，2011）。虽然演化观学者关注了动态专利合作网络对创新绩效的影响，却没有揭示专利合作网络演化影响创新绩效的内在过程机制。持有能力观（Ability View）的学者强调只有将企业能力与外部网络资源互动整合，才能真正促进企业创新发展。张华、郎淳刚（2013）对发明者合作网络的理论研究指出，不同的自我监控水平在网络构建与网络机会利用方面的差异将导致其发展出不同的知识创新。能力观学者突出了专利合作网络对创新绩效的间接影响，指出只有动态考察嵌入网络多样性和企业行为的交互作用，才能较为全面地理解专利合作网络对企业创新发展的影响机制（王黎萤、池仁勇，2015）。

三 研究内容

研究以生物医药和ICT产业中的制造型中小企业为研究对象，研究目标主要有三个：一是研究制造型中小企业专利合作网络的模式和特征；二是研究不同模式的专利合作网络对企业创新绩效的影响；三是探析制造型中小企业专利合作网络的演化规律。

（一）专利合作网络的模式构建与形成机理

研究基于专利合作的广度和深度对专利合作网络进行二元结构分类及网络模式构建，探究和分析不同模式专利合作网络的特征及形成机理。首先，区分和构建专利合作网络的模式。理论上借鉴Corsaro等（2012）的研究，从自我中心网络和企业行为与能力互动视角，将制造型中小企业专利合作网络划分为"探索型"和"利用型"不同模式。将通过增强专利合作广度构建具有高异质性网络资源，目的是获得更广泛的新的外部知识资

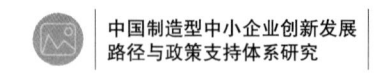

源的网络定义为"探索型专利合作网络";将通过增强专利合作深度构建具有低异质性网络资源,目的是利用更紧密合作关系对已有外部知识资源进行更深层次运用的网络定义为"利用型专利合作网络"。

(二) 不同模式专利合作网络动态演化对中小企业创新绩效的影响

本书试图考察不同模式专利合作网络动态演化对企业创新绩效的影响是否存在曲线效应及其作用差异。首先,本书依据企业成长阶段划分时间节点,获取不同时间节点的制造型中小企业的创新绩效数据,构建中小企业动态成长数据库。其次,分别选取特定时间节点不同模式制造型中小企业专利合作网络的结构数据与该时段对应的中小企业创新绩效进行匹配,在文献分析及质性研究构念阐析的基础上,构建企业创新绩效与专利合作网络结构指标之间的回归模型,运用统计分析工具重点考察网络特征的二次项系数的显著性及其正负效应,初步验证不同模式专利合作网络对企业创新绩效的影响是否存在曲线效应,并分析不同模式专利合作网络对企业创新绩效的影响是否存在差异。最后,本书进一步考察所有时间节点的不同模式专利合作网络的结构数据动态影响企业创新绩效的曲线效应,分析不同模式专利合作网络动态演化影响企业创新绩效的作用差异及演化路径。

第二节 相关理论及假设

一 制造型中小企业专利合作网络模式的构建

本书从自我中心网络和企业行为与能力互动视角,基于广度将制造型中小企业专利合作网络分成"探索型"和"利用型"两种网络类型,再基于深度将网络分成"强探索型""强利用型""弱探索型""弱利用型"四种模式(见图12-1)。将通过增强专利合作广度构建具有高异质性网络资源,目的是获得更广泛的新的外部知识资源的网络,并且与已有专利合作企业有较高的合作频次,这种网络定义为"强探索型专利合作网络",与已有专利合作企业的合作频次相对较低的网络定义为"弱探索型专利合作网络";将通过增强专利合作深度构建具有低异质性网络资源,目的是利用更紧密合作关系对已有外部知识资源进行更深层次运用,并且与已有专利合作企业有较高的合作频次，这种网络定义为"强利用型专利合作网络"，与已有专利合作企业的合作频次相对较低的网络定义为"弱利用型专利合作网络"，并探究和分析四种模式的专利合作网络结构特征。

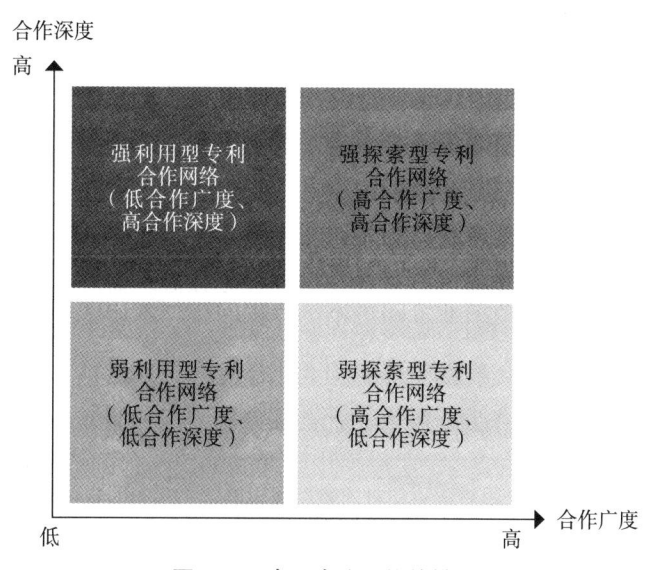

图12-1　专利合作网络的模式

二　制造型中小企业专利合作网络整合创新的影响因素

（一）地理接近性与整合创新

地理接近性是两个合作的专利权人在地理空间上分布的千米距离和接近程度。Games Casseres（2006）等对美国1975—1999年的7000对引用与被引用企业的知识溢出效应进行研究，发现企业间地理越接近时，知识溢出效应也就越明显，地理空间接近的企业间会迸发更强的合作创新倾向，由此提出以下假设：

H1a：地理接近性有助于提高强探索型专利合作网络矩阵中制造型中小企业之间的专利合作创新程度，地理越接近的合作创新主体间，强探索型专利合作越活跃。

H1b：地理接近性有助于提高强利用型专利合作网络矩阵中制造型中小企业之间的专利合作创新程度，地理越接近的合作创新主体间，强利用型专利合作越活跃。

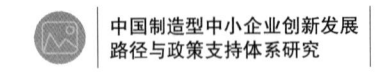

（二）社会接近性与整合创新

在社会交往中，社会关系密切的个体之间容易建立相互的信任，合作主体可以在相互高度信任的基础上进行知识交换和技术合作，从而形成彼此共有的技术语言或理解能力，是影响企业间专利合作的重要因素（Sorenson O. and Singh J. Science，2007）。Stemitzke（2015）等对光电子产业专利的专利权人构建了专利合作网络图，测算出相应的网络指标，研究显示，社会距离越接近的专利权人更加有利于对创新资源的获取。由此提出以下假设：

H2a：社会接近性有助于提高强探索型专利合作网络矩阵中制造型中小企业之间的专利合作创新程度，社会关系越接近的合作创新主体间，强探索型合作越活跃。

H2b：社会接近性有助于提高强利用型专利合作网络矩阵中制造型中小企业之间的专利合作创新程度，社会关系越接近的合作创新主体间，强利用型合作越活跃。

（三）技术接近性与整合创新

技术接近性是由企业自身属性所决定的，是影响企业间专利合作的内在条件。Boschma（2005）分别测量了5种接近性对企业获取新知识的影响作用，其中发现认知的接近性起到重要的作用，企业对彼此知识的消化吸收需要建立在企业之间有足够接近的知识基础，能够理解彼此的知识（Mancusi M. L.，2008）。由此提出以下假设：

H3a：技术接近性有助于提高强探索型专利合作网络矩阵中制造型中小企业之间的专利合作创新程度，技术越接近的合作创新主体间，强探索型合作越活跃。

H3b：技术接近性有助于提高强利用型专利合作网络矩阵中制造型中小企业之间的专利合作创新程度，技术越接近的合作创新主体间，强利用型合作越活跃。

三 制造型中小企业专利合作网络影响企业整合创新绩效理论架构

（一）专利合作网络直接影响企业整合创新绩效的假设提出

专利合作网络是企业获取外部资源进行创新的关键，而不同网络模式网络特征迥异，附着于专利合作网络的信息、资源各不相同，这决定专利合作网络对企业整合创新绩效具有重要影响。Bae 和 Chang（2012）分析韩国的开放式创新和封闭式创新，认为获得外部技术和知识对创新绩效具有积极的影响。何文兵（2014）认为，网络规划能力、网络配置能力、网络运作能力及网络占位能力等网络能力均对企业创新绩效有显著正向作用。由此提出以下假设：

H4：紧密型专利合作网络正向影响企业创新绩效。

H5：利用型专利合作网络正向影响企业创新绩效。

H6：探索型专利合作网络正向影响企业创新绩效。

H7：松散型专利合作网络负向影响企业创新绩效。

（二）基于网络能力中介效应的专利合作网络影响企业创新绩效的假设提出

网络能力主要体现在网络位置和网络关系两个方面，不同的网络位置会影响企业从网络中识别、获取和利用环境中知识的机会（Burt，2000；Koka and Prescott，2008）。而对网络关系的研究中，范均、王进伟（2011）指出，隐性知识获取正向影响新创企业成长绩效，而且网络配置能力和网络占位能力在隐性知识获取对新创企业成长绩效中产生间接正向影响。方刚（2011）实证研究表明，知识转移在网络能力正向影响企业创新绩效中起到部分中介作用。由此提出以下假设：

H8a：网络能力在紧密型专利合作网络影响企业创新绩效中发挥了中介作用。

H8b：网络能力在利用型专利合作网络影响企业创新绩效中发挥了中介作用。

H8c：网络能力在探索型专利合作网络影响企业创新绩效中发挥了中介作用。

（三）基于吸收能力调节效应的专利合作网络影响企业创新绩效的假设提出

企业必须具备一定的吸收能力才能把输入的资源、信息、知识转化为输出。Tsai（2001）认为，吸收能力强的企业具备较强的知识转移能力以及知识运用能力，能够把网络中吸收的知识用于创新活动，为企业创新绩效带来正向影响。张振刚等（2015）研究表明，潜在吸收能力在开放式创

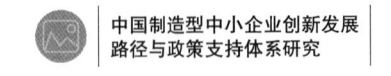

新与创新绩效间起显著的调节作用。由此提出以下假设：

H9a：对于紧密型专利合作网络，企业吸收能力越强，网络能力对企业创新绩效的正向效用越显著。

H9b：对于利用型专利合作网络，企业吸收能力越强，网络能力对企业创新绩效的正向效用越显著。

H9c：对于探索型专利合作网络，企业吸收能力越强，网络能力对企业创新绩效的正向效用越显著。

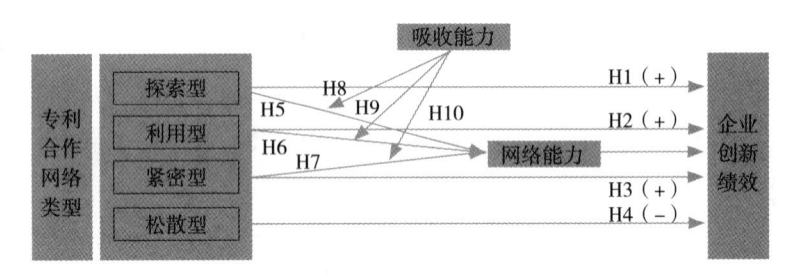

图12-2 研究理论模型及假设

第三节 研究方法与数据分析

一 研究对象

本书选取主板、中小板和创业板上市的制造型中小企业为研究对象，产业集中在 ICT 产业和制药产业，聚焦 ICT 和医药产业的制造型中小企业以获得较为典型的专利合作网络。本书从中国国家知识产权局的专利数据库有效授权发明专利数，从中国知识产权局专利数据库中下载 ICT 产业和制药行业上市企业所对应的合作专利信息（王黎萤、虞微佳、王佳敏，2018）。经过筛选和数据净化处理，最终得到专利权人 591 个，作为专利合作网络的节点，有效授权合作专利数为 5169 个，作为专利合作网络的联系边。

以 ICT 产业和制药产业为例，将 591 个专利权人和 5169 个有效合作发明专利数进行汇总，绘制出以企业为节点、企业与合作单位之间专利合作关系为联系边的专利合作整体网络拓扑（见图12-3），网络中节点越大表示与其合作的企业数量越多,连线越粗表示节点间合作次数越多。从整体专利合作网络的拓扑图来看,发现共有节点591个,网络的联系边有5169条。网络呈现"局部抱团、整体松散"的现象,说明大部分的企业并没有与其他企业及合作单位开展较为频繁的专利合作,专利合作的对象和范围较为局限。网络中有三个小的子网具有明显的较高聚类特征,这三个小的集聚子网存在节点35个,占整体网的5.9%,存在联系边639条,占整体网的12.4%。整体网络的平均度为1.233,平均加权度为6.088,网络直径为21,网络密度为0.02,平均聚类系数为0.366。

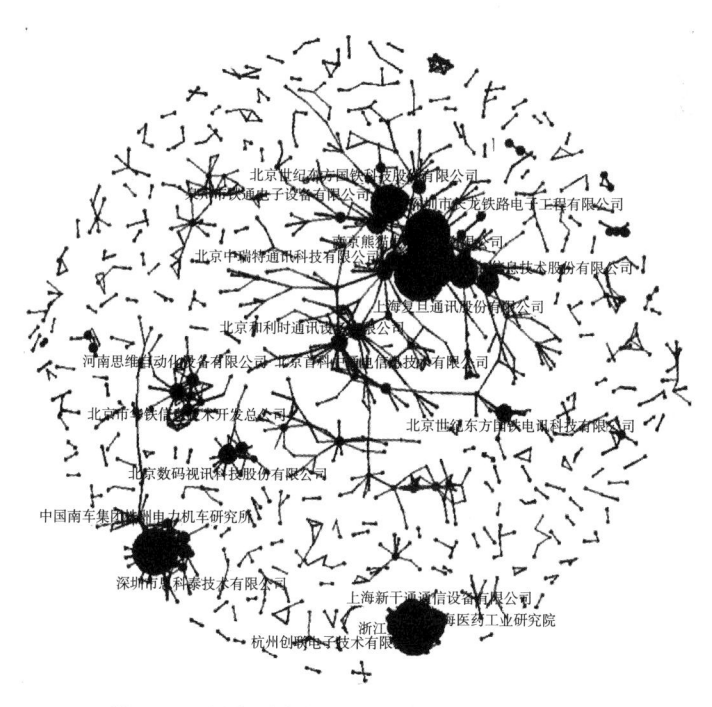

图12-3 制造型中小企业专利合作整体网络拓扑

提取网络中节点的度数绘制度数的趋势变化,发现仅有少量的企业分布在度数较高的区域,大部分企业则集中在度数较低的区域(见图12-4)。图12-4说明了专利合作网络是一个无标度网络,网络中节点的连接不均匀,网络具有严重的异质性。拥有较多连接的节点仅占到所有节点中的一小部分,这一小部分节点对无标度网络运行起到主导作用,称之为Hub节点,大多数的节点只有少量的连接。

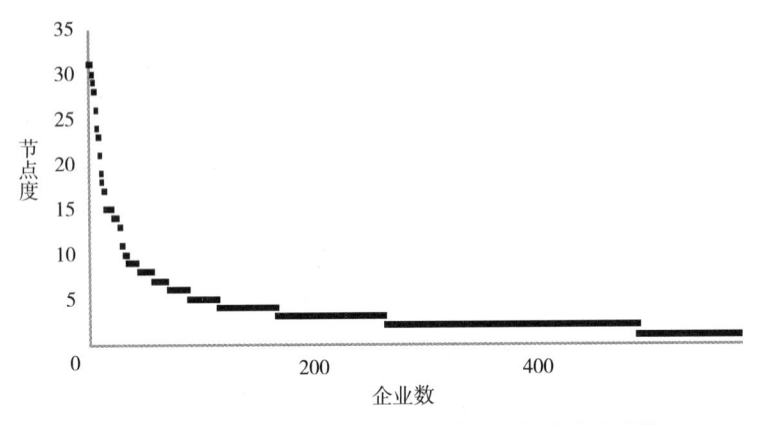

图12-4　制造型中小企业专利合作整体网络度分布趋势

对整体网络中的每个企业进行网络指标分析，选取度中心性（Degree Centrality）、介数中心性（Betweenness Centrality）、紧密中心性（Closeness Centrality）、特征向量中心性（Eigenvector Centrality）来度量网络中节点的中心性。度中心性反映了网络中能够获取流动内容的直接程度。度中心性数值越大，表明该节点处于网络结构的核心位置，更有能力去影响其他的点；介数中心性用来衡量某节点在网络中充当纽带作用的程度；紧密中心性表征了网络中节点与节点之间的图上距离；特征向量中心性重要性取决于连接该节点的相邻节点的相对指数值的高低。

二　研究方法（QAP回归法）

采用QAP（Quadratic Assignment Procedure）回归，即二次指派程序，是研究多个矩阵和一个矩阵之间的回归关系。QAP的运算原理是对两个方阵中的对应的格值进行比较，得出两个矩阵之间的相关性系数，同时对系数进行非参数检验，它以对矩阵数据对置换为基础，置换时是将网络矩阵的行与列同时进行多次随机置换。许多标准的统计程序如最小二乘法（OLS）要求各个观察值之间相互独立，矩阵中存在结构性的自相关会使基于OLS的多元回归方法的变量显著性检验失效。QAP多元回归是一种非参数检验，统计结果是相对无偏，而OLS回归会因为矩阵数据的结构性自相关而存在统计偏误，因此OLS不适用于对矩阵形式的关系数据进行统计分析。QAP是一种以重新抽样为基础的方法，首先，计算得到两个矩阵之间的相关系数；其次，将其中一个矩阵的行和对应的列进行随机置换，再将置换后的矩阵和另一个矩阵进行相关系数的计算，按照这种计算步骤重复几千次后得到一个相关系数的分布，然后观察这几千个相关系数大于或等于在第一步中计算出来的观察到的相关系数的比例；最后，比较第一步中计算出来的观察到的相关系数与根据随机重排计算出来的相关系数分布，看观察到的相关系数是落入拒绝域还是接受域，进而做出判断。若上述比例低于 0.05，那么在统计意义上表明研究的两个矩阵之间存在强关系。在 Ucinet v6.415 中，QAP 包含三类：①矩阵相关分析（QAP correlation）；②矩阵关系列联表分析（QAP relational Crosstabs）；③矩阵回归分析（QAP regression）。其中常用的是 QAP 相关分析和 QAP 回归分析。

三 变量选取与测度

（一）专利合作网络的测度

本书用网络距离 Dis_{ij} 来表征专利合作广度，网络距离 Dis_{ij} 用紧密中心性（Closeness Centrality）来进行评估。在网络理论中，紧密度是中心性的一种复杂度量，节点 v 的紧密度 C_c 被定义为节点 v 到其他可达节点的平均测地距离：

$$C_c = \frac{\sum_{t \in v \setminus v} d_G(v,t)}{n-1}$$

其中，$n \geq 2$ 是从 v 出发在网络中连通部分 V 的大小。

在图论中，紧密度是一个图中一个节点的中心性度量。当节点 v 到其他可达节点的平均测地距离越大，紧密中心性的数值就越大，网络的广度就越广；反之越小。测得 591 家科技型中小企业以自我为中心的每个企业的紧密中心性，取平均值为 0.912，即平均网络距离 Dis_{ij}，作为网络的平均广度，大于该平均广度的企业所组成的网络为探索型专利合作网络，小于该平均广度的企业所组成的网络为利用型专利合作网络。探索型专利合作网络通过增强专利合作广度构建具有高异质性网络资源，目的是获得更广泛的新的外部知识资源，利用型专利合作网络通过增强专利合作深度构建具有低异质性网络资源，目的是利用更紧密合作关系对已有外部知识资源进行更深层次运用。通过测算得到探索型专利合作网络企业 333 家，利

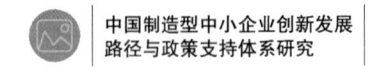

用型专利合作网络企业 258 家。

研究用合作创新指标 Cop_{ij} 表征专利合作的深度，企业与其他企业专利合作数越多，合作创新指标 Cop_{ij} 数值就越大，那么深度越大；反之越小。591 家科技型中小企业共计合作专利数为 5169 个，以平均合作专利量（平均合作创新指标 Cop_{ij}）8.717 作为基值，高于该值的企业所构成的网络为强专利合作网络，低于该值的企业所构成的网络为弱专利合作网络。强专利合作网络的企业与外界具有较高的专利合作频次，弱专利合作网络的企业与外界具有较低的专利合作频次。通过测算得到强专利合作网络的数量为 64 家，弱专利合作网络的数量为 527 家。

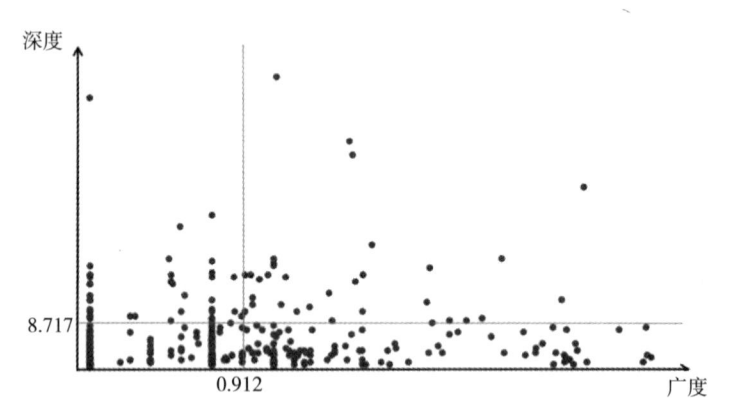

图12-5　基于专利合作广度和深度对专利合作网络的结构模式划分

结合科技型中小企业专利合作网络的广度和深度，可以将专利合作网络划分为四个区域。分别界定为强探索型专利合作网络、强利用型专利合作网络、弱探索型专利合作网络、弱利用型专利合作网络四种模式。科技型中小企业的数量分别为 36 家、28 家、297 家、230 家，四种网络模式的拓扑结构特征指标表明强探索型专利合作网络和强利用型专利合作网络的结构特征指标要优于弱探索型专利合作网络和弱利用型专利合作网络，说明强探索型专利合作网络和强利用型专利合作网络是两个比较成熟的网络。因此，制造型中小企业专利合作网络呈现强探索型专利合作网络、弱探索型专利合作网络、强利用型专利合作网络、弱利用型专利合作网络四种模式。

（二）整合创新程度的测度

企业之间整合创新程度矩阵 CoM。整合创新程度表征了企业 j 在企业 i 所有创新合作伙伴中的重要程度。其生成方法为，选取 2000—2014 年 ICT 产业和医药产业上市的制造型中小企业的合作专利，统计企业之间的专利合作数量生成合作矩阵。矩阵中，元素为 X_{ij}，i 是该元素的行标，j 是该元素的列标。矩阵中 i 和 j 的合作频次等于 j 和 i 的合作频次，即 $X_{ij}=X_{ji}$，其所形成的矩阵是一个对称矩阵，对角线上的元素为零。将企业 i 和企业 j 共同申请的专利数 X_{ij} 除以企业 i 与所有企业共同申请的专利数 n_{ij}，其比值 Cop_{ij} 为企业 j 在企业 i 的所有合作创新产出中所占的比例，取值为 0—1 之间连续变量，作为企业 j 在企业 i 的整合创新伙伴中重要程度（合作创新程度）的替代，计算所有企业间的整合创新程度，由此分别得到强探索型专利合作网络 CoM_1 和强利用型专利合作网络的整合创新矩阵 CoM_2。引入创新规模接近性作为控制变量。企业的创新规模用企业的专利总数来代表，两个企业的创新实力差异可表示为 gm_{ij}，$gm_{ij}=\dfrac{\min(p_i,\ p_j)}{\max(p_i,\ p_j)}$，$p_i$ 为企业 i 的专利总数，p_j 为企业 j 的专利总数，gm_{ij} 为取值为 0—1 的连续变量，gm_{ij} 越接近于 1，表明专利权人 i 和 j 的创新实力越接近。计算所有强探索型专利合作网络和强利用型专利合作网络企业之间的创新实力差异，得到强探索型专利合作网络创新规模接近性矩阵 GmM_1 和强利用型专利合作网络创新规模接近性矩阵 GmM_2。

（三）影响因素变量的测度

1. 企业间地理接近性的测度

借鉴 Keller 研究方法，将最远的专利合作企业的距离作为基准距离，将企业 i 和企业 j 间的实际地理距离除以基准距离，从而得到取值 0—1 的连续变量，再将这些变量取倒数，得到地理接近性系数，构建强探索型专利合作网络企业间 182×182 地理接近性矩阵 DoM_1 和强利用型专利合作网络企业间 102×102 地理接近性矩阵 DoM_2。

2. 企业间社会接近性的测度

本书借鉴 Balconi 等研究方法，利用专利数据库中所包含的共同发明信息，在 Balconi 的研究方法上加以改进，将不同的专利合作企业连接并以有共同发明经历的人数加权来测算企业间的社会接近性。

具体的测算方法是，首先识别所有合作专利的发明人，除去重复的发明人，共识别出强探索型专利合作网络有 2623 名发明人，强利用型专利合作网络有 2171 名发明人，将发明人与其发明所对应的企业相连接，得到强探索型专利合作网络 2623×182 的技术人员—企业矩阵，强利用型专利合作网络 2171×102 的技术人员—企业矩阵，然后分别将两个矩阵转置，用转置矩阵与原矩阵相乘，得到 182×182 强探索型专利合作网络矩阵 SoM_1 和 102×102 强利用型专利合作网络矩阵 SoM_2、SoM_{1ij} 和 SoM_{2ij} 为参与过企业 i 的发明活动，同时还参与过企业 j 的发明创造的发明人人数。当发明人在某家企业中与该企业的人员进行了技术交流，那么当其与另一家企业进行技术交流时会涉及前一家的技术信息，因此两家企业的社会接近程度与两家企业技术人员的交流频繁程度相关。

强探索型专利合作网络企业 i 和企业 j 之间的社会接近程度为：

$$Soc_{1ij}=\frac{SoM_{1ij}}{\sum SoM_{1ij}}$$

强利用型专利合作网络企业 i 和企业 j 之间的社会接近程度为

$$Soc_{2ij}=\frac{SoM_{2ij}}{\sum SoM_{2ij}}$$

Soc_{1ij} 和 Soc_{2ij} 为取值为 0—1 的连续变量，从而得到强探索型专利合作网络社会接近性矩阵 SoM_1 和强利用型专利合作网络社会接近性矩阵 SoM_2。

企业间技术接近性的测度。技术接近性主要是衡量专利合作企业之间知识结构的相似性。企业 i 和企业 j 之间的技术结构相似性 P_{ij} 计算公式为：

$$P_{ij}=\frac{f_i f_j'}{[(f_i f_i')(f_j f_j')]^{-\frac{1}{2}}}$$

其中，f_i 为企业 i 在不同技术领域的研发投入比例所构成的向量，$f_i=\{P_1,P_2,\cdots,P_n\}$；$f_j$ 为企业 j 在不同技术领域的研发投入比例所构成的向量，$f_j=\{P_1,P_2,\cdots,P_n\}$。借鉴 Jaffe 提出的公式，本书使用企业在不同技术领域的专利所占的比例作为企业知识结构的替代构建强探索型专利合作网络技术接近性矩阵和强利用型专利合作网络技术接近性矩阵。矩阵构建分为三步：第一步，分析强探索型专利合作网络 182 家企业和强利用型专利合作网络 102 家企业申请专利所涉及的所有技术分类，以 DERWENT 数据库划分的技术小类分别为 240 个和 194 个；第二步，构建以企业为横坐标，技术分类为纵坐标的 182×240 和 102×194 的二模（2-Mode）矩阵，矩阵中的每一格代表企业在该技术分类下的专利数；第三步，用每一格的值除以该行取值之和，结果组成的行向量代表企业的知识结构向量 f_i，将其代入 Jaffe 的公式，得到 182×182 的强探索型专利合作网络企业间技术接近性矩阵 TeM_1 和 102×102 的强利用型专利合作网络企业间技术接近性矩阵 TeM_2。

构建回归方程考察地理接近性、社会接近性、技术接近性对"强探索型专利合作网络矩阵" $ExpM$ 和"强利用型专利合作网络矩阵" $UtiM$ 对合作创新的影响，为构建不同模式专利合作网络提供实践指导。

对"强探索型专利合作网络矩阵" $ExpM$ 的回归方程为：

$CoM_1 = \alpha_0 + \beta_1 DoM_1 + \beta_2 SoM_1 + \beta_3 TeM_1 + \beta_4 GmM_1 + \mu_0$

对"强利用型专利合作网络矩阵" $UtiM$ 的回归方程为：

$CoM_2 = \alpha_1 + \beta_5 DoM_2 + \beta_6 SoM_2 + \beta_7 TeM_2 + \beta_8 GmM_2 + \mu_1$

其中，GmM_1 和 GmM_2 为控制变量矩阵；α_0，α_1 为截距项，反映不随时间和个体变化的因素；β_1 至 β_8 为自变量的系数，表明在其他自变量保持不变的情况下该自变量对因变量的影响；μ_0，μ_1 为误差项，表明与自变量无关的其他因素造成的影响。

为研究不同专利合作网络模式与企业创新绩效的影响，基于四种专利合作网络模式，进一步构建各网络模式构建中每个合作主体（上市制造型中小企业）的自我中心网络，获取相应网络的网络指标向量数据，分别为接近中心性、中间中心性、特征向量中心性、聚类系数、三角关系数等，对样本中每个自我中心网络的指标向量进行探索性因子分析。结果表明，各专利合作网络 KMO 指标均大于 0.5，Bartlett 球形检验为显著，以此对四种专利合作网络的网络特征进行因子分析，得到网络中各企业网络特征因子值。

（四）企业创新绩效的测度

企业创新绩效是多维建构。基于数据收集方面的考虑，本书将采取客观测度的方法来度量企业创新绩效。本书借鉴郑林英（2010）基于专利信息的企业创新绩效评价指标体系，综合考虑专利数量和专利质量两个方面因素，采用多个指标对企业创新绩效进行测度。基于有限的专利数据，本书以专利申请数、授权发明专利数、发明专利占比和授权专利占比 4 个专

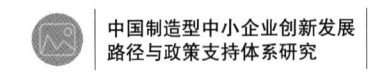

利指标对企业创新绩效进行评价。本书通过中国国家知识产权局数据库统计分析样本企业"专利申请数""授权发明专利数""授权专利占比""发明专利占比"4个指标，然后利用SPSS软件进行主成分分析，得到衡量各样本企业创新绩效水平的测度值。

（五）网络能力的测度

本书借鉴Tsai（2001）及其他一些研究者的做法，用网络位置和网络关系衡量企业的网络能力。Freeman（1979）认为，在中心性的几个指标中，点度中心性是测度网络中单个行动者获取外部信息和知识的最合适指标。在网络中，节点的度数越高，说明该节点上的行动者越处于中心位置，是网络中的中心人物。因此，本书用点度中心性作为样本企业网络中心位置的测度指标。此外，对于网络关系的测度，可以用结构洞来反映（Koka and Prescott，2008）。Burt（1992）认为，测度结构洞的指标有四个，即有效规模、效率、限制度、等级度。借鉴Koka和Prescott的做法，本书选择最具代表性的限制度指标作为网络中介位置的测度指标。限制度是网络中行动者受到其他行动者"限制"的程度。

（六）吸收能力的测度

吸收能力是一个复杂的构念，对其进行测度是比较困难的（Lane and Salk et al.，2001）。考虑到本书样本产业为ICT和制药产业，以研发强度来测度企业吸收能力也是比较合理的一个指标。因此，本书用研发强度作为企业吸收能力的测度指标。本书通过查询巨潮资讯网公开的2008—2014年各上市公司近7年披露的年报，整合各样本企业投入的研发经费及销售收入，分别取其均值。根据"企业研发强度 =（研发经费/营业收入）× 100%"计算公式，计算得到各样本企业研发强度值，即为企业吸收能力的测度指标。

（七）控制变量的测度

企业的年限和规模等有可能会对企业创新绩效产生影响，因此本书将纳入以下3个变量作为控制变量：①企业年限，企业年限是影响企业创新绩效的重要变量，按照企业成立年份截至2014年所经历的年数作为企业年限；②企业规模，本书用企业拥有员工人数的自然对数作为企业规模的测度指标；③资产负债率，本书将资产负债率作为控制变量，资产负债率 = 企业期末总负债/企业总资产。

四 数据分析与结果

(一)制造型中小企业专利合作网络合作创新程度影响因素分析

1. 描述性统计分析

本书分别对强探索型专利合作网络矩阵 ExpM 和强利用型专利合作网络矩阵 UtiM 进行描述性统计分析,分析结果如表 12-2 所示。

表 12-2　　ExpM 矩阵 QAP 相关系数

	合作创新程度	地理接近性	社会接近性	技术接近性	创新规模接近性
合作创新程度	1				
地理接近性	0.278***	1			
社会接近性	0.572***	0.244***	1		
技术接近性	0.086***	0.195***	0.207***	1	
创新规模接近性	0.365***	0.548***	0.429***	0.150***	1

注:***代表在 $p<0.001$ 水平上显著。

强探索型专利合作网络矩阵 ExpM 各变量 QAP 相关性系数如表 12-2 所示,地理接近性与合作创新程度正相关,相关系数为 0.278,通过显著性检验,表明地理位置越接近,合作方的合作创新越多。社会接近性与合作创新程度正相关,相关系数为 0.572,通过显著性检验,强探索型专利合作网络中企业间人员的频繁交流有利于合作创新程度提升。社会接近性与地理接近性相关系数为 0.244,$p < 0.001$。技术接近性与合作创新相关性系数为 0.086,强探索型专利合作网络中企业之间知识结构的相似性有利于企业间的专利合作。技术接近性与地理接近性正相关,相关系数为 0.195,通过显著性检验,表明地理位置越近的企业进行专利合作时彼此之间的知识结构相似性越高。技术接近性与社会接近性正相关,相关系数为 0.207,且 $p < 0.001$,在强探索型专利合作网络中合作企业技术人员的频繁交流往往会使合作企业间技术结构趋于一致。创新规模接近性与合作创新程度的相关系数为 0.365,通过显著性检验。创新规模接近性与地理接近性、社会接近性、技术接近性均为显著的正相关,相关系数分别为 0.548、0.429、0.150。此外,各邻近性矩阵均不超过 0.75,说明无较强的多重共线关系。

表 12-3　　　　　　　　　　UtiM 矩阵 QAP 相关系数

	合作创新程度	地理接近性	社会接近性	技术接近性	创新规模接近性
合作创新程度	1				
地理接近性	0.369***	1			
社会接近性	0.615***	0.213***	1		
技术接近性	0.143***	0.181***	0.380***	1	
创新规模接近性	0.703***	0.286***	0.515***	0.124***	1

注：***代表在 $p<0.001$ 水平上显著。

强利用型专利合作网络矩阵 UtiM 各变量 QAP 相关性系数如表 12-4 所示，表中数据显示，地理邻近性与合作创新程度正相关，相关性系数为 0.369，通过显著性检验。表明地理位置越接近，合作方的合作创新越多。社会接近性与合作创新程度正相关，相关性系数为 0.615，且 $p<0.001$，说明越广泛的社会接触，即更多的人员联络与接触更多的社会资源有利于利用型专利合作网络企业间的合作创新。社会接近性与地理接近性正相关，且 $p<0.001$，表明了地理位置越是接近，社会接近性越大。技术接近性与合作创新相关性系数为 0.143，通过显著性检验，表示越相近的技术结构基础越有利于合作创新程度的提高。技术接近性与地理接近性正相关，相关系数为 0.181，通过显著性检验。技术接近性与社会接近性正相关，相关系数为 0.380，且 $p<0.001$，说明样本中技术相似程度高的合作企业有较频繁的人员往来。创新规模与合作创新程度正相关，相关性系数为 0.703，约为强探索型专利合作网络矩阵的两倍，通过显著性检验。创新规模接近性与地理接近性、社会接近性、技术接近性均为显著的正相关，相关系数分别为 0.286、0.515、0.124。此外，各邻近性矩阵均不超过 0.75，说明无较强的多重共线关系。

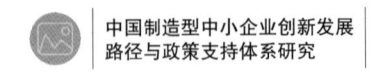

2. 矩阵 QAP 多元回归结果分析

使用 Ucinet v6.415 软件分析对强探索型专利合作网络和强利用型专利合作网络相关矩阵进行显著性检验，利用多元回归方程经过 2000 次置换，回归结果如表 12-4 和表 12-5 所示。

表 12-4　　　　强探索型专利合作网络矩阵 QAP 多元回归结果

变量	标准系数	显著性
常数项	0.000879	0
地理接近性	0.128657	0
社会接近性	1.445327	0
技术接近性	−0.047346	0
创新规模接近性	0.104450	0
R^2	0.356	
Adj-R^2	0.356	
观察项	32580	

由表 12-4 数据结果显示，模型的判定系数 R-square 为 0.356，Adj R-square 判定系数为 0.356，说明上述变量之间存在线性关系的时候可以用上述矩阵数据解释"创新合作网络"的 35.6% 的方差，社会接近性与合作创新程度的回归系数最大，为 1.445327，高于强利用型专利合作网络的标准系数，说明企业创新在较高成长阶段，技术人员的频繁交流更有利于企业合作创新程度的提升。地理接近性对合作创新程度的回归系数为正并且显著，达到 0.128657，表明在强探索型专利合作网络中的企业和合作伙伴在地理位置上越接近，双方的合作程度越大。技术接近性与合作创新程度的回归系数为负，为 −0.047346，并且显著，表明企业在发展程度较高的阶段需要获得更广泛的新的外部知识资源，构建具有高异质性网络资源，企业之间技术基础的相似程度越高反而不利于合作创新程度的提高。

表 12-5　　　　强利用型专利合作网络矩阵 QAP 多元回归结果

变量	标准系数	显著性
常数项	−0.00018	0
地理接近性	0.383	0
社会接近性	1.086	0
技术接近性	0.091	0
创新规模接近性	0.7005	0

续表

变量	标准系数	显著性
R^2	0.611	
Adj-R^2	0.611	
观察项	10100	

表12-5数据结果显示,模型的判定系数R-square为0.611,Adj R-square判定系数为0.611,说明上述变量之间存在线性关系的时候可以用上述矩阵数据解释"创新合作网络"的61.1%的方差,回归结果显示社会接近性与合作创新程度的回归系数最大,为1.086且通过统计显著性检验。地理接近性对合作创新程度的回归系数为正并且显著,达到0.383,高于强探索型专利合作网络的系数,说明在低合作距离范围的网络中,合作企业之间的地理接近性对企业的合作创新程度更为重要。技术接近性与合作创新的系数为正,相关系数不大,仅为0.091,通过显著性检验,表明在强利用型企业合作创新网络中具有相似知识或技术结构基础的企业越趋向于合作,更容易稳定提升创新效率,表明企业创新在低成长阶段更需要相似知识或技术的补充。创新规模接近性与合作创新程度的回归系数为0.7005,且通过显著性检验。

3. 稳健性检验分析

为了对QAP结果的稳健性进行分析,本书运用随机指数图模型(ERGM)。ERGM由Frank、Strauss、Wasserman和Pattison引入。ERGM能够通过对网络中局部的描述,反映整个网络的形成。网络中节点之间的连接具有随机性,而节点之间的随机依赖假设决定了整体网络的构成。当捕获观测网络的结构时,ERGM能够综合网络的多种外生属性和内生的结构依赖。然后,使用ERGM收集的信息可以用来理解一个特定的网络现象或者用来模拟保留原来网络的基本属性的新的随机实现。

指数随机图模型的一般形式如下:

$$P_r(Y=y)=\frac{1}{\kappa}exp\left\{\sum_A \eta_A g_A(y)\right\}$$

该式用于表示包含固定节点的图的整体概率分布。研究该分布中一个特定图y,它的概率通过上述公式给出,并且该概率依赖于网络y中的统

计值 $g_A(y)$（包括互惠连接、三角形）和对应于构型 A 的各种非零参数 η_A，所以 ERGM 实际上可以涵盖一个网络各种可能的结构规律，可以将这种网络的典型的图的结构揭示为这些局部构型的累积的结果。该模型是网络特征的统计测量，概率函数与网络统计量的线性组合构成的指数函数，可以检验直接驱动网络形成的实际力量。

基于 ERGM 再次检测了强探索型专利合作网络和强利用型专利合作网络中技术接近性、地理接近性、社会接近性、创新规模等因素与合作创新的关系，并且在模型中加入了网络节点中心度与中间中心度变量，以检测网络形成过程中的自组织效应与枢纽效应的存在。回归结果如表 12-6 所示。

表 12-6　　　　强探索型专利合作网络矩阵 ERGM 分析

变量	估计系数	p 值
节点中心度	0.2451	0.000
中间中心度	0.08849	0.000
地理接近性	0.1788	0.000
社会接近性	0.1189	0.000
技术接近性	−0.422	0.000
创新规模接近性	0.075	0.000
AIC	2463	—
BIC	2502	—

ERGM 实证结果如表 12-6 所示，经检验，节点中心度与中间中心度的结果都为正，且通过显著性检验，表明在强探索型专利合作网络形成的影响因素中，存在显著的自组织效应与枢纽效应。自组织效应说明存在广泛连接性质的企业同样是其他企业选择创新合作对象时最为优先的决策，具有高节点中心度的企业会随着网络的演化形成累积优势，并进一步提高企业合作创新能力，并对与之具有连接关系的企业具有显著影响。而枢纽效应则意味着，两两企业间存在优越关系的桥梁，而随着中介桥梁关系的增加逐渐形成三角结构与完全网络特征，从而有助于创新网络中企业间的交流与沟通，促进网络形成。

地理接近性与创新合作程度为正，估计系数为 0.1788，通过统计显著性检验，表明在强探索型专利合作网络中地理上相邻的两个企业间，创新合作产出成果要高于不相邻的企业，地理接近具有显著的正向效应。社会接近性对合作创新程度的影响为正，估计系数为0.1189，且通过显著性检验，社会接近性代表社会邻近资源获取的均等性，实证结果表明，两个企业的社会资源与创新资源获取概率相近或共享程度越大，越有利于两个企业的合作式创新。技术接近性意味着两个企业的知识结构或知识基础的相似性，对合作创新程度的影响为负，估计系数为-0.422，在强探索型专利合作网络中，企业处于较高的发展阶段，吸收广泛的异质资源才能够提升企业的创新合作程度，相反技术的相似度越高反而不利于企业更好的发展。创新规模邻近性对合作创新程度具有正向影响，估计系数为0.075，通过显著性检验。创新规模是指企业的创新规模，是指企业合作专利总量的大小。结果表明，创新规模总量越接近的两个企业，其合作创新的效率越高。

表12-7　　强利用型专利合作网络矩阵ERGM分析

变量	估计系数	p值
节点中心度	0.841	0.000
中间中心度	0.186	0.000
地理接近性	0.172	0.000
社会接近性	0.0182	0.000
技术接近性	0.035	0.000
创新规模接近性	0.015	0.000
AIC	2463	—
BIC	2502	—

强利用型专利合作网络ERGM实证结果如表12-7所示，同强探索型专利合作网络类似，节点中心度和中间中心度的估计结果都为正，且显著，估计系数分别为0.841和0.186，大于强探索型专利合作网络的估计系数，说明强利用型专利合作网络比强探索型专利合作网络存在更明显自组织效应与枢纽效应。地理接近性、社会接近性、创新规模接近性与创新合作程度为正，估计系数分别为0.172、0.0182、0.015，均通过显著性检验。

与强探索型专利合作网络不同的是，技术接近性与创新合作程度为正，估计系数为0.035，且通过显著性检验，表明在强利用型专利合作网络模式中，企业合作创新效率的提升，更多地依赖于具有相似知识结构的企业间的合作，强利用型专利合作网络中的企业也正是利用更紧密的合作关系对已有外部知识资源进行更深层次的运用，这也是与强探索型专利合作网络中的企业显著的区别所在。强探索型专利合作网络和强利用型专利合作网络企业ERGM回归结果与QAP回归结果系数方向基本吻合，证明针对强探索型专利合作网络和强利用型专利合作网络的形成机理分析结果具有稳健性，是可信的。

（二）制造型中小企业专利合作网络影响企业整合创新绩效机理研究

1. 变量描述性统计分析与相关分析

为验证前文提出的假设，本小节研究首先运用SPSS24.0软件对变量数据进行描述性统计和Pearson相关性分析，得到各变量两两之间的简单相关关系系数矩阵，如表12-8至表12-19所示。

表12-8　　　　描述性统计和相关系数表——探索型专利合作网络

变量	均值	标准差	IP	EN	NP	AC	Years	Size	Lev
IP	90.375	235.108	1						
EN	2.720	3.430	0.683**	1					
NP	0.946	0.691	0.124*	0.328*	1				
AC	6.159	5.052	−0.193	−0.162	0.143	1			
Years	16.40	7.152	0.069	−0.126	−0.007	−0.112	1		
Size	7.778	1.095	0.300	−0.213	−0.154	0.147	−0.166	1	
Lev	0.401	0.184	0.111	0.336	0.174	−0.280	−0.277	0.170	1

表12-9　　　　描述性统计和相关系数表——利用型专利合作网络

变量	均值	标准差	IP	UN	NP	AC	Years	Size	Lev
IP	102.646	149.216	1						
UN	6.706	7.682	0.667**	1					
NP	2.566	2.089	0.135*	0.406**	1				
AC	7.203	6.375	0.020	0.422	−0.044	1			

续表

变量	均值	标准差	IP	UN	NP	AC	Years	Size	Lev
Years	18.36	13.810	0.019	0.213	0.404	−0.166	1		
Size	20.814	1.619	−0.293	−0.420	−0.461	−0.542*	0.008	1	
Lev	0.361	0.209	−0.343	−0.452	−0.098	−0.608*	0.259	0.579*	1

表 12-10　　描述性统计和相关系数表——紧密型专利合作网络

变量	均值	标准差	IP	EN	NP	AC	Years	Size	Lev
IP	114.878	73.098	1						
CN	5.387	4.628	0.709**	1					
NP	3.089	2.241	0.503**	0.479**	1				
AC	4.827	2.333	0.056	−0.047	−0.230	1			
Years	24	17.896	0.638**	0.216	0.549*	−0.003	1		
Size	8.546	1.049	0.055	−0.051	−0.382	0.230	−0.199	1	
Lev	0.361	0.225	−0.212	−0.090	−0.132	0.111	−0.314	0.060	1

表 12-11　　描述性统计和相关系数表——松散型专利合作网络

变量	均值	标准差	IP	LN	NP	AC	Years	Size	Lev
IP	64.823	103.084	1						
LN	1.387	2.602	−0.406**	1					
NP	0.504	0.401	0.036	0.143	1				
AC	3.260	2.048	0.204	0.005	0.340	1			
Years	15.60	12.176	0.025	0.105	0.432	0.014	1		
Size	10.836	1.342	−0.107	−0.043	−0.245	−0.030	−0.202	1	
Lev	0.328	0.186	0.204	−0.082	0.022	0.128	−0.317	0.035	1

注：**、*分别表示在1%、5%的显著水平上通过显著性检验（双尾检验）。

根据上述 Pearson 相关性检验结果可知，变量间两两相关系数均未超过 0.7，表明变量间不存在严重的共线性，对后续分析影响较小。为了较好地实证研究结果，在进行回归前将所有变量实施均值中心化，以减少研究误差。此外，上述相关系数表表明 4 种网络模式与企业创新绩效间的相互关系符合预期。探索型、利用型、紧密型网络模式均与企业创新绩效呈正相关关系（r 分别为 0.683、0.667、0.709，p＜0.01）；松散型专利合作网络与企业创新绩效之间存在负相关关系（r=-0.406）。

为验证提出的研究假设，将建立多元线性回归模型进一步分析。分三个阶段对提出的研究假设模型进行验证：第一阶段，先验证四种专利合作网络模式与企业创新绩效的关系，以及是否存在曲线效应进行验证，即对假设 4、假设 5、假设 6、假设 7 进行验证。第二阶段，采用 Bootstrap 方法验证网络能力在专利合作网络模式对企业创新绩效的影响中所起的中介效应，即对假设 8a、假设 8b、假设 8c 进行验证；第三阶段，验证吸收能力在专利合作网络模式对企业创新绩效影响中的有中介的调节作用，即对假设 9a、假设 9b、假设 9c 进行验证。

2. 回归分析及曲线效应分析

为验证四种模式专利合作网络与企业创新绩效的关系，将建立 8 个多元线性回归模型对前文提出的假设进行检验，回归结果如表 12-12 所示。

表 12-12　　专利合作网络模式与企业创新绩效关系回归分析

变量	Model 1 β	Model 1 Sig.	Model 2 β	Model 2 Sig.	Model 3 β	Model 3 Sig.	Model 4 β	Model 4 Sig.
EN	0.683	0.001	−0.730	0.035				
EN^2			1.482	0.000				
UN					0.667	0.001	0.962	0.018
UN^2							−1.684	0.010
R^2	0.466		0.667		0.444		0.627	
ΔR^2	0.450		0.646		0.413		0.583	
F	29.650（0.000）		33.003（0.000）		14.282（0.001）		14.393（0.000）	

变量	Model 5 β	Model 5 Sig.	Model 6 β	Model 6 Sig.	Model 7 β	Model 7 Sig.	Model 8 β	Model 8 Sig.
EN			0.600	0.001	0.631	0.011		
EN^2					−0.054	0.835		
UN							−0.406	0.001
UN^2	0.638	0.008	0.509	0.003	0.534	0.016		
R^2	0.407		0.750		0.751		0.387	
ΔR^2	0.365		0.712		0.689		0.365	
F	9.617（0.008）		19.521（0.000）		12.073（0.001）		18.024（0.000）	

注：上述专利合作网络模式与企业创新绩效关系回归模型略去常数项。

表 12-12 模型 1 和模型 2 旨在验证探索型网络特征因子与企业创新绩效的关系，实证结果（β=0.683，$p<0.01$）表明，探索型专利合作网络与企业创新绩效之间存在正相关关系，H4 得到验证，而二次项系数为正（β=1.482，$p<0.05$）进一步说明探索型专利合作网络与企业创新绩效之间存在"U"形曲线关系；模型 3 和模型 4 旨在验证利用型网络特征因子与企业创新绩效的关系，实证结果（β=0.667，$p<0.01$）表明，利用型专利合作网络与企业创新绩效之间存在正相关关系，这验证了 H5，而且模型 4 结果显示一次项系数为正，二次项系数为负（β=-1.684，$p<0.05$），进一步说明利用型专利合作网络与企业创新绩效之间存在倒"U"形曲线关系；模型 5、模型 6 和模型 7 考虑控制变量企业年龄的影响，旨在验证紧密型专利合作网络与企业创新绩效的关系，模型 6 的实证结果（β=0.060，$p<0.01$）表明紧密型专利合作网络与企业创新绩效之间存在正相关关系，H6 得到验证，但模型 7 的实证结果（β=-0.054，$p>0.1$）表明二次项系数为负不显著，不存在曲线效应。模型 8 验证松散型网络特征因子与企业创新绩效的关系，实证结果（β=-0.406，$p<0.01$）表明，探索型专利合作网络与企业创新绩效之间存在负相关关系，H7 得到验证。

3. 网络能力中介效应分析——Bootstrap 方法

关于中介效应的检验，大部分国内外学术研究借鉴 Baron 和 Kenny（1986）提出的因果逐步回归的检验方法（Causal Step Regression）。但是，近年来不少研究者都对 Baron 和 Kenny（1986）因果逐步回归方法的有效性和检验程序的合理性提出了质疑（MacKinnon et al.，2002；Preacher and Hayes，2004；Hayes，2009；Zhao et al.，2010；Iacobucci，2012）。在此背景下，Zhao 等（2010）总结提出一套更为合理的有效中介效应检验程序，并推荐用 Preacher 和 Hayes（2004）提出的 Bootstrap 方法进行中介效应的检验。近几年来，Bootstrap 方法进行中介效应检验已广泛应用在心理学、消费者行为学、组织行为学等领域的国际顶级学术期刊发表的论文中。借鉴 Zhao 等（2010）提出的中介效应检验程序，采用 Bootstrap 方法进行中介效应分析。为检验网络能力的中介效应，将运用 SPSS24.0 软件 Process 插件对自变量（三种专利合作网络规模）、中介变量（网络能力）及因变量（企业创新绩效）进行分析，得到 Bootstrap 数据结果如表 12-13 所示。

表 12-13　探索型专利合作网络的 Bootstrap 中介检验的数据结果

因变量：IP　　自变量：EN　　中介变量：NP　　控制变量：Years、Size、Lev

Model Summary			
R	R²	F	p
0.6070	0.3685	2.8006	0.0395

控制中介后，自变量对因变量的直接影响

Effect	se	t	p	LLCI	ULCI
3.5563	6.4220	0.5538	0.5849	-9.6986	16.8112

中介路径的作用

	Effect	Boot SE	Boot LLCI	Boot ULCI
NP	7.8880	12.5936	23.0625	42.8632

表 12-13 结果表明，在探索型专利合作网络中，网络能力中介变量发挥的中介效应显著，区间（*Boot LLCI*=23.0625，*Boot ULCI*=42.8632）不包括 0，中介效应大小为 7.8880。控制了中介变量网络能力后，探索型专利合作网络对企业创新绩效的影响不显著，区间（*LLCI*=-9.6986，*ULCI*=16.8112）包括 0。因此网络能力在探索型专利合作网络对企业创新绩效影响中发挥了完全中介作用，H8a 得到验证。

表 2-14　利用型专利合作网络的 Bootstrap 中介检验的数据结果

因变量：IP　　自变量：UN　　中介变量：NP　　控制变量：Years、Size、Lev

Model Summary			
R	R-sq	F	p
0.6776	0.4591	1.3582	0.0029

控制中介后，自变量对因变量的直接影响

Effect	se	t	p	LLCI	ULCI
9.8275	5.2295	1.8481	0.1018	-23.0551	8.7102

中介路径的作用

	Effect	Boot SE	Boot LLCI	Boot ULCI
NP	6.5225	151.1423	-67.2740	-17.0636

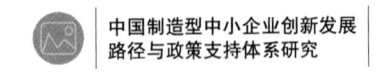

表 12-14 结果表明，在利用型专利合作网络中，网络能力的中介作用显著，区间（*Boot LLCI*=−67.2740，*Boot ULCI*=−17.0636）不包括 0，中介效应大小为 0.0210。控制了中介变量网络能力后，利用型专利合作网络对企业创新绩效直接作用影响不显著，区间（*LLCI*=−23.0551，*ULCI*=8.7102）包括 0。因此，网络能力在利用型专利合作网络对企业创新绩效影响中发挥了完全中介作用，H8b 得到验证。

表 12-15　紧密型专利合作网络的 Bootstrap 中介检验的数据结果

因变量：IP	自变量：CN	中介变量：NP	控制变量：Years、Size、Lev

Model Summary			
R	R-sq	F	P
0.8609	0.7412	5.7289	0.0095

控制中介后，自变量对因变量的直接影响					
Effect	se	t	p	LLCI	ULCI
−2.5027	2.0890	1.1980	0.2585	−7.1586	2.1533

中介路径的作用				
	Effect	Boot SE	Boot LLCI	Boot ULCI
Np	2.7932	7.2361	3.2521	19.6602

表 12-15 结果表明，在紧密型专利合作网络中，网络能力中介变量发挥的中介效应显著，区间（*Boot LLCI*=3.2521，*Boot ULCI*=19.6602）不包括 0，中介效应大小为 2.7932。控制了中介变量网络能力后，紧密型专利合作网络对企业创新绩效的影响不显著，区间（*LLCI*=−7.1586，*ULCI*=2.1533）包括 0。因此网络能力在紧密型专利合作网络对企业创新绩效影响中发挥了完全中介作用，H8c 得到验证。

进一步利用 Amos 结构方程对上述模型进行验证性分析，即进行所假设的概念模型的建构效度的考察。模型拟合度的评估指标包括卡方值、卡方自由度比（$\frac{CMIN}{DF}$）、RMR、SRMR、RMSEA、GFI、AGFI、AIC、BIC 等（见表 12-16）。

表 12-16　　　　　　　　　　假设模型拟合度良好的临界值

绝对拟合指标	临界值	增值拟合指标	临界值	综合拟合度指标	临界值
卡方值	>0.05	NIF	>0.90	PGFI	>0.50
GFI	>0.90	RFI	>0.90	PNFI	>0.50
AGFI	>0.90	IFI	>0.90	卡方自由度比	1~3
RMR	<0.05	TLI（NNFI）	>0.90	CN	>200
SRMR	<0.05	CFI	>0.90		

绝对拟合指标	临界值	综合拟合度指标	临界值
NCP	越小越好 90% 置信区间包含 0	AIC	假设模型的 AIC 小于独立模型 AIC，且小于饱和模型 AIC
ECVI	假设模型 ECVI 的小于独立模型 ECVI，且小于饱和模型 ECVI	CAIC	假设模型的 CAIC 小于独立模型 CAIC，且小于饱和模型 CAIC
		BIC	假设模型的 BIC 小于独立模型 BIC，且小于饱和模型 BIC

在综合上述理论分析的基础上，分别对专利合作网络模式影响企业创新绩效模型的拟合效果进行考察。运用 Amos24.0 软件，绘制模型路径图（见图 12-5），并根据识别后的模型拟合输出的数据进行分析。

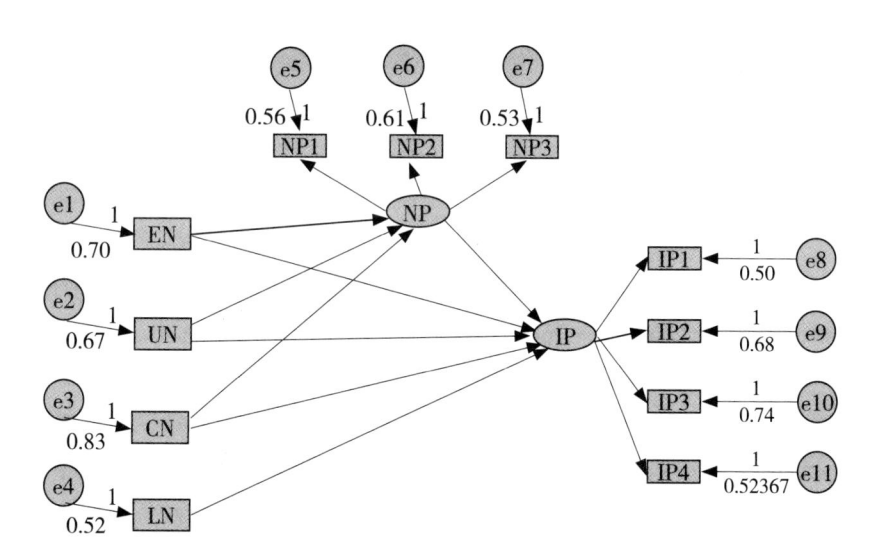

图12-6　专利合作网络影响企业创新绩效模型路径

专利合作网络模式影响企业创新绩效模型拟合度结果如下：从绝对拟合指标来看，RMR=0.043＜0.05，GFI=0.887，AGFI=0.913 均接近或达到 0.90 接受值指标；从增值拟合指标来看，NFI=0.937，IFI=0.950，CFI=0.946 均大于 0.90 满足要求；从综合拟合度指标来看，PGFI=0.809，PNFI=0.556 均大于 0.50，且 AIC 值、CAIC 值和 BIC 值均满足假设模型小于独立模型，且小于饱和模型（见表 12-17、表 12-18）。综合模型拟合度各类指标结果，研究认为专利合作网络模式影响企业创新绩效模型具有良好的拟合度，模型可以接受。

表 12-17　　专利合作网络模式影响企业创新绩效模型拟合优度指标

绝对拟合指标	指标值	增值拟合指标	指标值	综合拟合度指标	指标值
RMR	0.043	NIF	0.937	PGFI	0.809
GFI	0.887	IFI	0.950	PNFI	0.556
AGFI	0.913	CFI	0.946	卡方自由度比	1.529

表 12-18　　专利合作网络模式影响企业创新绩效模型拟合优度指标

MODEL	综合拟合度指标		
	AIC	CAIC	BIC
Default model	20.000	32.726	21.501
Independence model	78.080	85.170	82.424
Saturated model	22.429	38.382	28.025

4. 有中介的调节效应分析

在上述中介效应模型的基础上引入"吸收能力"变量的调节作用继续深入研究分析，即进行有中介的调节的检验研究。Muller、Judd 和 Yzerbyt（2005）对有中介的调节进行了定义，并提出了相应的检验方法。他们认为，有中介的调节是指自变量通过中介变量最终影响因变量的路径受到调节变量的调节作用。文章旨在探究吸收能力在不同模式专利合作网络通过网络能力影响企业创新绩效的过程中发挥着调节效应及存在作用差异。

表 12-19　　探索型专利合作网络有中介的调节效应的数据结果

因变量：IP　　自变量：EN　　中介变量：NP　　调节变量：AC　　控制变量：Years、Size、Lev

Model Summary

R	R²	F	p
0.9002	0.8103	4.8810	0.0202

Indirect Effect：

AC	Effect	SE	t	p	LLCI	ULCI
−1.7105	−4.5293	2.4224	−1.8697	0.0984	−10.1180	1.0594
0	1.1050	3.3107	0.3338	0.7471	−6.5329	8.7430
3.6683	13.1877	11.3883	1.1580	0.2803	−13.0859	39.4613

表 12-19 结果表明，吸收能力调节效应（LLCI，ULCI）区间包括 0 表明，吸收能力在探索型专利合作网络模式通过网络能力影响企业创新绩效的过程中发挥的调节效应不显著，H9a 未得到验证。

表 12-20　　利用型专利合作网络有中介的调节效应的数据结果

因变量：IP　　自变量：EN　　中介变量：NP　　调节变量：AC　　控制变量：Years、Size、Lev

Model Summary

R	R²	F	p
0.9118	0.8314	4.2277	0.0495

Indirect Effect：UN→NP→IP

AC	Effect	SE	t	p	LLCI	ULCI
−3.3028	112.9690	36.4261	3.1013	0.0211	23.7574	202.1806
0	117.2462	33.1486	3.5370	0.0123	36.0616	198.4309
4.1316	122.5968	38.9780	3.1453	0.0099	27.1354	218.0582

表 12-20 结果表明，吸收能力调节效应（LLCI，ULCI）区间不包括 0，吸收能力在利用型专利合作网络模式通过网络能力影响企业创新绩效的过程中发挥的调节效应显著，且企业吸收能力越强，其正向调节网络能力对企业创新绩效的效用越显著（R&D 由负向正逐渐增强，调节效应越来越显著），H9b 得到验证。

表 12-21　紧密型专利合作网络有中介的调节效应的数据结果

因变量：IP	自变量：EN	中介变量：NP	调节变量：AC	控制变量：Years、Size、Lev

Model Summary

R	R²	F	p
0.7790	0.7790	4.8525	0.0020

Indirect Effect：EN→NP→IP

AC	Effect	SE	t	p	LLCI	ULCI
−2.0306	−8.0377	6.2445	−1.2872	0.2114	−20.9886	4.9132
0	3.3048	5.3047	0.6230	0.5397	−7.6971	14.3066
11.2104	5.1649	8.4519	3.2423	0.0037	9.8742	44.9320

表 12-21 结果表明，当企业吸收能力过低时，调节效应（LLCI，ULCI）区间包括 0，吸收能力在紧密型专利合作网络模式通过网络能力影响企业创新绩效的过程中发挥的调节效应不显著，但当企业吸收能力较强，其正向调节网络能力对企业创新绩效的效用越显著，H9c 得到验证。

第四节　研究结论与讨论

专利合作已成为国内外制造型中小企业整合创新的重要形式，合作的规模、强度、范围和密度都呈现递增的趋势。如何管理开发专利合作网络资源是制造型中小企业突破成长"瓶颈"的重要问题。

一　研究结论

（一）制造型中小企业专利合作网络合作创新程度影响因素分析结果

假设 H1a 和假设 H1b 地理接近性与合作创新的关联得到了证实，强探索型专利合作网络和强利用型专利合作网络回归系数分别为 0.128657 和 0.383。实证结果说明，合作企业之间地理位置上的接近有助于合作创新。无论是在强探索型专利合作网络中还是强利用型专利合作网络中，企业地理位置上的接近能够方便合作企业之间知识的交流，在创新过程中分享所需的隐形知识时，地理位置接近尤为重要。但是，地理接近性对合作创新程度的回归系数较小，因而不是提高企业间合作创新程度的重要因素。

假设 H2a 和假设 H2b 社会接近性对创新合作的促进作用得到了验证，并且在强探索型专利合作网络和强利用型专利合作网络回归系数分别为 1.445327 和 1.086。结果显示社会接近性对这两种模式网络的创新合作影响最大。说明合作主体之间的人员交流能够克服因距离产生的障碍，提高合作的频率，进而推动企业的合作创新程度。合作主体间技术人员的交流不仅传播了知识，而且还提供了其他企业创新知识的信息，能够挖掘潜在的合作企业。技术人员在个人层面上的合作关系丰富了企业间的知识流动渠道，拉近了企业间的社会距离，有利于企业在相互的知识扩散过程中寻找合作伙伴，社会接近性是企业间的合作关系得以形成的重要影响因素。

实证研究结果推翻了假设 H3a，证实了假设 H3b，即在强探索型专利合作网络中技术接近性与创新合作之间存在显著的负相关关系，回归系数为 −0.047346，在强利用型专利合作网络中技术接近性与创新合作之间存在显著正相关关系，回归系数为 1.086。强利用型专利合作网络中的企业相对来说处于发展的低级阶段，在这个阶段对于创新合作者来说，在知识创造中具有高度相关的共同知识是极其重要的。合作者双方拥有共同的基础知识才能够方便获取彼此的隐性知识，实现良性互动。在基础技术领域，合作组织间的技术相关性越强，其吸收能力就越强，从而为相互学习提供了基础。而如果合作企业之间的技术基础差距太大，会表现出技术交流"代沟"。而强探索型专利合作网络是最优质的网络模式，这种模式中的企业处于较高的发展阶段，这时候企业不再满足于和同质性较高的企业进行合作，更倾向于向外部获取新的知识和观点，从而来构建具有高异质性的网络资源，技术的多样性有助于合作企业之间知识的转移和学习能力的提升，因此更有助于该阶段企业合作创新程度的提高。

（二）制造型中小企业专利合作网络影响企业创新绩效机理研究结果

本书旨在探究专利合作网络模式与企业创新绩效的关系模型。首先基于专利合作网络指标特征将整体网络划分定义为四种专利合作网络模式，回答了"制造型中小企业专利合作网络具有怎样的模式划分和网络特征"的问题。其次，文章在不同模式专利合作网络影响企业创新绩效的基础上，探究网络能力对专利合作网络模式与企业整合创新绩效之间的中介作用以及吸收能力的有中介的调节效应。

在模型 1 中，探索型专利合作网络模式（EN）的回归系数为 0.683，显著性概率为 0.001（$p < 0.01$），结果表明探索型专利合作网络模式对企业创新绩效产生正向影响；在模型 2 中，加入 EN 的平方项，EN^2 的回归系数为 1.482，显著性概率为 0.000（$p < 0.01$），数据结果进一步表明探索型专利合作网络模式与企业创新绩效之间存在"U"形曲线效应，出现"U"形曲线效应的原因可能是探索型专利合作网络注重合作广度，当企业的合作深度较小时，企业对合作网络中知识获取和资源增值的有效性不高，对企业创新绩效无显著的促进作用。但随着企业合作范围的逐渐增加，企业不断积累合作经验，形成新的合作机制降低合作风险以及提高知识吸收能力和资源配置能力，对企业创新绩效产生促进作用。在模型 3 中，利用型专利合作网络模式（UN）的回归系数为 0.667，显著性概率为 0.001（$p < 0.01$），结果表明利用型专利合作网络模式对企业创新绩效产生正向影响；在模型 4 中，加入 UN 的平方项，其回归系数为 -1.684，显著性概率为 0.010，进一步分析得出利用型专利合作网络模式与企业创新绩效之间存在倒"U"形曲线效应，本书对此解释为"利用型"专利合作网络模式中企业只注重同少数企业开展深入合作，忽略合作广度，受现有合作企业技术创新水平的限制，在后期会阻碍企业创新绩效的提升。在模型 5—模型 7 中，考虑紧密型专利合作网络中企业年限这一控制变量对企业创新绩效的影响，也引入 CN 平方项进行曲线效应分析，结果表明紧密型专利合作网络正向影响企业创新绩效，但曲线效应不明显。对紧密型专利合作网络模式与企业创新绩效之间曲线效应不显著，可认为紧密型专利合作网络模式具有合作范围广、合作频次深的双特征，横向看当企业与较多不同类型的伙伴进行专利合作时，企业可以获得更多的异质性网络资源，有利于企业获取、吸收新的知识；纵向看当企业与已有合作者进行更深入合作时，更有利于资源整合的有效性以及技术运用的成熟性，进而双向促进企业进行创新活动，提升企业创新绩效。在模型 8 中松散型专利合作网络模式（LN）的回归系数为 -0.406，显著性概率为 0.001（$p < 0.01$），结果表明松散型专利合作网络对企业创新绩效产生负向影响。

回归分析实证研究结果表明，四种专利合作网络模式对企业创新绩效的关系符合预期，假设 4—假设 7 得到验证。"探索型""利用型""紧密型"专利合作网络模式正向影响企业创新绩效，且探索型专利合作网络模式与企业创新绩效之间存在"U"形曲线效应，利用型专利合作网络模式与企业创新绩效之间存在倒"U"形曲线效应。下面进一步讨论网络能力在不同专利合作网络模式与企业创新绩效间的中介效应。

在网络能力中介效应分析中，实证结果表明网络能力在探索型、利用型和紧密型三种专利合作网络模式对企业创新绩效的影响中起完全中介作用，假设 8a—假设 8c 得到验证。这一发现补充了综合考虑网络位置及网络关系的企业网络能力对企业创新绩效影响的考察。不同模式的专利合作网络中较强网络能力的拥有企业通过自身占据的独特的网络中心位置以及拥有的网络关系，使企业能够有效地跟踪产生于专利合作网络中的新技术，保持企业对获取外部新技术的敏感性，进而提升企业创新绩效。对于专利合作网络模式的制造型中小企业而言，只有依托于强有力的网络能力才能有效提升企业创新绩效。在专利合作网络中，强网络能力能够帮助企业占据网络中最优的位置，高效识别整合外部网络所拥有的信息和知识，更易于建立有价值的合作关系，增强广度与深度双向合作。如果企业不具备较强的网络能力，难以巩固自身位置，既不利于企业与合作伙伴的互动与合作，进而无法有效评估利用外部网络资源，也不利于企业创新绩效的提升。由此，网络能力在三种专利合作网络模式对企业创新绩效的影响中起完全中介作用得到解释。

研究结论中关于吸收能力的调节效应的研究结果强调了吸收能力在专利合作网络模式通过网络能力影响企业创新绩效中的正向调节作用。实证结果表明，吸收能力在利用型和紧密型专利合作网络模式通过网络能力影响企业创新绩效的过程中发挥显著的调节效应，且吸收能力越强，调节效应越显著，假设 9b 和假设 9c 得到验证。但在探索型专利合作网络模式中，吸收能力的有中介的调节效应并不显著，假设 9a 未得到验证。该假设未得到验证的原因可能是在探索型专利合作网络中，企业合作频次较低，企业无法构建强大的吸收能力，而有限的吸收能力无法通过知识获取和资源配置来巩固自身网络位置，改善网络能力，不利于企业创新绩效的提升。而且探索型专利合作模式的高合作广度意味着可能导致企业对外部网络资源技术过度依赖而出现"空心化"，更难以利用网络能力来促进与已有合作者的深入合作。

二 讨论分析

专利合作已成为制造型中小企业合作创新的重要形式，研究基于专利合作的广度和深度对专利合作网络二元结构划分,将制造型中小企业专利合作网络划分为强探索型专利合作网络、强利用型专利合作网络、弱探索型专利合作网络和弱利用型专利合作网络四种模式,从网络拓扑结构特征来看,强探索型专利合作网络和强利用型专利合作网络要优于弱探索型专利合作网络和弱利用型专利合作网络。研究发现,地理接近性在专利合作网络形成中发挥了正向推动作用,地理位置上的接近能够方便合作企业之间知识的交流,在创新过程中分享所需的隐形知识。但是,地理接近性对专利合作企业间的合作创新程度的回归系数较小,因而不是提高企业间合作创新程度的重要因素。社会接近性在专利合作网络的形成中发挥更为重要的正向影响,通过加强专利合作主体之间的人员交流能够克服因距离产生的障碍,提高合作的频率,进而推动企业的合作创新程度。但是,研究发现,技术接近性虽然能够降低技术合作的不确定性,加强在特定技术领域内进行的专利合作,但对于希望通过拓展专利合作范围来提高合作创新能力的制造型企业具有一定的阻碍作用,不利于企业开展技术多元化的合作创新。

  本书对制造型中小企业管理和开发专利合作网络资源提出以下建议:一是优化专利合作网络结构。发挥地理接近性和社会接近性对制造型中小企业专利合作网络的合作创新程度的正向影响,依托高技术产业集群,促进创新链与产业链各环节横向耦合;构建专利合作网络平台,促进创新链与产业链的纵向耦合,集聚创新资源,提升制造型中小企业的合作创新程度。二是推动多重知识网络嵌入发展。通过对专利合作网络中的专利权人或发明人关联关系、专利技术关联关系,挖掘企业未曾利用的专利合作资源的"蓝海"。多重专利合作网络模式的建立和应用有助于发挥专利战略的作用,为企业专利研发的投资战略、技术转移战略和专业化创新战略等提供实时动态的决策参考。三是扩大企业专利合作的辐射范围。高广度和高深度的强探索型专利合作网络对企业的创新合作提升最为明显,各制造型中小企业间应加强交流合作。事实上,整合创新绩效的评价包含了创新产出绩效中的经济效益和社会效益等,因此,后续研究有必要把专利数据与市场价值数据相结合,综合考察探索型专利合作网络和利用型专利合作网络对企业整合创新绩效的影响机理和演化机制(王黎萤、张迪,2019),不同的专利合作网络对企业创新绩效的影响是不同的(Liying Wang、Yan Wang、Yuan Lou、Jun Jin,2019)。

第十三章　平台治理与制造型中小企业创新生态

互联网平台经济时代，大企业的创新生态为制造型中小企业的创新发展带来新的契机和整合式资源。但平台自身仍有一系列发展问题，不容忽视的是，共享经济下的共享平台尽管通过降低搜寻与交易成本，最大限度地减少供需双方信息不对称，进而增进消费者福利，但在实际运营层面却引发种种突出的社会问题，比如用户信息安全问题、消费者健康问题、环境问题与市场竞争秩序问题（戚聿东、李颖，2018），需要开展有效的平台治理以更好地推进制造型中小企业在其内外部的创新生态。国际一流科技创新平台具有高端要素高度集聚、企业培育能力强、专业化分工明确、政策开放度高等特点。创新增长极培育应该加强平台建设与要素配置的战略布局，加快平台型经济发展，系统构建制造型中小企业创新生态圈（包海波，2016）。

第一节　研究背景

一　平台治理问题的现状

随着人类由传统的工业经济时代迈入互联网平台经济时代（Grewal et al., 2010），以 Uber 和 Airbnb 为代表的共享型商业模式（Mair and Reischauer, 2017）正在全球掀起新一轮的新经济革命，大大拓展了社会资源的配置效率，为人类的生产生活带来了突破性变革。共享经济被认为是企业可持续商业模式的现实经济形态，有助于企业与产业层面实现可持续发展（Daunoriene et al., 2015）。作为一个新经济模式，共享经济的核心是盘活存量经济，对闲置资源开展再利用。但现实是，越来越多的共享平台商业实践将价值共创与共享活动转化为纯粹营利性的商业模式，不仅通过平台兼并甚至对进入者进行扼杀的方式，获取市场垄断地位并攫取巨额的垄断性经济财富，导致商业平台内双边用户之间的社会责任行为异化问题屡禁不止，给经济社会发展带来不良影响。更有甚者，一些新兴平台的供给侧用户群体急于吸引需求侧的网络规模，从而向市场中处于优势地位的平台进行用户"寻租"，如淘宝平台卖方用户的恶意刷单炒信誉获取虚假好评，这种平台双边用户的社会责任缺失行为与"寻租"互通导致了"劣币驱良币"的市场逆向选择效应。

平台型企业打造的创新型共享平台在共享经济中发挥了重要的支撑作用。因此，共享经济发展中出现的众多社会问题，不同程度上都与平台型企业的社会责任缺失和行为异化相关联。一方面，平台型企业在自身的商业行为中存在诸多社会责任缺失或异化问题，对经济社会发展带来严重危害。例如，"魏则西事件"中百度通过竞价排名将用户的搜寻路标引向邪恶与欺骗（凌永辉、张月友，2017）；滴滴平台"空姐深夜打车遇害事件""乐清女孩滴滴打车遇害事件"的背后实质是滴滴平台丧失基本的安全底线责任，为平台内司机用户实施违法行为提供了机会；外卖平台存在严重的消费者信息安全问题，出现大量用户信息非法泄露与倒卖的社会责任缺失事件；平台之间的恶性竞争或利益共谋经常出现，典型的是腾讯 QQ 强迫用户在 QQ 与奇虎 360 之间"二选一"，以及腾讯 QQ 与今日头条之间的"头腾大战"。另一方面，平台型企业对双边用户的不负责任行为缺乏管理，导致双边用户依托平台进行的供给或消费行为对经济社会产生不利影响，形成平台型企业的第二层次社会责任缺失问题。突出的例子包括共享单车运营商对用户的不合理和不恰当使用行为缺乏规制、直播平台对主播与用户的非法行为缺乏管制、网购平台对假货或刷单行为缺乏治理、网络订餐平台对"三无"外卖商家的审核机制形同虚设。正因如此，对共享经济的规制问题成为学术界关注的焦点（Heinrichs，2013），诸多学者对共享经济下的平台型企业社会责任缺失或异化问题进行了探索性研究。平台型企业兼具企业个体的"经济人"属性与平台场域内"社会人"角色，在平台场域内生成并赋予的公共权力逐步增大（李广乾、陶涛，2018），加之传统监管体系无法及时进入平台"自留地"，容易形成监管"黑箱"而诱发社会责任行为的缺失与异化，因此创新监管方式、优化内部治理成为近些年来针对平台型企业社会责任规制的研究重点。

二 平台治理的内外部分析

对于外部监管，主要有三种研究视角：从单一政府监管主体角度，提出监管制度的创新需要政府坚持底线思维，对于共享平台型企业要着力解决信息泄露与个人安全隐患等底线问题（刘奕、夏杰长，2016）；从"政府+行业协会"双重主体角度，提出发挥各自不同优势进行合作监管，实现对平台用户权益保护与规范平台型企业市场竞争秩序（Scott，2002）；从更多主体角度，提出要建立平台型企业、行业社会监督与政府监管的多重共治格局，构建以平台型企业的私人监管为主、辅之以公共监管的新体系（王勇、冯骅，2017），或者"政府法治、企业自治、社会共治"的治理架构（宣博、易开刚，2018）。对于内部治理，由于以科层制政府为主体对平台型企业的监管制度具有严重的滞后性，难以适应互联网平台场域内的复杂动态管理情景，因此需要从平台型企业内部管理视角寻求平台对双边用户群体的行为治理解决方案。比如，通过平台交易流程、签订交易合同契约以及规定平台双边用户的责任来改变双边用户之间的行为博弈策略，减少双边用户之间的道德风险与机会主义行为（吴德胜，2007）；平台型企业通过内部管理模式创新，由基于科层雇佣或契约产权的传统管理模式走向基于优势互补、合作分工以及契约产权兼具的平台温室管理模式，增强平台型企业对平台内用户的行为控制能力（汪旭晖、张其林，2016）。

三 企业创新生态与平台治理

面对快速变化的全球化市场，企业必须建立一种能够与相关企业、机构紧密合作的价值关系网络，这就是企业创新生态系统。核心企业通过整合创新资源，建立利益分配链，实现与其他相关企业和机构在知识、信息、技术、渠道等方面上的共享和相互依存，从而适应环境的选择并获得竞争优势（汤易兵、王黎萤、姜艳，2014）。在科技进步、国际竞争、生态发展等的驱动下，企业、大学和科研院所等的创新活动组织形态和政府创新政策都开始发生重要变化，创新生态系统随之兴起，并对创新的理论

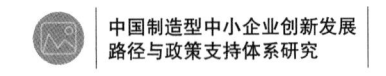

研究、创新模式的演进、创新产业的发展、产业创新综合体建设、创新型国家（区域、城市）建设等产生深远而广泛的影响。

企业生态系统的演变和发展壮大，带来了一系列的平台治理问题。如何平衡参与方的利益分配及多方合作模式路径，如何更好地落实平台内企业社会责任履行成为一个重点问题。无论是外部监管视角还是内部治理角度，现有研究对解决平台型企业社会责任缺失或行为异化问题提供了有益思路，但也存在明显的局限性和不足：一是目前平台型企业社会责任的内涵还未界定清晰。新经济模式下，平台型企业需要承担的社会责任内容具体是指什么？涉及的社会责任的内容边界包含哪些？这是一个前置性的学术疑惑。一方面，内容边界界定是判断平台型企业是否违背社会责任的前提和基础，据此才能合理确定平台型企业社会责任缺失或行为异化的治理对象和治理层次；另一方面，平台的连接性、共享性和生态性决定了平台型企业社会责任与传统企业有很大的差异性，其社会责任不仅是自身行为的尽责，更重要的是确保平台连接各方的行为对社会负责任，因此其社会责任内容边界的界定至关重要。然而，非常遗憾的是，目前对平台型企业社会责任的内容边界界定缺乏研究，尤其是系统性的研究。二是现有研究中的外部监管视角重点关注外部主体对平台型企业或其双边用户的直接监管，本质上属于点对点的原子式治理范式；而内部治理视角则聚焦于平台型企业对平台接入各方的行为规制，本质上属于传导式的线性化治理范式。无论是原子式治理范式还是线性化治理范式，都属于社会责任的传统治理范式，难以完全适用于日趋复杂化与非线性化的平台新情境。企业社会责任问题从个体语境、群体语境演变到平台语境，以及平台经济背景下企业社会责任问题的多重主体性、强危害性和治理复杂性（宣博、易开刚，2018），都要求对平台型企业社会责任的治理范式进行创新，对此现有研究显然仍留有较大空间。研究从企业与社会关系理论、利益相关方理论、双边市场理论、生态系统理论出发，沿着"情境变化—角色变化—责任变化—行为变化—治理变化"的逻辑思路，结合运用归纳法和演绎法，对平台型企业社会责任的内容边界与生态化治理范式进行尝试性探寻，希冀能够研究出破解平台型企业社会责任缺失或行为异化难题的治理之道。

第二节　相关理论与构念

一　内容边界再界定：平台型企业社会责任治理的逻辑起点

新形势下，平台型企业社会责任的内容边界是判断各领域平台型企业市场行为是否符合社会责任规范的重要依据，同时也是平台型企业社会责任外部规制和内部治理的重要基础。然而，现实中平台型企业社会责任的内容边界混乱，缺乏清晰界定，不仅在很大程度上造成平台型企业履行社会责任的困惑，引致众多平台型企业社会责任缺失或异化行为发生，而且导致平台型企业社会责任的治理出现盲目性和无序性，引发严重的治理失效。因此，重新厘清和科学界定平台型企业社会责任的内容边界极其必要和关键。

（一）平台型企业社会责任的复杂性与特殊性

科学界定平台型企业社会责任的内容边界，基本前提是要对平台型企业社会责任形成清晰透彻的认知，尤其是要准确理解平台型企业社会责任的复杂性与特殊性。虽然企业社会责任在元定义和理念层面上具有普适性，但在现实操作层面却因企业的关键特质差异而呈现出异质性。平台型企业作为独特的新兴组织范式，由传统企业所面对的单边市场走向双边市场，形成以平台为链接的双边市场结构（Kaiser and Wright，2006），将众多不同类型主体吸引到平台商业生态圈，并在平台商业生态圈中处于主导地位。因此，平台型企业相对传统企业更为复杂、更加社会化，其社会责任自然也不完全等同于传统企业社会责任，表现出复杂性和特殊性。

1. 关系多层性

企业社会责任产生的逻辑起点是企业与社会之间的关系，不同的关系认知将会带来不同的企业社会责任观。传统上，企业社会责任被认为是企业个体承担的社会责任（肖红军等，2015），即隐含地假设企业是个体企业角色。相应地，企业与社会之间的关系是企业个体直接嵌入于社会，企业社会责任产生于企业个体对社会的"影响"（ISO，2010）、"综合社会契约"（Donaldson and Dunfee，1994）和"最大化社会福利贡献"（李伟阳、肖红军，2011），或者社会对企业个体的"期望"（Carroll，1979）。显然，平台型企业不仅仅是个体企业，以个体形式直接嵌入于社会，更重要的是通过平台连接形成自我组织、自我生长、自我进化、自我迭代的平台商业生态圈（刘江鹏，2015），以生态圈形式嵌入于社会。这意味着平台型企业与社会之间的关系呈现两条路径，即"企业个体→社会"和"企业个体→平台商业生态圈→社会"。因此，平台型企业的社会责任呈现三个层次，即作为企业个体对社会承担的责任、作为平台运营商对平台商业生态圈承担的责任、作为平台运营商对社会承担的责任，它们分别表现为作为独立运营主体的社会责任（第Ⅰ层次）、作为商业运作平台的社会责任（第Ⅱ层次）和作为社会资源配置平台的社会责任（第Ⅲ层次）。

2. 主体多元性

平台商业生态圈中数量庞大的参与主体具有自身特质和角色功能的多元性、异质性、复杂性，并且它们依托产品、物流、资金、数据、信息、技术、专长等要素在平台商业生态圈中相互交织、相互嵌套、相互耦合，形成动态非线性的共生共演关系网络。多元参与主体与非线性关系一方面直接增加了平台型企业社会责任的复杂性，不仅拓展了"作为独立运营主体的社会责任"和"作为商业运作平台的社会责任"的内容范畴，更是要求平台型企业有效平衡和管理相互交织甚至相互冲突的利益相关方群体或议题；另一方面也推动平台商业生态圈与社会之间关系的复杂化，不同参与主体承担责任内容和责任强度的差异导致形成圈层式的社会责任网络（宣博、易开刚，2018），间接加剧了平台型企业社会责任的复杂度。

3. 影响跨边性

同边网络效应和跨边网络效应是双边市场的基本特征，特别是跨边网络效应成为双边市场区别于传统市场的最根本特征（Evans，2003），是平台运营的关键所在。平台型企业针对任何一边市场用户的决策或市场行为都可能会对另一边市场用户产生影响，而另一边市场用户的行为反应反过来又会影响这一方市场用户的再次决策和市场行为，如此不断循环，就会形成平台型企业决策或活动在双边用户之间的非线性、正反馈的影响传递（周丹、阳银娟、周泯非，2018）。由于企业社会责任强调对企业运营所产生的社会和利益相关方影响进行管理，因此跨边网络效应显著增加了平台型企业针对双边用户的影响管理难度，即进一步增强了平台型企业社会责任的复杂性。平台型企业在履行对某一方市场用户的社会责任时，需要周全地考虑对另一方市场用户承担社会责任的影响，以及可能出现的互动循环影响,避免出现严重的"责任悖论"和责任冲突。

4. 功能社会性

无论是基于用户类型差异区分的联络型平台、交易型平台和信息型平台(陈宏民、胥莉,2007),还是根据双边市场特点划分的市场制造型平台、需求协调型平台和受众制造型平台(Evans,2003),都说明平台的设立在某种程度上是为了解决特定的社会问题、满足特定的社会需求,平台的联络、交易、信息功能均表现出很强的社会性和公共性。例如,饿了么、美团等网络订餐平台有其交易性和平台商业服务的一面,同时还具有服务全体社会公民,面向公民日常生活的民生性的一面,因此常常被认为是比较典型的有一定社会功能性的平台型企业。平台的社会性和公共性一方面意味着社会对平台型企业履行社会责任具有更高的期许,平台型企业更应强调和重视社会价值创造;另一方面还意味着平台型企业履行社会责任的行为会受到广泛的社会关注和监督,平台型企业需要保持更高的公众透明度和更多的社会沟通。

5. 边界动态性

平台从诞生到成熟的演化过程意味着平台商业生态圈的边界不断变化,而平台型企业对商业模式的调整与创新也会引致平台商业生态圈的边界调整,随之而来的则是平台型企业的组织边界呈现延展或收缩。平台商业生态圈的边界调整往往意味着生态圈中生态位的构成更加复杂多元,平台型企业的社会嵌入方式发生变化,其"作为商业运作平台的社会责任"的内容范畴也会相应变化。与此同时,按照"责任铁律"原则,企业边界的动态调整必然引起平台型企业承担社会责任的强度发生变化,平台型企业社会责任的整体性边界将会随之"位移"。此外,由于平台型企业是一种新型组织范式,社会对平台型企业的认知处于不断深化中,相应的制度建构也处于初级阶段,对于平台型企业的道德伦理期望和履行社会责任预期都呈现动态变化趋势,因此平台型企业社会责任必将随着认知深化和预期变化而动态调整,其内容范畴和行为边界也会进行匹配性重塑。

(二)平台型企业社会责任内容边界的界定逻辑

对平台型企业社会责任内容边界的科学界定,需要重新审视传统企业社会责任内容边界界定方法的适用性与局限性,厘清、构造符合平台型企业社会责任运行规律和特点的内容边界界定逻辑与方法。

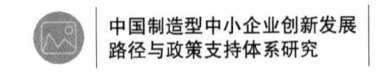

1. 传统企业社会责任内容边界界定方法的再审视

传统上，企业社会责任内容边界的界定主要有三类方法：一是定义衍生法，即由对企业社会责任概念的理解推导出企业社会责任应当包含的内容。二是本质推导法，即由对企业本质的认知推导出企业社会责任应当包含的内容。三是标准设定法，即选择某个元素作为企业社会责任的合意性标准，据此推导出企业社会责任的内容范畴。

虽然目前对于企业社会责任内容边界的界定方法存在明显分歧，但总体上都属于逻辑推演方法，即基于不同逻辑起点对企业社会责任进行认知并界定相应的内容边界。这一方法提供了企业社会责任内容边界的确定逻辑、界定思路甚至基本架构，能够展示清晰的逻辑链条，具有延展性和整体感，在方法论上具有普适性。但是，无论是定义衍生法，还是本质推导法，抑或是标准设定法，现有企业社会责任内容边界的界定方法都存在两个方面的局限性：一是隐含一个前置性假设，即企业是个体企业角色，企业与社会之间存在单层的直接嵌入关系，因此对于具有多重角色、多层嵌入的平台型企业并不完全适用。二是止步于和局限于界定企业承担社会责任的内容范畴或领域，普遍缺乏对各项内容领域承担责任的程度界限进行识别。然而，企业社会责任的基础性问题包括由"谁负责""对谁负责""负责什么"和"负责到什么程度"（周祖城，2011），清晰的企业社会责任内容边界应当涵盖"对谁负责""负责什么"和"负责到什么程度"。显然，现有企业社会责任内容边界的界定基本上都只回答了"对谁负责"和"负责什么"，对于企业应该"负责到什么程度"却很少涉及或是纳入计量的范畴，因此并不完整和充分。

2. 平台型企业社会责任内容边界界定的"三层三步法"

对平台型企业的三个层次社会责任分别界定内容边界，但均可采用逻辑推演方法。界定的基本过程包括三个循序渐进的步骤：首先，对每个层次社会责任的运行逻辑进行挖掘，识别出每个层次社会责任内容边界界定的基本依据；其次，根据识别出来的逻辑起点，推演出每个层次社会责任的内容构架与模块，形成每个层次社会责任的内容范畴；最后，针对每个层次社会责任的内容模块，识别平台型企业应当担责的程度，两者组合构造出更加细化的内容边界。由此，形成平台型企业社会责任内容边界界定的所谓"三层三步法"。

需要指出的是，对于担责程度，传统企业社会责任既有依据责任内容属性区分为底线责任和共赢责任（李伟阳，2010），或者底线责任和超越底线责任（周祖城，2011），也有按照责任约束程度区分为必尽之责任、应尽之责任和愿尽之责任（李伟阳、肖红军，2008）。以上三种分类方式并没有很大差异，其间存在着一定的——对应关系，底线责任与必尽之责任相对应，共赢责任或超越底线责任则涵盖应尽之责任和愿尽之责任。对于平台型企业在各个社会责任内容模块上的担责程度识别，从低到高将采用"底线要求""合理期望"和"贡献优势"三个层级。底线要求指的是法律底线、合规底线、道德底线，包括禁止类事项和强制类事项，属于"不可为"和"不可不为"的要求范畴；合理期望指的是利益相关方和社会对平台型企业在某个社会责任内容模块上的合理诉求、正当要求、理性预期，与"应尽之责任"类似，属于"全力为"的要求范畴；贡献优势指的是平台型企业在某个社会责任内容模块上拥有冗余和可动用的资源、能力与优势，但缺乏相应的利益相关方和社会期望，企业在使命和价值观的指引下，自愿开展前瞻性的、创新性的负责任行动（肖红军，2017），产生更大范围、更高层次的社会价值和共享价值，是"愿尽之责任"中的理性部分，属于"可以为"的要求范畴。

（三）平台型企业三个层次社会责任的内容边界

运用"三层三步法"，结合平台型企业社会责任的普遍运行规律和独特性，即可分别界定平台型企业"作为独立运营主体的社会责任""作为商业运作平台的社会责任"和"作为社会资源配置平台的社会责任"的内容边界，从而整合形成平台型企业社会责任的完整内容边界。

1."作为独立运营主体的社会责任"内容边界

平台型企业作为独立运营的个体企业，与传统的一般性企业具有相似性，都是直接内嵌于社会中、经济功能与社会功能兼具并相互交融的社会经济组织。对于个体企业，虽然界定企业社会责任内容边界的逻辑起点有"期望""影响""契约""福利贡献"等多样化观点，但它们在底层逻辑上都收敛于"企业功能"，即企业在经济社会中的功能定位。即使是本质推导法，由于企业本质的核心必然回归于企业在经济社会中的功能定位，因此基于这一方法的企业社会责任内容边界界定也被认为是以企业的功能定位为逻辑起点。无论是历史视角还是现实逻辑，个体企业在经济社会中应然的功

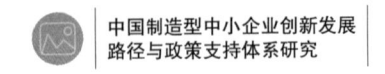

能定位主要包括两个方面,即提供社会所需产品和服务的核心社会功能、提供人与人(利益相关方)交往载体的衍生社会功能(李伟阳,2010)。

平台型企业的核心社会功能即提供的产品和服务是链接双边市场的"平台",这意味着平台型企业"作为独立运营主体的社会责任"首要是为社会创造与提供高效、有效、满意、合意的"平台"。平台提供责任的"底线要求"层级是平台开发与运营需要满足法律法规要求,不违背社会道德底线。平台提供责任的"合理期望"层级是平台型企业需要满足社会和利益相关方对平台功能与服务的合理要求,通常包括平台的适用性、安全性、可靠性、便捷性、开放性、友好性和扩展性等。平台提供责任的"贡献优势"层级是平台型企业以平台为载体,开展社会并没有预期、具有前瞻性的高阶功能与服务创新,如拓展平台的非商业性社会服务功能。

2. "作为商业运作平台的社会责任"内容边界

平台型企业依托互动性交易平台形成嵌入于社会的平台商业生态圈,因此平台型企业的社会责任不仅是要保证自身行为对社会负责任,而且需要确保平台商业生态圈的运行符合社会责任要求。平台商业生态圈的社会责任行为来自于所有生态圈成员的负责任行动,而生态圈成员履行社会责任除了自律机制外,生态圈内的社会责任"他治"机制十分关键。平台型企业作为平台提供商和平台管理者,在平台商业生态圈中处于关键性的中心位置,属于网络核心型主体,能够对生态圈成员产生较大影响(阳银娟,2017)。平台型企业在平台商业生态圈中的影响力决定其无法按照"避风港原则"和"技术中立"规则行事,而是需要按照"责任铁律"要求和权责一致原则承担起平台治理责任,即对生态圈成员的负责任行为进行约束性规制和激励性支持。这意味着影响力是平台型企业"作为商业运作平台的社会责任"内容边界界定的逻辑起点,平台型企业承担的平台治理责任范畴和程度取决于它在平台商业生态圈中的影响对象范围和影响强度(郑胜华等,2017)。理论上讲,平台型企业对能够施予影响的生态圈成员均有行为治理之责任,但现实中受平台型企业影响最为直接的当属平台的双边用户,因此对于平台型企业"作为商业运作平台的社会责任",最为重要和社会最为关注的内容是对平台双边用户负责任行为的治理责任。这一责任边界的界定需要综合"红旗原则"和责任分担原则、责任有限原则,避免陷入边界超越和边界落差的陷阱(肖红军,2017)。

3."作为社会资源配置平台的社会责任"内容边界

平台型企业作为平台运营商,其承担的社会责任不能局限于独立运营个体的负责任行为,也不能满足于对平台商业生态圈的治理责任,而应在更高层次上定位平台的社会功能,即不仅仅是商业性平台,而且是对平台场域内资源和社会资源聚合、整合与优化配置的平台。事实证明,一切具有双边及多边市场属性的商业生态平台都具有相当的社会功能属性,需要承担社会大众赋予其的"社会公民"角色并接受社会大众的监督。其中,最有效的提供广泛社会主体关注金字塔底层(BOP),共同参与并解决社会问题的方式就是尽可能发挥商业平台的资源融合与配置功能。因此,平台型企业的高阶履责突破了传统的独立自履范式、合作自履范式和价值链履责推动范式,成为社会资源整合配置平台,形成新型的平台化履责范式(肖红军,2017)。平台化履责的关键在于发挥平台型企业对平台商业生态圈成员和广泛社会主体的聚合力,催生他们贡献各具优势的爱心资源、要素资源、知识专长和专业能力的意愿与行动,并通过在平台上的整合形成社会价值创造合力。这意味着聚合力是平台型企业"作为社会资源配置平台的社会责任"内容边界界定的逻辑起点,平台型企业对社会资源的聚合范围和程度决定其平台化履责的能力与范畴。因此,平台型企业实施平台化履责的重点包括平台商业生态圈内的社会资源整合,以及商业平台延展成为社会型平台而对全社会资源的聚合。

平台型企业可以将平台商业生态圈作为基础,采取转化战略实施平台化履责(肖红军,2017),即重新整合与配置平台商业生态圈内的社会资源,共同参与和落实公众关注的社会问题,将平台商业生态圈打造成为解决特定社会问题的履责平台,从而通过提升平台界面内资源共享程度而增进社会价值创造水平(汪旭辉、张其林,2017)。此外,平台型企业也可以依托商业平台搭建社会型平台,聚合与配置多元社会主体共同解决社会问题,以便通过平台化资源配置模式实现更高的社会价值配置效率。

无论何种形式,平台化履责的"底线要求"层级是平台型企业必须合法合规、规范性的操作,严格遵循特定社会问题的相关法律法规,高标准、严要求地确保符合社会活动运作规范的要求,坚决反对和禁止"以公益之名谋个人之私"的伪社会责任行为。平台化履责的"合理期望"层级是平台型企业需要回应社会公众和参与各方对社会化履责平台运作的关

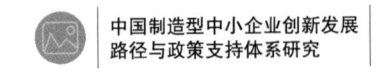

注，包括透明运营、可持续发展机制、更优的运作效率、更高的解决社会问题水平、更大范围的社会参与。平台化履责的"贡献优势"层级是平台型企业基于相对优势的分工原则，最大限度激发多元社会主体针对特定社会问题的优势潜能，同时科学定位履责平台的功能优势，与社会上其他履责平台开展充分合作，最大限度发挥履责平台现实的和潜在的相对优势，最大化地对解决社会问题和增进社会福利做出贡献。

二 治理错位与失效：社会责任传统治理范式与平台情境的冲突

由于对社会负责任和违背社会责任两种行为倾向往往共存于企业内部（Krishnan and Kozhikode，2015），因此企业社会责任治理的核心是最大限度触发企业对社会负责任的行为偏好，同时最大限度抑制企业违背社会责任的行为倾向。基于此，在传统的个体语境和群体语境下，现实中涌现出点对点的原子式社会责任治理、传导式的线性化社会责任治理和联动型的集群式社会责任治理等多种范式。然而，随着平台经济的不断兴起和快速发展，这些传统的企业社会责任治理范式被移植到平台情境时，效果却不尽如人意，表现出明显的错配和失灵。

（一）点对点的原子式社会责任治理

原子式社会责任治理是施体组织对受体组织的行为合乎社会责任性进行直接干预的治理范式，既包括对受体组织负责任行为的激励支持，也涵盖对受体组织失责行为的监督规制。原子式社会责任治理本质上是一种单边治理方式，表现为施体组织对受体组织的点对点治理，并在社会整体域中形成多个点状星型图式的治理布局。

1. 原子式社会责任治理的深层机理

原子式社会责任治理隐性地假设"企业—政府—社会"动态关系系统和"市场—国家—公民社会"三元社会模式的存在。相应地，企业社会责任就是企业、政府、公民社会三元互动演化的结果。虽然互动演化刻画出三者之间的相互关系，但在治理层面仍然表现为点对点的原子式单向关系，即企业社会责任治理显性化为企业自身的"个体自治""政府—企业"的"政府治理"（阳镇、许英杰，2017）和"公民社会—企业"的"社会治理"（杨春方，2012）三种形式。

"个体自治"是一种特殊的原子式社会责任治理形式,其施体组织和受体组织都是企业自身,表现为企业个体自我行动、自我规制和自我管理,形如一个原子在自我运动。"个体自治"潜在地承认企业社会责任的承担主体是企业,自我驱动和使能(Enable)因素才是企业践诺社会责任的关键。"个体自治"旨在让企业全体参与者对企业自身社会责任的合法性和正当性形成心理认同,主要涉及企业伦理与道德力量的觉醒、企业内部利益相关方相互关系的重新定位、也允许企业具有一定程度的社会责任工具理性动机,强调培育企业自身完成社会责任的动力机制(Quinn and Jones,1995)。"个体自治"的核心是企业构建合意的社会责任管理机制,推动企业向融合私营部门和公共部门双重运行逻辑的共益企业(Hiller,2013)转型,以便通过全员参与、全方位覆盖、全过程融合的方式实现社会责任的认知性嵌入和制度性嵌入、议题嵌入和管理嵌入,防止"社会脱嵌"(肖红军、阳镇,2018),既保证根治"失责"行为倾向,又最大限度增进"负责"运营实践。

"政府治理"是一种在世界各国广泛运用的原子式社会责任治理形式,其施体组织是政府部门,受体组织则是企业个体,反映出政府的公共管理职能和对企业的影响力。"政府治理"意味着企业社会责任不再是单纯的私域活动,其内含的"主题"或"聚焦领域"很多都具有公域性质(Lozano et al.,2008),需要政府直接或间接地介入。"政府治理"要求政府以"元治理者"的身份推动企业形成合意的"个体自治",方式则包括意识增进、激励支持、合作、强制性要求(Fox et al.,2002)。政府治理采取的方式方法多样,可以作为管理者,采取自上而下的"命令与控制"式的强制性治理策略;也可以作为支持者和鼓励者,出台系列政策推进企业自愿或自治的社会责任治理策略;还可以是合作伙伴,通过共同参与和决策的方式推进企业的社会责任治理策略(Ho,2010)。"政府治理"虽然在社会责任政策规制上涵盖所有企业或某个域内企业,但在规制的具体操作上仍然是政府部门针对特定企业,表现为点对点的治理形式(见图13-1)。

"社会治理"是企业社会责任治理的"中间道路"或"第三条道路"(杨春方,2012),在公民社会发展比较成熟的国家属于主流性的原子式社会责任治理方式,而在公民社会相对落后的国家则是补充性的原子式社会责任治理形式。"社会治理"的施体组织是形形色色的非政府组织和其他公民社会组织,受体组织则是企业个体,表现为公民社会组织对企业个体的期望机制、压力机制和促进机制。"社会治理"意涵企业社会责任的"社会化",非政府组织和其他公民社会组织有必要、有能力对企业个体履行社会责任产生影响或发挥作用。"社会治理"有两种方式,即公民社会组织作为履责倡议者、标准制定者,对普遍性企业实施社会责任概念性治理,或者公民社会组织作为合作实施者、履责监督者,对特定企业施行社会责任可操作性治理。尽管如此,"社会治理"的具体落地往往是某个非政府组织或其他公民社会组织针对特定企业施予影响性行动,也呈现出点对点的社会责任治理形式(见图13-1)。

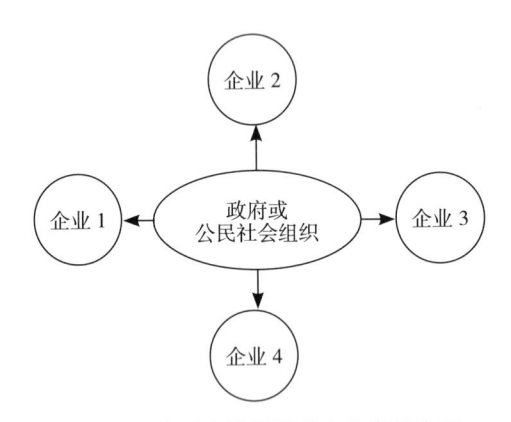

图13-1 点对点的原子式企业责任治理

2. 原子式社会责任治理在平台情境下的不适应性

相对企业的"个体自治","政府治理"和"社会治理"都属于企业社会责任"他治"行为,它们在个体语境下出现的诸多缺陷之于平台情境进一步放大,主要包括:一是信息不对称加剧,企业社会责任的"他治"难度陡然攀升。平台型企业和平台商业生态圈无论是在构造系统还是运行方式,复杂度较传统的企业个体都呈现指数级增长,外部主体对平台型企业和平台商业生态圈的社会责任直接治理将面对更大的信息不对称困境。二是边界动态性加剧,点对点的反应式"他治"无法有效应对。从平台商业生态圈来看,平台的自组织、自增强和高度开放性特征导致平台商业生态圈的成长边界经常处于动态变化中,尤其是推陈出新和频繁迭代的商业模式调整,更是加快生态圈成员类型与地位的变更。三是网络复杂性加剧,科层命令式与外部压力式"他治"的效率堪忧。平台商业生态圈既含有同边市场网络，又包含跨边市场网络；既有线上虚拟网络，又有线下实体网络，还有线上、线下一体化网络，网络化运作多元性、复杂性倍增。传统的单边治理范式不能简单移植到平台情境（汪旭辉、张其林，2015），原子式社会责任"他治"模式难以匹配平台商业生态圈的治理需要（见图13-1）。

"个体自治"依靠企业主体的自主、自觉、自悟和自力，属于自发式的社会责任自我规制与自我追求，它在理论上属于一种终极的理想治理范式，但在实践中却面临多重"悖论"与挑战，而在商业平台情境下，平台型企业的社会责任"个体自治"更是困难重重，具体包括：一是"赢"的主导性竞争思维促使平台商业生态圈成员完全聚焦于商业逻辑而忽视社会逻辑，社会责任"个体自治"缺乏内生动力。平台情境下的网络自增强效应和"赢者通吃"规律推动"尽快长大"战略（Get-Big-Fast）成为普遍性做法（Lee et al., 2016），加之来自平台内和平台间的激烈竞争，平台型企业关注的核心在于如何"赢"，无暇顾及平台商业生态圈行为的合乎社会责任性，很难自我内生出追求社会责任的动力。同时，由于买家个性化需求接入到平台并转变为大众需求后，平台商业生态圈将不得不放低门槛而使众多卖家进入来满足市场需求（汪旭辉、张其林，2016），结果是生态圈成员参差不齐甚至鱼龙混杂，并深受逐利的机会主义倾向影响，难以保证按照对社会负责任的要求行事。二是平台的准公共物品特征引致个体理性的集体行动非理性效应，社会责任"个体自治"难以奏效。平台功能的日益社会化和公共化意味着平台生态圈成员的个体理性行为很可能导致"公地悲剧""囚徒困境""集体行动逻辑困境"的出现，基于个体理性的社会责任"个体自治"未必能带来平台商业生态圈的集体性对社会负责任，也未必能实现真正地对社会负责任。三是资本控制甚至绑架催生平台的过度"资本思维"，社会责任"个体自治"容易被资本推手所抛弃。大量资本对平台经济的蜂拥而入致使平台行为的背后都有资本的影子，资本的逐利性对平台商业生态圈的规则构建和运行逻辑均产生深刻影响，过度"资本思维"之下很难自动实现社会责任的"个体自治"。

（二）传导式的线性化社会责任治理

企业履行社会责任的实践和行为会受到其在价值链中分工地位的影响

(Schmidt et al.,2017)。线性化社会责任治理是以价值链垂直分工为基础，以广义供应链为载体，依托供应链各节点企业之间环环相扣的链式关系，由某一节点企业发起或驱动，前一环节对后一环节行为的合乎社会责任性或相反的顺序进行治理，并沿着链条依次传导形成线性化的治理结构。这意味着虽然线性化社会责任治理在理论上存在于任何具有链式关系的构造系统，但现实中以供应链社会责任治理为主要形式，并反映于供应链社会责任治理的基本规律中，属于供应链群体语境下的社会责任治理范式。

1. 线性化社会责任治理的深层机理

线性化社会责任治理通常由供应链核心企业发起，利用上下游企业之间的价值链关系，逐级驱动节点企业进行社会责任认知传输、履责资源的关系协调与社会责任知识的转移，属于价值链的领导型治理（郝斌、任浩，2011）。根据供应链成员之间的连接形态不同，借鉴李维安等（2016）对供应链治理结构的划分，可以将线性化社会责任治理区分为单链式、树叉式和多链式三种结构（见图13-2）。单链式社会责任治理既包括由核心企业驱动的、针对上游企业"逆链而上"的社会责任逐级治理，即核心企业对一级供应商进行社会责任治理、一级供应商对二级供应商进行社会责任治理，如此依次推进，最终生成环环相扣的上游企业社会责任线性化治理；又包括由核心企业发起的、针对下游企业"顺链而下"的社会责任依序治理，呈现为核心企业对分销商的社会责任治理、分销商对零售商的社会责任治理，以及不同层级分销商之间的社会责任治理，最终形成层层传递的下游企业社会责任线性化治理。

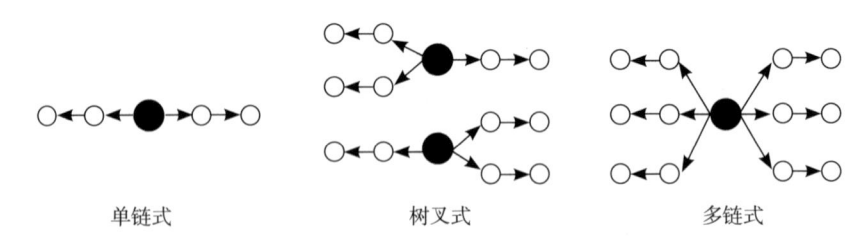

图13-2 线性化社会责任治理的三种结构

线性化社会责任治理的核心聚焦于三个方面：一是协调供应链成员的目标冲突，既包括成员自身对经济价值与社会价值追求的冲突协调，又包括不同层级节点企业相互之间在利益目标和责任目标上的冲突协调；二是抑制供应链成员的机会主义，即消除不同层级节点企业违背社会责任的侥幸心理与行为倾向；三是增进供应链成员的积极行动，即支持不同层级节点企业最大限度创造积极的共享价值。基于此，线性化社会责任治理在传统的供应链治理机制即利益分享机制和关系协调机制（李维安等，2016）基础上，进一步发展形成责任契约机制、责任激励机制、责任赋能机制和责任监督机制，具有双边治理特点。责任契约机制是供应链上相邻节点企业通过显性的合同契约形式，约定双方需要遵守的负责任行为准则。责任激励机制是依据节点企业的社会责任表现进行正向或负向的经济激励，因为收益共享可以规避节点企业履行社会责任的成本与收益不匹配问题（Hsueh，2014）。责任赋能机制是通过多种方式增强节点企业履行社会责任的能力与水平，比如建立伙伴对话关系能够提升供应商的社会责任表现（Van Tulder et al.，2009）。责任监督机制是前一级节点企业对下一级节点企业履行社会责任的行为表现进行直接监督，典型方式是企业社会责任审验。

2. 线性化社会责任治理在平台情境下的不适应性

线性化社会责任治理在形式上看似与价值链垂直分工高度匹配，但其固有魔咒和天然不足导致现实应用中经常出现种种问题，而复杂的平台情境进一步对线性化社会责任治理形成强烈冲击（见图13-2），主要表现为：一是平台商业生态圈成员的非线性化交互关系严重动摇了线性化社会责任治理的根基，即传统单向度的线性化影响关系在平台情境中受到颠覆。线性价值链及其衍生的序贯"影响"传递是线性化社会责任治理得以存在的前置性条件，但平台的同边网络效应和跨边网络效应使双边用户形成相互交织、相互嵌套、相互耦合的复杂关系，而平台商业生态圈中其他参与主体与平台型企业、双边用户之间也呈现出动态非线性的共生共演关系，因此线性化社会责任治理在非线性的平台情境中难以奏效。二是类科层制模式容易导致线性化社会责任治理的刚性低效，难以契合平台商业生态圈成员关系的民主化和去权威化需要。线性化社会责任治理从核心企业出发，"逆链而上"或"顺链而下"由上一层级企业通过责任契约、责任激励、责任赋能和责任监督向下一层级企业进行社会责任治理，并且上一层级企业对下一层级企业往往具有不同程度的约束影响和权威效应，从而形成具有隐性等级的类科层制治理结构。类科层制模式通常表现出科层制治理所固有的刚性和反应迟滞特征，特别是权威式的、强迫式的控制机制无法有效防止受治企业违背责任契约的机会主义，社会责任"伪合作模式"或"被迫合作模式"会导致线性化社会责任治理效率低下或无效。而且，平台商业生态圈中的高度扁平化和去等级化结构，意味着生态圈成员之间更加强调民主化和去权威化，线性化社会责任治理的类科层制模式显然难以适应平台情境要求。三是链式社会责任传导容易出现错位与失真，线性化社会责任治理的衰减效应甚至链条断裂现象经常发生。供应链上核心企业之外的节点企业，其相对下一级节点企业的优势地位和影响力可能远不如核心企业，结果是其对下一级节点企业的社会责任治理难以有效实现。以"核心企业为主导"的线性化社会责任治理，经过多层次的传递容易发生信息失真，形成贡献与收益的错位、监督与治理的错位、目标与内容的错位，出现执行损耗、结构损耗、驱动损耗与预期损耗，从而使供应链整体的社会责任治理不尽如人意，甚至导致难以预料的"蝴蝶效应"发生（吴定玉，2013）。

（三）联动型的集群式社会责任治理

集群式社会责任治理是具有一定产业关联、拥有共同特征的企业，采取联合行动、相互合作、共同监督地推进企业社会责任，形成集体性、群体式的社会责任联动型治理范式。集群式社会责任治理往往发生于产业集群情境或横向价值链中，前者是根植于共同地理空间（地理位置接近）的企业采取社会责任联合建设模式，形成"产业集群社会责任共建联盟"（张丹宁、刘永刚，2017），后者则是具有横向竞争性互惠共生关系（组织行为接近）的同业企业，采取"抱团"方式合作开展社会责任建设，形成行业性社会责任建设联盟。

1. 集群式社会责任治理的深层机理

集群式社会责任治理的前提是处于产业集群或横向价值链中的企业具有非线性的产业关联关系，它们以某种经济行为或社会关系进行联结，通过互动可以产生协同效应，而"套带"（Entangling Strings）关系使单个企业的力量会在企业边界之外受到削弱，个体目标的实现高度依赖于产业集群或行业整体的健康发展。一方面，由于产业集群或横向价值链中存在"一荣俱荣，一损俱损"和"覆巢之下，焉有完卵"的双重效应，因此作为"害群之马"的某一企业发生严重社会责任缺失事件，可能会导致整个产业集群或全行业的社会形象受损甚至崩塌，随之而来的必将是处于其中的其他企业利益受损或行为的合乎社会责任性遭受质疑。另一方面，由于产业集群存在"网络黏性"和"网络共振性"（张丹宁、唐晓华，2013）、横向价值链具有社会学习特点，因此企业社会责任缺失或伪社会责任行为的"涟漪效应"在产业集群或横向价值链中更为显著。某一企业的不负责任行为对于产业集群或横向价值链其他企业容易诱发"羊群行为"，导致产业集群或横向价值链的集体性社会责任缺失。正因如此，集群式社会责任治理的必要性和价值性才得以彰显。集群式社会责任治理之所以能够实现，是因为产业集群或横向价值链中某一企业具有直接或间接对其他企业施加影响的能力，交互影响使正协同将形成"社会促进效应"，负协同则会产生"社会惰化"（Social Loafing）（张聪群，2008）。

集群式社会责任治理的关键是产业集群或横向价值链企业共同制定与遵从统一的社会责任行为规则、共享与互动增进社会责任知识和能力、共商与联合开展解决特定社会问题行动、共建与协作维护联盟的负责任社会形象（见图13-3）。集群式社会责任治理对外展现为显性化的一致性行动，成为遵守"宏观社会契约"的集体"标签"，而对内则是成员企业之间在履行社会责任上相互约束监督和诱导促进，推动所有成员企业的行为实践符合共同达成的"微观社会契约"（张丹宁、唐晓华，2013）。成员企业履责的频繁互动和共同行动将会编织形成联动型的"社会责任网络"（张丹宁、唐晓华，2012），而"社会责任网络"反过来会对成员企业履责产生强大的"外部压力"和提供有力的"外部支持"。基于此，集群式社会责任治

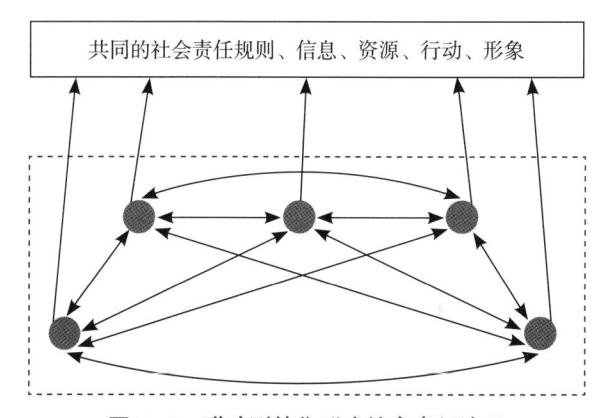

图13-3　联动型的集群式社会责任治理

理的主要机制是在社会责任建设联盟或"社会责任网络"中构建限制性进入机制、联合制裁机制、声誉管理机制、决策与利益共享机制（吴定玉等，2017），保证成员企业有意愿、有能力、有行动和有成效地联合履行社会责任，实现企业社会责任的集中治理。

2. 集群式社会责任治理在平台情境下的不适应性

集群式社会责任治理在复杂的平台情境下却面临多重困惑，表现出明显的不适应性：一是庞杂分散的平台商业生态圈成员构成导致难以形成协同一致的社会责任建设联盟，集群式社会责任治理在平台情境下缺乏有效的载体。无论是卖方还是买方，平台的双边用户往往都是数量巨大、类型多样、分布广泛、小微居多，地理空间的分散性和交易的虚拟性使卖方之间、买方之间缺乏实质性的可感知的联结，卖方对卖方、买方对买方的行为不可察觉性增强，卖方之间、买方之间的相互影响力减弱，相互监督难度增加，难以形成真正意义的社会责任建设联盟，集群式社会责任治理无法有效实施。二是"马太效应"导致平台卖家之间的竞争强度较传统情境激增，卖家之间的高"竞争倾向性"和低"合作倾向性"使集群式社会责任治理缺乏必要的条件。即使是水平产业集群和横向价值链以"抱团取暖"（张丹宁、刘永刚，2017）的方式构建社会责任建设联盟，也需要成员企业在特定时期具有超越一定阈值的"合作倾向性"。在平台情境下，阿基米德算法是平台的最基本算法，"强者愈强，弱者愈弱"的"马太效应"是卖方市场的基本规律，卖家之间对"强者"地位的争夺将引发强烈的竞争导向，难以形成实质性的合作意愿和协调一致的行动，社会责任建设联盟很难实现，随之而来的是集群式社会责任治理在卖方市场无法奏效。三是集体行动的"搭便车"问题在平台商业生态圈中更加易于触发，平台情境下集群式社会责任治理的缺陷会被放大而失效。企业社会责任声誉的溢出效应（费显政等，2010）和准公共物品特点，导致在产业集群和横向价值链的社会责任集体行动中容易出现"搭便车"现象，集群式社会责任治理可能无法真正实现联动，治理效果将大打折扣。平台的共享性意味着企业社会责任声誉的溢出效应在平台商业生态圈中更加显著，采用集群式社会责任治理将极易引发部分卖家和买家在生态圈的社会责任共同建设中"搭便车"，结果是个体、群体和平台层面的社会责任治理都无法有效实现。

第三节 研究分析过程

一 生态化治理：平台型企业社会责任治理的新范式

社会责任传统治理范式在平台商业生态圈中的移植性应用，并没能有效阻止平台型企业社会责任在多个层次上的缺失和异化。面对平台情境下日益严重和频繁发生的社会责任违背现象，亟须走出社会责任传统治理范式的情境锁定和思维禁锢，搜寻和创造针对具有多层次性的平台型企业社会责任的新治理范式。生态化治理作为一种与平台商业生态圈高度契合的治理范式，对于系统解决平台型企业社会责任缺失和异化的多层次与嵌套性问题具有合意性，正在逐渐成为平台型企业社会责任治理的新构想和新选择。

（一）平台情境呼唤社会责任生态化治理

平台情境最核心的特征是生态圈语境，即高度复杂的平台商业生态圈。平台商业生态圈是类似于自然界动植物群落生态般的完整系统，其构成不再是几个或是仅有几种类型的企业主体，而是由不同功能价值的市场主体通过链路方式相互交织而形成的生态群体。生态圈语境意味着平台情境下社会责任治理需要超越传统的治理范式，选择与采用更加适宜的生态化治理范式。

1. 生态化治理是社会责任治理范式的重大创新

社会责任生态化治理是生态化治理理念与方法在社会责任领域的深度应用和二次创新，是在具有类似自然生态系统特征的对象中，运用生态学的基本原理和方法对其社会责任问题进行治理。社会责任生态化治理从构建和谐、健康、负责任、可持续发展的商业生态系统或子系统角度出发，强调系统构成主体、要素之间的生态联结关系，推动它们之间进行持续性互动共演、互惠共生、互治共荣。社会责任生态化治理本质上是一种内生型、整体性与可持续的全过程治理范式（杨雪冬，2017），是对原子式、线性化和集群式等社会责任传统治理范式的超越。

社会责任生态化治理的前提是商业生态系统的成员之间呈现非对称性互惠共生或对称性互惠共生关系。一方面，互惠共生意味着成员之间相互依存、相互关联、"群己合一"、共同演化，成员的健康发展必须以整个商业生态系统的健康发展为前提和基础，商业生态系统的"大我"之后才有成员自身的"小我"（辛杰、李丹丹，2016），因此所有成员能够内生出以自身的社会责任行为和协同的社会责任行动，共同增进整个商业生态系统对社会负责任的意愿，最大限度地促进整个商业生态系统的健康可持续发展。另一方面，互惠共生也意味着企业社会责任缺失现象或异化行为在商业生态系统中具有生态"传染性"，种内和种间的交叉传染与复杂非线性作用将导致整个商业生态系统陷入"恶性循环"式的社会责任缺失"病态"中，结果必然是商业生态系统的崩塌。而且，互惠共生的另一层意义是成员之间的风险共担，某一成员的社会责任缺失或异化行为将引致整个商业生态系统"受损"，并最终由所有成员共同埋单，因此社会责任生态化治理在商业生态系统中有其价值性和必要性。社会责任生态化治理强调商业生态系统某一层次上和多个层次之间的社会责任互动，突出不同生态位之间、系统个体成员之间、成员与环境之间的社会责任互动，通过功能耦合、复杂嵌套、共同演化而形成社会责任"超系统"（辛杰、李丹丹，2016），实现商业生态系统的一体化、系统性社会责任治理，而不再停留于社会责任传统治理范式所强调的单体组织、价值链或群体层次治理。社会责任生态化治理使商业生态系统呈现出真正意义的社会责任共同治理格局，既有多元主体的社会责任交互控制与协同行动，又有垂直、水平、斜向等多向度的社会责任互动与共同卷入（Involved），还有系统与环境之间的社会责任互促与共同演进，这显然也是对社会责任传统治理范式的超越。

2. 社会责任生态化治理是平台情境的应然要求

平台情境的核心是以平台为媒介，将具有互补需求、不同功能的群体链接形成生态网络，并通过与环境的交互生成具有共生、互生和再生特点的生态系统，即平台商业生态圈。成员的异质性、关系的嵌入性和互惠性是平台商业生态圈的关键特征（谢佩洪等，2017），它强调成员企业利用共享平台的价值共创和围绕共享平台的生态共建，将价值创造和获取的范围由以往的双边伙伴情境和产业情境拓展至生态系统层次（龚丽敏、江诗松，2016），价值创造方式则从基于长关联技术的价值链模式转向基于中介技术的价值网络型（Eisenmann et al.，2011）。平台商业生态圈中存在的同边网络效应、跨边网络效应和网络自增强效应，表明成员之间相互交织、相互嵌套、相互耦合，形成动态非线性的共生共演关系网络，属于构造复杂的高阶商业生态系统。平台商业生态圈的显著生态系统特征和价值创造规律，既为社会责任生态化治理范式的应用提供了场域基础，也对平台情境下实施社会责任生态化治理提出了应然要求。

现实中平台型企业社会责任的缺失现象与异化行为同样表现出多层次性和跨层次性，既有以百度"魏则西事件"为代表的平台型企业第Ⅰ层次社会责任行为异化，以及以"快手"平台内主播涉黄为代表的第Ⅱ层次社会责任行为异化，又有以滴滴平台"空姐深夜打车遇害事件""乐清女孩滴滴打车遇害事件"为代表的第Ⅰ层次与第Ⅱ层次混合嵌套型的社会责任行为异化。从后者来看，平台商业生态圈的运行依托于多种形态互利共生的生态网络，它们快速迭代且动态复杂，结果是生态圈某一成员的社会责任缺失和异化事件不再是简单的线性或群体传导，而是沿着不同层级的生态网络进行传染与扩散，形成复杂的网络传染效应和系统的整体扩散风险，产生巨大的负外部性，对平台型企业、平台商业生态圈整体的社会责任绩效与形象带来严重伤害（汪旭辉、张其林，2017）。平台型企业社会责任"牵一发而动全身"的高发性和复杂嵌套的生态网络性意味着，其治理不仅仅需要关注成员节点自身的社会责任、节点与节点之间的社会责任互动和协同（辛杰，2015），而且需要从整个生态层面寻找系统性、整体性的社会责任治理方式。显然，生态化治理与平台型企业社会责任的治理需求具有高度契合性。

（二）平台型企业社会责任生态化治理的范式解构

平台型企业社会责任的生态化治理是通过所有成员和参与主体的共商、共建、共享、共治与共生，将整个平台商业生态圈打造成社会责任共同体，对外显现为对社会负责任的平台型企业和健康共益的商业生态系统。基于此，平台型企业社会责任的生态化治理需要整合平台商业生态圈的运作规律和社会责任治理的基本原理，从微观、中观甚至宏观视角全方位地构建具有合意性的新范式。

1. 分层次治理与跨层次治理

平台型企业社会责任的生态化治理要求全方位覆盖社会责任边界范畴内的所有内容，但由于平台型企业社会责任的三个层次存在责任逻辑、责任向度、责任性质和责任载体的差异，进而不同层次社会责任的治理受

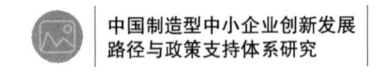

体、治理主体、治理力量和治理方式也有明显差别，因此生态化治理的有效实现需要采取分层次治理与跨层次治理相结合的方式。

对于平台型企业社会责任的第Ⅰ层次，社会责任治理受体是平台型企业自身。由于平台型企业在平台商业生态圈中是网络核心型主体和平台领导企业，因此针对第Ⅰ层次的平台提供责任和利益相关方责任需要引入外部治理主体即政府部门，治理的参与力量和协同力量应当涵盖平台的双边用户、对平台型企业能够施加重要影响的关键利益相关方和公民社会组织，而治理方式则应当构建政府部门、双边用户、关键利益相关方和公民社会组织的联动治理机制，形成强联结或弱联结的监督网络。对于平台型企业社会责任的第Ⅱ层次，卖方或买方是社会责任治理受体。鉴于平台型企业对卖方或买方依托平台开展的行为具有重要影响，因此平台型企业是针对第Ⅱ层次的卖方行为治理责任和买方行为治理责任的治理主体。治理的参与力量和协同力量是对卖方或买方行为具有影响的生态圈成员或生态网络节点，包括同边用户、跨边用户、价值链成员、重要利益相关方、政府部门和公民社会组织，其中因为平台的社会性和类公共产品特点而使政府部门成为重要的治理力量。治理方式是依托平台商业生态圈的构造原理和运作规律，由平台型企业实施全过程治理和推动参与协同力量的跨生态位治理，形成社会责任治理的生态圈。对于平台型企业社会责任的第Ⅲ层次，其治理的核心是要诱发平台型企业、生态圈成员、多元社会主体聚集于平台上参与解决社会问题的意愿和行动，同时保证行为的合规性与操作的规范性。一方面，平台型企业可以是第Ⅲ层次平台化履责的治理受体，而治理主体则是政府部门，治理的参与力量和协同力量是生态圈成员与多元社会主体，治理方式主要是松散型的联合治理，目的是增进平台型企业构建与优化履责平台的意愿，规范其整合社会资源的行为；另一方面，生态圈成员、多元社会主体也可以是第Ⅲ层次平台化履责的治理受体，而治理主体则是平台型企业，治理的参与力量和协同力量是政府部门和公民社会组织，治理方式则是弱联结的网络化治理，目的是催生生态圈成员和多元社会主体贡献优势的意愿，确保他们在履责平台上的行为合规性。

2. 个体、情境与系统的全景式治理

根据著名的"斯坦福监狱实验"和路西法效应（The Lucifer Effect），个体"作恶"的诱发因素可以归结为三个层面，包括个体层面的"烂苹果"

（The Bad Apples）、情境层面的"坏掉的苹果桶"（The Bad Barrels）、系统层面的"坏的苹果桶制造者"（The Bad Barrel-Makers）（Zimbardo，2008），这表明情境与系统对个体行为具有十分重要的影响。类似地，企业之所以表现出社会责任缺失或异化行为，既可能是因为企业个体具有"烂苹果"的"基因"与违背社会责任的内在触发机制（姜丽群，2016），也可能是因为企业个体处于集体无意识、群体情绪化与群体社会失责（CSIR）的情境中，并受"坏掉的苹果桶"不良影响，还可能是因为存在不健康竞争环境、制度缺失与错位、不良社会环境等造成群体社会失责的"坏的苹果桶制造者"，它们会诱发企业个体的行为背离社会责任。因此，成功的企业社会责任治理应当是个体、情境与系统"三管齐下"的治理，既有效抑制企业个体违背社会责任的"内因"，又最大限度消除不良情境与系统等消极影响企业行为的"外因"。

平台型企业社会责任的治理也不例外，需要从个体（物种）、情境（生态圈）、系统（社会大环境）三个层面进行全景式治理，从而构成生态化治理的完整解决方案。个体层面，无论是第Ⅰ层次或第Ⅲ层次社会责任的治理受体即平台型企业，还是第Ⅱ层次社会责任的治理受体即卖方和买方，甚至是第Ⅲ层次社会责任的另一类治理受体即更广泛的生态圈成员，其个体的价值观导向、目标合意性、行为制度逻辑、内在治理、履责能力都是影响它们自身社会责任表现的"内因"，是导致社会责任缺失或异化行为的主观性或能动性因素。因此，平台型企业社会责任治理在个体层面的重点是正确的价值观引领、增进社会责任意识、构造共益型组织、构建可持续内部治理、增强履责能力、强化社会责任管理等，改变个体的心智模式与行为方式，促使个体形成履行社会责任的内生动力与自觉习惯。

情境层面，平台商业生态圈是平台型企业、买卖双方市场用户以及其他更广泛的生态圈成员开展市场行为的具体场域，是所有市场主体做出企业决策和谋取商业利益的有限情境。平台商业生态圈的类型与结构、平台的竞争战略、平台的定价策略、运行机制与规则等要素对生态圈成员的行为方式会产生重要影响。平台型企业社会责任治理在情境层面的重点是通过展开与收敛、控制与放开、给予与获取的平衡（谢佩洪等，2017），构造结构合理、健康有序、良性互动、互惠共生的平台商业生态圈，构建具有经济逻辑与社会逻辑双重运行的机制与规则，促进平台商业生态圈群体性的社会责任强化，推动生态圈成员按照负责任的规则与回应群体性社会责任的要求行事。

系统层面，平台商业生态圈与外部环境之间具有共同演化关系，社会大系统中针对平台经济发展的规制政策与制度供给、平台间竞争的行业环境、公民社会对平台行为的显性或隐性约束力等对平台商业生态圈的动态形成与演进会产生重要影响。平台型企业社会责任治理在系统层面的重点是从社会视角出发，针对平台经济增加有效的社会责任制度供给，形成合意的制度安排与制度执行，规范平台间竞争行为与形成良性竞争氛围，推动公民社会对平台运行的责任引导和履责监督，为构建负责任的健康平台商业生态圈提供社会大系统的环境支撑。

3. 跨生态位互治与网络化共治

商业生态系统的成员一般由主要生态位成员和扩展生态位成员构成（Moore，1993），具体到平台商业生态圈，其主要生态位成员包括核心型成员、主宰型成员和缝隙型成员，主宰型成员和缝隙型成员可以进一步划分为主宰型卖方、主宰型买方和缝隙型卖方、缝隙型买方，扩展生态位成员涵盖政府部门、竞争平台、公民社会组织。核心型成员在平台商业生态圈中处于最高生态位，通常是生态圈界面的搭建者、生态圈运营的主导者、生态圈内组织关系的协调者以及生态圈规制的维护者，显然符合诸多角色要求的主体当属平台型企业。作为核心型成员，平台型企业通过提供价值创造与分享平台而处于平台商业生态圈的中心位置，是整个生态圈实施社会责任行为的引擎（辛杰，2015），承担战略构架、率先垂范、组织协调、治理监督的社会责任管理与实践功能。主宰型成员在平台商业生态圈中处于略低于核心型成员的生态位，其中主宰型卖方是在生态网络中占据关键位置、具有高联结密度的节点企业，它们不仅可以通过横向或纵向一体化的方式占有和控制生态网络的部分节点，而且通过平台连接数量众多的买方，因此主宰型卖方对其他卖方履行社会责任具有示范效应，能够对其所占有和控制的节点企业进行社会责任管理与协调，同时可以对与其有链接关系的买方社会责任行为发挥引导作用。主宰型买方是在生态网络中尤其是需求侧用户网络中具有高影响力与辐射力、与平台及卖方深度联结的节点用户，他们对其他买方实施负责任的行为具有示范意义，能够对平台型企业和卖方履行社会责任发挥重要监督作用。缝隙型成员在平台商业生态圈中处于较低的生态位，是平台商业生态圈的构成主体。其中，缝隙型卖方依托于平台，立足于自身在某些业务领域的独特能力，利用生态圈其他成员提供的关键资源经营于特定细分市场，在生态网络中属于分散性与边缘性节点，网络联结密度小，其社会责任行为具有较大的依从性（辛杰，2015），但它们拥有以独特优势为基础的联结关系，从而可以成为平台型企业和主宰型卖方履行社会责任的补充性监督力量。缝隙型买方是生态网络中的一般性节点用户，与平台及卖方主要是交易性、间歇性甚至偶尔性的普通联结，通常是社会责任互动的客体和对象，但依托同边网络效应和跨边网络效应的集体行动，缝隙型买方对平台型企业和卖方履行社会责任也能起到补充性监督作用。扩展型生态位意味着将外部支持性或约束性群体内化于平台商业生态圈，把外部群体与主要生态位成员之间的互动转变为平台商业生态圈内部的互动。在扩展生态位成员中，政府对平台型企业和双边用户主要发挥社会责任引导支持、制度供给、监督规制的"守夜人"功能，竞争平台的作用主要是对平台型企业履行社会责任形成压力传导、相互合作、相互监督，而公民社会组织则是平台型企业和双边用户实施社会责任行为的监督者、合作者和氛围营造者。

不同生态位成员在平台型企业社会责任治理中的角色扮演和功能发挥依赖于它们之间的社会责任互动与互治，而互动与互治的方式和强度又取决于它们之间的共生关系模式。按照联系紧密程度的差异，生态位成员之间的共生关系模式可以分为点共生、间歇共生、连续共生和一体化共生（袁纯清，1998）。这四种模式在生态位成员之间的相互作用频次、作用维度、作用组织程度、共生界面稳定性、共生介质多样化等方面都呈现由低到高的演变趋势，由此生态位成员之间的社会责任互动与互治强度也表现出依次提高的变化规律。比如，对于平台型企业第Ⅰ层次或第Ⅲ层次社会责任的治理受体（平台型企业），其与主宰型成员、缝隙型成员和扩展生态位成员之间具有不同模式的共生关系。平台型企业与主宰型卖方、主宰型买方和政府之间具有连续共生关系，在某些情境下甚至出现一体化共生关系，与缝隙型卖方、缝隙型买方和竞争平台之间呈现间歇共生关系，与公民社会组织之间则具有点共生关系。相应地，对平台型企业第Ⅰ层次或第Ⅲ层次的社会责任治理，主宰型卖方、主宰型买方和政府的作用强度最高，强治理手段会得到更多应用；缝隙型卖方、缝隙型买方和竞争平台的作用强度居中，中等程度的治理手段经常被采用；公民社会组织的作用强度最低，弱治理手段通常被应用。需要指出的是，一方面，不同生态位成员之间不同强度的社会责任互动与互治，会在平台型企业社会责任的多个层面相互交织而形成社会责任治理网络，表现为立体式网络空间（见图13-4）；另一方面，不同生态位成员之间本身就具有网络化的共生关系，因此在对某一生态位成员的社会责任治理时，多个生态位成员可能会通过相互联动、相互协同、相互制约而形成对这一成员的网络化共同治理，即两个生态位成员的互动与互治行为会受到其他生态位成员的影响。

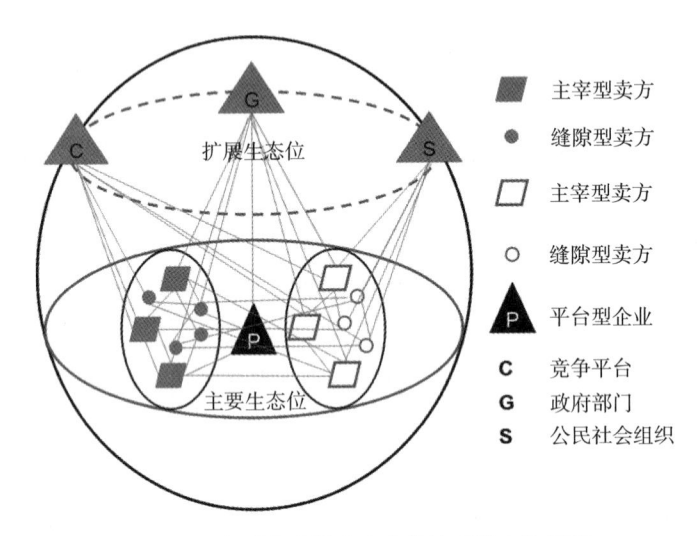

图13-4 平台型企业社会生态化治理的立体网络

二 治理机制共演：平台型企业社会责任生态化治理的动态实现

作为平台型企业社会责任治理的新范式，生态化治理的有效实现要求构建与内生型、整体性、可持续的全过程治理相适应的机制，形成促进跨生态位互治与网络化共治的制度安排，并在与平台商业生态圈的共演进程中动态调整、优化与创新。

（一）主要生态位的社会责任自组织机制

平台型企业社会责任无论是第Ⅰ层次还是第Ⅱ层次，治理的核心在于由平台型企业、卖方和买方构成的主要生态位，以及由他们形成的平台商业生态圈的核心系统。由于自组织既是平台的重要特征，又是商业生态系统的基本特性，因此主要生态位的社会责任治理需要依托平台商业生态圈核心系统的自组织特性，构造社会责任自组织机制，实现生态化治理的自组织演化。社会责任自组织机制既包括平台型企业自身构建的个体社会责任管理机制，又包含平台型企业、卖方和买方基于共生关系、以形成跨生态位社会责任互动互治为重点的核心系统自组织机制。

1. 个体社会责任管理机制

平台型企业的社会责任管理机制构建需要以一般性企业社会责任管理机制的架构为基础，考虑平台型企业的组织特性与运行规律，确立更加适宜、更加有效的机制构面、重点模块和执行方式。由于平台型企业具有扁平化、网络化、虚拟化、社会化、公共性、开放性和创新性的现代组织特性，因此柔性化的社会责任内部治理机制、全方位的合规管理机制、根植式的社会责任融入机制、创造性的社会责任议题管理机制、前瞻性的社会影响管理机制、全时空的社会责任风险管理机制、信息化的透明管理机制和社群式的利益相关方参与机制成为平台型企业的重点社会责任管理机制。尤其是平台型企业社会责任三个层次的底线要求均涉及合规或道德底线问题，而且平台经济经常出现潜在的、模糊的、未知的合规或道德问题，容易引发大范围的社会争议与争论，因此全方位的合规管理机制、前瞻性的社会影响管理机制和全时空的社会责任风险管理机制对于平台型企业社会责任治理极为重要。

2. 责任型审核与过滤机制

平台商业生态圈的健康成长与负责任的平台商业生态圈打造，在很大程度上受到生态圈成员的责任偏好、责任素养和责任习惯的影响。而且，平台开放度与治理之间具有"悖论"关系（Boudreau，2010），开放度越高越能促进平台的交易和创新，但也会催生更强的"竞争拥挤"效应和更复杂的管理与协调难题（王节祥，2016），包括平台商业生态圈的社会责任治理。制造企业服务转型过程包括资源调动、资源协调和资源部署三个互动反馈环节，服务转型通过资源互惠溢出和竞争资源稀释两条路径对制造企业绩效发挥作用（周丹、阳银娟、周泯非，2018）。因此，对卖方和买方的平台接入控制即进入的审核与过滤，应当成为平台型企业社会责任第

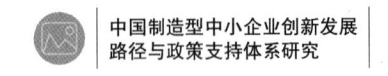

Ⅱ层次和第Ⅲ层次治理的首要把控机制。

平台型企业社会责任生态化治理要求对以往偏重经济价值的审核与过滤机制进行优化，增加责任偏好、责任素养、责任习惯和责任声誉的准入门槛维度，强调对愿意接入平台的双边用户进行合规、道德、信誉和责任感的考察与审核，通过自动过滤剔除不满足这些门槛条件的双边用户而实现界面阻拦，形成责任型审核与过滤机制，为平台商业生态圈的负责任运行和健康发展提供源头治理。比如，淘宝平台定期对平台内卖方用户的商品质量、品牌信息与商品商标匹配度、真实度与透明度、外界媒体质量曝光等社会责任表现指标开展审核，对审核不合格的卖方用户店铺商品进行清理、下架与清退、扣店铺分等处罚，从而实现对平台生态圈内的卖方合作伙伴进行不定期的过滤处理。又如，发生一系列恶性社会责任缺失事件后，滴滴平台在以往的司机背景筛选、三证验真基础上，加速推进全面的实名制，并要求快车、专车与豪车司机用户必须每天进行人脸识别验证，从而加强对平台界面内存在社会责任缺失倾向的司机用户进行审核与过滤。

3. 责任愿景认同卷入机制

共同社会责任愿景的遵从与实现离不开生态位成员广泛深入的协同行动和共同参与，要求在平台商业生态圈内建立基于价值认同的民主式责任卷入机制。虽然平台型企业拥有平台领导权，在平台商业生态圈中居于核心地位，但并不意味着平台型企业能够"独断专行"与"包揽一切"，也并不只是平台型企业针对卖方与买方社会责任行为的单向治理，而是需要卖方和买方尤其是主宰型卖方与主宰型买方的民主参与，包括对平台型企业的社会责任监督。民主式责任卷入机制对于平台型企业社会责任的第Ⅰ层次和第Ⅲ层次治理至关重要，它要求平台型企业在确立平台商业生态圈的社会责任目标和规则、做出具有重大社会影响或对利益相关方产生重要影响的决策时，充分尊重卖方与买方的知情权、参与权和监督权，发挥卖方与买方的互补性专长和优势，最大限度增进平台型企业的决策或活动合乎社会责任要求。民主式责任卷入机制还意味着平台型企业要对卖方和买方赋权、赋能、赋责，推动卖方和买方参与平台商业生态圈一致性的社会责任行动，甚至开展合作伙伴计划，共享裁量权，共同推进社会责任愿景的实现。

4. 责任型运行规则与程序

责任型运行规则与程序本质上是平台商业生态圈内部的正式社会责任制度安排，它以平台商业生态圈共同的社会责任愿景为指引，以社会责任要求为依据，对平台型企业、卖方和买方在平台上的交易行为、生态互动进行规范，是推动社会责任深度融入平台运营的有效方式和基础载体。

责任型运行规则与程序意味着要将平台型企业社会责任三个层次的底线要求和合理期望内容导入平台规则和交易程序，分别形成平台型企业、卖方和买方之间行为互动的刚性约束和义务要求，既保证他们在平台商业生态圈内的行为受到责任边界限定，又能使他们在完成商业活动和交易互动的同时，内在地自动实现对社会责任的践行。比如，阿里巴巴将大量法律规定的底线要求直接嵌入平台规则，确保平台规则对法治框架的坚守，保证平台型企业社会责任的底线要求在平台日常运行中得到自动实现。责任型运行规则与程序还要求充分考虑和利用平台情境特点，依托先进的网络技术实现对规则设定、程序设定、管理设定的集成与融合（汪旭辉、张其林，2016）。

5. 责任型评价与声誉机制

责任型运行规则与程序虽然可以促使平台型企业、卖方和买方形成一套关于行为和时间的可识别的重复模式，但信息不对称、主体分散性会弱化平台规则与运行程序的执行效力，因此需要非正式的声誉机制作为补充性社会责任治理机制。社会责任声誉是平台型企业社会责任生态化治理的重要隐性机制。由于平台型企业与双边用户群体会形成社会责任声誉共同体与耦合体（汪旭晖、张其林，2017），因此平台情境下社会责任声誉机制具有多维、多向度、多主体和多对象特征。

社会责任声誉机制的基础是声誉评价，核心则是声誉激励。对于前者，社会责任声誉机制要求平台型企业将更多社会责任元素纳入覆盖双边用户的信用评级系统，确保在交易前、交易中和交易后都能提供动态的、涵盖社会责任表现的信用参考。对于后者，社会责任声誉机制要求平台型企业将社会责任声誉与针对卖方和买方的管理、奖惩关联起来，依据声誉水平对卖方和买方进行分类管理，并分别予以不同等级的"待遇"，发挥社会责任声誉的隐性激励约束作用。社会责任声誉机制还要求建立针对平台型企业的社会责任声誉评级，并由卖方、买方和扩展生态位成员共同参与评

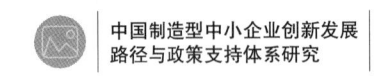

价，为卖方和买方的平台接入与退出选择提供重要参考。

6. 责任型监督与惩戒机制

生态化治理要求平台型企业、卖方和买方之间形成社会责任互动，构建多个层面的社会责任互相监督机制，包括：一是平台型企业对卖方和买方的直接性社会责任监督。二是平台型企业推动卖方和买方之间的相互性社会责任监督。三是构建卖方和买方对平台型企业的社会责任监督机制。

平台型企业社会责任生态化治理必然要求在监督的基础上，对主要生态位成员的社会责任缺失或异化行为构建内部惩戒机制。一方面，平台型企业对于"失责"的卖方或买方可以设立扣分制度、降级制度和经济惩罚制度，减少或禁止其分享平台商业生态圈整体创造的利益，甚至将其剔除出整个平台商业生态圈，对卖方或买方的机会主义倾向、道德风险和"失责"行为起到警示震慑作用。另一方面，卖方和买方也可构建"责任接入"机制，对"失责"的平台型企业采取"用脚投票"的方式，减少接入甚至退出其所运营的平台，通过重新的市场选择形成对"失责"平台型企业的惩戒。

（二）扩展与主要生态位的责任共演机制

与社会责任传统治理范式将政府部门、竞争系统和公民社会组织纯粹作为外部治理主体或治理环境要素不同，生态化治理将它们纳入平台商业生态圈，并作为扩展生态位与主要生态位进行社会责任互动，由原来单纯外部的"施与"治理转变为生态圈内的社会责任治理共同演化。扩展生态位在对主要生态位的社会责任治理过程中，也会通过反馈机制和学习机制增进自身的社会责任素养和治理能力，实现从单向治理向双向互动的转变，形成相互促进、螺旋上升的良性循环。扩展生态位与主要生态位的社会责任互动共演可以在制度层面和能力层面得以实现，相应形成平台型企业社会责任的协同共治机制与动态治理机制。

1. 基于制度共演的社会责任协同共治机制

平台经济是一种新经济形态，有效制度供给不足正是平台情境下社会责任缺失现象和异化行为频频出现的重要原因，也是平台型企业社会责任治理的难点所在。而且，平台经济的高度创新性和动态性，进一步放大了传统制度安排与监管范式的缺陷，增加了对社会责任治理的制度新需求，因此制度创新成为平台型企业社会责任治理的迫切要求。作为制度供给的主体，政府部门要立足扩展生态位的角色定位，深刻把握平台经济发展的基本规律和平台商业生态圈的运行规律，对平台型企业的行为与平台的运行进行社会责任制度外部建构，并推动平台型企业将外部社会责任制度要求内化于平台运行规则和程序。与此同时，政府部门也可将现实中平台运行规则的良好实践吸纳于社会责任制度安排，并保持社会责任制度的开放性，持续将动态优化的平台运行规则外化并更新到社会责任制度供给，形成社会责任制度安排与平台运行规则的共同演化，保证制度的动态合意性。

社会责任制度的效力不仅取决于制度供给的合意性，而且高度依赖于制度执行的有效性。平台型企业社会责任治理也是如此，针对平台型企业、卖方和买方的社会责任制度安排需要以更加契合平台情境的方式予以落实。对此，生态化治理中的跨生态位互治和网络化共治提供了新思路和提出了新要求，即运用社会责任制度对某一主要生态位成员进行社会责任治理时，可以构建由扩展生态位成员与主要生态位其他成员协调、协作、协同的共同治理机制。对于平台型企业社会责任的底线要求和合理期望内容，其治理要求针对平台型企业或双边用户的行为监督构建协同共治机制，包括多个政府部门协同监管、公民社会组织基于优势参与、双边用户或平台型企业协作卷入、利益相关方广泛配合。比如，2018年6月交通运输部等部门联合下发《关于加强网络预约出租汽车行业事中事后联合监管有关工作的通知》，明确提出要建立政府部门、企业（平台）、从业人员、乘客及行业协会共同参与的多方协同治理机制。

2. 基于能力共演的社会责任动态治理机制

扩展生态位对主要生态位的社会责任治理普遍面临一个重大挑战，即面对快速发展的平台经济、快速迭代的平台技术和快速演化的平台商业模式，扩展生态位和主要生态位对于平台商业生态圈的社会责任治理均存在能力缺陷和知识供给不足。研究发现，知识管理与战略配置之间存在显著一致性，大多数采用探索型战略的中小企业都有一个积极的知识管理方法，而采用防御型战略的中小企业都有一个保守的知识管理方法（汤易兵、王黎莹、姜艳，2014）。一方面，政府、公民社会组织虽然掌握普适性的企业社会责任显性或隐性知识，拥有针对传统企业社会责任治理的技能与技巧，但对平台经济、平台商业模式的规律把握却远远不够，尤其是对平台情境下社会责任的新演变和新特点缺乏充分认知，针对传统企业社会责任治理的技能与技巧又表现出"水土不服"，因此亟须针对平台情境更新社会责任治理的知识与能力。另一方面，平台型企业虽然对平台经济、平台技术和平台商业模式的规律认知较为深刻，但"尽快长大"战略导致平台商业生态圈边界过快扩张和平台规模过度膨胀，从而平台型企业对平台运行和双边用户行为的驾驭能力可能变得"捉襟见肘"。特别是平台型企业不仅往往缺乏社会责任知识与技能，而且没有意识、"无暇顾及"和缺乏必要能力对平台商业生态圈的成员进行社会责任管理。这意味着政府、公民社会组织与平台型企业在社会责任互动治理中可以互补性学习、相互反馈，既增强政府、公民社会组织对平台型企业社会责任的治理能力，又提升平台型企业履行社会责任和对双边用户社会责任治理的能力。

扩展生态位与主要生态位之间的社会责任治理能力共演共进，意味着生态化治理本质上是一种动态治理，平台型企业社会责任的有效实现需要基于能力共演共进构建动态性治理机制。从另一个角度来看，平台型企业在初创导入期、成长扩张期、成熟稳定期和衰退死亡/转型期等成长的不同阶段，平台商业生态圈的社会责任治理界面、治理内容、治理焦点、治理方式都会呈现出动态变化，对平台型企业与政府部门、公民社会组织的社会责任治理能力需求也不尽相同。政府部门、公民社会组织针对主要生态位应当建立与平台型企业成长阶段相匹配的社会责任动态治理机制，既保证精准的社会责任治理，又能增强平台经济发展的生命力。社会责任动态治理机制要求政府部门、公民社会组织甚至平台型企业，在能动认知的基础上将新认知、新反思和新知识融入平台型企业社会责任治理的规则、政策和结构，并相应地动态调整与优化治理资源配置、治理网络、治理方式和治理手段。

第四节 结论与讨论

一 研究结论

随着平台经济与共享经济的快速发展，平台型企业在经济社会中发挥的连接和资源整合配置作用日益凸显。但是，平台型企业社会责任缺失现象和异化行为却频频出现甚至层出不穷，平台型企业自身的企业生态创新问题频发，不仅引致众多平台型企业"昙花一现"或走向衰败，让平台经济、共享经济的发展前景蒙上一层阴影，而且引发许多严重社会问题，对经济社会可持续发展产生"意想不到"的负外部性。更令人遗憾的是，现实中平台型企业社会责任的治理一直效果不佳甚至陷入困境，而学术界对平台型企业社会责任治理的研究则几乎都停留于将传统治理范式移植于平台情境，治理范式转型与理论研究创新亟须突破。针对这一问题，本章尝试对平台型企业履行社会责任的行为规律进行深入研究，试图基于生态系统视角探寻平台型企业社会责任治理的合意性新范式，并主要获得六个方面的启发性结论：一是平台型企业通过"企业个体→社会"和"企业个体→平台商业生态圈→社会"的双重路径嵌入社会，形成平台型企业社会责任的三个层次，即作为独立运营主体的社会责任（第Ⅰ层次）、作为商业运作平台的社会责任（第Ⅱ层次）和作为社会资源配置平台的社会责任（第Ⅲ层次），而每个层次在"底线要求""合理期望"和"贡献优势"三个维度上的界域则共同构成平台型企业社会责任的内容边界。二是依据治理机理和治理方式的差异，适用于个体语境和群体语境的社会责任传统治理范式可以区分为点对点的原子式社会责任治理、传导式的线性化社会责任治理和联动型的集群式社会责任治理，它们在复杂的平台情境下表现出强烈的不适应性，无法成为平台型企业社会责任治理的有效范式。三是社会责任生态化治理属于内生型、整体性与可持续的全过程治理范式，能够实现真正意义上的社会责任共同治理，形成对社会责任传统治理范式的全面超越，是高度契合平台型企业社会责任治理需求的合意性治理范式。四是平台型企业社会责任生态化治理范式的核心构架是分层次治理与跨层次治理相结合的治理方式，个体、情境与系统"三管齐下"的全景式治理方案，以及跨生态位互治与网络化共治的立体式治理方略。五是平台型企业社会责任生态化治理要求构造主要生态位的社会责任自组织机制，包括个体社会责任管理机制、责任型审核与过滤机制、责任愿景认同卷入机制、责任型运行规则与程序机制、责任型评价与声誉机制和责任型监督与惩戒机制。六是平台型企业社会责任生态化治理要求，扩展生态位对主要生态位的社会责任治理需要由原来单纯外部的"施与"治理转变为双向互动，

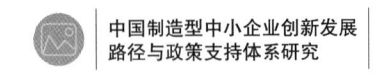

并从制度层面和能力层面构造平台型企业社会责任的协同共治机制与动态治理机制，推动形成生态圈内的社会责任治理共同演化。

二 研究的边际贡献

本章的边际贡献主要体现在三个方面：一是拓展和深化了企业社会责任边界研究。定义衍生法（Carroll，1979；Elkington，1994；ISO，2010）、本质推导法（李伟阳，2010）和标准设定法（Porter and Kramer，2006）等企业社会责任内容边界界定方法都是基于个体企业的角色假设，并且局限于责任承担领域界定而缺乏履责程度识别，因此不但无法适用于平台情境，而且即使在个体语境下也仅仅能够生成单维的"平面型"界域，无法形成完整的企业社会责任内容边界"画布"。本章构建的平台型企业社会责任内容边界界定"三层三步法"较好地弥补了这些缺陷，一方面通过考量不同情境下企业嵌入社会的路径而剖解出企业社会责任的构造层次，另一方面依据"底线要求""合理期望""贡献优势"而划定每个构造层次的担责程度，二者结合即可生成不同情境下企业社会责任的"立体式"内容边界，企业社会责任内容边界的多维"画布"由此得以呈现。二是延伸和创新了企业社会责任治理研究。已有研究往往依据治理主体的差异性而将企业社会责任治理范式划分为市场治理、国家治理和社会治理（杨春方，2012），或者个体自治、政府治理和多中心网络治理（阳镇、许英杰，2017），试图提出具有普适性的多类型治理范式。然而，这些研究不仅有将普遍的社会治理范式移植于企业社会责任领域之嫌，而且类型划分无法区分与反映本质性的治理机理和关键性的治理方式，同时也没有考虑治理范式适用的语境性和情境性。特别是已有对平台情境下企业社会责任治理范式的研究倾向于将传统治理范式进行移植、选择或重新组合，缺乏依据平台情境的复杂性与特殊性构造合意的治理新范式。本章较好地弥补了这些研究不足，不仅将企业社会责任传统治理范式重新划分为点对点的原子式社会责任治理、传导式的线性化社会责任治理和联动型的集群式社会责任治理，更能彰显不同范式的治理机理、治理方式和适用情境，而且提出更加契合平台情境的社会责任生态化治理范式，构造出平台型企业社会责任生态化治理范式的架构与机制。三是丰富和完善了平台治理研究。平台型企业社会责任治理属于平台治理的一个子集，目前对其有深度的专门研究极其缺乏。即使是平台治理研究中显性或隐性地涉猎企业社会责任问题，其提出的治理方案如外部监管视角的单一政府监管（刘奕、夏杰长，2016）、"政府+行业协会"双重监管（Scott，2002）、多重主体监管（宣博、易开刚，2018），或者内部治理角度的平台内部管理创新（吴德胜，2007；汪旭晖、张其林，2016），本质上都属于社会责任传统治理范式，无法真正完全适应平台新情境。本章通过对平台情境下企业社会责任基本规律的深入研究，创新性地构建了系统的平台型企业社会责任生态化治理范式，不仅是对平台情境下企业社会责任治理研究不足的弥补，而且能够为整体性的平台治理提供新思路和新借鉴，在一定程度上丰富、扩展、深化和完善了平台治理研究。

第三篇

中国制造型中小企业创新发展的政策支持体系研究

第十四章　发达国家制造型中小企业创新发展政策比较研究

美欧日作为发达国家的代表,制造业起步相比中国更早,发展现状更好,在发展历程中有许多值得借鉴的政策措施和实践经验,本章在对美国、日本、欧盟等发达国家推动制造型中小企业创新发展的政策进行比较分析的基础上提出政策启示(王黎萤等,2016)。

第一节　美国制造型中小企业创新发展政策

通过对美国法律制度、创新政策、产业扶持政策、技术成果转化政策、财税金融政策、人才政策以及公共服务政策的梳理,总结分析美国支持制造型中小企业创新发展的政策实践经验及发展特征。

一　逐渐深化的法律制度演化

美国在推进制造型中小企业创新发展方面的法律道路探索可以大致区分为三个阶段。第一个阶段是反垄断,以1890年《谢尔曼反托拉斯法》为代表,该法案保护了中小企业打破垄断,进入寡头市场的权利;第二个阶段是护地位,以1953年以来密集颁布的《小企业法》《管制制度缓和法》《机会均等法》等20多部法律法规为代表,主要针对中小企业的竞争使命,维护其在创新发展过程中受保护与扶持的政策地位;第三个阶段是促创新,1982年后美国逐渐走进"立法+计划"的法律支撑模式,把立法与创新计划有机结合,保证创新政策的稳定性和有效性。1982年大萧条背景下,《中小企业技术创新法案》颁布,中小企业技术创新计划为解决中小企业技术创新时的融资难问题应运而生。1988年面对日本电子产业崛起,美国国会通过《综合贸易与竞争力法案》，制造业扩展伙伴计划实现了联邦技术成果向制造型中小企业的快速输送。2012年在经历次贷危机后，奥巴马政府提出国家制造业创新网络计划，2014年通过标志性《振兴美国制造业和创新法案》，赋予商务部部长建立和协调国家制造创新网络的权利；该计划在特朗普总统上任后发展成为"制造业—美国"计划，并推动2017年《减税与就业法案》的颁布。

二 基于企业异质性的创新政策框架

在推进企业创新发展的过程中，美国政府针对制造型中小企业因处在不同技术周期而形成的创新模式、发展需要、突破路径等异质点，形成中小企业技术创新（SBIR）计划、制造业扩展伙伴（MEP）计划和国家制造业创新网络（NNMI）计划三种机制有效互动、上下配套、时空协调、点面线全面高效运作的制造型中小企业创新支持体系，这也是国际上创新政策亮点。SBIR计划从商业融资和信息共享两个方面有效帮助科技型初创制造型中小企业跨越从应用性研发到成果商业化间的"死亡之谷"，极大地提高了处于萌芽期的新兴制造型中小企业的成活率；MEP计划吸引产、学、研方面的不同主体渗入，形成高效技术服务网络，及时把科技型制造型中小企业的新技术传导给成熟型制造型中小企业，推动科技型制造型中小企业商业运作，促进成熟型制造型中小企业精益创新；NNMI计划为萌芽制造业、先进制造业和成熟制造业"一揽子"同步发展互动互联建立了一套完整的创新支撑网络体系，推进本土先进制造业维持国际一流水平率先发展，带动流向海外的制造业企业创造更多就业机会。

三 从基础研究到互动设计的产业扶持政策

美国的产业政策是一种多维保障、多维支撑，以营造最优产业发展环境为目标的复杂体系。得益于其科技领导地位和技术创新实力，美国产业政策能够实现从基础技术研发、科研人才培养、区域协同发展、知识产权保护、技术标准监管等全方面入手，多管齐下，发挥国家战略引领作用。以智能制造领域为例，自2011年先进制造伙伴计划公布以来，美国政府通过支持基础设备研发、建立国家创新网络、制定前沿技术标准等多种方式为智能制造业注入强大的驱动力。2012—2014年相继出台《制造业促进法案》、先进制造伙伴计划、国防部制造技术战略规划、《振兴美国制造与创新法案》等,重点支持制造型中小企业参与智能制造的装备设计。2015年航天技术路线图(草案)、2017年国家机器人计划2.0、2018年国家航天战略的提出为制造型中小企业创新发展带来启发,为美国中小企业在基础研究和前沿科技领域保持世界领先地位打好基础。

四 以中小企业为中心的技术成果转化

美国在制定技术成果转化法律法规、行政指令与战略计划时,始终把中小企业放在中心或环中心地位。以最新提出且至今仍在延伸的国家制造业创新网络计划为例,美国始终支持、鼓励和引导制造型中小企业融入并成为创新网络的中心。首先,国家制造业创新中心的遴选包括11个方面,除了技术的战略性、项目计划的影响力等因素外,服务中小企业的能力作为创新中心的遴选前提。其次,创新中心更倾向于联合团队申请的项目,填补大学或国家实验室开展的基础研究和生产企业,尤其是中小企业之间的缺口,中小企业参与度成为项目资助的标准。此外,创新中心通过提供共享设备和成果采购等主要途径,帮助初创企业和中小企业发展新技术,推动中小企业技术供应链的创新发展。最后,创新中心向与中小企业联系紧密的合作伙伴和中介进行宣传,提供量身定做的技术咨询服务、成果转化的知识产权服务和教育培训的"教学工厂"服务(王黎萤、虞微佳、包海波,2017)。

五 精准扶持的财税金融优惠

美国政府对制造型中小企业的财税金融扶持有着管理健全、资金充足、机制长效、精准扶助的特点。财政方面,SBIR计划及其衍生项目STTR(中小企业技术转移)计划为联邦政府扶持制造型中小企业提供了三种路径:一是为中小企业预留一定比例的研发经费;二是给有创新能力的科研人员提供创业经费;三是向中小企业倾斜加大政府购买力度。针对制造型中小企业服务环境建设和先进制造业激励机制,MEP计划通过公私合营的MEP中心为制造型中小企业提供服务;NNMI计划为部分先进制造业创新领域(如3D打印、当代金属、数字制造等)的创新网络参建单位提供大额财政补助。税收方面,特朗普政府2017年签署的《减税与就业法案》

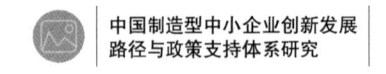

把企业税率从 35% 削减降至 21%，降低企业税负，提高盈利能力，增强制造业活动，刺激美国制造型中小企业回流。金融方面，美国作为全球资产证券化最发达的国家，也是知识产权证券化理论和实践的发源地，活跃的风险投资事业及新金融产品的开发是美国金融市场支持知识产权融资的重要手段。此外，政府还联合民间力量成立信用保证基金，如知识产权创新金融服务公司等，以提供直接资助或全额担保的方式，评定知识型企业的知识产权处分价值，进而提升知识型企业的债信能力，为其发展提供信用保证。

六 为把人力变人才的现代学徒计划

人才始终是美国国家战略的重点。为配合先进制造业发展和重振美国制造，培训更多能够满足现代制造业需要的高级技术工人，并在与中国、印度等技术新兴国的经济竞争中立于不败之地，2014 年奥巴马政府确立实施"学徒计划"，旨在提高美国工人技能以适应包括信息技术、生物医疗和高级制造行业等现代化制造业发展需求，培育更多的技能型劳动力。至 2016 年年末，美国增加 12.5 万名学徒，其中 91% 成功就业且平均年薪超过 6 万美元。据统计，学徒项目每投资 1 美元，企业雇主方的生产力及创新收益能增长 1.47 美元。2017 年特朗普政府签发"扩大美国学徒制"总统行政令，组建"扩大学徒制"工作组，扩大学徒制受众，扩充学徒制形式。据统计，两年间美国增加近 50 万名新学徒，截至 2019 年年底，登记在册的共有 24126 个学徒制项目；就失业率而言，美国的失业率由 2017 年的 4.4% 降至 2018 年的 3.9%，2019 年 5 月的最新数据为 3.6%。美国"扩大学徒制"计划在解决失业问题、满足现代制造业需要方面取得了显著成绩。

七 提升创新软实力的公共服务生态

美国为提升制造型中小企业创新能力，不仅有政策和金融方面的扶持，还注重公共服务和创新文化的建设。从 2007 年的《美国竞争法》，到 2009 年的"美国复兴与再投资计划"和《美国创新战略：推动可持续增长和高质量就业》，再到 2011 年的《美国创新战略：确保美国经济增长与繁荣》，美国始终高度重视创新战略的设计。而 2015 年美国国家经济委员会和科技政策办公室联合发布了新版《美国国家创新战略》是美国在创新性公共服务方面的集大成作。新版《美国国家创新战略》中提出要把建设公共基础作为保障国家创新力的基石，在国家创新生态中加大注资、信息、基建等环节的投入；激活私营部门作为提升国家创新力的引擎，尤其是帮助小微企业和初创企业度过创业攻坚期；国内的创新民众作为持续创新的源泉，激励并奖励创业者的创造性；构建创新友好环境作为滋生创新的土壤，最终实现创新性公共服务生态，打造创新社会软实力。

第二节 日本制造型中小企业创新发展政策

通过对日本法律制度、创新政策、产业扶持政策、技术成果转化政策、财税金融政策、人才政策以及公共服务政策的梳理，相应地得出日本支持制造型中小企业创新发展的政策实践经验及发展特征。

一 法律制度体系及组织机构体系完善紧密

日本自1948年根据《中小企业厅设置法》设立国家层面的中小企业厅以来，逐步形成了"政府机构—直属事业机构—民间团体"的中小微企业治理机构体系。1963年日本制定了《中小企业基本法》，最新的《中小企业基本法》于2009年7月修订完毕，为相关中小企业法律法规的颁布和扶持政策的制定奠定法律基础。此后，政府为扶持中小企业的发展颁布了《中小企业现代化促进法》《中小企业现代化扶植法》等一系列法律法规。1985年颁布的《中小企业技术开发促进临时措施法》，大力推行制造型中小企业研究和开发新技术以提高技术水平，实施有利于创新的补助金、融资、税收减免等优惠措施。1995年推出的《关于促进中小企业创造性事业活动临时措施法》，要求各都道府县政府从税收、融资、人才等多个方面扶持中小企业开展创新活动。2000年以来，日本已新制定了《中小企业经营力强化支援法》（2012）、《小企业基本法》（2014）等9部法律。目前，日本中小企业相关法律有《中小企业基本法》1部、专门法37部，合计38部法律。在专门法中，促进中小企业创新创业方面的有7部；加强中小企业经营基础的有13部；促进中小企业适应经济和社会环境变化的有8部；促进资金供给充实自有资本方面的有6部；小微企业方面的有3部，中小

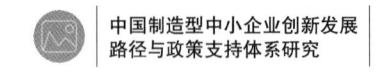

企业行政组织法律即《中小企业厅设置法》1部。日本中小企业政策执行机构是由经济产业省中小企业厅负责规划、协调,举国上下紧密配合、相互合作的组织机构体系,它由三个层面、2.5万个中小企业政策执行机构组成,包括政策性金融机构、日本贸易振兴机构JETRO(对外贸易组织)、"独立行政法人中小企业基盘准备机构"、全国性培训机构等。

二 中小企业技术创新援助综合性强力度大

日本政府非常重视对中小企业技术创新的技术援助工作,目前已形成以技术指导与咨询、技术信息交流、技术合作和人员技术培训为主要内容的技术援助网络系统。日本举办综合科学技术创新会议对中小企业进行技术指导和促进信息交流,该会议是日本内阁府五大重要政策咨询会议之一,与经济财政咨询会议共同被视为"首相智库",受首相直接领导,由内阁官房长官、科技、总务、经济产业等大臣以及日本学术会议会长以及8名不同领域资深专家组成,发挥总体把控与横向连接各部门的功能,推进科技振兴与创新政策一体化。为促进制造型中小企业开发利用新技术,日本颁布《新事业创出促进法》,以补贴形式援助中小企业在新技术、新商品、新服务、经营革新等方面进行创新研究及成果产业化。日本中小企业通过国立研究开发法人新能源·产业技术综合开发机构(NEDO)把创新性技术转化为企业经营生产力,该机构对中小企业创新能力的研究方面的支持。NEDO通过对地方中小企业发展需求的把握,设立实验研究机关,构建全国规模的合作体系,帮助中小企业把技术创新转化为实际生产力,支持中小企业的研究开发。基于中小制造企业高度化法案,对特定的研究开发计划进行认定,对于获得认定的中小企业和小微企业进行战略性基础技术高度化事业支援,在融资、信用担保方面进行综合的支援(阳银娟、陈劲,2015)。日本的《科学技术基本计划》,从1996年第一期到2016年已经制订了五期计划,每一期计划的制订都综合性地、有计划地推进研发和科技振兴工作。2017年日本颁布了《科学技术创新综合战略》,将"扩大科技创新领域官民共同投资"作为新的重点任务进行布局,提出要加大对年轻研究人员的培养,推进大学改革和研究经费改革,建立人才、知识、资金良性循环系统,加强科技创新功能。

三 产业扶持政策围绕高新技术产业展开布局

日本政府明确扶持重点产业领域的制造型中小企业。经历20世纪70年代中期的石油危机，日元大幅升值，日本企业竞争力在国际上受到巨大影响。为进一步增强企业竞争力，日本政府提出了"科技立国"战略，积极调整产业结构，扶持中小企业开展技术创新活动。重点扶持中小企业投入电子信息技术、新能源、新材料等技术密集化产业领域，提高研究开发能力。高度关注以中小企业为中心的产业关联技术发展，以及从大企业或者研究机构向中小企业辐射高技术产业领域关联技术。对于技术密集化产业的中小企业，日本政府采取了补助金、降低税率和提供融资便利等优惠措施进行扶持。日本政府出台了《高新技术工业密集区开发促进法及其政令、施行令》，对高新技术企业施行优惠信贷政策，不仅延长贷款期，而且实行优惠利率，尤其对中小型生物技术企业提供年息2.7%的特别贷款。为从制度上促进日本中小型企业的国际化发展，2010年10月，日本经济产业省设立了由经济产业大臣担任议长的"日本中小企业海外发展支援会议"，并制定了《中小企业海外发展支援大纲》，"日本中小企业海外发展支援会议"的设立为中小型企业提供财政、金融、人才和技术上的支持。

四 建设科技中介机构体系促进科技成果转化

日本通过建立科技中介机构推进中小企业科技成果转化，科技中介机构主要有两种类型：一是公立科技中介机构；二是民营私营科技中介机构。无论哪种科技中介机构，日本政府为其提供了良好的政策环境。1995年，日本出台了《科学技术基本法》，强调国家的投入资金，强化基础研究，促进开发、应用和基础这三种研究之间的协调发展，加快科学技术的发展。1996年《科学技术振兴事业团法》的颁布促进了科学技术振兴事业团的成立，该法规定事业团的责任在于，做好各研究机构、高校和企业之间的中介平台作用，在这三者之间进行技术斡旋和委托开发等工作。1998年出台了《促进大学等的技术成果向民间事业转移法》；1999年颁布了《产业活力再生特殊措施法》；2000年发布了《产业技术强化法》。这些法律规定，将支持在大学内部设立有关的科技中介机构，对大学内部科技中介机构建立具有很大的促进作用。为促进高校及科研院所的科技成果转化，日

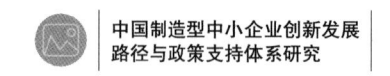

本颁布了《高校科研成果向民营企业转移促进法》，加速科技成果向民营企业转让。技术转移机构可享受资金以及债务担保上的优惠；允许高校教师兼职技术转移工作、技术入股或投资，研究学者个人科研成果也可委托转移；承担特殊研究成果产业化的民企可得到财税、法律、技术等支持。

五　中小企业财税金融政策范围广可操作性强

日本政府对中小企业的干预主要不是表现为行政法令，而是充分运用财政、信贷、税收等经济杠杆的作用。许多法律都规定贷款和税收的优惠办法，以引导和刺激中小企业按国家规定的政策方向发展。"施行令""施行规则"，对法律条文的原则加以详细、具体地规定，使之既易于理解执行，又易于监督检查，可操作性强，从而促进中小企业技术进步有关立法落到实处。

在破解中小企业"融资难、融资贵"的问题上，日本打造了一套完整的中小企业服务体系，出台了《改善中小企业金融方法纲要》《中小企业振兴资金助成法》等一系列专项政策，专门成立了一批服务中小企的融资机构，为中小企业提供利率低、期限长的贷款。在中央和地方政府的共同努力下，日本构建起由中小企业信用保证协会和中小企业信用保险公库构成为中小微企业提供服务的信用担保网络。为提升中小服务业企业的经营水平和改善其物流体系、促进中小制造企业的基础技术水平的提高、振兴中小外包企业，日本公库施行中小企业发展资金贷款，到 2018 年 1 月末已经累计实施发放贷款 11510 次，累计投放贷款为 952 亿日元。在制造业创新和商贸服务业创新开发方面，继续实施开发支援补助金政策，2017 年的修正预算额为 763.4 亿日元。为了应对国际经济变化，构建强有力的经济体系，提升日本中小企业的经营能力，政府支持日本中小企业进行创新性服务开发、新产品开发和生产性流程改善等活动，支持中小企业的设备投资。

六　加大科技型创新人才培养和扶持力度

日本政府通过推进各项制度政策，大力培养和引进科技创新创业人才，努力使日本成为创新的发源地，亮点主要体现在以下三个方面。第一，通过鼓励培训，解决制造现场高水平技术传承问题，将国家资金和企业培训有效结合，对企业培训实行税收优惠。第二，重视加强青年研究人员和技术人才培养。日本政府非常支持青年研究人员到海外深造，如委托日本学术振兴会实施"海外特别研究员"项目，选派优秀青年研究人员到海外一流研究机构学习。第三，提高青年研究人员的独立性，激发女性研究人员的获利。大幅增加竞争性研究资金项目中面向青年研究人员的比例，划拨专款；依托特别研究员制度，资助因生产和育儿等原因中断科研活动的女性研究人员重返岗位。

七 公益性中小企业治理机构为中小企业提供全方位公共服务

日本自设立中小企业厅以来，逐步形成"政府机构—直属事业机构—民间团体"的中小企业治理机构体系。一是统一政府治理机构，日本通产省中小企业厅和遍布日本8个地区的通商产业局下属的中小企业部门，负责统筹中央和地方中小企业事务。二是建立负责中小企业政策实施的行政组织事业机构，如成立于1992年的中小企业厅下属的中小企业综合研究机构等。三是官方结合民间团体组织，这些民间团体受到日本政府的财政支持而建立，专门从事协助各级政府职能部门和民间中小企业发展的促进组织，落实中小企业的创新扶持政策。如日本的中小企业振兴事业团设立了开展中小企业信息服务的"情报中心"，专为各地中小企业提供技术、信息等各类发展所需的情报，并得到日本政府财政拨款的资助。在各个都道府县设立支援点，对于中小企业经营者和小微企业经营者在企业经营过程中出现的各类问题，给予咨询建议，并委派专家对其进行一对一的深度指导。法律制度保障方面，出台了中小企业经营强化法。在中小企业经营强化法中，规定了对于中小企业购买的160万日元以上的新机器设备，在可实现生产力提升1%的前提下，实行3年内固定资产税减免一半的政策。对于通过企业初期到医工联合事业建立，进行全过程的支援。由于中小制造企业和医疗机构的合作，进一步促进了医疗机器的开发，至今支援了43个医疗机器由研究领域走向实用化生产。

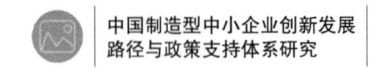

第三节　欧盟制造型中小企业创新发展政策

通过对欧盟及其主要成员国法律制度、创新政策、产业扶持政策、技术成果转化政策、财税金融政策、人才政策以及公共服务政策的梳理，相应得出欧盟支持制造型中小企业创新发展的政策实践经验及发展特征。

一　成员国根据欧盟总体法律制定特色制度

欧盟高度重视中小企业的生存和发展，《欧洲共同体条约》第157条规定"欧盟和成员国应当鼓励欧盟企业的创新和发展，特别是中小企业的创新和发展"，该条款成为欧盟企业政策的法律基础。2000年，欧盟通过了《欧洲小企业宪章》，宪章从市场、技术、融资和税收、电子商务等方面对中小企业发展提供政策支持。2008年，欧盟委员会发布了《欧洲小企业法案》，法案进一步支持中小企业在欧盟经济中的中心地位，首次制定欧盟和成员国层面的扶持中小企业的全面政策框架，确定了扶持中小企业发展的十项原则。2010年，欧盟委员会公布未来十年欧盟经济发展计划——"欧盟2020战略"，战略加大扶持中小企业。2017年，欧盟发布第三期"地平线2020计划"（2018—2020年），投入300亿欧元用于创新和技术研发，助力中小企业加大创新投入。各成员国针对本国国情制定相应法案，确保制造型中小企业的运营和创新发展需求。德国《中小企业促进法》《关于提高中小企业效率的行动计划》等在维护市场秩序方面，给予中小企业专门的法律保护；2017年，德国联邦经济技术部发布《欧洲中小企业行动计划》，促进"中小企业代表网络"内部良好实践的共享，并为不同的中小企业相关政策领域提供启发和指引；2017年，德国《反限制竞争法第九次修订法》生效，确立相关原则帮助中小企业在整体上处于比较有利的竞争地位（李晓萍、李平、江飞涛，2015）。法国2015年公布《小企业法案》，出台18项举措意在扶持中小企业，鼓励它们创造就业，这项措施可创造6万—8万个就业岗位；为了鼓励和扶持中小企业，法国国民议会审议由经济和财政部牵头的《推动企业增长与转型行动计划》法案，其宗旨为鼓励中小企业做大做强。英国已出台十余部有关中小企业的法律法规，尤其在调整和制定政策的过程中，政府充分考虑到中小企业处于弱势地位，为保证中小企业的利益，英国于 2002 年起实施"中小企业优先"的重要举措，确保有关政策的制定符合中小企业的利益。意大利被称为"中小企业王国"，政府于 90 年代颁布《扶持中小企业创新与发展法》，标志着对中小企业的扶持开始进入制度化阶段，鼓励中小企业采用先进技术和进行技术创新，其根本宗旨是促进中小企业结构调整，以适应欧洲统一大市场的出现和竞争形势的新变化。

二 各具特色的创新政策体系

欧盟"地平线 2020 计划"中，欧盟拨付 10 亿欧元的预算以旗舰计划的形式支持中小企业与非欧盟国家开展科技创新合作，目前共设立 30 个旗舰计划。德国自 2013 年起推出"工业 4.0"概念，在此框架下，德国政府提出要在生产研究计划下吸引更多中小企业参与，通过"官产学研"聚合，突出中小企业既是智能制造生产技术的使用者和受益者，也是先进生产方式和技术的创造者和提供者；德国众多智能制造领域的"隐形冠军"企业中近 1/5 的中小企业作为各自领域顶级的机械和设备制造商，为德国"工业 4.0"提供重要的专业技术方案；政府制订了《中小企业研究与技术政策总方案》等有关文件，设立专项科技开发基金，扩大对中小企业科技开发的资助；联邦研究部建立"示范中心"和"技术对口的访问和信息计划"，为中小企业在技术转让方面提供帮助，向它们提供最新研究成果和研究动态，帮助它们进行技术发行和技术引进；为便于中小企业在智能制造方向实现创新，德国特别编纂了《"工业 4.0"标准化路线图》，确保生产要素、技术和产业能够互联集成，加强德国作为制造强国的核心竞争力（李晓萍、李平、江飞涛，2015）。法国从提供科研贷款、改进专利权、生产许可证制等方面，鼓励中小企业开发利用新科技，其国家科研推广局向中小企业提供科研贷款，促进金融机构与企业在科研方面的合作，即"资本—技术联合"；中小企业遇到科技开发利用难题时，可向国家科研推广局申请津贴，最高可达投资的 70%。英国建立一批世界级技术创新中心——"弹射中心"，提升整体国家科技创新水平，在实现经济复苏中发挥巨大作用，着重提出将中小企业纳入国家制造业创新体系，充分发挥中小企业的创新潜能，将中小企业作为国家制造业创新体系的重要组成部分。意大利的众多科研机构从不同的角度以不同的方式对制造型中小

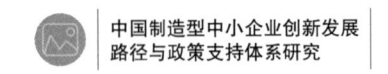

企业的技术创新活动给予有效支持，其中最为突出的是意大利工商部下属的工业性应用研究机构，主要从事环境、能源方面的新技术研究，向制造型中小企业推广成熟的技术成果，帮助企业发展。

三　多维度的产业扶持政策

欧盟"地平线2020计划"中，预算中预留了6亿欧元用于欧洲开放科学云计划项目，该项目旨在提供一个免费、存储、分享、利用的云数据平台，并计划建设一个开放的研究成果发布平台，帮助中小企业实现数据的发布和共享。德国政府积极引导行业标杆大企业与制造型中小企业加强业内价值链整合，推动制造型中小企业智能转变，推进大企业和中小企业构建新的灵活价值网络，主要做法是：构建知识转化和技术转移机制，加速创新成果商业化，扶持中小企业的创新和创业；通过典范行业和企业辐射，扶持中小企业参与智能制造生态系统；加强信息等基础设施建设；为制造型中小企业提供专业技术人员教育培训等人力资源支持。英国促进共同风险合作模式的形成与发展，鼓励大企业对小企业进行投资，建立正式的合作关系，在资金、管理、技术等方面相互合作，共同承担风险和分享利益，帮助制造型中小企业处于更好的营商环境中。捷克出口担保和保险公司（EGAP）为中小企业提供各险种保险，如两年以上中长期卖方信贷商业险、预出口融资贷款险、出口银行担保贷款险等；捷克出口银行为中小出口企业提供优惠的出口信贷业务，出口担保和保险公司与出口银行等金融机构对中小企业的产品设计、收汇、售后服务等方面提供咨询和指导，扶持中小企业出口。

四　多措施实现技术成果转化

德国通过科技园区的模式，实现智能制造创新创业生态体系的成功孵化，以实现中小微企业的生产智能化；重视发展科技中介服务业，在政策上给予扶植，对一部分中介机构提供无偿援助，以鼓励中介机构促进技术界与工业界的结合，通过承接政府下达的对企业项目的评估、监管，代理一部分政府职能，成为连接政府和企业的"桥梁"。德国的科技中介服务机构主要包括行业协会和技术转移中心，其中技术转移中心以中小企业为主要服务对象，为中小企业提供技术咨询和科技创新服务，为中小企业技术创新活动提供财政补助，帮助企业从欧盟申请科技创新补助经费及在欧盟范围内寻找合作伙伴，帮助新技术、新产品进入市场。意大利设立产业集群区，专业化的科研机构（包括大学）为制造型中小企业稳定发展提供技术依托，并和中小企业相互依存、相辅相成，对中小企业的技术创新给予有效支持，并推广中小企业与研发机构联合开发技术，实现创新成果的转化和应用。

五 多渠道的财税金融政策

德国将每年扶持中小企业发展的资金列入年初的财政预算，在支持中小企业发展的全部资金中，政府的财政预算资金占70%；向制造型中小企业提供多渠道的资金支持，包括个人借贷、风投、研发机构投融资、担保机制、股票市场融资等；政府出资建立信用保证协会，为制造型中小企业向银行贷款提供信用担保，以解决中小企业的贷款困难；根据制造型中小企业的成长和发展规律和实际需求，德国政府、政策性银行、商业银行、微贷企业为中小企业创业创新提供了多元化的融资渠道；针对制造型中小企业在融资过程中缺乏有效质押的问题，德国推行担保银行制度，为中小企业融资提供了独特的"信用质押"，即银行用自身信用作为抵押物，为中小企业提供融资便利；此外，政策性银行和商业金融机构的微贷项目也为制造型中小企业创业创新提供了融资服务。意大利政府专门设立了为中小企业提供融资服务的中小企业银行，如合作银行、互助银行、国民银行等，以比较有利的条件向中小企业提供贷款；政府与银行共同出资设立中小企业基金，为中小企业特别是发展前景较好、风险适中的中小企业提供融资支持；政府设立滚动基金，不以营利为目的，专门支持企业到欧盟以外的指定国家或地区投资收购企业或者创办新企业；信贷担保基金是在政府的资金支持下建立的，在借款人违约与拖欠时，以政府资助作为放款机构的补偿。英国于2011年起成立"中小企业成长基金"（BGF），几家主要的英国银行携手解决英国中小型增长企业的融资困境，帮助新创企业构建可持续发展平台，承诺投资从最初的15亿英镑提升到25亿英镑；成立"风险投资基金""企业资本基金""早期发展资金""小企业信贷担保"等，专门提供对中小企业的资金支持、融资帮助。捷克工贸部于2015年推出"2015—2023年担保"项目，旨在为中小企业提供贷款担保，作为对支持

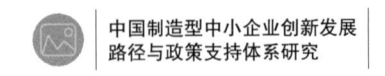

企业发展的欧盟基金的一项补充,项目将帮助到不符合申请欧盟基金条件的地区或行业的企业,尤其是中小企业,项目第一年担保基金可支持高达 53 亿克朗(约合 2.2 亿美元)的贷款额度。

六 加大人才引进和培训的政策力度

德国为保持科技创新强国的地位和持续的创新活力,政府在高层次科技人才开发方面制定和实施了一系列卓有成效的政策和措施:从 20 世纪 90 年代末开始,逐步修改《移民法》,给拥有高级专业水平的外国人"落户许可";重视建立研发机构和科研奖项,设立大量的研究所、基金会以及高额奖学金项目等,吸引国内外高级人才在德国从事研究工作;为解决现有晋升体制过于严格的问题,政府实行灵活的、有竞争力的、与个人绩效挂钩的新型工资制度;开展"双轨制"技术培训制度,政府为提高中小企业整体素质、增强经营能力,并以法律的形式予以明确,德国已形成标准较为统一的双轨制职业培训制度,强制要求中小企业业主、企业管理人员和初创业者、各类技术工人和青年人在从事某种专业技术工作时,必须先经过 2—3 年的培训,包括理论学习和企业岗位培训。英国为完善企业家精神的教育和培训,通过"教育与商业联系"(EBL)项目,成立"创业学校",投资赞助学校中的企业训练教程;成立在职人员培训网络基金,资助 18 个项目以鼓励中小企业在职培训上的合作。意大利政府注重人才引进和人才培训,鼓励中小企业引进人才方面,给予为技术革新雇用劳务的企业 40%—50% 的税收减免。

七 提升中小企业软实力的公共服务生态

2010 年,欧洲委员会启动欧盟中小企业中心,并资助 500 万欧元,中心将建立欧洲企业网络以帮助中小企业进行联系、交流信息和互通商机。德国提出"工业 4.0"战略以来,生产方式由原来的大规模生产转变为个性化生产,产品模式由原来的大众化产品转变为个性化和数字化的产品与服务,德国通过将科技园区和周边大型城市对接,打造产城融合和生态智慧型的科技园区,科技园区成为德国制造型中小企业释放活力的新平台;政府为中小企业建立专门的网站和热线电话,制造型中小企业可就融资和促进措施问题向联邦经济部相关专家咨询;重视各种半官方和半民间行业协会的作用，利用协会为制造型中小企业建立信息情报中心，为企业提供信息和服务。意大利具备发达的中小企业中介服务体系，在筹措资金、职业培训、财务管理、工会组织、法律、环保、产品出口、外事接待等各个领域为中小企业提供服务，并帮助中小企业申请银行贷款和财政拨款。英国政府通过小企业服务网和商业网络对制造型中小企业提供支持和咨询服务。法国政府成立"国家新建企业局"（ANCE），负责向创办企业者提供必要的信息和其他援助，该局设有接待中心，配合各地商会、创业者俱乐部、拓展委员会等组织开展工作。捷克设立中小企业联合会，在信息交流和咨询方面，为制造型中小企业开拓市场发挥重要作用；重视其他商会组织，如捷克经济商会、捷克工交协会等在中小企业发展过程中发挥的作用。

第四节　借鉴与政策启示

通过上文对美国、日本、欧盟的法律制度、创新政策、产业扶持政策、技术成果转化政策、财税金融政策、人才政策以及公共服务政策七个方面的梳理和比较，分析发达国家推动制造型中小企业创新发展的政策启示，有助于中国进行借鉴，进一步完善支持制造型中小企业创新发展的政策体系建设。

一　美国制造型中小企业创新发展政策借鉴与政策启示

其主要表现在以下几个方面：①法律制度方面：大力支持制造型中小企业创新发展，构成、完善一系列扶持中小企业创新发展的法律法规完整制度体系，并且将中小企业创新发展视为国家创新生态系统中最有活力的创新单元，发挥中小企业在吸纳就业、创业创新方面的巨大作用，并通过将立法与创新计划有机结合，保证创新政策的稳定性和有效性，完备的法律制度体系为制造型中小企业创新发展营造了优良的外部环境。②创新政策方面：有关制造型中小企业创新发展的政策需涵盖金融、税收、创新扶持、科技服务等多个方面，尤其基于企业的异质性，针对科技型与成熟型制造型中小企业因处在不同技术周期形成的创新模式、发展需要、突破路径等异质点，形成有效互动、上下配套、时空协调、点面线全面高效运作的制造型中小企业创新支持体系。③产业扶持政策方面：发展多维保障、多维支撑、以营造最优产业发展环境为目标的产业扶持体系，通过发挥国家战略引领作用，实现从基础技术研发、科研人才培养、区域协同发展、知识产权保护、技术标准监管等全方面入手，多管齐下，大力推动制造业产业发展。④技术成果转化方面：为促进制造型中小企业技术成果转化，确立政府、大学、研究机构及企业产学研合作的职责和利益，确保最新科技成果转化和市场化的各个环节通畅，支持、鼓励和引导制造型中小企业融入并成为创新网络的中心。⑤财税金融政策方面：发展面向制造型中小企业的管理健全、资金充足、机制长效、精准扶助的财税金融扶持政策，一方面设立专门机构开展政策性的扶持撬动风险资本，另一方面政府联合民间力量成立信用保证基金，以提供直接资助或全额担保的方式，为知识型中小制造企业发展提供信用保证。⑥人才培养培育方面：学习先进经验，发展本土制造业"学徒计划"，培养更多能满足现代制造业专门需要的高级技术工人，提高国内工人技能以适应现代化制造业发展需求，培育更多的技能型劳动力。⑦公共服务生态方面：把建设公共基础作为保障国家创新力的基石，在国家创新生态中加大注资、信息、基建等环节的投入，激活中小企业作为提升国家创新力的引擎，尤其帮助中小企业度过创业的攻坚期，把构建创新友好环境作为滋生创新的土壤，最终实现创新性公共服务生态，打造创新社会软实力。

二　日本制造型中小企业创新发展政策借鉴与政策启示

其主要表现在以下几个方面：①法律制度方面：高度重视对中小企业创新发展的扶持，根据不同的历史发展时期，制定并调整面向制造型中小企业创新发展的法律法规，积极为中小企业提供良好的外部条件。制度上应确立并保证中小企业的法律地位，鼓励中小企业开展技术研发和技术创新，明确扶持重点产业领域的中小企业。②创新政策方面：重视对制造型中小企业技术创新的技术援助工作，建立以技术指导与咨询、技术信息交流、技术合作和人员技术培训为主要内容的技术援助网络系统，可以开放政策以补贴形式援助制造型中小企业在新技术、新商品、新服务、经营革新等方面进行创新研究及成果产业化。③产业扶持政策方面：明确扶持重点产业领域的制造型中小企业，重点扶持中小企业投入电子信息技术、新能源、新材料等技术密集化产业领域，提高研究开发能力，并高度专注以中小企业为中心的制造产业关联技术的发展，以及从大企业或者研究机构向中小企业辐射高技术制造产业领域关联技术。④技术成果转化方面：建立并完善科技中介机构以推进制造型中小企业科技成果转化，加大政策力度，做好各研究机构、高校和企业之间的中介平台，创作良好的政策环境，帮助技术转移机构享受资金以及债务担保上的优惠。⑤财税金融政策方面：充分运用财政、信贷、税收等经济杠杆的作用，对法律条文原则加以详细、具体的规定，使之既易于理解执行，又易于监督检查，可操作性强，从而促进中小企业财税金融政策落到实处，拓展民间金融服务机构提供的多元化融资渠道，构建服务制造型中小企业创新发展的信用担保网络，培育风险资本加大对制造型中小企业的融资扶持。⑥人才培养培育方面：大力培养、引进创新技能人才，鼓励培训，并将国家资金和企业培训有效结合，对企业培训实行税收优惠，重视加强青年研究人员和技术人才培养，提高青年研究人员的独立性，激发女性技能人才的获利。⑦公共服务生态方面：国家层面建立中小企业管理部门负责统筹中央和地方中小企业事务，并鼓励和支持民间团体组织层面组建专门从事协助各级政府职能部门和民间中小企业发展促进组织，进一步落实制造型中小企业的创新发展扶持相关政策，为各地中小企业提供技术、信息等发展所需信息，并得到中央政府财政拨款的资助。

三 欧盟制造型中小企业创新发展政策借鉴与政策启示

其主要表现为以下几个方面：①法律制度方面：重视中小企业在经济体发展中的地位，鼓励中小企业的创新和发展，制定扶持中小企业的全面法律政策框架，研究不同阶段的发展战略，给予制造型中小企业专门的法律保护，是其处在相对有利的竞争地位。②创新政策方面：实施顶层设计，以高端制造战略为基本导向，积极营造中小企业创新发展的良好生存环境，在生产研究计划下吸引更多制造型中小企业参与，通过官产学研聚合，突出中小企业既是智能制造生产技术的使用者和受益者，也是先进生产方式和技术的创造者和提供者，设立专项科技开发基金，扩大对制造型中小企业科技开发的资助。③产业扶持政策方面：大数据发展背景下，资助云数据平台的开发和利用，建设开放的研究成果发布平台，帮助中小企业实现数据的发布和共享，积极引导行业标杆大企业与中小企业加强业内价值链整合，推动制造型中小企业智能转变，推进大企业和中小企业构建新的灵活价值网络，同时加强信息等基础设施建设。④技术成果转化方面：发展科技园区的模式，实现智能制造创新生态体系的成功孵化，以实现中小企业的生产智能化，重视发展科技中介服务业，给予政策上扶植，对一部分中介机构提供无偿援助，以鼓励中介机构促进技术界与工业界结合，通过承接政府下达的对企业项目的评估、监管，代理部分政府职能，成为连接政府和企业的"桥梁"。⑤财税金融政策方面：加大扶持中小企业发展的财政预算比例，向制造型中小企业提供多渠道的资金支持，包括个人借贷、风投、研发机构投融资、担保机制、股票市场融资等，政府出资建立信用保证协会，为制造型中小企业向银行贷款提供信用担保——"信用质押"，以解决中小企业的贷款困难。⑥人才培养培育方面：为保持制造业持续的创新活力，通过顶层设计制定相应政策和措施，注重人才引进和人才培训，建立研发机构和科研奖项，设立大量的研究所、基金会以及高额奖学金项目等，吸引国内外高级技能人才从事高端制造业工作。⑦公共服务生态方面：建立企业网络、服务平台以帮助制造型中小企业进行联系、交流信息、咨询问题，发挥半官方和半民间行业协会的作用，利用协会为制造型中小企业建立信息情报中心，为企业提供信息和服务，政府层面通过将科技园区和周边大型城市进行对接，打造产城融合和生态智慧型科技园区，以释放制造型中小企业发展活力。

第十五章　先进地区制造型中小企业创新发展政策比较研究

中国31个省（市、区）高度重视制造型中小企业主体创新发展，采取了差异化政策落实办法，在近十几年的发展过程中各自的产业优势和创新成果逐步显现（李平、付一夫、张艳芳，2017）。本书通过网络文本收集各地制造型中小企业创新发展政策，在此基础上比较分析广东、江苏、浙江、山东、福建5个制造业先进省份的创新政策体系，总结分析深圳、苏州、宁波、青岛、厦门等制造业集群先进地区有关支持制造型中小企业创新发展的政策体系建设内涵和实施经验（王黎萤等，2018）。

第一节　广东省制造型中小企业创新发展政策

从组织支撑政策、产业扶持政策、创新创业政策、财税金融政策、科技服务中介政策、人才扶持政策、其他专项政策7个方面梳理制造业先进省份广东省以及制造业集群先进地区深圳市推动制造型中小企业创新发展的政策体系，总结政策实践经验及发展特征。

一　广东省近5年有关制造型中小企业创新发展的政策梳理

近年来，广东以优环境、促融资、推双创、强服务为主要抓手，加强对中小企业创新的支持，推动中小企业发展持续向好。2018年，广东省出台深化营商环境综合改革行动方案《实体经济十条》（修订版）、《外资十条》（修订版）、《关于促进民营经济高质量发展的若干政策措施》等一系列高含金量政策措施，支持中小企业营商环境建设，推动中小企业创新创业。《广东省降低制造业企业成本支持实体经济发展的若干政策措施》（修订版）、《广东省促进中小企业发展条例》（修订版）从营商环境、融资促进、创业扶持、创新支持、市场开拓、服务措施、权益保护、监督检查等多个方面，降低制造型中小企业成本，促进制造型中小企业公平竞争，促进制造型中小企业健康发展。2019 年，广东省为中小企业"融资难、融资贵"解困，出台 22 条相关政策支持中小企业融资，9 月针对中小企业的融资平台上线，促进了中小企业服务体系建设，推动中小企业提质增效。广东省注重中小企业对知识产权的运用，提出创建珠三角国家科技成果转移转化示范区，建设知识产权保护和运营中心，推进创新创业资源共享，打造国际风投创投中心等举措；制定实施的《广东省促进中小企业知识产权保护和利用的若干政策措施》，进一步提升中小企业知识产权保护和利用水平（见表 15-1）。

表 15-1　　　广东省支持制造型中小企业创新发展政策体系

分类	时间	名称	扶持政策要点
组织支撑政策	2018.08	《广东省降低制造业企业成本支持实体经济发展的若干政策措施》（修订版）	从生产经营环节、税收负担、营商环境三个方面降低企业成本，支持工业企业盘活土地资源，提高土地利用率，培育制造业新兴支柱产业和开展技术改造
	2019.09	《广东省促进中小企业发展条例》（修订版）	从营商环境、融资促进、创业扶持、创新支持、市场开拓、服务措施、权益保护、监督检查八个方面促进中小企业健康发展
创新创业政策	2018.08	《关于强化实施创新驱动发展战略进一步推进"大众创业、万众创新"深入发展的实施意见》	提出创建珠三角国家科技成果转移转化示范区，建设知识产权保护和运营中心，推进高校、科研院所创新创业资源共享，打造国际风投创投中心等措施
	2019.04	《广东省促进中小企业知识产权保护和利用的若干政策措施》	从提高知识产权纠纷解决效率、加大知识产权侵权惩处力度、强化知识产权人才培养等八个方面促进中小企业知识产权保护利用
财税金融政策	2017.08	《广东省人民政府关于印发〈广东省降低制造业企业成本支持实体经济发展的若干政策措施（修订版）〉的通知》	提出降低企业税收负担，降低企业用地成本、保险成本、用电成本等
	2019.07	《广东省支持中小企业融资的若干政策措施》	围绕中小企业融资难、融资贵、融资慢三个环节有针对性地提出六大方面、22 条解决政策措施
科技服务中介政策	2017.08	《广州市科技创新委员会关于加快促进科技中介服务机构发展的若干意见》	提出发挥科技中介服务机构服务企业、提高企业科技创新能力的作用，进一步促进科技中介服务机构专业化、规范化、国际化发展，切实推动国际科技创新枢纽建设
人才扶持政策	2019.05	《广东省工业和信息化厅关于组织实施 2019 年浙江省中小企业人才免费培育计划的通知》	围绕"互联网+"、数字经济、转型升级、先进制造、大湾区发展、精益生产等 10 个专题，免费对全省中小企业、服务机构中高层经营管理人员开展培训

二 深圳市推动制造型中小企业创新发展的政策经验

1. 稳固 ICT 产业，拓展 AIoT（人工智能物联网）产业

2019 年，《中共中央国务院关于支持深圳建设中国特色社会主义先行示范区的意见》提出，率先建设体现高质量发展要求的现代化经济体系，加快构建现代产业体系，积极发展智能经济，加快突破芯片、算法、感知等关键技术，大规模拓展人工智能在先进制造业等领域的应用场景；创建制造业创新中心，积极建设 5G、人工智能、网络空间科学与技术等重大创新载体。

2. 建设制造业创新中心

以制造业转型升级、培育发展新动能的重大需求为导向，以提升产业技术创新能力为目标，以集成优化创新资源配置为核心，以建立健全产学研用协同机制为手段，建设深圳国际科技产业创新中心，规范深圳市制造业创新中心的建设和管理。深圳实施"十大行动计划"，布局重大科技基础设施、设立基础研究机构、组建诺贝尔奖科学家实验室、实施重大科技产业转型、打造海外创新中心、建设制造业创新中心、规划建设"十大未来产业集聚区"。

3. 注重中小企业改制上市和并购重组

强力推动一批市场前景好、综合效益高、核心竞争力强的中小企业改制上市，形成深圳市以高新技术企业为主体、以细分行业龙头为特色、突出战略新兴产业、境内境外上市和并购重组并举的产业经济发展新格局，增强深圳市产业经济发展新优势（见表 15-2）。

表 15-2　　深圳市支持制造型中小企业创新发展政策体系

分类	时间	名称	扶持政策要点
组织支撑政策	2016.12	《关于支持企业提升竞争力的若干措施》	为提升深圳企业核心竞争力，鼓励企业做大做强做优，强化创新驱动，减轻企业负担，提高政府效能，增强经济发展后劲，推进现代化国际化创新型城市建设
	2018.12	《关于以更大力度支持民营经济发展的若干措施》	从降低企业生产经营成本、缓解"融资难、融资贵"、建立长效平稳发展机制、支持企业做优做强、优化政策执行环境等方面出台五项措施，以更大力度、更优政策、更好服务支持民营企业发展

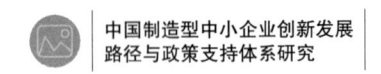

续表

分类	时间	名称	扶持政策要点
组织支撑政策	2019.11	《深圳经济特区中小企业发展促进条例》	将促进中小企业发展作为经济发展的主导战略，从公共服务、创业扶持、创新推动、市场开拓、资金扶持、融资促进及权益保护七个方面，制定长期规划和专项政策
产业创新政策	2019.08	《中共中央 国务院关于支持深圳建设中国特色社会主义先行示范区的意见》	践行高质量发展要求，深入实施创新驱动发展战略，抓住粤港澳大湾区建设重要机遇，增强核心引擎功能，加快构建现代产业体系，大力发展战略性新兴产业
创新创业政策	2018.01	《深圳市人民政府办公厅关于推动新一轮技术改造加快产业转型升级的实施意见》	从支持扩产增效、推动智能化改造、推动设备更新、推进技术创新和科技成果产业化、推进信息化与工业化深度融合、引导绿色发展和加快公共服务平台建设推动新一轮技术改造，加快产业转型升级，促进经济平稳健康可持续发展
	2018.12	《深圳市制造业创新中心建设管理办法（试行）》	以制造业转型升级、培育发展新动能的重大需求为导向，以集成优化创新资源配置为核心，以建立健全"产学研用"协同机制为手段，加快建设深圳国际科技产业创新中心
财税金融政策	2017.11	《深圳市民营及中小企业发展专项资金管理办法》	加强对深圳市民营及中小企业发展专项资金的管理，进一步促进民营及中小企业发展，增强民营及中小企业自主创新能力，鼓励和扶持民营及中小企业做大做强
	2019.05	《深圳市财政局关于支持中小企业发展进一步推进政府采购订单融资改革工作的通知》	政府采购订单融资改革是财政部门落实"放、管、服"改革的要求，对切实缓解企业"融资难、融资贵"问题发挥了有效作用
科技服务中介政策	2016.03	《关于促进科技创新的若干措施》	全面实施创新驱动发展战略，充分发挥科技创新的支撑引领作用，进一步激发各类创新主体的积极性和创造性
其他专项政策	2018.06	《关于进一步推动我市中小企业改制上市和并购重组的若干措施》	形成深圳市以高新技术企业为主体、以细分行业龙头为特色、突出战略新兴产业、境内境外上市和并购重组并举的产业经济发展新格局，增强深圳市产业经济发展新优势

第二节 江苏省制造型中小企业创新发展政策

从组织支撑政策、产业扶持政策、创新创业政策、财税金融政策、科技服务中介政策、人才扶持政策、其他专项政策七个方面梳理制造业先进省份江苏省以及制造业集群先进地区苏州市推动制造型中小企业创新发展的政策体系，总结政策实践经验及发展特征。

一 江苏省近 5 年有关制造型中小企业创新发展的政策梳理

为深入落实党中央相关文件精神，实现江苏中小企业高质量发展，针对中小企业在发展中遇到的"痛点"，江苏省出台了一系列政策文件。《〈中国制造 2025〉江苏行动纲要》《关于支持民营企业发展的若干意见》《促进中小企业发展工作领导小组关于促进中小企业健康发展的实施意见》主要围绕营造公平市场环境、畅通企业融资渠道、降低民营企业负担、增强科技创新能力、构建"亲""清"政商关系、提升民营企业实力等几个方面展开。江苏省以重创新、推双创为主要抓手，积极为中小企业减税降负，优化营商环境，促进中小企业健康发展。注重绿色产业扶持，2020 年江苏省出台的《省政府关于推进绿色产业发展的意见》中提出聚焦绿色技术领域创建一批制造业创新中心、国家工程研究中心、国家科技资源共享服务平台等载体，提高 13 个先进制造业集群绿色水平，形成若干具有较强国际竞争力的世界级先进制造业集群。2019 年江苏省科技厅印发了《江苏省科技企业孵化器管理办法》引导江苏省科技企业孵化器高质量发展，支持科技型中小微企业快速成长，构建良好的科技创业生态。实施"千企升级"三年行动计划，支持中小企业走"专业化、精品化、特色化、创新型"发展道路，提升核心竞争力（见表 15-3）。

表 15-3 江苏省支持制造型中小企业创新发展政策体系

分类	时间	名称	扶持政策要点
组织支撑政策	2015.06	《〈中国制造 2025〉江苏行动纲要》	为产业创新提供技术支撑，在重点产业领域和中小企业产业集群布局一批公共技术服务平台；激发中小企业创新创业活力，发展一批主营业务突出、竞争力强、成长性高、专注于细分市场的"专精特新"企业和"小巨人"企业
	2018.11	《关于支持民营企业发展的若干意见》	从推进企业市场准入便利化、切实减轻企业负担、为企业营造公平竞争的市场环境、助推企业不断提升竞争力、为企业解决融资难题提供便利五个方面为中小企业发展创造更好的市场环境
	2019.10	《促进中小企业发展工作领导小组关于促进中小企业健康发展的实施意见》	从优化营商环境、落实财税支持政策、加强金融支持服务、缓解融资难融资贵、促进创新创业发展、完善公共服务体系、强化组织领导安排七个方面推动全省中小企业高质量发展走在前列

续表

分类	时间	名称	扶持政策要点
产业扶持政策	2020.03	《省政府关于推进绿色产业发展的意见》	聚焦绿色技术领域创建一批制造业创新中心、国家工程研究中心、国家科技资源共享服务平台等载体，形成具有较强国际竞争力的世界级先进制造业集群
创新创业政策	2018.08	《关于推进科技与产业融合加快科技成果转化的实施方案》	聚焦重点培育的先进制造业集群，坚持围绕产业链部署创新链，加强创新资源开放集聚和优化配置，强化以企业为主体的产学研协同创新
	2018.08	《省政府关于深入推进"大众创业、万众创新"发展的实施意见》	实施制造业创新中心建设工程，形成制造业创新驱动、大中小企业协同发展的新格局
	2019.08	《江苏省科技企业孵化器管理办法》	支持有条件的龙头企业、高校、科研院所、新型研发机构、投资机构等主体建设专业孵化器，促进创新创业资源的开放共享，促进大中小企业融通发展
财税金融政策	2016.09	《省政府关于金融支持制造业发展的若干意见》	鼓励保险机构开展制造业贷款保证保险业务，为缺乏抵押担保手段的制造型中小企业提供贷款增信服务
	2019.01	《关于改善中小微企业融资服务的行动方案》	明确江苏省综合金融服务平台的建设目标，并提出增强政策性担保公司融资担保能力等方面的工作措施
科技服务中介政策	2015.12	《加快科技服务业发展的实施方案》	实施科技服务业升级计划，全面提升研发设计、创业孵化、技术转移、科技金融、知识产权、科技咨询、检验检测认证、科学技术普及八大服务业态水平
人才扶持政策	2019.06	《关于推行终身职业技能培训制度的实施意见》	鼓励规模以上企业建立职业技能培训机构开展职工培训，并面向中小企业和社会承担培训任务
其他专项政策	2018.10	《智慧江苏建设三年行动计划（2018—2020年）》	提出云服务提升计划，以推动云计算创新应用为重点，建设工业云、企业云和中小企业"e企云"

二　苏州市推动制造型中小企业创新发展的政策经验

1. 前瞻布局先导产业

前瞻布局新一代信息技术、生物医药、纳米技术和人工智能等先导产业，全力引导人才、资金、项目、载体向先导产业创新集聚区集聚，推动产业链和创新链在创新集聚区深度融合。苏州市生物医药产业呈高质量集聚发展态势，苏州工业园区成为全球纳米领域具有代表性的八大产业区域之一，2018年，全市四大先导产业占规模以上工业比重达15.7%。

2. 加快培育先进制造业集群

出台了《关于加快推进先进制造业集群发展的实施意见》，立足于苏州产业特色,重点培育新一代显示、生物医药和新型医疗器械、高端纺织、新能源与智能电网、汽车与零部件、软件与数字经济、高端装备、集成电路、物联网、前沿新材料十大先进制造业集群,战略性新兴产业进一步发展扩大。2019年上半年,苏州市新兴产业产值占规模以上工业总产值比重达54%,占比较去年全年提高1.6个百分点。

3. 推动中小企业"专精特新"发展,构建富有苏州特色的"专精特新"工作体系

截至2018年年底,苏州市拥有国家级专精特新"小巨人"企业5家,省级科技"小巨人"企业38家、省级"专精特新"产品61个,省隐形冠军"小巨人"企业9家,数量均位列全省第一(见表15-4)。

表15-4　　苏州市支持制造型中小企业创新发展政策体系

分类	时间	名称	扶持政策要点
组织支撑政策	2016.07	《〈中国制造2025〉苏州实施纲要》	加快打造苏州工业经济升级版,构建苏州特色的新型工业化体系,到2025年,将苏州打造成全国领先、世界知名的先进制造业强市;到2035年,力争苏州成为中国制造业强市"领头雁"之一。
产业创新政策	2017.06	《关于加快建设国家智能制造示范区的意见》	苏州市紧紧围绕打造具有国际竞争力的先进制造业基地目标,加快推动以智能制造为主攻方向的制造业转型发展,积极推进建设国家智能制造示范区
	2018.12	《市政府印发关于加快推进先进制造业集群发展的实施意见的通知》	立足苏州产业特色,重点培育新一代显示、生物医药和新型医疗器械、新能源与智能电网、汽车与零部件、纳米技术应用、软件与数字经济等先进制造业集群
创新创业政策	2017.04	《关于促进苏州工业园区企业技术改造的若干意见》	为深入推进落实供给侧结构性改革,在提高智能制造水平、优化工艺技术、加快产品升级、促进绿色发展、安全发展、企业增资扩张等方面重点支持
	2018.01	《市级打造先进制造业基地专项资金管理操作流程规定》	通过提高资金使用效益,推动市制造产业转型升级和先进制造业基地建设,加快新兴产业发展、支持技术创新、提升企业信息化和社会信息化
财税金融政策	2017.06	《苏州市政府印发关于进一步促进金融支持制造业企业的工作意见的通知》	紧紧围绕苏州市打造具有国际竞争力的先进制造业基地目标,构建"一个平台、两大系统、多措并举"制造业金融支持体系
	2018.04	《苏州市人民政府关于印发苏州市金融支持制造业发展若干具体政策的通知》	鼓励融资性担保机构、再担保机构和银行加大对制造业企业的金融支持力度,帮助符合条件的制造业企业转型升级

续表

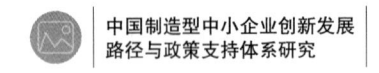

分类	时间	名称	扶持政策要点
科技服务中介政策	2018.08	《苏州高新区促进科技服务业发展的实施办法》	深化苏南国家自主创新示范区核心区建设,围绕"两高两新"发展思路,推进区域高质量发展,促进科技服务业市场化、专业化、规模化、国际化、网络化
其他专项政策	2020.02	《苏州市人民政府关于应对新型冠状病毒感染的肺炎疫情支持中小企业共渡难关的十条政策意见》	为应对新型冠状病毒感染的肺炎疫情,积极发挥中小企业在疫情防控中的重要作用,支持中小企业共渡难关,对于受疫情影响,生产经营遇到困难的中小企业,从加大金融支持、稳定职工队伍、减轻企业负担等方面提出十条政策意见

第三节　浙江省制造型中小企业创新发展政策

从组织支撑政策、产业扶持政策、创新创业政策、财税金融政策、科技服务中介政策、人才扶持政策、其他专项政策七个方面梳理制造业先进省份浙江省以及制造业集群先进地区宁波市推动制造型中小企业创新发展的政策体系,总结政策实践经验及发展特征。

一　浙江省近 5 年有关制造型中小企业创新发展的政策梳理

浙江省大力发展数字经济,鼓励民间资本投向《中国制造 2025》、八大万亿产业等领域,激发民间投资新活力,促进了中小企业的发展(王黎莹等,2016)。为开展"雏鹰行动",梯度培育中小微企业向"专精特新"发展,打造一批隐形冠军企业,2019 年提出《浙江省人民政府办公厅关于开展"雏鹰行动" 培育隐形冠军企业的实施意见》。全省全面推动数字经济"一号工程",持续加力推进数字经济发展,促进中小企业高质量发展。2020 年出台的《关于以新发展理念引领制造业高质量发展的若干意见》,就增强企业活力、完善制造业创新体系、培育先进制造业集群、推动制造方式转变等方面做出具体要求。浙江省推出的《浙江省地方特色产业中小企业发展资金管理操作办法》,规范和完善地方特色产业中小企业发展资金管理,提高资金使用绩效;《浙江省加快新材料产业发展行动计划(2019—2022 年)》瞄准新材料产业关键共性技术研发攻关,进一步落实"互联网+"、生命健康、新材料三大创新高地培育计划,培育一批集聚各类创新资源,为新材料产业中小企业提供创新链、产业链、资金链三链融合服务的创新综合体。为推进中小企业创新创业,浙江省出台了《关于促进中小企业加快创业创新发展的若干意见》等一系列政策,大力推动传统产业和劳动密集型产业的中小企业改造提升,鼓励中小企业积极采用新技术、新工艺、新设备、新材料进行技术改造。浙江知识产权服务集聚业态目前已经初步形成,进一步推进知识产权服务产业向规模化、专业化、高端化和多元化方向发展(见表15-5)(王黎萤、王宏伟、包海波、虞微佳、王佳敏,2017)。

表15-5　　浙江省支持制造型中小企业创新发展政策体系

分类	时间	名称	扶持政策要点
组织支撑政策	2015.12	《〈中国制造2025〉浙江行动纲要》	大力发展创新型中小微企业,培育一批国家级和省级中小企业服务示范机构,健全中小企业社会化中介服务体系
	2019.05	《浙江省人民政府办公厅关于开展"雏鹰行动"培育隐形冠军企业的实施意见》	从创新性创业、数字化改造提升、质量标准提升、专业化发展、创新能力提升、市场拓展、融资服务提升、大中小企业融通发展、产业聚集发展、公共服务供给十个方面提出培育中小企业的任务和方向
	2020.03	《关于以新发展理念引领制造业高质量发展的若干意见》	就增强企业活力、完善制造业创新体系、培育先进制造业集群、推动制造方式转变等方面做出了具体要求
产业扶持政策	2019.04	《浙江省加快新材料产业发展行动计划(2019—2022年)》	瞄准新材料产业关键共性技术研发攻关,培育一批集聚各类创新资源,为新材料产业中小企业提供创新链、产业链、资金链三链融合服务的创新综合体
创新创业政策	2016.10	《浙江省科技创新"十三五"规划》	打造一批研发实力与创新成果国际一流、产业规模与竞争能力位居前列的创新型领军企业,带动关联中小企业整体提升
	2018.06	《浙江省关于促进小微企业创新发展的若干意见》	优化发展环境,激发民间活力和创造力,着力破解小微企业发展面临的突出困难和问题,鼓励和支持小微企业参与大湾区、大花园、大通道、大都市区建设等重大战略
	2019.03	《浙江省人民政府关于推动创新创业高质量发展打造"双创"升级版的实施意见》	深入实施创新驱动发展战略,进一步激发市场活力和社会创造力,推动创新创业高质量发展打造"双创"升级版
科技服务中介政策	2015.12	《浙江省关于加快科技服务业发展的实施意见》	全面实施创新驱动发展战略,推进"大众创业、万众创新",推进科技经济深度融合,为培育新经济增长点提供强大引擎

续表

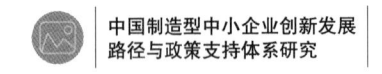

分类	时间	名称	扶持政策要点
财税金融政策	2019.01	《关于浙江省贯彻实施小微企业普惠性税收减免政策的通知》	出台6条面向小微企业的普惠性减税政策,优化纳税服务,增进办税便利,确保广大小微企业实打实享受到减税降费的政策红利
人才扶持政策	2016.09	《浙江省人才发展"十三五"规划》	支持建造湖畔大学,加强高端企业家培训;加强中小企业主及企业高级管理人员提升培训
其他专项政策	2017.06	《浙江省全面改造提升传统制造业行动计划(2017—2020年)》	切实打好政府引导搭台、企业主体运作、全球精准合作、内外并购重组、推进股改上市、政策资源保障等改造提升组合拳,重点传统制造业在国际产业分工和价值链中的地位明显提升,基本建成全国传统制造业转型升级示范区

二 宁波市推动制造型中小企业创新发展的政策经验

1. 打造集群发展新优势

宁波全力推动"246"工程实施,打造集群发展新优势。通过强化顶层设计,制定出台"246"万千亿级产业集群培育工程实施意见,编制12个产业集群专项规划,建立完善配套政策体系,统筹协同配置资金、人才、土地等要素资源。同时,发展绿色石化产业集群,积极提升发展能级,加快构建"一院两中心"石化集群创新体系;发展汽车制造业产业集群,强化整车与零部件企业协同发展,谋划推进智能网联汽车发展,推动高能级新能源汽车项目建设和推广应用。聚焦产业集群的同时,加快建设战略性新兴产业集群,全面改造提升传统优势产业集群。

2. 成立智能成型创新中心

宁波智能成型技术创新中心一手协同中科院材料所、均胜集团、海天集团等高端院所与行业龙头,聚焦"智能成型装备、智能模具、智能成型技术、成型新材料、成型制造大数据"五大细分领域,全力实现自主品牌智能成型技术的产业化应用,带动产业规模效益不断提升和跨越式发展;一手汇聚全市68家大院大所科技力量,打造"科技通大数据服务平台",通过建设智能制造示范应用场景实现产教融合,打造高端人才实训基地,为全市乃至全省广大中小企业赋能、赋智。

3. 打造产业优势品牌

培育一批智能制造程度高、管理先进、影响力大、号召力强的"宁波制造"品牌企业，打造一批优质品牌产品，铸就特色鲜明、市场信誉度高的产业集群区域品牌（见表15-6）。

表15-6　　宁波市支持制造型中小企业创新发展政策体系

分类	时间	名称	扶持政策要点
组织支撑政策	2016.09	《〈中国制造2025〉宁波行动纲要》	宁波将以发展智能经济为主攻方向，以推进制造业转型升级和提质增效为中心，加快构建具有宁波特色的新型制造体系、区域协同创新体系、人才培养体系和政策保障体系
	2018.08	《关于优化产业政策促进制造业高质量发展的若干政策意见》	全面推进《中国制造2025》和"产业争先""科技争投"，进一步抢占发展制高点、培育发展新动能，有效推进供给侧结构性改革，扎实推进经济转型升级和高质量发展
	2019.12	《宁波市推进制造业高质量发展实施方案（2020—2022年）》	明确今后三年宁波市推进制造业高质量发展的目标、任务和路径
产业扶持政策	2017.03	《宁波市绿色制造工程三年攻坚行动计划（2017—2019年）》	大力实施工业能效倍增提升、能源结构绿色化改造、水资源利用高效化改造、生产过程清洁化改造、"低、小、散"行业整治提升、大力发展工业循环经济、绿色制造体系试点示范、培育壮大绿色产业等八大专项行动
创新创业政策	2015.08	《宁波市人民政府办公厅关于培育发展众创空间促进大众创新创业的实施意见》	顺应网络时代"大众创业、万众创新"新趋势，聚集创新要素、激发创新创业活力，加快港口与产业融合、创新链与产业链结合，助推全市"港口经济圈"建设
	2017.08	《江北区加快科技创新驱动发展的若干政策》	加快实施创新驱动发展战略，推进创新型城区建设，强化科技支撑，增强企业技术创新能力，促进科技与经济的紧密结合
科技服务中介政策	2020.02	《宁波市百家科创平台服务万家企业行动方案》	认真贯彻市委、市政府"防疫复工确保两手都要硬两战都要赢"决策部署，切实做好科技帮扶企业工作，推动企业复产扩产
财税金融政策	2017.03	《宁波市人民政府办公厅关于营造良好发展环境激励引导金融更好服务实体经济的实施意见》	发挥金融业机构在经济金融供给侧结构性改革中的核心支撑引领作用，缓解金融业机构经营发展中的困难问题，增加有效投资，稳固制造业根基，促进消费升级，保持经济稳定增长，促进经济金融良性互动共生共荣
	2020.03	《宁波市人民政府办公厅关于进一步强化金融服务保障支持稳企稳经济稳发展的通知》	深入贯彻落实中央、全省和全市统筹推进新冠肺炎疫情防控和经济社会发展工作部署会议精神，引导各金融机构强化服务保障，支持企业稳经济稳发展

续表

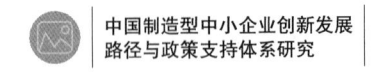

分类	时间	名称	扶持政策要点
人才扶持政策	2016.11	《宁波市人才发展"十三五"规划》	以建设"蔚蓝智谷"和人才生态最优市为目标,提出了"十三五"时期宁波人才工作的主要任务和实现路径
其他专项政策	2018.10	《宁波市中小企业公共服务平台培育和认定管理办法》	做好中小企业公共服务平台梯队培育工作,加快推进中小企业公共服务平台网络体系建设,构建精准服务企业长效机制

第四节　山东省制造型中小企业创新发展政策

从组织支撑政策、产业扶持政策、创新创业政策、财税金融政策、科技服务中介政策、人才扶持政策、其他专项政策七个方面梳理制造业先进省份山东省以及制造业集群先进地区青岛市推动制造型中小企业创新发展的政策体系,总结政策实践经验及发展特征。

一　山东省近5年有关制造型中小企业创新发展的政策梳理

2016年,山东省出台了《〈中国制造2025〉山东省行动纲要》,指出积极推进中小企业转型升级和创新成长发展,广泛开展"一企一技术"创新活动,不断提高"专精特新"发展水平,鼓励和引导企业创造更多的专有、核心技术,打造一批"小巨人",抢占生产和市场制高点;2018年出台的《山东省高端装备制造业发展规划(2018—2025年)》以提高发展质量和效益为中心,聚焦重点领域,实施"七大工程",建设一批高水平技术创新平台,突破一批达到国际先进水平的重大技术装备,培育一批具有较强市场竞争力的创新型企业和品牌,打造一批全国领先、世界知名的特色产业集群,努力将高端装备制造业发展成为推动新旧动能转换的强大动力和制造强省的重要支柱。为深入推进"双创",山东省出台了《关于支持双创示范基地建设推进全省双创深入发展的实施意见》,提出加快推动创新创业资源向双创示范基地集聚,带动全省大众创业万众创新向更大范围、更高层次、更深程度上发展,加快新旧动能转换。近几年,山东省在供给侧结构性改革的大背景下,以新的发展理念为引领不断推动中小企业发展，全面打造民营经济发展优势，为解决中小企业"融资难"问题，出台一系列政策举措，提出支持各地建立财政资金引导的政策性天使投资基金和创业投资基金等措施，引导融资担保机构加大对中小微企业融资的支持力度，切实缓解中小微企业融资难题（见表15-7）。

表15-7　　山东省支持制造型中小企业创新发展政策体系

分类	时间	名称	扶持政策要点
组织支撑政策	2016.03	《〈中国制造2025〉山东省行动纲要》	广泛开展"一企一技术"创新活动，不断提高"专精特新"发展水平，鼓励和引导企业创造更多的专有技术，打造一批"小巨人"，抢占生产和市场制高点
组织支撑政策	2018.10	《山东省高端装备制造业发展规划（2018—2025年）》	聚焦重点领域，实施"七大工程"，建设高水平技术创新平台，突破达到国际先进水平的重大技术装备，培育具有较强市场竞争力的创新型企业和品牌
产业扶持政策	2018.11	《山东省新一代人工智能产业发展三年行动计划（2018—2020年）》	加快山东省新一代人工智能产业发展，促进全省新旧动能转换
创新创业政策	2017.11	《关于支持双创示范基地建设 推进全省双创深入发展的实施意见》	加快推动创新创业资源向双创示范基地集聚，带动全省"大众创业、万众创新"向更大范围、更高层次、更深程度上发展，加快新旧动能转换
创新创业政策	2018.08	《关于打造"政产学研金服用"创新创业共同体的实施意见》	以山东产业技术研究院为示范样板，带动各地建设一批不同主体、不同模式、不同路径、不同方向的创新创业共同体，形成"1+30+N"的创新体系
科技服务中介政策	2016.07	《山东省科技服务业转型升级实施方案》	加强培育科技服务市场主体，充分利用"互联网+"技术手段，加快科技服务模式创新，着力提升科技服务业支持创新的服务和水平
财税金融政策	2018.03	《关于印发山东省中小微企业融资担保代偿补偿资金管理办法的通知》	引导融资担保机构加大对中小微企业融资的支持力度，切实缓解中小微企业融资难题
人才扶持政策	2018.02	《关于印发山东省支持青年人才创新创业的若干措施的通知》	提出引进青年人才来鲁创新创业，培养青年人才创新创业能力
其他专项政策	2018.12	《数字山东发展规划（2018—2022年）》	组织实施千万工业设备"上云"工程，推动中小企业平台系统、业务系统、工业设备上云等，打造"云行齐鲁"区域品牌
其他专项政策	2020.02	《山东省人民政府办公厅关于应对新型冠状病毒感染肺炎疫情支持中小企业平稳健康发展的若干意见》	支持山东省中小企业积极应对疫情影响。意见涵盖了强化金融支持、减轻税费负担、降低运营成本、加大稳岗力度四个方面

二 青岛市推动制造型中小企业创新发展的政策经验

1. 支持企业做大做强

培育具有专长的中小企业,对经工业和信息化部认定的全国制造业单项冠军示范企业、培育企业,分别给予100万元、50万元奖励;对新认定的中小企业"隐形冠军"给予相应奖励;对"专精特新"小微企业技术改造、产业链协作配套项目给予补助。

2. 推进制造业创新中心建设

推进大中小企业协同创新,加快推进家电智能制造、轨道交通装备、船舶海工装备、虚拟现实等制造业创新中心建设,在增材制造、机器人等优势特色领域培育后续制造业创新中心。建立技术成果供需信息对接平台和研发成果转化平台,形成大中小企业互动发展、集群发展、融合发展的产业新格局。积极引导"专精特新"中小企业进入战略性新兴产业和现代服务业领域,向各类新技术、新产业、新业态、新模式发展转型。在电子、生物、人工智能、大数据、服务型制造等新兴领域,催生一批规模以上"专精特新"的中小企业。

3. 加大企业金融服务支持

对金融机构向青岛规模以上工业企业新增贷款,按照不超过2%的比例安排贷款风险补偿资金。设立小微企业贷款风险共担基金,对合作银行、保险机构开展的单笔不超过500万元的小微企业信用保证保险贷款,发生不良的,按不良贷款额的30%给予补偿。按照银行年度小微企业新增贷款额计提风险补偿金,计提比例由0.5%提高至1%。对符合条件的融资租赁企业开展的青岛中小企业融资租赁业务,给予不超过租赁额1%的补助。对担保机构开展的中小企业担保业务、区域性股权交易市场挂牌的企业,按照现行办法给予补助(见表15-8)。

表15-8　青岛市支持制造型中小企业创新发展政策体系

分类	时间	名称	扶持政策要点
组织支撑政策	2015.07	《关于进一步支持中小微企业发展的意见》	聚焦加大融资支持力度、推动创新转型升级发展、拓展经营发展空间、加大财税支持力度、提高公共服务水平五个方面,提出了18条有较强针对性、创新性和较高含金量的政策措施

续表

分类	时间	名称	扶持政策要点
组织支撑政策	2017.10	《〈中国制造2025〉青岛市行动纲要》	全面落实制造强国战略，加快推进制造业新旧动能转换和产业升级，提升"青岛制造"的核心竞争力
	2020.02	《关于应对新型冠状病毒感染的肺炎疫情支持中小企业保经营稳发展若干政策措施的通知》	稳定职工队伍、减轻企业负担、加大金融支持、完善政策执行四大部分18条政策，支持中小企业保经营、稳发展，众志成城、共克时艰
产业扶持政策	2017.01	《关于促进先进制造业加快发展的若干政策》	进一步发挥财政政策的激励引导作用，加快推进具有国际竞争力的先进制造业基地建设
	2020.03	《关于支持机器人产业加快发展若干政策措施的通知》	支持机器人产业加快发展，促进工业转型升级和高质量发展，形成新的经济增长点和产业竞争优势
创新创业政策	2016.09	《青岛市小微企业创业创新基地城市示范工作推进方案（2016—2018）》	进一步调整和完善财政支持政策，探索新形势下扶持小微企业创业创新的新举措，打造支持小微企业的市场化、专业化、集成化、网络化新型载体
	2020.01	《关于加快推进科教产融合发展的科技创新创业若干政策》	聚焦"集聚高端创新资源、提升科技成果转化能力、强化企业创新主体地位、促进双创载体健康发展和营造良好创新创业生态"五项重点工作
科技服务中介政策	2015.12	《青岛市科技服务业发展规划（2016—2020）》	培育市场主体，创新服务模式，树立特色品牌，提升服务水平，扩大产业规模，将科技服务业打造成为新兴高端产业
财税金融政策	2019.06	《关于实施小微企业普惠性税收减免政策的通知》	贯彻落实党中央、国务院决策部署，进一步支持小微企业发展
人才扶持政策	2016.11	《青岛市"十三五"人才发展规划》	持续优化人才发展环境，大力激发人才创新创业创造活力，统筹推进各类人才队伍建设，为加快建设宜居幸福的现代化国际城市提供强有力的人才智力支撑
其他专项政策	2018.03	《青岛市"专精特新"和"隐形冠军"中小企业培育行动计划（2018—2021）》	深入贯彻党的十九大精神，落实中央和省、市关于推进新旧动能转换的决策部署，加快形成以创新发展引领、转型升级支撑的中小企业发展体系

第五节 福建省制造型中小企业创新发展政策

从组织支撑政策、产业扶持政策、创新创业政策、财税金融政策、科技服务中介政策、人才扶持政策、其他专项政策七个方面梳理制造业先进省份福建省以及制造业集群先进地区厦门市推动制造型中小企业创新发展

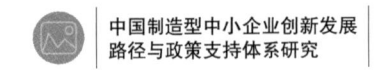

的政策体系，总结政策实践经验及发展特征。

一 福建省近5年有关制造型中小企业创新发展的政策梳理

近几年，福建省注重制造业高质量发展，实施工业园区化建设，坚定不移贯彻新发展理念，科学制定标准、分类指导推进，积极打造规划布局科学、基础设施完善、土地利用集约、投入产出高效、生产生活配套、管理服务高效的标准化工业园区，加快集中集聚优质生产要素，深入实施创新驱动发展战略，大力提升产业基础能力和产业链水平，培育更多国家级高新技术企业和高成长、高附加值的龙头企业，打造更多千亿级、万亿级产业集群，为高质量发展落实赶超提供有力支撑。福建省出台的《福建省人民政府关于进一步支持全省中小企业发展十条措施的通知》，从强化组织领导、加大财政支持、加强融资促进、支持"专精特新"发展、支持创业创新、实施梯度培养、支持开拓市场、优化企业服务、提升企业人才支撑、强化监督检查十个方面提出十条支持中小企业高质量发展的措施。为积极引导中小企业发展大数据新兴产业，出台《福建省人民政府关于印发福建省促进大数据发展实施方案（2016—2020年）的通知》，提出大中小企业应要完善大数据产业链，推进信息化建设应用迈向大数据发展新阶段，进一步提升数字福建建设成效。福建省注重"互联网+先进制造业"融合发展，支持中小企业使用工业云平台，提高信息化应用的水平，《福建人民政府关于深化"互联网+先进制造业"发展工业互联网的实施意见》提出引导上下游企业、大中小企业、跨领域企业互联互通、融合发展，促进产品、技术、服务与业务的集成创新，营造高效、融通的发展环境，推动上万家中小企业业务系统向云端迁移（见表15-9）。

表15-9　　福建省支持制造型中小企业创新发展政策体系

分类	时间	名称	扶持政策要点
组织支撑政策	2018.09	《福建省人民政府关于进一步支持全省中小企业发展十条措施的通知》	从强化组织领导、加大财政支持、加强融资促进、支持"专精特新"发展、支持创业创新、实施梯度培养、支持开拓市场、优化企业服务、提升企业人才支撑、强化监督检查十个方面提出十条措施
	2018.11	《福建省促进中小企业发展条例》	为了优化中小企业发展环境，促进中小企业健康可持续发展，从创业扶持、资金支持、技术创新、市场开拓、服务保障五个方面保障中小企业的合法权益

续表

分类	时间	名称	扶持政策要点
组织支撑政策	2018.12	《关于加快民营企业发展的若干意见》	放宽企业准入,激发民间有效投资活力;推进项目建设,壮大民营经济规模;加快创新转型,促进民营企业提质增效;优化营商环境,健全公平竞争体制机制
产业创新政策	2016.06	《福建省人民政府关于印发福建省促进大数据发展实施方案(2016—2020年)的通知》	充分发挥大数据在经济社会发展中的基础性、战略性、先导性作用,发展新兴产业大数据,充分释放大数据驱动创新发展、提高治理能力、创新公共服务的巨大潜能
创新创业政策	2015.01	《福建省人民政府关于促进工业创新转型稳定增长十条措施的通知》	鼓励企业创新商业模式,制造业龙头企业通过专业分工、服务外包、订单生产等形式带动省内中小企业进入产业链或采购系统
	2016.12	《福建省人民政府关于深化制造业与互联网融合发展的实施意见》	充分发挥制造业与互联网的融合效应,改造提升传统动能,推动产业迈向中高端,加快建设先进制造业大省。鼓励龙头企业带动中小企业融入大企业创新链
	2017.11	《福建省人民政府关于强化实施创新驱动发展战略进一步推进大众创业万众创新深入发展的实施意见》	推动大中小企业协同创新,带动产业链上下游发展,促进大中小企业融通发展;完善创业投资管理机制,积极争取和引进国家中小企业发展基金
财税金融政策	2017.1	《福建省人民政府办公厅关于进一步激发民间有效投资活力促进经济持续健康发展的实施意见》	进一步完善政策、改善服务、优化环境,激发民间有效投资活力,激发和保护企业家精神,持续拓展民间投资项目,引导更多民间资本投入中小企业对接项目
科技服务中介政策	2015.12	《福建省人民政府关于促进全省工业经济稳定增长若干措施的通知》	支持企业服务机构面向中小企业开展政策信息、投资融资、创业辅导、人才培训、管理提升、技术创新、市场开拓、法律咨询等线上线下服务
其他专项政策	2018.04	《福建省人民政府关于深化"互联网+先进制造业"发展工业互联网的实施意见》	引导上下游企业、大中小企业、跨领域企业互联互通、融合发展,促进产品、技术、服务与业务的集成创新,营造高效、融通的发展环境,推动上万家中小企业业务系统向云端迁移

二 厦门市推动制造型中小企业创新发展的政策经验

1. 促进生物医药产业发展

生物医药与健康产业在厦门市委、市政府多年来的积极培育和扶持下,形成以海沧区为核心、其他各区错位发展的空间发展格局,产业辐射

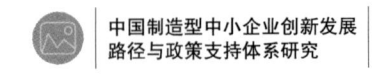

和集聚效应日益显现。以海沧区为核心，厦门市规划建设了1万平方米的生物医药孵化器、10万平方米的厦门生物医药中试基地、100万平方米的厦门生物医药产业园和1000万平方米的厦门生物医药港，集聚大量中小企业，生产产业集群，已初步形成"一十百千"的跨越发展格局。

2. 注重中小企业绿色发展

厦门作为一个外向型城市，早些年制造业得到飞速发展，制造业绿色转型先行一步，从绿色工厂、绿色产品、绿色园区、绿色供应链、绿色服务体系方面入手打造绿色制造体系，力争到2020年，培育3家市级第三方绿色制造评价机构，认定市级绿色示范工厂20家、市级绿色产品20种，培育绿色示范园区，探索绿色供应链示范企业建设，并推动上报国家级认定，完成5个以上国家绿色制造系统集成项目建设，初步建立了具有厦门市特色的绿色制造体系推进机制。

3. 构建以"信用+科技+普惠金融"为主的全国综合信用服务平台

2019年厦门出台了《厦门市人民政府办公厅关于印发推进平台经济加快发展三年行动方案的通知》，全面加快全国中小企业融资综合信用服务平台建设，推动在全国600余个城市落地，积极引进全国总行级金融机构入驻，引入国际国内知名信用服务机构和征信机构，吸引广大中小企业入驻。着力构建以"信用+科技+普惠金融"为主的全国综合信用服务平台，并以此吸引更多优质金融资源入驻厦门，打造为中小企业服务的全过程、全金融场景的生态系统（见表15-10）。

表15-10　　厦门市支持制造型中小企业创新发展政策体系

分类	时间	名称	扶持政策要点
组织支撑政策	2015.03	《厦门市人民政府办公厅关于进一步扶持小微企业加快发展八条措施的通知》	从促进转型升级、强化融资服务、加强用工保障、发展公共服务、支持基地建设、完善信息平台、支持直接融资等八个方面进一步激发小微企业活力
	2018.07	《厦门市绿色制造体系建设实施方案》	以绿色工厂、绿色产品、绿色园区、绿色供应链为绿色制造体系的主要内容，发挥政策推动和示范引领作用构建高效、清洁、低碳、循环的绿色制造体系
创新创业政策	2019.01	《厦门市人民政府办公厅关于印发促进共享经济健康发展实施方案的通知》	引导科技资源共享，建设统一开放的科技资源共享平台，建立集重大科研基础设施、大型科研仪器、科研咨询与合作开发项目等内容服务共享为一体的科技资源共享新模式，鼓励中小企业积极使用共享科研仪器

续表

分类	时间	名称	扶持政策要点
财税金融政策	2017.01	《厦门市人民政府办公厅关于印发小微企业贷款保证保险实施办法的通知》	鼓励全市具备条件的银行、小额贷款公司和保险公司按照自愿参与、风险共担、加强管控的原则向小微企业开展贷款保证保险业务
	2020.04	《厦门火炬高新区关于支持中小企业厂房抵押贷款的管理办法》	疫情期间,帮助高新区企业缓解融资难问题、引导资本脱虚向实,进一步调动银行为中小企业融资服务的积极性,改善高新区企业融资环境,激发园区企业发展活力
其他专项政策	2018.09	《厦门市制造业与互联网融合发展规划（2018—2022）》	以制造业和互联网融合发展的四大平台、五类制造和三大工程为推动方向,实施制造业与互联网融合发展"453"战略,从生产方式、组织管理和商业模式等多维度重塑竞争力,加快构建新型制造体系

第六节 借鉴与政策启示

从组织支撑政策、产业扶持政策、创新创业政策、财税金融政策、科技服务中介政策、人才扶持政策、其他专项政七个方面，比较、总结广东省、江苏省、浙江省、山东省、福建省省际推动制造型中小企业创新发展的政策，以及深圳市、苏州市、宁波市、青岛市、厦门市市际推动制造型中小企业创新发展的政策，获得政策借鉴与政策启示。

一 省际比较制造型中小企业创新发展政策借鉴与政策启示

（一）组织支撑政策

广东省以优环境、促融资、推双创、强服务为主要抓手，通过政策的出台落地，从营商环境、融资促进、创业扶持、创新支持、市场开拓、服务措施、权益保护、监督检查8个方面降低制造型中小企业发展成本，促进制造型中小企业参与公平竞争，推动中小企业健康发展；江苏省以重创新、推双创为主要抓手，围绕营造公平的市场环境、畅通企业融资渠道、降低民营企业负担、增强科技创新能力、构建"亲""清"政商关系、提升民营企业实力等方面为制造型中小企业创造良好发展环境，并出台了《〈中国制造2025〉江苏行动纲要》，激发制造型中小企业创新创业活力；浙江省以大力发展数字经济为主要抓手，从创新性创业、数字化改造提升、质量标准提升、专业化发展、创新能力提升、市场拓展、融资服务提升、大中小企业融通发展、产业聚集发展、公共服务供给十个方面提出培育中小企业的任务和方向，并出台了《〈中国制造 2025〉浙江行动纲要》提振制造型中小企业创新发展信心；山东省以提高发展质量和效益为中心，聚焦重点领域，实施"七大工程"，建设一批高水平技术创新平台，突破一批达到国际先进水平的重大技术装备，培育一批具有较强市场竞争力的创新型企业和品牌，打造一批全国领先、世界知名的特色产业集群等，并出台了《〈中国制造 2025〉山东省行动纲要》积极推动高端装备制造业发展；福建省注重制造业高质量发展，实施工业园区化建设，从强化组织领导、加大财政支持、加强融资促进、支持"专精特新"发展、支持创业创新、实施梯度培养、支持开拓市场、优化企业服务、提升企业人才支撑、强化监督检查十个方面提出支持中小企业高质量发展 10 条具体措施。

（二）产业扶持政策

江苏省注重绿色产业扶持，聚焦绿色技术领域创建一批制造业创新中心、国家工程研究中心、国家科技资源共享服务平台等载体，提高 13 个先进制造业集群绿色水平，形成若干具有较强国际竞争力的世界级先进制造业集群；浙江省瞄准新材料产业关键共性技术研发攻关，培育一批集聚各类创新资源、为新材料产业中小企业提供创新链、产业链、资金链三链融合服务的创新综合体；山东省加快新一代人工智能产业发展，促进全省制造业新旧产能动能转换；推进信息化建设应用迈向大数据发展新阶段（蔡跃洲、李平、付一夫，2016），福建省积极发展新兴产业大数据，完善大数据产业链，充分释放大数据驱动创新发展、加快发展大数据产业，提高治理能力、创新公共服务的巨大潜能。

（三）创新创业政策

广东省提出创建珠三角国家科技成果转移转化示范区，建设知识产权保护和运营中心，推进高校、科研院所创新创业资源共享，打造国际风投创投中心等措施，大力支持中小企业创新发展和提质增效；江苏省实施制造业创新中心建设工程，聚焦重点培育先进制造业集群，坚持围绕产业链部署创新链，加强创新资源开放集聚和优化配置，强化以企业为主体的产学研协同创新体系构成；浙江省深入实施创新驱动发展战略，大力推动传统产业和劳动密集型产业的中小企业改造提升，鼓励中小企业积极采用新技术、新工艺、新设备、新材料进行技术改造，打造一批研发实力与创新成果国际一流、产业规模与竞争能力位居前列的创新型领军企业；山东省加快推动创新创业资源向双创示范基地集聚，以省产业技术研究院为示范样板，培育30个以上省级创新创业共同体，同时带动各地建设一批不同主体、不同模式、不同路径、不同方向的创新创业共同体，形成"1+30+N"的创新体系；福建省利用"互联网+"战略机遇，走"专精特新"发展之路，充分发挥制造业与互联网的融合效应，改造提升传统动能，推动产业迈向中高端，鼓励制造业龙头骨干企业建设互联网"双创"平台，带动产业链上下游中小企业融入大企业创新链。

（四）财税金融政策

广东省围绕中小企业融资难、融资贵、融资慢三个环节有针对性地提出六大方面、22条解决政策措施，切实为制造型中小企业纾困，降低负担；江苏省明确综合金融服务平台的建设目标，提出增强政策性担保公司融资担保能力的相关措施，并鼓励保险机构开展制造业贷款保证保险业务；浙江省重点推进"滚动实施小微企业成长三年计划"，积极从税费政策、财政资金、强化融资、公共服务等方面为制造型中小企业发展提供保障，并鼓励建立财政出资的区域性再担保机构；山东省提出支持各地建立财政资金引导的政策性天使投资基金和创业投资基金等措施，引导融资担保机构加大对中小企业融资的支持力度；福建省出台相关政策激发民间有效投资活力，持续拓展民间投资项目，引导民间资本投入制造型中小企业。

（五）科技服务中介政策

广东省积极发挥科技服务中介在服务企业、提高企业创新能力方面的作用，通过政策的出台落地，促进科技服务中介机构专业化、规范化、国际化发展，并切实推动国际科技创新枢纽建设；江苏省实施科技服务业升级计划，全面提升研发设计、创业孵化、技术转移、科技金融、知识产权、科技咨询、检验检测认证、科学技术普及等八大科技服务业态发展水平；浙江省大力培育科技服务中介及技术转移机构，推进制造型中小企业科技成果落地及创新创业发展；山东省以促进科技服务业的社会化、专业化、集群化、国际化发展为目标，充分利用"互联网+"技术手段，积极构建服务机构健全、产业链条完善、组织形式新颖、投入渠道多元、区域特色突出、布局科学合理的科技服务业体系；福建省支持企业服务机构面

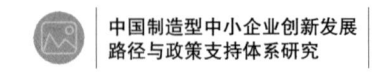

向中小企业开展政策信息、投资融资、创业辅导、人才培训、管理提升、技术创新、市场开拓、法律咨询等线上线下服务。

（六）人才扶持政策

广东省围绕"互联网+"、数字经济、转型升级、先进制造、大湾区发展、精益生产、投融资、服务能力提升、传承与创新、省外培训10个专题，免费对全省大量中小企业高层经营管理人员开展针对性培训；江苏省鼓励规模以上企业建立职业技能培训机构开展职工培训，并面向中小企业承担培训任务；浙江省出台了《浙江省人才发展"十三五"规划》，重点加强中小企业主及企业高级管理人员提升培训；山东省重视青年人才，积极引进青年人才到山东创新创业，并培养青年人才创新创业能力。

（七）其他专项政策

江苏省提出《智慧江苏建设三年行动计划（2018—2020年）》，提出云服务提升计划，建设工业云、企业云和中小企业"e企云"，以推动云服务在中小企业创新过程中的广泛应用；浙江省提出《浙江省全面改造提升传统制造业行动计划（2017—2020年）》，提出切实打好政府引导搭台、企业主体运作、全球精准合作、内外并购重组、推进股改上市、政策资源保障等改造提升组合拳，重点提升传统制造业在国际产业分工和价值链中的地位，建成全国传统制造业转型升级示范区；山东省组织实施千万工业设备"上云"工程，推动中小企业平台系统、业务系统、工业设备上云等，打造"云行齐鲁"区域品牌；福建省支持中小企业使用工业云平台，提高信息化应用水平，推动工业公共云服务平台建设，为中小企业提供企业管理软件、工业设计软件、工具库、零部件库等资源，扶持制造型中小企业上"云"，推动上万家中小企业业务系统向云端迁移。

二 市际比较制造型中小企业创新发展政策借鉴与政策启示

（一）组织支撑政策

深圳市注重人工智能物联网发展，大规模拓展人工智能在先进制造业、公共服务、社会治理等领域的应用场景，将促进中小企业发展作为市经济发展的主导战略，从公共服务、创业扶持、创新推动、市场开拓、资金扶持、融资促进以及权益保护七个方面，制定促进中小企业发展中长期规划；苏州市前瞻布局新一代显示、生物医药和新型医疗器械、高端纺织、新能源与智能电网、汽车与零部件、软件与数字经济、高端装备、集成电路、物联网、前沿新材料十大先进制造业集群，全力引导人才、资金、项目、载体向先导产业创新集聚区集聚，加快打造苏州工业经济升级版，构建特色的新型工业化体系；宁波市以发展智能经济为主攻方向，以推进制造业转型升级和提质增效为中心，打造形成以"智能升级、智慧转化、智力集聚、机制创新"为主要特征的"宁波智造"，建立完善配套政策体系，统筹协同配置资金、人才、土地等要素资源；青岛市全面落实制造强国战略，加快推进制造业新旧动能转换和产业升级，提升"青岛制造"的核心竞争力，聚焦于加大融资支持力度、推动创新转型升级发展、拓展经营发展空间、加大财税支持力度、提高公共服务水平五个方面，提出了18条有较强针对性、创新性和较高含金量的政策措施；厦门市重点培育和扶持生物医药与健康产业，从促进转型升级、强化融资服务、加强用工保障、发展公共服务、支持基地建设、完善信息平台、支持直接融资八个方面进一步激发中小企业活力。

（二）产业扶持政策

深圳市抓住粤港澳大湾区建设重要机遇，增强核心引擎功能，加快构建现代产业体系，大力发展战略性新兴产业，在未来通信高端器件、高性能医疗器械等领域创建制造业创新中心；苏州市立足于市产业特色，重点培育、形成产值超千亿的特色先进制造业集群，并全力推动苏州制造向苏州智造转型，主攻深入实施工业强基工程、引导智能装备高端突破、加快制造业智能化转型、引导企业提升品牌和质量四大方向；宁波市大力实施工业能效倍增提升、能源结构绿色化改造、水资源利用高效化改造、生产过程清洁化改造、"低小散"行业整治提升、大力发展工业循环经济、绿色制造体系试点示范、培育壮大绿色产业八大专项行动；青岛市支持机器人产业加快发展，促进工业转型升级和高质量发展，形成新的经济增长点和产业竞争优势；厦门市以绿色制造体系建设为主要特色，以企业为建设主体，以第三方评价机制和标准体系为基础，以绿色工厂、绿色产品、绿色园区、绿色供应链为绿色制造体系的主要内容，发挥政策推动和示范引领作用，构建高效、清洁、低碳、循环的绿色制造体系。

（三）创新创业政策

深圳市以制造业转型升级、培育发展新动能的重大需求为导向，从支持扩产增效、推动智能化改造、推动设备更新、推进技术创新和科技成果产业化、推进信息化与工业化深度融合、引导绿色发展以及加快公共服务平台建设推动新一轮产业转型升级；苏州市鼓励工业园区企业进一步加大技改投入，加快园区制造业转型升级步伐，重点支持提高智能制造水平、优化工艺技术、加快产品升级、促进绿色发展、安全发展、企业增资扩张等方向；宁波市实施创新驱动发展战略，加快港口与产业融合、创新链与产业链结合，助推全市"港口经济圈"建设，聚集创新要素、激发创新创业活力，打造经济发展新引擎；青岛市积极推进大中小企业协同创新，加快推进家电智能制造、轨道交通装备、船舶海工装备、虚拟现实等制造业创新中心建设，在增材制造、机器人等优势特色领域培育后续制造业创新中心，并建立技术成果供需信息对接平台和研发成果转化平台，形成大中小互动发展、集群发展、融合发展的产业新格局；厦门市引导科技资源共享，建设统一开放的科技资源共享平台，建立集重大科研基础设施、大型科研仪器、科研咨询与合作开发项目等内容服务共享为一体的科技资源共享新模式，鼓励中小企业积极使用共享科研仪器。

（四）财税金融政策

深圳市加强中小企业专项资金管理，并有效发挥政府采购订单融资改革政策的积极作用，切实缓解制造型中小企业"融资难、融资贵"问题；苏州市紧紧围绕打造具有国际竞争力的先进制造业基地的目标，构建"一个平台、两大系统、多措并举"的制造业金融支持体系，为制造型中小企业实现转型升级和创新发展提供稳定有效的金融支持，并鼓励融资性担保机构、再担保机构和银行加大对制造业企业的金融支持力度；青岛市设立面向小微企业的贷款风险共担基金，并开展青岛中小企业融资租赁业务；厦门市鼓励全市具备条件的银行、小额贷款公司和保险公司按照自愿参与、风险共担、加强管控的原则向中小企业开展贷款保证保险业务，并着力构建以"信用＋科技＋普惠金融"为主的全国综合信用服务平台，并以此吸引更多优质金融资源入驻厦门，打造为中小企业服务的全过程、全金融场景的生态系统。

（五）科技服务中介政策

深圳市全面实施创新驱动发展战略，充分发挥科技服务的支撑作用，进一步激发各类创新主体的积极性和创造性；苏州市围绕"两高两新"的发展思路，促进科技服务业市场化、专业化、规模化、国际化、网络化，为制造型中小企业高质量发展提供有力支撑；宁波市提出《宁波市百家科创平台服务万家企业行动方案》，建立大量科创服务平台切实做好科技帮扶企业工作，并加快推进中小企业公共服务平台网络体系建设，构建精准服务企业长效机制；青岛市积极将科技服务业打造成为新兴高端产业，培育市场主体、创新服务模式、树立特色品牌、提升服务水平、扩大产业规模，努力建设成为全国科技服务业创新发展示范区和海洋领域科技服务业新高地。

（六）人才扶持政策

宁波市出台了《宁波市人才发展"十三五"规划》，以培养人才生态最优市为目标，为制造业发展输送高端人才；青岛市出台了《青岛市"十三五"人才发展规划》，持续优化人才发展环境，大力激发人才创新创业创造活力，统筹推进各类人才队伍建设，广聚天下英才，实现制造业高质量发展。

（七）其他专项政策

深圳市注重中小企业改制上市和并购重组，强力推动一批市场前景好、综合效益高、核心竞争力强的中小企业改制上市，形成以高新技术企业为主体、以细分行业龙头为特色、突出战略新兴产业、境内境外上市和并购重组并举的产业经济发展新格局；苏州市为帮助制造型中小企业积极应对新冠肺炎疫情带来的冲击，对于受疫情影响生产经营遇到困难的中小企业，从加大金融支持、稳定职工队伍、减轻企业负担等方面提出十条政策意见给予支持；青岛市注重培养专精特新和隐形冠军中小企业，出台相关政策，推进新旧动能转换的决策部署，加快形成以创新发展引领、转型升级支撑的中小企业发展体系；厦门市以制造业和互联网融合发展的四大平台、五类制造和三大工程为推动方向，实施制造业与互联网融合发展"453"战略，推动制造业与互联网深度融合，从生产方式、组织管理和商业模式等多维度重塑竞争力，激发制造企业创新活力、发展潜力和转型动力，加快构建新型制造体系。

第十六章 中国制造型中小企业创新发展政策效果评价

随着中国经济不断发展以及制造业实力逐步增强,针对中小企业的政策扶持方向和重点也有所变化,通过对支持制造型中小企业创新发展政策文本分析和实施效果评价,探究支持制造型中小企业创新发展政策的演化趋势、重点方向、实施效果以及存在的问题,为进一步提出支持制造型中小企业创新发展的政策支持体系提供有力的理论和实证依据。

第一节 中国制造型中小企业创新发展政策文本分析

通过收集近20年来国家出台的关于制造型中小企业创新发展的政策文本,并将其按时间和类别进行划分,使用文本分析法,对政策的演化趋势以及重点关注领域进行深入分析,研究支持制造型中小企业创新发展的政策体系演化趋势以及不同类型政策的关注重点。

一 制造型中小企业创新发展政策体系构建

从北大法宝中"中央法规司法解释类目"下搜索"制造业"和"中小企业"关键词,时间跨度为2001年1月1日—2020年6月。通过筛选并删除《决议》《报告》《公告》等不符合要求的文件,并对选定的文件进行阅读,进行进一步筛查,最终筛选出国家层面出台的支持制造型中小企业创新发展的政策共165个,从图16-1可以看出,政策出台呈现周期规律,每5年出现一个峰值,且出台政策峰值逐年攀升。

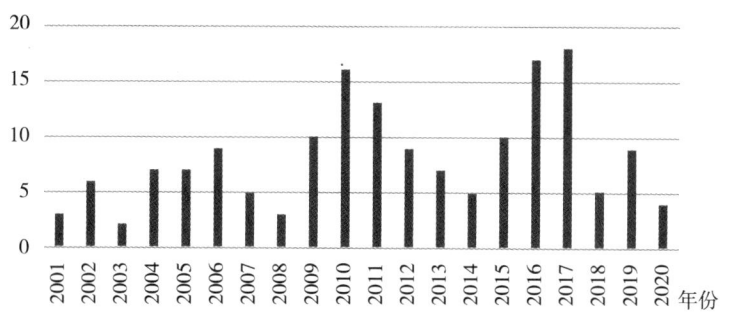

图16-1 支持制造型中小企业创新发展政策出台时间分布

基于前文政策体系分类依据,将收集政策分为组织支撑、产业扶持、创新创业、财税金融、科技服务中介、人才制度以及其他专项七大类,从图16-2中可以看出支持制造型中小企业产业扶持的政策数量最多,共43个,其次是财税金融相关政策,共37个,关于科技服务中介的相关政策数量较少共8个。

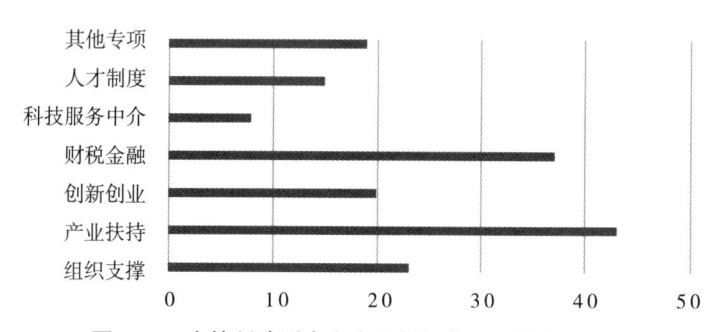

图16-2 支持制造型中小企业创新发展政策类别分布

二 制造型中小企业创新发展政策范围比较

2000年中国加入WTO后,推动了中国经济与国际经济的接轨,中国制造业优势也逐渐显现,为制造业发展带来了机遇。现将2001—2020年关于制造型中小企业创新发展的相关政策按照中国五年规划时期划分为2001—2005年、2006—2010年、2011—2015年、2016—2020年四个时期,分别计算四个阶段支持制造型中小企业创新发展政策的高频词以及高频词的TF-IDF值,并制作出高频词词云图以及高频词TF-IDF等值线图,对不同时期内政策关注要点进行比较。

459

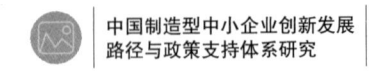

（一）制造型中小企业创新发展政策的文本挖掘

文本挖掘，是以探寻新知识为主要目的，基于大量的文本数据，通过一定的方法找出隐藏模式的过程。通过对支持制造型中小企业创新发展政策文本的研究能够反映出支持制造型中小企业创新发展政策变革的趋势及特征。由此建立文本挖掘模型，如图 16-3 所示。

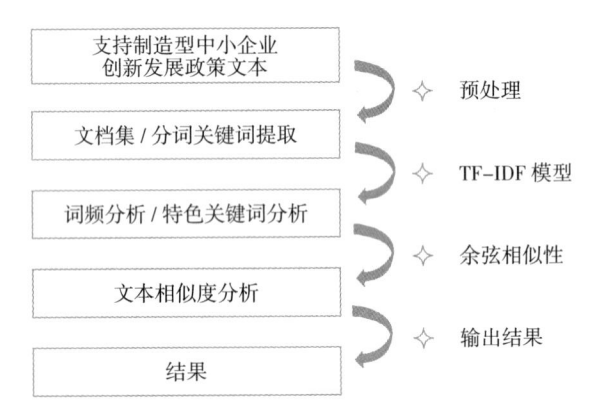

图16-3 支持制造型中小企业创新发展政策文本挖掘模型

关键词是文本挖掘的核心切入点，本书运用 NVivo11 软件进行词频分析，并选用"同义词"的分组方式筛选，按照关键词频次降序进行排序。鉴于关键词较多，研究难以全部呈现，根据 Donohue（1973）提出的关于词频高低的界分公式：$T=(-1+\sqrt{1+8I_1})/2$（其中，T 为关键词个数的阈值，I1 是词频为 1 的关键词数量），自上而下选取 T 个自贸协定中有关知识产权的高频关键词，按词频高低顺序排列。

以 Python 语言在文本分析中的应用为基础，利用 TF-IDF（Term Frequency - Inverse Document Frequency）模型，准确甄别各个自贸协定特色关键词。TF-IDF 模型能测量关键词语在不同文本总集中的特殊及重要程度。以 TFxIDF 表示权重值，TFxIDF 值越高表示该词在某文本中出现次数多而在其他文本出现少，这个词则作为某文本的代表关键词。

$$TF_{ij} = \frac{n_{ij}}{\sum_k n_{kj}} \qquad （16-1）$$

式（16-1）中，分子是该词在文件中出现的次数，而分母则是在文件中所有字词的出现次数之和。

$$IDF_i = \log \frac{|D|}{|j: t_i \in d_j|} \quad (16\text{-}2)$$

式（16-2）中，|D| 表示语料库中的文件总数；$j: t_i \in d_j$ 表示词语的文件数目。

利用余弦相似性（Cosine Similarrity）原理，计算任意两个支持制造型中小企业创新发展政策的相似性程度 $\text{Sim}_{i,j}$，以此得出不同时期和不同类型的支持制造型中小企业创新发展政策的相似程度，公式如下：

$$\text{Sim}_{i,j} = \frac{\sum_{k=1}^{n} TFIDF_{k,i} \times TFIDF_{k,j}}{\sqrt{\sum_{k=1}^{n}(TFIDF_{k,i})^2} \times \sqrt{\sum_{k=1}^{n}(TFIDF_{k,i})^2}} \quad (16\text{-}3)$$

（二）制造型中小企业创新发展政策高频词分析

图 16-4 显示 2001—2020 年国家发布的关于制造型中小企业创新发展政策的高频关键词各有不同。2001—2005 年的政策热点集中在"中小企业""高新技术""制造业""信息化""孵化器"等关键词。其中"中小企业"出现的频率最高，"制造业"出现频率明显低于"中小企业"，表明国家在"十五"期间针对中小企业出台政策多面向各行各业中小企业。2002年 6 月，为了改善中小企业经营环境，促进中小企业健康发展，扩大城乡就业，发挥中小企业在国民经济和社会发展中的重要作用，全国人民代表大会通过了《中华人民共和国中小企业促进法》，作为中小企业发展的指导性政策，《促进法》就资金支持、创业扶持、技术创新、市场开拓以及社会服务为中小企业发展创立了有利的环境。《促进法》作为指导性意见，在之后，国务院出台了推动中小企业产业结构调整的政策，推动中小企业与大企业形成分工协作关系，提高生产专业化水平，促进中小企业技术进步和产业升级；财政部出台措施规范中小企业信用担保机构的财务行为，加大对中小企业信用担保机构的支持；国家经贸委制定抓好中小企业人员工商管理培训的意见，培养和提高中小企业经营管理人员的综合素质、创新意识以及参与市场竞争的能力。以上各部门均出台了针对各行各业中小企业的政策举措，大力推动国家各行各业中小企业创新发展。

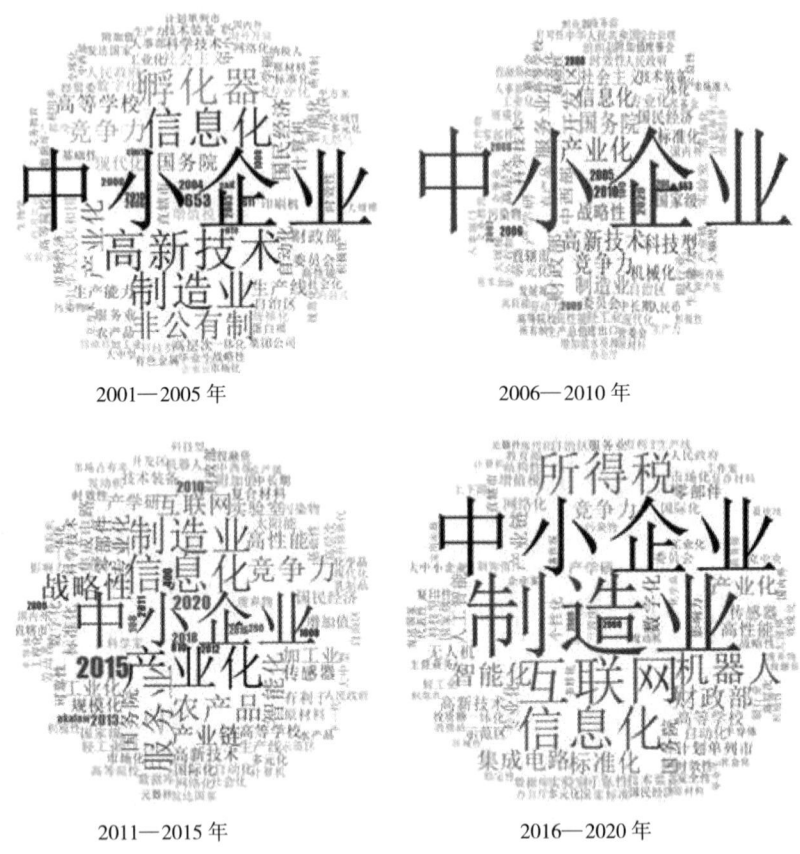

图16-4　2001—2020年支持制造型中小企业创新发展高频词词云

关于"高新技术"关键词，2002年6月国家经贸委印发的《"十五"全国技术创新纲要》提出，加强技术创新，发展高科技，实现产业化，提出推动中小企业创新发展，建立区域性、专业性技术创新中心，推动中小企业技术升级和高新技术产业发展，形成一大批拥有自主研发、具有竞争优势的高新技术企业。随后出台的科技创新政策也提出扶持中小企业技术创新活动。关于"信息化"关键词，在经济全球化和全球信息化以及中国加入世界贸易组织（WTO）的新形势下，中央提出了"以信息化带动工业化，发挥后发优势，实现社会生产力的跨越式发展"的战略。2002年3月科技部出台了《"十五"期间地方实施制造业信息化工程的指导意见》，围绕制造业和经济发展的需求，整合科技资源、加快信息技术向传统产业渗透。关于"孵化器"关键词，2003年4月科技部关于进一步提高科技企业孵化器运行质量提出了若干意见，孵化器主要作用是向打算创业的科技人员和处于创业初期的制造型中小企业提供必要的资源和服务，降低创业成本，提高创业成功率，促进科技成果转化，培育科技型企业和企业家。

2006—2010年的政策热点集中在"中小企业""产业化""高新技术""开发区""制造业""服务业"等关键词。2006—2010年"中小企业"关键词频次最高，远超过"产业化""制造业"等关键词。"十一五"期间，国家连续针对中小企业出台两项专项政策，2007年国家发改委、教育部等多部门联合印发《关于支持中小企业技术创新的若干政策的通知》，针对各行各业，全面提升中小企业的自主创新能力，充分发挥其在建设创新型国家中的重要作用；随后在2009年国务院出台了《关于进一步促进中小企业发展的若干意见》，加大财税、信贷等扶持力度，改善中小企业经营环境。关于"产业化"关键词，"十一五"期间，针对中小企业产业创新的政策涉及装备制造业、纺织业、造纸业、轻工业、生物产业、医药行业以及战略性新兴产业出台专项政策。国家标准委员会等部门于2009年出台了《关于贯彻落实十大重点产业调整和振兴规划进一步加强标准化工作的意见》，针对汽车、钢铁、船舶、石化、轻工、纺织、有色金属、装备制造、电子信息、物流十大重点产业调整和振兴规划做出明确规划，进一步推动中国制造业的创新发展。关于"高新技术"关键词，高新技术改造提升传统产业是"十五"期间八大重点产业之一，强化农业高新技术推广应用、努力促进节能降耗，加快发展环保产业，积极推进产业信息化，加强重大技术装备研制，加快关键技术开发和产业化。关于"服务业"关键词，主要涉及对制造型中小企业的科技服务，2010年工信部等部门联合印发了《关于促进中小企业公共服务平台建设的指导意见》以及《国家中小企业公共服务示范平台管理暂行办法》，建设服务平台，推动科技服务业对中小企业提供服务，解决中小企业共性需求，畅通信息渠道，改善经营管理，提高发展质量，增强市场竞争力，实现中小企业创新发展。

2011—2015年的政策热点集中在"中小企业""产业化""制造业""信息化""战略性""服务业""智能化"等关键词。从关键词频率分析，2011—2015年这一时期，"中小企业"与"制造业"的频率逐渐一致，表明关于支持中小企业创新发展的政策逐渐从面向全行业的中小企业聚焦于制造型中小企业。关于"中小企业"关键词，国家出台政策秉承内涵发展、"专精特新"、分类指导等原则促进中小企业健康成长，《"十二五"中小企业成长规划》从优化产业机构、提高"专精特新"发展水平、提升企业管理水平以及完善中小企业服务体系几个方面指导"十二五"期间中小企业的发展。关于"制造业"关键词，国际金融危机发生后，发达国家纷纷实施"再工业化"战略，重塑制造业竞争新优势，加速推进新一轮全球贸易投资新格局。2015 年 5 月，国务院印发了《中国制造 2025》，实施制造强国战略，实现中国制造向中国创造的转变。关于"信息化"和"智能化"关键词，推动信息化和工业化深度融合是这一时期的主攻方向之一，智能制造的发展也提上日程，2013 年 8 月工业和信息化印发了《信息化和工业化深度融合专项行动计划（2013—2018 年）》，推动信息化和工业化深度融合，以信息化带动工业化，以工业化促进信息化，破解当前发展"瓶颈"，实现工业转型升级，全面提高工业发展的质量和效益，促进制造业由大变强；随后，2015 年，工信部印发了《工业和信息化部关于贯彻落实〈国务院关于积极推进"互联网+"行动的指导意见〉的行动计划（2015—2018 年）》，全面支撑《中国制造 2025》实施，进一步推动制造业数字化、网络化、智能化水平的提高。关于"战略性"关键词，"十二五"期间，国家进行了一系列战略性组织支撑政策部署，加快实施国家科技重大专项，结合培育发展战略性新兴产业的紧迫需求，改造提升传统产业，调整和优化产业结构。关于"服务业"关键词，随着"十一五"期间，中小企业的发展壮大，促进中小企业健康有序发展的服务体系未能配套跟进，因此在"十二五"期间，国家加大投入力度，支持建立健全中小企业服务体系，实现中小企业持续健康发展，包括加快培育服务队伍、加快服务平台建设、加强专业化服务、创新服务机制，通过完善公共服务网络，为制造型中小企业发展提供服务支撑。

2016—2020 年，从词云图的分布可以看出，关键词"制造业"和"中小企业"出现的频次相当，表明国家针对制造型中小企业的专项政策正在逐步完善。除此之外，高频词还有"互联网""信息化""所得税""国家税务总局"等。2016 年，工信部出台了《促进中小企业发展规划（2016—2020 年）》，提出了"十三五"时期促进中小企业发展的总体思路、发展目标、主要任务和关键工程与专项行动。2017 年，全国人大常委修订了《中华人民共和国中小企业促进法》，对中小企业的财税支持、融资促进、创业扶持、创新支持、市场开拓等方面提出政策举措，重点围绕解决中小企业"融资难、融资贵"等问题进行了修订。同年国务院印发了《关于创建〈中国制造 2025〉国家级示范区的通知》，大力改造提升传统产业，加快培育平台型大企业和"专精特新"中小企业，做强一批具有核心竞争力的新型制造企业。关键词"互联网""信息化"与前三个时期一致，"十三五"期间推动制造业两化融合、智能化发展仍然是重点方向，尤其是推动中小企业数字化赋能、企业上云等，在此期间国家出台了 6 部专项政策推动中小企业信息化发展。关于"所得税""国家税务总局"关键词，2013 年以来，新出台了 78 项税收优惠，覆盖企业整个生命周期，"十三五"期间，为落实国务院简政放权、放管结合、优化服务等要求，出台了多项针对中小企业税收减免优惠的措施，帮助中小企业减税降负，进一步激发"大众创新、万众创业"的活力。

（三）支持制造型中小企业创新发展政策特色词分析

如图 16-5 显示 2001—2005 年各阶段国家发布的关于制造型中小企业创新发展政策关注的焦点略有不同但也有共同关注的内容。

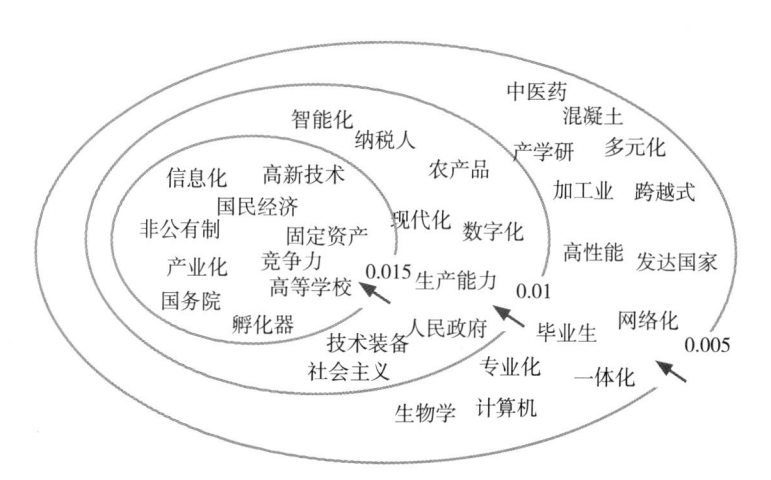

图16-5 2001—2005年支持制造型中小企业特色关键词TF-IDF等值线

2001—2020 年国家关于制造型中小企业政策的关注焦点中都有"信息化""智能化""网络化"以及"产学研"，2001—2015 年政策关注焦点都有"农产品"。此外，每个阶段，政策关注点也有差异。2001—2005 年期间政策关注焦点符合国家"十五"期间的侧重点，处理改革、发展、稳定的关系，鼓励支持和引导个体私营等非公有制经济发展，置身于全球化背景下提升企业竞争力以及坚持可持续发展战略。在中国加入世界贸易组织的背景下，国家大力鼓励非公有制经济的发展，提升中小企业国际竞争力。在支持中小企业财税发展、创新发展、开展国内外市场方面，加大对中小企业的财政支持力度、加强科技创新服务，大力培育技术市场推动相关科技成果转移转化，利用好国家中小企业国际市场开拓资金，支持非公有制企业开拓国际市场。随着世界经济结构的加速调整和跨国公司的并购浪潮，以及国内需求结构的重大变化，中国经济结构战略性调整、优化和提高产业国际竞争力，成为"十五"时期经济建设与发展的中心任务。在提升国际竞争力方面，充分利用高新技术和先进适用技术改造提升传统产业，以信息化带动工业化，增强中国传统产业创新能力和国际竞争力。

如图16-6所示，2006—2010年国家大力发展农业、高技术产业，包括生物产业、电子信息制造业、航空航天产业，提升农业、轻工业的机械化水平，推进机械化和信息化复合发展。2008年受国际金融危机影响，党中央、国务院关于进一步扩大内需、促进经济增长出台了十项措施，加大金融支持力度，支持中小企业发展。从这一时期支持制造型中小企业政策措施可以看出，在国际竞争加剧、国际国内产业分工调整加快，以及金融危机等多重压力影响下，政策侧重于提升企业竞争力、中西部地区制造业发展、制造业的机械化与信息化复合发展、融通产业链的构建以及银行业、金融业对中小企业的支持。国家为开发中西部资源，推动东部沿海地区经济转型升级，推广应用先进适用技术和管理模式，加快传统产业改造升级，建设劳动密集型产业接替区，聚焦中西部制造业发展。促进农业发展也是这一时期的一个重点任务，2010年，国务院出台了《关于促进农业机械化和农机工业又好又快发展的意见》，推进技术创新、组织创新和制度创新，提高农机工业创新能力和制造水平，发挥中国农业大国的优势。这一时期，出台十余部有关推动制造型中小企业产业创新的政策，设计纺织业、造纸业等轻工业以及生物产业、医药行业等高新技术以及发展战略性产业，推动产业转移、东北地区工业振兴，激发制造型中小企业创新创业活力，提升中国制造业国际竞争力。

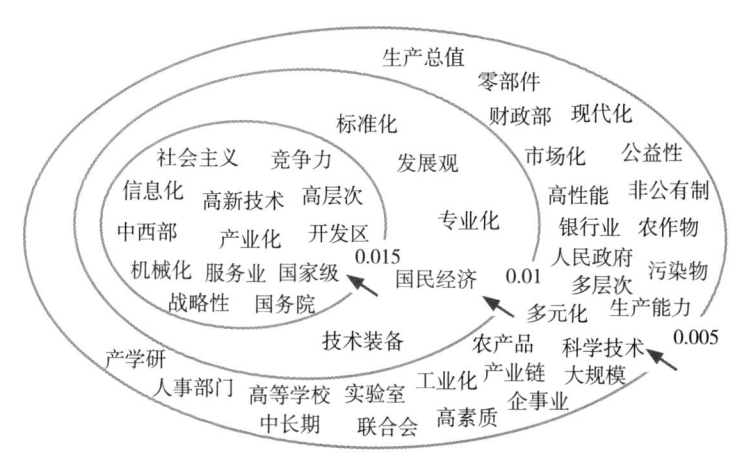

图16-6　2006—2010年支持制造型中小企业特色关键词TF-IDF等值线

"十二五"期间，中小企业的发展面临着资源环境约束、市场激烈竞争、"融资难、融资贵"等问题，国家重点发展产业结构优化、技术先进、清洁安全、附加值高、吸纳就业能力强的现代产业体系；重点产业发展方向侧重于改造提升制造业、培育发展战略性新兴产业、推动能源生产和利用方式变革、加快发展生产性服务业、促进产业集群。如图16-7所示，从2011—2015年支持制造型中小企业创新发展政策关注焦点可以看出，与"十二五"期间国家重点关注相吻合。2011—2015年，国家出台的政策中聚焦"产业链""高性能""污染物""投融资"等特色词。在这一时期，国家的工业体系逐步完善，但制造业整体仍然处于大而不强，多以低端产品为主，智能化、信息化程度较低的水平，因此提出要努力突破制约产业优化升级的关键核心技术，提高产业核心竞争力，完善产业链条，促进由价值链低端向高端跃升。高性能材料的研发和生产，能够显著支撑战略性新兴产业的发展，保障国家重大工程建设。为解决制造业资源能耗高、污染排放强度大，国家提出加强企业技术改造，发挥技术改造投资省、周期短、污染少的优势，推动工业整体素质跃上新台阶。国家提出加强针对中小企业的投融资服务，推动开展多种形式的银企对接活动，畅通中小企业融资信息渠道，解决中小企业"融资难、融资贵"的问题。

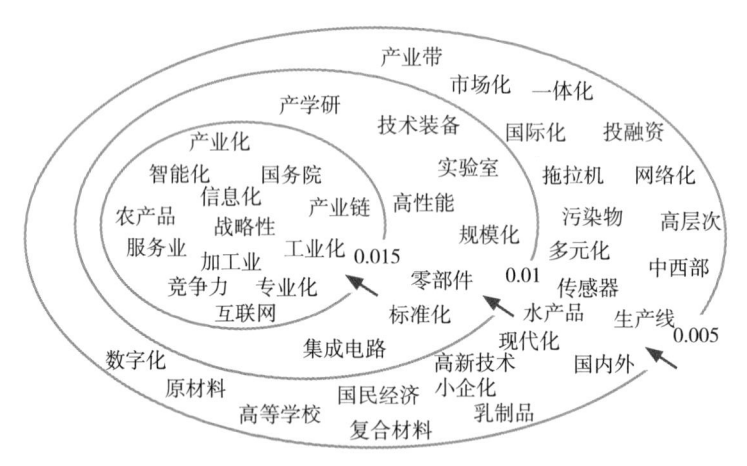

图16-7　2011—2015年支持制造型中小企业特色关键词TF-IDF等值线

面对国际国内经济发展新环境，"十三五"时期，中小企业依然面临着较大的经营压力，资本、土地等要素成本持续维持高位，招工难、用工贵以及"融资难、融资贵"等问题仍有待进一步缓解，传统产业领域中的大多数中小企业处于产业链中低端，存在高耗低效、产能过剩、产品同质化严重等问题，盈利能力依然较弱，转方式、调结构任务十分艰巨。如图16-8所示，从2016—2020年政策关键词可以看出，国家关注大中小企业协同、形成多层次组合、上下游协同的产业链的形成，以及人工智能、机器人等高科技产业发展。2018年工信部等多部门联合出台了《促进大中小企业融通发展三年行动计划》，提出到2021年，形成大企业带动中小企业发展，中小企业为大企业注入活力的融通发展新格局；提出挖掘和推广融通发展模式、发挥大企业引领支撑作用、提升中小企业专业化能力、建设融通发展平台载体、优化融通发展环境五大行动计划。除了关注国内大中小企业产业链的形成，工信部出台的《支持中小企业参与"一带一路"建设专项行动》中涉及国际产业链的构建，通过以大带小合作出海，鼓励中小配套企业积极跟随大企业走向国际市场，构建全产业链战略联盟，形成综合竞争优势。随着互联网技术发展以及数字经济的繁荣，国家支持制造型中小企业政策中越来越聚焦于信息化、数字化、智能化、互联网、人工智能以及机器人产业、无人机等关键词，对数字赋能中小企业也提出了更高要求，从简单的信息化生产到现在的全流水线智能化生产，无人车间、智能工厂等已经成为制造业信息化发展的重要标志。

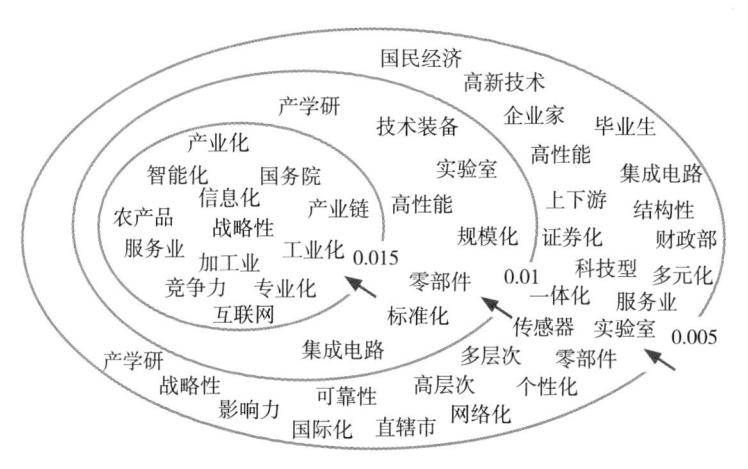

图16-8　2016—2020年支持制造型中小企业特色关键词TF-IDF等值线

三　制造型中小企业创新发展政策功能比较

有关中小企业政策支持体系的分类，一般政策上可分为保护性政策和扶植性政策两大类。其中，保护性政策主要涉及《基本法》《反垄断法》《反不正当竞争法》《合作组织法》等基础性政策法规，而扶植性政策包括了产业政策、金融政策、技术创新政策、人才政策、振兴计划、财政政策等具体实施细则。根据具体体系框架分类，中小企业的政策支持体系可以分为法律保障支持体系、行政管理支持体系、融资政策支持体系、财税政策支持体系、产业扶持支持体系、创新支持体系以及社会化服务支持体系七个方面。研究中将制造型中小企业创新发展政策划分为组织支撑、产业扶持、创新创业、财税金融、科技服务中介、人才制度以及其他专项七个类别。运用文本挖掘法对近20年七个类别政策进行分析，探究不同功能政策关注重点及特色，如图16-9所示。

组织支撑　　　　产业扶持

创新创业　　　　　　　　　财税金融

科技服务中介　　　　　　　人才制度

其他专项

图16-9　2016—2020年支持制造型中小企业特色关键词TF-IDF等值线

（一）组织支撑

组织支撑类别政策涉及促进制造型中小企业创新发展的法律法规以及国务院等出台的提高中小企业发展质量的行动纲领，对全国中小企业的发展进行统筹规划。内容包括促进中小企业发展的总体思路、发展目标、主要任务、关键工程、专项行动、营商环境等方方面面。从组织支撑类别词云图中可以看出，国家出台制造型中小企业创新发展政策中，侧重于支持全产业中小企业发展、改善中小企业营商环境。近20年出台的23部组织支撑政策中,针对中小企业政策的有 8 部,2002 年全国人大常委会出台了《中华人民共和国中小企业促进法》(2017 年修订),2009 年国务院出台了《关于进一步促进中小企业发展的若干意见》,随后 2019 年国务院出台了《关于促进中小企业健康发展的指导意见》。从以上一系列政策中可以看出国家将促进中小企业发展作为长期发展战略,对中小企业实行积极扶持、加强引导、完善服务、依法规范、保障权益的方针,为全产业中小企业创立和发展创造有利的环境。关于"制造业"关键词,在"十五"到"十三五"期间,国家每个时期出台的发展规划纲要中既涉及制造业发展规划又涵盖中小企业创新发展规划,"十五"期间出台的《"十五"工业结构调整规划纲要》中提出大力发展高新技术产业,助推传统产业升级改造,促进大中小企业融通发展,提高中国工业的整体素质和国际竞争力;"十一五"以及"十二五"期间出台科技发展规划中,提出进一步完善国家创新体系,支持中小企业创新发展以及制造业发展;2015 年国务院印发了《中国制造 2025》,以促进制造业创新发展为重点,促进产业转型升级,实现制造业由大变强的历史跨越。关于"服务业"关键词,2011 年出台了《关于加快推进中小企业服务体系建设的指导意见》,以中小企业需求为导向,健全中小企业服务体系,为中小企业健康发展提供支撑服务。关于"信息化"关键词,由于中国正处于工业化、信息化、国际化深入发展的重要时期,建立健全信息化发展体系是各个时期关注的重点之一,几乎涵盖在每一条政策文本中,并且随着时间的推移,国家对信息化的重视程度逐渐加深,企业数字化转型已经成为中小企业创新发展的必由之路。关于"竞争力"关键词,提升制造型中小企业国际竞争力是科技发展的目标之一,组织支撑政策的主要目标也是通过对企业扶持、改善营商环境,推动企业创新发展,提升国际竞争力。

(二)产业扶持

产业扶持类别政策涵盖国务院等结合制造型中小企业特点和发展状况,确定制造型中小企业重点发展方向,引导鼓励制造型中小企业创新发展。产业扶持类别政策中关键词主要有"产业化""制造业""标准化""信息化"与"智能化""高性能"。关键词"产业化"出现频率最高,在产业扶持政策中,除了增加对新兴产业、重点产业的扶持力度之外,还会涉及支持新型技术和自主知识产权产业化,以及部分地方支持老工业基地自主创新成果产业化，培育新的经济增长点。国务院出台的《"十二五"国家战略性新兴产业发展规划》以提升产业创新能力为发展目标，加速科技成果产业化，增强企业自主发展能力。关于"制造业"关键词，与其他类别不同的是，产业扶持政策中，"制造业"关键词出现的频数远远高于"中小企业"，在组织支撑类别中得出组织支撑政策中涉及全产业中小企业的政策较多，针对中小企业的创新发展政策范围涵盖了全产业，由产业扶持类别中的关键词可以看出，涉及重点产业发展方向时，制造业作为中国经济发展的支柱产业，国家根据各个时期的重点任务制定相关产业政策措施是重要任务之一。早期产业政策侧重于纺织业、造纸业、轻工业等的发展，鼓励和支持发展先进生产能力，限制和淘汰落后生产能力；随着产业结构不断调整和优化升级，生物产业、再制造产业、战略性新兴产业、医药行业、集成电路、机器人、石墨烯、新材料等高端产业成为扶持的重点产业。关于"标准化"关键词，坚持标准引领，用先进标准倒逼制造业转型和质量升级，建设制造强国、质量强国，是结构性改革的重要内容，有利于改善供给、扩大需求，促进产品产业迈向中高端。2016年，相关部门印发了《装备制造业标准化和质量提升规划》，规划重点推进工业基础、智能制造、绿色制造等标准化和质量提升工程，发挥标准对制造业发展的支撑和引领作用，推进装备制造业转型和质量升级。关于"信息化"与"智能化"关键词，随着数字经济共享经济的发展，国家在数字经济和共享经济领域培育新增长点、形成新动能的决策部署，进一步推动数字经济和共享经济在制造领域的创新应用，加快云计算、大数据、物联网、人工智能等技术在制造领域的应用，发展智能报价、智能匹配、智能生产、智能监测等功能，提升制造全流程的智能化水平和信息化水平。关于"高性能"关键词，随着中国制造强国战略的逐渐推进，新一代信息技术、高端装备、新材料、生物医药等成为战略重点产业，随之发展的是高性能结构材料、高性能医疗器械、高新能机器人等，在这些重点领域实现领先，提升中国自主创新能力，加速中国从制造大国向制造强国的转变。

（三）创新创业

创新创业类别政策包括创新规划纲要、推动制造型中小企业创新体系建设的系列规划、通知与意见以及支持大众创新万众创业的相关政策举措。从创新创业政策词云图中可以看出，关键词有"孵化器""高新技术""互联网""信息化""智能化""产学研"。关于关键词"孵化器",孵化器作为培育和扶植高新技术中小企业的服务机构,是支持中小企业创新发展的重要设施。孵化器通过为新创办的制造型中小企业提供系列的服务支持,降低中小企业的创业风险和创业成本,支持制造型中小企业成长与发展。2003年科技部出台专项政策《关于进一步提高科技企业孵化器运行质量的若干意见》进一步提升中国孵化器的管理和服务水平,促进孵化器的健康发展;《"十三五"国家科技创新规划》也对孵化器做出专项要求,提出构建创新创业孵化系统,引导企业、社会资本参与投资建设孵化器,促进孵化器跨区域协同发展。关于"高新技术"关键词,高新技术一直是我国自主创新能力突破的表现,我国从加入WTO之后就一直重视国家高新技术产业开发区的建设,2005年出台的《国家高新技术产业开发区技术创新纲要》,为加强对国家高新技术产业开发区技术创新工作的指导,推动高新区实施以增强技术创新能力为核心的"二次创业"发展战略。国家自主创新示范区和高新技术产业开发区成为创新创业重要载体,在《"十三五"科技创新规划》中,明确提出了高新技术企业发展目标,到2020年营业收入达到34万亿元。关于"互联网""信息化""智能化"关键词,随着数字经济渗透到各个领域,建立信息化主导、智能化生产,"互联网+"企业管理的制造型企业技术体系,已经成为支持制造型中小企业高质量发展的必由之路。关于"产学研"关键词,企业技术创新离不开高校、科院院所的技术支持,完善产学研结合的协同发展模式,发挥科教资源集聚优势,释放高等学校和科研院所创新效能,整合国内外创新资源,深化企业主导的产学研合作,着力提升制造型中小企业的竞争力,推动制造型中小企业创新发展。

(四)财税金融

财税金融类别政策包括促进制造型中小企业创新发展的财政政策、税收政策以及金融服务政策,旨在降低制造型中小企业创新发展成本并提供资金支持。财政政策主要通过财政部对中小企业发展的专项资金进行预算管理、项目资金分配和资金拨付,并对资金的使用情况进行监督检查来发挥作用,在"十五"到"十三五"期间,每个时期都对《中小企业发展专项资金管理办法》进行了更新和完善。税收政策随着时间的推移逐渐增多,特别是"十三五"期间,国家税务总局等陆续出台了《关于集成电路生产企业有关企业所得税政策问题的通知》《企业所得税优惠政策事项办理办法》《关于实施小微企业普惠性税收减免政策的通知》《"大众创业万众创新"税收优惠政策指引》等支持小微企业及"双创"的税收政策，体现出国家对小微企业、民营经济以及创新创业的支持力度不断增强。金融服务政策对中小企业的作用主要体现在扩大融资规模、提高融资效率、降低融资成本，帮助中小企业特别是小微企业"融资难、融资贵"问题得到有效缓解，充分激发中小企业的活力和创造力；除了对中小企业的金融服务外，"十三五"期间中国人民银行等有关部门也出台了金融支持制造业及工业发展的指导意见，充分体现了《中国制造 2025》的有关要求和内涵。

（五）科技服务中介

科技服务中介政策主要涉及公共服务平台建设管理、科技成果转化、技术转移体系建设等方面，旨在为制造型中小企业创新发展提供各类公共服务，提升科技服务业对科技创新和产业发展的支撑能力。从科技服务中介词云图可以看出，政策侧重于支持制造型中小企业信息化发展、科学技术进步以及与高校、科研院所等创新主体开展合作加快科技成果转化。公共服务平台政策主要通过统筹规划、集聚资源、营造环境、加强服务，建立和完善满足中小企业发展需求的支撑体系和良好的外部环境，促进中小企业提升创新能力和核心竞争力，实现又好又快发展。科技成果转化以及技术转移体系建设政策从"十二五"期间之后逐步出台，《科研条件发展"十二五"专项规划》通过大幅提升科研条件整体水平，促进制造型中小企业创新发展；《国家技术转移体系建设方案》旨在加强系统设计，构建符合科技创新规律、技术转移规律和产业发展规律的国家技术转移体系，全面提升科技供给与转移扩散能力，推动科技成果加快转化为经济社会发展的现实动力。总之，科技服务中介政策在制造型中小企业创新发展中起到了关键支撑作用。

（六）人才扶持政策

人才扶持政策主要包括人才引进和人才培养两个方面，旨在为制造型中小企业创新发展提供人才保障。从已经收集的政策来看，人才扶持政策在"十五"到"十一五"期间主要集中于国防科技人才、专业技术人才的培育；从"十二五"开始，为了响应《国家中长期人才发展规划纲要（2010—2020 年）》，逐步出台了涉及科技人才、创新人才、高技能人才发展的政策；

"十三五"期间，为了贯彻《中国制造2025》，又出台了《制造业人才发展规划指南》，以创新体制机制为动力，以深化产业与教育融合为抓手，以夯实人才队伍基础和培育急需紧缺人才为重点，对接制造强国建设战略任务和重点领域，提升人才服务先进制造业发展的能力，为制造型中小企业创新发展提供了有力支持。此外，关于人才本身的培养是不够的，为了让人才能够更好地服务于企业，加快建设实体经济、科技创新、现代金融、人力资源协同发展的产业体系，增强产业核心竞争力，2017年国务院出台了《关于深化产教融合的若干意见》促进人才培养供给侧和产业需求侧结构要素全方位融合。

（七）其他专项政策

从其他专项政策的词云图中可以看出，涉及制造型中小企业互联网、信息化、数字化的关键词较多，可以看出国家对于中小企业信息化以及制造业与互联网融合发展方面重点关注。此外，节能减排、工业设计等方面也有所涉及。在"十五"到"十一五"期间，关于信息化及互联网与中小企业及制造业融合的有关政策较少，从"十二五"期间开始逐渐增多，例如"十二五"期间工信部出台的《信息化和工业化深度融合专项行动计划（2013—2018年）》，以信息化带动工业化，以工业化促进信息化，对于破解当前发展"瓶颈"，实现工业转型升级，具有十分重要的意义；国务院印发的《促进大数据发展行动纲要》旨在深化大数据在各行业创新应用，促进大数据产业健康发展，从而对制造型中小企业创新发展起到促进作用。"十三五"期间关于信息化、互联网与中小企业及制造业融合发展的政策出台最多，包括2016年国务院出台的《深化制造业与互联网融合发展的指导意见》、工信部印发的《信息化和工业化融合发展规划（2016—2020）》、2017年工信部印发的《进一步推进中小企业信息化的指导意见》、国务院关于《深化"互联网+先进制造业"发展工业互联网的指导意见》以及2020年工信部印发的《中小企业数字化赋能专项行动方案》等，充分体现了国家对于信息化、互联网与中小企业及制造业关注，此类政策为制造型中小企业创新发展提供了重要支持作用。

四 支持制造型中小企业创新发展政策分析小结

通过对近20年制造型中小企业创新发展政策进行分析，使用文本挖掘方法，对政策进行范围比较和功能比较。在进行范围比较时，按照中国五年规划时期划分为2001—2005年、2006—2010年、2011—2015年、2016—2020年四个时期，通过对每个时期关键词的分析以及特色词的提取发现，2001—2020年国家发布的关于制造型中小企业创新发展政策的关注点有所转移，首先，制造型中小企业创新发展政策关注主体的变化，从全产业中小企业逐渐到制造型中小企业的转变，尤其是《中国制造2025》出台之后，国家高度重视制造业的发展，相关政策更加侧重于制造行业的中小企业的创新发展。其次，为中小企业减税降费的力度逐渐增强，"十三五"期间出台78项税收优惠政策，帮助企业减税降费，达到历史高峰期，表明国家在加紧落实简政放权、放管结合、优化服务等要求，进一步释放中小企业活力，助推中小企业高质量发展。最后，随着时间推移，企业的信息化管理、智能化生产逐渐普及，国家出台的政策中逐渐向智能制造、信息化、人工智能倾斜，推动企业上云和智能制造，是当下和下一阶段制造型中小企业的重点任务；近几年的政策格外关注大中小企业协同发展，产业链的形成对于一个产业至关重要，随着制造业的低端产能逐渐过剩，传统的单打独斗模式已经无法适应中国制造强国的发展要求，产业链的形成以及大中小企业的协同是助推中小企业创新发展的重要动力。

通过将制造型中小企业创新发展政策划分为组织支撑、产业扶持、创新创业、财税金融、科技服务中介、人才制度以及其他专项七个类别，并对每个类别的关键词进行分析，不同类别的侧重点不同，从研究中发现，组织支撑政策侧重于支持全产业中小企业发展、改善中小企业营商环境；产业扶持政策重点关注战略性新兴产业，生物产业、再制造产业、战略性新兴产业、医药行业、集成电路、机器人、石墨烯、新材料等高端产业成为扶持的重点产业。创新创业政策注重为新创办的制造型中小企业提供系列的服务支持，降低中小企业的创业风险和创业成本，支持制造型中小企业成长与发展。税收政策随着时间的推移逐渐增多，体现出国家对小微企业、民营经济以及创新创业的支持力度不断增强。公共服务平台政策主要通过统筹规划、集聚资源、营造环境、加强服务，建立和完善满足中小企业发展需求的支撑体系和良好的外部环境，促进中小企业提升创新能力和核心竞争力，实现又好又快发展。人才扶持政策在"十五"到"十一五"期间主要集中于国防科技人才、专业技术人才的培育；从"十二五"期间开始，为了响应《国家中长期人才发展规划纲要（2010—2020年）》，逐步出台了涉及科技人才、创新人才、高技能人才发展的政策。其他专项政策关注的焦点也在不断变化，在"十五"到"十一五"期间关于信息化及互联网与中小企业及制造业融合的有关政策较少，主要集中在发展装备制造业以及营商环境营造，随着近几年数字经济的发展，关注的焦点逐渐向智能制造、企业上云转变，充分体现了国家对于信息化、互联网与中小企业及制造业融合的关注，此类政策为制造型中小企业创新发展提供了重要支持作用。

第二节　中国制造型中小企业创新发展政策效果评价

通过对国家出台的支持制造型中小企业创新发展政策的文本分析，对国家政策的演化趋势以及重点关注领域进行了初步探讨，为了进一步探究支持制造型中小企业创新发展政策的实施效果，研究以31个省市为样本，从中观层面对2016—2020年支持制造型中小企业创新发展的政策实施效果进行实证分析，运用基于清晰集定性比较分析方法对支持制造型中小企业创新发展政策组合的效果进行评价，为相关部门出台政策提供参考。

一　中小企业创新发展政策评价研究综述

在产业界，制造型中小企业的创新发展是推动制造业创新发展的中坚力量，国家和地方高度重视相关政策的出台和落实，并部署相关资源、定期进行考核评价，确保相关政策确实推动制造型中小企业高质量发展。综观学术界的相关研究，国内关于中小企业创新政策的研究可追溯至1997年，杜占元、刘东（1997）将政府扶持中小企业技术创新的政策措施分为法律法规支持、组织管理支持、政策支持、财政金融支持以及信息与技术服务支持，通过将西方国家出台的关于支持中小企业创新的政策进行对比分析，为中国出台相关政策提供借鉴参考。徐鸿钧（2000）认为推动中小企业技术创新的扶持政策应该包括法律法规保障；健全管理机构；完善融资体系和信用担保体系；财政扶持政策；税收优惠政策；人才激励机制和优化信息、技术与社会中介服务七个方面。戴强（2003）从积极推行金融扶持政策、财政政策、教育培训政策、政府采购政策、信息政策、法律规范、科技服务中介等方面对中小企业技术创新政策激励机制进行探析。辛胜阳等（2007）将中国对创新性中小企业政策扶持体系划分为财政扶持、金融支持、创新集群战略、科技创业孵化政策以及创新中介服务政策六个方面。刘萌芽、曾长虹（2007）结合地方支持中小企业技术创新的政策将政策分为资金政策、人才政策、技术政策、信息服务政策、知识产权政策、区域营销政策六个方面。李支东、Turpin（2011）对中澳两国促进中小企业发展与创新的产业政策划分为融资、技术、市场、集群和管理服务五大领域。

在进行政策分析时，学者一般采用定性分析方法或者定量分析方法进行研究。在定性研究中，政策评价往往借鉴项目评价使用投入产出模型进行研究分析（王宏伟，2020）；在定量分析方法中，聚类分析方法作为数据挖掘领域中的一种重要研究方法（吕岩威、李平，2016），也会被应用到管理学领域，郭丕斌、刘宇民（2019）使用主成分分析法从行业和区域层面对创新政策效果进行评价，Hongwei Wang 等（2016）使用计量分析方法对光伏企业的政策效果进行评价。此外，政策绩效分析中定性比较分析方法也是一种较为常见的方法，李兆友、刘冠男（2020）使用模糊集定性比较分析法对科技政策进行评价。

文献研究发现，多数学者是根据政策的内容将政策进行分类，也有部分学者使用其他的分类方法，如张韵君（2012）将技术创新政策分为环境面政策工具、供给面政策工具以及需求面政策工具三种类别；唐晓云（2011）基于中国国家创新政策的框架分析了中国中小企业政策的组成、主体和主题等方面的特征和趋势；万兴亚（2005）按照政策体系"五要素法"对中小企业技术创新政策划分为技术创新能力、供给政策、需求政策、环境政策、基础设施政策五大类；薛晓光、王宏伟、李忠伟（2019）将政府政策工具划分为财政政策、税收政策和公共政策。从系统化角度研究中小企业创新政策体系的构建内容，如 King、Levine（1993）提出，中小企业创新政策体系由金融扶持、社会化服务等重点内容组成。

二 中国制造型中小企业创新发展政策评价研究设计

（一）研究方法

研究拟采用定性比较分析（QCA）方法，对政策实施效果进行评价，定性比较分析法以布尔代数运算为核心，能够探究多个自变量与因变量之间的复杂因果关系。定性比较分析法综合"案例导向定性"和"变量导向定量"两种方法的优势，可以在小样本情况下，保证样本数可以清晰反映条件变量作用方式；其次是定性比较分析法通过运用布尔代数运算与几何理论体系，将复杂案例转化为理论语言，找出结果变量与条件变量之间的关系，并且定性比较分析法可以关注跨案例的"并发因果关系"拓展因果关系分析框架。研究的样本为31个省份，若采用实证分析，则样本量太小，不足以确保结果准行，因此研究采用QCA分析方法，选取8个自变量和一个因变量，31个样本数足以清晰区分随机数据和真实数据，从而保证结果具有内部效度。具体操作步骤包括：①根据研究问题和目标进行变量设计和选择；②对各个样本进行赋值，并对原始二分数据表"合成"，得到真值表（Truth Table）；③借助fsQCA软件，对数据进行分析；④对研究结果进行分析。

（二）变量设计与选择

本书基于内容角度出发，根据近几年中小企业政策重点关注方向以及变化趋势，将支持制造型中小企业创新政策按照组织支撑、产业扶持、创新创业、财税金融、科技服务中介、人才六个方面进行分类。根据QCA方法的研究思路，按照"二分归属原则"将不同地域的创新政策进行0—1赋值。除组织支撑政策外，产业创新、创新创业、财税金融、科技服务中介、人才政策参考政策条目数多寡进行赋值。创新产出数据借鉴学者（郭元源、葛江宁、程聪、段姗，2019）的研究使用专利授权数量来衡量，考虑到中小企业数据的可获得性，本书参考韩林静（2017）的研究，使用深市中小板制造业企业的专利申请数据衡量创新产出。

1. 组织支撑政策

创新政策应着眼于提升企业创新能力以及创新产出两个方面，具体反映在多政府部门的协同性、中小企业差异需求的针对性、组织和领导多方面的集成性、保证支持效果的动态性（周丁、王苏朝晖，2006；胜光、刘会武，2006）。随着中小企业融资需求的进一步增加，单靠融资主体金融机构、银行等加大对中小企业投资力度已无法满足其需求，此时税收金融政策偏向于通过优化融资环境来间接影响创新行为。通过对相关文献的回顾，由于组织支撑政策涉及范围广、内容也根据地方差异而有所不同，因此关

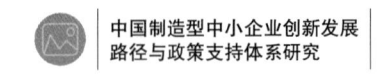

于组织支撑的研究并没有非常明确的分类研究。司晓悦、马一铭（2020）使用中位数对变量进行处理的方法，将组织支撑政策条目数在政策条目数列中位数及以上的变量赋值为1，处于数列中位数以下的赋值为0。

2. 产业扶持政策

产业创新源于对三次工业革命的研究，是创新理论的重要分支，产业创新主要指以技术、产品、工艺、组织等创新为基础，以企业创新为单元，改变某一产业结构现状或者构建一个新产业为目的而开展的创新活动（王桂军、曹平，2018）。产业创新是介于企业创新和国家创新之间的一种创新行为。基于产业创新理论，产业扶持政策是政府通过宏观调控手段，而实施的推动某一产业发展或者构建一个新产业的政策举措。产业扶持政策可以分为两种：一种为政府直接干预微观经济、选择并主导特定产业发展的政策模式；另一种是政府为产业发展和技术创新创造外部环境的政策（温兴琦，2015）。本书将支持特定产业发展条目数高于或等于创造外部环境条目数赋值为1，否则为0。

3. 创新创业政策

创新创业生态系统存在多种主体，主体之间存在复杂的竞合关系和网络关系，利用这些关系网络，中小企业开展新业务、寻找企业成长路径（张超、官建成，2020）。日本支持中小企业创新的政策以直接的技术指导和支持为主，鼓励新进技术的引进，注重对中小企业进行技术开发指导（徐国良、孙林岩、吴福象、朱蕾，2011）。中国创新政策包括研发支持、技术改造、技术引进、技术升级等方面（章文光、闫蓉，2017），多提倡通过中小企业与高校院所和科研机构合作构建协同创新体系，促进中小企业快速实现产业创新，提高市场竞争力（何光辉，2012）。基于此，研究将制造型中小企业创新创业政策划分为直接支持创新创业和间接支撑政策两大类，其中直接支持中小企业创新创业政策包括创新创业平台、创新中心建设、创新示范基地建设以及推进孵化器等通过直接服务中小企业创新创业发展，间接支撑创新创业政策包括科技规划、推进创新性省份建设、推进自主创新等统筹推动区域创新发展。将直接支持创新创业条目数高于或者等于间接支撑条目数赋值为1，否则为0。

4. 财税金融政策

由于中小企业创新活动的外溢性、不确定性和长周期性以及资本市场的不完善性，税收政策作为国家宏观调控和促进经济社会发展的重要手段，其具有普惠性、市场性和确定性的特征，使其成为推动中小企业创新发展的重要动力之一（冯小俊，2010）。激励企业创新的税收政策主要包括激励自主研究开发、激励技术转让和引进、激励软件企业等高新技术产业发展以及激励社会资金投资和捐赠技术创新活动四个方面内容（刘霞玲，2009），其中自主研究开发和技术转让为直接激励创新主体进行创新活动是直接税收政策，激励软件企业和社会资金是从外部环境出发，为中小企业创新提供动力支持。学者基于对美国中小企业的政策进行研究发现，促进美国小企业税收政策包括税收优惠政策和财政支持政策两种类型（王鹏，2011）。从企业创新活动的流程分析，税收政策在企业创新的各个环节发挥着不同的作用，在发现决策阶段，税收政策发挥着刺激中小企业创新意愿的功能；在开发阶段，税收政策起着降低创新风险和激励的作用；在实现阶段，税收政策对自主创新发挥价值实现的功能（谭开明、王宇楠，2010）。早期金融政策集中发展担保公司的担保信用保险，扩大融资租赁公司业务范围，加强对中小企业的间接扶持力度（夏斌，2003）。由于金融机构等接待能力有限，且中小企业的金融贷款坏账损失风险较高。因此，支持中小企业技术创新基金投资体系也从直接的"支持模式"向间接的"投资模式"转变（岳宝宏、王化成、谢丽，2007）。美国促进中小企业发展的融资政策分为援助贷款政策以及风险投资政策两种类型（王鹏，2011）。中国金融扶持政策主要通过对中小企业直接贷款扶持、针对二板市场的监管机制与扶持政策、与中小企业融资需求相适应的金融机构组织形式以及金融扶持政策的监督力度和公平制约机制（石天唯，2012）。基于以上分析，结合财政金融相关政策，本书将税收优惠变量按照税收优惠方式定义，分为主体减税降费和提供直接金融支持以及提供财税金融服务两类，其中主体减税降费包括直接为制造型中小企业某一环节和阶段提供普惠性税收优惠或者直接降低企业成本的政策措施，提供低息贷款或者融资担保等直接为企业提供融资贷款；提供财税服务是指为中小企业发展全过程提供资金基金等管理、优化办税缴税程序等政策措施，鼓励金融产品创新、促进银企合作、推进科技金融机构建设等通过优化融资环境间接影响中小企业融资的政策。本书将主体减税降费或提供金融支持条目数高于或等于提供财税金融服务条目数赋值为1，

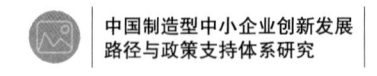

否则为 0。

5. 科技服务中介政策

中小企业科技创新能力整体不强，科技成果转化率低，技术中介服务是政府扶持中小企业创新的重要形式之一。技术转移体系的建设能够全面激发创新主体技术转移活力，发挥企业技术转化主体作用；科技服务中介机构的设立能有效解决企业与研发机构之间信息不对称的问题，提高科技成果转化率。通过对欧盟和美国中小企业政策进行研究，发现政府除了注重为中小企业提供适当的信息外（刘占元、刘东，1997），还会为中小企业提供专门的技术咨询服务，引进专家或者建立技术转移中介，其中欧盟专门成立欧洲信息之窗，为中小企业提供信息服务，美国成立中小企业信息服务网，为中小企业提供技术信息。基于以上分析，本书将科技服务中介政策分为技术转移体系建设和推进科技服务中介机构建设发展政策两类。将技术转移体系建设条目数高于或者等于推进科技服务中介机构条目数赋值为 1，否则为 0。

6. 人才政策

充沛的人才资源是形成创新能力的核心基础，对于创新能力基础薄弱的中小企业来说更是如此，中国中小企业发展过程中始终面临着人才短缺的"瓶颈"。制造型中小企业为改善这一状况除了依靠自身努力之外，还需要外部提供支持，人才政策作为国家宏观调控手段，对国家科技人才的流向、布局和结构具有重要作用。美、英、日等发达国家人才政策体系中主要包括加大资金投入力度、支持人才研发，制定人才战略，培养高层次全面型人才、打造科技创新环境、促进科技人才高效流动（秦健，2018）。当前这一时期，中国科技人才政策聚焦两大领域：一是以人才培养和开发等培养型为主的政策；二是科技成果转化和科技型企业建设开发等政策吸引科技型人才的流入（李燕萍、刘金璐、洪江鹏、李淑雯，2019）。因此，基于上文分析，本书将人才政策分为培养政策和引进政策两类，将引进条目数高于或等于培养条目数赋值为 1，否则为 0。本书各变量测量标注与赋值见表 16-1。

表 16-1 变量测量标注与赋值

变量	测量标准	赋值
组织支撑（SUP）	政策条目数量位于数列的中位数和中位数以上	1
	政策条目数量位于数列的中位数以下	0
产业扶持（IUD）	支持特定产业发展条目数高于或等于创造外部环境条目数赋值	1
	支持特定产业发展条目数低于创造外部环境条目数赋值	0
创新创业（INN）	直接支持创新创业条目数高于或者等于间接支撑条目数	1
	直接支持创新创业条目数低于间接支撑条目数	0
财税金融（T&F）	主体减税降费或提供金融支持条目数高于或等于提供财税金融服务条目数	1
	主体减税降费或提供金融支持条目数低于提供财税金融服务条目数	0
科技服务中介（TEC）	技术转移体系建设条目数高于或者等于推进科技服务中介机构条目数	1
	技术转移体系建设条目数低于推进科技服务中介机构条目数	0
人才政策（TAL）	引进条目数高于或等于培养条目数	1
	引进条目数低于培养条目数	0
创新产出（OUT）	制造型中小企业发明专利授权量高于全国均值	1
	制造型中小企业发明专利授权量不高于全国均值	0

（三）数据收集

本书选取 31 个省级行政区 2016—2020 年发布的支持制造型中小企业创新发展政策。按照组织支撑、产业扶持、创新创业、财税金融、科技服务中介、人才六个类别进行分类。制造型中小企业政策文本即由各省市政府及人大常委会、各部委等政策发布主体为改善制造型中小企业经营环境，促进制造型中小企业健康发展而单独或联合颁布的法律、意见、办法、通知等体现中央政府指向性的文件。

政策文本的收集途径主要有：①北大法宝网站搜索"制造业中小企业"，筛选各省市的相关政策。②在各省市政府网站、财政厅、税务厅、科技厅、经信厅等网站中的"政务信息"板块收集与中小企业密切相关的政策法规文件。③借助制造型中小企业技术创新基金中心官网、中小企业信息网以及地方中小企业信息网上的政策汇编专栏，直接选取扶持中小企业发展的法律法规。④以"中小企业政策"为关键词搜索相关书籍及学术论文，间接获取扶持中小企业发展的政策条款。本书共收集 31 个省级行政区政策条目数 423 条，中小企业专利授权量来自于 Wind 数据库，具体情况如图 16-10 所示。

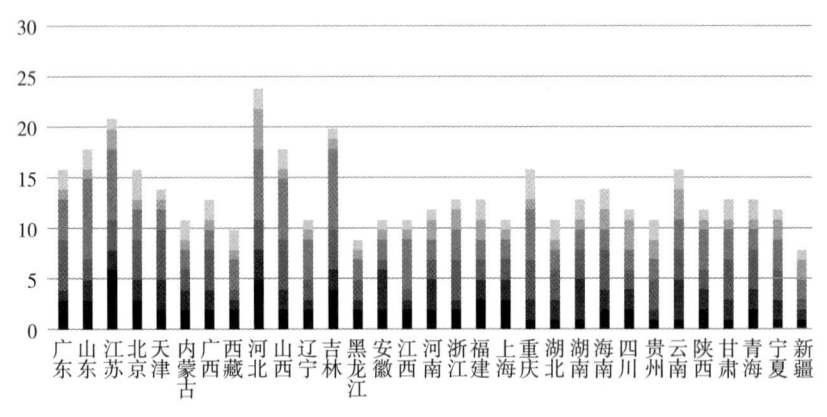

图16-10 政策文本数据收集基本情况

三 中国制造型中小企业创新发展政策实施效果评价

首先按照研究设计将收集政策文本数据转化为真值，如表 16-2 所示。

表 16-2　省市支持制造型中小企业创新发展政策文本真值

SUP	IUD	INN	T&F	TEC	TAL	OUT	频数
1	1	0	0	1	0	0	4
1	1	1	1	1	0	0	3
0	1	1	1	1	0	0	3
1	1	1	0	1	0	0	2
1	1	0	1	1	1	1	2
1	1	0	1	1	0	0	2
0	1	0	1	1	0	0	2
1	1	1	1	1	1	0	1
1	1	1	1	0	1	0	1
1	1	0	1	0	1	0	1
1	1	1	1	0	0	0	1
1	1	0	0	0	1	1	1

续表

SUP	IUD	INN	T&F	TEC	TAL	OUT	频数
1	0	1	0	1	1	0	1
1	0	0	1	1	0	0	1
1	0	0	1	1	1	0	1
1	0	0	0	1	0	1	1
1	0	0	0	1	1	0	1
0	1	1	1	1	1	1	1
0	1	1	0	1	0	0	1
0	0	0	1	1	0	0	1

随后使用 fsQCA2.0 软件进行分析，以 0.8 为一致性门槛值对各省份影响制造型中小企业创新产出的创新政策组合进行识别，得出复杂解。本书首先检验单个条件是否构成制造型中小企业创新发展的必要条件，对六个变量进行单变量分析，结果见表 16-3。由结果可知，没有任何一个变量通过 0.9 的一致性检验，表明各单项政策均不能构成制造型中小企业创新发展的必要条件，因此，制造型中小企业创新发展受到多项政策因素的共同作用。

表 16-3　　　　　　　　政策文本单个条件必要性分析结果

条件	一致性	覆盖率
SUP	0.800	0.173
IUD	0.800	0.160
INN	0.800	0.076
T&F	0.800	0.150
TEC	0.800	0.142
TAL	0.800	0.400

再次，上述单变量不足以构成制造型中小企业创新发展的必要条件，需要对影响因素进一步分析，分析制造型中小企业创新发展的条件构型，fsQCA2.0 输出三种复杂程度的解，本书采用中间解并辅助简约解得出研究

构型。结果用"●"表示核心条件存在,"○"表示核心条件缺失,"·"表示辅助条件存在,"o"表示辅助条件缺失。所得条件构型见表 16-4。

表 16-4　制造型中小企业创新政策对创新影响的前置条件构型

变量	C1	C2a	C2b	C2c
SUP	●	·	·	o
IUD	o	●	●	●
INN	o	o	○	·
T&F	o	○	·	●
TEC	·	o	●	●
TAL	○	●	●	·
一致性(CS)	1	1	1	1
覆盖率(CV)	0.2	0.2	0.4	0.2
净覆盖率(NCS)	0.2	0.2	0.4	0.2
总一致性(NCV)	1			
总覆盖率(OCV)	1			

由表 16-4 可知,各条件组合的一致性都是 1,总体的一致性也为 1,即各条件构型均为制造型中小企业创新发展的充分条件。每条路径上的原因组合总体覆盖率为 1,覆盖率反映的是组态的经验切题性或者重要性,无论是单个组态还是总体解,一致性水平均高于可接受的最低标准 0.8,说明所得组态具有较强解释和说服力。本章按照简约解一致性逻辑,将复杂解中具备相同核心条件的构型进行合并,将四条路径进行汇总得出推动制造型中小企业创新发展的两种典型组态。

(1)体系化法律法规支撑拉动模式。路径 1 为法律法规支撑的拉动模式,从该路径的构型来看,核心条件为组织支撑政策,辅助条件为科技服务中介政策,这种条件构型的覆盖率达到 0.2,表明有 1/5 的省份在制造型中小企业创新发展政策中起主导作用的是组织支撑政策,科技服务中介政策起到辅助作用。组织支撑类别政策涉及促进制造型中小企业创新发展的法律条例、促进中小企业健康发展的若干意见,以及围绕《中国制造 2025》的各省市的行动纲要,对中小企业的发展进行统筹规划,内容包括促进中小企业发展的总体思路、发展目标、主要任务、关键工程、专项行动、营商环境等，保障中小企业公平参与市场竞争，维护中小企业合法权益，支持中小企业创业创新，稳定和扩大城乡就业，发挥中小企业在国民经济和社会发展中的重要作用。科技服务政策涉及科技成果转化、技术转移服务体系建设等方面，各地方出台的促进科技成果转化政策以及技术转移服务体系建设政策，紧扣创新发展要求，优化科技成果转移转化政策环境，完善制造型中小企业等相关企业的科技成果转移系统部署，强化技术、资本、人才、服务等创新资源的深度融合与优化配置。因此组织政策与科技服务中介政策这两类政策的组合，可以从宏观层面支撑拉动制造型中小企业创新发展。

（2）内部推动的政策组合。路径2、路径3以及路径4的核心条件中均包含了从内部角度强化企业创新能力的政策类型，覆盖率高达0.8，表明大部分地区制造型中小企业创新发展受到内部政策组合的推动作用。其中路径2中的核心条件是产业扶持政策和人才支撑政策，辅助条件是组织支撑政策，产业扶持政策作为核心条件，主要是各地方根据地区发展特点和产业布局规划对制造型中小企业一类产业创新进行扶持，确定制造型中小企业重点发展，如支持新能源、新材料、智能网联汽车产业等创新发展的政策，侧重于从某一产业有针对性地进行财政资金支持、人才队伍建设以及相关服务体系的建设；同时人才政策作为核心条件，主要涉及对人才的引进政策，推进柔性引才、扩展人才引进渠道、扩展顶尖专家发挥作用空间、加大对顶尖人才（团队）的支持吸引力度；该路径中，财税金融政策为核心条件缺失，表明通过地方政府优化为中小企业发展全过程提供资金基金等管理、优化办税缴税程序、鼓励金融产品创新等政策措施更能够激发中小企业的创新活力。路径3的核心条件是产业扶持政策、科技服务中介以及人才政策，与路径2有所相同，该路径中增加科技服务中介政策和间接创新创业政策，科技服务中介政策和间接创新创业政策虽然侧重于外部拉动，但与产业扶持和人才引进政策进行组合之后多体现为内部推动作用，通过构建创新服务体系的建设和促进科技成果转化体系的完善，不断推动产业创新和吸引相关人才。路径4的核心条件是财税金融政策和科技服务中介政策，辅助条件是产业扶持政策、创新创业政策以及人才政策，重点从内部角度强化企业的创新能力，属于综合性政策工具组合，政

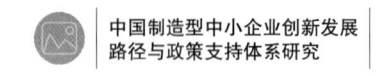

府直接为制造型中小企业提供财政金融支持，推动技术转移体系建设促进中小企业创新发展。以上三条路径均偏向于从激发企业内部创新活力来推动制造型中小企业创新发展，不同路径又有不同的政策组合，从覆盖率来看，针对特定产业的扶持政策、技术转移体系建设的科技服务中介政策与人才引进政策的结合有很好的协同效应，能够有效推动制造型中小企业创新发展。

四　中国制造型中小企业创新发展政策实施效果评价结论

本书根据前文的文本分析以及实证研究的可行性，将制造型中小企业创新发展政策划分为组织支撑、产业扶持、创新创业、财税金融、科技服务中介、人才6个类别，对全国31个省、市、自治区的423条制造型中小企业创新发展政策进行研究，随后使用QCA方法对政策实施效果进行评价，实证结果显示，支持制造型中小企业创新发展的政策可以划分为两种典型组态。一种组态是体系化的法律法规支撑政策，包括出台相关的促进制造型中小企业创新发展的法律条例、促进中小企业健康发展的若干意见，建设技术转移体系、促进科技成果转化，从宏观角度对中小企业发展进行规划，借助政府等外部力量拉动制造型中小企业创新水平的提升。另一种组态是差异化的内部推动组合，包括产业扶持政策、财税金融政策、创新创业政策、科技服务中介政策以及人才政策之间的不同组合，产生的推动效果也有所不同，其中针对特定产业进行扶持的产业政策与科技服务中介政策以及人才引进政策进行组合的协同效果最好，能够有效推动制造型中小企业创新发展。

第三节　中国支持制造型中小企业创新发展政策体系实施成效

中国支持制造型中小企业创新发展政策体系取得了以下八个层面的具体成效，主要涉及法律制度的完善、中小企业技术研发活动的普及、产业链上下游的集聚、创新成果转化活动、融资需求的满足、财税减免、人才引进、组织支撑的公共服务供给等方面。

一 制造型中小企业相关法律保障体系已基本建成

法律是市场经济活动的最根本依据。立足于法律或者将政府有关政策赋予法律属性,能从制度上为制造型中小企业参与市场公平竞争提供法律保障。中国政府高度重视中小企业发展,大力营造有利于制造型中小企业发展的政策和法律环境,形成了一系列促进制造型中小企业健康发展的法律法规和政策措施。《中华人民共和国中小企业促进法》作为中国专门为中小企业制定的法律文本,从财税支持、融资促进、创业扶持、创新支持、市场开拓、服务措施等方面明确了保障中小企业公平参与市场竞争、维护中小企业合法权益、支持中小企业创业创新、促进中小企业健康发展的法律保障,对于中小企业的发展具有重要的指导意义(池仁勇等,2019)。因此,中国有关制造型中小企业的相关法律保障体系已基本建成,从法律层面切实保障制造型中小企业的合法权益,并促使相关政府部门开展职能。

二 制造型中小企业创新创业政策落实较为到位

目前制造型中小企业普遍重视技术研发活动的实施与开展,大部分制造型中小企业都将研发纳入日常经营性事务范畴。结合目前传统制造业面临着依托技术能力实现转型升级的需求,不少生产性服务业企业正积极面向制造型中小企业开展技术协助与合作。学者研究强调,中小企业相比大企业有更多的创新需求和创新动力,在技术更新和开发周期上具有更大的竞争优势。梳理政策文本发现,目前各省市在相关企业创新政策中,均涉及有中小企业创新的扶持办法。如《浙江省小微企业发展"十三五"规划》在中小企业的创新中出台了较多的扶持政策;《河北省制造型中小企业成长计划》中所提及科技小巨人企业项目;山西省将以提高创新转型能力为主线,积极构建具有山西特色的中小微企业发展体系;江西省力争孵化万户小微企业,着力培育经济发展新增量、新动能;陕西省《中小企业"十三五"创业创新发展规划》中所涉及的创新发展计划等。通过各自省市创新政策的颁布和落实,全国基本实现了中小企业的技术研发普及工作。2019年8月,科技部印发了《关于新时期支持制造型中小企业加快创新发展的若干政策措施》,目的是加快中小企业创新培育,推动民营企业

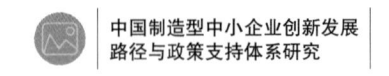

特别是各类中小企业技术创新能力与核心竞争力进一步提升。其中，对中小企业科技创新在科技研发、融资贷款、税费减免、孵化服务等方面给予全方位支持。

三 制造型中小企业有效实现产业链上下游集聚发展

全国各省市依托产业园区、小微企业园、特色小镇、产业创新综合体等园区平台载体，加快培育制造型中小企业产业链集聚发展，从用地供给（生活、治污、共享设备）等基础设施配套、产业园区载体公共服务等层面开展制造型中小企业创新发展政策扶持。例如，宁波市按照"示范带动一批、规范提升一批、整治淘汰一批"方式推进园区分类指导，高标准编制了《宁波市小微企业园高质量发展规划》，明确2018—2022年发展目标，强化统筹规划、产业集聚，提升建设标准，创新发展模式，结合"低散乱"整治、企业培育工作，提高园区服务能力。各地鼓励支持园区多元模式主导开发，调研数据显示，目前各类园区载体政府主导、大企业主导、工业地产开发主导等多种模式并存，呈现良好竞争态势。以浙江为例，小微园区产业集聚平台通过多元主体开发模式，形成良好的园区竞争格局，并统一接受各级政府部门指标考核。积极探索最适合制造型中小企业创新发展的园区建设主导模式。通过产业园区载体及第三方运营机构落实政府各项产业政策，帮助制造型中小企业实现产业链上下游集聚发展，降低生产经营成本。

四 制造型中小企业创新成果转移转化服务日渐活跃

中国支持科技服务中介已出台多项政策措施，主要包括战略规划、财政支持、税收优惠、试点示范等方面，对于引导科技中介积极服务于制造型中小企业起到了积极的作用。近几年，技术合同成交额高速增长，2018年技术合同成交额突破1.7万亿元，增长率达24%。随着互联网的发展，不受空间限制的网上交易市场日渐活跃，网上技术合同成交额与日俱增。2017年国家颁布实施《国家技术转移体系建设方案》，提出要发挥市场在技术转移中的重要作用，加快构建互联互通的技术交易网络。北京、上海、浙江、江苏、广东等地作为创新人才和科技企业的重要集聚地，在创新成果转移转化方面做出了一定的体制机制尝试。例如，浙江建立了技术网上交易市场,从技术供需对接、研发合作服务、技术交易服务、高校院所服务、科技企业服务五个方面展开技术成果转移转化,活跃省内及周边地区的创新要素流通,并通过网上技术交易平台进行技术研发成果的实时流通路径展示。不同区域的技术市场呈现出不均衡现象,在全国范围内,北京技术合同交易无论从数量还是增量都处于"领跑"地位。另外,随着长三角一体化、京津冀区域、粤港澳大湾区建设等区域一体化国家战略的出台与部署,跨区域的创新成果转移转化需求及渠道更加活跃,各地正在积极探索区域技术市场的建设,更好地服务区域内部创新要素资源流通。

五 制造型中小企业融资扩产需求实现小范围满足

中国出台了《关于金融支持经济结构调整和转型升级的指导意见》《关于加强小微企业融资服务支持小微企业发展的指导意见》等政策文件,但总体来看,出台的政策对制造型中小企业融资扩产的需求满足效果甚微。只有少部分制造型中小企业的融资需求得到了短期满足。2020年疫情期间,工信部出台了一系列特殊政策,与蚂蚁金服、网商银行等互联网机构合作,推出"310"政策服务,即3分钟申请贷款,1秒钟放贷,0个人工进行贷款审核干预,实现了对中小微企业信用的高度信任,缓解了部分受疫情影响企业的燃眉之急。据统计,该项特殊政策总共服务了806.33万户中小企业,2个月时间一共放款3258.3亿元。此次借贷的企业信用行为也是未来构建完整中小微企业信用担保网络的重要数据支撑。另外,制造型中小企业贷款难是过去普遍存在的老大难问题,小企业由于自身征信不足问题,常常被银行及各类商业金融机构拒之门外,现阶段借助于政府担保基金及独立第三方担保机构公司的设立,部分制造型中小企业获得了融资需求的短期满足,仍需不断健全风险防控机制,保障金融机构对制造型中小企业的资金信任。部分先进省市通过落实知识产权质押融资、投贷联动等创新举措,积极培育更多早投、长投制造型中小企业的耐心资本,为制造型中小企业创新发展建设更好的融资环境和资本市场(池仁勇等,2018)。

六 制造型中小企业经营成本和税赋实现普惠性减免

中国不断健全面向中小企业的财税优惠政策支持体系,在进一步深化税收制度改革、建立完善公共财政体系的同时，形成了以税费优惠政策、资金支持、公共服务等为主要内容的促进中小企业发展的财税政策体系。当前财税扶持政策主要从降低中小企业经济成本以及包括中小微企业所得税优惠政策、增值税优惠政策、出口退（免）税优惠政策等在内的中小企业税收优惠政策展开进行。2019年1月，为贯彻落实党中央、国务院决策部署，进一步支持小微企业发展，国家财务部税务总局发布了关于实施小微企业普惠性税收减免政策的通知，不少制造型中小企业表示现行的税制改革切实减免了部分税收负担，对相关投资企业和金融机构税收上的优惠与减免，能够鼓励相关企业投资中小企业，减轻了中小企业融资方面的压力。2020年疫情期间，通过中央统一领导，地方贯彻执行的方式，全国各省市均出台了有关扶持中小微企业财税减免、延期缓缴、税费返还、降人工物流资金成本的相关举措和政策，在一定程度上缓解了中小企业短期的资金压力。另外，国家银行还通过低息放款3.55万亿元给商业金融机构，引导其增加对制造型中小企业的产业投资和信用贷款。整体的税收改革制度对部分制造型中小企业的生产结构选择优化起到了引导作用。

七 制造型中小企业创新型人才引进培育有序开展

当前扶持制造业人才发展的政策涉及国家和地方、人才发展专项规划计划以及中小企业扶持政策中涉及人才支撑保障的部分，形成相对完整的人才扶持政策体系。为解决制造型中小企业人才结构不合理问题，各地方开展了系列对接活动，由政府牵头组织，高校与企业参与，提供良好的高校毕业生与制造型中小企业人才岗位需求的有效对接机制。另外，由工信部牵头，还陆续组织了"企业微课"等面向企业管理人员的免费培训活动，总体效果良好。调研发现，现有制造型中小企业创新人才结构呈现一定的年轻化趋势。在新创办的制造型中小企业及相关产业中，参与创新活动的主要人群呈现年轻化、多元化特征，以大学生、海归为主体的青年创业成为近年中国制造型中小企业创新的生力军，在行业、产业选择方面更加关注为制造型中小企业提供技术和金融服务的知识密集型行业和生产性服务业。普遍来看，这部分创业主体拥有较好的教育背景，专业素质高，思维活跃，对制造型中小企业的创新转型升级，双创程度提高都起着重要作用。在引进高端制造业科研人才和技术人才方面，各地方也出台了一系列人才激励政策,协助当地企业实现了较好的人才企业资源对接。

八 制造型中小企业组织支撑政策服务体系成效显著

中国制造型中小企业发展中已经形成了相对完善的组织体系,包括承担中小企业发展的宏观指导、会同有关方面拟定促进中小企业发展和非国有经济发展的相关政策和措施的国家及省市中小企业局;负责中小企业对外交流与合作、配合有关部门开展中小企业服务体系建设的中小企业发展促进中心;为中小企业发展搭建桥梁、建言献策的中国中小企业协会等组织。截至2018年,中国制造型中小企业发展环境得到优化,促进中小企业高质量发展的各项政策举措陆续推出。一方面,围绕企业的市场准入,深化商事制度改革,大幅度压缩企业办理手续时间消耗,组织开展扩大"证照分离"改革试点,出台规范"多证合一"改革文件,推行"最多跑一次"等便利化改革。另一方面,围绕产品的市场准入,推进工业产品生产许可证制度改革,工业产品许可证审批继续提速,一共有3163家企业按照简化程序获得工业产品许可证。于2018年1月15日起在全国全面实行"一企一证"改革,进一步减轻企业负担。围绕知识产权创造,改革精简商标注册程序,规范专利代理审批,提高商标、专利审查效率。在有条件的地方全面开展"营商环境提升年"建设,向国际先进水平对标。

第四节 中国支持制造型中小企业创新发展现有政策体系的不足

比较而言,中国支持制造型中小企业创新发展政策体系存在以下七个方面问题,主要涉及统筹协调机制的不完善、创新扶持政策供需不匹配、产业政策的"选择性"特征、科技中介对知识产权的侵害、融资服务的局限、财政工具有待优化、人才培育模式有待完善等方面。

一 宏观决策和统筹协调机制不完善

尽管改革开放40多年来中国制造业取得了举世瞩目的成就,但是体制机制在许多方面仍然制约着制造业的发展。政府对制造业的行政干预仍然过多,要素市场扭曲导致资源流向收益更高的非制造业行业,公平竞争的制度环境不健全以及尚未形成有利于制造型中小企业创新发展的制度环境。目前，中国对于制造型中小企业的法律法规措施广泛分布于各类法律条文中，但是这些法律条款自身仍存在一些不足，使很多中小企业支持政策难以进一步实施。制造型中小企业需要在融资、交易、保险、知识产权等多方面得到有力保障，在财税、融资、市场开拓等方面还需要做出更详细的规定（池仁勇等，2017）。既有法律保障体系需要对不同类型中小企业、中小企业的不同发展阶段问题提供有力支持。调研发现，大部分企业认为《中小企业促进法》仍然是一部"政策法"，而非"规范法"，主要起政策宣示作用，而非规范和规制限制中小企业发展的市场和非市场因素。从具体表现来看，制造型中小企业的公平竞争权、自主经营权以及权利救济权难以通过立法得到保障；政府部门履行促进职责也缺乏相应的监督和激励机制，尤其政府部门法律责任薄弱和行政程序性规范设计缺失。

二 创新扶持政策供给与企业实际需要不匹配

虽然各省市政策供给力度较大、措施较多，但仍存在许多需要完善之处，目前制造型中小企业创新支持与企业实际需要仍存在差距。制造型中小企业表示自身在推进智能制造中存在专业人才缺乏、资金不足、创新能力有限、核心技术缺失等一系列问题，目前涉及智能制造的政策安排大多瞄准少数规模较大、实力雄厚的大中型企业，对规模偏小、技术水平不高的中小企业而言，政策的重视程度及支持力度均有所不足，特别是制定的相关政策门槛过高、补助及优惠覆盖面不够广，使中小企业推进智能制造的动力不强。不同阶段制造型中小企业对于创新的需求层次存在差异，需要精准施策。一些中小企业的创新意愿薄弱，由于自身要素成本高、利润薄，在面对严峻的市场竞争时，主要动机在于想办法降低企业成本，甚至宁愿进行房地产和金融投资获取虚拟经济利益也不愿意以较高的投入进行研发创新。加上知识产权保护不到位，维权难、维权成本高，创新成果得不到有效保护，伤害了企业进行创新的积极性。在这种情况下，鼓励技术跟踪模仿以及设备引进，或者以财政资金支持的方式鼓励企业进行技术或市场投入的创新政策就无法起到相应的作用。更多的中小企业由于创新能力不足，对技术创新的趋势把握不准、创新基础薄弱，对于新兴数字技术的掌握不足，或者由于中小企业创新所需要的高层次人才普遍匮乏，创新所需要的资金较少，这些要素制约直接抑制企业创新，导致制造型中小企业从事研发活动比例很低。有些扶持政策忽视了企业自身特点，提出的资金补助等更适合于大企业而不适用于小企业，导致供给和需求匹配不足。

三 产业政策具有较强的"选择性"特征

总体来看，由于产业政策体系不尽完善、产业政策工具不尽合理，导致制造型中小企业产业政策作用发挥不足。产业政策具有较强的"选择性"特征，产业政策体系间缺乏系统性和协调性，制造型中小企业产业扶持政策的效果仍不理想。无论传统产业还是新兴产业，劳动密集型产业还是资金密集型产业，都有其持续发展的空间，重要的是优化资源配置和产业布局。但是在一些产业补贴政策中，由于申报条件的严格限制，使关键生产环节的一些企业无法享受到优惠，缺乏灵活性的非普惠性政策不利于产业资源的优化配置。另外，在区域针对行业中小企业发展支持中，由于政策的设计或发力是针对生产环节，或产业链的某一个环节提供补贴或激励政策，很难达到促进整体产业健康持续发展的目的，产业扶持政策还需从产业链整体环节视角进行完善。从各省市的情况来看，由于不同地域的制造型中小企业发展存在差异性，需要区域性配套的产业政策有效供给，但是目前缺乏区域性产业发展规划与制造型中小企业扶持政策的有效衔接和协调机制，使产业扶持政策的效率偏低。调研发现，产业园区建设数量虽总量增长但入住量低，即使在创业创新资源丰富的北京中关村地区，众创空间平均入住率也仅有60%。同时，园区运营模式整体单一，"造血"机制有待改进。小企业创业基地、众创空间、孵化器、留创园等"双创"基地的服务大多数以场地租赁为主。多数创业基地停留在场地出租、物业管理、政务代理等基础性服务阶段，高端服务、专业服务、数字化服务和数字园区建设等增值服务较少，盈收渠道狭窄，缺乏创新、高效的运营模式。

四 现有科技中介政策无法保护制造型中小企业知识产权

知识产权保护体系不完善是制造型中小企业创新能力提升受限的重要原因。据调研数据显示，大部分制造型中小企业认为其自身知识产权部门专业水平较低，工作经验缺乏，企业内部对技术人才创新的知识产权保护不到位（王黎萤等，2017）。外部环境的科技中介政策及知识产权保护政策对企业知识产权保护效果甚微，技术成果维权难度大，诉讼周期长，严重打击了企业的创新积极性。现有的协会组织、科技中介等在支持中小企业发展中存在服务内容缺乏创新、服务网络无法深入中小企业企业集群，导致中介机构服务深度不足。参与调研的制造型中小企业表示，有能力在公司治理、创新市场估值、技术工程化开发等方面提供综合性、功能性深度中介服务的专业性机构严重匮乏，面对广大中小企业所需的咨询服务、信息服务、技术服务、金融服务、财政支持服务等多项内容，如果单凭中小企业自身的力量，很难像大企业一样获得中介机构更多的重视和全方位的服务支持。随着党的十九大以来科技体制改革力度的加大，中国以新修订的《中华人民共和国促进科技成果转化法》(2015)、《实施〈中华人民共和国促进科技成果转化法〉若干规定》(2016)、《促进科技成果转移转化行动方案》(2016)作为科技成果转化的重要政策依据，突出了科技成果转化中的激励制度、金融支持制度、服务机构和中介机构发展、平台建设以及科技成果信息系统建设。但是，对于目前科技成果转化中的突出的关键问题还缺乏有力的政策引导，如缺乏专业服务机构和服务人才、科技成果价值低与市场需求脱节、缺乏科技成果转化导向评价机制、公益类成果转化激励体系尚未形成等成为突出问题，科研人员很难将专利等成果转化为能够进行工程化开发、规模化生产、市场化推广的商业产品。

五 现有融资政策无法保障企业现实融资需求

制造型中小企业融资需求持续增大，然而融资供给仍存在诸多不足。银行贷款方面，大多数银行贷款手续流程繁多，审批慢，许多制造型中小企业依旧主要通过土地、房屋抵押获得银行贷款，动产融资比例较低，只有10%左右的企业是纯信用贷款，不同程度导致中小企业贷款成本增加。从金融供给改革来看，虽然各主管部门全面贯彻落实金融政策，为缓解小微企业融资困难而不断拓宽金融供给渠道、优化金融供给方式、创造多元化金融供给模式，但成效仍然偏低，只有浙江、广东、上海等地的金融供给模式创新较为明显。忽视了中小企业融资特征及配套条件不足，使金融支持政策设计的针对性相对偏弱。债权融资是中小企业获取资金的重要方式，但是由于中小企业财务状况透明度不高、信息不对称等问题，同时债权交易所对上市举债的中小企业各项要求较高，使中小企业通过债权交易所筹集到的资金量有限而且期限短。中小企业的财务制度不完善、信息披露不透明等使投资者风险增大，导致股权融资发展受限。加上股权融资法规不够完善，虽然针对中小企业发展制定了相关的法律，但由于配套条件不够健全、专业服务机构缺乏，导致可操作性和可行性降低。

六　财政政策工具的使用有待优化

由于财税政策措施缺乏对大中小企业的差异化实施策略，使对制造型中小企业支持的针对性不足。总体来看，现行财税政策中，缺少对中小企业制定的政策，优惠政策不集中，缺乏完整的政策体系，仅有的一些优惠政策，不仅方式单一，而且缺乏降低中小企业投资风险、鼓励技术创新等方面的政策，导致中小企业财税政策指向不明确，优惠时效性偏低。国家对中小企业虽然给予了一系列优惠，但在财税领域中一旦涉及差别待遇或者优惠，往往受益的还是国企和战略性新兴产业以及对 GDP 贡献大的企业。现有财税优惠政策忽视了企业发展生命周期特征，使企业不同发展阶段能够享受的政策优惠缺乏弹性和灵活性。对于初创期的企业而言，尤其是初创期制造型中小企业，风险高、投资时限长，对资金、设施等资源需求旺盛。但分析相关财税扶持政策，对于制造型中小企业初创期的相关财税扶持政策严重缺乏。由于企业发展的动态性特征和结构性差异，使很多企业无法很好享受减负降税政策优惠。财税政策在一定阶段内具有相对稳定性，动态发展中的企业在面临越来越复杂的外部不确定经营环境变化时，无法充分享受政策优惠。由于中国税制框架不够完善，所得税依旧采取全额累进税率，随着企业规模不断壮大，不仅加重了中小企业的负担，而且不公平税率也不利于中小企业发展。由于企业的政策敏感度偏低，对于财税政策优惠的实际可获得性偏低。中国虽然出台了支持创新发展的财税扶持政策，但相关政策比较零散，加上财税政策多散见于各类文件中，很多中小企业对于具体的优惠政策内容不很明确，无法享受相应优惠。

七　制造业领域人才培育路径有待完善

将各类人才扶持政策与制造型中小企业发展的实际进行比对，发现针对制造型中小企业的人才引进和留住人才政策从内容到数量上还显不足。中小企业对于人才的吸引力一直以来相对于大型企业偏弱，同时，由于中小企业抗风险能力弱经营效益不佳容易伴随裁员、降薪等问题，导致中小企业人员流动性较大。但目前的人才扶持政策针对制造型中小企业发展的人才引进针对性措施不足，一些地方虽然有一些高级人才的吸引方案，但是针对不同类型制造型中小企业的差异化实用性技术人才引进措施明显不足，或者引进享受政府优惠政策范围的人才并不真正符合企业要求，造成供需错位，不能真正惠及中小企业。现有人才政策的政策实施常涉及人事、社保等部门，进一步需要科技、财政、工信等部门的配合。由于各部门之间的充分协调沟通机制较为缺乏，对于同一政策的实施中常存在许多冲突和矛盾。例如，2015年《深化科技体制改革实施方案》中对科技创新人才的评价和机理提出了具体的指导性意见（池仁勇等，2020），但地方执行中，由于各部门在相关激励政策的奖励资金来源、具体实施标准以及补偿额度等方面未能进行有效衔接安排，导致奖励落实效果不甚理想。尤其是在涉及不同区域范围的身份编制、社保转移、档案管理等问题时，这些问题表现尤为明显。目前的政策还需要在地方层面增加便利于具体操作的政策文本，在具体实施细则、实施方案等方面进行细化。结合区域实际，增加不同类型制造型中小企业的人才支撑政策，结合行业人才发展实际，优化人才引进类、人才培养类、人才激励类等不同类型政策文件的比重。

第十七章　中国制造型中小企业创新发展政策支持体系建设

党的十九届四中全会提出，健全支持中小企业发展制度，建立以企业为主体、市场为导向、产学研深度融合的技术创新体系，支持大中小企业和各类主体融通创新。为贯彻落实党中央决策部署，工信部在推动高质量发展的政策措施中，明确提出加强落实促进中小企业发展的各项政策措施。但中国制造型中小企业创新发展还存在很多问题，因此需要进一步完善相关政策支持体系，打造有利于制造型中小企业创新发展的环境和条件。

第一节　完善支持制造型中小企业创新发展的营商环境

完善支持制造型中小企业创新发展的营商环境，首先要完善支持制造型中小企业创新发展的法律法规，其次要加强支持制造型中小企业管理创新的政策体系建设，还要注意放宽行业准入限制，减少前置审批环节。

一　完善支持制造型中小企业创新发展的法律法规

进一步完善支持中国制造型中小企业创新创业的相关法规体系和政策体系。全国人大完成《中小企业促进法》修改后，及时启动各地方促进制造型中小企业发展条例的修改工作。对已经出台的各项政策继续抓好落实，指导制造型中小企业用足用好各项扶持政策。同时要重点围绕中小企业创新创业这一主线，进一步制定出台创新创业、融资担保、财政支持、税费优惠、市场开拓、公共服务体系建设等方面的专项扶持政策，切实加大对制造型中小企业创新创业的引导扶持力度（宋煊懿，2016）。加大各级财政对中小企业发展的资金支持，突出支持重点，完善支持方式，向公共服务体系建设倾斜，加大对小型微型企业的支持力度，不断改善对小型微型企业的服务。加快设立国家小微企业发展基金，引导社会资本支持小微企业发展。认真执行现行制造型中小企业税收优惠政策，进一步加大财税政策对小型微型企业的支持力度。进一步优化税收征管流程，提高纳税服务质量。继续清理涉及中小企业的各项收费，规范行政事业性收费和经营服务性收费行为，减轻制造型中小微企业负担。尽快出台政府采购促进制造型中小企业发展的具体办法，建立统一的政府采购信息发布平台，提高政府采购信息透明度，降低制造型中小微企业获取信息的成本。

二　加强支持制造型中小企业管理创新的政策体系建设

坚持把管理出效益作为企业管理的立脚点，促进制造型中小企业实施全面管理，进一步加强企业管理能力建设，不断推进管理创新。逐步引导和规范企业经营模式，实施现代企业制度，推进制造型中小企业管理创新。加强制造型中小企业管理创新，从拟股改、拟挂牌和拟上市企业为抓手，积极引导一批制造型中小企业建立现代公司制企业，加快股份制改造，设立股份有限公司，加快推动企业治理结构现代化。开展制造型中小企业品牌建设，实施"品牌战略""电商换市""质量强企""质量强市"等发展战略。鼓励制造型中小企业申报著名商标，形成一批拥有自主知识产权和核心技术的省级著名商标品牌。重视制造型中小企业领军型管理人才的培养机制，完善和推广职业经理人制度，加强对家族式制造型中小企业的二次创业辅导。通过调动高等院校、职业技术学校等智力培训机构参与，为制造型中小企业输送更多一线管理人员以及合格的操作员工。增强制造型中小企业科技创新活力与核心竞争力，优化升级产业结构，提高品牌意识和品牌创建能力，全面提升制造型中小企业质量效益。另外，积极完善制造型中小企业诚信经营的制度环境。逐步开展和实施中小微企业信用建设工程，建立以政府为主导、企业为主体、行业主管部门及职能部门培育、金融部门支持的制造型中小微企业信用管理体系。开展制造型中小企业信用体系试验区建设，全面启动制造型中小微企业征信数据库建设，将合同信用、纳税信用、产品质量信用和银行信用等级等指标纳入企业征信指数中。以政府资金池为引导，吸引各类担保机构以及社会资本参与健全制造型中小微企业信用风险补偿机制。继续强化企业诚信经营，形成良性的创新创业氛围。

三 放宽行业准入限制，减少前置审批环节

要进一步深化改革开放，消除制度性障碍，减少前置审批环节，制定实施细则。切实放宽行业准入，鼓励和引导民间资本进入基础产业和基础设施、市政公用事业、社会事业、金融服务、国防科技工业建设等领域，拓展制造型中小企业发展空间；鼓励创办生产性服务业、加强创业服务，通过创业带动就业。加快落实工商登记制度改革方案，放宽企业名称字号登记条件，建议推广企业登记"一审一核"制，简化年检手续、推行网上年检，首次年检逾期免予处罚等措施。全面深化商事制度改革，落实先照后证改革举措，全面实行营业执照、组织机构代码证、税务登记证、社会保险登记证和统计登记证"五证合一"登记制度，实现"一照一码"。优化登记方式，放松经营范围登记管制，放宽新注册企业场所登记条件限制，推动"一址多照"、商务秘书公司代理注册等住所登记改革，分行业、分业态释放住所资源。全面开展股权出质登记和动产抵押登记工作，支持企业按照《动产抵押登记办法》（国家工商总局令第 30 号）等相关规定，办理股权出质登记和动产抵押登记，为企业提供新的融资担保渠道。创新审批流程。全面推进电子政务建设，整合行政资源，再造行政流程。依托电子政务平台，加强与企业登记前置许可部门协调，共同推进"一表式"登记受理和网上并联审批，进一步减少资质认定事项，对重点领域的制造型中小企业在登记中开通"绿色通道"。鼓励发展面向制造型中小企业行业组织，推进部分政府职能向行业组织有序转移。

第二节 优化支持制造型中小企业创新发展的财税金融政策

优化支持制造型中小企业创新发展的财税金融政策，首先要完善现有支持制造型中小企业创新发展的财税金融政策，其次要优化国家财政对制造型中小企业创新发展的扶持方式，还要进一步落实"研发费用加计扣除"

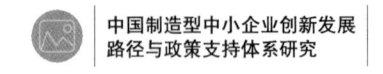

等税费优惠政策。

一 完善支持制造型中小企业创新发展的财税金融政策

切实缓解制造型中小企业"融资难""融资贵""担保难""抵押难"问题，需要完善促进制造型中小企业创新创业的财税金融政策。发挥市场竞争激励制造型中小企业创新创业的根本性作用，营造公平、开放、透明的市场环境。要以四大金融试点为抓手，推动地方金融改革，消除体制和制度门槛以释放民营资本活力、并加快金融要素在区域内、区域间以及国际间的流动，实现金融要素的市场最优化配置（孙雪芬等，2016）。进一步加大对制造型中小企业，尤其是小微企业的减税、免税的税收优惠力度，研究制定税收优惠的长效机制，按行业、企业规模不同对企业进行差别化对待。

鼓励设立科技金融专营机构，推进差别化信贷准入和风险控制，鼓励各级财政部门通过贷款风险补偿、担保基金等方式给予财政扶持，分担科技贷款风险，发展个人创业小额信贷、商标专用权和专利权质押融资、中小企业集合债、科技保险等新型金融产品，创新动产、创单、保单、股权、排污权和应收账款等抵质押方式，开发灵活多样的中小微企业贷款保证保险和信用保险产品。尽快建立"全国统一的动产融资登记公示系统"，融合中国人民银行征信中心动产融资中心登记的应收账款质押登记、工商局的存货和设备抵押登记、知识产权局的知识产权登记等，鼓励银行和融资性担保机构开展动产质押融资，使动产融资业务在中国得到快速发展。另外，建议建立全国统一的动产抵押登记监管机构和征信体系，加强制造型中小企业信用体系建设，开展动产融资。

加快私募基金机构集聚区发展，在有条件的地区设立小微券商、小微证券服务机构，鼓励发展政策性担保机构，为制造型中小微企业提供融资担保服务。建立完善政府、投资基金、银行、保险、担保公司等多方参与、科学合理的风险分担机制，将创新创业企业纳入小微企业贷款风险补偿政策范围（程宣梅，2017）。鼓励探索建立创客企业库、天使投资风险补偿机制和风险资金池，合作金融机构向列入创客企业库的企业发放的贷款首次出现不良情况，由风险资金池对坏账损失给予一定补偿。开展互联网股权众筹融资试点，增强众筹对大众创新创业的服务能力。加快推进企业股改，引导企业到新三板、创业板、主板等多层次资本市场挂牌上市，合理利用境内外资本市场进行多渠道融资。鼓励金融机构积极探索科技信贷产品、业务模式、风控手段、监管方式等方面的创新，提供有针对性的金融服务；优化科技型企业的信贷链条，提高审贷和放贷效率，整顿清理不合理中介费用；争取民间资本成立"科技银行"的政策优惠，鼓励现有银行建立针对性的科技支行。中国地区间公共服务差距较大，而在公共服务的差距背后，则是地区间财力和公共支出的差距（朱光等，2019），通过大力发展面向制造型中小企业的民间金融，推进政府金融公共服务，完善配套金融担保体系，使金融担保回归公益性，降低制造型中小企业创新创业的成本。

二 优化国家财政对制造型中小企业创新发展的扶持方式

在现有国家产业扶持资金体系中，对制造型中小企业创新创业的扶持力度并不弱，但是对于激发制造型中小企业加大创新投入积极性的作用并不理想。结合当前"供给侧结构性改革"总体思路，优化财政支出对于面大量广的中小企业，特别是加强对制造型中小企业在产学研合作、基础研究、战略性研究项目等方面的扶持方式变得尤为重要。

第一，要加快创新型企业试点和国家创新型（示范）企业的认定，并给予适当财政补助和部分税收优惠，对于增加研究与发展投入的制造型中小企业、对应用新技术开发新产品的制造型中小企业、对产学研合作的项目等给予税收等系列优惠，对于高新技术企业应减收增值税。

第二，可以鼓励政府以制造型中小企业创新需求为基础开展创新券（InnovationVouchers）服务，通过政府向企业发放创新券，企业利用创新券向研发人员购买科研服务，而科研人员可持创新券向政府财务部门进行兑现。相较于传统的税收优惠、创新资金等方式，创新券最大的优势在于其不是现金，而只能通过购买技术创新服务进行消费，确保了专款专用，避免了企业将创新资金用于企业运作的其他方面。同时，也改变了现有的以项目为支点、针对某一课题展开的科技合作方式，使产学研向深度发展，调动科研资源为企业提供更全面的服务，企业从被动创新向主动搜寻创新研发活动（汤临佳等，2013）。

第三，在国家产业基金体系中设立制造型中小企业创新创业专项基金。针对"互联网+"小微企业专项基金，基金的资金来源包括中央财政预算安排、基金收益、捐赠等。基金主要用于引导地方、创业投资机构及其他社会资金支持初创期的小型微型企业的创新创业活动，建立基金创新科技成果转化的风险补偿和绩效奖励体系，建立创新重点领域投融资机制，鼓励社会投资、捐赠。国家鼓励社会向基金捐赠资金，对向基金捐赠资金的企事业单位、社会团体和个人等，企业在年度利润总额12%以内的部分，申报个人所得税应纳税所得额30%以内的部分，准予在计算缴纳所得税税前扣除。除设立制造型中小企业创新创业专项基金外，国家有关部门还将在完善财税政策、优化服务环境等多方面支持制造型中小企业发展。

三 进一步落实"研发费用加计扣除"等税费优惠政策

营造激励制造型中小企业创新创业的公平竞争环境，深入贯彻《中共中央国务院关于深化体制机制改革加快实施创新驱动发展战略的若干意见》的相关精神，发挥市场竞争激励创新的根本性作用，营造公平、开放、透明的市场环境，强化竞争政策和产业政策对创新的引导，促进优胜劣汰。进一步加大对制造型中小企业，尤其是小微企业的减税、免税的税收优惠力度，提高小微企业税收起征点，研究制定税收优惠的长效机制，通过对企业进行差别化对待，按产业、企业规模不同，分类规定税率，进而让制造型中小微企业有更大的生存空间，激发小微企业和创业企业活力（吕铁、黄娅娜、徐梦周、包海波，2016）。进一步落实《关于提高研究开发费用税前加计扣除比例的通知（财税〔2018〕99号》，更好地鼓励制造型中小企业开展研究开发活动和规范制造型中小企业研究开发费用加计扣除优惠政策执行。设立创业与创新基金，其主要作用：一是作为创新项目的"种子资金"；二是扶植高技术小企业的创业；三是为企业创新项目的贷款提供担保。鼓励金融机构积极探索科技信贷产品、业务模式、风控手段、监管方式等方面的创新，提供差异化、有针对性的金融服务；优化制造型企业的信贷链条，提高审贷和放贷效率，整顿清理不合理中介费用；争取民间资本成立"科技银行"的政策优惠，鼓励现有银行建立针对性的科技支行。通过大力发展面向制造型中小企业的民间金融，同时推进政府金融公共服务，完善配套金融担保体系，使金融担保回归公益性，降低制造型中小企业创新创业的成本。

第三节 健全支持制造型中小企业创新发展的创新服务体系

健全支持制造型中小企业创新发展的创新服务体系，首先要进一步完善公共服务平台的创新支撑能力，其次要加快建设中小企业创新创业的共性技术服务平台，还要完善"互联网＋小微企业"服务支撑计划、强化制造型中小企业创新基地建设以及营造创新发展文化氛围。

一 进一步完善公共服务平台的创新支撑能力

大力培育新型的服务主体，围绕国家新型智库建设，大力发展生产性服务业的契机，充分调动行业协会（商会）、高等院校、科研机构等组织的积极性，鼓励各类专业服务机构的培训发展面向制造型中小企业的服务机构。完善公共服务平台的创新支撑能力，充分利用"互联网＋"加快制造型中小企业公共服务平台网络建设，形成虚拟服务系统与实体服务资源的协同服务。增强公共服务平台的创业服务功能、创新服务功能、融资服务功能、管理咨询服务功能、信息服务功能、人才培养功能、市场开拓服务功能。健全服务机制，加强服务机构之间的联系与合作，建立服务协同机制，实现服务资源共享、服务手段集成、服务功能互补。建立监督和评价机制，推动服务机构的规范发展，提高服务质量，提升服务机构从业人员能力。优化服务布局，兼顾企业共性需求和个性需求，打造国家以满足区域共性需求为重点、地方以服务区域特色经济为重点的服务格局。以制造型中小企业公共服务为主导，引导带动信息、融资、担保、技术、人才培训、市场开拓、管理咨询、对外合作等专业服务，促进服务领域和对制造型中小企业服务的覆盖面不断扩大，服务质量不断提升。同时进一步综合运用政府购买服务、无偿资助、业务奖励等方式，支持制造型中小企业公共服务平台和服务机构建设，并发挥政务服务网及各级政务服务平台的作用，为初创企业提供法律、知识产权、财务、咨询、检验检测认证和技术转移等服务。借鉴美国中小企业局服务中小企业的经验，利用高校、科研机构的科技人员、退休工程师等组建一支服务制造型中小企业创新创业

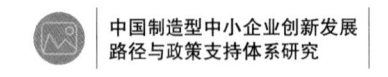

的顾问团、创业指导师队伍。同时，也可以借鉴日本的经验，扶持一批制造型中小企业诊断师，建立一批制造型中小企业创新创业辅导站，形成一支专职、兼职和顾问相结合的队伍，帮助制造型中小企业发展。

二 加快建设中小企业创新创业的共性技术服务平台

"互联网+"、智能制造成为产业发展的基本趋势，传统产业需要积极与"互联网+"相结合，新兴产业正在成为经济发展新动力和新支柱，以"互联网+"、智能制造技术为引领的新型共性技术服务平台需要加快建设，才能有效支持制造型中小企业在新时期创新驱动的新需求。通过深化众创空间建设，将网上技术市场延伸到众创空间，为创业者提供相关行业技术成果信息及交易服务。以科技城建设加速双创经济发展（包海波、潘家栋，2019），建立健全科研设施、仪器设备和科技文献等资源向众创空间创业企业开放的运行机制，科技创新服务平台、重点实验室和工程中心、科研院所、重点企业研究院等各类创新载体要向创业者开放共享科技资源，并将提供服务情况作为年度绩效考评的重要依据。鼓励有条件的企业和其他创新载体向创客开放设备和研发工具，为创客群体提供工业设计、3D打印、检测仪器等电子和数字加工设备，构建移动互联网、大数据、物联网支撑的共性技术平台，为制造型中小企业创新带来广阔发展空间。坚持政府引导、市场化运作的发展方式，进一步加强制度创新，通过构建支持制造型中小企业创新的共性技术协同创新服务平台，提高平台服务的公共性、有效性。

三 完善"互联网+小微企业"服务支撑计划

落实工信部"互联网+小微企业"行动计划的各项要求，充分发挥中国互联网的规模优势和应用优势，顺应世界"互联网+"的发展趋势，将互联网技术应用于小微企业生产、管理等日常经营活动，提升企业整体发展水平，释放潜力和活力。首先，积极引导和支持大型互联网企业和基础电信企业利用技术优势和产业整合能力，向小微企业和创业团队开放平台入口、数据信息、计算能力等资源，并向其提供基于云技术、大数据、移动互联等新技术的生产全流程、管理全要素、成长全生命周期的互联网基础环境和信息化服务，提高制造型小微企业信息化应用水平。其次，建设基于互联网的小微企业公共服务平台网络，促进满足个性化、多样化需求的众创、众筹、众包等新模式和新业态发展，支持制造型小微企业融入产业链，打造创新链。再次，引导制造型小微企业进行基于互联网技术的数字化制造与产品生命周期管理，推动工业软件的 SaaS 应用和云端应用。最后，鼓励大学生等青年创业者利用互联网探索新业态新模式，整合移动支付、便捷物流、环节简化、层级扁平等发展趋势，从多渠道开展创业活动。

四 强化制造型中小企业创新基地建设

推动"大众创业、万众创新"需要加快制造型中小企业"创新极"建设，通过构筑制造型中小企业创新创业示范基地、加强产城融合的创新创业生态圈建设，为制造型中小企业提供良好的创业空间、工作空间、网络空间、社交空间，以便利化、全要素、开放式的"创新极"带动、辐射周边区域融入创新创业生态圈，激发中小企业的创新创业的成长动力。首先通过支持各类众创空间发展来强化制造型中小企业创新创业基地建设。针对初创企业亟须解决的资金问题，以资本为核心和纽带，聚集天使投资人、创业投资机构，依托其平台吸引汇集优质的创业项目，为创业企业提供融资服务，并帮助企业对接配套资源，发展投资促进各类众创空间。以提升创业者的综合能力为目标，充分利用丰富的人脉资源，邀请知名企业家、创业投资专家、行业专家等担任创业导师，为创业者开展有针对性的创业教育和培训辅导，发展培训辅导类众创空间。鼓励行业协会、新闻媒体等机构利用自身优势，面向创业企业提供线上、线下相结合，包括宣传、信息、投资等各种资源在内的综合性创业服务，发展其他各具特色的众创空间。其次，建设以特色小镇为代表的一批创新创业基地，坚持企业为主体、市场化运作（包海波，2016），充分利用互联网基础条件，整合国家和省级高新区、小微企业创业基地、大学科技园和高校、科研院所的有利条件，发挥行业领军企业、创业投资机构、社会组织等社会力量的主力军作用，为广大创新创业者提供良好的工作空间、网络空间、社交空间、资源共享空间，为制造型中小微企业提供找得着、用得起、有保障的服务。

五 营造创新发展文化氛围

发挥创新极辐射带动作用，全面解读和广泛宣传国家、省和各地促进创新创业的政策，激发劳动者创业热情，培育企业家精神和创客文化，营造鼓励创新、支持创业、褒扬成功、宽容失败的氛围。加强各类媒体对大众创新创业的新闻宣传和舆论引导，报道一批创新创业先进事迹，发挥创业成功者的示范带动作用，让"大众创业、万众创新"在全社会蔚然成风。支持众创空间等各类创业服务机构承办区域性、全国性和国际性的创新创业大赛，有条件的地方可根据活动的影响力、规模、效果及实际支出等情况，给予一定比例的资金支持。支持有条件的高校、科研院所和企业创办"创客学院"。建立健全创业辅导制度，培育专业创业辅导师，鼓励拥有丰富经验和创业资源的企业家、天使投资人和专家学者担任创业导师或组成辅导团队。支持社会力量举办创业沙龙、创业大讲堂、创业训练营等创业培训活动。当地政府可对创新极建设中的众创空间等新型孵化机构的房租、宽带接入费用和用于创业服务的公共软件、开发工具给予适当财政补贴；对依托符合条件的大学科技园和科技企业孵化器建设的众创空间，可按照相关规定享受企业所得税、房产税和城镇土地使用税优惠政策；对纳入众创空间管理的符合条件的制造型小微企业，可享受相关税收优惠政策。

第四节 构建支持制造型中小企业创新发展的融通创新体系

构建支持制造型中小企业创新发展的融通创新体系，首先要推进制造型中小企业供应链与产业链补链与强链计划，其次要促进制造型中小企业实施开放式和嵌入式创新，还要加快建设制造型中小企业产学研合作基地以及加快营造市场化的合作创新网络。

一 推进制造型中小企业供应链与产业链补链与强链计划

推广和鼓励发展5G、物联网、云计算、大数据、区块链、工业互联网等新技术新平台，加快推进各省市重大项目招商储备、引进建设，打通制造型中小企业产业链上下游，做好建链补链、强链固链工作，支持培育一批创新能力较强、具备国际竞争力的自主品牌"小巨人"企业，支持新兴制造型中小企业参与产业创新。推动产业链、供应链互联互通数据共享平台建设。聚力先进制造业各领域中小企业培育，服务一批聚焦智能机器人、物联网、大数据和数据分析、信息物理系统和系统集成、可持续制造、增材制造等重点高能级领域制造型中小企业。加大对先进制造技术投资，优化政府原有投资体系，鼓励风险投资机构加入。超前布局前沿科技及产业化运用，建设未来产业先导区，鼓励中小企业参与，培育人工智能、航空航天、生物工程、量子信息、柔性电子、前沿新材料等重量级未来产业。制定未来产业发展布局规划和综合政策，培育一批未来产业先导区，打造中小企业集聚区。

鼓励中小企业参与关键领域技术标准研制与推广工作。按照共性先立、急用先行的原则，引导小企业参与工业互联网、智能电网、智慧城市等领域基础共性标准、关键技术标准的制定。不断完善智能制造融合标准体系，同步推进国际国内标准化工作，增强在国际标准化组织（ISO）、国际电工委员会（IEC）和国际电信联盟（ITU）等国际组织中的话语权。要发挥中小企业"小而专"的优势作用，积极贴近、服务发展需求，推动产业间互补、延伸，大力培育人工智能、自主可控计算机及信息安全产业的中小企业，发展壮大新兴产业。以信息技术为纽带，加快产业链上下游产业的融合重构，打造数字化、智能化和网络化的新服务、新产品。

二　促进制造型中小企业实施开放式和嵌入式创新

大企业应强调对内开放，鼓励大企业充分利用中小企业的生产制造能力，实施OEM、ODM、EMS和CRO，把加工甚至非核心设计研发、低端服务外包出去，建构包含开放式创新资源的企业创新生态系统，这就需要财政科研与产业化计划对内开放，开展产学研用多方协同创新合作，实现发展。鼓励和支持有条件的企业，在产业技术创新战略联盟的框架下，与他的合作伙伴甚至是竞争对手，联合开展战略性技术路线图研制工作。引导和促进企业营建创新生态系统来实现转型升级。在开放的创新环境下，广泛整合中小企业与大企业内外部的资源，建构起以市场需求为导向的企业创新组织新形态。原始创新有时不一定要体现在核心技术的获取上，创新可以来源于对市场需求的快速反应，通过市场需求为产品创新创造机会，进而刺激研究与开发为其提供技术支持。开放式创新环境是在挖掘企业内部创新资源的同时，保持研究人员自由探索可以畅行无阻，营造让人们感觉自由自在并抓住机遇、捕捉直觉的氛围。要鼓励和引导企业将生产消费者、产学研及利益相关者纳入研发创新的流程中，实现开放式和嵌入式的创新。高度重视商业模式创新。中小企业在注重产品和流程创新的同时，应积极进行市场创新，特别是创意设计、配送方式、售后服务、促销模式、定价、用户体验等方面。政府的财政资金可以考虑以后补助的方式，适度地资助企业的商业模式创新，促进产业和企业积极探索基于Web2.0和Web3.0的创新管理新模式，使企业能够以研发与非研发相融的嵌入式创新能力来掌控形成自己的创新生态系统。

三 加快建设制造型中小企业产学研合作基地

加快建设制造型中小企业产业研合作基地，强化"官、产、学、研、用"的协同创新机制，以关键技术支撑平台、技术预见分析平台、专利挖掘预警平台、知识产权服务运营平台、创新人才培养平台、科技成果转化平台、信息资源共享平台、投融资平台建设为支撑（王佳敏，2016）。以多样化的制造型中小企业的创新服务需求满足为落足点，加强制造型中小企业产业研合作基地中的技术、知识、资金、信息等投入与产出，完善企业博士后建立和运行机制，提升制造型中小企业产业研合作基地的创新服务体系运转的规范性与高效性，形成创新要素活跃、创新能力突出、成果转化迅速、产业特色鲜明的良好格局。加强创新能力建设。鼓励构建以企业为主导，产学研用合作的"互联网+"产业创新网络或产业技术创新联盟。鼓励各级创新平台向企业特别是中小企业在线开放。鼓励企业参与新兴技术标准研制与推广。按照共性先立、急用先行的原则，引导企业参与工业互联网、智能电网、智慧城市等领域基础共性标准、关键技术标准的研制及推广。不断完善"互联网+"融合标准体系，同步推进国际国内标准化工作，增强在国际标准化组织（ISO）、国际电工委员会（IEC）和国际电信联盟（ITU）等国际组织中的话语权。强化知识产权战略。加强融合领域关键环节专利导航，引导企业加强知识产权战略储备与布局。加快推进专利基础信息资源开放共享，支持在线知识产权服务平台建设，鼓励服务模式创新，提升知识产权服务附加值，支持制造型中小微企业知识产权创造和运用。加强网络知识产权和专利执法维权工作，严厉打击各种网络侵权假冒行为。增强全社会对网络知识产权的保护意识，推动建立"互联网+"知识产权保护联盟，加大对新业态、新模式等创新成果的保护力度。大力发展开源社区。鼓励企业自主研发的软件成果通过互联网向社会开源。引导教育机构、社会团体、企业或个人发起开源项目，积极参加国际开源项目，支持组建开源社区和开源基金会。鼓励企业依托互联网开源模式构建新型生态，促进互联网开源社区与标准规范、知识产权等机构的对接与合作。

四 加快营造市场化的合作创新网络

优化科技资源配置，坚持企业引领技术创新的基本理念，通过交流、合作、委托、联盟等形式形成整合国际国内、产业院所、厂家用户多种资源的创新网络，共同推动制造型中小企业创新活动持续发展。第一，鼓励高等院校、科研院所主动向企业靠拢，除积极承担产业关键技术、共性技术研发等任务外，与制造型中小企业展开对接合作，帮助解决技术难题，实现企业跨越发展。第二，鼓励制造型中小企业之间针对市场急需、前景广阔的项目开展技术协作，联合进行技术攻关，支持企业组建技术联盟，制定技术标准，抢占技术高端。第三，强化科技中介能力，积极搭建中介机构与高等院校、科研院所与企业之间的交流平台，探索优秀科技中介推荐制度，促成不同创新主体间的相互沟通和了解，最终实现协同合作。第四，引导企业从国外引进技术设备转向引进技术的消化再创新，打造制造型中小企业创新创业对外交流平台，推动人才、技术、管理等国内外交流合作，吸引集聚国际创新创业资源。第五，通过经常性客户调查、领先客户访谈等形式充分把握市场动态、了解客户需求，进一步明确创新方向、提升创新绩效。

第五节 促进制造型中小企业创新成果转化

促进制造型中小企业创新成果转化，首先要强化制造型中小企业创新成果知识产权严保护，其次要推动制造型中小企业创新成果市场化应用及标准化战略实施。

一 强化制造型中小企业创新成果知识产权严保护

强化知识产权司法保护和行政执法职能。适应知识产权战略实施和规范市场经济秩序的需要，加强知识产权司法保护和行政执法职能，逐步健全和加强各级知识产权司法保护和行政执法机构，加大政府对相关工作的资金支持力度，形成机构健全、手段先进、运行良好、不断创新的全省司法保护和行政执法工作体系，为企业知识产权管理和保护提供良好环境。

逐步建立专利行政执法网络平台。形成由各级知识产权行政执法机构组成的强大、高效、大范围、多层次的知识产权行政保护网络，为知识产权人提供网络投诉的快速反应机制。要逐步建立全省知识产权案件处理监管信息系统，加强知识产权执法数据统计与分析工作，对知识产权案件处理的全过程进行规范化管理和监督；要制定和实施全省知识产权行政执法规程及责任制办法，明确责权，提高执法水平和办案效率。加强会展知识产权保护工作，制定相关规定，设立专门机构负责处理有关专利问题（王黎萤等，2015）。

建立知识产权涉外应对和援助机制。加强对国外知识产权制度及知识产权国际规则的研究，制定对外经贸和科技合作的知识产权保护政策，建立科学决策、快速反应、协同运作、有效应对的涉外知识产权处理机制，提高应对涉外知识产权纠纷的能力。建立知识产权重大涉外案件上报制度和知识产权法律援助机制，设立重大涉外知识产权纠纷海外援助基金，加大对中小企业和民营企业涉外知识产权维权的组织、协助及服务力度，保护权利人在境外的合法权益。鼓励企业、行业和地区建立由律师等专业人员组成的知识产权维权联盟或援助中心，形成多元化的涉外维权援助机制。在重点产业领域和外贸领域建立预警机制，引导企业有效规避国际知识产权风险。因此，企业要将知识产权的开发、保护、市场运营与国际化经营活动有效地结合起来，使企业知识产权战略与国际化经营动态相连（王黎萤，2011）。

二 推动制造型中小企业创新成果市场化应用

加强知识产权运营和服务，加快推动企业创新成果的市场化应用。鼓励建设知识产权运营公共服务平台建设工程，加强知识产权运营中心建设，建立统一知识产权交易市场，加强知识产权交易机制与产品创新，促进知识产权有效运用与产业化。支持以众创、众筹、众包的模式构建多元化知识产权交易平台发展，培育知识产权专业化运营机构，促进知识产资产的市场化配置与交易，提高制造型中小企业知识产权使用效益。鼓励发挥财政资金引导作用，与社会资本共同组建扶持制造型中小企业的知识产权运营基金，积极探索制造型中小企业知识产权运营的商业模式。依托知识产权联盟等市场主体，培育和运营高价值专利，加强国际市场专利布局，推动专利与标准融合，支持一批能够有效支撑制造型中小企业创新转型升级的专利运营项目。鼓励制造型中小企业知识产权管理规范化与产业化。推进知识产权成果使用、处置和收益权改革，加强知识产权管理贯标，建立完善股权和分红激励政策，强化制造型中小企业科技成果以许可方式对外扩散，鼓励以转让、作价入股等方式加强技术转移。鼓励企业以培养或外包服务的模式建立专业化的技术转移机构和职业化人才队伍。加强制造型中小企业的知识产权投融资服务机制和服务平台建设，建立与投资、信贷、担保、典当、证券、保险等工作相结合的多元化、多层次的知识产权金融服务体系。推进完善知识产权质押融资风险防控机制建设，引导和支持各类担保机构为知识产权质押融资提供担保服务。扩大专利保险试点范围，拓展专利保险品种，完善专利保险工作模式，加快培育和规范专利保险市场。鼓励金融机构开展知识产权资产证券化，发行企业知识产权集合债券，发展知识产权资产证券交易的多级市场。

三 推进制造型中小企业标准化战略实施

标准化战略的实施就是实施标准化研究、标准制修订、标准贯彻落实，以及标准的推广的活动。在标准研究阶段，企业应当积极收集国内外的相关技术、产品标准的动态，展开企业的市场需求分析、技术可行性分析、专利可行性分析、相关技术产品研发等标准化研究，形成企业知识产权保护屏障。在标准的制修订阶段，应对影响产品技术研发、设计和生产水平的因素进行分解，将经验和流程进行标准化固定，确保公司按照流程能够顺利地完成企业的良好运转。同时，组织专业人员编写标准的规范文本，把企业的专利引入标准文本中，不断完善企业的标准体系，提高企业的产品生产质量和管理水平。在标准的贯彻阶段，企业应建立起企业的标准化组织，明确标准化专兼职人员的职责，形成全公司的标准化管理实施网络，在培训宣传、统一认识提升全员标准化意识的同时，利用目标管理工具将标准化战略分解到各个部门和个人，保证标准化的目标层层落实。

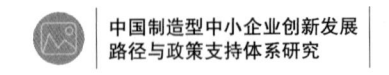

在标准的推广阶段，企业应积极参与各类标准化组织，参与国家、行业标准的审定、起草，联合标准盟友引导更高级别标准的制修订方向，让市场接受企业的标准（孙环，2015）。

第六节 加强制造型中小企业创新领域的国际合作

加强制造型中小企业创新领域的国际合作，首先要加快引进来，鼓励制造型中小企业与国外企业合作创新；其次要鼓励"走出去"，支持制造型中小企业在海外开展创新业务。

一 加快引进来，鼓励制造型中小企业与国外企业合作创新

中央"一带一路"倡议着力推动国际产能和装备制造业合作。中国制造型中小企业已是国际产能合作的重要组成部分，加强制造型中小企业创业创新领域的国际合作，是进一步深化提质增效升级的关键。首先，自贸区建设为制造型中小企业创业创新带来重大机遇，促进制造型中小企业的产业链、价值链、供应链和服务链的优化升级，为制造型中小企业实现"优进优出"、内外贸一体化，提供更大的选择与运营空间。加快自贸区开放改革的试验，要加快企业共性技术基础研发和行业标准等支撑体系建设，要对企业推进"互联网+"行动与新一代信息技术在运营全流程集成应用给予有力指导与政策支持，同时整合行业组织、社会机构作用，协调推进制度机制的创新、统筹综合性平台建设、优化提升政策支持和指导的服务效能。在加快引进来的同时，制造型中小企业也要加强"内功"修炼，牢固树立"精良制造"与优质服务意识，重视先导性技术能力与新知识的掌握和储备，升华设计创意审美能力，加强以质量为核心并注入中国优秀文化元素的品牌建设，优化企业理财融资能力，重视企业在履行社会就业、环境保护、安全生产和维护消费者权益等方面的"软实力"。鼓励制造型中小企业积极开展国际合作，引进国外高技术企业的海外华人、通过企业内创新、技术入股等多种方式实现企业创新人才素质和创新能力的提升。

二 鼓励走出去，支持制造型中小企业在海外开展创新业务

大力推动制造型中小企业"走出去"的综合竞争优势，支持制造型

中小企业在海外开展创新业务。鼓励支持企业转变"单打独斗"为协同互补产业集聚利益一体的发展组合，转变"扎堆竞争"为协同拓展多元化市场互动共赢的格局。使制造型中小企业"走出去"，更能良性发展。首先，可以通过制造型中小企业"抱团出海"，在境外合资建立产业集聚区、工业园区，开展"集群式"国际产能合作；通过与"平台型"大企业合作，"以大带小"合作出海，以全产业链"走出去"的方式推进国际产能合作；通过互联网平台企业开展"互联网+"国际产能合作模式，借助互联网平台企业的境外市场、营销网络平台，开展跨境电商、开辟民营中小企业新的国际合作空间；通过民营企业与发达国家企业联手开展国际产能合作、共同开发第三方市场。其次，引导企业转变传统的贸易方式，实行"产品+服务""走出去"的新型发展方式。还要引导推动海外售后服务体系建设，实现既能"就地制造"，又能"就近服务"的跃升。最后，营造企业乐于"走出去"、敢于"走出去"的有效服务环境。要进一步完善服务保障体系：推动金融与贸易投资深度结合，鼓励金融机构为制造型中小企业"走出去"开展包括国际并购等多项合作提供融资支持；政策性金融机构要扩大出口信用保险规模、创新信用保险险种，大力发展海外投资险；通过政府部门、行业协会和第三方机构积极协同，加强为企业走出去提供分国别的法律咨询、领事保护和贸易摩擦预警与应对等服务。自贸区在改革"引进来"管理方式的同时，改革"走出去"投资管理方式，支持企业及个人开展多种形式的境外投资合作以及到各国地区自由承揽项目，构建对外投资合作服务平台，加强对外投资合作的事中事后管理与服务，积极完善境外资产和人员安全风险预警与应急保障体系。

第七节　加强制造型中小企业创新人才培育

加强制造型中小企业创新人才培育，首先要鼓励引进和培育创新人才，完善人才激励机制；其次要完善支持中小企业创新人才成长的机制体制。

一　鼓励引进和培育创新人才，完善人才激励机制

培养具有独创性和创造能力的各类人才，是提高自主创新能力、获取

国际竞争优势的关键（李平、吕岩威、王宏伟，2017）。引进海内外高层次人才创业，大力实施"千人计划"、领军型创新创业团队引进培育计划，带动引进海内外高层次人才和团队，整合各类重大人才工程，实施国内高层次人才特殊支持计划，激发人才创业创新活力。健全招才引才机制，根据相关规划等统一组织实施的科技人才专项；加大对技术经纪人的培养，提升技术经纪人的服务质量，建立对应的激励制度，对专业的技术评估以及技术咨询专家进行适当激励（王黎萤、杨妍、高鲜鑫，2020）。对入选的领军型创新创业团队进行资助，团队所在地政府按照不低于省级财政投入额度进行配套资助，团队所在企业按照不低于各级财政资助资金总额对团队进行配套投入。国家各类人才计划，例如，"千人计划""百千万人才计划"等，应该独立划分中小企业归口管理，单列中小企业人才计划。

鼓励大学生创业。实施大学生创业引领计划，鼓励高校开设创业课程，建立健全大学生创业指导服务专门机构，推进高校创业教育学院和大学生创业园建设，加强大学生创业培训，为大学生创业提供场所、公共服务和资金支持。在校大学生利用弹性学制休学创业的，可视为参加实践教育，并计入实践学分。对众创空间内小微企业招用高校毕业生，按规定给予社保补贴。对自主创业的高校毕业生，按规定落实创业担保贷款及贴息、创业补助和带动就业补助等扶持政策。众创空间等新型孵化机构可根据需要申请设立集体户。

调动科研人员创业积极性。支持省内高校、科研院所科研人员在完成本职工作和不损害本单位利益的前提下，征得单位同意后在职创业，其收入在照章纳税后归个人所有。高校、科研院所科研人员离岗创业的，经原单位同意，可在3年内保留人事关系，与原单位其他在岗人员同等享有参加职称评聘、岗位等级晋升和社会保险等方面的权利。赋予省属高校、科研院所等事业单位职务科技成果使用和处置自主权，应用职务发明成果转化所得收益，除合同另有约定外，可按60%—95%的比率，划归参与研发的科技人员及其团队拥有。高校、科研院所转化职务科技成果以股份或出资比例等股权形式给予个人奖励的，暂不征收个人所得税，待其转让该股权时按照有关规定计征。

鼓励知名企业推动员工创业。鼓励创新型领军企业和行业龙头骨干企业面向企业员工和产业链相关创业者提供资金、技术和平台，形成开放的产业生态圈，培育和孵化具有前沿技术和全新商业模式的创业企业。

二 完善支持中小企业创新人才成长的机制体制

为推动技术创新，必须培养一大批懂科技、会管理、善经营的企业经营者。可考虑稳定、引进、培养三管齐下：稳定现有创新人才队伍，从工资报酬、住房、福利、职称等多方面给予支持，在国家层面建立社会保障统筹机制，引入规范的市场经营机制和公司治理结构，进行标准化管理（李平、李颖，2016），为其投入创业与创新活动提供良好的福利与社会保障；在国际上有计划有重点地广揽人才，吸引一批复合型人才充实到创新活动中，为创新注入新的活力；建立产学研合作培育人才的新机制；积极营造良好的"引人育人留人用人"的环境和制度，大力引进和培养创业人才、技术人才、经营管理人才、中介服务人才等。积极吸收国外先进经验，完善推广工匠人才、技术工程师等专门人才的培养体系。开展中小企业诊断师的培养，为制造型中小企业经营管理提供帮助和辅导。

中小企业诊断师是未来培育中小企业合格管理人才的一套系统化模式。中小企业诊断师借鉴日本"中小企业诊断士"的做法，针对中小企业在日常经营中出现的问题（包括企业的日常运营、战略改革等）进行诊断并给出建议的专家，其资格由经济产业大臣确认注册，是经营咨询师唯一的国家资格，是合格者拥有较高的经营专业知识和出众的解决问题能力的体现。在日本，中小企业诊断师与其他经营方面的注册资格相比（如会计师、律师等），没有其独占业务，这反而使诊断师擅长在各自领域为中小企业经营出谋划策。诊断师注册者很多都擅长经商和建立盈利计划，他们通常都有着卓越的商务理解能力、执行能力和交涉能力。诊断师的工作内容一般来说包括五部分：①经营指导；②讲座教学（演讲活动）；③诊断业务；④调查研究业务；⑤出版活动（著书）。其中经营指导业务并不是一定要具有诊断师资格的人才能做，但是随着国家考试的信用度上升，具有诊断师资格的人通常被认为是经营指导业务中的佼佼者。中小企业诊断师作为国家认可的专业经营顾问，能在创业指导、对既存企业经营问题的分析及经营战略的建议等各个方面为企业提供支援，且活跃于企业内外。

第四篇

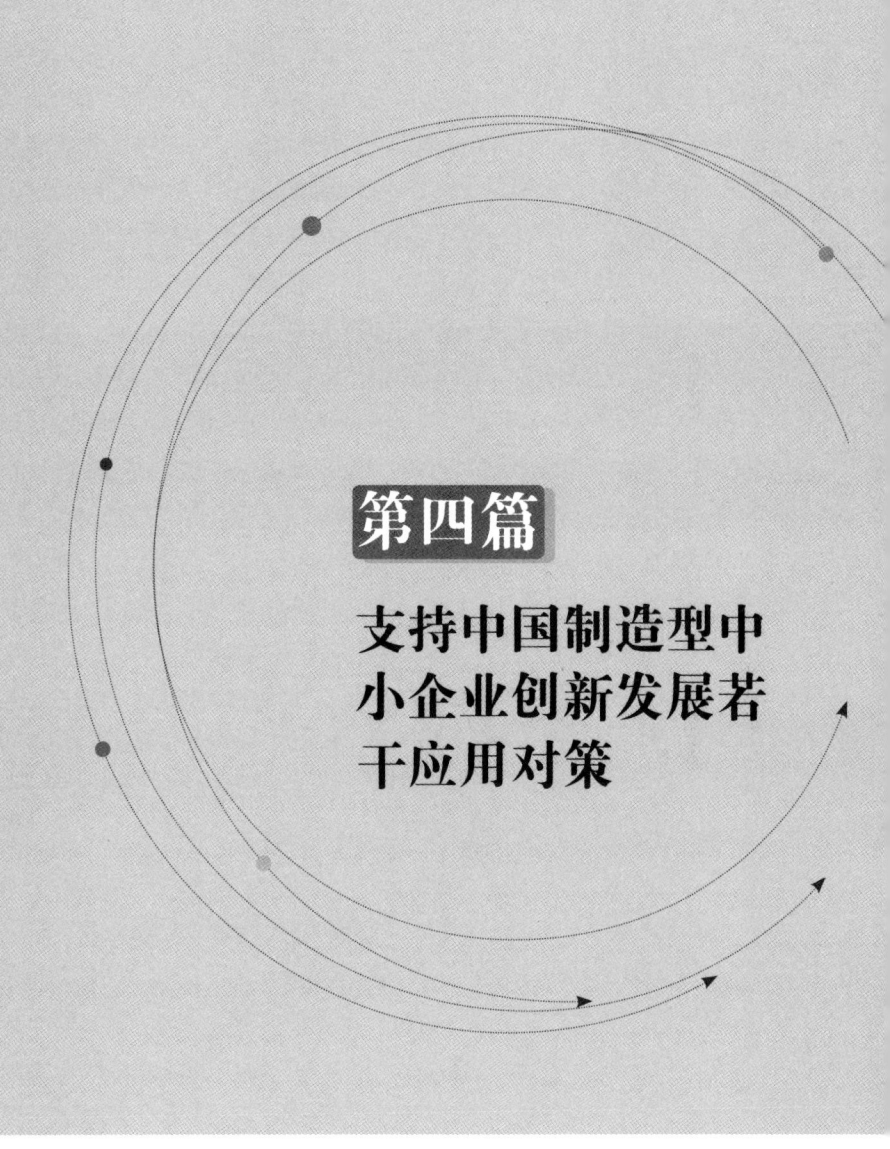

支持中国制造型中小企业创新发展若干应用对策

第十八章　长三角制造型中小企业高质量发展比较与对策

制造型中小企业在经济各个领域均发挥着重要作用,已成为推动经济高质量发展的主力军。国家《长江三角洲区域一体化发展规划纲要》的印发与实施,将为长三角地区三省一市带来新一轮的动力变革、质量变革和效率变革。通过沪苏浙皖中小企业发展关键特征的比较分析,本着扬优势、补"短板"以及区域协同的思路,充分利用长三角一体化的时空机遇,突破发展制约、提升创新水平,推动制造型中小企业高质量发展(王黎萤、吴瑛,2019)。

第一节　长三角一体化为中小企业高质量发展带来的机遇

在长三角一体化战略的推进与实施过程中,政策、平台、市场、载体等外部环境的变化,为中小企业创新发展带来一系列红利。长三角一体化国家战略实施将会最大限度打破区域行政樊篱,促进要素自由流动,推动产业和科技平台共享,提升开放水平,从而打造全国高质量发展样板区(李平、李颖,2016)。

一　长三角一体化所带来的政策空间

根据习总书记对长三角一体化所提出的"推进更高起点的深化改革"要求,长三角一体化上升为国家战略的初衷之一就是为新时代高质量发展提供政策的先行先试经验,凡是符合市场经济原则、有利于高质量发展的制度创新都要受到鼓励和提倡。各级政府近年来围绕长三角一体化的总体战略框架，设计并密集出台相关政策推动并落实国家发展战略，从多个维度提出各省市对接长三角一体化合作的涉及经济、产业、企业、科技、市场、服务等在内的系列措施，为中小企业高质量发展带来更多政策红利。围绕以上框架，制造型中小企业的创新发展面临更多政策创新：一是政策创新内容更宽，在一体化框架下政策创新将涉及机制变革、互联互通、成果共享等多方面，推动多项改革步入"深水区"；二是政策创新实施范围更大，政策的影响将从单一的省境内拓展到长三角三省一市，可以从更为宏观的视角对政策体系进行设计规划；三是政策创新示范效应更深远，长三角一体化作为国家战略，其先行先试过程及模式将为全国其他地区推进高质量发展提供宝贵经验和参考范本。

二 长三角一体化所带来的平台基础

长三角一体化战略，有助于以良好的产业平台将沪、苏、浙、皖四个地方的经济和产业发展资源整合聚集，实现要素的最优配置。上海作为中国对外开放的前沿窗口，通过上海自由贸易试验区、进出口博览会等软硬件条件，为其他三个省提供较佳的国内外资源对接、信息知识流动、产品服务采购的平台。依靠区域内、区域间的平台项目，有助于打破长三角区域各省市之间的界限，通过跨区域的资源信息共享和请求响应机制，为产业的对接和合作提供更多机遇，便于企业充分利用平台取长补短，实现自身能力的提升。

三 长三角一体化所带来的地域拓展

长三角一体化有助于消除地域障碍，为企业在更广范围内自由配置产业资源提供便利条件。区域的中小企业能够充分利用其他省市的产品市场、要素市场、技术市场获取企业所需资源并扩大企业技术、产品和服务的来源，能以更广阔范围的市场空间实现优势互补，促进盈利实现。长三角一体化中"断头路"的打通，有助于长三角企业在更广的地域布局上以有形和无形的方式加强对接和合作，促进企业转型升级和高质量发展的实现。

四 长三角一体化所带来的创新载体

一体化战略实施将有效整合长三角三省一市科技资源，进一步提升资源配置效率，为中小企业创造良好的创新载体。首先，一体化下的研发创新共享机制更灵活。沪苏浙皖国家级研发平台、国家大科学装置等丰富要素资源，随着利益分配等制度障碍的消解，重大科技成果对各个区域中小企业的经济辐射更为直接和畅通。其次，创新平台更高端。长三角区域内诸多高端科研机构、科学中心、研发与转化功能平台等重大科技平台，有利于中小企业对接重大科技平台和筹建技术创新联盟并借此开展共性技术研发、产业链打造、技术标准制定、技术产品市场化等活动。最后，技术创新网络更紧密。一体化趋势下不同区域创新节点之间的物理距离和关系距离都将进一步缩短，节点之间相互的交流和合作将更为便捷和频繁。

第二节 沪苏浙皖中小企业高质量发展比较与问题分析

沪苏浙皖中小企业发展各具特色，通过对三省一市中小企业在行业分布、竞争力和影响力等方面的差异，分析长三角制造型中小企业高质量发展中亟须解决的关键问题，以期以优势互补、联动发展的新格局为中小企业高质量发展创造可协同资源。

一 沪苏浙皖中小企业高质量发展情况比较

（一）行业特征

三省一市中小企业所在行业呈现特征差异。根据近两年三省一市各自百强企业所在行业数据，上海市中小企业在传统的汽车、医药、航空、电力等行业的发展稳步上升，钢铁、化工等周期性行业在去产能等政策的推动下，营业收入、净利润等经营性指标增长幅度或比例显著高于其他行业。江苏省中小企业在冶金、建筑、机械、纺织行业比重较高，批发零售、房地产业等紧随其后占比相对较低，且规模以上中小企业呈现制造业主导局面。浙江省中小企业在实现传统产业转型升级的同时，积极拓展数字经济引领的信息、环保、健康、旅游、时尚、金融、高端装备制造和文化创意等新兴产业发展优势。安徽省百强民营企业分布在10类不同行业，其中制造业企业占比71.80%，房地产企业占比8.42%，建筑类企业占比7.99%。

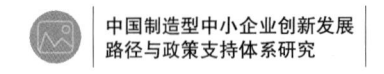

（二）竞争力和影响力

三省一市制造型中小企业转型升级速度不断加快，具有示范带动作用的"专精特新"企业、"隐形冠军"企业发展势头良好，也产生了一批营业收入较高、在全国范围内具有影响力的国家级 500 强大型企业。在 2019 年工信部发布的第一批"专精特新""小巨人"名单中，上海市、江苏省、浙江省、安徽省分别有 16、18、19、19 家入围，占总数的 29%。入围企业从事细分产品市场或者属于制造业核心基础零部件、先进基础工艺和关键基础材料，或者符合制造强国战略所明确的十大重点产业领域，属于重点领域技术路线图中有关产品，或者属于国家和省市重点鼓励发展的支柱和优势产业，体现了中小企业较高的竞争力。

（三）创新创业

上海市创业活跃程度和创业国际化水平均领先全国。2018 年，江苏省"双创"带动就业占城镇新增就业的 50% 以上。浙江省中小企业对接创新驱动战略、"互联网+"战略，改造升级传统产业、加速布局新兴产业。安徽省 2018 年制造型中小企业入库数量居全国第 10 位。4303 家入库制造型中小企业中，20 家获得过国家级科技奖励，258 家制定了国家或行业标准，357 家建立了省部级以上研发机构，2051 家为高新技术企业。"隐形冠军"企业培育方面，近年来上海市有 1380 户"专精特新"企业、江苏省有 27 户"隐形冠军"企业和 70 户"专精特新"企业、浙江省培育有 23 户"隐形冠军"企业和 260 户"隐形冠军"培育企业、安徽省有 499 户"专精特新"企业。

（四）战略发展方向

未来三省一市结合区域发展实际对中小企业的发展战略定位指出了清晰的思路。上海市强调坚持不懈推动国资、民资、外资合作共生、平等对待，发展壮大中小企业经济并促进活力充分迸发，努力打造上海市科技创新新先锋。江苏省提出要以支持龙头企业提升规模水平、培育引进总部企业、支持中小微企业等方式促进企业实力提升，要求到 2025 年民营经济在创新引领、规模效益、做强做精、开放发展等方面走在全国前列。浙江省提出实施智能化技术改造提升工程、产业关键核心技术攻坚工程和中小微企业竞争力提升工程，支持企业创新平台建设。安徽省强调不断强化发展中小经济在长三角更高质量一体化发展进程中的支撑作用，持续激发中小企业创新源泉和创造活力。

二 沪苏浙皖中小企业高质量发展存在的问题分析

（一）中小企业产业结构仍需优化升级，亟须发展高端新兴产业

长三角制造型中小企业还存在较为明显的传统产业特征，还亟须向高端化发展。浙江省和江苏省传统产业特色明显且具有较高的趋同现象，两省产业结构相似性系数高达 0.9971。相较之下，安徽省呈现"二三一"型产业结构特征，还亟须产业结构转型升级。具体产业特色方面，上海市的互联网等新兴产业已占相当比重，江苏省和浙江省在打造先进制造业基地、发展新一代信息技术新能源新材料产业、数字经济、生物医药等战略新兴产业方面还有一定的发展空间，安徽省还需要对标兄弟省市，进一步提升中小企业产业层次。

（二）中小企业在长三角一体化中的竞争实力还需提升

受制于先天禀赋特征，中小企业高端要素的承载力不足，在更大舞台上的竞争实力还显缺失。中小企业经济技术基础相对薄弱、传统产业比重较大、"低散乱"现象较为突出。面对来自长三角区域一体化下的资源共享和要素流动，企业对部分高端要素的承载对接能力不足，无法充分利用高效资源平台。由于中小企业多依赖于低端产业、多依赖资源要素消耗、多依赖低成本劳动力、多依赖传统商业模式，加上自身技术创新能力薄弱，在技术、品牌、标准等方面较为落后，龙头企业数量相对较少，在一体化竞争中核心竞争力偏弱，往往处于从属、弱势地位，很容易在激烈的竞争中面对淘汰压力。

（三）人才发展的体制机制障碍亟待解决

中小企业高质量发展的关键是人的因素，打破束缚高质量劳动力引进和发展的体制机制障碍关系重大。长三角不断加强人才引进力度，但依然存在科技型人才、技能型人才和高端经营型人才缺乏的情况，对于具备某一领域高技能并能直接产生经济效益和员工培养辐射的"大国工匠"和高技能"工程师"的激励机制和培养机制都需要提升。

（四）营商环境服务精准度有待提升

长三角的营商环境总体较佳，但在服务精准度等方面还有待优化完善。营商环境尚未形成稳定的以中小企业为主体的立法、执法、司法、守

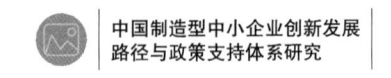

法、普法系统性治理体系，缺乏长期稳定的公平竞争法治环境。中小企业公共服务体系和社会化服务体系建设仍处于初期起步阶段，服务内容针对性不强，服务质量水平亟须提高。在新经济、新产业、新业态迅速成长的趋势下，与之相对应的政策创新还需及时跟进，多层次体制机制障碍还需进一步破除。

第三节　长三角制造型中小企业高质量发展的对策建议

一　健全政策体系，为中小企业高质量发展持续注入强大动力

密切结合政策发展动向，充分利用政策所释放的制度优势为制造型中小企业的发展注入强大动力。一是紧紧把握长三角一体化上升为国家战略的历史契机，打造一批长三角制造型中小企业高质量发展的典范。围绕打造全国经济高质量发展示范先行区的战略使命，加强关键资源建设，构建长三角中小企业高端创新要素集聚中心。二是进一步完善促进中小企业高质量发展的政策举措。结合区域层面民营经济、中小企业发展的相关意见和政策措施，坚持发展导向、问题导向，立足于省情实际，加快建立健全促进中小企业向高质量阶段迈进的政策体系。三是进一步加大宣传指导力度，促进政策加快落地见效。政府需要加强对政策的宣传，利用多种媒体手段进行针对性宣传解读，让企业加快知晓和运用相关政策，增强企业的获得感。同时督促各有关部门加快制定相关配套实施细则，进一步落实重点任务，推动政策落地见效。

二　为中小企业搭台铺路，以资源共享促进高端要素集聚提升

充分利用多项平台资源，为中小企业发展搭台铺路。一是"协同"。推进协同创新，推动品牌园区深度合作和产融结合，建成长三角地区具有独特品牌优势的协同融合发展平台，在更大区域范围内加快"腾笼换鸟"，深化产业集群协同布局，实现转型升级。二是"拓展"。打造长三角技术交易市场联动平台，为先进技术成果的转化落地寻找更适宜、更肥沃的土壤，促进技术资源区域共享，拓展企业布局。三是"做强"。利用长三角

的人才资源、创新资源，多点布局、多元延伸，做大做强产业链。搭建人才信息云平台，促进企业获取有效智力资本支持；拔掉"数据烟囱"，打造高效信息共享平台；加快建设长三角资本市场服务基地，打造多层次资本对接平台。

三 加大新兴产业聚力引领能力，推进企业做大做强做优

围绕中小企业转型升级目标，推进企业优质发展。一是聚焦重点产业，精准发力。加快培育长三角中小企业在集成电路、物联网、大数据等方面的发展优势，塑造一批具有国际竞争力的龙头企业。二是推动新兴产业和传统产业协调发展。助力企业智能化改造提升和产业转型升级，加快企业智能化技术改造提升工程、产业关键核心技术攻坚工程和中小微企业竞争力提升工程，促进中小经济在创新引领、规模效益、做强做精、开放发展等方面走在全国前列。三是充分发挥平台创新资源集聚的规模效应，加强与国外著名高校的合作，通过以智引智的方式，促进研发能力提升。

四 打造进出口新元素新平台，提升中小企业国际市场竞争力

充分利用长三角一体化机遇，带动区域企业协作发力积极走出去。一是加快中小企业对外开放步伐。充分认识并发挥中小企业比较优势，推动新技术、新产业、新金融和新商业模式的创新跨界融合，发挥中小企业在国际化竞争中的影响力。二是助力中小企业积极发展外贸新业态，积极应对西方国家贸易壁垒，推动行业国际化纵深发展。三是加强中小企业品牌建设，推动外贸转型升级。发挥自主品牌引领作用，加大宣传出口品牌及领军企业。大力发展外贸新业态，培育一批从事跨境电商、外综服、市场采购的中小骨干企业。推动企业开展境外商标注册、体系认证，强化知识产权保护，助推中小企业"产品+服务"走出去。

五 以全面开放倒逼体制改革，打造最宜中小企业发展的营商环境

充分利用长三角的制度优势，以营商环境优化改革促进企业能力提升。一是坚持审批制度改革再深化。推动"最多跑一次"等营商环境改革，削减行政审批和许可事项，提高审批、许可流程的透明度。二是实施公平

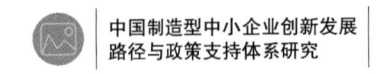

竞争审查制度，落实民间资本准入平等待遇，制定中小企业市场准入"负面清单"。切实保障中小企业在资质许可、政府采购、科技项目、标准制定等方面的平等待遇。三是完善中小企业法制信用建设。建立由政府、企业、行业主管部门、金融机构等共同参与的中小企业信用管理体系，强化知识产权保护与管理，严厉打击各种侵权行为。

六 构建人才红利释放机制，提升企业家精神创新引领功能

以长三角的区域要素联动机构，优化人才资源配置，提升人才对企业的关键作用。一是全面提升人才发展首位度。注重重点行业及重点地区重点人才的引进及培育，优化产业、县市区人才结构，以效率型人才发现机制以及务实型人才培养机制提升人才对企业的贡献。二是通过优秀企业家引入、本土企业家培养、商帮回归引导等方式，加上企业家考核评价机制的合理引导和良好商业环境的支撑保护，生发并重振新时代的企业家精神。三是重视企业家功能的发挥，强化企业家沟通机制帮助打造企业家成长通道，鼓励企业家参政议政及协商监督，尊重企业家的意见，提升企业家的社会责任感。

第十九章　打造湾区级科技创新大平台，助推制造型中小企业创新发展

杭州湾经济区包括杭州、宁波、绍兴、舟山、嘉兴、湖州六地市，是浙江省区位优势最佳、产业基础最强、中小企业最集中、创新活动最活跃、城市经济最发达的区域。把杭州湾经济区建设成为世界级湾区，打造湾区科技创新大平台，有利于引领经济发展新常态、推进供给侧结构性改革，统领新一轮对外开放、深度参与全球技术创新与经济金融竞争合作，助推制造型中小企业创新发展，加快实现"两个高水平"奋斗目标（包海波等，2017）。

第一节　杭州湾经济区中小企业科技创新现状

一　杭州湾经济区中小企业经济效率不断提升

"十三五"时期，传统产业加速转型，新兴产业快速发展。互联网、云计算、大数据、物联网等信息技术与传统制造业加速融合，智能制造、跨境电商、现代农业、生产性服务业等催生适合中小企业的个性化定制和柔性化生产的新业态。浙江省推出了"最多跑一次"改革，为民营经济发展营造更加宽松公平的政策环境。浙江省推出的"三改一拆""四换三名""五水共治"等政策组合拳，力助中小企业转型升级并取得初步成效。淘汰落后产能、高污染高能耗企业措施初见成效。2017年浙江省淘汰落后产能中小企业2690多家，关停取缔高污染小作坊47348万家。38个大类行业中，31个行业的单耗同比下降，下降面超过八成，可见行业能效提升对全社会节能贡献明显。

二 杭州湾经济区中小企业两创两化加速发展

随着"众创空间""小微企业创业创新园（基地）""特色小镇"等新型创业平台建设，与各类孵化器、创业园、经济开发区等构成完善的创业创新生态链，浙江民营企业创业创新服务体系逐渐完善。民营企业绿色成长、可持续发展能力进一步提升。民营企业信息化与工业化进一步融合。调查显示，2014年浙江省两化融合指数达86.26%，仅次于江苏和上海，居全国第三位，2016年浙江省两化融合指数达102.54，居全国第二位。2017年浙江省信息化发展指数为76.19，居全国第四位。浙江省在现代产业集群与新型城镇化建设互动发展的基础上，形成了特色小镇的发展特色，为浙江省中小民营企业转型升级提供了新渠道。根据统计数据，全省形成106个升级创建小镇、64个培养小镇和2个命名小镇。其中106个创建小镇投资1584亿元，镇均14.9亿元；实现税收384.9亿元，比上年增长66.8%。共有世界500强企业51家，国内500强企业83家，国家级高新技术企业530家，科技型中小企业1125家。目前除了省级层面，各地市也出台了专项扶持政策，如杭州对特色小镇的众创空间、公共科技创新服务平台，给予20万元至200万元补助，上虞为e游小镇专门设立了5亿元发展基金等。特色小镇模式为"两化"和"两创"融合发展提供了良好土壤。

三 杭州湾经济区中小企业的科技创新成效显著

中小民营企业尤其是规模以上企业已成为浙江省科技进步的主体和主力军。互联网、机器人、新能源等新兴产业的中小民营企业不断成长，推动了浙江省民营企业产业结构的优化调整。浙江省中小板及创业板上市公司数量从"十一五"期末的184家增加到2017年年底的218家，新三板挂牌企业数量迅速上升，2017年年底达到近963家。2017年，浙江省规模以上民营企业发明专利申请量近4万件，发明专利申请达到8141件，同比增长2.3%，连续5年居世界首位。规模以上中小民营企业商标拥有量达2.7万件，专利所有权转让及许可收入31亿元，形成国家或行业标准1532项。新产品开发项目数近3万项，新产品开发经费支出42.6亿元，新产品产值796.2亿元，新产品销售收入7496亿元，全省规模以上民营科技活动经费支出年均增长15%以上。2017年规模以上民营企业研发人员数量达20多万人，960 家科技型民营企业的研发投入占营业收入的比重平均为 3.3%，远远高于同期全国 500 强企业的 1.2%。

第二节 杭州湾经济区中小企业创新发展存在的问题

尽管杭州湾区域发展进入了跨省市城市群协同一体化发展的关键阶段，初步形成了湾区经济的特征，但与世界级湾区相比，还存在相当大的发展差距。

一 科技基础设施发展滞后，科技创新能力不足

目前杭州湾经济区正在处于从传统经济向创新型经济转型的关键时期，只有构建系统化的顶级科技基础设施，才能引进和培育国际一流学科、人才、团队、企业、产业、金融，使整个区域真正成为具有全球竞争力的创新增长极。杭州湾经济区的研究型大学、大院大所、跨国公司研发机构等严重不足，浙江省科研院所 101 家，而江苏、广东、山东分别为 142 家、189 家、218 家。在国家级重大科技和产业发展平台布局中，杭州湾经济区不占优势，省内科创资源也主要集中在杭州高新区、杭州城西科创大走廊等平台，宁波、绍兴等制造业较强城市的科创平台与创新资源更加薄弱。因此，为了打造我国创新发展的新增长极，有必要根据世界级湾区的成功经验，创新战略布局从核心城市的点式布局向主要湾区和城市群的链式布局转型升级，争取国家支持进一步加大投入力度，加快高水平创新基础设施的升级，系统提升湾区门户城市的国际创新竞争力。

二 国际化水平有待提升，门户城市的能级需要进一步提升

杭州湾经济区的人均 GDP、第三产业比重、门户城市国际排名等经济发展质量和国际化指标还有很大差距，特别是门户城市的能级还需要进一步提升。如杭州城市国际排名仅为第 116 位，上海为第 19 位，上海的全球金融中心指数为 715，居第 13 位，杭州没有进入排名。沪浙湾区的世界 500 强企业数量为 11 家，杭州湾经济区为 3 家，远低于东京湾区的 60 家、纽约湾区的 46 家和旧金山区的 22 家，也少于粤港澳大湾区的 17 家。杭州湾经济区国际经贸合作水平也有待进一步提升，2016 年粤港澳湾区外资引

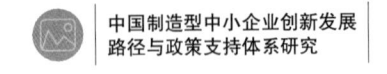

进 2245.9 亿美元，而沪浙湾区仅为 337.2 亿美元（杭州湾经济区为 159.92 亿美元），仅为粤港澳湾区的 1/7；粤港澳湾区对外直接投资 2196.1 亿美元，是沪浙湾区 478.3 亿美元的 4.7 倍。湾区建设的关键是打造国际开放门户，因此需要进一步着力提升国际化水平。

三 产业结构服务化、知识化比重低，缺少产业链核心环节龙头公司

与世界级湾区相比，杭州湾主要城市的服务业比重提升和结构优化还有很大空间。特别是除杭州外的其他核心城市的第三产业占比均未突破 50%，宁波 46.8%、绍兴 46.3%、嘉兴 45.3%、舟山 49.6%、湖州 47.1%，与世界级湾区城市服务业比重相比存在很大差距。龙头企业的规模和掌控力明显落后于世界级湾区，杭州湾区域除阿里巴巴、海康威视等少数龙头企业外，总体上对全球产业链的引领掌控能力还比较弱。虽然杭州湾经济区开始着手布局大飞机、北斗导航、高端处理器芯片、先进传感器及物联网、智能汽车和新能源汽车、智能制造与机器人、深远海洋工程装备、原创新药与高端医疗装备、大数据及云计算等一批重大产业创新战略项目，但整体上常处于产业培育阶段。杭州湾经济区的战略性新兴产业的领导型企业偏少，关键部件和核心技术与世界级湾区的跨国巨头还有较大的差距，很难在短期形成并行赶超的态势。杭州湾经济区现代产业与纽约湾区、东京湾区的差距明显，上海与纽约在尖端制造业领域差距巨大，短时间难以带动沪杭、杭甬的制造业带产业升级，难以形成向东京湾区京滨、京叶制造业带看齐的世界级先进制造业基地。

四 区域协同体制机制较为松散，各项协同机制难以有效推进

早在 2003 年浙江省就发布《环杭州湾产业带发展规划》，成立了环杭州湾产业带规划建设协调小组，加强对环杭州湾产业带工作的领导和统筹协调工作。同时，杭州都市圈相关县市率先组织城市市长联席会议，设立杭州都市圈发展规划委员会，推动都市圈政策共享和工作协同。但是从当前杭州湾经济区发展的需求来看，城市、产业、基础设施等跨区域协同规划与实施仍受行政区划与地方利益格局制约，已有省内跨区域协调机制作

用不明显。杭州湾都市圈、长三角城市群合作还是较为松散的议事机制，跨区域合作和利益分享缺少从中央到省市两级制度化的安排，跨行政区域产业分工合作、基础设施网络、公共服务一体化等方面缺少整体统筹和长期规划。

第三节 加快推进杭州湾经济区科技创新大平台，助推中小企业创新发展的对策建议

一 加强三大湾区走廊建设，加快现代产业体系建设与新兴产业布局

（一）打造湾区级科创大走廊，加强战略新兴产业布局

大力建设沪嘉杭绍科创大走廊，加强金融、研发、中试、产业一体化建设，支持杭州加快建设"互联网+"世界科技创新高地和国际创新创业中心，支持宁波申报建设浙东南自主创新示范区。积极争取国家重大科技创新战略布局和资源配置，加强国家实验室、一流高等教育资源、军民融合重大项目等落户，提升沪浙大湾区城市群能级与创新驱动发展动能。统筹杭州湾经济区城市的科技城、高新区、特色小镇等平台建设，有计划地布局数据强省、云上浙江，在人工智能、柔性电子、量子通信、集成电路、数字创意、增材制造、生物医药、新材料、清洁能源等领域培育一批引领浙江未来的重量级产业，抢占战略新兴产业发展制高点。重点支持上海打造国际科创中心、建设张江国际科学城，加快沪浙大湾区科创资源协同共享，促进人才、技术、资金资源共享、有效流动。

（二）提升杭绍甬制造型企业大走廊，加快先进制造型企业大发展

在杭州湾经济区杭绍甬重要节点地区和主要园区，加强汽车、高端装备制造型、石化、新材料、新能源、高端装备等先进制造型企业优化布局与整合，打造产业发展大平台，承接并集聚国内外先进制造业的关键环节。围绕高端制造业，利用湾区大进大出的区位优势，积极引进面向全球市场的高端装备制造企业，加强与央企、军工的联合，优化我国先进制造业的区域布局。争取在航空航天、核电、轨道交通、军民融合等领域沪浙合作取得重大突破，打造若干国际一流的合作平台。大力引进加强湾区制

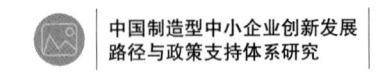

造业大平台的布局,加强湾区城市群产业分工合作,支持杭州积极发展高科技制造业。

(三)建设沪甬舟海洋经济大走廊,推进海洋经济产业发展

统筹上海、宁波、舟山港口一体化发展和基础设施建设,加强分工合作与错位发展,推进江海联运,积极拓展海外合作关系,依托"一带一路"倡议运量大力推进国际枢纽港建设。积极吸引世界级大型制造商来宁波—舟山布局临港、临海制造业,促进本地造船、海工产业升级,抓住大飞机项目在舟山落地,带动宁波都市圈与节点城市相关制造业提升,接轨全球先进装备产业链。推动舟山与上海的合作,以充分利用海上油气资源,积极打造有世界竞争力的大石化基地。

二 积极打造"一带一路"新金融服务枢纽,构建湾区金融生态体系

(一)积极打造"一带一路"新金融服务枢纽

深化与"一带一路"沿线国家地区的金融合作,吸引国际金融人才与机构,集聚全球优质金融资源,形成国际贸易金融、并购金融、浙商总部金融等领域特色优势,提升全球金融影响力。培育蚂蚁金服等一批具有全球竞争力的新金融组织,联动推进线上、线下金融服务创新,支持浙商银行、财通证券等金融机构围绕"一带一路"倡议,创新金融业务、产品、服务和模式,扩大国际业务规模。

(二)构建杭州湾金融生态体系

建立完善杭州湾经济区金融协调机制体系,加强与上海金融合作,建立杭州湾区域合作基金会,主要用于跨省市的基础建设、科研和产业发展等。加快钱塘江金融港湾建设,支持宁波保险业、舟山海洋金融、嘉兴科技金融、湖州绿色金融、绍兴创业投资等符合地方特色优势和产业支撑的金融业发展,加强金融市场主体培育,做大做强地方金融。加快发展杭州玉皇山南基金小镇、宁波梅山基金小镇等金融特色小镇,集聚金融资源,建设城市 CBD、金融小镇、金融走廊、金融大数据创新基地、金融众创空间等相结合的杭州湾金融空间布局。

(三)培育新金融服务产业链

加快发展科技银行、科技保险、创业投资等科技金融服务,深入推进

政策性融资担保体系建设，加强在互联网金融、大数据金融、金融云等重点领域产业发展，加强支持人工智能、区块链、生物识别等技术运用项目和企业，支持培育发展一批国际化、高水平的金融中介服务组织，构建较为完整的新金融服务产业链和生态圈。

三 打造全球创新网络体系，打造湾区级科技创新大平台

（一）加强国际科技合作

主动接轨世界级湾区，建立长期战略合作机制。建设各类国际技术转移服务中介机构，加快推进硅谷等地的技术与产业转移，吸引世界级湾区的人才、大企业、大学、科研机构、服务机构合作创办分支机构。实施"一带一路"科技合作专项和联合产业研发计划。鼓励园区、企业等牵头建设离岸科技孵化器、国际联合实验室、海外研发中心等海外创新中心，支持建设国际科技创新小镇、国际科技合作园、海外创新研发园等创新载体。

（二）系统规划布局科技创新平台

围绕高水平经济发展需要，加强杭州湾经济区科技基础设施布局，加快"互联网+"世界科技创新高地建设，积极争取国家重大科技创新资源支持，全力建设之江国家实验室，加强国家实验室、一流高等教育资源、军民融合重大项目等引进落户。系统建设国家和省级实验室，临床医学研究中心体系，重点高校、高水平创新创业团队，重大科技基础设施（装置）项目，高新区、高新技术特色小镇，新兴产业科技创新服务平台，制造业创新中心等，加强科技服务业发展，加快科技成果转化，提升科技创新支撑湾区经济发展能力，提升湾区发展能级和国际竞争力。支持上海打造国际科技创新中心，加快建设沪浙大湾区科创资源协同共享的平台与园区，促进人才、技术、资金资源共享、有效流动。

（三）加快引进培育科技创新的龙头企业

通过发挥宜居、悦居、乐游的城市环境优势，吸引北京、上海、南京等的大学、研究机构、大企业总部的入驻或设立分支机构，引进培育高水平创新型研究院所。民营企业加快国际战略资产并购，积极参与混合所有制改革和国际科创资源引进，并争取设立企业总部和研发中心。重点培育龙头企业，把科研创新资源、金融、土地、公共服务等资源向重点龙头企业倾斜，在民营企业上市公司中扶持新兴产业的领导者，加

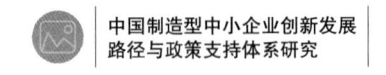

快行业并购，引领战略新兴产业发展，助推杭州湾经济区中小企业创新发展。

四　充分利用湾区科技创新大平台，助推制造型中小企业创新发展

（一）积极利用杭州湾经济区科技创新资源，推动中小企业创新转型

积极利用杭州湾经济区区域重大技术研发中心和尖端科技成果，通过区域创新模式互鉴、科技攻关协作、成果转化协作，推动中小企业创新化转型。一是推动中小企业转变发展理念，紧跟信息技术革命的浪潮；二是推动中小企业技术创新，加快技术革新进程；三是推动中小企业产品创新，加强对现有产品创新，延长产品生命周期，将智能制造技术与现有产品相结合；四是推动中小企业改善、创造与顾客交流和沟通的方式，把握顾客的需求，实现市场创新；五是在企业内部改革现有制度，创造更好的组织环境，提高各项活动的效率，在管理上实现创新。

（二）深度融入长三角优势产业链，推动中小企业"专精特新"方向发展

聚焦长三角优势产业、战略性产业领域以及重点产业，深度融入长三角优势产业链，优化产业布局和统筹发展，积极推动民营企业定位于专业化市场，在细分的利基市场中发挥自身的专业化优势，在终端市场中采取更加聚焦的市场策略并挖掘市场深度，在中间消费市场中积极为龙头企业提供专业配套服务；强化资源配置的专业化，利用好共享经济时代的资源整合平台，为企业发展过程中获取有效的人力资源和物质资源；集中在产业链某一环节，形成具有领先和卓越优势的生产工艺、生产技术、产品质量，提升企业在产业链和产业内的话语权；通过专业化市场定位、资源配置和生产，中小企业可以提供专业化的产品，满足不断多元化和丰富化的市场需求。

第二十章　大力发展"飞地创新"，更好融入长三角一体化

"飞地经济"作为区域经济合作的一种重要形式，对推进区域一体化发展具有重要的作用，也有利于中国制造型中小企业实现资源整合和产业集聚。为深入贯彻积极融入长三角一体化的决策部署，在深入研究国内外以"飞地"促进一体化发展的经验做法，实地调研嘉善、上海、苏州等地具体案例，提出若干建议（包海波等，2019）。

第一节　长三角区域内"飞地创新"发展现状

谋划实施"大湾区"建设行动纲要，重点建设杭州湾经济区。将杭州湾经济区建设成为世界级湾区不仅有利于"飞地经济"的创新提高，而且能够促进长三角地区一体化发展。

一　浙江省在长三角区域内"飞地"的主要模式

近年来，浙江省在长三角地区"飞地经济"发展较快，总体上呈现"多点开花"的态势。主要有以下四种模式。

（一）以海宁—郎溪为代表的"产业飞地"

"产业飞地"即成熟的加工制造业将生产制造环节让渡给经济发展较为落后地区、换取产业战略价值提升的一种途径。2010年海宁经编产业园与安徽郎溪县政府、浙江鸿翔控股集团三方联手，"飞地"建立了郎溪（中国）经都产业园，形成"前店后厂"的产业梯度分工。2018年园区签约亿元以上纺织新材料项目13个，前10个月纺织企业产值达16.25亿元、实现税收5880万元。在此项举措中，关联企业间通过供给与需求、投入

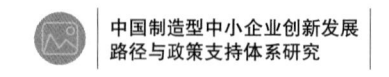

与产出等实现满足消费者需求的生产创造过程，最大限度发挥产业链的效应。

（二）以衢州—张江、乐清—南翔为代表的"平台飞地"

2013年衢州绿色产业聚集区主动跨区域"飞地"建设上海张江（衢州）生物医药孵化基地，形成"研发在张江、生产在衢州"的产业培育新路径。2018年前10个月，集聚区实现工业产值577.7亿元，同比增长22.2%；当前孵化基地已有7个项目入驻，有两个项目完成孵化并导流回到衢州实现产业化。乐清市—南翔镇科创合作基地以企业离岸研发中心为定位，通过搭建平台，"飞地"合作，为电子信息、智能装备等行业优秀项目提供离岸研发载体。

（三）以嘉善—上海为代表的"人才飞地"

嘉兴、湖州等地依托地处上海"1小时经济圈"区位优势，与上海、江苏的科创资源无缝对接，大力推进人才引流。2018年，嘉善国际创新中心（上海）把招商阵地设到上海虹桥，打出创新券、人才住房券等一系列招才"组合拳"，全方位打造高科技人才孵化器，首期3个月内，90家科创企业申报进驻，集聚了大量为嘉善企业服务的科技人才。

（四）以海宁—漕河泾、慈溪—上海为代表的"协作飞地"

"协作飞地"打破经济发展落差，以各自不同的资源禀赋形成优势互补、合作双赢。浙江海宁与上海漕河泾通过优势互补合作，2009年建设上海漕河泾新兴技术开发区海宁分区，截至2018年共计引进各类项目48个，近5年共完成固定资产投资68.4亿元，区内企业实现规模以上企业总产值214.1亿元，实现利税45亿元；2018年双方签订《沪浙科创平台战略合作协议》，共建"漕河泾创—海宁""飞地"项目，目前已有21个项目注册落户。

二 长三角区域"飞地"创新的基础条件

（一）区域经济集聚度高、创新活力强

长三角区域经济区集聚了全省最优质的人才、金融、企业总部、高校等资源，国际投资、科技、互联网商业模式等领域创新能力较强，充满经济活力。2016年杭州湾经济区常住人口3077万人，占全省55%，经济总量3.15万亿，占全省的67.8%；外贸出口1.2万亿元，占全省的67.5%；入选中国民营500强企业90家，占全省的75%；科学研究与技术服务业就业人员13.35万人，占全省的82%；发明专利申请量7.2万件，占全省的78%；实际利用外资159.92亿美元，占全省的95%。

（二）区域产业体系比较完善

长三角区域经济区正在朝服务经济和创新引领的湾区经济阶段发展。信息经济、金融、战略新兴产业等发展呈现较好的发展趋势，产业结构从传统制造业"单轮驱动"向先进制造业和现代服务业"双轮驱动"转变，服务业对GDP的增长贡献率超过60%，信息经济年均增速20%左右。目前，杭州第三产业比重达到61.2%，正加快建设全球跨境电子商务中心和"互联网+"科技创新中心；新金融率先发展，蚂蚁金服等金融科技企业迅速崛起，带动互联网金融、大数据金融、金融云、区块链等快速发展，私募基金管理规模占全国比重达10%左右，居全国第四位；信息经济、金融、人工智能、生物医药等产业发展布局加快，非核心的制造业正在杭州湾城市群内部转移。

（三）沪浙协同合作的空间不断扩大

上海的全球城市地位和功能中，其引领和服务的主要对象是长三角城市群，而长三角城市群也迫切需要上海在新一轮全球竞争中真正发挥引领和龙头的作用。上海既要提升开放水平，也要提升高端要素集聚能力，成为长三角对外开放的总部、研发中心和运营管理中心；同时也迫切需要与周边城市加强互联互通，加快产业协同，把上海的服务延伸到长三角城市群。上海都市圈将形成"一核三带"总体空间布局，沿杭州湾北岸的城市群带是上海向邻沪区域扩展的重要方向。

第二节　国内外"飞地经济"发展经验借鉴

发展"飞地经济"是推动区域一体化的重要突破口，国内外不乏发展"飞地经济"的先进经验。

一　高起点规划建设的"苏州工业园区模式"

苏州工业园区是中新合作"飞地经济"的典型代表，在2300平方千米土地上积极依托新加坡先进理念和产业优势，打造出连续多年居全国开发区首位的神话。近年来，苏州工业园区积极实施"飞地经济""走出去"战略,将"新加坡经验"系统打包、整体移植,积极输出"产、城、人"融合的规划建设理念,先后在江苏宿迁、浙江省嘉善等地建设工业园区,主动参与融入长三角一体化。在园区规划建设上注重高标准、高起点、大投入,基础设施的资金投入强度达到了国内国家级经济技术开发区平均数的 2.5 倍。在管理上强化高层级协调,共建由合作方最高行政首长参加的园区协调理事会,作为决策最高机构,负责确定园区发展定位、产业导向,及时协调解决各类问题。

二 大力度打破行政壁垒的"深汕特别合作区模式"

深汕特别合作区位于汕尾市海丰县,于 2011 年 2 月成立,是珠三角一体化进程中诞生的"飞地经济"代表。2018 年在广东省政府的指导下,该合作区由深圳、汕尾两市共管变为由深圳市全面主导,合作区的规划、财税、投资、户籍、机构编制和干部管理全部归深圳市管理,彻底解决合作区事权不清、职责不明等问题。同时,明确合作园区 GDP 按深圳 70%、汕尾 30%比例计入两市指标。财税扣除省获益部分后,深圳、汕尾、合作园区按 25%、25%、50%比例分成,土地出让净收益按 12%比例分配给汕尾市,调动了深圳投资主体、建设主体的热情,也满足了汕尾发展权益。目前,该合作区已成为深圳辐射粤北粤东地区的桥头堡。

三 强协作推动产业"1+1>2"效应的"纽约卫星城模式"

美国新泽西、康涅狄格、宾夕法尼亚等州通过"飞地经济"发展,建设了大量为纽约市配套的"卫星城",这些"卫星城"与纽约市不是产业链的"纵向分工",而是产业群的"横向分工",如纽约重点发展金融总部经济和金融交易市场,康涅狄格州"卫星城"专注发展对冲基金产业,新泽西州"卫星城"重点发展资产管理、金融咨询、评级等金融辅助行业。"卫星城"与纽约市在产业上的横向协作,打破了区域一体化过程中产业配置困局,各地由争抢"优质产业""高效产业环节"变为各展所长、错位分工,共同分享产业集群利润,形成"1+1>2"的协作效应。"卫星城"与纽约市之间的产业深度协作,强化了区域一体化的经济关联和物质基础,推动了纽约都市圈形成。

综合国内外案例可知:经济飞地是区域融合发展的天然黏合剂,在区域一体化的初级阶段发挥着巨大的黏合作用，大力发展"飞地经济"是推动长三角一体化的"破冰"之举。事实证明，通过创新政策供给、产业布局和要素配置，可以形成多层次、多元化的"飞地经济"模式，各地在参与长三角一体化的过程中，可立足本地实际，借助"飞地经济"实现深度融合。

第三节 发展"飞地经济"的对策建议

长三角一体化已进入全面深化阶段，加快"飞地经济"发展势在必行，也大有可为。浙江省应抓住机遇、乘势而上，将其作为推动实施国家战略的重要突破口，进一步做好顶层设计，完善促进机制，配套优惠政策，全面掀起"飞地经济"发展新高潮。

一 抓紧出台专项实施意见，指导推进"飞地经济"高质量发展

长三角一体化的规划纲要和浙江省行动方案均已出台，作为服务国家战略的重要抓手，浙江省"飞地经济"还一直缺乏系统化的顶层设计，至今尚未出台"飞地经济"发展省域层面的指导规划和实施意见，"飞地"建设与产业布局、转型升级结合不紧等问题凸显。建议抓紧出台全面推进浙江省"飞地经济"高质量发展的专项实施意见，加强对全省"飞地经济"发展的宏观指导和统筹协调，强化各地在基础设施、产业发展、科技创新、市场统一、制度安排等领域的互联互通、共建共享，为推动浙江省与长三角产业融合协同创新发展、区域一体化奠定扎实基础。

二 以"飞地经济"发展为引领，深入推进政策链、人才链、创新链、产业链、金融链的"五链融合"

深刻领会树立"一体化"意识和"一盘棋"思想的内在要求，从省域全方位的视角谋划高质量推进长三角"飞地经济"的浙江布局。

（一）构建融合全球与长三角人才链接、创新链接的"创新飞地集群"

支持各地积极开展与硅谷、伦敦、特拉维夫等国际创新高地以及上海、南京、合肥、苏州等长三角创新高地的科技创新战略合作，布局一批

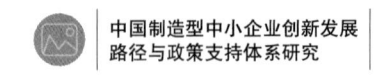

创新中心、孵化器、实验室等合作平台，逐渐形成浙江省参与国内外高水平合作分工、深度融合的科技创新网络体系。

（二）以产业飞地合作"破冰"长三角产业协同

结合浙江省各地产业优势和"十四五"产业布局，积极开展长三角多层次、多元化的产业园区合作与投资合作，与张江自主创新示范区、苏州工业园区等产业高地以及中国科技大学、南京大学、复旦大学、浙江清华长三角研究院等高水平科研机构加强园区合作，共建战略新兴产业培育、高端制造业升级与延伸、全球金融服务合作等高水平"飞地"平台与投资合作空间。

（三）以飞地合作强化长三角与中部地区的战略合作

充分发挥上海品牌、浙江制造、义乌贸易、中部市场的分工优势，实施"长三角产业品牌建设计划"，支持金华和义乌积极开展长三角联合品牌运营中心的合作与建设，支持上海品牌企业与浙江贸易企业、浙赣闽皖制造业企业开展全产业链合作与品牌培育园区合作，进一步发挥杭州、宁波、金华、衢州带动长三角与中部地区合作的战略枢纽功能。

三 建立健全长三角"飞地"联席会议制度，不断完善区域协商机制

"飞地"合作能否顺利推进，有赖于双方互信沟通机制的建立。调研发现，跨省域"飞地"既普遍缺乏合作双方上一级政府间的高层协商机制，又大多没有建立双方本级政府间的常态化沟通和问题解决机制，一旦出现问题和分歧，很难及时有效解决。建议从省级层面建立长三角"飞地"联席会议制度，指导协调跨省域"飞地"的重大体制机制问题和跨部门、跨地区的重大政策协调事项，各市、县可定期召开"飞地"管理联席会议，就"飞地"园区建设管理中的问题和分歧及时沟通协商解决。

四 统一制定跨区域考核机制，全力助推"飞地经济"持续健康发展

解决"飞地"税收分成和GDP统计问题，是"飞地"建设的关键性因素。虽然2017年中央出台有关文件明确表明，"飞地"合作方可在内部考核时，对GDP、税收等重要指标协商划分，但实践中由于跨区域"飞地"

统计归口不在同一地方，实际操作难度较大。建议加强协商，由"三省一市"共同制定考核机制，积极争取中央支持，力争在跨区域经济核算、财税分成、土地资源统筹、环境容量调剂补给等方面先行先试，如建立存量税收留存各地、增量税收按比例分成的税收分配制度，完善跨区域生态资源交易和生态污染补偿机制等，努力构建符合"飞地"发展实际的利益共享和考核机制。

第二十一章　加大新型研发机构建设力度助推制造业高质量发展

瞄准世界科技前沿，引育新型研发机构群，着力实现前瞻性基础研究、引领性原创成果重大突破，全面提升创新能力，加快推进创新强省建设，为高质量发展、竞争力提升、现代化建设提供强大支撑。浙江省正在加快步伐建设新型研发机构，但面临市场活力不够、发展动力不足、创新竞争力不强等问题，亟须完善针对新型研发机构建设的政策举措，助推全省制造业高质量发展和创新型省份建设（王黎萤、楼源，2020）。

第一节　先进省市新型研发机构建设经验

新型研发机构作为科技改革与发展的产物，具有运行机制灵活、研发活动自主、创新要素集成等多方面优势，广东、北京、江苏三省市新型研发机构数量和质量处于全国领跑水平，助推地方产业基础高端化和产业链现代化。

一　引导各类资本投资发展新型研发机构

广东、北京大力推动多元化投入机制和产权组合新机制，支持新型研发机构成为创新经济发展的关键主体，有效解决科技经济"两张皮"问题。广东省通过"国有新制"改革，鼓励清华珠三角研究院运用自有资金、社会资本和政府产业基金投资孵化出80多家科创企业。北京市采用"民办官助"模式，鼓励外资投资新型研发机构，引入盖茨基金会，与北京市政府、清华大学三方成立全球健康药物研发中心。北京协同创新研究院实行"研究院＋母基金"模式，由北大等14所高校及100多家高新技术企业共同运作总规模10亿元协同创新母基金，引导和鼓励其他高校院所、社会资本围绕特定领域建立协同创新子基金,重点支持成果产业化,打造国际公益性创新平台。

二 运用政策优化激发新型研发机构创新活力

广东、北京、江苏积极推进科技领域"放管服"改革,出台新型研发机构专项指导意见和管理办法。广州市率先出台"负面清单"指导政府共建新型研发机构的经费使用,放宽科技经费使用门槛,简化审批流程,赋予科技项目负责人更大支配决策权。北京市实行"个性化合同管理制度",对新型研发机构采用"一机构一议"的创新支持政策和服务保障,强化机构对人员聘用、经费使用、运营管理的自主权。江苏省推动"科技成果产权化"改革,推进权能分离的知识产权资本化运作,构建以创新成果转化和知识产权评价为核心的新型研发机构分类评价体系。

三 强化梯度引育新型研发机构运营生态

广东、北京、江苏紧扣国家重大专项和产业链布局,部署创新链、产业策源、人才培育和企业孵化的新型研发机构运营生态。广东省采用"梯度培育"分专项建设高水平新型研发机构、粤东西北新型研发机构以及省市各级新型研发机构,梯度推进新型研发机构示范基地建设。北京市强化"顶端突破"着力支持培育与国际接轨的世界一流新型研发机构,聚力引进一批战略性科技创新领军人才及其高水平创新团队,积极探索原始创新到产业化的新模式,推动新型研发机构衍生孵化"瞪羚""独角兽"企业。江苏省按照"一区一产业一机构"规划布局,建立集"应用研究—技术开发—产业化应用—企业孵化"于一体的新型研发机构,组建产业技术创新战略联盟并承担各类科技计划和工程项目,建立公共技术创新平台和产业技术研发体系,提升重点产业技术创新能力和国际竞争力。

四 突破体制樊篱助力新型研发机构持续健康发展

北京、广东、江苏鼓励和支持新型研发机构打破行政边界和部门分割建立平台型组织,采用研发众包模式加强项目团队人财物等要素自主权,构建政府、高校科研院所、企业之间的制度性通道,为创新要素的整合提供混合制度空间和实体组织载体,探索出"实验室平台""研发众包""一所两制"等新模式。广东深圳鹏城实验室实行"实验室平台"模式，建成"云脑""靶场""云网"三大科学装置平台，开展跨学科、多领域、大协同的基础研究和应用研究。北京石墨烯研究院推出"研发众包"协同创新机制，与燕园众欣公司组建5个研发众包中心，共同推进石墨烯涂料研发和产业化。江苏省产业技术研究院创新"一所两制"运行机制，探索"技术研发＋专业孵化＋投资基金"的运营方式，已建设新型研发机构47家，衍生孵化科技型企业504家，累计实现研发产业产值超2000亿元，有效发挥产业创新策源的功能与效用。

第二节 浙江省新型研发机构发展面临的主要困难

一 体制机制"突破难"

老院老体制，虽然有省化工研究院等省属科研院所在改革中成长为行业创新平台，但部分省属科研院所、高校下属科研机构受传统单位属性束缚回避市场机制，导致产权激励、收益分配、资本运作、人事制度等体制僵化，市场活力严重受限。新院旧机制，已建成的混合所有制新型研发机构仍存在融资约束障碍，治理结构不适应，权责利关系不够清晰合理，亟待突破制约自主决策、自主运营、自我管理的机制障碍。新院老模式，已建成的新型研发机构仍受制于"本地研发"模式，缺乏区域创新资源整合能力和重大科创平台协同创新能力，亟须创新组织模式，优化商业模式，融通创新链、产业链、价值链打造新兴产业共同体。部分省属科研院所、高校下属科研机构仍受传统单位属性束缚，回避市场机制，产权激励、收益分配、绩效薪酬、资本运作、人事制度等运行机制仍较为僵化，研发机构市场活力受到极大抑制。正在转型的传统研发机构存在治理结构不适应，权责利关系不够清晰合理，在项目管理、人才流动、经费使用、绩效激励、成果转化、企业培育等方面仍缺少自主权，亟待突破制约自主决策、自主运营、自我管理的机制体制障碍。已建成的混合所有制的新型研发机构存在融资约束障碍，引入社会资本投资占比仅为两成，多元化投资机制尚未成熟。部分新型研发机构群初步形成"一体双核多点"的多方共建模式，亟须利用长三角创新一体化机遇在创新资源开放集聚的体制机制改革上大胆探索挺进。亟待加强对民办非企业类新型研发机构扶持力度，在投资可持续性、研发团队培育、项目成果转化等方面打破条块分割的行政壁垒，充分发挥多元主体新型研发机构群的"鲇鱼效应"，刺激传统科研机构进行深层次改革，突出浙江省新型研发机构群的市场活力。

二 政策扶持"力度弱"

专项政策缺位，政策体系不健全，虽然政府工作报告明确新型研发机构建设目标，但缺乏建设发展新型研发机构的专项政策和管理办法，导致各市区对新型研发机构认定和建设重视程度、财政经费投入比重等存在较大差异，缺乏对新型研发机构的分类扶持计划和分类管理评价。落实难度大，财政建设资金、人才团队支持、土地要素保障等受限，机构融资、人才流动、承担国家科技计划项目等受阻，亟须在财政税收、土地及融资、人事政策及社会保险等全方位出台配套政策和加大落实力度。虽然浙江省已在《浙江省人民政府关于全面加强基础科学研究的实施意见》和"科技新政50条"中明确新型研发机构建设目标，但各市区对新型研发机构认定和建设的重视程度、财政经费投入比重等存在较大差异，对新型研发机构发展仍缺乏精准定位，缺乏对新型研发机构的分类扶持计划和分类管理评价，各类新型研发机构运作绩效和运行效果有待评估，亟须加强统筹协调和规划布局，出台针对传统研发机构转型和民办非企业类新型研发机构的扶持政策和差异化管理办法。

三 运营模式"禁区多"

社会资本引资落地难，社会资本引入尤其是外资引入面临法律法规不完善、执行流程不明确等问题，无法保障研发机构获得稳定而持续的社会资金支持。职务科技成果确权难，高校与科研院所受制于职务科技成果国有知识产权权属局限，采用重奖励轻确权的科技成果转化模式，大大削弱了职务科技成果转化的积极性。高端稀缺人才跨区域流动难，由于缺乏区域统一开放的人才市场，受户籍、地域、人事关系限制导致高端稀缺人才和团队流动难，缺乏高校、科研院所和企业科研人员双向流动机制。目前，已建成的新型研发机构由于建设投入大、回报慢，很难从市场筹集足够的建设经费，需要政府在建设初期提供扶持，但扶持经费不仅数额有限，而且受制于政府资金的投入和管理方式，导致大多数机构在"婴儿期"难以获得成长所需足够营养，处于"死不了、长不大"的状态，支撑产业所需的规模和能力难以发展起来。民办新型研发机构在社会资本引入，尤其是外资引入过程面临法律法规不完善、执行流程不明确，导致"引资难""落地难"，无法保障研发机构获得稳定而持续的运营资金支持。浙江省高端创新要素聚集竞争力有待增强，亟须突破传统研发组织管理桎梏，针对长三角、珠三角、京津冀等区域一体化高端人才和高水平创新团队开展"研发代工""研发众包""飞地创新"等新模式探索，根据实际需求灵活配置多学科、多层次人才，加强高端知识要素流动。浙江省实施"一法两条例"促进科技成果转化成效显著，但为避免国有资产流失，仍存在高校与科研院所游离于产业创新体系之外、传统研发机构的研究成果与市场需求脱节的问题，导致新型研发机构自身"造血"能力不足，使机构围绕产业链部署应用创新链、产业策源、人才培育和企业孵化的主体功能受到干扰。

第三节　推进浙江省新型研发机构建设的对策建议

一　加快出台指导新型研发机构发展的专项政策和管理办法，发挥"政策先行优势"

加快出台推动浙江省新型研发机构高质量发展指导意见及管理办法，推进新型研发机构梯度培育和区域差异化定位，探索建立多维度创新能级、区域平衡发展的引育体系。支持国内外高水平研究机构、高校、创新型企业等高端创新资源和人才团队来浙设立新型研发机构，支持龙头企业独立或联合组建新型研发机构，共建区域一体化新型研发机构战略联盟，建立公共技术创新平台。细化支持新型研发机构发展的负面清单制度，在建设用地、税收减免、人才引进、项目承担、投融资等方面加强政策扶持，深化推进涉及新型研发机构"最多跑一地"政策落地。

二　深化浙江特色新型研发机构体制机制改革，突破"治理创新优势"

推广之江实验室、阿里达摩院的创新治理经验，创新多元化投入治理机制，支持民间资本和外资参与新型研发机构建设，鼓励"民办官助""研究院＋母基金"等多元投入模式，引入 VC、PE 等社会资本推进建设长三角新型研发机构创投联盟。培育一批具有治理创新优势的新型研发机构示范典型，鼓励省（市）属科研院所加大向新型研发机构转型发展的改革力度，探索推动以事前产权激励为核心的职务科技成果权属改革，探索开展"研发众包"协同创新机制，引导在建在营民营新型研发机构纳入浙江省高水平创新平台体系。

三 创建依托新型研发机构集群的标志性产业链，强化"产业生态优势"

依托未来科技城、青山湖科技城、南湖科学中心打造数字技术引领型的新型研发机构集群，加大培育孵化 5G、云计算、区块链、物联网、人工智能等"瞪羚"企业和"独角兽"企业，形成"一研发机构集群—产业集群"的标志性产业链生态优势。围绕"互联网＋"、生命健康、新材料三大科技创新高地以及"八大万亿"产业加强新型研发机构布局和培育，支持龙头企业与国内外高水平研究平台合作组建新型研发机构，弥补高校院所成果转化环节功能"短板"，培育孵化新兴产业和科创型中小企业。共建"一带一路"倡议新型研发机构国际合作平台，将研发设计、高端制造、管理总部等环节留在浙江，形成"特色产业＋浙江资本＋全球智力"的发展路径。

四 着力整合高端创新资源，凸显"平台汇聚优势"

积极推进与中科院、清华大学及长三角重点高校、科研机构共建新型研发机构战略联盟，推动传统创新载体向新型赋能平台转型，打造基础、前瞻、引领的创新平台载体。发挥"四廊两区一带"协同创新作用，进一步放大杭州、宁波国家级高新区新型研发机构的溢出效应，拖动沿线各地人才规划接轨，创办高端创新团队共建平台。建立更加开放、更有力度的高层次人才柔性引进培育机制，推进"外国高端人才创新集聚区"建设，打造高层次人才平台，促进"人才飞地"模式向"平台飞地"模式转型。

第二十二章 未来科技城推动制造型中小企业创新发展探索与启示

建设杭州未来科技城是浙江省加快供给侧结构性改革、实施创新驱动发展战略的重大战略举措。杭州未来科技城建设实现了高水平科技创新体系打造、创新创业人才集聚、战略新兴产业集群培育、城市人居环境优化、创新创业文化培育等方面的协同发展和良性循环,形成了对打造高水平的城市创新增长极、加快经济高质量发展的积极探索与宝贵经验,其发展中形成的创新经验,对全省加快高质量发展具有一定借鉴意义(包海波等,2018)。

第一节　杭州未来科技城高质量发展经验

一　人才是高质量发展的第一资源

未来科技城把海内外高层次人才作为高水平产业培育的核心环节,深化推广"人才+资本+民企"模式,全面推进人才特区和人才高地建设。吸引集聚以"阿里系、浙大系、海归系、浙商系"为代表的创新创业"新四军",同步推进"精英创业"和"大众创业"。截至2017年年底,未来科技城累计引进海外高层次人才2720名,其中拥有博士学历的占50%以上,在世界500强等国际知名企业有过工作经历的占64%,落户海归创业项目684个,2/3已实现产业化。浙江海外高层次人才创新园是浙江省为贯彻国家人才战略、落实海外高层次人才引进"千人计划"、加快经济转型升级而创建的高端平台。园区定位为按全新机制运行的人才改革发展试验区,集聚海内外高层次人才的创新创业高地以及辐射长三角的西溪智力硅谷。

二 接力式孵化经济体系成为双创经济发展重要基础

高质量发展的核心是形成从人才到初创企业到上市公司（从 0 到 1 再到 1000）的双创经济体系内生机制。未来科技城系统构建孵化导向的创业生态系统和覆盖企业发展各阶段的"梯队递进"孵化体系机制，整合高端人才、优质项目、资本以及孵化机构、中介机构、一流大学、龙头企业等各类要素，以海创园、梦想小镇等科创平台集群为核心，打造"种子仓—孵化器—加速器—产业园"接力式产业培育链条和政策体系。积极引进各类金融机构，促进人才链、资本链、产业链的有机融合，加速形成从人才体系到初创企业群再到新兴产业集群的完整孵化经济业态。未来科技城重点科创园区和创新创业平台的建设成效显著。截至 2018 年，未来科技城累计打造各类科创园区 55 个，面积达 156 万平方米；集聚了一大批高新技术企业，累计注册企业 10374 家，覆盖电子信息、生物医药、互联网、电子商务等高新技术和新兴产业，是未来科技城企业培育和产业成长的主平台。获得科创园区认定的 14 个，创建面积共计 76.8 万平方米；获得众创空间备案企业 2 家（海创科技中心、利尔达物联网科技园），共计备案面积 12.5 万平方米；即将认定的 3 家众创空间（梦想小镇 e 商村、赛银智能互联产业园、天时科创园）已完成实地考察工作，共计备案面积 116739.9 平方米。

三 "重大科研平台+平台型大企业"的锚机构强化产业发展

未来科技城加快建设以之江实验室、阿里达摩院为核心的"2+X"重大科技创新体系，加快形成"灯塔效应"，促进国内外一流科研资源集聚与整合。通过精心引进培育，加快了阿里巴巴从创新型企业成长为全球性平台企业，促进人才集聚、资本集聚以及产业裂变，带动近 3000 家企业的信息经济集群快速成长。同时，吸引中电 52 所、美国安进公司等高水平的科研机构和企业，进一步强化科技城发展的锚机构支撑。阿里巴巴已经成为未来科技城中的"锚+"企业，在未来科技城的产业发展、经济转型中发挥着显著的"灯塔效应"，带动未来科技城提升创新环境和商业生态，驱动未来科技城创新发展。菜鸟智慧产业园落户未来科技城，菜鸟网

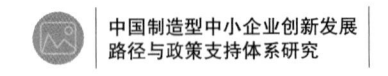

络是阿里巴巴对传统电商业务的重要服务配套,未来科技城将形成电商产业发展更为完整的生态。在阿里巴巴的带动下,未来科技城有效地规避了制造业为主导的传统产业集聚路径,实现了新经济、新业态、新模式的有效集聚、有效孵化。阿里巴巴充分发挥其世界知名企业高端资源、全球化视野的优势,谋划和打造"新零售、新制造、新金融、新技术、新能源"创新中心。

四 以人为核心的产城人融合形成高质量发展良性循环

坚持引绿入城、引水润城,在良好的生态本底上精心嵌入城市功能,紧紧以多层次人才的发展需求为核心加快城市国际化、绿色化发展,加快浙医一院余杭院区、国际教育园、国际人才社区等项目建设,统筹推进国际医院、国际学校、人才公寓等职住配套项目,以丰富的城市功能吸引国内外一流人才集聚和企业集聚,以深厚的产业集聚提升城市价值,打造"三生融合、四宜兼具"的一流城市人居环境。以平台建设为载体打造科技城产城融合发展的"极核"。在杭州未来科技城建设中,海创园、梦想小镇、阿里巴巴西溪园区等科创平台与产业平台是特色产业聚焦、人才集聚、专业服务集聚、企业集聚、人口集聚、公共服务集聚的城市空间,也是科技城城市发展的"极核"与增长极。未来科技城累计打造各类科创园区22个,面积达156万平方米;快速集聚了一大批高新技术企业,累计注册企业9094家,覆盖了电子信息、生物医药、互联网、电子商务等高新技术和新兴产业,是未来科技城企业培育和产业成长的主平台。在平台建设中,未来科技城坚持充分保护并开发好湿地、丘陵、湖泊等自然资源,引绿入城、引水润城,在良好的生态本底上精心嵌入城市平台功能,以良好的自然生态孕育创新创业生态健康成长、生生不息。

第二节 加快未来科技城发展建设的对策建议

科技创新是大湾区经济发展的"发动机"。在浙江省大湾区建设,需要加快构建"城市群—创新大走廊—科技城—特色小镇群"的现代化创新空间体系,将科技城建设作为大湾区经济发展的核心枢纽,打造一批高端创新资源集聚、创新制度完善、新兴产业集群培育大平台。

一 加快推进支撑大湾区发展的科技城平台群建设

当前应重点谋划以智能制造与军民融合为核心的宁波科技创新大走廊建设。紧抓浙东南国家自主创新示范区建设的历史机遇，系统谋划与集聚国家级科技创新平台和平台型大企业，形成对浙江省湾区发展的"双轮驱动"。嘉兴围绕接轨上海，打造G60沪嘉杭科创大走廊，绍兴谋划杭州宁波一体化过程中的中间产业创新平台。在科技城平台建设中，有必要学习国内外一流科技城发展经验，系统总结推广杭州未来科技城和杭州高新区（滨江）等在创新型经济政策体系、高强度研发投入和高水平产出方式、"市场化主导"的孵化经济模式、国际化合作创新方式、大部制政府管理体制等高质量经济发展经验与模式，加快建设一批支撑大湾区发展的科技城平台群。杭州湾经济区包括杭州、宁波、绍兴、舟山、嘉兴、湖州六地市，是浙江省区位优势最佳、产业基础最强、民营经济最集中、创新活动最活跃、城市经济最发达的区域。把杭州湾经济区建设成为世界级湾区，是深入实施"八八战略"、贯彻落实习近平总书记"关于促进长三角地区率先发展、一体化发展"指示精神的重大战略举措，有利于引领经济发展新常态、推进供给侧结构性改革，统领新一轮对外开放、深度参与全球技术创新与经济金融竞争合作，加快实现"两个高水平"奋斗目标。

二 积极将科技城西科创大走廊打造成为长三角合作创新的试验区

在亚太科技创新中心向长三角转移和长三角一体化合作不断加快的历史机遇下，杭州城西科创大走廊应积极打造上海、江苏、安徽、浙江四省（市）合作创新的试验功能区，加强与上海张江综合性国家科学中心、中国科技大学等高水平平台合作，推进长三角重点学科和高端产业资源在大走廊落地与整合。系统强化长三角区域创新合作功能和国际化创新网络合作，打造长三角一体化的交通枢纽、创新合作平台、科技金融集聚平台，加速培育具有国际竞争力的战略新兴产业集群，成为长三角合作的创新增长极。

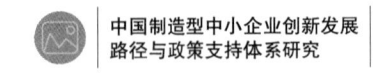

三 加强未来科技城可持续发展的创新与产业战略布局

杭州未来科技城产业发展定位在具有原创性、市场空间巨大、辐射带动性强的产业。为了进一步发挥其作为高质量发展的产业龙头作用，一要紧抓人工智能产业发展的战略机遇，做精做深数字经济产业。针对未来科技城数字经济的发展"短板"，充分发挥之江实验室、阿里达摩院、人工智能小镇的创新引领功能，加强国际创新合作，加强中间层企业培育，推进一批数字经济企业成长和上市。二要积极引进培育行业龙头企业，布局培育医药健康等战略新兴产业成长。针对医药健康产业发展面临的"瓶颈"问题，进一步加强健康谷平台建设，积极引进国内外一流企业与科研机构，形成产业发展的"锚机构"，加速人才、资本、产业集聚，形成科技城第二产业增长点。三要加强对未来产业思考探索的一流学科与原创产业创新研究。结合浙江大学、西湖大学等的学科优势与学科布局，加强原始创新产业研究，筛选培育具有中长期战略影响力的重大科技创新和新兴产业方向，形成未来科技城可持续发展的一流学科和产业梯队。四是加强产业化用地供给，优化高质量发展的空间布局。适应未来科技城产业快速成长的特征，根据园区发展由单一科创园区转向科创园区、产业园区共同发展的趋势，加强产业化用地的规划布局与供给，为新兴产业集群成长提供发展空间。

四 积极打造高质量发展的改革创新先行区

未来科技城既是科技创新与产业创新的先行区，也必然是高质量发展的改革创新先行区。一是未来科技城可以进一步明确促进高质量发展的改革目标。加快在接轨国际化规则、国际教育科技合作、人才引进与住房户籍制度、产学研合作机制、知识产权保护、科技金融与互联网金融发展等领域的改革创新。二是把握机构改革和数字政府建设为信息经济和人工智能的技术应用带来的市场机遇。通过"最多跑一次"等改革可以引领政务管理水平和信息化能力，培育一批高水平领先型电子政务与智慧城市管理企业，形成科技城产业发展新优势。

第二十三章 关于发挥金融政策效应支持小微及"三农"企业应对新冠肺炎疫情的思考和建议

新冠肺炎疫情的突然暴发，对企业来说是一次重大考验，而这其中中小微及"三农"企业受此影响最大，企业面临许多现实困境及复工复产存在困难。稳金融、稳小微企业信贷就是稳就业稳预期，新冠肺炎疫情发生以来，国家出台了一系列金融财税支持政策，聚焦企业目前最为关注的问题，助力企业复工复产工作的展开（包海波等，2020）。

第一节 疫情下小微及"三农"企业面临发展困境

小微及"三农"企业由于其本身应对风险能力较弱，新冠肺炎疫情的暴发更是突如其来，给中小微企业带来毁灭式打击，使其面临现实经营难题和困境，其生存发展压力急剧上升。针对其政策的制定也需了解目前小微及"三农"企业的现状和困境。

一 小微及"三农"企业面临经营负担重的困境

一是员工工资、"五险一金"、社保费用等的刚性支出费用压力大，据相关调研发现，10.2%的中小企业支付员工社保费用困难，25.4%的中小企业面临付薪压力，43.9%的中小企业面临人力成本急剧攀升。二是其水电、房租、用网、通信等的费用支付困难，据调研数据显示，分别有39.8%、23.3%的中小企业面临租金成本和要素成本压力，14.8%的中小企业为减少成本压力而计划关停部分生产线。三是众多旅游、文娱、餐饮

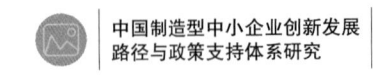

等中小服务企业受疫情影响最为明显，大量处于关停或半关停状态，其营收相比往年大幅减少，72.2%的服务业中小企业预计存在营业收入下降，74.5%服务业中小企业营业收入较去年同期下降50%以上。

二 小微及"三农"企业面临上下游企业产业链断裂的困境

部分企业面临原材料供应及本企业库存不足，关键零部件断货缺货，上下游产业配套不够，国际航班停航等影响，导致部分产业链不能正常运营流动，出现断链或停摆的危险，上下游企业复工复产不同步，给企业带来生存压力。特别是随着新冠肺炎疫情在意大利、日本、韩国、法国、德国等国家蔓延，国内对海外相关配套产品如原材料、关键零部件等有较大依赖的行业受到重大冲击，部分材料产品已出现涨价现象，其沿着产业链扩展，上下游供应链的一个环节出现中断，使整个供应链都不能正常运营，严重影响中小企业的生存发展。受到上游供应链断裂，中小企业普遍面临物资储备短缺的困境，34.2%的制造型中小企业存在上游供应链断裂的风险，致使整个产业链上的企业不能正常运营，带来较大损失。

三 小微及"三农"企业面临疫后恢复能力较弱的困境

在国家统筹疫情防控和稳步推进复工复产的大背景下，中小企业逐步实现了复工复产，员工也逐步返岗工作，但其产能依然未达到此前的标准，仍需较长时间恢复其产能。对部分外贸企业来说，外贸订单受国际疫情蔓延影响较大，部分受贸易壁垒限制，致使在加工制造、外贸出口、物流运输等领域的中小企业订单急剧下降，甚至部分中小企业出现了退单，在此特殊情况下中小微企业获取新订单难度加大，对部分中小微企业来说这无疑意味着可能面临停工的风险，无法接到新的订单，而其相应的原材料、人工、加工等的费用成本可能大大超出企业的承受能力。受疫情影响，企业出现用工难、用工贵，加之防疫和隔离，中小微企业难以全员复工上岗，多数小微企业恢复企业生产能力可能尚有困难，客户流也出现大量断裂，造成企业无法实现正常运营。据调研显示，59.6%的企业认为员工复工率低是当前主要困难，45.7%企业虽有订单却无法正常经营，59.4%的企业年度销售计划难以实现。

四 小微及"三农"企业面临"融资难、融资门槛"高的困境

对中小企业来说,受疫情冲击影响较大,但国家出台相关政策措施有时落实不到位,相关融资条件标准高,使中小企业难以获得应对经营困境的资金。"融资难、融资贵"一直都是中小微企业的难题,相关资金的持续短缺,影响企业的生存及下一步的发展计划,使多数中小微企业可能面临破产倒闭的风险,急需国家出台相应的金融财税政策,以及相应政策的落实才能帮助中小微企业脱困。

五 小微及"三农"企业面临资金缺口加大的困境

受疫情冲击影响,中小企业订单呈"断崖式"下降,企业无法正常营业,基本处于关停或半关停的状态,即使正常营业,受疫情影响,客户心理发生变化,客户源也大不如前,客户大量流失,企业难以实现预计营收,但对企业来说,仍需照常支付房租、员工工资、固定成本等相关费用,为防疫安全,企业需为员工采购口罩、消毒用品等防疫物资,这对本来就难以实现盈利的中小企业来说又是一笔费用,增加了中小企业的生产经营负担,入不敷出,使企业资金链可能出现断裂的风险。调研发现,47.4%的中小企业面临资金周转和融资困境,58.6%的中小企业存在较大的资金缺口,亟须融资,32.6%的中小企业存在中长期贷款需求,29.1%的中小企业存在短期纾困资金扶持需求。

第二节 后疫情期小微企业和"三农"企业面临金融风险

疫情发生以来,国家出台相关财税金融政策支持小微企业渡过难关,而中小微企业面临较为严峻的金融风险,急需相应的对策建议帮助企业走出疫情冲击的影响。

一 受用工缺口影响,小微及"三农"企业复工复产的周期相对较长

大企业可以通过网络招聘、外包服务等方式实现用工补充。但中小型

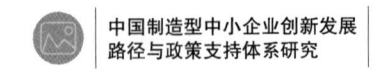

企业，尤其是小微企业，由于人才招聘市场、劳务市场尚未复工，导致招聘、用工问题十分突出。农业企业用工缺口较大，临近春耕时期，由于采茶工、种植工等属于临时性、季节性用工，大量工人集中返岗难、用工管理难，受疫情影响的时间相较大企业延长。

二 受成本上升影响，小微及"三农"企业资金链条更加紧绷

由于人员返岗难、疫情防控额外增加的成本较高，导致部分小微企业不愿意复工。但是，延迟复工期间，企业仍需支付租金、贷款利息等，部分企业需照发工资和缴纳"五险一金"，再加上企业在卫生防护和环保方面的成本，都将增加企业生产成本。由于民营企业和中小微企业抵御风险能力相对较弱，在经济下行压力较大的情况下，企业资金链普遍处于紧绷状态，如果疫情短期不能结束，企业无法获得营业性现金流，部分小微企业一般只能维持2个月左右。

三 金融政策落地"企业清单"还不够完整

对各类企业的融资需求梳理还不够全面，特别是小微企业、"三农"企业、个体工商户的帮扶清单有待完善，需要争取纳入更多企业以获得国家政策支持。人民银行、财政等部门支农支小再贷款、贴息贷款政策已经明确，但是地方政府和金融机构联动开展企业需求排摸的机制有待健全、企业的覆盖面还要拓展，目前在帮扶重点民营骨干企业和重点行业企业方面已经采取了有力措施，但是如何综合施策、针对小微及"三农"企业进行分类支持的标准体系、政策举措和金融工具还不够明细。

四 部分政策隐形门槛仍然存在

如房租减免政策，大多数小微企业未能享受房屋租赁减免优惠。如县一级银行分支机构审批放贷的权限还不能适应小微"三农"企业"小额、快速"的需求，小微及"三农"企业向银行获取低利率资金难度较大，融资对接需要进一步落实。

五 存在非法集资隐患

浙江省数量庞大的小微企业大部分为劳动密集型企业，资金链普遍紧

张,抗风险的能力比较弱,自新冠肺炎疫情发生以来,面对刚性的生产成本,部分原本资金链紧张的中小微企业容易"铤而走险",如通过伪造材料向银行骗取贷款、向民间不特定群体非法吸收公众存款、高利贷甚至套路贷,留下风险隐患。

第三节 发挥金融政策效应助力小微及"三农"企业发展对策建议

基于上述中小微及"三农"企业面临的复工复产困难及面向未来推动中小微企业高质量发展的阻碍,本书给出相关对策建议,助力企业早日走出疫情冲击影响,恢复其正常经营,面向未来赢得企业高质量先发优势。

一 发挥中小银行、地方金融组织支农支小生力军的作用

扩大小微企业帮扶的覆盖面。城商行、农商行等地方法人金融机构要积极争取支农支小再贷款额度和再贴现资金,立足当地、立足小微园区、产业链条,加强信贷投放力度,优先支持复工复产的小微及"三农"企业,对其给予利率优惠安排。银行要有针对性地开发对个体工商户贷款产品,给予利率优惠。政策性融资担保公司、小贷公司要发挥支农支小的积极作用,降费让利,为区域内企业提供资金支持。

二 提高小微及"三农"企业在金融帮扶清单中的比重

针对企业全面复工复产后金融服务需求更加突出的情况,地方政府要牵头摸排对接,建立专门的小微及"三农"企业金融保障的清单,梳理资金需求。鼓励小微及"三农"企业通过"浙里办"等公共信息平台,反映需求和困难。金融监管部门、银行金融机构要深入开展金融"三服务"活动,对接清单逐项研究,提出帮扶措施,提高服务精准性和企业的获得感。

三 提高支小支农在金融信贷支持考核中的权重和容忍度

银行监管部门要加强政策引导,指导督促中小银行细化小微及"三农"企业贷款标准,建立清单制管理,加大对小微及"三农"企业信贷投放的力度。同时,提高银行支小支农贷款的不良容忍度,鼓励银行最大限度满

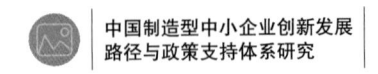

足企业流动性资金需求。

四　加强金融惠企政策的宣传督导

省级有关部门要适时开展专项督导，督促政银企联动落实金融惠企政策，要会同中国人民银行、银保监局等监管部门要加大金融惠企政策宣传力度，及时全面向小微及"三农"企业公开政策文件和办理指南，引导企业对照自身反映诉求、争取政策支持，以便及时发现问题、解决问题。地方政府要及时跟踪了解最新金融政策，加强政策研究，指导帮助小微及"三农"企业积极争取政策帮扶，早日渡过难关。要加强非法集资相关线索的监测和研判，及时打击处置非法金融活动，畅通企业融资正道、堵塞邪道，有力引导支持小微及"三农"企业发展。

第二十四章　推动浙江省知识产权服务业发展的对策建议

浙江省知识产权服务业与国内先进省市相比，尚未形成产业链相互衔接、结构完整的现代知识产权服务集聚业态，导致知识产权服务业在产业转型升级中的作用疲软。知识产权服务业是为各类知识产权"获权—用权—维权"提供相关服务及衍生服务的新型服务业，具有技术与知识密集，附加值高等特点，对科技创新、产业发展、对外贸易和文化发展的支撑作用日益显现，市场前景广阔，是产业创新驱动发展的重要支撑（王黎萤等，2018）。

第一节　浙江省知识产权服务业发展突出问题

近年来，浙江省实施创新驱动发展战略带来知识产权服务需求的大量激增，知识产权服务机构与人员数量得到快速增长，服务领域从代理、法律扩展到信息、商用、咨询和培训等，初步形成知识产权服务业集聚发展新趋势。但是推动知识产权服务与优势产业融合发展的制度保障仍然滞后，高端知识产权服务严重供给不足，知识产权服务业集聚发展水平有待提高。

一　知识产权服务与优势产业融合发展的制度保障滞后

推动知识产权服务与优势产业融合发展的财政、金融和税收政策支持和制度保障仍然滞后，缺乏推动知识产权证券化、知识产权保险、知识产权经营等新兴模式的政策指导和有效衔接。大部分知识产权服务机构整体规模偏小（10人以下的机构占64.8%），市场规范性不高，70%的服务机

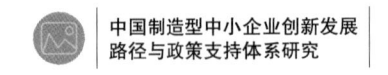

构表示缺乏行业标准难享受到相关税收优惠政策。公共服务供给对知识产权服务机构仍存在不足,知识产权服务机构获得基础信息资源途径单一,成本较高,缺乏针对知识产权服务的宣传和文化建设。

二 高端知识产权服务供给不足

浙江省知识产权服务供给主体单一,主要以知识产权代理机构和知识产权律师事务所为主,还没有形成公益性服务平台、高等学校和科研院所、知识产权投融资机构、技术转移示范机构、知识产权律师事务所、知识产权代理服务机构等协同发展的多元化知识产权服务体系。知识产权服务供给内容局限在知识产权代理和法律等基础业务,在知识产权创新引导、预警分析、信息数据库、知识产权评议、知识产权维权、海外知识产权布局等高端服务方面缺乏专业机构,近1/3高端知识产权服务需求依靠北京、上海以及海外等机构。浙江省知识产权服务机构主营业务围绕专利和商标,缺少对版权、商业秘密、植物新品种等信息数据库服务,商用和培训服务能力不足,在知识产权保险、知识产权融资、知识产权证券化等领域服务能力薄弱。

三 知识产权服务业集聚发展水平有待提高

浙江省知识产权服务业在杭州、温州、宁波3个地区呈现地理集聚,尤其杭州机构地理集聚程度较高,占全省总量的24%。但缺乏知识产权服务功能集聚,缺乏具有市场化、规模化、专业化和国际化的知识产权服务品牌机构,知识产权评估与交易等高端人才严重不足,没有形成完整的高端知识产权服务产业链。60%以上的机构提供涉外服务,但主要集中在产品出口业务,缺乏在服务外包、境外设展、海外投资、品牌输出、知识产权纳入标准等活动中提供多层次服务。产业知识产权联盟数量较少,产学研协同的知识产权合作机制有待加强。

四 服务体制缺乏规范化和标准化,亟须推动体制机制改革

浙江省知识产权服务行业市场规范性不高,市场恶性竞争问题较为突出,导致服务业收费偏低,整体服务水平不高。浙江省知识产权服务机构多处于起步阶段,有七成以上的机构表示希望政府能够建立相关的服务标

准和质量规范，激励服务机构健康发展。浙江省知识产权服务业深化改革任务仍然艰巨，加快发展知识产权服务业的思想认识需要进一步提高，制约发展的一些长期性深层次矛盾依然存在，影响发展的体制机制障碍亟待解决，亟须按照营利性与非营利性机构分开的原则，处理好政府扶持与市场培育的关系，引导和推进知识产权服务领域的体制机制改革。

五 服务人才缺乏高端化和专业化，极大地限制了产业创新驱动发展

浙江省知识产权服务机构从业人员基本为本科学历，其中七成以上没有中高级技术职称，有七成人员没有律师、专利代理人、资产评估等执业资格，这说明浙江省知识产权服务机构从业人员的专业化水平不足，高端人才匮乏，综合服务能力不强，这与浙江省大力推动产业转型升级发展的要求不相适应，为浙江省知识产权服务行业走向高端化和国际化造成了很大的障碍，亟待着力加强知识产权专业人才的培育发展。在围绕市场、资源、人才、技术、标准的竞争更加激烈的今天，特别需要打造高水平的知识产权服务机构与人才，不断适应战略性新兴产业、文化创意产业、小微企业成长、高端创新创业人才引进、企业品牌培育等日益增长的知识产权服务新需求，逐步增强知识产权服务业的产业集聚优势。

六 产业政策缺乏针对性和支撑性，急需加强制度供给和制度保障

浙江省知识产权服务机构表示目前在政府管理中遇到的主要问题是公共服务供给不足和缺乏行业标准，有六成以上享受过税赋减免和财政资助政策，但有关人员培训政策等仅有17.2%的机构享受过，说明政府对产业政策供给存在不足。在具体政策落实中还需要加强针对性，例如杭州地区知识产权服务向高端化发展，政府需要在行业标准建设推广方面加强制度供给，在支持知识产权服务重点项目，培育品牌机构，加速知识产权服务业集聚发展，促进知识产权服务业的业态成熟等方面完善产业政策；而宁波、绍兴地区以传统制造业为主，遇到的主要问题是基础公共服务供给不足，政府需要为加强公共服务的建设提供制度保障，如发布保障知识产权服务业稳定发展的政策法规，构建专业数据库等。

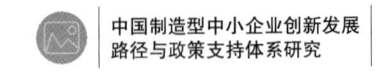

七 服务市场缺乏国际化和多元化，有待提升服务市场的供给能力

浙江省知识产权服务市场具有国际化发展趋向，有六成以上的机构提供涉外服务，但主要集中在产品出口业务，缺乏在服务外包、境外设展、海外投资、品牌输出、专利纳入标准等活动中提供专业化服务，不能有效支撑浙江省企业"走出去"战略的实施。这需要逐步提升知识产权服务机构涉外事务处理能力，不断打造具有国际影响力的知识产权服务企业和品牌，逐步增强其在对外贸易和区域经济发展中的带动作用。浙江省知识产权公共服务基础较为薄弱，各类知识产权服务主体获得基础信息资源的途径单一，成本较高，导致市场服务供给能力不足。这需要以"公共服务与中介服务相结合"为原则建设多元化的知识产权服务机构，为知识产权服务市场提供良好发展环境，扶持知识产权服务业的健康发展。

第二节　加快浙江省知识产权服务业集聚发展对策建议

基于知识产权服务业发展过程中遇到的困难及发展过程中的突出问题，本书结合实际提出具有针对性的对策建议，促进浙江省知识产权服务业的健康发展。

一　推动知识产权服务业与优势产业融合发展

以推动"知识产权服务业与优势产业融合发展"为核心，进一步完善知识产权服务政策体系。加强产业政策、区域政策、科技政策、金融政策与知识产权服务业的政策衔接，推动知识产权服务业健康发展。出台相关政策促进和引导重点优势产业与知识产权服务业高度融合发展，通过知识产权评议、预警分析、战略咨询、产业融合等项目的实施推进，加强专利导航产业发展、加大政府购买高水平知识产权服务力度、设立知识产权服务运营基金、强化知识产权服务对产业布局和企业发展的支撑。加强科技创新中的知识产权导向，健全科技计划和科技重大专项知识产权管理制度，在重大科技经济活动中明确对于知识产权配套服务的要求。制定推动知识产权服务业发展的激励政策，扩大行业规模，鼓励服务机构做强做优，出台支持知识产权服务机构认定为高新技术企业的具体措施，在人才、资金、项目、采购、税收等方面给予支持。完善知识产权服务业统计和监测制度，建立健全知识产权服务业发展的监测和信息发布机制。

二 打造"地理集聚"和"功能集聚"二维发展载体

以打造"地理集聚"和"功能集聚"二维发展为载体，构建双重聚集发展的知识产权服务新业态。深化国家知识产权服务业集聚发展试验区建设，以高新区为核心，发挥科技城、特色小镇辐射作用，通过租金补贴、物业进驻等优惠政策鼓励知识产权服务机构聚集发展。落实促进知识产权服务业高端发展政策，引进国内外高端知识产权服务机构进驻，形成优势服务资源和高端服务人才的集聚发展。鼓励知识产权服务机构依托产业联盟、行业协会等探索"互联网＋知识产权服务"的协同创新平台和机构运作新模式，运用云计算、大数据打造知识产权服务平台的功能集聚。支持引导阿里巴巴等电商平台的知识产权服务系统的优化和提升，构建服务平台和服务机构线上线下双重聚集发展的知识产权服务新业态。

三 建设"专业化""品牌化""国际化"三大体系

通过"专业化""品牌化""国际化"三大体系建设，形成知识产权服务业集聚发展新格局。重点培育一批知识产权数据分析、知识产权战略咨询、知识产权金融、知识产权运营等高附加值的知识产权服务机构和平台。逐步建立全面覆盖信息、环保、健康、旅游、时尚、金融、高端装备的知识产权专题数据库服务平台，推进知识产权信息在产业布局、研发创新、技术引进、贸易风险防范等方面的应用。实施知识产权服务品牌机构培育计划，遴选基础条件好、资信度高、辐射范围广、业务能力强、具有示范带头效应的知识产权服务机构开展品牌机构培育，引导知识产权服务机构不断完善服务功能，在代理服务、法律服务、信息服务、商用化服务、咨询服务和培训服务等方面实现重大突破，通过品牌培育带动知识产权服务业快速发展。提高知识产权服务机构和平台国际化水平，制订知识产权服务对外合作与发展计划，支持知识产权服务机构不断拓展涉外知识产权服务，参与国际合作与竞争，鼓励海外留学人才回国创办知识产权服

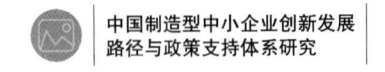

务机构。

四 构建"四链融合"知识产权服务生态体系

构建基于产业链、创新链、资金链和价值链"四链融合"的知识产权服务生态体系。围绕产业链部署知识产权服务的创新链，探索建设网络化、多层次的知识产权交易一、二级市场，加快知识产权交易与技术转移平台发展建设，完善知识产权交易拍卖与运营交易的政策支撑体系，推动高校和科研机构知识产权转移体系建设，有效整合产业链上中下游的知识产权资源，加强产学研用的良性互动。围绕创新链完善知识产权服务的资金链，构建"评保贷投融"五位一体知识产权金融服务体系，以产业知识产权运营基金、知识产权质押融资和证券化为重点，积极探索产业知识产权运营的市场化运作商业模式，面向企业提供知识产权评估、知识产权转让交易、知识产权项目融资等服务。通过产业链、创新链和资金链融合推进知识产权服务的价值链升级，引导知识产权服务机构和平台不断提升专业服务能力，拓展服务领域，创新服务模式，完善知识产权服务体系，形成突破一项核心技术、带动一批知识产权、发展一片产业的服务生态体系。

五 营造知识产权服务业发展良好环境

优化知识产权服务人才梯队，营造知识产权服务业发展良好环境。扩大知识产权服务人才队伍规模，发展知识产权管理、咨询、运营、评估、保险和信息分析人才队伍。鼓励知识产权服务机构多形式多渠道引进能够胜任知识产权战略研究、诉讼服务和涉外服务的高层次人才。完善专利代理、资产评估等知识产权人才选拔评估办法，建立高质量的知识产权分析评议专家库。创新知识产权服务业的职业培训和继续教育工作，开发网络教育平台，打造"懂法律、晓科技、知管理、会贸易"的复合型知识产权人才梯队。加快知识产权信息公共服务平台、知识产权商用化平台等公共服务体系建设，实现全省知识产权基础信息资源、知识产权交易的整合和开放共享，为知识产权服务业发展营造良好环境。培育知识产权服务文化，开展知识产权服务宣传教育，支持各类知识产权服务机构开展行业宣传，提升社会各界对知识产权服务的认识，营造有利于知识产权服务业发展的社会氛围。

第二十五章　推进中小企业实施知识产权战略的思路与对策

在知识产权管理日益加强的今天，只有不断加强中小企业知识产权战略的管理和运营，培育具有自主知识产权的技术和产品，中小企业才能在数字经济迅猛发展的浪潮中求得生存和发展。因此，如何使企业知识产权战略适应区域和国家整体知识产权发展战略的需要和国际竞争的需要，如何发挥知识产权战略管理体系的作用，并制定相应的政策来引导和规范知识产权战略管理体系的健康运行，是中小企业可持续发展过程中面临的重要的管理命题（王黎萤等，2018）。

第一节　中小企业知识产权战略的实施现状

浙江是一个创新资源相对贫乏，产业结构相对劣势的省份，但浙江的中小企业的活动水平却处在全国前列，因此，基于浙江的实证研究具有一定的现实意义。研究重点调查浙江中小企业的知识产权创造、知识产权运用、知识产权管理和知识产权保护的基本情况。

一　中小企业知识产权创造状况

浙江省知识产权创造发展水平稳中有升，但位居全国第二梯队，且区域分化明显。浙江省各地市的经济发展水平相对一致。从创造效率的指标每万人发明专利拥有量、每千万元研发经费发明专利授权量、每百户市场主体有效注册商标量，浙江省均居于全国前列。

浙江知识产权运用发展状况良好，位居全国第一梯队相对靠后水平。浙江省在专利实施许可备案数居全国第三位、商标使用许可备案居全国第

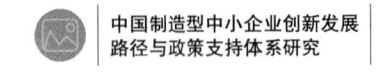

四位、商标转让数居全国第三位，而显示知识产权与融资相融合水平的商标权质押融资金额居全国首位。

浙江省知识产权保护状况保持较高水平发展，知识产权案件数量持续增长，保护效果良好，助推浙江营商环境建设。近年来，浙江省专利行政执法办案、商标行政执行办案、网站和侵权盗版链接、进出口侵权等事件持续增长，但浙江省知识产权司法保护水平持续保持全国前列（居第三位，仅次于广东、江苏）；浙江省在专利行政执法案件数居全国第二位，商标行政保护、知识产权海关备案有效量等分别居全国首位。

浙江知识产权环境发展状况处于全国第一梯队中高水平，保持稳中有升发展水平。浙江省知识产权服务业逐渐兴起，知识产权服务机构数量居全国第五位（前四位分别是北京、广东、上海、江苏）；各地知识产权意识整体提升明显，特别是在每万人口专利申请量高居全国第二位（仅次于北京），每万人口商标申请量位居全国第五位（前四位分别是北京、天津、上海、江苏）。

浙江省知识产权管理体制机制改革不断深化，服务"四个强省"发展战略不断优化。浙江省以杭州、嘉兴、新昌、长兴等为试点探索开展知识产权综合管理改革，推进区域知识产权资源配置和政策优化调整，推动知识产权服务业集聚区建设，实施重大经济活动知识产权评议，对地方领导干部考核注重知识产权战略的工作落实等。

二 中小企业知识产权运用状况

中小企业仍需提升知识产权运用能力，中小企业综合运用专利能力较低，缺乏将专利成果与企业经营管理有效结合。中小企业授权专利的创新类型主要是集成创新，部分为原始创新及消化吸收再创新。其中，集成创新类型和原始创新类型是三类专利的主要创新类型，而消化吸收再创新类型主要是实用新型和外观设计专利，而发明专利采用很少。企业只有不断提升自主创新能力，才能真正将知识产权优势转化为企业的市场竞争优势。而在开放式创新背景下，企业综合利用各种资源提升自主创新能力就显得非常重要。但从调查的企业授权专利研发方式分析，80%的专利均是自行研发，缺乏和大专院校、科研院所、国内外机构的积极合作。因此，加强产学研合作是促进企业自主创新能力提升，实现专利技术有效转化和扩散的重要途径之一。

三 中小企业知识产权战略管理状况

在知识经济条件下，知识产权在国际竞争中的重要性越来越大，中小企业对知识产权是否进行有效战略管理，在很大程度上决定着其竞争优势的强弱，决定着知识产权的风险和回报。相关调查显示，中小企业实施的知识产权战略缺乏对企业竞争能力和知识产权价值的客观评估，不善于综合运用各种知识产权手段武装主导产品，不能把技术优势、品牌优势转化为市场优势。企业应根据对知识产权价值和自身竞争能力的客观评估有侧重地选择适合企业的知识产权战略，优化知识产权战略的类型。在中小企业产业化过程中仍需加强知识产权战略的指导，仍需政府加强有关知识产权专利政策的落实。

第二节 中小企业推进知识产权战略亟须解决的问题

知识产权战略的建立和实施对于科学研究的深入开展和技术创新成果的产业化开发具有重大的影响。知识产权是中小企业自主创新的基础和核心，知识产权战略是提升中小企业竞争力的关键环节，实施知识产权战略有助于中国中小企业的科技创新和发展。结合中小企业知识产权战略实施的现状和存在的问题，中国中小企业实施知识产权战略亟须解决以下三大问题。

一 构建企业知识产权战略管理体系，推动企业的可持续创新

研究显示中小企业对知识产权战略意识已经增强，制定知识产权战略规划的企业占多数，企业知识产权战略的重点是在专利和技术秘密的创造和保护，而对知识产权的投资交易和控制预防流失方面的战略规划有待加强。中小企业对现有的企业内部知识产权的管理状况主要体现在设立管理部门、制定管理制度和鼓励员工创新，说明知识产权管理在中小企业有一定的工作基础。但也说明目前的知识产权管理工作还停留在制度建设层面，管理水平相对较低，制定战略发展规划的企业更多关注专利申请和保护方

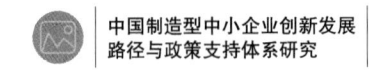

面的工作，而对专利的内部管理、交易与投资方面的战略管理缺乏规划，这说明对知识产权的战略管理和规划仍需加强。

二　优化企业知识产权战略组合，与企业经营战略协同发展

目前，中小企业知识产权战略的实施还缺乏与技术创新战略、市场创新战略和技术标准战略紧密集合，协同发展。企业在技术创新的各阶段没有将知识产权管理手段和方法积极地融合，对知识产权的跟踪、预测和布局的能力还需要加强。中小企业在关注知识产权保护的同时，还需要关注知识产权的运用和市场价值的升值。通过知识产权战略的推进，可以使中小企业掌握技术创新的主动权，提升企业的核心竞争力。通过创造和培育自主知识产权，不仅可以使中国企业的竞争优势满足国内市场需求，也能适应国际市场需求。以自主知识产权为基础，通过在国际范围内实现本土化的研究开发、本土化的生产和本土化的销售，是提高国际竞争力的保障。尽管如前面所论及的一样，知识产权成为发达国家企业进行垄断竞争的一种战略，知识产权本身却是一把"双刃剑"，从长远来看，它也有利于包括中国在内的发展中国家保护本国的技术和产品，关键则在于应当善于利用好这把"双刃剑"，开展好企业的知识产权工作。中小企业要想在日趋激烈的市场竞争中赢得主动权，就必须从战略的高度充分认识知识产权的重要性，将企业知识产权战略与企业经营管理战略协同发展，使企业拥有强大的知识产权武装，从而提升企业核心竞争力。

三　提升中小企业知识产权战略综合运用能力，构筑企业竞争优势

在开放式创新背景下，企业不再是通过单个专利来获得市场优势，而是通过一系列的专利对核心技术形成一个保护网络，以巩固自己的垄断地位。企业应根据对知识产权价值和自身竞争能力的客观评估有侧重地选择适合企业的知识产权战略，优化知识产权战略的类型。企业只有提高综合运用知识产权战略的能力，在技术创新过程中，吸收、培育出自己的研发能力，开展基础研究，才能使企业和实际应用不会产生脱节，并带动企业可持续发展。在产学研过程中产生的知识产权保护和管理问题也是新问题，如何协调合作各方的利益关系，需要利用相关的知识产权法、合同法等法

律来理顺合作各方的权利与义务，规范各方的权限与责任，以保证合作顺利进行。因此，关注产学研合作中的知识战略也是当下中小企业知识产权战略组合的重要内容。在全球化竞争背景下，先进国家的企业通过知识产权组合策略应对不同的市场竞争环境，并积极做好知识产权的跟踪、预测和布局。中小企业知识产权战略的推进需要从技术、市场和法律的三维坐标决定研究开发路线，规定知识产权的伸展空间，把握技术竞争主动权。

第三节　推进中小企业实施知识产权战略对策建议

中小企业实施知识产权战略是促进技术创新、提高企业竞争力，适应竞争环境的重要保证。但由于中小企业的生存和发展的企业内外部环境的差异，中小企业必须选择适合企业发展的知识产权战略，才能真正提高企业的竞争性和战略优势。

一　加强企业家知识产权战略意识，将组织聚焦于知识产权战略

中小企业知识产权战略的成功运用，首先离不开企业家明确的知识产权战略意识。中国中小企业在资金和技术上的优势均不明显，要突破国外先进技术的知识产权壁垒，就必须采取综合的知识产权战略。知识产权战略作为企业发展战略的子战略，需要同技术创新战略、市场战略协同发展，才能发挥"1+1+1>3"的放大效用。企业可以通过知识产权战略规划、知识产权制度建设、知识产权专业人才吸纳和培养、知识产权管理体系的完善等方式，将组织逐步聚焦于知识产权战略，在生产和经营活动中提升综合保护和运用知识产权的能力。

二　逐步提升企业知识产权综合管理水平，动态推进知识产权战略

提升中小企业知识产权综合管理水平，一是要加强企业知识产权战略的制定和推进，有效依据企业创新能力强弱和专利价值高低，组合运用各种知识产权策略；二是提升运用知识产权制度的能力，掌握国内外同类产品的技术发展水平和专利权状况，避免低水平重复研究和侵犯他人的专利

权；三是建立完善知识产权管理制度，对创新成果采取有效的知识产权保护方式，并在机构、人员、经费等方面予以保障；四是落实技术要素参与收益分配的政策，深化内部分配制度改革；五是及时评估和反馈知识产权战略的实施效果，根据技术进步水平和企业发展阶段动态调整知识产权战略的实施。

三 建立多元化知识产权创造开发体系，培养知识产权运营能力

中小企业实施知识产权战略的目的就是促进自主创新成果的产出和保护，协调自主创新成果的扩散。中小企业在加大科技投入的同时，也要看到重大的专利成果更多地出现在与其他学科和技术交叉的领域，因此加强知识产权战略联盟的建立和运用也是推进中小企业知识产权战略实施的重要组成。同时，中小企业还可以与高校、科研院所以产学研结合的方式，委托开发或共同开发专利技术，并通过合同管理确定专利权属，鼓励专利技术有偿转让和折价入股，加速知识产权的商品化、市场化和产业化。中小企业通过多元化知识产权创造和开发体系不断提升知识产权价值，通过与技术标准结合、与品牌结合等策略，形成基于"R&D 投资"取得"知识产权"，知识产权获得"许可收入"，许可收入再用作研发投资的动态过程，培养运营知识产权的能力，使知识产权在技术转移和投资的过程获得最大效益。

四 加大政府支持力度，营造良好的外部环境

加大政府支持力度，营造良好的外部环境，使企业知识产权战略同地方和国家的知识产权战略相融合。一要完善生物技术的相关立法，积极学习、借鉴国际上生物技术立法的先进经验，制定和完善关于专利转让与许可、中介机构建设、风险投资、中小型科技企业借贷担保等方面的法律法规，有利于促进生物技术的研发。同时，根据生物技术领域知识产权发展情况，及时制定和修订国家技术标准。二要优化知识产权保护环境，切实有效地维护市场秩序，将知识产权保护纳入社会诚信体系建设，严格整治和规范市场秩序。三要提供多元化的知识产权平台建设，为企业提供知识产权内容的综合服务。通过建立健全区域知识产权援助体系，开放知识产

权服务市场，建设一批知识产权援助的骨干中介机构，集成知识产权信息资源，整合专利数据库、标准数据库、知识产权政策等专业信息，依托知识产权服务体系和信息平台，提供高附加值的知识产权服务。

第二十六章　杭州未来科技城海归人才经济的经验与启示

为才而建、因才而兴，未来科技城一直把吸引、集聚海外高层次人才作为优先目标，把优化人才发展环境作为核心战略，通过营造良好的政策环境、服务环境和宜居环境，在海外人才"引得进"、海外人才"留得住"、海外人才"干得好"等方面的探索取得了显著成效（包海波等，2019）。

第一节　海归人才经济发展初见成效

经过几年发展，一大批以国家"千人计划"人才为代表的海外高层次人才迅速集聚，一支以海归系、浙大系、阿里系、浙商系为代表的"新四军"不断壮大，有力带动了区域"大众创业、万众创新"浪潮的蓬勃兴起。未来科技城已发展成为全省创新创业人才最密集、增长最快的人才特区和人才高地。

一　海归高层次人才集聚成效初步呈现

海归高层次人才引进规模不断扩大。未来科技城已累计引进海外高层次人才3120名，属于"国千"和"省千"层次的人才数量达329名，占海归人才总数10.5%，其中"国千"136名，"省千"193名。两院院士10名，海外院士5名。梦想小镇和阿里巴巴西溪园区集聚各类高层次人才分别达到4000余名和17000余名，科技城累计新增创新创业人员超过10万人。海外高层次人才落户海归创业项目746个，入选省领军型创新创业团队7支，海归高层次人才整体水平不断提高。普遍具有高学历且具有丰富的工作经历。未来科技城人才具有硕士及以上的学历占比98%，为创业创新打下坚实的知识基础。98%的人才具有硕士及以上的学历。在硕士及以上学历中，拥有博士学历的人才数量占到全部人才的半数以上；高端人才的教育和工作背景层次也很高。"国千"人才技术优势显著，电子信息和生物医药产业"国千"人才创办的海归企业发明专利数分别为"非国千"企业的5.1倍、3.1倍。

二 海归人才经济发展模式不断成熟

海归企业成长性好、对资本市场吸引力强，已成为新兴产业集群化发展的主力军。海归企业已成为高水平研发活动的核心主体，8家省级重点企业研究院均为海归企业；入选"雏鹰计划"的221家企业和41家"青蓝计划"企业中，90%以上为海归企业；35家省级研发中心和49家市级研发中心中海归企业占比分别达到62.9%、87.8%。海归企业在新药研发、人工电子耳蜗系统、计算机视觉等领域取得重大突破。海归企业在新兴产业领域涌现出一批明星项目和成功商业模式，吸引各类社会资本助力海归人才经济快速发展。已有1家海归企业（正元智慧）在创业板挂牌上市，16家海归企业在新三板挂牌上市，21家海归企业在省股权交易中心挂牌。400余家生物医药类企业中海归企业占比将近50%，已有30%以上企业进入产业化阶段。海归企业云基于高新技术产业领域，其中信息技术领域企业占比25%，软件与物联网占比23%，云计算大数据占比14%，文化创意占比25%，装备制造等其他产业占比11%。

三 国际高端网络链接不断完善

国际人才网络范围逐渐拓展，展现出"兼容并包"的发展态势。亚洲地区的人才数量所占比重最大，达到3/4，主要包括日本、新加坡和韩国等。占比位列其次的为欧洲，比重达12%，主要包括英国、法国、瑞士等。再次为北美，共占8%的比重，主要包括美国和加拿大。合作网络层次逐渐提升，实现世界500强项目"零"的突破。浙江贝达药业联姻美国安进公司，推动创新型生物医药研发和市场化，共同推进安进公司抗癌药物帕妥木单抗在中国的市场化，以便尽早并有效地将帕妥木单抗引入中国，让中国患者受益。IBM投资入股世导销售通路平台项目。2016年11月，国内领先的公有云服务商世导集团与IBM公司签署战略合作协议书。

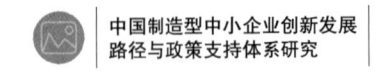

双方在公有云领域展开深入合作，IBM 提供从理念、技术到服务的全面指导与支持，帮助世导集团建立基于 IBM 天合应用服务器（PowerLinux）的"e 掌管"公有云服务基础架构平台，并助力其成为全球领先的云管理服务提供商。

第二节　杭州未来科技城海归人才经济发展的主要做法

以精细化的项目管理带动项目层次的高端化，以"基础设施建设先行、公共配套建设跟进"的思路，完善国际化发展的软硬环境，提升区域规划和公共服务的国际化水平，通过拓展获取国际高端要素的外部渠道，吸引国外高端人才及大型科技型企业到未来科技城发展。

一　推进海创园建设，搭建海归人才创新创业平台

浙江海外高层次人才创新园定位为按全新机制运行的人才改革发展试验区，集聚海内外高层次人才的创新创业高地以及辐射长三角的西溪智力硅谷。紧贴国际高端人才多样化需求，打好"政策＋服务"的组合拳。研究制定引才奖励、人才房租售、人才创业项目补助等一系列建设人才特区的政策。主要包括《未来科技城（海创园）引进人才创业资助奖励管理办法（试行）》《浙江海外高层次人才创新园人才评审管理办法（试行）》《浙江杭州未来科技城（海创园）人才租房补助管理办法》《浙江杭州未来科技城（海创园）人才安家费（购房）补助操作细则》等，目前累计落实海归人才创业资助 1.5 亿元。在政策上，重点实施了省市区各级的一系列扶持政策的细化落实工作，并创新研究出台了《人才租房补助管理办法》《引进人才创业资助奖励管理办法》等一系列政策。人才招引工作多管齐下，与国际高端机构建立长期合作，建立海外名校引才工作站，发挥硅谷海外引进人才工作站的作用，加强省市相关职能部门的联系，打造"一站式"创新服务体系，人才引进逐步从"零敲碎打"到"滚雪球式、成建制式"转变。

二　搭建资智对接平台，推动"三库"互通

搭建资智对接平台，实现海归本土化和民企高端化。充分发挥浙江民

营企业发达、民间资本充沛的特色优势，着力推动海外智力与民间资本的有机结合，确立"人才+资本+民企"的特色发展模式。通过多方收集人才信息，建立"人才库"；积极引进天使投资、风险投资、私募基金等各类资本，专门建立创业引导基金，设立创业金融贷款风险池，吸引多元投资主体，建立"资本库"；加强与人才及企业的沟通联系，多方掌握融资需求，建立"项目库"。有效引导民间资本向科技资本、产业资本转化。通过建立1亿元的创业引导基金和4亿元贷款风险池，引导民间资本与海归创新创业项目对接。目前已累计引进股权机构47家，管理资本超过85亿元，吸引省市区引导基金阶段参股2亿元，105家海归企业获得融资，融资规模超过20亿元。

三 加强项目管理，提升国际化项目的质量

突出以项目带动海归人才发展，从宽进宽出粗放式管理向提高项目准入门槛、引进高质量项目上转变，增加人才服务中心把关职能。提高项目评审门槛，严把项目评审关，在评审对象上，从纯海归人才向国内外高层次人才团队扩展；在评审专家的选择上，从高校教授为主向风投、省市相关部门行业专家为主转变；增加人才服务中心把关职能，在海归项目签订《工作任务书》前，会同财政、经发、招商等部分人员上门走访后，集体研究确定。项目申请人层次普遍较高，其中有国家"千人计划"、浙江省"千人计划"，而且多数人都有丰富的科研经验或自主创业的经历。细化项目管理内容，实施人才创业导航计划，为人才项目搭建成长的空间平台，加快推进"苗圃—孵化器—加速器"培育链条建设。提高项目服务精度，按照"市场化+国际化"思路，为人才企业提供人事代理、外包、户籍档案等中介服务以及社保、公积金等咨询业务，抓好国省"千人计划"申报精准服务。

四 打造高标准基础设施和公共配套，营造良好的创新创业环境

努力打造国际化人才集聚的一流环境，是未来科技城建设开发的灵魂所在。坚持保护并开发好湿地、丘陵、湖泊等自然资源，引绿入城、引水润城，在良好的生态本底上精心嵌入城市功能，以良好的自然生态孕育创

新创业生态健康成长、生生不息。在城市基础配套建设中，积极引入国际化的现代城市元素，从整体上优化城市景观风貌、空间格局、业态功能。未来科技城注重加强城市公共产品供给力度，着力推进未来科技城 CBD 城市综合体建设，不断优化城市综合交通体系，不断加强具有国际较高水平的高质量医疗、教育供给和国际人才社区建设，使未来科技城成为创新创业群体集聚的栖息地，成为他们实现理想和抱负的梦想家园。坚持产城融合、灵活分区、功能复合、集约高效的原则，系统开展城市总体规划、产业功能分区规划、建筑风貌设计导则等各层次规划编制，着力将杭州未来科技城打造成融科技、生态、人居为一体的绿色科技新城。

第三节　杭州未来科技城海归人才经济的启示与建议

本书对杭州未来科技城对海归人才经济建设的规律机制做出有益探索。但目前受到中美贸易摩擦与科技竞争的影响，全球高端人才招引竞争日益激烈，全省各地遇到了"引才难、留才难、育才难"等问题。有必要从全省层面进行统筹谋划，推动浙江省海归人才经济从孵化模式走向集群化发展模式，从而更好地带动浙江省经济高质量快速发展。

一　发挥地方特色，完善引育机制，加速海归人才聚集

一是加快数字经济和生命健康等重点产业的海归人才集聚。把海外人才招引工作与浙江省"三廊两区一带"创新体系布局与重点产业布局统一起来，加强海外高层次人才专项基金投入，重点支持之江实验室、甬江实验室等高端创新平台的国际人才引进。二是改进海归人才创业扶持机制。分类设置政策扶持方式，对生命健康等研发型经济特征显著的产业领域，积极引入领军企业和高端创新平台，适度延长生物医药企业孵化政策支持周期。在数字经济等规模化发展需求大的产业领域，通过产业引导基金、"凤凰计划"对海归企业的引导扶持、推进"国际人才创新创业板"对接科创板。三是建立更加积极开放有效的人才制度体系。建议在杭州未来科技城、杭州高新区（滨江）等海归人才创新创业基地探索"一卡通"试验区，适当扩大"一卡通"的服务人群规模，让更多外籍人才便利高效地在浙江工作生活。四是紧扣海归人才发展需求，提升创业创新大环境。深化人才

领域的"最多跑一次"改革，支持高端国际人才社区建设，加快建设高端人才公寓、国际学校、双语幼儿园等配套设施，推动定点医院实现与国际医疗保险结算体系的衔接。

二 紧盯国际前沿技术领域，进一步建设国际合作网络体系

一是紧盯国际前沿技术领域，坚持把吸引集聚海外高层次人才作为优先目标，建设好全省人才引领发展的"先行地和试验田"。瞄准人工智能、生物医药、新能源、新材料等前沿领域的产业链高端、前沿技术及自主知识产权三大方向，积极引进一批科技含量高、发展潜力大的国际合作产业化项目，引进一批掌握核心技术的研发机构，引进一批具有自主知识产权的人才团队，促进高新技术成果转化与产业化。二是加强与国际一流科技园区的系统化合作，融入全球创新网络。加强一流国际创新人才、学科、大学、研究机构、企业、投资机构、服务机构的引进与合作，打造一流国际合作平台。三是系统打造国内外一体化对接的一流学科人才集聚高地。在融入全球创新网络基础上，加强国内一流学科人才、机构和企业的引进集聚，加强院士工作站、院士村等高水平平台的打造，有重点地引进和培养带技术、带专利、带项目、带团队的领军型人才和高层次创新团队，重点建设人工智能、生物医药等若干有特色优势的学科领军人才团队。

三 打造城市国际化标杆，进一步提升集聚和链接水平

一是提高城市规划管理水平，打造城市国际化标杆。高水平定位未来科技城的发展方向和功能，强化规划统筹引领，深入开展绿色交通网络体系、公共空间、公共设施布点、城市国际化等战略规划研究，探索各类用地空间的有效利用，着力提升城市综合承载力和国际化水平，打造城市国际化标杆。二是加强前瞻战略布局，提高未来科技城城市国际化品位。以一流的国际化创新创业社区、浙江转型发展的引领区与高端人才特区、杭州现代化城市副中心和城西科创大走廊发展龙头的战略定位，进一步提升未来科技城的城市国际化品位。三是加强基础配套建设，构建国际化城市环境和生活圈，进一步加大公共服务投入，满足国际高端人才落户、定居以及区域居住、教育、医疗、休闲、运动等需求。

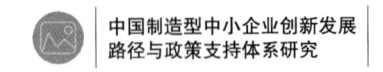

四 系统提升公共服务能力，进一步完善创新集聚和产业发展机制

一是完善人才服务的全程政策链，梳理科技城发展中的体制与能力"瓶颈"，进一步完善人才服务的全程政策链和服务链。做好人才服务配套工作，构建引育、发展、评价、服务、兑现为一体的政策链，为创新发展提供一流的政策环境。二是完善综合产业政策体系，打造未来科技城涵盖初创期、成长期、成熟期的完备的产业体系。三是打造一流的公共服务平台，促进未来科技城打造国际高端要素集聚的重要试验田，成为集创新人才培养、共性技术和关键技术研发、创新成果孵化转化、技术交流的重要基地。

第二十七章 关于推进中小企业数字化转型发展的对策建议

2020年4月，习近平总书记在浙江发表重要讲话："把浙江的过去、现在和未来贯穿贯通起来，把浙江与全国、全世界紧密联系起来，更加彰显了浙江作为'三个地'的新时代方位。必须坚决扛起'三个地'的担当，加快建设新时代全面展示中国特色社会主义制度优越性的重要窗口。"在浙江积极打造"数字经济一号工程"的窗口效应进程中，大力推动中小企业数字化转型发展成为重要举措之一（王黎萤等，2020）。

第一节 浙江省数字经济发展现状

一 数字经济消费互联网窗口效应成效显著

杭州消费互联网建设成效突出。2019年11月11日，阿里天猫"双11"以2684亿元的成交额再次刷新纪录。2020年1—5月数据显示，半年来杭州数字经济增加值达17%，主营业务收入达1.25万亿元。中国（杭州）跨境电商综合实验区、新零售示范之城建设、eWTP示范区项目得以推行。杭州政府认真贯彻落实《杭州市新零售发展五年行动计划（2019—2023）》，以打造"新零售示范之城"为目标，进一步加强与阿里、网易、口碑、苏宁、盒马鲜生等企业的协调对接，持续推进电商平台布局线下新零售网点。杭州市开展了跨境电商E贸节。联合重点平台及区县（市），实施百家平台助万企、百家机构育千品、百个城市共建新丝路等行动、线上线下服务跨境电商企业发展。率先走通跨境电商B2B出口9710、9810新模式，落地9610出口所得税核定征收模式，成功走通首批保税出口包裹退换货业务、特殊区域跨境电商出口海外仓零售模式和 9610 模式下包机出口包裹退货。杭州政府会同阿里巴巴和海关等创新推进 eWTP 重点项目，借助 eWTP 公共服务平台，已经整合了 95 个海外合作点和海外仓纳入综试区海外合作圈，为跨境电商企业"走出去"提供海外仓储物流、配送、售后等专业服务。1—5 月，培育跨境电商新品牌 72 个、大卖家 62 家，实现跨境电商进出口总额 383.46 亿元，同比增长 11.41%。其中出口 259.98 亿元、进口 123.48 亿元，同比分别增长 9.33% 和 16.06%，出口占全市总出口额比重达 21.27%。

二　全省新基建工作稳步运行，数据中心初步建成

杭州市基本完成城市 5G 和乡村 4G 基础工程布局。截至 2020 年 6 月，杭州市完成 5G 基站建设 5654 个，完成全年 7000 个基站建设目标任务的 80.77%，5G 产业扶持项目基金的使用正稳步推进。国家（杭州）互联网交换中心正式运行，数据中心改造和集约化建设有序推进，新增服务器数量 3.5 万台以上。杭州乡村百兆光纤接入率 90% 以上，行政村 4G 基本实现全覆盖。宁波已建成 5G 基站 3100 个，实现市域光网全覆盖，4G 用户超 1064 万。杭州市数据资源局强化数据归集的应用导向，积极开展 2020 年杭州市政务信息系统普查和数据目录编制工作，已完成 58 个市级部门及 15 个区县（市）3106 套信息系统上报，编制数据目录 4984 条。截至 2020 年 6 月，大数据中心累计汇聚 51 个部门 4391 张表 7 万个字段 1490.45 亿条数据。宁波市编制了《宁波市新型基础设施建设行动方案（2020—2022 年）》，优化布局公共数据中心、国家北斗导航位置服务浙江（宁波）数据中心及特色产业数据中心。

三　"一人一码""一企一码"系列应用全面开花

杭州完成在城市大脑体系框架下基于政务云平台的健康码 2.0 平台建设，已完成健康证明、健康档案、一键急救等健康应用功能的接入。截至 2020 年 6 月，"一码就医"累计服务 100.1 万人次，电子健康证查询服务 55.48 万次，健康档案查询使用 12.66 万次，预约挂号服务 20.28 万人次，心理援助服务 4.12 万人次。宁波市推行"宁波全域一码通"、研发"宁波疫情核录平台及 APP"、强化视频大数据智能研判、开展智能应用专项活

动和涉疫管控人群关系图谱分析等手段,加强人员精准性管控,有效支持"三复"工作有序开展。依托杭州数字农业综合平台,以"一个基础数据库、一个服务平台、一个客户端"为核心建设西湖龙井茶数字化管理系统,依托云计算、大数据、移动互联网、二维码、GIS 地图、短信网关、5G 技术实现西湖龙井茶生产、加工、销售及市场运营的全流程追溯,首次实现西湖龙井茶产量核准、电子标划转、证明标申领、贴标销售、防伪追溯的全站式闭环管理。

第二节 浙江省中小企业数字化转型面临问题

一 工业互联网的窗口效应有待提速

杭州在消费互联网领域凸显了电商平台创新优势,打造了世界电商中心。作为副省级城市的宁波,虽然有强大的制造业基础,但其城市的产业优势并未凸显。宁波 2019 年数字经济核心产业增加值为 676 亿元,省内排名第二,距离第一名的杭州 3795 亿元差距较大。目前,宁波深入实施"科技创新 2025"重大专项活动,加快在智能芯片及基础软件、智能信息设施及产品、高端数控机床及工业机器人等领域实施技术攻关。谋划推进智能成型、工业互联网技术创新中心建设发展,但增速仍然有限,亟待通过一系列举措加快工业互联网中心城市的培育建设,加大重大项目的支撑。

二 存在关键行业必要数据的不可获取问题

通过走访杭州和宁波地市,目前各设市区普遍存在区域数据应用层面局限性较大的问题。在整体管理上缺乏浙江省全域乃至长三角区域的整体数据。如部委有关金融、房产的数据地市无法获取,无法进行全面整体的数据价值分析工作,现有的地区片面数据不足以支撑数据价值的开发利用。各地市的数据录入标准和规范有待统一,避免重复编码,需要开展数据目录的标准先行工作。

三 企业码和数据码应用有待完善

浙江省全域借鉴"健康码"在疫情防控中发挥作用的成功经验,又率

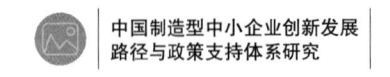

先推出为企业精准服务的"企业码"。调研发现，企业码的推行的目标是打通省市县三级数据通道，实现了多部门多业务协同，使基层精准服务企业成为可能。但目前企业反馈各个部门都有一套自己的数据库，且一般部门数据尚不可共享。企业需要多次重复填写多个码来完成政府数据采集工作，对企业造成了一定困扰。亟须通过打通各级部门数据采集系统来实现"一码通"的服务。

四 产业链延链强链问题有待突破

通过摸排进口替代和"卡脖子"关键核心技术，发现目前还存在"小部件""小零件"的断供情况，达不到省、市重大创新项目的资助条件。如三花控股集团有限公司就提出高性能贴片电阻电容由日本、中国台湾企业垄断，2017 年至今，多次 50%—300% 的恶性涨价，导致供应链经常中断，多次严重影响企业正常运营。急需省政府出台相关政策，加强对产业链中"小部件""小零件"研发和产业化的支持。

第三节 推进浙江省中小企业数字化转型发展的对策建议

为实现 2020 年浙江省基本建成创新型省份的重要目标，依据袁家军省长政府工作报告中关于大力推进数字经济为发展聚力的指示精神，结合疫情期间浙江省数字产业化、产业数字化所呈现的问题以及数字技术对产业转型发展支持所存在的不足，对标国家数字经济示范省建设方案和数字经济"一号工程"任务要求，提出后疫情时期浙江省应着力推进实施的八项数字产业关键突破工程，助力中小企业数字化转型发展。

一 数字基础能力提升工程

一是加强"政产学研用资"合作机制，构建数字关键技术研发突破的创新要素支撑。鼓励构建以企业为主导，"政产学研用资"密切合作的数字基础技术研发创新网络。着力打造数字技术高端人才及其他要素支撑建设，加强工业机器人、智能传感、云计算、大数据等共性技术的研发，提高数字技术的原始创新以及针对企业应用场景的颠覆式创新，加强核心技术有效供给。二是加快数字基础设施建设，夯实并打造数字产业发展的基础支撑和新动能。加快完善信息网络基础设施，实施信息基础设施和物理基础设施的数字化改造，强化数字经济基础支撑。建设可靠性高、覆盖面广的工业互联网基础设施，加快推进人工智能、物联网等新型基础设施建设，促进互联网、大数据、人工智能与实体经济深度融合，形成数字产业高质量发展的新动能。三是加快数字产业发展平台建设，提升大数据基础运营能力。建设省级大数据统一管理及应用平台、数据融通平台，为大数据管理、深度分析挖掘提供公共支撑，强化数据集聚、应用与融通渠道。完善省、市、县三级大数据交换渠道，进一步完善覆盖到县级的数据资源共享平台。

二 数字重点产业建设工程

一是加强数字重点产业的布局和培育，建设现代数字产业体系。紧密围绕数字核心产业构成和突破发展关键领域，聚焦发展重点，牢固打造和积极培育新一代信息技术制造业和高端软件与信息技术服务业，培育壮大大数据产业、互联网产业，积极推进新一代人工智能产业，建立浙江省现代数字产业体系的牢固根基。二是支持数字产业软硬件产品建设，加强数字产品与企业生产结合的能力。构建数字产业基础性、通用性软硬件产品建设，推动工业大数据存储与管理、分析与挖掘等产品开发，支持存储和网关设备、传感器、服务器等硬件产品发展。加强供需对接，推动数字产品在企业研发设计、生产制造等产业链环节的应用。三是健全数据信息安全管理体系，为产业信息安全防护提供原始支撑。建立完善以政府和行业主管部门为主导、第三方技术服务机构参与的数据安全保障体系，健全数据信息安全管理制度。加强网络安全信息统筹机制、手段、平台建设，建立覆盖行业基础感知层、中间平台层和终端应用层的标准化数据信息安全体系。

三 数据融通能力提升工程

一是加强企业数字化转型的顶层设计，构建稳定有序的企业数字生态。聚焦前沿增长机会，制定面向未来的数字化战略，加强企业数字化转型的全局规划和顶层设计。加速数字生态建设，不断拓展企业业务边界，提升"新旧"业务协同，逐步推进企业全业务升级。支持通过数字化技术的深度应用整合大中小企业资源要素。二是加快企业数字化转型数据融通及标准体系建设，破解企业数字化转型中的信息孤岛现象。重点建设一批公共服务、重点行业和大型企业数据中心，支持第三方机构以数据服务、数据分析、数据交易等业务形式推进行业数据聚合。探索数据应用规范和标准，由标准化研究院等机构负责建设开放标准服务平台，帮助破解企业数字化转型中的信息安全难保障、数据标准难统一、数据流通难共享问题。三是加强数据中台建设，提升企业基于场景的垂直应用能力。鼓励建设行业基础软件平台和重大集成应用平台，打造数字技术与外部资源整合的基石，促进形成垂直领域数字化解决方案。支持浙江头部互联网企业、独立中台开发商、一体化数字企业服务商等数字中台建设，提高供需双方间的数字化对接效率。

四 实时工业控制系统普及工程

一是加快 5G 赋能传统制造业转型，助力企业柔性制造生产。加快浙江省 5G 技术商用化进程，打造支撑 5G 三大应用场景的高品质网络，加强 5G 在工业互联网、车联网等领域的应用示范。鼓励企业运用 5G 技术，无缝连接生产设备，打通产业链环节，构建智能制造网络，实现工厂模块化生产和柔性制造。二是加快发展工业互联网平台和"智能+"服务模式，推动制造业向数据驱动型创新转变。推动特色产业集群工业互联网创新应用试点示范，完善工业互联网生态体系建设。构建工业互联网供给资源监测机制，扶持一批工业互联网解决方案商，由"智能+"接棒"互联网+"，推动数字解决方案商与制造企业精准对接、深度合作。鼓励企业开发制造业应用场景下的生产流程优化、质量分析、设备预测性维护、智能排产等工业应用 APP。三是深入推进制造型中小企业"上云上平台"行动，助力企业全生命周期决策及管理。有序推进企业上云上平台计划，从业务改造、技术能力、组织结构、人员储备等方面加强企业上云支撑。加强面向中小工业企业、生产制造环节以及初级应用阶段的财政补贴，支持生产数据上云。加强两化融合管理体系在优势产业集群和制造型中小企业的推广，推动企业通过云上平台实现企业全生命周期决策和管理，促进增强企业核心竞争力。

五　数字成果转化效率提升工程

一是加强数字知识产权保护，探索数字成果转化新模式。加强数字产业知识产权理论和实践研究，分析数字时代知识产权保护的边界以及新型竞争知识产权保护与反垄断的关系，设计数据采集和使用管理保护方案，探索数字创新成果转化的新模式和积极应对方案。二是打造高校科技成果转化中心，提升数字成果转化效率。借鉴广东经验，由政府牵头成立高校科技成果转化中心，形成"管理中心＋线上服务平台＋高校转化基地"的"1+1+N"模式的建设和运营。鼓励高校创新成果转化基地引进第三方科技成果转化团队，提高高校数字科技成果的转化效率。三是健全"浙江拍"模式，推进数字成果转化项目实施。完善基于区块链技术的"浙江拍"模式的科技成果市场交易机制，鼓励金融投资机构参与，探索数字科技成果转化渠道和利益分配机制。实施数字产业领域重点成果转化项目，形成重点科技成果的分类评价机制，推进数字技术成果积极转化为现实生产力。

六　数字产业创新服务综合体提质工程

一是完善产业创新服务综合体建设，"四链融合"助力数字产业创新发展。结合数字产业关键领域目标任务加强创新综合服务体的顶层设计，做强创新链、做优服务链、做大资金链、做深人才链，扩大创新券的受惠面，提升综合体为数字产业的服务效能。二是打造"一站式"公共技术服务平台，全方位服务于数字产业发展。积极打造集标准、计量、检测、认证、知识产权、反垄断等质量基础设施技术支撑于一体的"一站式"公共技术服务平台，为产业创新综合体内各数字创新主体提供精准、快速、便捷服务。三是积极培育区块链产业创新服务综合体，加强技术广泛应用能力。发挥浙江省区块链生态先发优势，积极引导浙江省区块链行业龙头企业参与，重点扶持区块链与人工智能、大数据、物联网等前沿信息技术的集成应用产业创新。推动区块链技术在工业检测等制造领域以及教育、就业、养老、精准脱贫、医疗健康等民生领域的应用。

七　区域数字发展畅通工程

一是充分利用长三角数字协同发展机遇，助力浙江省关键数字项目实施。优化浙江网上技术市场建设,加大鼓励科研团队和中介服务团队的参与力度,做好长三角数字科技成果要素流动的承接准备。整理三省一市高端创新载体清单,发挥浙江省营商环境和创新支持优势,主动谋求数字项目对接与合作,助力浙江省关键工程项目落地。二是推动产业和科技平台建设,促进数字资源共建共享。加快物联、数联、互联的相关布局,推进与相关省市数字产业和数字科技共享平台建设,推动数字创新资源的共建共享和创新券通用通兑,优化数字资源的配置效率,深化重点领域智慧应用的区域联动。三是推进数字产业"飞地创新",创建数字要素对接长效机制。围绕浙江省区域发展优势、数字特色产业优势以及数字企业创新发展需求,建设一批企业创新"飞地"和生产制造"飞地",构建区域资源对接协调,形成数字产业深度合作、互利共享的长效机制,助力数字与产业融合发展。

八 公共事件应急管理健全工程

一是加快应急管理设施的数字化改造,建设统一的信息化应急管理平台。整理利用现有应急管理相关应用系统,加快应急管理设施的数字化改造,建设统一的信息化应急管理平台,促进应急信息联通。打通省市县区数据交换渠道,推进应急数据上下互通。二是建立"城市大脑+智慧安监"模式,构建精准化事故预防应用体系。依托城市大脑的大数据分析能力和成熟的物联网感知技术,抓好基础信息的梳理汇总、安全分级、在线监测和有效跟踪,探索建立"城市大脑+智慧安监"管理模式,积极打造高效运行的事故防控体系。三是提高特殊时期数据治理能力,为精准施策提供数据支撑。建设覆盖各行业和各区域的分级分类产业大数据和产业云图,依托工业互联网平台大数据分析挖掘能力强化数据治理,促进企业突破时空限制及时获取产业链各环节、各"痛点"的及时情报,为企业多元业务下的有效定位和高效创新及应急响应精准施策提供数据支撑。

第二十八章 "互联网+"战略下推动中小企业创新发展的政策建议

随着工业化、信息化深度融合进程加速,"互联网+"、中国制造战略的实施,为符合多品种、小批量、定制需求、柔性化生产方式的中小企业带来重大发展机遇。中小企业是"互联网+创新"的核心承载,通过创新模式多元化和创新变革成为提升创新链效率核心驱动器(王黎萤等,2016)。

第一节 "互联网+"战略下推动中小企业创业创新的重要意义

一 中小企业是"互联网+"战略下最为活跃的创新主体

"互联网+创新"主要表现在大数据、云计算为代表的信息技术的升级与迭代,并遵循技术创新—商业创新—产业创新以及三者之间的全面重构,通过没有时空限制的互联网与电子商务,让更多的中小微企业在创意获取、精细化生产、平台运营和商业模式创新等创新链模块中发挥积极的作用。"互联网+创新"大大降低了创业门槛,新创中小微企业积极活跃在创新发展一线,新兴行业中小企业已经成为"互联网+创新"的生力军。

二 中小企业是"互联网+"战略下提升创新效率的推动者

对于中小企业而言,"互联网+"是一个商机,因为从破坏性创新的角度看,绝大多数破坏性创新都不是行业里的主流企业发起的,往往都是行业里不起眼的小微企业先试先行。"互联网+"时代以"快鱼吃慢鱼"著称,只有快速适应市场变化、响应技术变化，才能领跑创新。小微企业以决策迅速、反应快为特点，在互联网创业创新中具有很大优势。在阿里巴巴、腾讯、京东等互联网平台上活跃着大量中小企业从事创业创新。"互联网+"创造了诸如阿里巴巴、淘宝、eBay等巨型平台，以平台方式提供信息、支付、信用、云计算、物流等一系列基础设施服务，支持数百万中小企业和个人创业者开创了"巨型平台+中小企业"的先河。中小企业以船小好掉头、灵敏的市场嗅觉能积极地响应市场用户需求，不断以"碎片化"优势嵌入创新链的各个环节。互联网与电子商务加速制造业和服务业的融合，中小企业在创意前端和商业化后端催生新型业态，在生产性服务业和消费性服务业领域成为提供公共产品、公共服务的新力量和经济发展的新源泉。

三 中小企业是"互联网+"战略下推动创新服务的开拓者

中小企业是"互联网+"战略下推动创新服务的开拓者。通过集中开发高效的O2O业务工具和决策工具，让农业、制造业、金融业、服务业都可以低门槛、便捷地享受到互联网新经济的巨大红利。"互联网+"让中小企业在基于极速创意的创新聚合、基于分包的产能聚集以及产、销、融生产性服务业中发挥灵活的核心竞争力。中小微企业由于其机动灵活的特点，更能适应个人化、定制化的"新制造"特征，通过多元化和差异化突破传统上围绕大企业的配套角色定位和边缘市场补充者身份，成为社会中最具活力的创新力量。大企业"搭台"，中小企业协作创新与生产促使"大平台+小前端+富生态"的组织形态开始大量出现。"大平台"通过流程优化，做好供需双方的预测、分配和撮合，形成"一星多卫"的产业链集群和创新链集聚。围绕"智能生产"衍生的诸如个性化定制、在线检测、远程诊断和维护、数据分析、节能服务等服务型中小企业，促使"智能工厂"外包服务从而集约核心生产能力。

第二节 "互联网+"战略下中小企业创新发展的现状及问题

在"互联网+"战略下，中小企业创业创新繁荣发展，成果卓著，但也存在以下相关的问题，需要通过不断的体制机制改革、政策引导和企业创新来解决。

一 "互联网+"战略下中小企业创新发展现状

(一)传统产业中小企业创新升级能力进一步显现

在市场倒逼机制下,分化出一大批具有技术创新和转型升级能力的成长性企业。中小企业走"专新特精"发展之路,在某一细分市场或高端领域取得优势,成为该行业的"小巨人"和冠军。制造业与生产性服务业的"两业"融合发展正成为传统制造型中小企业创新升级的趋势,信息化和工业化"两化"融合是"两业"融合的重要内容和具体表现。中小企业用"互联网+传统制造型企业"开展个性化定制和柔性化生产,取得良好的经济效益。从浙江现有实施效果来看,智能制造缓解了部分中小企业用工紧张状况,优化了用工结构,显著提升了劳动效率,扩大企业获利能力,节能降耗,淘汰落后产能,促进了浙江省装备制造企业转型升级与持续发展。

(二)新兴产业中小企业商业模式创新和组织创新进一步加快

"互联网+"与智能制造背景下,新兴产业中小企业的商业模式创新及组织创新进一步加快。"互联网+"推动互联网在新兴产业制造型中小企业中深化应用。新兴产业中小企业需要重新配置产品或推出新的定价模型,这是一种利用客户体验、选择和喜好进行创新的商业模式。中小企业从重资产向轻资产转型,实现向高端化、高效率、高附加值的转变,通过在高端环节获得更高产业附加价值,推动更高生产效率,进一步深耕"个性化"。通过专业化分工和价值链分析,重新定义企业在价值链中的角色和组织边界。新兴产业的智能生产更注重工人的设计管理能力和数字化专业技能,通过采取优化组织流程、以终身学习延长技能工人职业生命、最佳实践示范项目等措施,增强企业的创新能力。

(三)中小企业与大企业协同关系进一步增强

中小企业与大企业的协作配套更加紧密。在大多数重点产业集群已形成了一定的产业协作和产品配套。随着中小企业技术创新不断取得进步,配套能力不断增强,从沿海江浙到内陆秦晋等,各地开始出现协作配套专业园区,形成新型特色的产业集群。大企业通过订单生产、服务外包等多种方式,为中小企业搭建创业创新、投融资、信息化服务及国际化平台,帮助中小企业逆势突围,最终建立起协同创新、合作共赢的协作关系。大

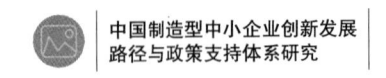

中小企业跨界协同网络更加牢固，经济全球化和外包业务高速增长为企业带来了更多跨界合作机会，越来越多的企业结成了跨界协同网络。

（四）中小企业创新资源承载主体作用进一步提升

在"互联网+"的背景下，我国中小企业承载这些创新资源的主体作用进一步得到提高。中小企业用人机制灵活，另外也存在招人留人难、人才不足的问题。为此，工信部在中国中小企业信息网专设招聘频道，自2005年起与教育部联合举办"全国中小企业网上百日招聘活动"，十年来累计有近7万家中小企业通过网络招聘平台向352万名高校毕业生提供了近83万个工作岗位。各地方政府也陆续建立了面向科技型中小企业的技术创新资金支持、奖励机制并安排了相应的资金来源，加大了研发资金的支持力度。互联网企业及中小电商企业的快速成长，促使我国中小企业承载技术和信息资源的主体作用快步提升。工信部2010年出台了《关于促进中小企业公共服务平台建设的指导意见》，全国各地纷纷建设为中小企业找得到、用得起、可信赖的公共服务平台。

（五）中小企业创新成果转化效率进一步提高

据工信部发布的数据，我国中小企业创造提供65%的国内发明专利和80%的新产品，可见我国中小企业在创新成果转化效率的提升方面做出了巨大贡献。中小企业在电子信息、网络、先进制造、新材料、新能源、生物医药等领域产生了一批具有国内外领先水平和自主知识产权的创新成果，催生了大量高新技术产业。国家创新基金会同国家知识产权局共同实施中小企业知识产权战略，在总结32个试点城市基础上，强化服务，目前培育一批拥有自主知识产权、知名品牌的中小企业，科技型中小企业在国家创新基金等支持下创新绩效提升明显，科研创新成果转化机制体制不断优化。2015年3月发布的《中共中央　国务院关于深化体制机制改革加快实施创新驱动发展战略的若干意见》鼓励各类企业通过股权、期权、分红等激励方式，调动中小企业研发人员创新积极性。

二　"互联网+"战略下中小企业创新发展存在的问题

（一）促进中小企业创新发展的体制机制仍不健全

一是促进中小企业创新的体制存在障碍，具体表现在中小企业自主创新能力不强、优秀拔尖人才比较匮乏、关键技术自给率低、科研成果产业化机制不顺等；二是创新供给和需求激励机制缺乏，我国的创新政策忽视供给和需求双重激励；三是中小企业与研究机构和大学合作的机制有待进一步完善，但目前我国众多中小企业在与研究机构合作中存在开放、公益性、市场化运作的公共技术平台缺乏，建立产学研联盟开展联合技术攻关促进政策缺失等问题；四是地方政府对中小企业创新的地位与作用认识不充分，"抓大"能够体现地方政府当期业绩，中小企业量大面广，创新成长周期较长，往往又难以引起决策层认识。

（二）促进中小企业创新发展的投融资渠道亟须丰富

一是中小企业创新的商业化投融资来源和退出等方面的机制建设有待完善，尤其是本土风险投资和创业投资的发展更为迫切；二是投融资资本的结构有待完善，要进一步扩大中小企业创新投融资的资金来源，应积极引导投融资向中小型高新技术企业倾斜；三是中小企业创新投资引导基金有待拓展，金融机构对中小企业投融资的信贷支持力度还达不到中小企业创新投入的巨大需求，政府创新资金扶持方式有待多样化，社会资金进入中小企业的创新投资领域还较小。

（三）促进中小企业创新的公共服务体系仍待强化

政府服务大企业创新可以一企一策、一事一议，基本可以做到量身定制、精准服务。而中小微企业量大面广，政府资源、调控手段、服务能力毕竟有限，难以满足广大中小微企业创新日益增长的公共服务需求。近年来，政府在促进中小企业创业创新方面的公共服务体系和社会化服务体系，还处于起步阶段，服务内容针对性不强，服务项目和内容不丰富，服务质量水平还不高。

（四）促进中小企业创新发展的人才激励制度还需加强

建立有效的人才激励制度是中小企业创新培育和可持续发展的源泉和动力，但相比大企业，中小企业不管是生产规模还是人力资源，生产资本还是社会资本都比较小，因此难以提供高薪、高福利的基本的激励政策，另外，中小企业很难吸引到或留住管理、技术等多方面的优秀复合型人才，大多中小企业的激励形式仅仅是工资、奖金和一些日常的福利，大多数企业不注重企业文化的建设，对优秀创新型人才的吸引力较弱。

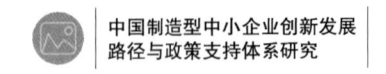

第三节 "互联网+"战略下推动中小企业创新发展的政策建议

一 优化调整各类准入政策

放宽行业准入限制，减少前置审批环节，为中小企业创新发展拓宽空间。改革产业准入制度，制定和实施产业准入负面清单，对未纳入负面清单管理的行业、领域、业务等，各类市场主体皆可依法平等进入，建立鼓励创新的统一透明、有序规范的市场环境。破除限制新技术新产品新商业模式发展的不合理准入障碍。对药品、医疗器械等创新产品建立便捷高效的监管模式，深化审评审批制度改革，多种渠道增加审评资源，优化流程，缩短周期，支持委托生产等新的组织模式发展。对新能源汽车、风电、光伏等领域实行有针对性的准入政策。改进互联网、金融、环保、医疗卫生、文化、教育等领域的监管，支持和鼓励新业态、新商业模式发展。

二 加快中小企业"创新极"建设

一是通过构筑中小企业创业创新示范基地、加强产城融合创业创新生态圈建设，为中小企业提供良好的创业空间、工作空间、网络空间、社交空间，以便利化、全要素、开放式的"创新极"带动辐射周边区域融入创业创新生态圈，激发中小企业的创业创新的成长动力。二是建设以特色小镇为代表的一批充分利用互联网基础条件中小微企业园，整合国家和省级高新区、小微企业创业基地、大学科技园和高校、科研院所的有利条件，发挥行业领军企业、创业投资机构、社会组织等社会力量的主力军作用，为广大创业创新者提供良好的工作空间、网络空间、社交空间、资源共享空间，为中小微企业提供找得着、用得起、有保障的服务，从而集聚和催化创业创新资源。三是发挥"创新极"辐射带动作用，培育企业家精神和创客文化，营造鼓励创新、支持创业、褒扬成功、宽容失败的氛围。

三 加快建设中小企业产学研合作基地

一是强化"官、产、学、研、用"的协同创新机制，以关键技术支撑平台、技术预见分析平台、专利挖掘预警平台、知识产权服务运营平台、创新人才培养平台、科技成果转化平台、信息资源共享平台、投融资平台建设为支撑。二是鼓励构建以企业为主导，产学研用合作的"互联网+"产业创新网络或产业技术创新联盟。鼓励各级创新平台向企业特别是中小企业在线开放。鼓励企业参与新兴技术标准研制与推广。按照共性先立、急用先行的原则，引导企业参与工业互联网、智能电网、智慧城市等领域基础共性标准、关键技术标准的研制及推广。不断完善"互联网+"融合标准体系，同步推进国际国内标准化工作，增强在国际标准化组织（ISO）、国际电工委员会（IEC）和国际电信联盟（ITU）等国际组织中的话语权。三是加强融合领域关键环节的专利导航作用，引导企业加强知识产权战略储备与布局。增强全社会对网络知识产权的保护意识，推动建立"互联网+"知识产权保护联盟，加大对新业态、新模式等创新成果的保护力度。

四　强化中小企业创新人才培育

一是采用稳定、引进、培养三管齐下的中小企业创新人才培育机制，吸引一批复合型人才充实到创新活动中，为创新注入新的活力；建立产学研合作培育人才的新机制；积极营造良好的引人、育人、留人、用人的环境和制度。二是引进海内外高层次创业人才，大力实施"千人计划"、领军型创业创新团队引进培育计划，带动引进海内外高层次人才和团队，整合各类重大人才工程，实施国内高层次人才特殊支持计划。三是调动科研人员创业积极性，支持省内高校、科研院所科研人员在完成本职工作和不损害本单位利益的前提下，征得单位同意后在职创业，其收入在照章纳税后归个人所有。

五　运用"互联网+"新技术新模式支撑中小企业创新

一是鼓励中小企业"特色化"成长，利用物联网、云计算、大数据等技术，整合产品全生命周期数据，形成面向生产组织全过程的决策服务信息，为产品优化升级提供数据支撑。鼓励企业基于互联网开展故障预警、远程维护、质量诊断、远程过程优化等在线增值服务，拓展产品价值空间，实现从制造向"制造+服务"的转型升级。二是引导中小企业"高端化"成长，重点推动智能制造技术在中小微企业中的运用和推广，加快推动云

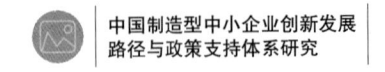

计算、物联网、智能工业机器人、增材制造等技术在中小微企业生产过程中的应用，推进生产装备智能化升级、工艺流程改造和基础数据共享。加强工业大数据的开发与利用，有效支撑制造型中小微企业智能化转型，构建开放、共享、协作的智能制造产业生态。

六　落实支持中小企业发展的金融政策

一是着重解决新建科技企业的融资问题，培育发展创业投资机构和天使投资人，加快私募基金机构集聚区发展，在有条件的地区设立小微券商、小微证券服务机构，鼓励发展政策性担保机构，为中小微企业提供融资担保服务。发展个人创业小额信贷、商标专用权和专利权质押融资、中小企业集合债、科技保险等新型金融产品，创新动产、创单、保单、股权、排污权和应收账款等抵质押方式，开发灵活多样的中小微企业贷款保证保险和信用保险产品。加快推进企业股改，引导企业到新三板、创业板、主板等多层次资本市场挂牌上市，合理利用境内外资本市场进行多渠道融资。二是着重解决创新风险分担问题，鼓励探索建立创客企业库、天使投资风险补偿机制和风险资金池，鼓励设立科技金融专营机构，推进差别化信贷准入和风险控制，鼓励各级财政部门通过贷款风险补偿、担保基金等方式给予财政扶持。

第二十九章 "智能制造"推进制造型中小企业转型发展的对策

中国作为制造大国,在研发创新等方面却较为落后,传统的制造模式以资源消耗型为主,而目前中国的人口红利逐渐消失,劳动力成本上升,环保需求强烈,传统的制造模式已经不适合现在的发展,依靠科技、管理的新的发展模式成为适应时代潮流的发展模式,因此许多传统的制造型中小企业失去了其竞争优势,企业的转型发展已成为经济改革中至关重要的一环。在这样的背景下,"智能制造"得到了前所未有的关注与重视(王黎萤等,2018)。

第一节 "智能制造"推进制造型中小企业转型发展的现状

由于中国智能制造起步较晚,技术水平、创新能力不足,因此国内许多制造型中小企业依托自身发展基础,或者专业性企业甚至高校科研力量,推动智能制造的创新与发展,形成了一个相关技术、设备创新的市场,给广大企业提供了一条新的转型发展的发展道路。面对传统制造模式的衰落与智能制造的快速发展,许多制造型中小企业紧紧抓住这一发展机会,加快引进智能制造,推动两化融合,实现了自身的转型,获得了更好的发展。

一 制造型中小企业建设"智能工厂"加速实现结构转型

制造型中小企业通过"智能工厂"建设,由原来的传统制造模式转向了智能制造模式。许多制造型中小企业选择了相对成本较低的部分改造,例如改造生产线，利用智能平台实现定制化服务等，数字化研发设计工具普及率达61.1%，关键工序数控化率达45.4%，制造企业在精益管理、风险管控、供应链协同、市场快速响应等方面的竞争优势不断扩大。制造型中小企业加紧了制造业向制造服务业的转变，销售的不仅仅是产品，而加入了产品"体验"这一正在日渐受消费者重视的消费需求。政府的相关政策为制造型中小企业提供了资金援助，推动了企业通过智能化改造实现结构转型。

二　制造型中小企业运用"智能生产服务"提升创新效率

智能生产服务下的生产物流管理主要依靠互联网、物联网、务联网（服务互联网技术），不断地将已有的物流资源进行整合利用，不断提高物流效率。在供应方提高效率的同时使需求方得到更加快速的物流服务。生产物流的效率对制造企业，尤其是对生产少量多样产品的甚至提供个性化定制服务的企业生产效率会有极大的影响。因此，生产物流管理作为智能生产服务中的一个重要环节受到了广大企业的重视，制造企业利用供应链协同平台，智能物流平台，各种智能物流装备等引进生产物流管理，提高物流效率，从而提高生产效率。通过近5年"机器换人"的努力，浙江、广东等省工业自动化和智能化生产线技术改造迅速启动推进。

三　制造型中小企业开拓"智能设备"驱动新兴市场

"智能设备"的引入提高了制造型中小企业的生产技术水平，使原先只能进行简单的产品生产的企业有能力进行较高技术水平的产品生产，例如3D打印设备的引入使企业可以进行大规模定制，计算机支撑的智能平台使企业可以更好地了解顾客需求，发展制造服务业等。因此，许多制造型中小企业引入智能设备不仅提高了生产效率，而且开拓了新的市场。随着大量智能设备入驻企业，智能设备的需求量大大增加，智能设备市场成为一个颇具规模的新兴市场吸引了大批制造型中小企业进入这一市场。制造型中小企业由于人员较少，层级较简单，因此信息传递较快，同时其组织较为简单，转变成本较低，因此具有较高的灵活性与适应性，可以敏锐地感知市场变化同时迅速做出反应，因此，制造型中小企业往往能在"智能设备"的创新上有着独特的表现。关于工业机器人的发展已初步形成京津冀地区、东北部地区、长三角地区、珠三角地区和中西部地区五大产业集聚区。

四 制造型中小企业共建"智能平台"实现全产业价值链协同

智能平台不断的发展与完善使信息的收集、传输、共享等都达到了一个很高的水平，平台内的企业可以实时上传企业的各项数据同时获得其他企业的相关数据，使企业之间达到良好的合作，实现全产业价值链的协同发展。智能制造开展基于横向价值网络的协同创新，完善大企业与中小企业间的下包型分工协作体系，建立大中小企业合作共赢的协作关系，支持大中小企业融通发展。大企业集中优势资源搭建协同创新平台，为中小企业提供必要的信息、数据等平台性基础资源和空间等要素支撑，建立合理共赢的创新产出分配机制，建立一种优势互补、利益共享的协同创新模式（宋煊懿，2016）。

第二节 "智能制造"推进制造型中小企业转型发展存在的问题

智能制造推进制造型中小企业转型发展取得了一定的成效，但依然面临人才储备不足、共性技术研发不足、核心智能部件与整机发展不同步、产业整体技术创新能力与国外差距较大、重要基础技术和关键零部件对外依存度高、部分领域存在产能过剩隐患、缺乏统计口径和产业标准、重点领域人才队伍尚未建成等问题。

一 制造型中小企业实施"智能制造"的人才储备不足

大部分制造型中小企业都面临着人才储备不足的问题，具体表现在五个方面：第一，高端机床、智能传感等高端制造装备领域缺少专业技术人才和统筹装备制造的管理人才；第二，中国对国内外高端人才的引进力度不够，引进工作不够灵活且落不到实处；第三，中国缺乏能将来自不同服务商的智能机器系统兼容的专业人员；第四，中国的企业、科研院所、高等院校对充分掌握机械、自动化、信息计划等复合型人才的培养投入不足；第五，中国尚未建立校企联合培养人才的长效机制。

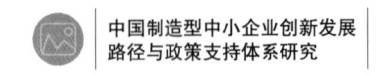

二 制造型中小企业实施"智能制造"的共性技术研发不足

制造型中小企业实施"智能制造"共性技术研发不足的原因主要包括以下三个方面：第一，产业整体技术水平与世界先进水平有较大差距，国内对智能制造装备产业的发展侧重技术追踪和技术引进，忽视了对基础技术的研发和对引进技术的消化吸收；第二，中国工业基础相对薄弱，缺少核心技术，特别是高端机床、智能传感、高档仪器仪表等智能装备受制于人；第三，共性技术对于整个智能制造业发展至关重要，若是不能在共性技术上实现创新突破，中国智能制造的未来发展堪忧。

三 制造型中小企业实施"智能制造"的资本运用不足

"智能制造"是一种全新的生产方式，需要新的技术、新的设备、新的复合型人才，如何恰当地运用各类资本，就成了制造型中小企业实施发展"智能制造"的关键。加上近年来企业"融资贵、融资难"等因素，让企业尤其是资本实力有限、资信不足、缺乏有效抵押物的制造型中小企业对包括"机器换人"在内的智能转型发展动力不足。制造型中小企业在"机器换人"项目上一次性投入资金大，利息支出昂贵，使原本流动资金短缺、资信不足、缺乏有效抵押物难以从银行获得贷款的广大制造型中小企业无法承受；转型发展资金投入回收周期长，项目投资回收期大多集中在3—5年，使很多制造型中小企业无力承担。而扶持财政、税收等多方面给"机器换人""智能工厂"等建设提供政策性金融及资金的支持可以缓解制造型中小企业在资本运用不足方面的问题。

四 制造型中小企业实施"智能制造"的协同平台不足

制造型中小企业在实施"智能制造"的协同平台时遇到了以下几个问题：第一，各个协同平台协同不足，导致整体系统不协调，二维码管理平台不足，可能导致识别不了产品或者无法掌握产品使用状态，也就无法有效地与客户沟通产品性能，导致企业信用下降，后期发展出现危机。第二，目前龙头企业并没有充分地与制造型中小企业的应用信息系统相通，这对产业链的协同程度造成了一定的影响。制造型中小企业在使用协同平台的过程中，只能接收到龙头企业提供的部分信息，这种有选择的信息会让企业的发展目标及发展方向受到限制，企业得不到完全的信息，资源无法充分整合，难以形成研制、生产、制造、销售、集成、服务等有序、细化的产业链。

五 制造型中小企业实施"智能制造"的资源整合不足

制造型中小企业在实施智能制造的过程中还面临着资源整合不足的问题：第一，技术资源不足，技术创新能力薄弱；第二，信息资源不足，市场反应能力滞后；第三，人力资源整合不足，人才流失严重。相对大型企业而言，制造型中小企业员工的学历水平较低，普遍存在员工流失问题，且流失的大多数为企业发展所需的关键性人才。如何能保持人力资源的稳定是制造型中小企业人力资源整合时首先要考虑的问题。整合知识资源，与员工建立共同的价值取向，以提高对市场变化的感应、适应能力，使企业的核心技术能够不断地形成、再生，并得以拓展和延伸，从而保持企业持续的创新能力。

六 制造型中小企业融入"智能制造"的生态环境尚不成熟

制造型中小企业想要融入"智能制造"的生态环境受到国内外两个方面的限制。一是国际方面，由于受到新冠肺炎疫情的冲击，世界经济正在缓慢复苏，跨国公司垄断势力挤压国内企业发展空间；二是制造型中小企业要想积极融入"智能制造"的生态环境，需要有强力的云计算、设备制造、电信、金融等各个部门的支持，各个部门对智能制造的理解深浅程度直接影响着企业的未来发展空间。大多数企业仍然以传统的大批量集中生产方式为主，而"智能制造"以分散化、个性化定制生产方式为主，企业没能及时地转变自己的生产方式，无法与现在所提倡的节能减排绿色发展这一目标相匹配，这对日后构建产业价值链新体系相当不利。

第三节 "智能制造"推进制造型中小企业转型发展的对策建议

鉴于目前"智能制造"推进制造型中小企业转型发展还存在许多问题，因此需要采取相关措施和对策，如加强制造型中小企业信息化建设、培

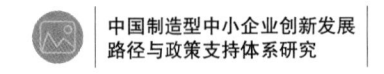

育"专精特新"的制造型中小企业、推动智能制造试点工程、实施"政府性投资基金引导计划"、健全多层次人才培养体系、完善体制机制建设等，进一步推动"智能制造"推进制造型中小企业转型发展的步伐。

一 加强制造型中小企业信息化建设

在数字经济快速发展的大背景下，加快推进"智能制造"、实施"互联网+"行动计划和为"大众创业、万众创新"搭建平台是支持制造型中小企业信息化的重点工作。加快推进大数据、云计算、互联网等信息技术的基础建设，积极引导制造型中小企业信息化运用，为促进开源软件、3D 打印、工业机器人等新技术，创新个性化定制、网络众包、云制造等新型制造模式提供动力。实施制造型中小企业信息化建设税收减免、扣除、返回奖励等税收政策，鼓励银行金融机构、金融投资机构为制造型中小企业信息化建设、制造型中小企业信息化创新项目提供金融支持，为引进发展工业互联网、自主可控的软硬件、智能装备等制造型中小企业助力。积极推进制造型中小企业信息化服务平台建设。整合和利用现有制造资源，建设云制造平台和服务平台，在线提供关键工业软件及各类模型库和制造能力外包服务，服务制造型中小企业智能化发展。

二 培育"专精特新"的制造型中小企业

引导制造型中小企业走专业化、精细化、特色化、新颖化发展之路，促进制造型中小企业开展技术创新、管理创新和商业模式创新，培育新的增长点，形成新的竞争优势。加快提升智能制造进程，不断提高企业发展质量和水平，提升企业核心竞争力，促进制造型中小企业转型升级。支持制造型中小企业通过技术改造向高端化发展，运用智能化、信息化、网络化等先进适用技术以及新工艺、新设备、新材料，改造传统产业。基于新技术、新业态等实施智能化改造，提升智能制造水平。鼓励制造型中小企业进行服务化转型，支持"专精特新"制造型中小企业推出个性化定制平台，智能服务平台等。支持企业拥有知识产权，积极申请专利；鼓励"专精特新"制造型中小企业开展各类标准化示范试点，采用国内外先进的标准，建立和实施标准体系。

三 推动"智能制造"试点工程

积极推进智能制造试点示范，加强先进经验的总结与宣传，推广智能制造技术应用，加强产业链有效协作与整合，带动制造型中小企业智能制造。组织实施制造型中小企业智能制造工程，推动传统制造型中小企业智能化改造。鼓励智能制造试点企业加强与产业链的上下游企业、生态体系相关环节的纵向和横向协同合作，推广智能制造技术的应用，推动产业链在研发、设计、生产、制造等环节的无缝合作，孵化培育基础较好、潜力较大的制造型中小企业，共同提升智能制造生态体系发展水平。评选智能制造示范项目时，同等条件下优先选择能带动制造型中小企业发展的项目。支持智能制造试点企业通过专业分工、服务外包、订单生产等形式带动制造型中小企业进入产业链或采购系统。

四 实施"政府性投资基金引导计划"

统筹设立制造型中小企业智能制造投资引导基金，重点投资智能制造相关领域的制造型中小企业。引导基金向投资机构参股，并按事先约定的条件和规定的期限，支持设立新的投资机构，扩大对制造型中小企业智能制造的投资总量。引导基金与投资机构共同投资于智能制造相关领域的制造型中小企业，以支持已经设立的投资机构，降低其投资风险。对已投资于智能制造相关领域的制造型中小企业的投资机构予以一定的补助，增强投资机构抵御风险的能力。基金对有投资价值但有一定风险的智能制造相关领域的制造型中小企业，在先期予以资助的同时，由投资机构在向这些企业进行股权投资的基础上，引导基金再给予第二次补助。引入担保公司，将投资机构作为智能制造相关领域制造型中小企业的投融资平台，基金通过补偿机制扩大担保公司对投资机构进行担保的贷款规模，引导投资机构的决策方向。

五 健全多层次人才培养体系

鼓励有条件的高校、院所、企业建设智能制造实训基地，培养满足智能制造发展需求的高素质技术技能人才。支持高校开展智能制造学科体系和人才培养体系建设。引入学校和企业人员双向挂职机制；支持高校根据

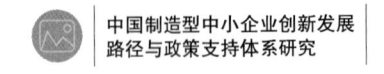

智能制造相关产业发展需求，在相关工科专业设置重点培养方向，促进专业交叉融合发展，加大应用型、复合型、工程型人才培养。优先支持高校增设微电子科学、新型显示、3D打印、自动化、机器人应用等工科专业，打造国际一流师资团队，探索创新人才培养模式，对接智能制造产业发展，为智能制造长远发展储备力量。建立智能制造人才需求预测和信息服务平台，为人才储备提供精准服务。建设智能制造人才重点培养基地，开展跨学科、复合型、高层次人才培养、高端研修培训，培养能够突破智能制造关键技术、带动制造业智能转型的高层次领军人才。

六 完善体制机制建设

建立制造型中小企业智能制造标准体系，编制智能制造标准化战略和标准化路线图，明确标准化工作的策略、目标以及标准研制重点领域，指导开展标准化工作。做好重点领域标准的制定工作，组织开展智能制造基础、通用标准研制，组织研究国内外智能制造标准化进展，推进智能制造综合标准化体系示范应用，提升智能制造支撑能力。发挥标准引领作用，推动新一代信息技术在制造业的集成应用。在智能制造标准制定、知识产权等方面广泛开展国际交流与合作，不断拓展合作领域。按照对等开放、保障安全的原则，统筹考虑国家科研发展需求和战略目标，积极鼓励和引导国外先进企业和团队参与承担研发制造项目，鼓励国内制造型中小企业参与国际并购、参股国外先进的研发制造企业。

第三十章　小微企业园助力制造型中小企业创新发展的对策建议

小微企业是区域经济发展的优势和活力所在，对促进经济增长、推动技术创新、扩大劳动就业、增加居民收入、保持社会稳定、增加财政收入等具有不可替代的作用。加快小微企业园高质量发展，有利于进一步促进小微企业集聚水平，破解土地制约，完善产业生态，打造亩均效益高地，降低企业成本，促进创新发展（王黎萤等，2020）。

第一节　小微企业园建设发展现状

浙江省小微企业园高质量发展从数量到质量方面均取得显著成效，新增小微企业园和新增建筑面积显著增加。截至2019年10月底，共审核认定小微企业园726个，建筑面积6324万平方米，其中生产制造类园区397个（占比55%），生产服务类园区329个（占比45%）。小微企业园在基础设施建设、园区产业规划发展、企业转型升级、数字化建设方面均取得了长足的进展，也呈现一些发展中的问题。

一　浙江省小微企业园开发建设情况

浙江省小微企业园探索多种模式进行园区开发，并注重基础设施建设以夯实园区硬件条件。已经探索出政府主导开发、工业地产、龙头企业、企业联合、专业机构、村集体联合开发园区6种开发模式。根据园区抽样调研数据，54.65%的小微企业园生产经营场地的入住率在90%以上，32.68%的小微企业园生产经营场地的入住率在70%—90%，7.61%的小微企业园生产经营场地的入住率在50%—70%，5.07%的小微企业园生产经

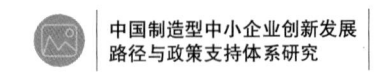

营场地入住率在 50% 以下。总体来看，八成以上小微企业园的企业入住率在 70% 以上。

二 浙江省小微企业园主导产业发展情况

本着因地制宜、因业制宜、合理布局的思路，科学编制小微企业园高质量发展规划，从入园企业产业把关、园区与产业融合方面采取措施，突出本地优势产业，引导产业有序发展。全省范围来看，根据入园企业抽样调研数据，从园区是否对入园企业的产业类型和企业质量进行把关上看，94%的企业反映园区确实对入园企业的产业类型和企业质量做过审核。各设区市科学制定有针对性的小微企业入园条件，重点支持创新型、科技型、成长型、"专精特新"企业及技术改造小微企业优先入园。比较突出的做法有：杭嘉湖、金宁温六市主张优先选择与本地特色主导产业相关企业入园集聚发展。湖嘉绍、金丽台温七市均制定了面向全市小微企业园入园门槛标准文本，75%的小微企业园实现了园区的主导产业及关联产业占比不低于 70%的指标要求。

三 浙江省小微企业园企业转型升级情况

各设区市积极实施完备的小微企业梯度培育计划，从完善入园企业培育机制、加强考评机制、实施清退机制几个方面引导小微企业向"专精特新"发展，加快"小升规、规改股、股上市"，培育一批"隐形冠军""单项冠军""独角兽"企业。实施"亩产论英雄"综合评价，重点整治亩均税收 1 万元以下低效企业；对相关产品质量达不到强制性标准要求的，依法查处并责令停产。在清退机制实施方面，各设区市针对小微企业开展安全、环保、用地、节能、质量等专项执法和联合执法行动，依法依规全面整治"低散乱"企业，对整改后仍不达标企业依法通过兼并重组、破产等方式出清，对亩均税收低的小微企业进行整治，倒逼其转型升级。

四 浙江省小微企业园公共服务情况

小微企业园通过采用专业运营机构管理、物业公司管理、第三方专业运营机构管理的方式，提高园区公共服务设施及服务能力供给，提高园区公共服务效率。在公共服务设施及服务能力供给方面，园区以党建为引领，精准、有效、持续推进"三服务"工作，全面落实全省"百园万企"专项服务行动，打造小微企业高质量发展平台，加快中小企业公共服务平台向小微企业园延伸覆盖，基本呈现无差异化发展。

五 浙江省小微企业园数字化建设情况

各设区市积极响应《数字化小微企业园建设运营通用要求》和《浙江省推进数字化园区建设实施方案》等政策文本精神，通过抓数字园区试点、推数字园区宣传、加大财政支持力度等手段推进小微企业园数字化建设。从整体来看，杭州市、宁波市、湖州市、绍兴市、金华市、台州市6个设区市在数字化园区建设层面阶段性进展突出。

第二节 小微企业园建设发展存在的问题

浙江各地在小微企业园建设提升过程中虽然取得积极成效，但也普遍存在一些问题，需要进一步展开分析以寻找合理的解决策略。

一 浙江省小微企业园建设标准还需进一步提高

土地要素供给不足仍是制约小微企业园建设最大的"瓶颈"。开发主体过度逐利行为导致园区建设标准降低，部分非政府主导模式下开发的小微企业园，为了能够更好地销售、租赁厂房，容纳更多的企业入驻，选择性放宽企业入园标准、忽略园区配套服务设施建设，或者是连锁反应导致与所进驻的第三方园区运营管理团队之间产生运营管理难题和冲突。存在利用小微企业园建设工业地产项目的问题，即在土地摘牌、投资前评估、项目申报等环节均设定为小微企业园，但建设模式均为标准厂房且在建成投产以后将其进行出售，该种现象致使产生一系列衍生问题。

二 浙江省小微企业园产业链式协作及转型升级能力还需提升

尽管大部分园区注重主导产业、关联产业与地方特色产业的关系，但是在高质量发展背景下，园区的产业链式协作能力还未充分体现、转型升级能力还需提升。新建园区由于产业功能定位不清、个性化服务能力偏弱等原因，产生不同程度的招商困境。许多园区尤其是地域相对偏远的园区由于产业薄弱、平台不强、科技进步水平等原因，科创能力和影响力还不大，吸引和集聚人才还不强。一些园区的产业定位仍以传统行业为主，集聚入园企业基本为规模以下企业，产业层次偏低，部分园区在一定程度上存在低质企业平移现象，行业提升发展效果不够明显。还有的园区因为招商引资的机制和措施不足，导致园区招商引资能力不强。在此情况下，一些园区会降低入园企业标准，对于入园企业的质量把关、入园企业所属产业与园区产业的关联度方面审核不严，导致入园企业质量不高、产业集聚效应不强。

三　浙江省小微企业园企业的培育机制及效力还需增强

在小微企业园入园企业培育层面，存在园区运营主体意识不强，针对性举措不足且不力，效果也不佳的问题。高新技术企业、规模以上企业培育目标平均完成率较低，园区对于企业的培育内容、培育方法、缺乏系统化的机制设计，对入园企业的成长性、创新性等指标没有特别的规定。在引导每个小微园形成鲜明产业特色以及引导产业集聚发展，以及促进"专精特新"企业、科技型企业和"小升规"企业培育方面，能力还不强，培育效果不足。园区企业培育的职能主体缺失，园区现行运营主体在专业能力等方面还有所欠缺，导致既缺乏入园企业培育的意识，也缺乏针对园区内潜力和高成长性企业的针对性、计划性的辅导培育支撑能力。

四　浙江省小微企业园专业化运营管理能力还需提升

小微企业园整体呈现出运营管理水平参差不齐，专业化运营管理机构急缺的问题。从服务内容上来看，园区服务层次还相对较低，部分园区的管理服务仅停留于基础物业管理服务层面，亟须加强对园区内人流、物流、能耗、环保、消防和生产安全等企业实时生产经营情况的管理。涉及知识产权、财务代理、法律咨询、项目路演、创业辅导等第三方专业服务难以得到保障，企业高质量发展所需的合作技术开发、产品检测认证、政策法律咨询、教育培训、仓储物流、金融服务等各类服务也较缺乏。从服务主体来看，专业化的运营管理机构数量明显不足，村集体主导开发建设的小微企业园，自行组建运营管理团队或存在交给村集体代管，管理水平相对更低，导致"无为而治""无序管理"的现象出现。

五 浙江省小微企业园数字化建设需要尽快推进

园区对于数字化的理解、数字化的建设能力等都亟须提升。部分园区对于数字化建设尚在犹豫中或推进速度不快，绝大部分的小微企业园未能充分运用互联网、物联网、大数据、云计算、人工智能等新一代信息和通信技术手段感测、分析、整合园区运行核心系统的各项关键信息，还有部分小微企业园区在数字化建设上处于签约、规划及实施建设阶段，真正建成投入运用的还不多。园区在基础管理平台、入侵检测系统、视频监控系统、公共广播系统、信息发布系统、园区一卡通、园区服务、应急治安管理等方面需要提升。

第三节 大力发展小微企业园助力制造型中小企业创新发展的对策建议

针对上述困难和挑战，结合问题核心指向以及园区和企业发展诉求，提出小微企业园助力制造型中小企业发展的对策建议。

一 加强顶层规划以规范小微企业园开发建设

加强区域性园区发展规划，谋划和规范小微企业园建设。立足区域产业优势和主导产业特点，从"企业集聚、产业集群、要素集约、技术集成、服务集中"的新型园区形态的高度进行规划定位，引导各主体根据主导产业量体裁衣，促进生产要素高度集聚，确保科学合理规划高起点建设，推进小微企业合理有序发展。强化小微企业园建设标准，加强对新建小微企业园的建设规划审批及建成验收，突出园区基础设备配备。加大支持生产制造型小微企业园进行安全及环保设施配备或升级。引导投资主体从"属性定位、布局规划、建设标准、开发模式、功能配套、准入要求、管理服务"七个方面，严格依据各地五年发展规划，强力推进小微企业园高标准建设、高水平管理、高质量发展，为小微企业提供高质量的发展平台。

二 加强园区产业优质主体聚集以带动产业转型升级

结合区域特点及园区主导定位，从产业链上下游企业和配套企业入园

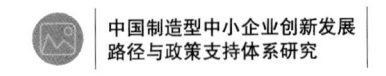

集聚发展方面引导要素聚集，促进小微企业园载体功能的实现，引导企业加快集聚。进一步明确园区发展定位，每个园区重点培育2—3个主导产业，鼓励产业链上下游和配套企业入园集聚发展，凸显特色优势，打造"一园一品"。强化部门协同，充分发挥环保、安全、节能、质监等执法功能，规范企业生产经营秩序，倒逼企业入园提升发展，重点引导创新型、科技型、成长型、"小升规"企业入园发展，实现优化整合及有效重组。

三 完善企业培育机制以促进中小企业创新发展

完善园区企业培育机制，强化小微企业园运营机构的企业培育意识和能力。鼓励园区对优秀初创企业的排查遴选，对遴选出的种子企业进行主动跟踪和精准服务提供，降低其发展成本。整合地方政策资源，为企业提供更为精准有效的人才引进、资金融通等服务支持。加大入园企业培育扶持力度，对入园后"小升规"的企业给予适当奖励。建立小微企业园内小微企业梯度培育库，加强对"小升规""科技型""专精特新"和初创型、成长型、领军型企业进行分类培育，政策精准扶持，支持鼓励小微企业开展智能化技术改造，做大做强。深入实施入园企业梯度培育计划，建立冠军类、领跑类、新生类、困难类、失速类五大企业库，加强个性化诊断和"一对一"服务，引导企业朝"专精特新"方向发展。

四 加强管理以提升园区专业运营服务能力

支持小微企业园与第三方专业服务机构开展多层次、全方位合作，推动小微企业园运营主体积极搭建商务服务平台，在财务代理、人才培训、知识产权、融资担保、研发设计、安全生产、检验检测等方面提供配套服务。依托全省小微企业园信息管理系统，对接市中小企业公共服务平台网络，建立一整套包括小微企业园建设规划、备案登记、审核认定、信息报送、统计分析、绩效评价和星级评定、安全生产的管理制度。加强园区企业配套服务建设。指导区县在保障资金合规使用的基础上，加快资金拨付和奖励力度，进一步健全完善安全、环保、仓储、物流等基础设施建设，推动园内或周边商务、宿舍、餐饮等服务配套设施建设。

五　多措并举以加快推进数字园区建设

明确数字园区建设的基本思路和方案标准，研究制定数字化园区建设方案和工作标准。以省级数字化创建园区为重点，分期分批推进园区数字化建设，大力推广"园区大脑"建设应用，重点打造"智慧桥""智慧链""智慧库"行动，着力建设一批智能制造示范车间、打造若干条智能制造产业链，组建一个智能领域专家库，为入园企业搭上智慧的翅膀。推进"园区大脑"建设，实现精准管理，规范智慧园区建设。新建小微企业园一律按照数字化园区运营通用要求推行园区智慧化建设。引导不同类型和不同基础的小微企业园建设符合自身实际的数字化园区，积极鼓励符合条件的运营机构申报国家级、省级中小企业公共服务示范平台。

六　完善扶持政策以实现园区要素保障

坚持谋划在前，力求精准破难。一是加强土地、资金等要素保障机制建设，设计细致、精准、有效的小微企业园高质量发展支持政策。二是通过全域土地综合整治、土地置换、跨村回购等方式，将面积过小的小微企业园进行合理聚集。深入开展"园区融资畅通"工程，扩大园区"主办行+伙伴行"覆盖面，创新金融产品服务，开展银园对接活动，打造覆盖"两园"的企业服务生态圈，开展"服务面+监测点"小微金融服务监测平台，将小微企业园金融情况纳入监测范围，持续跟进和评估辖内银行保险机构对小微企业园金融服务情况。放宽欠发达地区小微企业园认定标准，整合各类小微企业园的补助资金，对参与备案、监测、绩效评价、星级评价的各类园区进行奖补，对"小升规""专精特新"加以扶持，对优秀小微企业园提供奖补。

第三十一章　区块链助推制造型中小企业创新发展的对策建议

技术市场是增强制造型中小企业创新能力的基础和保障。近年来，互联网技术的迅猛发展，促进技术市场不断开发网上科技资源，不仅弥补了传统技术市场存在的信息不完全、不对称、交易成本高等问题，优化了科技资源配置和科技成果转化，为推动制造型中小企业创新发展带来了重要契机（王黎萤等，2018）。

第一节　加快区块链技术在技术市场应用的必要性

区块链技术是基于现有信息技术的积累，加以组合创新，从而呈现出一些新的技术和业务特性。结合区块链"去中心化、去信任"等技术特点来看，在技术市场探索基于区块链技术的模式和系统，可以大幅减少可疑交易，降低监管成本，激励技术中介队伍、促进市场协同发展，这对推动制造型中小企业科技成果转化有着十分积极的意义。

一　区块链技术有利于规范技术交易行为提升交易对接率和成功率

困扰技术市场发展的主要问题是交易各方缺乏信任机制导致交易成功率不高。技术交易环节的透明度，一直是很难解决的问题，每笔技术交易都涉及多个参与方，技术市场中买卖双方为避免权益遭受损失，在很多时候存在交易信息保密的需要。区块链技术的安全通信和共识机制，可以实现参与方之间交易信息的共享，不仅能有效提高交易信息的准确性，而且这些交易信息在任何一个时间节点上的历史记录都是随时可查验的。对上传到区块链的交易数据进行加密，通过密钥管理可查验、可追溯全部交易信息，能有效提高交易信息的准确性和完整性。区块链的数据难以篡改、共享账本的分布式系统架构等特性杜绝了交易市场违规篡改交易数据的可能，大幅减少可疑交易，在增强交易透明度的同时，有效保障交易各方的应有权益。

二 区块链技术有利于加强技术市场服务和监管

以往以网上技术市场为中心的系统架构下，如果网上技术市场的服务器出现问题，相关的交易业务流程都会中断。区块链系统减少了对中央服务器的依赖：任何单一区块链节点出现问题，都不会影响整个区块链系统的正常运转。因为区块链上的数据在每个接入节点上都能有备份，只要下线的节点数目不至于影响区块链上数据的共识，整个系统就是安全可用的。可以通过设置超级节点实现交易全过程的强监管，以只通过维护区块链系统里的一个普通的节点来实时获取链上的记录的弱监管，保证跨区域技术市场合作体系的高效安全运行，促进区域间技术市场之间互相协调，互惠共赢。这样的分布式系统架构杜绝了交易市场违规篡改交易数据的可能，也更有利于政府或其他监管者对技术交易实施监管。监管方只需要维护区块链系统里的一个普通的节点，就可以实时获得链上的记录，从而有利于及时发现异常情况。利用区块链技术，行业协会能更好地监测企业运行情况，监督约束行业企业行为，及时发现技术市场运行中出现的问题，保证技术市场的高效安全运行。

三 区块链技术有利于激励技术中介队伍

由于缺乏技术价值评估、法律咨询、专家服务等质量保障体系，缺乏保障技术经济人在指导技术招投标、技术产权拍卖、技术推介等技术交易服务中的激励机制，导致技术市场仍缺乏专业高效的技术经济人等技术中介队伍。而区块链的通证（Token）经济可以建立更为先进的生产关系，智能化技术交易后台可以提供给每位技术经济人，技术经济人在技术市场上的信息和业绩，将"去中心化"记录在区块链上，并根据技术经济人的贡献值为技术经济人分配额外的收益（Token），技术市场会支持利用Token购买所有的知识产权服务，并明确Token发放和回收计划来确保Token价

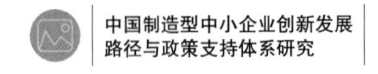

值的持续性。

四 区块链技术有利于推进技术市场与资本市场融通

区块链技术被视为下一代互联网的基本协议之一，对推进技术市场与资本市场融通的重要性不容忽视。中国目前的信用成本较高，经济社会信用环境还比较弱，区块链技术作为一套成本较低的信任解决方案来降低全社会的信用成本，通过将交易数据写入区块链，实现交易和底层区块链的融合，并通过数据共享和智能合约在理论上可以解决交易信息的不安全问题。充分发挥科技成果转化引导基金作用，通过设立创业投资基金、贷款风险补偿和绩效奖励等支持方式，带动金融资本和民间投资向技术市场集聚；推进技术市场与银行业金融机构、创业投资、证券、保险、信托等机构合作，创新交叉性金融产品，建立和完善金融支持科技创新的信息交流共享机制和风险共控合作机制，丰富技术市场融资服务，带动科技企业通过发行企业债、公司债、短期融资券、中期票据、中小企业集合票据、中小企业集合债券、小微企业增信集合债券、中小企业私募债等产品进行融资。

五 区块链技术有利于促进行业企业协同发展

技术市场存在较为严重的地域发展不均衡和市场同质化现象，同时，由于缺乏顶层设计和整体规划，市场组织化程度低、规模小、经营上管理手段落后，企业散、小、弱，且未能形成产业联盟，这也导致中国传统产业在生产经营中易受国际市场影响，在国际市场竞争中往往处于被动地位。利用区块链去信任的技术特性，可以有效帮助行业建立起跨企业合作体系，通过建立多层级市场体系，利用现货市场培育成熟电子交易品种，同时多个市场之间在采购与定价过程中形成战略联盟，市场之间互惠共赢，提高行业企业协同发展的能力。万象区块链实验室是专注于区块链技术的前沿研究机构，实验室将聚集领域内专家就技术开发、商业应用、产业战略等方面进行区块链探讨，促进区块链技术服务于社会经济的进步发展。

第二节　区块链技术应用需要解决的主要问题

区块链技术在技术市场中有诸多发展的机会，但也面临着来自技术环境和应用环境的挑战，从实践进展来看，要获得市场和监管部门的认可也面临不少的困难，主要解决以下一些主要问题。

一　区块链发展的技术问题

区块链属于新兴技术，相关技术的发展和突破是需要时间积累的，尤其是以下重点领域的技术难题：首先，需要考虑的就是区块链系统的性能问题，联盟链和私有链只有部分节点能对区块链进行直接的操作，出块时间间隔存在时延。其次，数据保密也是区块链系统另一个需要重点考量的问题，何种数据可以写入链，如何保护入链数据不被非授权方解析出明文，相关问题需要设计权限管理机制和数据访问权限。再次，在分布式系统升级方面，区块链网络是由运行着同一个区块链协议的相互独立的节点组成的，增加了区块链协议升级的难度。软分叉具有"向前兼容性"，新、旧节点可以在同一条区块链上添加块；硬分叉不具有"向前兼容性"，区块链可能会分叉出多条含有新版协议区块的链，或不含有新版区块的链，两种方式互有优缺点，需要结合技术交易的具体情况，进一步优化区块链协议升级流程。

二　区块链发展的应用问题

（一）应用区块链需构建弱中心化逻辑架构

现阶段大多数机构、体系均被视为中心化的业务系统，而区块链（尤其是完全"去中心化"区块链系统）采用了分布式验证和存储机制，不存在中心化的管理机构，节点间共享对等的权利和义务，不可避免地存在安全风险、效率风险、资源风险和博弈风险。特别是在需要对区块链的应用结构或者既有交易进行调整的时候，完全"去中心化"的区块链应用由于没有中央节点的仲裁功能，因此会存在较大困难。采用弱中心化结构是以完全"去中心化"的系统作为架构基础，添加所谓的超级节点（Super Node），并赋予超级节点特殊的权限。这种权限既可以是区块链系统层面的计算中心、存储中心或网络中心，也可以是区块链业务逻辑层面的共识判断中心、区块链成员权限管理中心或监管中心。在这种结构下，安全风险、效率风险、资源风险和博弈风险均可借由超级节点予以解决，而且能根据实际业务的需求，在集中式结构和完全"去中心化"结构之间取得适宜的权衡，具有更强的适用性。

（二）应用区块链需构建以行业链为基础的业务发展路径

根据应用场景和设计体系的不同，区块链系统一般分为公有链、联盟链和私有链。公有链是完全"去中心化"的区块链，任何个体或者团体都可以发送区块链交易并获得有效确认，任何人都可以参与其共识过程。私有链是完全中心化的区块链，私有链的各个节点的写入权限收归内部控制，读取权限可视需求选择性对外开放。联盟链则是开放程度介于公有链和私有链之间的区块链。在行业链中由于能够比较好地实现弱中心化的区块链架构，只要行业链中参与的各产业部门达成一致，也能方便地引入管理超级节点或者监管超级节点，这应该是推动区块链技术在技术交易实际落地的优先发展方向。

（三）应用区块链需解决线上和线下融合问题

需要进一步加强将线上交易引导至线下实体店交易，将线下实体店的交易吸引至线上交易，从而实现线上和线下信息融合、交易融合、用户融合，拓宽技术需求和供给来源，扩大交易规模和群体，拓展科技大市场的覆盖面，提升交易对接率和成功率。对技术市场而言，把区块链这种新型技术融入具体业务中也有诸多挑战，区块链仍需要更多的测试，例如共识机制等区块链是否可以承载数百万用户的使用。此外，缺少可以被广泛使用的程序，较高的技术门槛和相当的专业知识可能降低市场主体对区块链应用的认知和接受程度。

（四）应用区块链需解决技术供给和需求匹配问题

没有充分的技术供给不行，市场形不成；但光靠技术供给，没有企业需求的对接，没有企业的积极参与，双方的供需充分交流、沟通、结合就实现不了，就形不成供需两旺、充满活力的交易市场。因此，要更多地发动企业成为技术交易的主体，让企业或者发动技术中介机构、联合性协会、行业协会（学会）等，广泛收集企业的技术需求信息，并通过科技大市场发布，让高校和科研院所围绕企业的技术需求进行研发，实现"研之能"与"产之需"的无缝对接。

第三节　区块链技术助推制造型中小企业创新发展的对策与建议

技术市场作为中小企业科技成果转化的重要阵地，可以从以下几个方面入手推动区块链技术在这块业务领域真正实现良性发展。

一　加强区块链技术基础研究，提升区块链系统的性能

一是加强对技术市场应用区块链技术的跟踪和研究，尤其是加快核心关键技术攻关和平台建设。二是研究基于价值量化积分制的激励机制设计、交易规则代码定义并自动执行的职能合约技术等，实现公平合理、价值导向的权益机理、技术交易流程的自动化和标准化、技术交易的便捷高效安全智能性；研究技术成果服务交易的智能合约技术，针对多样化的技术成果交易业务流程规则，研究基于区块链的可编程智能合约组建设计、实现和部署方法，以及交易过程数据标准与关联数据库设计和构建方法，并实现技术成果交易的精准对接。三是亟须补充有关丰富和完善网上技术交易市场功能，指导网上技术招投标、技术产权拍卖、技术推介等技术交易服务，建立技术价值评估、法律咨询、专家服务等质量保障体系，开展虚拟与实际结合的科技成果推介会，建设区域性技术交易等应用研究和落地。

二　健全与区块链技术相适应的人才培养和平台建设机制

一是健全招才引才的工作机制。完成对区块链人才与技术的快速培养与积累，为区块链应用的基础能力打下坚实的基础。二是加强区块链人才队伍的建设。倡导高水平院校和科研机构增设与区块链技术相关的课程，加大区块链技术人才的培养力度，对围绕建设高层次区块链人才队伍，根据相关规划等统一组织实施科技人才培养。三是建设具有代表性的区块链大数据资源库和实验验证平台。四是支持民间区块链研究机构的发展，必要时出台相应的扶持政策，鼓励民间区块链技术企业开展相关业务，建立区块链应用技术项目投资基金，探索区块链领域的政府购买服务模式；积极参与区块链国际标准和规则制定，鼓励国内技术市场相关企业共同研究

制定区块链的行业和国家标准，争取在未来的区块链国际应用竞争和合作中取得更大的话语权。

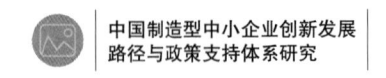

三 形成"区块链+"技术市场领域的示范应用

一是研发基于 BaaS 服务的联盟链核心平台，形成区块链行业应用的完整解决方案，遵循"前台资源，后台实名"原则，构建用户与技术交易平台之间的基本信任关系；加强国家标准密码算法在联盟链平台的移植应用，将区块链的安全基础从国际算法转换为国内标准密码算法，加强技术交易平台安全强度，同时突出中国特色安全战略。二是开发相应的数字存证系统、激励系统、智能合约系统、国家算法加密认证系统及技术交易应用系统，将对外服务接口实现与技术合同登记系统、知识产权登记系统、成果转化奖励系统、网上技术市场、技术成果智能搜索推荐等系统无缝对接，研究运用管理及推广模式，建立基于区块链的技术交易生态圈。三是构建行业链为基础的业务路径。在行业链中能够比较好地实现弱中心化的区块链架构，但需要构建和完善通过侧链等技术与现有公有链实现业务互通的技术路径，以及推动各产业部门企业私有链建设，实现各产业部门自身区块链应用水平提升的技术系统；实现区块链性能提升和协议升级，保护入链数据不被非授权方解析出明文，需要加强权限管理机制和数据访问权限的开发。

四 加快区块链技术市场相关扶持政策的制定

区块链应用需要解决科技大市场的政府推动和市场作用协同发展的问题。一方面要发挥市场配置创新资源的决定性作用，按照市场的规律来办事，以满足企业的需求为宗旨，由企业来评判科技大市场的成败；另一方面也要更好发挥政府作用，加大组织推动、政策支持力度，制定区块链技术应用的政策法规，各省级部门要制定配套扶持政策，积极参与区块链国际标准和规则制定。鼓励国内技术市场相关企业共同研究制定区块链的行业和国家标准，争取在未来的区块链国际应用竞争和合作中取得更大的话语权。

第三十二章 "一带一路"倡议下加强民营企业知识产权国际保护的对策建议

"一带一路"倡议下,加强知识产权国际保护,制定有利于知识产权保护与运用的全局性规划对民营企业的发展至关重要。浙江省作为知识产权大省与民营企业集聚地,民营企业占进出口总额的近70%,民营企业参与"一带一路""走出去"对知识产权国际规则的依赖程度会增强。通过明确民营企业在参与"一带一路""走出去"中面临知识产权国际保护的困境,总结知识产权国际保护的经验,提出进一步加强知识产权国际保护的对策建议,为民营企业参与国际竞争提供方向性的引导,进一步推进民营企业融入"一带一路"新阶段(王黎萤等,2018)。

第一节 浙江省民营企业知识产权国际保护现状

伴随"一带一路"倡议深入实施,浙江省以建设知识产权强省为目标,不断深化知识产权领域改革,严格知识产权国际保护,优化国际知识产权服务环境,各项工作取得了新进展。

一 海外知识产权申请稳步提升

浙江省支持民营企业通过马德里商标国际注册、国际合作条约(PCT)等加快商标、专利海外布局,拓展海外市场、参与国际竞争。2018年国家知识产权局共受理《专利合作条约》(PCT)专利申请5.5万件,其中5.2万件来自国内,同比增长9.3%。其中,浙江省PCT国际专利申请量达0.19

万件，较 2017 年 0.14 万件有小幅上升，位列全国第六。排名前 5 位的省（区、市）依次为广东（2.53 万件）、北京（0.65 万件）、江苏（0.55 万件）、上海（0.25 万件）、山东（0.23 万件）。2018 年上半年，我国马德里商标国际注册申请量为 3312 件，浙江省达到 307 件，较 2017 年同期 226 件同比增长 35.8%，位列全国第三，仅次于山东（1338 件）、广东（538 件），与江苏（300）接近。2018 年浙江省成立义乌商标注册受理窗口，并成为全国首个马德里商标国际注册受理窗口，大力助推民营企业"走出去"参与国际竞争。

二 知识产权国际保护环境优化

浙江省加强民营企业知识产权保护，响应"一带一路""走出去"，塑造良好的营商环境和创新环境。在知识产权创造、保护方面，浙江省着力建设集"专利、商标、地标"于一体，知识产权"创造、保护、运用"全链条的知识产权服务业发展集聚区，为民营企业提供知识产权"代理、托管、维权、评估、交易、培训""一站式"服务。在维权支持方面，建设中国（浙江）知识产权保护中心、中国义乌（小商品）知识产权快速维权中心。杭州海关更是针对关区中欧班列（义乌）的运营，主动对接以"一带一路"沿线国家为主要市场的企业商户，遴选 10 家对知识产权保护有较多需求的出口知识产权优势企业，提供国际维权服务等。

三 抵御知识产权纠纷能力提升

通过持续推进重点企业（行业）知识产权保护，浙江省民营企业应对知识产权纠纷能力得到提升。2018 年，浙江巨力公司凭借拥有大量行业专利与积极应诉的强大信心，在具有跨国公司背景的亚萨合莱佳卫安防科技有限公司提出侵犯其外观专利时，主动维权并奋起反击，控告亚萨合莱佳卫安防科技有限公司侵犯巨力公司的实用新型专利，从被告到原告，并最终获胜。诸如此类通过积极应诉与政府帮扶，浙江省骑客公司、先临科技、正特集团等重点联系企业均在海外维权获胜诉。

第二节 "一带一路"倡议下民营企业面临的知识产权国际保护困境

一 知识产权海外布局滞后于海外业务发展

浙江省民营企业知识产权国际战略意识不强，知识产权海外布局滞后于海外业务发展。知识产权保护具有地域性特征，必须提前做好目标市场的知识产权布局，否则容易在专利和商标等领域出现侵权或者被侵权。如2014年小米科技有限责任公司在印度被爱立信起诉侵犯专利权，禁止了小米在印度市场的推广。"同仁堂""红塔山""康佳""大白兔"等商标却在印度尼西亚、菲律宾被抢注。总体而言，浙江省民营企业的知识产权国际战略意识、原始创新能力较弱，从专利合作条约（PCT）国际专利年申请量与马德里体系国际注册商标有效量来看，浙江省与排名第一的广东省及山东省存在较大鸿沟。浙江省民营企业在海外不注重知识产权事先布局，频遭知识产权诉讼。2018年前三季度美国337调查情况显示，终止调查的涉华案件13起，涉华企业共计108家，占比37.1%，共涉及我国11个省（市），其中浙江省占比43.7%，仅次于广东省（66.7%）。因中企未积极应诉而被缺席调查，最终推定为侵权的43家，败诉率约达65.7%。即便浙江省民营企业抵御知识产权纠纷能力有所提升，但应对海外知识产权纠纷难度大、费用高，不仅需要精通国外当地知识产权立法、司法和执法体系的高端法律人才，还需要大量的资金支持，浙江省民营企业无法有效借助政府、行业协会、专家学者及同业者等各方力量，涉案民营企业往往力不从心。

二 "一带一路"沿线国家知识产权制度差异较大

"一带一路"沿线国家知识产权制度差异风险大，浙江省与"一带一路"沿线国家知识产权合作交流滞后。"一带一路"倡议横跨亚、欧、非三大区域，沿线国家法律传统和渊源差别都较大，使各国国内知识产权保护制度差异显著。如波兰、捷克、斯洛伐克等中东欧国家，知识产权保护水平已经达到"TRIPs"协议的要求，知识产权保护较严格。而东南亚国家知识产权保护水平则相差较大。知识产权所涉及的行业类型和项目较多，亟须掌握各国、各行业知识产权相关动态的实时发布和相关知识产权法律法规以及政策的实施更新情况。对此，上海、武汉等城市定期举办知识产权国际论坛，福建省 2018 年专门针对"一带一路"倡议举行知识产权国际合作论坛，浙江省缺乏诸如此类高水准、高质量、高品质的知识产权国际论坛以为广大民营企业提供最新知识产权国际保护传播与学习的渠道。同时，在上海加快建设亚太地区知识产权保护中心城市、广西建设中国—东盟知识产权国际交流合作中心、新疆加强与"一带一路"国家知识产权交流合作之时，浙江省与"一带一路"国家知识产权保护对外交流合作相较于其他省份较为滞后。

三 参与"一带一路"倡议的民营企业数字化侵权风险加大

知识产权保护力度与新领域、新模式、新业态保护需求不相适应，民营企业参与"一带一路""走出去"易遭受数字化侵权。浙江是电子商务发展较早也较为迅速的省份，拥有世界最大的电子商务交易市场和群体最大的电子商务企业。2017 年，浙江省实现跨境电商零售进出口总额 603.9 亿元，增长 49.6%。跨境电商已成"一带一路"建设重要的落脚点，成为连接"一带一路"的纽带，以渠道和供给的增加引领贸易和投资的发展，但同时面临着涉外知识产权问题带来的一系列挑战。国际上在立法强度和执法力度上都加强了对数字化知识产权的保护，如 2018 年签订的《全面与进步跨太平洋伙伴关系协定》中，商业方法、网络域名、数据库、网络传输、技术措施等都被纳入知识产权保护范围。针对浙江省重点推进的以"城市大脑"为标志的大数据、人工智能、工业互联网、新一代集成电路等"互联网+"领域相关产业，与之匹配知识产权保护法律、政策支持不足，新型纠纷的出现冲击着实体规则的空白，缺乏对新业态、新领域创新特点和需求的调研与针对此类创新成果的保护新模式的探索，且行政执法也难以落到实处。

第三节 加强浙江省民营企业知识产权国际保护的对策建议

立足民营企业发展特点，搭建知识产权国际保护新模式，分"五步走"

为浙江省民营企业"走出去"保驾护航。

一　织好惠企便企"信息网",提供民企出海新动力

一是搭建"一带一路"知识产权大数据共享平台,系统收集、及时上传"一带一路"沿线国家的商情、政情和社情、各国知识产权法律环境信息以及各国签订自贸协定中知识产权规则,供民营企业了解、学习。二是加大"互联网+"新载体国际知识产权宣传力度,建立浙江"一带一路"知识产权微信公众号等普法新媒体,及时向民营企业经营管理者实时推送时政要闻、涉外知识产权等信息。三是定期举办"一带一路"知识产权国际论坛、信息通报会,为广大民营企业提供最新知识产权国际保护传播与学习的渠道。同时加强区域联动,尤其是长三角地区国际知识产权的交流合作。

二　筑牢跨境预警"防护墙",构建民企避风新港湾

一是构建浙江省知识产权风险预警指标体系,结合浙江省企业在"一带一路"倡议下出口重点预警国家和地区,尤其在生物医药、新材料、航空航天、新能源汽车、高端装备制造、绿色石化等浙江省知识产权密集且进入全球价值链中高端的产业的高度保护,及时对所在市场的特殊风险进行预警。二是研究制定《浙江省重点产业海外知识产权预警与紧急救助机制》《企业常见涉外法律风险防范手册》等相关指导手册及必要的风险预警标准及应急措施指南,为浙江省民企开拓海外市场指明知识产权"雷区红线"。三是组建浙江省"一带一路"涉外知识产权联盟,做好资源整合、数据共享、风险预警等工作,为广大民营企业进行海外业务拓展提供知识产权领域的风险预判、知识产权维权援助等。

三　提供维权服务"及时雨",补充民企涉外"安心丸"

一是建立从申请到保护的全流程一体化知识产权维权制度,成立浙江"一带一路"知识产权快速维权中心,完善多元化国际化纠纷解决体系,如浙江省知识产权局通过提供法律援助、技术研判等工作为海康威视、华海药业、先临科技等高新技术企业应对专利诉讼和337调查。同时加强针对小微企业知识产权维权行为提供援助,支持小微企业创牌"走出去"。

二是定期在市县区举办"一带一路"涉外企业知识产权海外布局与保护讲座，同时邀请在海外贸易和国际展会中频繁被诉、被查扣，尤其遭遇知识产权侵权中胜诉的企业家传经送宝。三是发挥典型案例宣传示范作用，面向全国海关征集了"一带一路"中查获的典型侵权样品，结合浙江省法院、海关、公安局、市场监管局等部门查办的部分知识产权侵权事件，整理成典型案例集。

四 拓展"一带一路""展示窗"，搭建民企人才"交流桥"

一是通过建立省级、市级知识产权信息共享服务平台、引进人才、合作办学等多种方式加紧培养"懂法律、晓科技、知管理、会贸易"的知识产权与国际贸易相融合的高端复合型人才。二是举办"一带一路"人才交流试点高峰论坛等国际人才交流会议，邀请国际知识产权专家来浙江省讲学交流，启动知识产权高层次人才赴美国等知识产权高保护国家参加培训工作，为开展沿线国家知识产权合作交流提供人才保障。三是加大知识产权人才培养投入力度和引进力度，探索知识产权人才培养模式，建立浙江省知识产权实训基地，强调课程教育与实训相结合，重视在实践中培养人才和能力，开展国际知识产权专业人才培育。

五 注入创新引领"助推剂"，助力民企竞新潮流

一是倡导民营企业制定完善知识产权战略，加强品牌建设，学习借鉴诸如山东省"东营经验"，出台相关 PCT 国际专利申请、马德里商标国际注册资助政策。二是鼓励民营企业参与国际技术转移，如桐乡的浙江双箭橡胶股份有限公司通过多年的国际科技合作不断提升科技实力，从一个名不见经传的小企业发展成为国内输送带十强企业之首，在参与的"一带一路"科技创新国际合作项目中凭借过硬的技术顺利"出海"，对乌兹别克斯坦橡胶制品厂提供技术支持。三是推进本土跨国公司培育工作，培育出一批具有国际竞争力和话语权的本土跨国公司，在知识产权国际立法、技术标准制定中，引导鼓励民营企业尽力争取发出自己的声音。

参考文献

白俊红、卞元超:《要素市场扭曲与中国创新生产的效率损失》,《中国工业经济》2016年第11期。

白俊红、江可申、李婧:《应用随机前沿模型评测中国区域研发创新效率》,《管理世界》2009年第10期。

白俊红、蒋伏心:《协同创新、空间关联与区域创新绩效》,《经济研究》2015年第7期。

包海波、林纯静:《长三角城市群创新能力的空间特征及影响因素分析》,《治理研究》2019年第5期。

包海波、林赛燕:《关于发挥金融政策效应支持小微及"三农"企业应对疫情的思考和建议》,《浙江社科要报》2020年第55期。

包海波、潘家栋:《高质量拓展"双创"经济新空间》,《浙江日报》2019年6月20日第8版。

包海波、潘家栋:《拓展高质量发展新空间》,《浙江日报》2018年5月14日第10版。

包海波、潘家栋:《以G60科创走廊促长三角一体化》,《浙江日报》2018年3月7日。

包海波、孙雪芬:《小微企业"小升规"需正确引导》,《浙江经济》2015年第3期。

包海波:《韩国的知识产权发展战略及其启示》,《杭州师范学院学报》(自然科学版)2004年第3期。

包海波:《加强我省企业知识产权制度建设的对策研究》(研究报告),2008年。

包海波:《美国企业知识产权管理的构成及其特征分析》,《科技管理

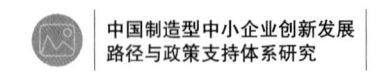

研究》2004 年第 2 期。

包海波:《日本企业的知识产权战略管理》,《科技与经济》2004 年第 2 期。

包海波:《特色小镇开启创新发展新引擎——聚焦 G20 杭州峰会·让世界经济从中国再出发系列评论之九》,《文汇报》2016 年 9 月 2 日第 5 版。

蔡鹏鸿:《TPP 横向议题与下一代贸易规则及其对中国的影响》,《世界经济研究》2013 年第 7 期。

蔡跃洲、付一夫:《全要素生产率增长的技术效应与结构效应——基于中国宏观和产业数据的测算及分解》,《经济研究》2017 年第 1 期。

蔡跃洲、李平、付一夫:《"互联网 +"、技术革命与技术—经济范式转换》,《珞珈管理评论》2016 年第 2 期。

曹勇、秦以旭:《中国区域创新能力差异变动实证分析》,《中国人口·资源与环境》2012 年第 3 期。

曹宗平:《科技型中小企业技术创新的资金支持——基于生命周期视角的研究》,《科学管理研究》2009 年第 4 期。

曾德明、文金艳、禹献云:《技术创新网络结构与创新类型配适对企业创新绩效的影响》,《软科学》2012 年第 5 期。

柴瑜、孔帅、李圣刚:《自由贸易协定中关税减让和非关税措施承诺水平评价——基于哥伦比亚四个主要自贸协定的研究》,《世界经济研究》2015 年第 8 期。

陈国权、赵慧群、蒋璐:《团队心理安全、团队学习能力与团队绩效关系的实证研究》,《科学学研究》2008 年第 12 期。

陈宏民、胥莉:《双边市场》,上海人民出版社 2007 年版。

陈建辉:《科技体制改革的回顾与展望》,《经济日报》2013 年 11 月 6 日。

陈建奇:《开放视角下中国产能过剩问题重估及战略选择》,《国际贸易》2013 年第 4 期。

陈劲:《创新管理》,中国大百科全书出版社 2020 年版。

陈劲、阳银娟、刘畅:《融通创新的理论内涵与实践探索》,《创新科技》2020 年第 20 期。

陈劲、阳银娟:《企业知识伙伴的理论基础及内涵》,《技术经济》2013

年第 7 期。

陈劲、阳银娟:《外部知识获取与企业创新绩效关系研究综述》,《科技进步与对策》2014 年第 1 期。

陈劲、阳银娟:《协同创新的驱动机理》,《技术经济》2012 年第 8 期。

陈劲、尹西明、梅亮:《整合式创新:基于东方智慧的新兴创新范式》,《技术经济》2017 年第 36 期。

陈劲:《协同创新》(第 3 版),浙江大学出版社 2012 年版。

陈凤、项丽瑶、俞荣建:《众创空间创业生态系统:特征、结构、机制与策略——以杭州梦想小镇为例》,《商业经济与管理》2015 年第 11 期。

陈伟、刘锦志、杨早立等:《高专利密集度产业创新效率及影响因素研究——基于 DEA-Malmquist 指数和 Tobit 模型》,《科技管理研究》2015 年第 21 期。

陈骁聪:《网络嵌入性、知识吸收能力和创新绩效之间的关系研究》,硕士学位论文,华南理工大学,2012 年。

陈衍泰、吴哲、范彦成等:《新兴经济体国家工业化水平测度的实证分析》,《科研管理》2017 年第 3 期。

程风雨:《产业集聚、空间溢出与区域创新效率》,《产业创新研究》2020 年第 12 期。

程宣梅:《加快建设高质量创新型特色小镇》,《浙江经济》2017 年第 3 期。

池仁勇等:《中国中小企业景气指数研究报告(2016)》,中国社会科学出版社 2016 年版。

池仁勇、许必芳:《中小企业政策演变特征与前沿研究》,《外国经济与管理》2006 年第 11 期。

池仁勇等:《中国中小企业景气指数研究报告(2017)》,中国社会科学出版社 2017 年版。

池仁勇等:《中国中小企业景气指数研究报告(2018)》,中国社会科学出版社 2018 年版。

池仁勇等:《中国中小企业景气指数研究报告(2019)》,中国社会科学出版社 2019 年版。

丛立先:《〈跨太平洋伙伴关系协议〉知识产权谈判对我国的影响及其

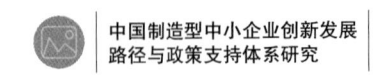

应对策略》,《国际论坛》2014年第5期。

代碧波、孙东生、姚凤阁:《我国制造业技术创新效率的变动及其影响因素——基于2001—2008年29个行业的面板数据分析》,《情报杂志》2012年第3期。

戴觅、余淼杰:《企业出口前研发投入、出口及生产率进步——来自中国制造业企业的证据》,《经济学》(季刊)2012年第1期。

戴强:《中小企业技术创新政策激励机制探析》,《经济师》2003年第4期。

党力、杨瑞龙、杨继东:《反腐败与企业创新:基于政治关联的解释》,《中国工业经济》2015年第6期。

董敏杰、梁泳梅、张其仔:《中国工业产能利用率:行业比较、地区差距及影响因素》,《经济研究》2015年第1期。

董涛:《全球知识产权治理结构演进与变迁——后TRIPs时代国际知识产权格局的发展》,《中国软科学》2017年第12期。

董新亮、马光文、张秋菊:《枕头坝、沙坪水电站建设的区域经济影响分析》,《中国农村水利水电》2008年第10期。

杜健、丁飒飒、吴晓波:《基于二次创新理论的吉利跨国并购案例研究》,《科研管理》2019年第6期。

杜占元、刘东:《中小企业技术创新及其政策研究》,《科技进步与对策》1997年第6期。

段瑞春:《创新型企业:知识产权与品牌战略》,《中国软科学》2005年第12期。

范钧、王进伟:《网络能力、隐形知识获取与新创企业成长绩效》,《科学学研究》2011年第9期。

范前进、孙培源、唐元虎:《公共基础设施投资对区域经济影响的一般均衡分析》,《世界经济》2004年第5期。

方刚:《网络能力结构及对企业创新绩效作用机制研究》,《科学学研究》2011年第3期。

方文全、张勋:《中国经济增长中的公共资本外溢——来自水利基础设施价值的疑问与实证》,《数量经济技术经济研究》2013年第12期。

费显政、李陈微、周舒华:《一损俱损还是因祸得福?——企业社会责任声誉溢出效应研究》,《管理世界》2010年第4期。

冯小俊:《论促进中小企业技术创新的财税政策》,《科技管理研究》2010年第11期。

符淼:《地理距离和技术外溢效应——对技术和经济聚集现象的空间计量学解释》,《经济学》(季刊)2009年第4期。

付丽:《新世纪美欧主导国际贸易规则的重构实践及中国的选择》,《对外经贸实务》2017年第1期。

傅世侠:《创新、创造与原发创造性》,《科学技术与辩证法》2002年第1期。

傅世侠:《创造学究竟是什么》,《科学学研究》2003年第5期。

高丽娜、蒋伏心:《集聚经济、空间依赖与中小企业发展空间差异》,《商业研究》2013年第6期。

高婧雯:《浅谈中小型民营制造企业的转型升级》,《北方经贸》2020年第4期。

高丽娜、张惠东:《集聚经济、创新溢出与区域创新绩效》,《工业技术经济》2015年第1期。

高鹏、李媛、汤超颖:《TCI在我国的有效性检验:研发团队创新气氛的测度》,《科学学与科学技术管理》2009年第6期。

高松、庄晖、牛盼强:《科技型中小企业政府资助效应提升研究——基于企业生命周期的观点》,《中国工业经济》2011年第7期。

龚建群、徐春华:《我国知识产权服务业集聚探析》,《中国集体经济》2013年第9期。

龚丽敏、江诗松:《平台型商业生态系统战略研究前沿:视角和对象》,《外国经济与管理》2016年第6期。

辜胜阻、肖鼎光:《完善中小企业创业创新政策的战略思考》,《经济管理》2007年第7期。

官建成、何颖:《科学—技术—经济的联结与创新绩效的国际比较研究》,《管理科学学报》2009年第5期。

管星火:《青山湖科技城发展科技服务业的思考》,《杭州科技》2012年第10期。

郭俊德、黄敏儿、马庆霞:《科技人员创造动机与创造力的研究》,

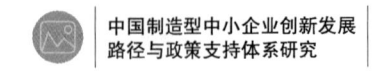

《应用心理学》2000年第2期。

郭丕斌、刘宇民：《创新政策效果评价：基于行业和区域层面的分析》，《中国软科学》2019年第9期。

郭元源、葛江宁、程聪等：《基于清晰集定性比较分析方法的科技创新政策组合供给模式研究》，《软科学》2019年第1期。

国家发展改革委、建设部：《建设项目经济评价方法与参数》（第3版），中国计划出版社2006年版。

国家统计局工业统计司：《改革开放铸就工业辉煌创新转型做强制造大国》，《中国信息报》2018年9月5日第1版。

韩国高、高铁梅、王立国等：《中国制造业产能过剩的测度、波动及成因研究》，《经济研究》2011年第12期。

韩林静：《环境动态性、中小企业创新战略与企业绩效——基于面板数据的检验分析》，《技术经济与管理研究》2017年第7期。

郝斌、任浩：《企业间领导力：一种理解联盟企业行为与战略的新视角》，《中国工业经济》2011年第3期。

郝敬习、王黎萤、王佳敏：《知识网络嵌入性影响研发团队创造力的作用机理研究》，《苏州大学学报》（哲学社会科学版）2015年第4期。

何枫、陈荣、何林：《我国资本存量的估算及其相关分析》，《经济学家》2003年第5期。

何光辉：《发达国家扶持中小企业技术创新政策及启示》，《软科学》2012年第6期。

何贵兵、杨琼：《共享心理模型的测量》，《人类工效学》2006年第12期。

何文兵：《网络能力与企业创新绩效的关系研究》，硕士学位论文，苏州大学，2014年。

贺菊煌：《我国资产的估算》，《数量经济技术经济研究》1992年第8期。

胡永泰：《中国全要素生产率：来自农业部门劳动力再配置的首要作用》，《经济研究》1998年第3期。

黄溶冰、胡运权、冯立新：《基于可持续发展理论的大型建设项目评价模式研究》，《技术经济与管理研究》2015年第1期。

黄勇峰、任若恩、刘晓生：《中国制造业资本存量永续盘法估计》，

《经济学（季刊）》2002 年第 1 期。

纪慧生、陆强：《基于知识网络的团队研发能力增长研究》，《科学学与科学技术管理》2010 年第 1 期。

贾丽娜：《基于用户参与的企业交互式创新项目绩效影响因素研究》，硕士学位论文，浙江大学，2007 年。

江飞涛、耿强、吕大国等：《地区竞争、体制扭曲与产能过剩的形成机理》，《中国工业经济》2012 年第 6 期。

江飞涛、李晓萍：《直接干预市场与限制竞争：中国产业政策的取向与根本缺陷》，《中国工业经济》2010 年第 9 期。

姜丽群：《企业社会失责行为的动因、影响及其治理研究》，《管理世界》2016 年第 3 期。

解学梅、左蕾蕾：《企业协同创新网络特征与创新绩效》，《南开管理评论》2013 年第 3 期。

金杨华、王重鸣、杨正宇：《虚拟团队共享心理模型与团队效能的关系》，《心理学报》2006 年第 2 期。

劳承玉、张序：《重大水电建设项目区域经济影响评价原则与方法》，《水力发电》2010 年第 8 期。

李广乾、陶涛：《电子商务平台生态化与平台治理政策》，《管理世界》2018 年第 6 期。

李昊、曹宏铎：《集群演化网络模型与仿真研究》，《管理学报》2010 年第 3 期。

李佳、王宏起、李玥等：《大数据时代区域创新服务平台间科技资源共享行为的演化博弈研究》，《情报科学》2018 年第 1 期。

李京文、李平：《三峡工程的巨大成就和宝贵经验》，《人民日报》2014 年 12 月 10 日第 7 版。

李京文主编：《铁道与发展》，社会科学文献出版社 2000 年版。

李婧、谭清美、白俊红：《中国区域创新生产的空间计量分析——基于静态与动态空间面板模型的实证研究》，《管理世界》2010 年第 7 期。

李俊、崔艳新：《新一轮国际知识产权规则重构下的中国选择——以知识产权强国建设为目标》，《知识产权》2015 年第 12 期。

李平、陈星星：《中国经济增长具有可持续性吗？——要素贡献视角

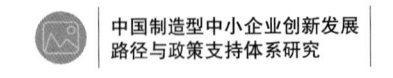

下的实证分析》,《创新中国》2016 年第 3 期。

李平、丁世豪:《进口技术溢出提升了制造业能源效率吗?》,《中国软科学》2019 年第 12 期。

李平、付一夫、张艳芳:《生产性服务业能成为中国经济高质量增长新动能吗》,《中国工业经济》2017 年第 12 期。

李平、简泽、江飞涛等:《中国经济新常态下全要素生产率支撑型模式转变》,《数量经济技术经济研究》2019 年第 12 期。

李平、李晓华:《中国制造业发展的成就、经验与问题研究》,《中国工程科学》2015 年第 7 期。

李平、李颖:《中国城镇化发展效率和制度创新路径》,《数量经济技术经济研究》2016 年第 5 期。

李平、娄峰、王宏伟:《2016—2035 年中国经济总量及其结构分析预测》,《中国工程科学》2017 年第 1 期。

李平、吕岩威、王宏伟:《中国与创新型国家建设阶段及创新竞争力比较研究》,《经济纵横》2017 年第 8 期。

李平、王宏伟:《大型建设项目区域经济影响评价理论基础及其评价体系》,《中国社会科学院研究生院学报》2011 年第 2 期。

李平、王宏伟编:《新中国技术经济研究 70 年》,中国社会科学出版社 2019 年版。

李平:《改革开放 40 年科技体制改革发展历程》,《智慧中国》2018 年第 11 期。

李平:《改革开放 40 年中国科技体制改革和全要素生产率》,《中国经济学人》(英文版)2018 年第 1 期。

李平:《环境技术效率、绿色生产率与可持续发展:长三角与珠三角城市群的比较》,《数量经济技术经济研究》2017 年第 11 期。

李平:《如何打赢当前中国经济的攻坚战?》,《南方企业家》2017 年第 3 期。

李平:《提升全要素生产率的路径及影响因素》,《管理世界》2016 年第 9 期。

李维安、李勇建、石丹:《供应链治理理论研究:概念、内涵与规范性分析框架》,《南开管理评论》2016 年第 1 期。

李伟阳、肖红军：《企业社会责任的逻辑》，《中国工业经济》2011年第10期。

李伟阳：《基于企业本质的企业社会责任边界研究》，《中国工业经济》2010年第9期。

李晓萍、李平、江飞涛：《创新驱动战略中市场作用与政府作为——德国经验及其对我国的启示》，《产经评论》2015年第6期。

李晓萍、李平、吕大国等：《经济集聚、选择效应与企业生产率》，《管理世界》2015年第4期。

李燕萍、刘金璐、洪江鹏等：《中国改革开放40年来科技人才政策演变、趋势与展望——基于共词分析法》，《科技进步与对策》2019年第10期。

李勇坚、夏杰长：《中国高技术服务业集聚发展现状及政策建议》，《经济与管理》2011年第6期。

李运达、刘鑫宏：《外部需求冲击与中国投资波动——基于"冲击—传导"关联的实证分析》，《财贸研究》2009年第4期。

李兆友、刘冠男：《科技政策对国家高新区创新驱动发展的影响路径——一个定性比较分析》，《科技进步与对策》2020年第6期。

李支东、Tim Turpin：《中澳两国促进中小企业发展与创新的产业政策比较研究》，《亚太经济》2011年第5期。

梁琦、李晓萍、吕大国：《市场一体化、企业异质性与地区补贴——一个解释中国地区差距的新视角》，《中国工业经济》2012年第2期。

廖成林、袁艺：《基于社会认知理论的企业内知识分享行为研究》，《科技进步与对策》2009年第2期。

林智同：《知识网络嵌入性影响研发团队创造力的作用机制》，硕士学位论文，中国计量学院，2015年。

林毅夫：《繁荣的求索——发展中经济如何崛起》，北京大学出版社2012年版。

凌永辉、张月友：《市场结构、搜索引擎与竞价排名——以魏则西事件为例》，《广东财经大学学报》2017年第2期。

刘凤伟：《财政转移支付与缩小地区差距》，《管理观察》2008年第13期。

刘航、李平、杨丹辉：《出口波动与制造业产能过剩——对产能过剩

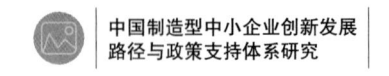

外需侧成因的检验》,《财贸经济》2016 年第 5 期。

刘航、孙早:《城镇化动因扭曲与制造业产能过剩——基于 2001—2012 年中国省级面板数据的经验分析》,《中国工业经济》2014 年第 11 期。

刘航、杨丹辉:《市场要素、组织要素与中国制造业的出口优势——基于地区—行业交叉数据的实证分析》,《财贸经济》2013 年第 6 期。

刘和旺、郑世林、王宇锋:《所有制类型、技术创新与企业绩效》,《中国软科学》2015 年第 3 期。

刘会芳:《中国参与 TPP 谈判的政治经济分析——以知识产权条款为研究视角》,《科技管理研究》2015 年第 16 期。

刘家树、吴佩佩、菅利荣等:《创新链集成的科技成果转化模式探析》,《科学管理研究》2012 年第 5 期。

刘江鹏:《企业成长的双元模型:平台增长及其内在机理》,《中国工业经济》2015 年第 6 期。

刘菊芳:《发展知识产权服务业的关键问题与政策研究》,《工作实践》2012 年第 5 期。

刘萌芽、曾长虹:《简析中国地方政府促进中小企业技术创新的政策》,《工业技术经济》2007 年第 5 期。

刘帷韬、尤济红、邹小华:《产业全球化、R&D 投入与企业绩效》,《经济经纬》2020 年 7 月。

刘霞玲:《激励中小企业技术创新的税收政策研究》,《学术论坛》2009 年第 11 期。

刘奕、夏杰长:《共享经济理论与政策研究动态》,《经济学动态》2016 年第 4 期。

刘宇:《RCEP 知识产权文本模式谈判进路及其选择》,《国际经贸探索》2018 年第 34 期。

刘云、石金涛、张文勤:《创新气氛的概念界定与量表验证》,《科学学研究》2009 年第 2 期。

刘占元、刘东:《中小企业技术创新及其政策研究》,《科技进步与对策》1997 年第 6 期。

刘志彪:《从后发到先发:关于实施创新驱动战略的理论思考》,《产业经济研究》2011 年第 4 期。

刘智强、李超、刘芬：《网络嵌入与个体创造性：关系描述、研究述评及拓展建议》，《管理学报》2012年第9期。

龙志和、张馨之：《空间聚集、区域外溢与俱乐部收敛——基于省级和地级区划的比较研究》，《中国经济学年会会议论文》，2007年。

鲁晓东、连玉君：《中国工业企业全要素生产率估计：1999—2007》，《经济学》（季刊）2012年第1期。

陆介平、王宇航：《我国产业知识产权联盟发展及运营态势分析》，《中国工业评论》2016年第5期。

栾春娟、王续琨、侯海燕：《发明者合作网络的演变及其对技术发明生产率的影响》，《科学学与科学技术管理》2008年第3期。

吕冰洋、郭庆旺：《中国税收高速增长的源泉：税收能力和税收努力框架下的解释》，《中国社会科学》2011年第2期。

吕铁、黄娅娜、徐梦周等：《浙江省广义税负水平和结构的宏微观分析及政策建议》，《财经智库》2016年11月。

吕文静、刘右权、王波：《青岛凯能传统制造的智能蜕变》，《企业管理》2019年第7期。

吕晓俊：《共享心智模型对团队效能的影响》，《心理科学》2009年第2期。

吕岩威、李平：《科技体制改革与创新驱动波：1998—2013》，《改革》2016年第1期。

吕岩威、李平：《一种加权主成分距离的聚类分析方法》，《统计研究》2016年第33期。

吕一博、程露、苏敬勤：《"资源导向"下中小企业集群网络演进的仿真研究》，《科研管理》2013年第1期。

马茹、王宏伟、罗晖：《中国科技创新力量布局现状研究》，《科学管理研究》2019年第3期。

马茹、王宏伟：《中国建设世界科技强国的SWOT分析》，《技术与创新管理》2019年第4期。

马艳艳、刘凤朝、孙玉涛：《大学—企业合作网络结构及对企业创新产出效应》，《研究与发展管理》2011年第6期。

马云俊：《创新价值链视角下我国大中型制造企业创新效率评价》，博

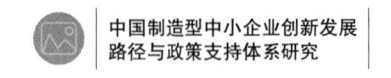

士学位论文，辽宁大学，2013年。

穆荣平、樊永刚、文皓：《中国创新发展：迈向世界科技强国之路》，《中国科学院院刊》2017年第5期。

那英、闻雷：《日本的知识产权战略——对我国知识产权战略的启示》，《知识产权》2004年第3期。

聂辉华、江艇、杨汝岱：《中国工业企业数据库的使用现状和潜在问题》，《世界经济》2012年第5期。

聂辉华、谭松涛、杨宇峰：《创新、企业规模和市场竞争》，《世界经济》2009年第7期。

潘家栋、包海波：《打造数字经济发展新高地》，《浙江日报》2019年7月22日第9版。

潘家栋、包海波：《基于SNA的G60科创走廊沿线城市群经济联系研究》，《浙江学刊》2019年第5期。

戚聿东、李颖：《新经济与规制改革》，《中国工业经济》2018年第3期。

齐红倩、黄宝敏、李伟：《供给和需求冲击下的全要素生产率变动与中国产能过剩》，《南京社会科学》2014年第8期。

秦健：《发达国家科技创新人才开发的经验借鉴》，《劳动保障世界》2018年第35期。

邱凤霞：《基于社会网络的海洋经济创新系统分析》，博士学位论文，河北工业大学，2014年。

任胜钢、吴娟、王龙伟：《网络嵌入与企业创新绩效研究：网络能力的调节效应检验》，《研究与发展管理》2011年第3期。

汝刚等：《以科创走廊探索科技创新协同发展新模式》，《上海经济》2018年第2期。

沈坤荣、钦晓双、孙成浩：《中国产能过剩的成因与测度》，《产业经济评论》2012年第4期。

石瑞芳、束妍、万寅寅等：《中小企业专利创新指数的构建研究》，《现代商业》2018年第1期。

石天唯：《试论中国中小企业金融政策体系的问题与完善》，《浙江金融》2012年第11期。

史青、李平、宗庆庆：《出口中学：基于企业研发策略互动的视角》，

《世界经济》2017 年第 6 期。

司晓悦、马一铭:《区域科技创新的财政支持政策工具研究——基于清晰集定性比较分析方法》,《上海行政学院学报》2020 年第 3 期。

宋明顺、范庆瑜、王晓军:《用标准化提升区域产品竞争力的实证研究》,《中国软科学》2004 年第 5 期。

宋煊懿:《中小企业在创新链中的主体作用研究》,《经济纵横》2016 年第 5 期。

苏保祥、易晓:《科技金融实践与创新》,中国金融出版社 2017 年版。

孙国强:《网络组织治理机制体系》,《经济管理》2003 年第 4 期。

孙环:《中小企业标准化战略管理探讨》,《现代商贸工业》2015 年第 10 期。

孙锐:《中国企业组织创新气氛结构实证研究》,《科研管理》2009 年第 1 期。

孙雪芬、包海波、刘云华:《金融小镇:金融集聚模式的创新发展》,《中共浙江省委党校学报》2016 年第 6 期。

孙雍君:《关于知识团队创造力评估模型研究》,《自然辩证法研究》2001 年第 6 期。

孙雍君:《科技团体创造力研究的理论背景分析》,《科学学研究》2003 年第 5 期。

谭劲松、何铮:《集群自组织的复杂网络仿真研究》,《管理科学学报》2009 年第 4 期。

谭开明、王宇楠:《财政政策支持中小企业自主创新的路径分析》,《技术经济与管理研究》2010 年第 1 期。

汤临佳、池仁勇、骆秀娟:《中小企业创新政策前沿》,《科学学与科学技术管理》2013 年第 8 期。

唐雯、陈爱祖、饶倩:《以科技金融创新破解科技型中小企业融资困境》,《科技管理研究》2011 年第 7 期。

唐晓云:《中国中小企业创新政策的分析——基于 1997—2008 年样本》,《科学学研究》2011 年第 12 期。

田巍、余淼杰:《中间品贸易自由化和企业研发:基于中国数据的经验分析》,《世界经济》2014 年第 6 期。

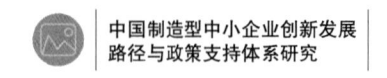

万光彩、陈璋、刘莉：《结构失衡、"潮涌现象"与通胀—通缩逆转》，《数量经济技术经济研究》2009年第12期。

万兴亚：《构建中小企业技术创新政策体系的思考》，《东北师大学报》2005年第5期。

汪旭晖、张其林：《平台型电商企业的温室管理模式研究》，《中国工业经济》2016年第11期。

汪旭晖、张其林：《平台型电商声誉的构建：平台企业和平台卖家价值共创视角》，《中国工业经济》2017年第11期。

汪旭晖、张其林：《平台型网络市场"平台—政府"双元管理范式研究》，《中国工业经济》2015年第3期。

王端旭、国维潇、刘晓莉：《团队内部社会网络特征影响团队创造力过程的实证研究》，《软科学》2009年第9期。

王端旭：《研发团队激励机制设计的情景分析》，《科研管理》2006年第6期。

王飞绒、池仁勇：《基于组织间学习的技术联盟与企业创新绩效关系的实证研究》，《研究与发展管理》2011年第3期。

王桂军、曹平：《产业创新与产业创新系统：国外理论脉络与国内政策建议》，《科技管理研究》2018年第12期。

王宏伟、何亚鸥：《寻租对企业研发投入的影响》，《技术经济》2019年第2期。

王宏伟、李平：《深化科技体制改革与创新驱动发展》，《求是学刊》2015年第5期。

王宏伟：《国家重大建设项目区域经济影响评价研究》，《数量经济技术经济研究》2020年第4期。

王宏伟：《浙江省OFDI对就业结构的影响研究》，《商业经济》2018年第3期。

王节祥：《互联网平台企业的边界选择与开放度治理研究：平台二重性视角》，博士学位论文，浙江大学，2016年。

王进伟：《网络能力对新创业隐性知识获取、成长绩效的影响研究》，硕士学位论文，浙江工商大学，2011年。

王黎萤、陈劲：《国内外团队创造力研究述评》，《研究与发展管理》

2010年第7期。

王黎萤、陈劲：《研发团队创造力的影响机制研究——以团队共享心智模型为中介》，《科学学研究》2010年第3期。

王黎萤、池仁勇：《专利合作网络研究前沿探析与展望》，《科学学研究》2015年第1期。

王黎萤、池仁勇、林智同：《影响中小企业知识产权战略实施的关键因素——基于浙江的实证研究》，《第九届中国科技政策与管理学术年会论文集》2013年10月26日。

王黎萤、高鲜鑫、霍雨桐：《FTA知识产权规则对出口贸易结构的影响》，《科学学研究》（待刊），2020年。

王黎萤、金珺：《生物技术企业专利战略实施现状及对策分析——基于浙江的实证研究》，《科技进步与对策》2010年第14期。

王黎萤、王宏伟、包海波等：《浙江知识产权服务业发展现状与对策建议》，《浙江经济》2017年第9期。

王黎萤、王宏伟、包海波：《知识产权制度与区域产业创新驱动——以促进长三角制造业提升为视角》，经济科学出版社2014年版。

王黎萤、王佳敏、李建成等：《企业专利合作网络模式及其对创新绩效的影响——以制药产业制造型上市中小企业为例》，《浙江工业大学学报》（社会科学版）2016年第3期。

王黎萤、王佳敏、虞微佳：《区域专利密集型产业创新效率评价及提升路径研究——以浙江省为例》，《科研管理》2017年第3期。

王黎萤、王融、张迪、杨妍：《RCEP知识产权议题：谈判障碍与应对策略——基于自贸协定知识产权规则变革视角分析》，《国际经济合作》2019年第4期。

王黎萤、吴瑛、朱子钦、宋秀珍：《专利著作网络影响科技型中小企业创新绩效的机理研究》，《科研管理》（待刊）2020年。

王黎萤、吴瑛、楼源：《数字经济产业技术标准与知识产权协同研究综述》，《创新科技》2020年第4期。

王黎萤、杨妍、高鲜鑫：《我国区域技术市场运行效率差异分析——基于DEA-BCC和DEA-Malmquist模型》，《科技与经济》2020年第1期。

王黎萤、杨妍、张迪：《自贸协定知识产权规则变革趋势及影响研

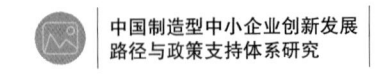

究》,《浙江工业大学学报》（社会科学版）2019年第18期。

王黎萤、虞微佳、王佳敏等:《影响知识产权密集型产业创新效率的因素差异分析》,《科学学研究》2018年第4期。

王黎萤、虞微佳、包海波:《知识产权服务业集聚发展模式与提升路径研究》,《科技和产业》2017年第12期。

王黎萤、虞微佳、王宏伟等:《跨层次知识网络嵌入性对研发团队创造力的影响研究》,《浙江工业大学学报》（社会科学版）2017年第1期。

王黎萤、虞微佳、王佳敏:《科技型中小企业专利合作网络演化分析》,《科技管理研究》2018年第5期。

王黎萤、张迪、王雁等:《区域自贸协定新规则"升级"还是"规锁"？——浅析知识产权国际规则》,《科学学与科学技术管理》2019年第40期。

王黎萤、张迪:《不同模式科技型中小企业专利合作网络构建及影响因素研究》,《科研管理》2019年第4期。

王黎萤:《研发团队创新气氛的维度开发与结构验证》,《科学学研究》2010年第6期。

王黎萤:《研发团队创造气氛、共享心智模型与团队创造力研究》,博士学位论文,浙江大学,2009年。

王黎萤主编:《知识产权战略管理》,电子工业出版社2011年版。

王黎萤主编:《知识产权管理》,清华大学出版社2020年版。

王鹏:《完备的服务体系支撑着小企业融资和技术创新——中小企业发展政策国际比较之美国经验》,《经济研究参考》2011年第37期。

王佳敏:《浙江省专利密集型产业的目录构建及创新效率研究》,硕士学位论文,浙江工业大学,2016年。

王思语、展金泳:《全球治理演变、经贸规则重构与我国的应对策略探索》,《现代管理科学》2017年第2期。

王涛、任荣:《组织知识更新中的跨层次知识转移——基于组织学习层次分工的视角》,《科学学与科学技术管理》2010年第3期。

王廷惠:《微观规制理论研究》,中国社会科学出版社2015年版。

王习胜:《国内科技团队创造力评估研究述评》,《自然辩证法研究》2002年第8期。

王雁飞、朱瑜:《组织创新气氛的研究进展与展望》,《心理科学进展》2006年第3期。

王勇、冯骅:《平台经济的双重监管:私人监管与公共监管》,《经济学家》2017年第11期。

王志玮:《企业外部知识网络嵌入性对破坏性创新绩效的影响机制研究》,博士学位论文,浙江大学,2010年。

魏丽华:《我国三大城市群内部经济联系对比研究》,《经济纵横》2018年第1期。

魏新颖、王宏伟、徐海龙:《创新投入、创新环境与高技术产业绩效》,《中国科技论坛》2019年第11期。

魏新颖、王宏伟、徐海龙:《高技术产业技术创新的空间关联与溢出效应》,《经济问题探索》2019年第10期。

温兴琦:《创新政策还是产业政策:区域创新政策悖论及启示》,《科技进步与对策》2015年第23期。

温忠麟、侯杰泰、张雷:《调节效应与中介效应的比较和应用》,《心理学报》2005年第2期。

吴德胜:《网上交易中的私人秩序——社区、声誉与第三方中介》,《经济学(季刊)》2007年第3期。

吴定玉、张治觉、刘叶云:《企业社会责任视角下产业集群治理的逻辑与机制》,《湖南师范大学社会科学学报》2017年第1期。

吴定玉:《供应链企业社会责任管理研究》,《中国软科学》2013年第2期。

吴价宝:《组织学习能力测度》,《中国管理科学》2003年第8期。

吴金明、邵昶:《产业链形成机制研究——"4+4+4"模型》,《中国工业经济》2006年第4期。

吴晓波:《二次创新的进化过程》,《科研管理》1995年第2期。

吴延兵:《企业规模、市场力量与创新:一个文献综述》,《经济研究》2007年第5期。

吴治国、石金涛、杨帆:《组织创新气氛概念的讨论与界定》,《科学学研究》2008年第2期。

武前波、孙文秀:《湾区经济时代浙江省域经济发展态势及其空间格

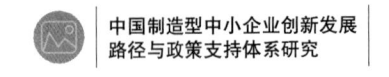

局》,《浙江社会科学》2018 年第 9 期。

武欣、吴志明:《基于共享心智模型的团队知识管理》,《研究与发展管理》2006 年第 6 期。

武欣、吴志明:《团队共享心智模型的影响因素与效果》,《心理学报》2005 年第 4 期。

武长海:《论国际贸易中知识产权滥用的法律规制》,《河北法学》2010 年第 28 期。

夏斌:《中小企业融资政策的制度创新思考》,《中国金融》2003 年第 18 期。

向希尧、蔡虹、裴云龙:《跨国专利合作网络中 3 种接近性的作用》,《管理科学》2010 年第 5 期。

肖冬平、顾新:《知识的嵌入性原理与知识网络的形成》,《情报科学》2009 年第 9 期。

肖红军、李平:《平台型企业社会责任的生态化治理》,《管理世界》2019 年第 10 期。

肖红军、李伟阳、胡叶琳:《真命题还是伪命题:企业社会责任检验的新思路》,《中国工业经济》2015 年第 2 期。

肖红军、阳镇:《共益企业:社会责任实践的合意性组织范式》,《中国工业经济》2018 年第 7 期。

肖红军:《企业社会责任议题管理:理论建构与实践探索》,经济管理出版社 2017 年版。

肖利平、谢丹阳:《国外技术引进与本土创新增长:互补还是替代——基于异质吸收能力的视角》,《中国工业经济》2016 年第 9 期。

肖连杰、吴江宁、宣照国:《科研合作网中节点重要性评价方法及实证研究》,《科学学与科学技术管理》2010 年第 6 期。

肖泽磊、李帮义、胡灿伟:《基于综合区位熵指数的中国高技术产业科技资源布局研究》,《科学学与科学技术管理》2010 年第 10 期。

谢富纪:《创新型国家的演化模式与我国创新型国家建设》,《上海管理科学》2009 年第 5 期。

谢佩洪、陈昌东、周帆:《平台型企业生态圈战略研究前沿探析》,《上海对外经贸大学学报》2017 年第 9 期。

谢申祥、石慧敏、张铭心：《谈判势力与战略性贸易政策》，《世界经济》2016 年第 7 期。

辛杰、李丹丹：《企业生态系统社会责任互动的涵蕴与管理变革》，《商业经济与管理》2016 年第 1 期。

辛杰：《企业生态系统社会责任互动：内涵、治理、内化与实现》，《经济管理》2015 年第 8 期。

徐冠华：《新时期我国科技发展战略与对策》，《中国软科学》2005 年第 10 期。

徐国良、孙林岩、吴福象等：《中小企业技术创新政策服务体系理论研究》，《宏观经济研究》2011 年第 6 期。

徐海龙、李平：《中国的科技创新与经济增长关系研究》，《现代管理科学》2017 年第 7 期。

徐海龙、王宏伟：《科技型中小企业全生命周期金融支持研究——基于风险特征的分析视角》，《科学管理研究》2018 年第 3 期。

徐寒易、马剑虹：《共享心智模型：分布、层次与准确性初探》，《心理科学进展》2008 年第 6 期。

徐鸿钧：《推动中小企业技术创新的扶持政策》，《商业经济与管理》2000 年第 8 期。

徐杰、王宏伟、李平：《中国资本存量测量述评》，《华东经济管理》2017 年第 6 期。

徐明、姜南：《我国专利密集型产业及其影响因素的实证研究》，《科学学研究》2013 年第 2 期。

徐修德、代同亮：《日本加入 TPP 谈判对相关经济体的影响及我国的应对》，《太平洋学报》2015 年第 8 期。

许必芳：《中小企业政策的分析、评价与选择》，硕士学位论文，浙江工业大学，2007 年。

宣博、易开刚：《互联网平台企业的社会责任治理》，《光明日报》2018 年 3 月 27 日。

薛会娟：《授权型领导如何促进团队创造力以交互记忆系统为中介》，《科技管理研究》2013 年第 24 期。

薛会娟：《研发团队中的效能感与创造力的关系——跨层次研究》，

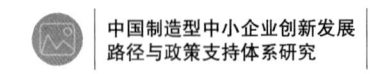

《南开管理评论》2013年第5期。

薛晓光、王宏伟、李忠伟：《国家创新体系中政府作用动态评价模型研究》，《技术经济与管理研究》2019年第2期。

颜姜慧、高丽娜：《基于引力模型的长江中游城市群经济联系强度分析》，《九江学院学报》（社会科学版）2013年第2期。

阳银娟、陈劲：《技术创新管理：来自亚洲企业的贡献》，《科技进步与对策》2015年第13期。

阳银娟、陈劲：《开放式创新中市场导向对创新绩效的影响研究》，《科研管理》2015年第36期。

阳银娟、陈劲：《企业非正式独占性机制、开放度与创新绩效关系的案例研究》，《科技进步与对策》2018年第35期。

阳银娟、陈劲：《战略创业对组织学习的影响——基于杭开集团的案例研究》，《技术经济》2018年第37期。

阳镇、许英杰：《企业社会责任治理：成因、模式与机制》，《南大商学评论》2017年第40期。

阳志梅、胡振华：《知识网络与集群企业竞争优势研究——基于组织学习视角》，《科技进步与对策》2010年第3期。

杨春方：《企业社会责任的治理模式：自三个维度观察》，《改革》2012年第5期。

杨晓娜、彭灿、杨红：《开放式创新对企业双元创新能力的影响——外部社会资本的调节作用》，《科技进步与对策》2018年第13期。

杨雪冬：《"生态化治理"：地方治理新取向》，《领导科学》2017年第27期。

杨正宇、王重鸣、谢小云：《团队共享心理模型研究新进展》，《人类工效学》2003年第3期。

杨志蓉：《团队信任、互动行为与临时团队创造力研究》，博士学位论文，浙江大学，2006年。

姚丽、谷国锋：《区域技术创新、空间溢出与区域高技术产业水平》，《中国科技论坛》2015年第1期。

姚永玲：《从创新效率和经济增长关系看科技政策》，《管理世界》2009年第12期。

叶春霞、余翔、李卫：《企业间专利合作的多学科知识网络研究》，《情报杂志》2013年第4期。

易纲、樊纲、李岩：《关于中国经济增长与全要素生产率的理论思考》，《经济研究》2003年第8期。

易可君、朱艳春：《建立创新链、产业链、资金链、利益链协调均衡机制》，《湖南财政经济学院学报》2015年第6期。

尹西明、陈红花、陈劲：《中国特色创新理论发展研究——改革开放以来中国原创性创新范式回顾》，《科技进步与对策》2019年第36期。

尹小平、马欣员：《科技政策与经济增长：美国的经验》，《当代经济研究》2013年第12期。

于明超、申俊喜：《区域异质性与创新效率——基于随机前沿的分析》，《中国软科学》2010年第11期。

于晓宇：《网络能力、技术能力、制度环境与国际创业绩效》，《管理科学》2013年第2期。

余明桂、回雅甫、潘红波：《政治联系、寻租与地方政府财政补贴有效性》，《经济研究》2010年第3期。

余永泽：《中国区域创新活动的"协同效应"与"挤占效应"——基于创新价值链视角的研究》，《中国工业经济》2015年第10期。

余泳泽、刘大勇：《创新价值链视角下的我国区域创新效率提升路径研究》，《科研管理》2014年第5期。

余泳泽、刘大勇：《我国区域创新效率的空间外溢效应与价值链外溢效应——创新价值链视角下的多维空间面板模型研究》，《管理世界》2013年第7期。

虞微佳：《科技型中小企业专利合作网络的形成机理与演化研究》，硕士学位论文，浙江工业大学，2017年。

袁建明：《科技型中小企业创业发展生命周期特征分析》，《合肥工业大学学报》（社会科学版）2000年第4期。

岳宝宏、王化成、谢丽：《中小企业技术创新基金投资体制研究——从"支持模式"到"投资模式"的转变》，《科学学与科学技术管理》2007年第9期。

云涛：《中国科技体制改革的阶段成效与深化改革的对策建议》，《科

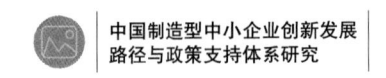

学管理研究》2009 年第 4 期。

韵江、马文甲、陈丽：《开放度与网络能力对创新绩效的交互影响研究》，《科研管理》2012 年第 7 期。

詹爱岚、王黎萤：《专利情报的社会网络学创新研究：视角、进展及述评》，《科研管理》2017 年第 38 卷专刊。

詹爱岚、王黎萤：《国外基于专利情报网络分析的创新研究综述》，《情报杂志》2017 年第 36 卷第 4 期。

詹映、朱雪忠：《标准和专利战的主角——专利池解析》，《研究与发展管理》2007 年第 1 期。

詹映：《国际贸易体制区域化背景下知识产权国际立法新动向》，《国际经贸探索》2016 年第 32 期。

张超、官建成：《基于政策文本内容分析的政策体系演进研究——以中国创新创业政策体系为例》，《管理评论》2020 年第 5 期。

张丹宁、刘永刚：《产业集群社会责任建设模式研究》，《商业研究》2017 年第 7 期。

张丹宁、唐晓华：《产业集群社会责任建设模式及其适用性》，《辽宁大学学报》（哲学社会科学版）2013 年第 11 期。

张丹宁、唐晓华：《网络组织视角下产业集群社会责任建设研究》，《中国工业经济》2012 年第 3 期。

张迪：《自贸协定知识产权规则变革对中国出口贸易的影响及对策研究》，硕士学位论文，浙江工业大学，2020 年。

张钢、熊立：《交互记忆系统与团队异质性、成员异质性、团队绩效关系的实证研究》，《技术经济》2008 年第 5 期。

张华、郎淳刚：《以往绩效与网络异质性对知识创新的影响研究》，《科学学研究》2013 年第 10 期。

张惠彬：《论商标权边境保护制度——兼评 ACTA 之相关规定》，《国际经贸探索》2013 年第 11 期。

张剑、徐金梧、王维才：《创造性组织环境研究的新进展》，《科研管理》2006 年第 1 期。

张杰、周晓艳、李勇：《要素市场扭曲抑制了中国企业 R&D?》，《经济研究》2011 年第 8 期。

张静、李平：《中国区域创新绩效的过程溢出与空间关联》，《西部论坛》2017年第3期。

张静、徐海龙、王宏伟：《知识溢出与中国区域经济增长收敛研究》，《宏观经济研究》2020年第4期。

张猛：《知识产权国际保护的体制转换及其推进策略——多边体制、双边体制、复边体制？》，《知识产权》2012年第10期。

张倩肖、董瀛飞：《渐进工艺创新、产能建设周期与产能过剩——基于"新熊彼特"演化模型的模拟分析》，《经济学家》2014年第8期。

张廷银：《产业集聚形成与发展的五大要素》，人民网，2020年4月30日。

张同斌、高铁梅：《研发存量、知识溢出效应和产出空间依赖性对我国高新技术产业产出的影响》，《系统工程理论与实践》2014年第7期。

张巍、党兴华：《企业网络权力与网络能力关联性研究——基于技术创新网络的分析》，《科学学研究》2011年第7期。

张小波、李成：《论〈美国—墨西哥—加拿大协定〉背景、新变化及对中国的影响》，《社会科学文摘》2019年第5期。

张韵君：《政策工具视角的中小企业技术创新政策分析》，《中国行政管理》2012年第4期。

张振刚：《开放式创新、吸收能力与创新绩效关系研究》，《科研管理》2015年第3期。

张志辉：《中国区域能源效率演变及其影响因素》，《数量经济技术经济研究》2015年第8期。

章文光、闫蓉：《基于政策文本计量的中国中小企业创新政策变迁研究》，《湘潭大学学报》（哲学社会科学版）2017年第5期。

赵驰、周勤：《基于自组织视角的科技型中小企业成长研究》，《软科学》2011年第10期。

赵增耀、张小波、沈能：《区域协同创新效率的多维溢出效应》，《中国工业经济》2015年第1期。

郑林英：《网络位置、吸收能力对企业创新绩效的影响研究》，硕士学位论文，浙江大学，2010年。

郑胜华、陈乐平、丁琼瑶：《双边平台商业生态系统理论及管理策

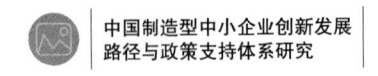

略》,《浙江工业大学学报》(社会科学版) 2017 年第 12 期。

中共浙江省委党校课题组、包海波:《国际一流科创平台发展的成功经验》,《浙江经济》2016 年第 13 期。

苏朝晖:《引导民间资本参与福建中小企业技术创新的政策研究》,《科技管理研究》2006 年第 11 期。

周浩、陈益:《FDI 外溢对新建企业选址的影响》,《管理世界》2013 年第 12 期。

周浩、余壮雄:《可达性、集聚经济和新建企业选址》,《经济学》(季刊) 2014 年第 10 期。

周江华、刘宏程、仝允桓:《企业网络能力影响创新绩效的路径分析》,《科研管理》2013 年第 6 期。

周耀烈、杨腾蛟:《个体创造力向团队创造力转化的机理研究》,《科学学研究》2007 年第 12 期。

周祖城:《走出企业社会责任定义的丛林》,《伦理学研究》2011 年第 3 期。

朱朝晖、陈劲:《探索性学习与挖掘性学习及其平衡研究》,《外国经济与管理》2007 年第 10 期。

朱光、李平、姜永华:《专项转移支付、一般性转移支付与地方政府公共服务支出——基于专项转移支付分项数据的空间计量分析》,《华东经济管理》2019 年第 3 期。

朱平芳、徐伟民:《政府的科技激励政策对大中型工业企业 R&D 投入及其专利产出的影响——上海市的实证研究》,《经济研究》2003 年第 6 期。

朱英明、杨连盛、吕慧君、沈星:《资源短缺、环境损害及其产业集聚效果研究——基于 21 世纪我国省级工业集聚的实证分析》,《管理世界》2012 年第 11 期。

朱志宏:《创造过程之研究》,《山西高等学校社会科学学报》2004 年第 16 期。

祝君壁:《中国已建成门类齐全现代工业体系》,《经济日报》2019 年 9 月 22 日。

宗庆庆:《中国工业企业 R&D 投入的策略互动行为研究》,《财经研究》2013 年第 10 期。

Agrawal A., Kapur D., Mc Hale J.,"How Do Spatial and Social Proximity lnfluence Knowledge Flow? Evidence from Patent Data", *Journal of Urban Economics*, 2008, Vol. 64, No. 2, pp. 258-269.

Agrawala A., Garlappi L.,"Public sector science and the strategy of the commons", *Economics of Innovation and New Technology*, 2007, Vol. 16, No. 7, pp. 517-539.

Amiti M.,Konings J.,"Trade Liberalization, Intermediate Inputs, andProductivity:Evidence from Indonesia", *The American Economic Review*, 2007, Vol. 97, No. 5.

Arahi H., "The facts behind Japan's Technology Explosion", *Managing Intellectual Property*, 2000, No. 5, pp. 19-21.

Arvanitis S.,Gkypali A., Tsekouras K.,"Knowledge Base, Exporting Activities, Innovation Openness and Innovation Performance: A SEM Approach towards a Unifying Framework", *SSRN Electronic Journal*, 2014, Vol. 36, No. 1.

Arza Valeria, Lopez Andres,"Firms' linkages with public research organisations in Argentina: Drivers, perceptions and behaviours", *Technovation*, 2011, No. 31, pp. 384-400.

Atkeson A., Burstein A.,"Innovation, Firm Dynamics, and International Trade", *Journal of Political Economy*, 2010, Vol. 118, No. 3.

Azoulay P., Ding W., Stuart T.,"The Determinants of Faculty Patenting Behavior: Demographics or Opportunities", *Journal of Economic Behaviour and Organization*, 2007, Vol. 63, No. 4, pp. 599-623.

Baccini L., Dür A., Elsig M.,"The Politics of Trade Agreement Design: Revisiting the Depth–Flexibility Nexus", *International Studies Quarterly*, 2015, Vol. 59, No. 4, pp. 765-775.

Bae Youngim, Chang Hyunjoon, "Efficiency and Effectiveness between Open and Closed Innovation: Empirical Evidence in South Korean Manufacturers", *Technology Analysis & Strategic Management*, 2012, No. 24, pp. 967-980.

Baier S. L., Bergstrand J. H., Jinteco J.,"Do Free Trade Agreements Actually Increase Members' International Trade?", *Journal of International*

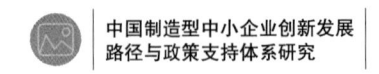

Economics, 2005, Vol. 71, No. 1, pp. 72-95.

Baldwin J., Gu W.,"Export-Market Participation and Productivity Performance in Canadian Manufacturing", *Canadian Journal of Economics*, 2003, Vol. 36, No. 3.

Battese G. E., Coelli T. J.,"Prediction of Firm-level Technical Efficiencies with a Generalised Frontier Production Function and Panel Data", *Journal of Econometrics*, 1988, Vol, 38, No. 3, pp. 387-399.

Beaudry C., Schiffauerova A.,"Impacts of Collaboration and Network Indicators on Patent Quality: The Case of Canadian Nanotechnology Innovation", *European Management Journal*, 2011, Vol. 29, No. 5, pp. 362-376.

Benjamin L. Hallen, Kathleen M. Eisenhardt, "Catalyzing Strategies and Efficient tie Formation: How Entrepreneurial Firms to Obtain Investment Ties", *Academy of Management Journal*, 2012, No. 1.

Besfamille M.,"Local Public Works and Intergovernmental Transfers under Asymmetric Information", *Journal of Public Economics*, 2004, Vol. 88, No. 1, pp. 353-375.

Bierly P.,"Generic knowledge strategies inthe U.S. pharmaceutical industry", *Strategic Management Journal*, No. 17, pp. 123-135, 1996.

Boschma R.,"Proximity and Innovation: A Critical Assessment", *Regional Studies*,2005, Vol. 39, No. 1, pp. 61-74.

Bossone B., Mahajan S.,Zahir F.,"Farah. Financial Infrastructure, Group Interests and Capital Accumulation", *IMF Working PaPer*, 2003, Vol. 3, No. 24, pp. 105-114.

Burt R. S.,"Structural Holes and Good Ideas", *American Journal of Sociology*, 2004, Vol. 110, No. 2, pp. 349-399.

Cannon M. D., Edmondson A. C.,"Confronting Failure: Antecedents and Consequences of Shared Beliefs about Failure in Organizational Work Groups", *Journal of Organizational Behavior*, 2001, Vol. 22, No. 2, pp. 161-177.

Chao Hong, Huachan Fang, Hua Xie, "Study on China's S&T System Reform Process and Policy Evolution", *China Collective Economy*, 2013, No. 24.

Chapple W., Lockett A., Siegel D., Wright M.,"Assessing the relative performance of U. K. university technology transfer offices: Parametric and non-parametric evidence", *Research Policy*, 2005, Vol. 34, No. 3, pp. 369-384.

Chen Pochi, Yu Mingmiin, Chang Chingcheng et al.,"Total Factor Productivity Growth in China's Agricultural Sector", *China Economic Review*, 2008, Vol. 19, No. 4, pp. 580-593.

Chenery H. B.,Robinson S., Syrquin M., *Industrialization and Growth:A Comparative Study*, Oxford University Press, 1986.

Chesbrough, H. , *Open Innovation, the New Imperative for Creating and Profiting from Technology*, Harvard Business School Press, 2003.

Chesbrough H., Vanhaverbeke W., West J.,*Open Innovation: Researching a New Paradigm*, Oxford University Press, 2006.

Choi B., Lee H.,"An Empirical Investigation of KM and Their Effect Cncorporate Performance", *Information , Management*, 2003, Vol. 40, No. 5, pp. 403-417.

Cong Cao,Ning Li,Xia Li et al.,"Reforming China's S&T System", *Science*, 2013, Vol. 314, No. 6145, pp. 460-462.

Dan Mccurdy, Marshall Phelp,"Why Execlusion Is Not Profitable", *Managing Intellectual Property*, 2000, No. 11, pp. 56-59.

Daniel F. Spulber, "Innovation Economics: The Interplay among Technology Standards, Competitive Conduct, and Economic Performance", *Journal of Competition Law & Economics*, 2013, No. 4.

Daunoriene A., Drakšaite A., Snieška V.,"Evaluating Sustainability of Sharing Economy Trade Market Business Models", *Procedia-Social and Behavioral Sciences*, 2015, Vol. 21, No. 3, pp. 836-841.

Dennis Fernandez, Mary Chow,"Intellectual Property Strategy in Bioinformatics and Biochips", *Biosensors and Bioelectronics*, 2005, No. 2, pp. 197-200.

Donaldson T., Dunfee T. W.,"Toward a Unified Conception of Business Ethics:Integrative Social Contracts Theory", *Academy of Management Review*, 1994, Vol. 19, No.2, pp. 252-284.

Donohue J. C.,"Understanding Scientific Literature", *Information Storage &*

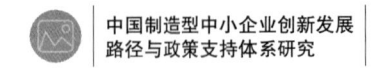

Retrieval, 1973, Vol. 10, No. 11, pp. 420-421.

Escribano A., Fosfuri A., Tribo J. A.,"Managing External Knowledge FlowsL The Moderating Role of Absorptive Capacity", *Research Policy*, 2009, Vol. 38, No. 1, pp. 96-105.

Fink C., Khan M., Hao Z.,"Exploring the Worldwide Patent Surge", *Economics of Innovation & New Technology*, 2016, Vol. 25, No. 2, pp. 114-142.

Fink C., Khan M., Hao Z.,"Exploring the Worldwide Patent Surge", *Economics of Innovation & New Technology*, 2016, Vol. 25, No. 2, pp. 114-142.

Fitscha M., Frankeb G.,"Innovation, Regional Knowledge Spillover and R&D Coorperation", *Research Policy*, 2004, Vol. 33, No. 2, pp. 245-255.

Gaisford J. D., Hobbs J. E., Kerr W. A.,"Will the TRIPS Agreement Foster Appropriate Biotechnologies for Developing Countries? ", 2010, *Journal of Agricultural Economics*, Vol. 58, No. 2, pp. 199-217.

Gaisford J. D., Hobbs J. E., Kerr W. A.,"Will the TRIPS Agreement FosterAppropriate Biotechnologies for Developing Countries?", 2010, *Journal of Agricultural Economics*, Vol. 58, No. 2, pp. 199-217.

Gaisford J. D., Tarvydas R., Hobbs J. E., et al.,"Biotechnology Piracy:Rethinking the International Protection of Intellectual Property", *CanadianJournal of Agricultural Economics*, 2010, Vol. 50, No. 1, pp. 15-34.

Garman G., Petersen J., Gilliard D.,"Economic Integration in the Americas:1975-1992, Journal of Applied Business Research", 2011, Vol. 14, No. 3, pp. 1-12.

Gehrig T.,"Screening, Cross, Border Banking, and the Allocation of Credit", *Research in Economics*, 1998, No. 4.

Gomes Casseres B., Hagedoom J., Jaffe A. B.,"Do Alliances Piomote Knowledge Flow", *Joumal of Financial Economics*, 2006, Vol. 80, No. 1, pp. 5-33.

Granovetter M.,"The Impact of Social Structure on Economic Outcomes", *Journal of Economic Perspectives*, 2005, No. 1, pp. 33-50.

Gregoris Mentzas, Dimitris Apostolou, Ronald Young, Andreas Abecker, "Knowledge Networking: A Holistic Solution for Leveraging Corporate

Knowledge", *Journal of Knowledge Management*, 2001, Vol. 5, No. 1, pp. 94-107.

Grewal R., Chakravarty A., Saini A.,"Governance Mechanisms in Business-to-business Electronic Markets", 2010, *Journal of Marketing*, Vol. 74, No. 4, pp. 45-62.

Guan J., Chen K., "Measuring the Innovation Production Process: A Cross-region Empirical study of China's High-tech Innovations", *Technovation*, 2010, No. 5.

Hailong Song, "Retrospect and Prospect of China's S&T System Reform in the Past 30 Years ", *Journal of the Party School of CPC Zhengzhou Municipal Committee*, 2008, No. 4.

Hansen M. T., Brikinshaw J.,"The Innovation Value Chain", *Harvard Business Review*, 2002, Vol. 85, No. 6, pp. 121-135.

Hao C., Lin L., Shanting Z.,"The Spatial Network Structure of the Tourism Destinations in Urban Agglomerations Based on Tourist Flow:A Case Study of the Pearl River Delta", *Acta Geographica Sinica*, 2011, Vol. 66, No. 2, pp. 257-266.

He J., Fallah M. H.,"Is Inventor Network Structure a Predictor of Cluster Evolution", *Technological Forecasting and Social Change*, 2009, Vol. 76, No. 1, pp. 91-106.

Heinrichs H.,"Sharing Economy:A Potential New Pathway to Sustainability", *Ecological Perspective for Science and Society*, 2013, Vol. 22, No. 4, pp. 228-231.

Hiller J. S.,"The Benefit Corporation and Corporate Social Responsibility", *Journal of Business Ethics*, 2013, Vol. 118, No. 2, pp. 287-301.

Hirst G., Van Knippenber D. , Zhou J.,"A Cross-level Perspective On Employee Creativity: Goal Orientation, Team Behavior, and Individual Creativity", *Academy of Management Journal*, 2009, Vol. 52, No. 2, pp. 280-193.

Hongwei Wang, Shilin Zheng, Yanhua Zhang, Kai Zhang,"Analysis of the Policy Effects of Downstream Feed-In Tariff on China's Solar Photovoltaic Industry", *Energy Policy*, 2016, Vol. 95.

Hsueh C. F.,"Improving Corporate Social Responsibility in a Supply Chain Through a New Revenue Sharing Contract", *International Journal of Production Economics*, 2014, Vol. 151, No. 3, pp. 214-222.

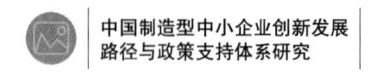

ISO, *ISO26000:Guidance on Social Responsibility*, Geneva: ISO, 2010.

James E. Anderson, Yoto V. Totov,"Terms of Trade and Global Efficiency Effects of Free Trade Agreements, 1990-2002", *Journal of International Economics*, 2011, Vol. 99, pp. 279-298.

Jun Jin, Zhengyi Zhang, Liying Wang, "From the Host to the Home Country, the International Upgradation of EMNEs in Sustainability Industries—The Case of a Chinese PV Company", *Sustainability*, 2019, Vol. 11, No. 19.

Kaiser U., Wright J., "Price Structure in Two- Sided Markets:Evidence from the Magazine Industry", *International Journal of Industrial Organization*, 2006, Vol. 24, No. 1, pp. 1-28.

Kano S.,"Technical Innovations, Standardization and Regional Comparison—A Case Study in Mobile Communications", *Telecommunications Policy*, 2000, No. 4.

Keller W.,"Geographic Localization of International Technology Diffusion", *The American Economic Review*, 2002, Vol. 92, No. 1, pp. 120-142.

Kindleberger C. P., *The Formation of Financial Centers*: *A Study in Comparative Economic History*, Princeton: Princeton University Press, 1974.

Kratzer J., Leenders R. T.,Engelen J.,"Stimulating the Potential: Creative Performance and Communication in Innovation Teams", *Creativity and Innovation Management*, 2004, Vol. 13, No. 1, pp. 63-71.

Krishnan R., Kozhikode R. K.,"Status and Corporate Illegality:Illegal Loan Recovery Practices of Commercial Banks in India", *Academy of Management Journal*, 2015, Vol. 58, No. 5, pp. 1287-3112.

Laulajainen R., *Financial Geography*. Goteborg Sweden: School of Economic and Commercial Law, 1998.

Lee J., Song J., Yang J.S.,"Network Structure Effects on Incumbency Advantage", *Strategic Management Journal*, 2016, Vol. 37, No. 8, pp. 1632-1648.

Leenders R. T. A. J., Engelen J. M. L., Kratzer J.,"Virtuality, Communication and New Product Team Creativity: A Social Netwok perspective", *Jonrual of Engeineering and Technology Management*, 2003, Vol. 20, No. 1-2, pp. 69-92.

Leigh L. Thompson, Hoon-Seok Choi, *Creativity and innovation in organizational teams*, London: Lawarence Erlbaum Associates, 2006.

Lewis K.,"Measuring Transactive Memory Systems in the Field: Scale Development and Validation", *Journal of Applied Psychology*, 2003, Vol. 88, No. 4, pp. 587-604.

Li P., Lou F., "China's Potential Economic Growths During 2015-2025 under Different Scenarios", *China Economist*, 2016, Vol. 11, No. 4, pp. 4–21.

Li P., Lou F., "Supply side Structural Reform and China's Potential Economic Growth Rate", *China Economist*, 2015, Vol. 10, No. 2, pp. 82-99.

Liu Tung, Li Kuiwai,"Analyzing China's Productivity Growth: Evidence from Manufacturing Industries", *Economic Systems*, 2012, Vol. 36, No. 4, pp. 531-551.

Liying Wang, Yan Wang, Yuan Lou, Jun Jin,"Impact of Different Patent Cooperation Networmodels on Innovation Performance of Technology-based SMEs", *Technology Analysis & Strategic Management*, 2020, Vol. 32, No. 6, pp. 724-738.

Liying Wang, Jin Chen,"Empirical Study on the Influence Factors of R&D Team Creativity in China", *The 4th International Conference on Management Innovation & Technology*, 2008.

Lundvall B. A.,*National Systems of Innovation: Towards a Theory of Innovation and Interactive Learning*, London: Anthem Press, 2010.

Mair J., Reischauer G.,"Capturing the Dynamics of the Sharing Economy:Institutional Research on the Plural Forms and Practices of Sharing Economy Organizations", *Technological Forecasting & Social Change*, 2017, Vol. 125, No. 12, pp. 11-20.

Mairesse J., Mohnen P.,"Accounting for Innovation and Measuring Innovativeness: An Illustrative Framework and Application", *The American Economic Review*, 2002, Vol. 92, No. 2, pp. 226-230.

Mancusi M. L.,"International Spillovers and Absorptive Capacity: A Cross-country Cross-sector Analysis Based on Patents and Citations", *Joumal of International Economics*, 2008, Vol. 76, No. 2, pp. 155-165.

Markus Reitzig, "How Executives Can Enhance IP Strategy and Performance", *MIT Sloan Management Review*, 2007, Vol. 49, No. 1, p. 37-43.

Mathieu J. E. , Heffner T. S. , Goodwin G. F. et al.,"Scaling the Quality of Teammates' Mental Models: Equifinality and Normative Comparisons", *Journal of Organizational Behavior*, 2005, Vol. 26, pp. 37-56.

Maurseth P. B., Verspagen B.,"Knowledge spillovers in Europe: A Patent Citations Analysis", *Journal of Economics*, 2002, Vol. 104, No. 4, pp. 531-545.

Melitz M. J., "The Impact of Trade on Intra-Industry Reallocations and Aggregate Industry Productivity", *Econometrica*, 2003, No. 6.

Michael E. Porter., *Competitive Advantage*, China CITIC Press, 2014.

Mohammed S., Dumville B. C.,"Team Mental Models in a Team Knowledge Framework: Expanding Theory and Measurement across Disciplinary Boundaries", *Journal of Organizational Behavior*, 2001, Vol. 22, pp. 89-106.

Mohnen P., Hall B. H.,"Innovation and Productivity: An Update ", *Eurasian Business Review*, 2013, Vol. 3, No. 1.

Murphy K. J., Elias G., Jaffer, H.,"A Study of Inventiveness among Society of Interventional Radiology Members and the Impact of Their Social Networks", *Journal of Vascular and Interventional Radiology*, 2013, Vol. 24, pp. 931-937.

Ozbugday F. C., Brouwer E.,"Competition Law, Networks and Innovation", *Applied Economics Letters*, 2012, Vol. 19, pp. 775-778.

Pablos P. O.,"Knowledge Management and Organizational Learn-ing: Typologies of Knowledge Strategies in the Spanish Manufacturingindustry from 1995 to 1999", *Journal of Knowledge Management*, 2002, Vol. 6, No. 1, pp. 52-62.

Paul, S. , Peter, T.,"Social Factors of Work-environment Creativity", *Journal of Business and Psychology*, 2007, Vol. 21, No. 3, pp. 407-428.

Petri P. A.,"The Determinants of Bilateral FDI: Is Asia Different?", *Journal of Asian Economics*, 2012, Vol. 23, No. 3, pp. 201-209.

Phelps C. C.,"A Longitudinal Study of the Influence of Alliance Network Structure and Composition on Firm Exploratory Innovation", *Academy of Management Journal*, 2010, Vol. 53, No. 4, pp. 890-913.

Pinkse J., Slade M."The Future of Spatial Econometrics", *Journal of Regional Science*, 2010, Vol. 50, No. 1.

Pirola-Merlo A. , Mann L.,"The Relationship between Individual Creativity and Team Creativity: Aggregating across People and Time", *Journal of Organizational Behavior*, 2004, Vol. 25, No. 2, pp. 235-257.

Pugatch M. P.,"The International Regulation of IPRS in a TRIPS and TRIPS-plus World", *Journal of World Investment & Trade*, 2005, Vol. 6, No. 3, pp. 431-465.

Robert G. King, Ross Levine,"Finance and Growth: Schumpeter Might be Right", *The Quarterly Journal of Economics*, 1993, Vol. 108, No. 3, pp. 717-737.

Roberto Verganti,"Design, Meanings, and Radical Innovation: A Metamodel and a Research Agenda", *Journal of Product Innovation Management*, 2008, Vol. 25, No. 5.

Schmidt C., Foerstl K., Schaltenbrand B.,"The Supply Chain Position Paradox:Green Practices and Firm Performance", *Journal of Supply Chain Management*, 2017, Vol. 53, No. 1, pp. 3-25.

Scott C., "Private Regulation of the Public Sector:A Neglected Facet of Contemporary Governance", *Journal of Law & Society*, 2002, Vol. 29, No. 1, pp. 56-76.

Shin W., Lee K., Park W. G.,"When an Importer's Protection of IPR Interacts with an Exporter's Level of Technology: Comparing the Impacts on the Exports of the North and South", *World Economy*, 2016, Vol. 39, No. 6, pp. 772–802.

Shin W., Lee K., Park W. G.,"When an Importer's Protection of IPR Interacts with an Exporter's Level of Technology:Comparing the Impacts on the Exports of the North and South", *World Economy*, 2016, Vol. 39, No. 6, pp. 772-802.

Sorenson O., Singh J.,"Science, Social Networks and Spillover", *Industry and Innovation*, 2007, Vol. 14, No. 2.

Stefania B.,"Organizational creativity: Breaking Equilibrium and Order to Innovate", Journal of Knowledge Management", 2005, Vol. 9, No. 4, pp. 19-33.

Tagiuri R.,"The Concept of Organizational Climate", In: Tagiuri R., Litwin

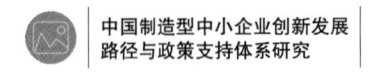

G. H.(eds.), *Organizational Climate: Exploration of a concept*, Boston: Harvard University Press, 1968, pp. 11-32.

Tao Yun, "Countermeasures and Suggestions on the Effect of the Scientific and Technical Structural Reform and Deepening Reform of China", *Scientific Management Research*, 2009, Vol. 27, No. 4.

Taylor P. J., Catalano G., Walker D. R. F.,"Measurement of the World city Network", *Urban Studies*, No. 13, pp. 2367-2376, 2002.

Tesluk P. E., Farr J. L., Klein S. R.,"Influences of Organizational Culture and Climate on Individual Creativity", *Journal of creative Behavior*, 1997, Vol. 31, pp. 27-41.

Tether B.,"Who Co-operates for Innovation, and Why: An Empirical analysis", *Research Policy*, 2002, Vol. 31, No. 6, pp. 947-967.

Tiantu Liao, Dai Tianfang, "History Evolution and Implications of China's S&T System Reform in the Past 60 Years", *Agricultural Journal Jiangxi*, 2009, Vol. 21, No. 9.

Tierney P., Farmesr S. M.,"The Pygmalion Process and Employee Creativity", *Journal of Management*, 2004, No. 3, pp. 413-432.

Timothy J. Coelli, D. S. Prasada Rao, Christopher J. O'Donnell, *An Introduction to Efficiency and Productivity Analysis (Second Edition)*, New York: Springer Science &Business Media Inc., 2005.

Ting Y., Chiu H.,"How Network Competence and Network Location Influence Innovation Performance", *Journal of Business &Industrial Marketing*, 2009, Vol. 24, No. 1, pp. 46-55.

Tom Broekel, Ron Boschma,"Knowledge Networks in the Dutch Aviation Industry: The Proximity Paradox", *Journal of Economic Geography*, 2012, Vol. 12, No. 2, pp. 409-433.

Townsend B., Gleeson D., Lopert R.,"The Regional Comprehensive Economic Partnership, Intellectual Property Protection, and Access to Medicines", *Asia-Pacific Journal of Public Health*, 2016, Vol. 28, No. 8, pp. 682.

Uzzi B., Spiro J.,"Collaboration and Creativity: The Small World Problem",

American Journal of Sociology, 2005, Vol. 111, No. 2, pp. 447-504.

Van D. V. G., Van D. V. E.,"Effects of Perceived Skill Dissimilarity and Task Interdependence on Helping in Work Teams", *Journal of Management*, 2005, Vol. 31, No. 1, pp. 73-89.

Verganti R.,"Design as Brokering of Languanges Innovation Strategies in Italian Firms", *Design Management Journal*, 2003, Vol. 12, No. 3, pp. 34-42.

Walter M. J., Gupta N., Giambatista, R. C.,"Effects of adaptive behavior and shared mental models on control crew performance", *Management Science*, 2004, Vol. 50, No. 11, pp. 1534-1545.

Wang L., Lin Z.,"Study on Influence Factors of the Implementation of Enterprise Patent Strategy", *International Conference on Management of Engineering & Technology*, 2013, Vol. 7, pp. 972-975.

Wang Y., Yao Y.,"Sources of China's Economic Growth 1952-1999: Incorporating Human Capital Accumulation", *China Economic Review*, 2003, Vol. 14, No. 1, pp. 32-52.

Wang L.,"A Study on Influencing Mechanism of R&D Team Creativity Based on Team Shared Mental Model", *International Conference on Management of Engineering & Technology*, 2011, No. 7, pp. 2132-2144.

Weatherall K. G.,"Safeguards for Defendant Rights and Interests in International Intellectual Property Enforcement Treaties", *Social Science Electronic Publishing*, 2016, Vol. 32, No. 1, pp. 211-281.

Wojciech N., Francisco J. A.,"What is innovativeness: Literature review", *Foundations of Management*, 2012, Vol. 4, No. 1, pp. 63-74.

Wu Yanrui,"Has Productivity Contributed to China's Growth", *Pacific Economic Review*, 2003, Vol. 1, No. 8, pp. 15-30.

Wu Yanrui,"Productivity, Growth and Economic Integration in the Southern China Region", *Asian Economic Journal*, 2000, Vol. 14, No. 1, pp. 39-54.

Xu Yingfeng,"*Agricultural productivity in China*", *China Economic Review*, Vol. 10, No. 2, pp. 108-121, 1999.

Zahra S. A., Hayton J. C.,"The Effect of International Venturing on Firm Performance: The Moderating Influence of Absorptive Capacity", *Journal of*

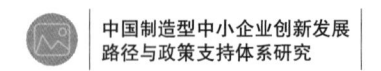

Business Venturing, 2008, Vol. 23 No. 2, pp. 195-220.

Zhang Y., Li H.,"Innovation search of new venture in a technology cluster: the role of ties with service intermediaries", *Strategic Management Journal*, 2010, Vol. 31, No. 1, pp. 88-109.

Zhao S. X. B., Zhang L., Wang D. T.,"Determining Factors of the Development of A National Financial Centre: The Case of China", *Geoforum*, 2004, No. 4.

Zheng JingHai, Bigsten Arne, Hu Angang,"Can China's Growth be Sustained? A Productivity Perspective", *World Development*, 2009, Vol. 37, No. 4, pp. 874-888.

Zhengfeng Li, "Some Consideration on Deepening Reform of S&T System in China", *Journal of Tsinghua University (Philosophy and Social Sciences)*, 2000, Vol. 15, No. 6.

Zonglai Kou, "China's R&T System in the Past 30 Years", *World Economic Papers*, 2008, No. 1.